映画と本がなければまだ生きていけない 2019-2022

十河進

水曜社

8500回の夜

十河　進

――聞いて欲しいことがあるの。

――今更、何を聞けと言うんだ。涙を流して「いろいろ訳があるんです」か。俺はもう、美しい唇から出る言葉も、真珠のような涙も、信じないことにしてきた。4年だ。ひと口に4年と言えば短いが、朝が……。

――1500回、昼が1500回、夜も同じだけあったわ。

これは「カサブランカ」を翻案した日活ムードアクション「夜霧よ今夜も有難う」の中で裕次郎とルリ子が交わすセリフです。

浅丘ルリ子は輝くように美しく（実際に紗がかかって輝いています）、多少体重が増えているとしても裕次郎はやはりカッコよくピアノの前に座っています。本家「カサブランカ」と違って、ヨコハマのレストラン・バーのマスターである裕次郎は自らピアノを弾いて歌うのです。

さて、僕がメールマガジン「日刊デジタルクリエイターズ」に週一回「映画と夜と音楽と」と題したコラムを書き始めたのは一九九九年八月のことでした。以来、二十三年と数ヶ月が過ぎ去り、その間には8500回の朝と昼と夜があったわけです。

二〇一八年の暮れに出した六巻めの「映画がなければ生きていけない」で、「この形でのコラムは一応の区切り」と書きましたが、文字数は少なくなったもののコラムは書き続けてきました。まず、読書遍歴をたどりながら気に入った本をきっかけにして映画を紹介する形で二〇二一年までのコラムを書きました。

二〇二二年からは身辺雑記も含め自由に書いているため、映画の話がまったく出ない回もあります。この本にまとめるにあたっては、そんなコラムは外すことにしました。自ら「ボヤッキー・ソゴー」と名乗るように、この四年間の僕の私生活を語ると、ついボヤキが出てしまう（それで発散していたのかもしれませんが）からです。

八年前に勤め人生活をリタイアし、実家の四国高松と千葉の自宅を数ヶ月ずついったりきたりして暮らしていましたが、九十半ばを越えて両親（ふたりとも大正十四年生まれです）が弱り始め、この四年間はコロナ騒ぎもあったため、ずっと高松で暮らし両親の介護をしていました。今年四月に父を送りましたが、今も母は療養型の病院に入院しています。

六巻めの「あとがき」では「じっくり小説を書きたい」と宣言（？）しましたが、そんな状態では長いものは書けず、週一回のコラムを書くことだけを続けてきたわけです。ただし、乱歩賞の最終候補になった「キャパの遺言」を含め下手な小説も九作（初期三作は電子書籍専門のアドレナライズから出ています）を数え、介護の合間にその手直しをしていました。

今回、七巻めの「映画（と本）がなければ（まだ）生きていけない」を出すにあたり、水曜社さんのご厚意でハードボイルド長編「赤い死が降る日」も同時発売できることになりました。フレンチ・ノワール（特にジャン＝ピエール・メルヴィル監督とリノ・ヴァンチュラ）と日活ムードアクション（もちろん石原裕次郎）にオマージュを捧げた作品です。

ちなみに「映画がなければ生きていけない」というタイトルで初めて出版した十六年前、「ベタなタイトルですね」とある人に言われたのが気になっていましたが、照れながらもずっと言い続けていると「まあ、いいタイトルじゃないか」と思えるようになりました。英語で言えば「ノーシネマ・ノーライフ」です。

確かに、映画がなければ、僕の七十年の人生もなかったでしょうね。ジャン＝リュック・ゴダールは九十を過ぎて安楽死を選びましたが、彼は映画と共に生きた人生をどう思っていたのでしょうか。自分の先が見えてきた年齢になり、そんなことが気になります。

二〇二二年晩秋

目次

8500回の夜

2019

心に残るタイトル　10
読書遍歴の始まりだった　12
足るを知る作家　14
サヨナラだけが人生だった　16
違いを受け入れる　19
抽象画のようだった　21
貸本屋の人気作家　23
小説も映画も泣ける　25
怒れる若者たち　27
人生エッセイの先生だった　29
ヘミングウェイの猫たち　31
ショーケンに弔いの花束を　34
二度映画化された短編　36
何でも書ける作家　38
いつ読むかは大切なこと　41
陶酔の時よ来い　43
動物小説の面白さを知った　45
杉葉子さんが亡くなった　47
銀座を舞台にした作家　49
ノンフィクションの魅力　52
神を追究した作家　54
少女マンガの繊細さに打たれる　57
古典となった写真家の文章　59
重厚長大な小説　61
映画は長さを制限されるけれど　63
大人の不倫物語に憧れた　66
一九六七年の五木寛之　68
警察小説のハシリ　70
併映作品に胸撃ち抜かれる　72
戦争にこだわった作家　75
果てしない日々を生きる切なさ　77
単なる変態作家か？　79
香納諒一さんの新シリーズ　81
開高健原作の映画化作品　84
帰らぬ猫を恋うる作家　86
柴田錬三郎と市川雷蔵　88
マリー・ラフォレの死　90

一九六七年の中山仁　92
英国を代表する現代作家　94
華麗なる一族だった　96
トンという名の作家　98
カトリック作家という存在　100
アンナ・カリーナに恋をした　101
執念で完成させた大河小説　104

2020

伯爵になるはずだった作家　107
国民作家の伝奇小説　109
ギリシャ悲劇のような私立探偵小説　111
エースのジョーへの鎮魂歌　113
汚れちまった悲しみ　115
引き籠った人気作家　117
帝王の赤裸々な告白　119
LOVEと対立するHATE　122
小津の冷徹な視線　124
古井由吉さん追悼　126
大江健三郎とゾルバ　128
恍惚の人　130
怪異譚に託す思い　132
短い髪の少女　135
松田政男さん追悼　137
「銀髪」というヒロイン　139
不条理に反抗する作家　142
太ったおばさんのために靴を磨く　144
映画の見方を教えてくれた　147
シニカルで残酷な作家　149
ガラガラの新幹線で読んだ本　151
聖書がなければ書けなかった　153
忍法ブームを作った作家　155
電通マンを続けた作家　157
時間が崩壊させた革命幻想　160
日本的な美を追求した作家　162
赤狩りで収監された作家　164
乾いた空気感を描く作家　167
もうひとりのハードボイルド作家　169
犯罪で人間の欲望を描く　171
自己を投影した主人公　173
酒井和歌子さんへのオマージュ　176
ミステリ界の詩人　178
忘れられないヒロインの名前　180
和製ジョゼ・ジョバンニと呼びたい　183
権力闘争のむなしさを描く　185
自虐的で無様な主人公たち　187

親を棄てる　190
幸福になれる野球小説　192
映画評論の金字塔　194
原作を超えたラストシーン　196
リー・マーヴィンの眉　198
邪悪な男が成功する物語　200
現実の事件を描く　203
突飛な物語に現実感を持たせる作家　205
山口百恵が愛読した作家　207
国民作家になる前は？　209
アメリカ人の基礎教養　212
日本で一番有名な猫　214
ル・カレの幸せな作家人生　217
東大入試中止を描いた　219

2021

読むドラッグ　224
十億年の時空を超える　226
世界観が変わる　228
伝記好きになった本　230
肉体労働者の文学　232
戦場の現実を描いた　235
向田邦子を読み続けた　237
友情の尊さを学んだ　240
二人称のミステリ　242
伝奇時代小説の嚆矢　244
神経症を文学にした　247
暗黒街出身の作家　250
別人になりきる作家　252
悪魔的な愛の物語　254
深いことを面白く書いた　257
教科書で読んだ小説　259
黄昏を迎えた男の回想　261
読むべき手紙がある　264
一難去ってまた一難　266
一作で三度楽しめる　269
日本ハードボイルドの先駆者　271
理想主義を掲げた作家　274
夢を見るから人間なのだ　276
狂う妻に共振れする　279
少年を鍛える私立探偵　282
ハードボイルドな作家　285
途方に暮れていた頃　287
ラテンアメリカ文学の衝撃　289
ノーベル賞作家の性的嗜好　291
社会意識に目覚めた作品　293

物語全体からあふれ出す郷愁　295
ニューハードボイルドの旗手　298
犯罪小説に目覚めた　301
「第三の男」の原作者　303
説教くさい作家　306
１９７３年を回想する　308
複数の翻訳で読む　310
既視感漂う物語だが――　313

2022

ハリウッド映画に引用された和製オペレッタ　317
琴線に触れるロシアの歌　318
「高校三年生」を唄い続けた日　321
懐かしい「発車オーライ」の声　324
不治の病の少女たち　326
アンチ「難病もの」なのか？　328
スキャンダルの時代　330
トトロの想い出　333
後味悪いぞ、清張作品　335
どんなことも否定できる？　337
ボロアパートの不思議な住人　339
ヒロイン小説は結婚で終わる？　341
不細工な男たち　343
「残酷物語」が流行った頃　345
ゴジラと同期の俳優　347
映画の中の罵り語　349
「セ・ラ・ヴィ」と「ケ・セラ・セラ」　351
父との告別　353
父母の青春　355
つまらん人生やった？　357
昭和が終わったとき　359
博多弁に詳しくなった理由　361
「ラバさん」って何？　363
ユージン・スミスの暗室　365
「横道世之介」を見ると　366
ダンスはうまく踊れない　368
人を見たら異常者と思え　370
酒呑みの自己弁護　372
ヘビー・スモーカーだった頃　374
ゴダール作品なんて見られない　376
さらば愛しき友よ　378

2019
映画と本がなければ まだ生きていけない

心に残るタイトル

心は孤独な狩人／カーソン・マッカラーズ
愛すれど心さびしく／ロバート・エリス・ミラー監督

カーソン・マッカラーズの小説が映画化されたと知ったのは、映画雑誌でエリザベス・テイラーの新作が「金色の眼に映るもの」だと読んだときだった。それは映画雑誌の編集者が原題から訳したものらしく、その小説は「黄金の眼に映るもの」というタイトルで翻訳されているのを僕は後に知った。その記事が高校一年生だった僕の記憶に残ったのは、一体どんな物語だろうと思わせるタイトルだったからだろう。

カーソン・マッカラーズは、アメリカ南部を舞台にした小説を書いた女性作家だ。詩人でもあった。「黄金の眼に映るもの」は一九四一年、彼女が二十四歳のときに出版された長編小説である。その前年、二十三歳のカーソン・マッカラーズは初めての小説「心は孤独な狩人」を出して高く評価されたのだった。カーソン・マッカラーズは一九一七年に生まれ一九六七年に没するから五十年間の人生だったのだが、代表作と言われる二作を二十三歳と二十四歳で出してしまったのである。

「金色の眼に映るもの」として紹介された映画は、その後、配給会社が「禁じられた情事の森」（一九六七年）というタイトルに変更して公開した。巨匠ジョン・ヒューストンの監督作であり、当時、最もギャラの高いハリウッド・スターのふたりだったエリザベス・テイラーとマーロン・ブランドが共演し、ハリウッド・コードが緩んだために正面から同性愛を描けるようになった結果、ゲイ・ムービーのハシリになった作品なのだが、まるで安っぽいポルノ・ムービーのようなタイトルになってしまった。

しかし、なぜ発表後三十六年も経って、初めてカーソン・マッカラーズの「黄金の眼に映るもの」は映画化されたのだろうか。ハリウッドのコードがうるさくて、それまで同性愛をテーマにしてきちんと描けなかったこともあっただろう。

ゲイであったテネシー・ウィリアムズ原作の「熱いトタン屋根の猫」（一九五八年）や、シャーリー・マクレーンとオードリー・ヘップバーンが共演したリリアン・ヘルマン原作の「噂の二人」（一九六一年）などは、同性愛を正面切って描けなかったためにテーマがボヤケてしまった作品である。

しかし、これは僕の単なる推測だが「黄金の眼に映るもの」が映画化された年に、原作者のカーソン・マッカラーズが死んでいるのが何かを物語っている気がする。それまで一度も彼女の小説は映画化されていなかったのに、翌年の一九六八年には立て続けに「心は孤独な狩人」が映画化されているのだ。

その後、カーソン・マッカラーズの小説の映画化は、二十三年後に短編をベースにした「悲しき酒場のバラード」（一九九一年）があるだけである。「心は孤独な狩人」は「愛すれど心さびしく」という邦題で、一九六九年のゴールデンウィークに日本公開された。

一九六九年は、東大闘争と共に明けた。一月十九日、東大安田講堂に立てこもった学生たちは、大学の要請で構内に入った機動隊によって放水と催涙弾を浴び、ひとり、またひとりと講堂（安田砦と呼ばれた）から引き立てられた。

その様子はテレビ中継によって全国に流れ、多くの若者たちをいても立ってもいられない気持ちにさせた。十七歳だった僕も同じだった。その年の五月の体育祭、友人で生徒会長代行だったＩはいわゆる造反演説を行って停学になり、その後、退学に追い込まれた。

そんな頃に、僕は「愛すれど心さびしく」を見たことになる。よく映画なんか見にいく気になったものだと思うけれど、あの激動と混乱の時期、ふっとひとりになりたくなったのかもしれない。「愛すれど心さびしく」のことは、テレビ番組の映画紹介で知っていた。評判はよかった。主演のアラン・アーキンは、前年に見たオードリー・ヘップバーンの「暗くなるまで待って」（一九六七年）での冷酷な殺人者の印象が強かったから、心優しい聾唖の青年役に僕は戸惑ったものだ。

口が利けない青年は心優しいが故に、人々の様々な感情のはけ口にされ、心の中に澱のようなものをため続ける。人々は彼に話すことで何かを解放しているのだが、彼自身の屈託や鬱積には出口がない。

そんな中で、ただひとり、彼と気持ちを通わせるのは、下宿している家の少女ミックだけである。ミックだけが青年の救いになる。昔、僕は初めて村上春樹さんの「１９７３年のピンボール」を読んだとき、冒頭の文章から「愛すれど心さびしく」を連想した。こんな文章だ。


――彼らはまるで枯れた井戸に石でも放り込むように僕に向って実に様々な話を語り、そして語り終えると一様に満足して帰っていった。


村上さんはエッセイなどで「愛すれど心さびしく」を好きな映画だと書いているし、カーソン・マッカラーズの短編を翻訳もしている。もしかしたら、十代で「愛すれど心さびしく」を見た後、僕と同じように「心は孤独な狩人」を読んだのかもしれない。だから、「１９７３年のピンボール」の冒頭で僕が連想したことは、的外れではない可能性もある。

「愛すれど心さびしく」を見た後、僕も「カーソン・マッカラーズを読まねば」と妙な悲壮感を抱いて決意した。まだ十七歳の幼い少年だったのだ。

聾唖の青年の救いであった少女ミックを演じたのは、この作品でデビューしたソンドラ・ロックだった。すでに二十歳を過ぎていたが、少女のような儚さと脆さと、意識しない残酷さをもっていた。

そんなソンドラ・ロックはデビュー作で、いきなりアカデミー助演女優賞にノミネートされる。しかし、後にクリント・イーストウッド作品でヒロインとして活躍し、私生活ではイーストウッドのパートナーとして一緒に暮らし、やがて破局を迎え裁判で争うことになるとは予想もしなかった。

昨年末、十二月十五日の新聞の訃報欄にソンドラ・ロックの小さな写真が載っていた。ソンドラ・ロックは十一月三日に死亡していたが、一ヶ月以上経って判明しAP通信が発信したのだという。一九四四年生まれの七十四歳だった。

死亡記事を読んだ僕の頭に「コラムを書くとしたら『儚い女――ソンドラ・ロック』というタイトルだな」という思いが浮かんだ。僕はイーストウッドとのいきさつを思い浮かべて彼女の人生を偲び、そんなフレーズを連想したのだけれど、やがて「愛すれど心さびしく」の消えてしまいそうな儚い少女の姿が鮮明に浮かび上がってきた。

(2019.01.03)

読書遍歴の始まりだった

■鉄仮面／ボアゴベ・黒岩涙香翻案

❀仮面の男／ランドール・ウォレス監督

子供の頃から、本好きではあった。ただし、我が家は本のない家だったから、小学校三年生くらいから学校の図書室に入り浸っていた。その頃に読んでいたのは、子供向けの偉人伝や日本の歴史、それに地理の本だった。初めて文字ばかり印刷された（挿し絵はところどころに入っていたけれど）物語の本を読んだと記憶しているのは、「鉄仮面」である。

黒岩涙香が翻案したもので、原作者は「ボアコベ」と記憶していた。その本の表紙や本の姿、挿し絵を今も憶えている。小学四年生の誕生日か、クリスマスのプレゼントとして両親が贈ってくれたものだ。フランス版伝奇小説で、怖い場面もあった。

黒岩涙香が「岩窟王」の作者だとは知っていた。その頃、ラジオドラマで「岩窟王」が放送されていたからだ。「岩窟王」がアレキサンドル・デュマ（父の方。息子のアレキサンドル・デュマは「椿姫」を書いた）の長大な「モンテ・クリスト伯」の翻案だと知るのは、ずっと後のことだ。

高校生になって集英社版世界文学全集で「モンテ・クリスト伯」の二巻本を読んだのだが、翻案の「岩窟王」の方が面白かった気がした。しかし、この「愛と復讐の物語」は今も人々を魅了するらしく、つい最近も現代の日本に舞台を移して連続テレビドラマ化された。

さて、記憶が曖昧な部分もあったので、先日、「鉄仮面　ボアコベ」でネット検索してみたら、「鉄仮面　デュ・フォルチュネ・ボアゴベ」でヒットした。翻訳本も講談社文芸文庫で上下二巻で出ている。そんなに長い物語だったのだ。訳者は長島良三さんである。早川書房の編集者で、フランス語の翻訳家になった。ジョルジュ・シムノンの「メグレ警視」シリーズなど、いろいろ訳している。数年前、新聞の死亡欄に名前を見つけて、「長島さんが亡くなったか」と僕はしばらく感慨に耽ったものだった。

ネット検索してみると、おもしろいサイトが見つかった。「講談社BOOK倶楽部」の「講談社文芸文庫・私の一冊コーナー」で、村上春樹さんが「鉄仮面」について文章を書いていたのだ。「お奨め作品をひとつ選ぶとすれば、やはりこの『鉄仮面』にとどめを刺す」とあり、「若い人には馴染みがないかもしれないが、僕が子供の頃は少年向けにリライトされた小説が人気を呼んだものだ」と続く。

村上さんとは世代的に近いので、好きな映画（たとえばポール・ニューマン主演「動く標的」）や読書体験（僕も高校生のときに「偉大なギャツビー」を読んだ）では共通することが多いなあと思っていたが、まさか「鉄仮面」までシンクロするとは思わなかった。もっとも、村上さんは「読み終えて、『こんなあほな本を読んで時間を無駄にした』と嘆かれる方もいらっしゃるかもしれないが、時間を無駄にするのもけっこう大事ですよ」と結んでいる。

さて、講談社文芸文庫の作品紹介では「バスチーユに囚われた『鉄仮面』の正体は？　史実に基づく伝説を題材にした、波瀾万丈の歴史冒険ロマン。フランス語原典による初の完訳版」となっている。フランス語原典は入手しずらかったらしく、黒岩涙香は英語版を元に翻案したらしい。九歳か十歳の僕が読んだその翻案本のあとがきにも、ルイ十四世の時代に鉄の仮面をかぶせられた囚人が実際にいたと書かれていた。謎の囚人で、正体はわからない。

同じ囚人伝説を元にして、アレキサンドル・デュマ（父）も「鉄仮面」を書いている。こちらは長大な「ダルタニヤン物語」の中の一篇だ。「ダルタニヤン物語」の第一部は有名な「三銃士」で始まるが、その数十年後の物語が「ブラジュロンヌ子爵」であり、その後半に「鉄仮面伝説」が取り上げられている。昔、講談社文庫で「ダルタニヤン物語」の全訳が出ていたのだけれど、なんと文庫で十一巻あり、僕は怖れをなして、敬遠してしまった。

ボアゴベ版「鉄仮面」よりは、大ベストセラー作家であったアレクサンドル・デュマ（父）の作品の方がよく知られていて、昔から様々な形で映画化されてきた。「三銃士」はダグラス・フェアバンクスの時代から何度も映画化されてきたし、アラン・ドロンが主演した「黒いチューリップ」（一九六三年）なども懐かしい。「鉄仮面」物語も何度か映画化されているけれど、僕が記憶しているのは若きレオナルド・ディカプリオが主演した「仮面の男」（一九九八年）だ。

デュマの「鉄仮面」では、謎の仮面の囚人はルイ十四世の双子の弟だったという説を採っている。引退していた三銃士たちは、その仮面の男を救い出し王と入れ替えようとする。年老いた三銃士をジェレミー・アイアンズ（アラミス）、ジョン・マルコヴィッチ（アトス）、ジェラール・ドパルデュー（ポルトス）という英米仏の名優たちが演じた。ダルタニヤンを演じたのは、ガブリエル・バーンである。キャスティングは一流だった。ディカプリオは、もちろんルイ十四世と双子の弟フィリップの二役を演じている。

黒岩涙香翻案の「鉄仮面」は、それとはまったく違う物語だ。といって、僕も六十年近く前に読んだだけだから筋道たてて説明できるわけではない。ただ、囚われた恋人を救うために、ひたすら奔走し艱難辛苦を乗り越えるヒロインが印象に残っている。ラスト、ヒロインは数十年ぶりに馬上の恋人と再会するのだけれど、その場面の挿し絵は今も鮮明に浮かんでくる。

それにしても、なぜ、両親は「鉄仮面」を選んでプレゼントしてくれたのだろう。後に、母は「本ばっかり読んどらんで、勉強せえ」と口やかましくなるのだが、その後の僕の読書遍歴は「鉄仮面」からスタートしていると言えるだろう。もしかしたら、後にフランス文学に傾倒するきっかけになったのかもしれないし、ミステリ、SF、伝奇、冒険小説、時代小説好き（要するに何でも読む）になったのも「鉄仮面」を読んだからかもしれない。

余談だが、高校生の頃、友人たちと話していたとき、「この鉄面皮め」と言おうとして、「この鉄仮面め」と言ってしまい、しばらく仲間内で「この鉄仮面め」という言い方が流行った。今では、「鉄面皮」という言葉さえ若い人には通じないかもしれない。時は過ぎ、言葉は変わり、古い物語は消えてゆく。

（2019.01.10）

麦熟るる日に／中野孝次

足るを知る作家

ライムライト／チャーリー・チャップリン監督

元日産会長カルロス・ゴーンが逮捕されて二ヶ月になる。やったことが違法だったかどうかは裁判になってからの判断なのだろうけれど、その報道を見る限り、僕の感想は「人間の欲望は果てしがない」というものだった。日産の報酬だけでも十数億円、加えてルノー会長としての報酬もあり、それで充分過ぎると思うのは僕が乏しい年金生活者だからだろうか。ただし、四十年勤め保険料をせっせと納めたおかげで、今のところひとり暮らしをするには不自由はしていない。食べていければそれでいい、と思っている。

もっとも、僕の四国での生活と言えば、実家の裏の父が持つ借家の一軒を只で使わせてもらっているし、行動範囲は半径二キロくらいに限られている。金はかからない。実家と借家を行き来し、食事はすべて自分で作っている。早朝の散歩のときに二十四時間開いているスーパーで二日分の食料を買っているが、支払いは二千円足らずですんでいる。十日に一度くらいの割合で四キロほど離れた高松市の中心街に出かけ（電車代は百九十円）、友人と居酒屋などに入る。その後、ショットバーでウィスキーを飲んで帰るのだが、支払いはせいぜい四、五千円ですむ。

健康保険料、介護保険料、所得税、住民税を引かれた年金は、現役時代から比べれば可処分所得が極端に少ないけれど、労働しないで二ヶ月に一度まとまったお金が振り込まれるのはありがたいとしみじみ思う。四十年間働いた自分に改めて感謝する。そんなとき「ライムライト」（一九五二年）のチャップリンのセリフを思い出す。老道化師（チャップリン）が、自分をバレエスクールに通わせるために姉が街娼になっていたのを知って自殺を図ったバレリーナ（クレア・ブルーム）に向かって言うセリフである。

――人生に必要なのは、勇気と、想像力と、少しのお金。

カルロス・ゴーンと対照的なのは、メディアが勝手に「スーパー・ヴォランティア」などと祭り上げたオバタさんだろう。その生き方を知れば知るほど頭が下がる。月六万円足らずの国民年金だけで、ヴォランティアとしての生活を賄っているという。軽自動車のヴァンで寝泊まりし、食事も安くあげているらしい。ヴォランティアにいった現地に迷惑をかけないことを己に課し、謝礼などは一切受け取らない。見返りは求めない。遠く離れた被災地へいくのにはガソリン代もかかるだろうに、と心配になる。おそらく高速道路は使わず、一般道で九州から東北の被災地に通ったのだろう。

そんなことを考えていたら、昔、ベストセラーになった中野孝次さんの「清貧の思想」を思い出した。本が出たのは一九九二年、バブル崩壊直後のことだった。中野さんは本来はドイツ文学者なのだが、「徒然草」や「方丈記」などの解説本も出していて、「清貧の思想」も吉田兼好や西行、良寛、芭蕉などの生き方を取り上げている。要するに、物質的な豊かさより「心の豊かさ」を持とう、という内容だ。「しぐるるや　あるだけの飯　もう炊けた」と詠んだ放浪の俳人・山頭火なども「清貧の思想」的生き方の系譜に入るだろう。

日本語には「足るを知る」という言葉がある。少しのお金があり、生活するのに充分ならそれでいいと思っている今の僕は「足るを知る」状態なのだろうか。うーむ、そこまでは悟っていないかもしれない。ただ、特に欲しいものもないし、食べるものも贅沢したいとは思わない。早朝のスーパーに行くと、消費期限がその日になっている魚肉類（前日の売れ残り）は割引になっていて、どうせその日に調理するからと、そんな食材を買っている。飲みに出ても、居酒屋の煮込みと焼酎で満足する人間だ。着るものはユニクロですませている。

誰に会うわけでもない。散歩し、実家の両親の様子を見、本を読み、ＤＶＤを見、原稿を書き、公園で猫と戯れて終わる日々である。西行、芭蕉、あるいは山頭火のような生活はできないが、放浪の詩人のような生き方に憧れる気持ちはある。物質的豊かさより「心の豊かさ」を感じる方が幸せだとも思う。日本人の多くがそんな生き方に共感したから「清貧の思想」はベストセラーになったのだろう。

しかし、「清貧の思想」がベストセラーになったとき、僕は「中野孝次さんの本がベストセラー？」と少し違和感を感じたものだった。その十四年ほど前、僕にとっての大切な一冊が、中野孝次さんの初めての小説集「麦熟るる日に」だったからだ。それは、「鳥屋の日々」「雪ふる年よ」「麦熟るる日に」の自伝的小説三編をまとめた単行本だった。出版されたのは一九七八年、新聞の書評を読んですぐに買ったから、僕が読んだのもその年だった。僕は社会人になって三年、まだ学生気分を引きずる未熟な青年だった。

三部作の語り手は、中野さん自身だと思って読んでもいい。記憶だけで書くので少し違うかもしれないが、冒頭の一行は「記憶の世界は薄暮に似ている。そうは思わないか」というものだった。

自身の記憶を手探りするように語られる物語は、まだ二十七歳で文学の夢をあきらめていなかった僕をのめり込ませた。確かに薄暮の世界のように、うすぼんやりとした景色が見えてきた。記憶の中の人物は薄い膜がかかったように、ときには輪郭がゆらゆらと揺れるシルエットだけになったように感じられた。それは、自身の少年から青年にかけての時期を数十年後に回想して描くには、最も適した文体ではないかと僕は思った。

中野さん自身は大正十四年生まれだから、僕の父と同じ歳である。大工の子として生まれ「職人の子に教育はいらない」と中学進学を断念させられる。しかし、優秀だった中野さんは猛勉強をして旧制中学の卒業資格を取得し、旧制第五高等学校へ進み、戦後に東大文学部独文科を卒業する。そんな生い立ち（徴兵令状が届くまで）が小説の形で語られるのだ。

身につまされたのは、同じように僕もタイル職人の子だったからかもしれない。子供の頃は「本ばっかり読んどらんで」と、よく叱られたものだった。家には本が一冊もなかったから、僕の小遣いはほとんど本に費やされることになった。ただ、僕は中野さんほど優秀でもなく、努力家でもなかった。だから、今、ただの年金生活者として、身分相応に足るを知る生活をしている。

（2019.01.17）

サヨナラだけが人生だった

■黒い雨／井伏鱒二

❀黒い雨／今村昌平監督

市原悦子さんが八十二歳で亡くなった。僕は、セーラー服姿の市原悦子さんを見たことがある。巣鴨あたりのキャバクラにいったら、市原悦子似のおばさんがセーラー服を着て出てきた――とかいう話ではない。本当に、あの市原悦子さんがセーラー服を着て、女子高校生を演じていたのだ。撮影当時、市原さんは二十歳を過ぎたばかりだから女子高生の役も不自然ではないが、僕が見たのは十数年前だったので、「家政婦は見た」の市原さんがセーラー服を着ているような錯覚に陥った。

その映画は、井伏鱒二原作の「駅前旅館」(一九五八年)だった。監督は文芸映画の巨匠、豊田四郎である。この映画がヒットしたので、その後「駅前シリーズ」は「社長シリーズ」と並んで、森繁久彌の代表的なシリーズになった。森繁、フランキー堺、伴淳三郎がメインキャストである。「駅前旅館」の撮影当時、市原悦子は養成所を出て俳優座の劇団員になったばかりの頃である。見た目も、しゃべり方も後年と同じだった。つまり、彼女の演技は当時から完成されていたのである。

僕が井伏鱒二の「駅前旅館」を読んだのは、二十年ほど前のことだ。原作は「私、駅前の柊元旅館の番頭でございます」と始まる一人称の語りである。さらに、「です・ます」調を採用している。現在、井伏鱒二作品を読む人がどれほどいるかはわからないが、日本近代文学史の中でも重要な作家だと思う。ただ、僕が井伏鱒二という名前を知ったのは、高校の現代国語の教科書に太宰治の「富嶽百景」が載っていたからだった。

「富嶽百景」は、短いので教科書に採用されやすい。小説なのか随筆かわからない内容だし、「私」は「太宰さん」と呼ばれる。さらに、「井伏鱒二氏が初夏のころから、ここの二階に、こもって仕事をして居られる」と実名で書いている。その井伏鱒二の紹介で「私」は甲府で見合いをし、結婚する決意を固めるのである。その相手が、後に津島佑子さんを生む太宰の正妻になる。「富嶽百景」で有名になった一節に、「富士には、月見草がよく似合ふ」がある。

しかし、高校生のことである。そんな情緒あふれる文章より、生徒たちの興味を惹いたのは、「井伏氏は、濃い霧の底、岩に腰をおろし、ゆつくり煙草を吸ひながら、放屁なされた」という部分だった。生徒たちは「放屁」という言い方を初めて知り、休み時間に「放屁するぞ」とふざけあった。僕も、名作の誉れ高い太宰治の短編に「放屁」という言葉が出てきたのには少し驚いた。教師の話では「井伏鱒二は否定してるけどね」ということだったが、ずっと残る作品にそんなことを書かれても、井伏鱒二は心中するまで太宰の面倒を見たのだなと僕は思った。

甘ったれで破滅型の太宰治に対して、井伏鱒二には「大人」のイメージがある。温厚で包容力があり、作家には珍しく人望のある人物という印象が強い。作品群からも、そんなことを感じてしまう。その井伏鱒二が唐の詩人の「勧酒」を自由に和訳したフレーズが有名になったのは、井伏鱒二の「貸間あり」(一九五九年)を映画化(脚本に藤本義一が加わっている)した川島雄三監督が口癖のように言い続けたからだった。

コノ盃ヲ受ケテクレ
ドウゾナミナミツガシテオクレ
花ニ嵐ノタトエモアルゾ
サヨナラダケガ人生ダ

どちらかと言えば、僕はこの漢詩の和訳の仕方に惹かれて井伏鱒二の作品を手に取った。それは、後に井伏鱒二の代表作になる長編で、当時、出たばかりで話題になっていた本だった。昭和四十一年（一九六六年）、僕が十五歳の秋に「黒い雨」は新潮社から刊行され、翌年まで続くベストセラーになった。今でも僕は憶えている。初めて、高校の図書館で「黒い雨」を手にしたときのことを——。

僕が棚から「黒い雨」を取り出し、パラパラとページをめくっていると、通りがかったTという同級生が「それ、読んだ方がええぞ」と声をかけてきた。Tは同じクラスだったが、ほとんど口をきいたことはなかった。僕の学校はヘアースタイルについてはそれほどうるさくなかったのに、Tはスキンヘッドに近い丸刈りだった。制服は詰め襟で、みんな頸のホックを外していることが多かったのに、Tはいつもきちんとホックを閉じていた。だから、僕のTに対する印象は「変なヤツ」だった。

「黒い雨というのは、広島の原爆の後に降った真っ黒い雨のことなんや。放射能がいっぱい入っとって、それに濡れたら原爆症になるんや」と言うと、Tはすっと歩いていった。当時でも、雨に放射能が含まれていて、濡れると禿げると言われたりしていたので、僕は一瞬、Tの言葉を理解するのが遅れた。

しかし、僕は「黒い雨」の意味するところも、その小説の内容もまったく知らなかったのだけれど、Tの説明ですべて納得してしまった。ただ、井伏鱒二という作家は「山椒魚」で評価された人でユーモア作家だと思っていたから、「黒い雨」がシリアスな原爆小説だと知って意外に思ったものだった。

後年、今村昌平監督が「黒い雨」（一九八九年）を映画化したとき、僕はひと足早く東映本社の試写室で見ることができた。今村昌平監督の盟友である北村和夫の抑制された名演に目を見張り、女優としてカムバックした田中好子の演技に好感を抱いた。風呂で髪がズルッと抜けるところの田中好子の表情は、今も鮮やかに甦ってくる。まるでホラー映画のように、僕はドキリとしたものだった。「黒い雨に濡れた」という噂で嫁にいけない姪に叔父（北村和夫）は心を痛める。

「黒い雨」は、第十三回日本アカデミー賞の主要部門をほとんど独占した。最優秀作品賞、最優秀監督賞、最優秀脚本賞、最優秀主演女優賞（田中好子）などである。そして、最優秀助演女優賞を受賞したのは、田中好子の叔母を演じた市原悦子だった。

（2019.01.24）

違いを受け入れる

最後の国境線／アリステア・マクリーン

はじめてのおもてなし／ジーモン・ファーフーフェン監督

昨年公開されたドイツ映画「はじめてのおもてなし」（二〇一六年）を面白く見た。現在のドイツの状況がよくわかった。難民問題を取り上げているのだが、コメディにしているので、ニューナチの連中や極右の人種差別主義者が出てきても苦笑いですむ。シリアスに描いたら、ちょっとやりきれない。先進国のリーダーで唯一まともでまっとうなメルケルさんさえ退陣に追い込まれようとしている現在のドイツの状況を思うと、この映画のように問題が解決したらいいのにな、と叶わぬ願いを抱いてしまう。

狷介で口の悪い老医師リヒャルトがいる。引退を勧められても頑として認めないし、難民センターで奉仕活動をしている移民出身の研修医タレクには嫌味ばかり言っている。手術中に彼にミスを指摘されると、口を極めて罵る。妻のアンゲリカは元教師で校長の経験もあるが、今は引退している。子供はふたりいるが、独立し家を出ている。息子のフィリップはエリートの企業弁護士で、離婚し男の子をひとり育てている。娘のゾフィは三十を過ぎているのに、まだ「自分探し」の真っ最中で今は大学で心理学を学んでいる。

ある日、難民センターへいき協力を申し出たアンゲリカは、家族が集まった晩餐の席で「難民をひとり受け入れる」と宣言する。夫と息子は反対するが、娘のゾフィは賛成する。その家族の議論が、ドイツ国内の難民支援派と難民受け入れ反対派の対立のようだった。結局、夫は人種差別主義者と言われるのが嫌で妥協し、家族を殺されたナイジェリア難民のディアロを自宅に受け入れることになる。そこから、「難民受け入れに寛容だったドイツ」の現在の問題が様々に描かれていく。

見終わって、クレジット・タイトルを見ているとき「あれ、センタ・バーガーだったんだあ」と思わず声を挙げた。「上品で、きれいなおばあさんだなあ」と思いながら見ていた一家の母親アンゲリカを演じていたのは、何とセンタ・バーガーだったのである。僕がセンタ・バーガーを最後に見たのは、サム・ペキンパー監督の「戦争のはらわた」（一九七七年）だから四十二年も前のことになる。最近の出演作を何本か見たカトリーヌ・ドヌーヴより二歳年上だが、今はセンタ・バーガーの方がずっときれいだ。「はじめてのおもてなし」出演時は七十五歳である。

ドイツ出身の女優というとマレーネ・ディートリッヒが有名だけど、戦後ではヒルデガルド・ネフ、マリア・シェル（マクシミリアン・シェルの姉）、ロミー・シュナイダー、クリスティーネ・カウフマンもいると思って調べてみたら、マリア・シェルもロミー・シュナイダーもセンタ・バーガーもオーストリアのウィーン出身だった。クリスティーネ・カウフマンもオーストリア出身である。

「サウンド・オブ・ミュージック」（一九六五年）で描かれたように、オーストリアはナチス・ドイツと合併した。アドルフ・ヒトラーだってオーストリア人だったのだ。ドイツとオーストリアの関係は、密接なのだろうか。

センタ・バーガーが今も現役の女優で、美しさを保っているのを知って僕は大変うれしくなった。昔、とても好きだった女優さんなのだ。改めてネットで調べてみると、「戦争のはらわた」以降の出演作はほとんど日本未公開だった。「はじめてのおもてなし」が四十一年ぶりの日本公開である。三十六歳のセンタ・バーガーが七十五歳になって現れたことになる。

僕が初めて見たセンタ・バーガーは、やはりサム・ペキンパー監督作品「ダンディー少佐」（一九六五年）だった。忘れられないのはジュリアン・デュビビエ監督の遺作になった「悪魔のようなあなた」（一九六七年）のヒロイン。人気絶頂期のアラン・ドロンの相手役である。何しろ僕の最愛の作品「冒険者たち」と同じ年に制作されている。

もう一本、僕がどうしても見たい映画に二十歳のセンタ・バーガーが出演している。彼女がハリウッドデビューした「秘密情報機関」（一九六二年）という、リチャード・ウィドマークが製作し主演したスパイ映画である。六〇年代の冷戦を背景にしたハリウッド映画には、ドイツ人女優の需要が多かったのかもしれない。センタ・バーガーも六〇年代にはスパイ映画への出演が多い。

僕がどうしても「秘密情報機関」を見たいと思っている理由は、アリステア・マクリーンの「最後の国境線」を原作にしているからだ。彼女は、ハンガリーからイギリスに亡命する博士の娘の役なのだろうか。初期のアリステア・マクリーン作品は、非常に完成度が高かった。デビュー作「女王陛下のユリシーズ号」は不朽の名作である。

しかし、二作め「ナヴァロンの要塞」が映画化され大ヒットした後、中期以降の作品は映画のために書くようになり、質は低下した。後期の作品など、読むに耐えないものさえある。僕は十一作めの「八点鐘が鳴るとき」まではすべて読破し、その後、チョコチョコと適当に読み、「軍用列車」以降は書店で新刊を見かけても「マクリーン、また出したんだ」とチラリと見るだけで手に取りもしなくなった。

「最後の国境線」は、冷戦真っ盛りの一九五九年に、四作めのアリステア・マクリーン作品として出版された。僕が読んだのは、四十年ほど前のことになる。二十代後半、僕はマクリーン作品を集中して読んだものだった。「最後の国境線」は、マクリーンの初めてのスパイ小説である。極寒のハンガリーを舞台に繰り広げられる逃亡と追跡の緊迫感は、半端ではなかった。手に汗握る。冒険小説として一級品である。

そして、その小説には忘れられないフレーズがあった。ある登場人物が語る長いセリフの中にそのフレーズはあり、僕の記憶に刻み込まれたのだった。後年、かわぐちかいじさんのマンガ（作品名は憶えていない）を読んでいたら、そのフレーズが以下のように引用されていた。

——最後の国境線は人間の心（アリステア・マクリーン）

「はじめてのおもてなし」を見ていると難民排斥を訴える人々の言動は醜悪で、「最後の国境線は人間の心」というフレーズの意味を実感する。他者の違いを受け入れられない人は、突き詰めていくと、結局、自分以外の人間は受け入れられないのである。自分以外の人間は、どんなに共通する部分があっても自分と何かが違っているのだから。

僕は「はじめてのおもてなし」を見て、「違いを受け入れる寛容さと許容する心」を改めて肝に命じた。ちなみに、「はじめてのおもてなし」の監督はセンタ・バーガーの息子だという。

(2019.01.31)

抽象画のようだった

砂の上の植物群／吉行淳之介

砂の上の植物群／中平康監督

吉行淳之介の「砂の上の植物群」を読んだのは、十六か十七歳の高校生の頃だった。友人たちは「そんなエッチな本を読んで——」と言ったけれど、僕がその小説を読んだ理由は性的な興味があったからではない。今から振り返ると、性的にはオクテだった僕にその小説に書かれていたことが理解できたのだろうか疑問に思う。ただ、僕は高校生のときに新潮社から出ていた分厚い一冊本の「吉行淳之介短編全集」「吉行淳之介長編全集」を読破するほどの愛読者だった。

また、「砂の上の植物群」は、僕の中から抽象絵画への関心を引き出してくれることにもなった。「砂の上の植物群」とは、パウル・クレーの作品のタイトルから引用したものだと知ったからだ。パウル・クレーを知らなかった僕は、彼の画集を見つけて開いた。新鮮な驚きがあった。その結果、具象画だけが絵画だと思っていた少年は、心象を描く作品というものが存在するのだと知ったのである。

その頃、吉行淳之介は流行作家（今や死語ですね）だった。週刊誌では座談の名手として座談会の連載を持ち、上品なエロ話ができる作家として売れていた。また、軽妙なエッセイを連載していた。エッセイ集に「栗と栗鼠」というタイトルのものがあり、僕がその意味を理解したのはずっとずっと後のことだった。

「桃栗三年、柿八年」ということわざをモジって、「股尻三年、膝八年」と言ったのは吉行淳之介だという話を聞いたことがある。女性のいる銀座の酒場で、隣に座ったホステスの体をさりげなく触るワザについてのフレーズだという。吉行淳之介には、そういう「洒脱な遊び人」「性的技巧者」「軽妙だが軽薄ではない都会人」といったイメージがあった。その頃の吉行淳之介は、同じように性的なテーマを描いても、純文学作品とエンターテインメント作品を書き分けていた。

端的に言うと、扇情的に描くか、分析的に描くかという違いである。ポルノグラフィーは性的場面を扇情的に描き、読者を興奮させなければならない。純文学作品では、性的場面を描いても人が生きる意味を考えさせなければならない。今でも、最初に「砂の上の植物群」を読んだときの印象を僕はよく憶えている。それは、化粧品のセールスマンである主人公が、仕事をさぼって公園で思いを巡らせている場面から始まった。

彼は、ある推理小説の構想を考えている。彼には若くして死んだ父親との葛藤があるらしく、その父親が死んだ後も残った妻の体を凶器にして殺人を図るという小説だが、その肝心なトリックが思いつかない。

やがて、主人公はセーラー服の女子高生（その唇に真っ赤な口紅を塗っている）と知り合い関係を持つ。女子高生には保護者のような姉がいて、その姉を堕落させたい願望があるのか、主人公に姉を誘惑するように持ちかける。

主人公は姉に近づき、誘惑し、関係を持つ。その姉には被虐趣味があり、何度も身を重ねる関係になり、ある日、主人公に手を縛って性交してほしいとねだる。しかし、それこそが主人公の父親が女の体に残した凶器だったのではないか、と主人公は疑い始める。五十年も前に読んだので、記憶が曖昧な部分もあるのだけれど、ざっと要約すると、そんな物語が展開したと思う。今、書くとしたら、もっと直接的な表現もあるのだろうが、何しろ一九六三年に発表された小説である。露骨な描写はなかった。

吉行淳之介作品は、独特の感覚的な表現が魅力的だった。評論家の川村二郎さんは「感覚の鏡」という長編の吉行淳之介論を書いているが、吉行淳之介の感覚的な文章は僕に大きな影響を与えていると思う。「砂の上の植物群」では三十四歳で死んだ画家の父親が主人公に大きな影を落としているけれど、現実の吉行淳之介にも三十四歳で死んだ作家の父親・吉行エイスケの影が見え隠れする。

NHK連続ドラマ「あぐり」は、吉行淳之介の母親あぐりの人生を描いており、エイスケを野村萬斎が演じていた。ちなみに淳之介の妹は女優の吉行和子と、詩人で後に芥川賞を受賞した吉行理恵である。兄と妹で芥川賞を受賞したのは、他にはいないと思う。

ちなみに「砂の上の植物群」は原作が出版された年に映画化され、一九六四年八月末、東京オリンピックの五十日前に公開された。才人の評判が高かった中平康が監督し、脚本には池田一朗（後の時代小説作家・隆慶一郎）が参加している。僕は公開当時に見たかったのだが、さすがに中学一年生では映画館に入りにくく、後年、思いを果たした。主人公は「日本のアラン・ドロン」と言われた頃より少し年を取った仲谷昇、女子高生は西尾三枝子、その姉は稲野和子だった。

西尾三枝子は三田明のヒット曲を元に作った青春映画「美しい十代」(一九六四年)でデビューしたばかりの清純派だったが、この映画への出演をきっかけに大胆派に転向し、後にテレビドラマ「プレイガール」に出演することになる。

稲野和子という女優は、思い出すと今でも背筋がザワッとするほど官能的な人だった。十代半ばの少年にとっては、「イヤラシゲーな」人だったのである。小説は抽象画を見ているような印象だったが、映画はセックスシーンも直截的で僕は戸惑ったものだった。

(2019.02.07)

貸本屋の人気作家

青空娘/源氏鶏太

青空娘/増村保造監督

我が家は職人の家だったから、僕が子供の頃、二階に住み込みの弟子がいた。多いときでも二人くらいだったけれど、その職人見習いさんたち(みんな十代半ばだった)に遊んでもらった記憶もある。中には安物のギターを持っていて、流行歌を弾き、歌ってくれた人もいた。彼らの部屋には月刊平凡や月刊明星、付録の歌謡集などが転がっていた。源氏鶏太の小説は、そんな雑誌の連載で読んだのかもしれない。

昭和三十年代、源氏鶏太は雑誌、新聞などの連載小説をひっきりなしに書いていた。当時の流行作家は多くの出版社や新聞社からの注文を受け、一ヶ月に書く原稿枚数はものすごい量にのぼったという。源氏鶏太は長くサラリーマン(住友系の大企業)と作家の二足の草鞋を履いていたはずだが、あの頃はもうサラリーマンを辞めていたのだろうか。長いサラリーマン経験を生かして書く小説は、世の多くのお父さんたちに受け入れられたのだった。

有名なのは、戦後の流行語にもなった「三等重役」だろう。占領軍の指令によって経営者たちの多くが公職追放になったため、いきなり企業トップになった「三等重役」を描いた小説で、映画化されて広く知られることになった。映画化された「三等重役」(一九五二年)で新米社長を演じたのは河村黎吉だったが、調子のよい秘書課長のような役を演じた森繁久彌の人気が出た。その人気が後の「社長」シリーズにつながるのだが、森繁独特の軽妙な演技は「三等重役」から始まったのかもしれない。

昭和二十年代後半から昭和四十年代初めまで、西暦で言えば一九五一年から一九六七年までの十六年間で、源氏鶏太の小説は八十作以上が映画化されている。凄いことだ。テレビドラマを加えれば、一体どれほどの数になるだろう。僕がよく憶えている源氏鶏太原作のテレビドラマは、森繁久彌主演「七人の孫」

である。「七人の孫」は、先日亡くなった樹木希林が一般に顔を知られるようになったドラマである。当時の名前は、悠木千帆だった。

悠木千帆はお手伝いさん役で、森繁とのトボけた掛け合いが話題になった。余談だが、その頃、悠木千帆は演劇仲間の岸田森と結婚していた。岸田森もテレビドラマ「氷点」のヒロインの兄役で人気が出る。森繁が唄う主題歌が好きで「七人の孫」を欠かさず見ていた僕は、源氏鶏太という名前になじみがあったのだろう、貸本屋で何冊かを借りて読んだことがある。「青空娘」「意気に感ず」といったタイトルが甦ってくる。貸本屋の人気作家だった。

その頃、石原裕次郎も源氏鶏太原作のサラリーマンものを撮っている。相手役は芦川いづみがつとめることが多く、芦川いづみファンだった僕は「喧嘩太郎」(一九六〇年)や「堂々たる人生」(一九六一年)がとても好きだった。「堂々たる人生」の裕次郎は倒産しかかっている玩具会社の社員で、ファーストシーンは浅草寺境内での芦川いづみとの出会いだった。彼は社内の陰謀を暴き、関西財界の大物に気に入られて資金援助を受け会社を救う。

同時期に、高倉健も源氏鶏太のサラリーマン小説の映画化作品で主演している。「天下の快男児　万年太郎」(一九六〇年)と「万年太郎と姐御社員」(一九六一年)である。この二本には、自民党の大物代議士になった山東昭子が出演している。万年太郎は喧嘩早くて、何かというと上司を殴って左遷されるのだが、そういう主人公が現実の会社では上司に逆らえない観客に受けたのだろう。その頃、日本の企業は終身雇用で年功序列。上司の命令は「絶対」だった。

昭和二十二年の出世作「たばこ娘」以来、源氏鶏太にはタイトルに「娘」がつくシリーズがある。映画化された作品で見ると、「ひまわり娘」(一九五三年)「見事な娘」(一九五六年)「青空娘」(一九五七年)「娘の中の娘」(一九五八年)などである。どのヒロインも明朗快活、いつも顔を上げて生きている印象がある。特に増村保造監督がデビュー作「くちづけ」(一九五七年)に続いて監督した二作目「青空娘」は、若尾文子の溌剌とした演技で気持ちのよい作品になった。彼女が演じたのは、高校を卒業し、東京の父の家に寄宿することになった娘である。

しかし、父には正妻があり、腹違いの兄と姉、それに弟がいる。継母にとっては、夫の愛人の娘だ。彼女は、彼らから使用人扱いされる。しかし、彼女が東京の父の家にいくことにしたのは、行方不明の母を捜す目的があったからだった。彼女を愛することになるのは、高校時代の教師(菅原謙二)と、腹違いの姉が恋をしている金持ちの御曹司(川崎敬三)である。御曹司は性格のよい若者で、ヒロインも次第に惹かれていく。どちらも好漢である菅原謙二と川崎敬三の「恋のライバル関係」も爽やかに描かれる。

薄幸のヒロインが持ち前の素直で明るい性格で人生を切り開

き、すべてがハッピーになって終わる単純明快な物語（晩年の作品以外、源氏鶏太作品はすべてそうだ）ではあるけれど、いつ見ても懐かしさがあふれてくる。昭和三十年代の貧しさを僕はよく憶えているので単純に「昔はよかった」とは思わないが、日本の社会や人間関係は複雑になりすぎたのではないか、とも思えてくる。

今から見ると源氏鶏太の小説は能天気ではあるけれど、それを受け入れ、多くの人が愛読した時代もあったのだ。そうでなければ、十六年の間に八十数本も映画化されるわけがない。「素直で明朗闊達な性格の主人公が人生を切り開き、すべてがハッピーエンドで終わる単純明快な物語」を、そのまま受け入れる素直な読者が無数に存在したのである。今や、絶滅危惧種だろうけど——。

(2019.02.14)

小説も映画も泣ける

📕二十日鼠と人間／ジョン・スタインベック
🎞二十日鼠と人間／ゲイリー・シニーズ監督

ジョン・スタインベックの「二十日鼠と人間」を読んだのは、中学生のときだった。十三歳か、十四歳だったと思う。だから、「二十日鼠と人間」は僕の精神形成に大きな影響を与えている。

この短編は大恐慌時代のアメリカ・カリフォルニアの農場が舞台で、いろいろなタイプの人物が描かれる。子供のように純粋で善良で心優しい人物、誠実だが世の中を知り尽し人間への絶望を抱えた人物、コンプレックスのために敵意ばかりを肥大させた人物——などなどである。

まず、主人公であるふたり組のジョージとレニーの登場で物語は始まる。ジョージは頭のよい、世の中を知り尽した人物だ。レニーは知的障害のある大男で、すべてジョージに頼っている。ジョージは、レニーの保護者的な存在だ。今から振り返ると、ジョージもレニーも単純な主人公たちではなかった。作者は他の登場人物たちと同等の距離感を持って、ふたりを描いていたと思う。ジョージには狡猾な部分があるし、レニーの愚かさには僕は苛立ちを感じた。

レニーは小動物が好きで、ポケットに二十日鼠を入れて可愛がったりするが、大男で力が強いくせに加減ができず、力を入れすぎて殺してしまうことが多い。それを悲しむ善良で心優しい人間だが、同じことを何度も繰り返す。その愚かさは、ジョージを苛立たせる。いわゆる「ホーボー」だ。彼らは季節労働者で、農場を渡り歩いている。ひとつの農場で落ち着けないのは、レニーが何かとトラブルに巻き込まれることが多いからである。時代は一九三〇年代。世の中には知的障害者に偏見を持ち、意味なくからかうような男たちもいる。

ジョージとレニーは、ある農場に雇われる。農場主はそれなりに誠実な人物だが、露骨に黒人を差別する。一九三〇年代であることを考えれば、彼が特に差別主義者であるとは言えないだろう。農場で誰もやりたくない仕事を担当している黒人は勉強家で知的で、愚かな白人たちより立派な人物だ。農場主の息子は小男で、そのことに強いコンプレックスを抱いている。だから、自分が腕力に優れていることを誇示しようとする。物語の中では悪役だが、僕はその後の実人生で彼のような人物には何人も出会った。彼は最初から大男のレニーに反感を抱き、喧嘩腰で接する。

ジョージは、とにかくトラブルを避けようとする。それが、彼の世渡りの知恵だ。彼には、レニーと一緒に小さな自分の農場を持つ夢がある。そのことを、ことある度にレニーに話し、レニーはその夢がすぐにでも実現するのだと、子供のように信じ込む。農場には様々な人間が雇われているが、みんな、社会の底辺で蠢くように生きている。ジョージのように、ささやかだが堅実な夢を語る人間は珍しい。彼らは、不運で過酷な人生に痛めつけられている。しかし、不具の老人がふたりの夢に乗っかり、夢が実現する可能性が出てくる。

そんなとき、トラブルの種がふたりの前に現れる。農場主の息子の若い新妻である。彼女は、男と見れば媚びをうるような女だ。どんな男にも気を持たせるようなことを言う。ジョージは、彼女を避ける。しかし、純粋なレニーは彼女の言葉を疑わない。そして、悲劇が起こる。この短編のラストでは、間接的な表現だったが一発の銃弾が発射される。その場面を読みながら、僕は滂沱の涙を流していた。そのとき、十三、四の少年の胸に「二十日鼠と人間」は熱く焼けた鉄の印を押しつけたのだ。今も、僕の心の中にその焼き印は、はっきりと残っている。

以来、僕はスタインベックの熱心な愛読者になった。すでにノーベル文学賞を受賞していた作家である。ヘミングウェイ、フォークナーに続くアメリカの偉大な作家と認められていた。当時の僕は、スタインベック作品を読むことに誇りを感じていたものだった。原作を読んでから長い月日が流れた後、映画化された「二十日鼠と人間」（一九九二年）が公開された。僕が滂沱の涙を流したときから、三十年近くの時間が過ぎていた。もちろん、僕はその映画を見にいき、ラストシーンで再び滂沱の涙を流した。

ジョージを演じたのは、この作品で初めて見る俳優だった。おまけに、彼は製作者であり監督でもあった。彼は、ゲイリー・シニーズといった。三十七歳になるゲイリー・シニーズは、舞台版「二十日鼠と人間」の演出も担当したという。二年後、ヒット作「フォレスト・ガンプ／一期一会」（一九九四年）の主人公フォレスト・ガンプの上官を演じて、ゲイリー・シニーズは多くの人に知られるようになる。フォレスト・ガンプは負傷した上官を抱えて戦場を脱出し、帰還後、上官を訪ねると彼は両脚のない姿でエビ漁師になっている。

大男のレニーを演じたのは、「プレイス・イン・ザ・ハート」（一九八四年）の盲目の役で記憶に残る名優ジョン・マルコビッチだった。あまり大きな男だという印象がなかったジョン・マルコビッチが、怪力の大男に見えてきたのには驚いたものだった。

ラストシーン、ゲイリー・シニーズの目の演技が忘れられない。鋭い目を持つ（どちらかと言えば悪役の目であり、僕は彼の顔から手塚治虫の悪役キャラクターであるアセチレン・ランプを連想した）ゲイリー・シニーズだが、その目に深い悲しみを湛えていた。自分が愛し守ってきたものを自らの手で壊さざるを得ないところに追い込まれた深い悲しみが、ゲイリー・シニーズの鋭い視線の中に浮かび上がり、その瞳には人間社会の不条理と理不尽な運命に対する怒りが燃え上がっていた。

（2019.02.21）

怒れる若者たち

長距離走者の孤独／アラン・シリトー

長距離ランナーの孤独／トニー・リチャードソン監督

アルバート・フィニーが八十二歳で亡くなった。最近でも「ボーン・レガシー」（二〇一二年）や「007 スカイフォール」（二〇一二年）などで姿を見ていたので、年を重ねてからの顔もよくわかっているけれど、僕にとっては「いつも2人で」（一九六七年）の三十になったばかりの頃の顔の方がなじみが深い。

僕は高校一年のときに「いつも2人で」を封切りで見て以来、とても気に入っていて定期的にＤＶＤで見ている。「今日は、『いつも2人で』を見たい気分だなあ」と思うと、ためらわず棚からＤＶＤを取り出す。

すでに三十半ばになっていたオードリー・ヘップバーンは、女子大生を演じるのにはちょっと無理があるけれど、友達の役でジャクリーヌ・ビセットも出てるしなあ、と思いながらリモコンの再生ボタンを押す。「いつも2人で」の中では、アルバート・フィニーは二十歳過ぎの貧乏な建築学科の大学生から、十年後の成功した嫌味な建築家までを演じている。オードリーとアルバート・フィニーは恋愛時代から新婚時代、そして倦怠期を迎えた夫婦までを演じるのだ。

ということで、僕は「いつも2人で」でアルバート・フィニーを初めて見たわけだが、その後、「この俳優はどんな映画に出ていたんだ?」と調べてみると、「土曜の夜と日曜の朝」（一九六〇年）の主人公役で評価されたのだと知った。また、「土曜の夜と日曜の朝」と言えばアラン・シリトーのデビュー作で、この長編によってシリトーは注目されたとわかった。シリトーは、「土曜の夜と日曜の朝」のシナリオを自ら書いていた。

シリトーは労働者階級出身の作家だった。その頃のイギリスは完全な階級社会で、労働者出身の若者が学ぶ学校と、将来はオックスフォードやケンブリッジに進むような上流階級の子弟が学ぶ学校は明確に別れていた。アルバート・フィニーが演じた労働者の青年は、そんな閉塞的な階級社会で仕事から解放される土曜の夜に羽目を外す。その姿が、社会への反抗であり、異議申し立てだった。彼は怒りを抱いているが、その怒りを何に向ければいいのかがわからず、愚行を繰り返す。

一九六〇年代のことだから、何年も前に公開された「土曜の夜と日曜の朝」を見ることはできなかったが、アラン・シリトーはずっと気になっている「長距離ランナーの孤独」（一九六二年）の原作者じゃないか、と僕は思い至った。映画「長距離ランナーの孤独」は、僕の気に入りの一本だった。主人公の不良少年を演じたトム・コートネイも記憶に残っていた。感化院の院長を演じたマイケル・レッドグレイブの偽善者ぶりが印象に残る。

その頃、僕はイギリスで起こった「怒れる若者たち（アングリー・ヤングメン）」と言われたムーブメントに強い興味を抱いていた。僕自身、強い閉塞感を抱いた「怒れる若者」だったのだ。実際には、おとなしい少年だったけれど、心の中ではいつも強い怒りを感じていた僕は、ある日、高松市丸亀町の宮脇書店の片隅で「怒りを込めて振り返れ」というソフトカバーの薄っぺらい本を見つけた。

聞いたこともない出版社が出していた、イギリス人作家の戯曲だった。作者は、ジョン・オズボーン。その戯曲こそが「怒れる若者たち」という言葉を生み出したのだと、「訳者あとがき」に書かれてあった。そして、アラン・シリトーも「怒れる若者たち派」の作家だと紹介されていた。「長距離ランナーの孤独」の主人公は貧しい労働者家庭の育ちで、かっぱらいを繰り返すうちに自然と逃げ足が鍛えられる。

とうとう逮捕されて感化院に送られるのだが、長距離走の才能を認められ感化院代表としてレースに出場することになる。しかし、体制や権力の欺瞞を知り、ゴール直前、ある形で復讐を遂げる。まさに「怒れる若者たち」の代表だった。しかし、僕が「長距離走者の孤独」を読んだのは、高校を卒業してからだった。映画だけで充分だと思っていたのだろうか。卒業してひとりで東京暮らしを始めたある日、僕は本屋で新潮文庫の「長距離走者の孤独」を手に取った。

短編集だったから、その夜に読了し、それから集英社から出ていたアラン・シリトーの作品を立て続けに読んだ。「屑屋の娘」「ウィリアム・ポスターズの死」「グスマン帰れ」などだ。一時期、集英社文庫で何冊も出ていたシリトーの作品は、やがてまったく翻訳されなくなった。今でも日本では、シリトーと言えば処女長編「土曜の夜と日曜の朝」と「長距離走者の孤独」の作家としてしか知られていない。しかし、映画公開から半世紀以上が経ち、またシリトーが死んで九年が過ぎる今も、「The Loneliess of the Long-Distance Runner」だけは、世界でも有名な短編のひとつであることは確からしい。（2019.02.28）

人生エッセイの先生だった

■江分利満氏の優雅な生活／山口瞳
⊛江分利満氏の優雅な生活／岡本喜八監督

僕の映画エッセイは「映画に人生を重ねる」と言われることが多いけれど、エッセイあるいはコラムを書くときの文体、それにスタイルや構成は様々な作家の影響を受けている。東海林さだおさんと椎名誠さんのエッセイは、数え切れないほど読んだ。「さらば国分寺書店のオババ」の頃、椎名誠さんは「昭和軽薄体」を掲げてユーモアあふれるエッセイを書いていたが、椎名さんは影響を受けた作家のひとりに嵐山光三郎さんを挙げていた。

カメラ雑誌編集部にいて体験取材レポートを書いていた一九八〇年代の頃、僕は意識的に東海林さだおさんと椎名誠さんの文体とスタイルを真似て、オモシロおかしいレポートを書いていた。東海林さだおさんの言いまわしを、そのまま借用したこともある。体験取材では、様々なところへいった。カメラ量販店の店員を体験したり、レンズ工場でレンズを作ったりしたこともあるが、様々なジャンルの写真家に入門することが多かった。いつも、そのジャンルでは第一人者と言われる人ばかりだった。

水中撮影では中村征夫さん（まだ木村伊兵衛賞をとる前だったけれど）の弟子になり、初めてアクアラングを背負った。ヨット写真の添畑薫さんにはモーター付きゴムボートに乗せてもらって、駿河湾を疾走した。料理写真の泰斗だった佐伯義勝さんのスタジオでは、光文社の女性誌の料理頁の撮影のときに弟子入りしたし、早世したネイチャーフォトグラファーの木原和人さんとは一緒に沢登りをした。高所恐怖症なので、気球撮影に誘われたときだけは「勘弁してくれー」と、必死に逃げた。

体験取材レポートは加藤孝カメラマンの写真と共に好評で、一回八ページももらえていた。というか、八ページ分の原稿を書くのは、けっこう大変だった。もっとも、僕は原稿を書くのが早かったので、時間はそれほどかからなかったけれど——。仕事ではない文章では、「敗れざる者たち」で熱い文章を書いていた若き沢木耕太郎さん、関川夏央さんの中期以降のエッセイにも影響を受けている。一時期熱中し、エッセイも小説も読み尽くした向田邦子さんではあったが、文章的な影響ではなくエッセイの構成のようなものを学んだ。

また、村上春樹さんのエッセイはすべて読んでいるし、かなり影響を受けていると思う。村上さんは女性誌に見開き連載したような軽いユーモア・エッセイも書くし、分析的で長文の音楽エッセイや海外の生活記録、あるいは旅行記など幅広く書いているが、そのすべてのものから僕はインスパイアされた。しかし、僕がエッセイの書き方として最初に影響を受けたのは、山口瞳さんの「江分利満氏の優雅な生活」である。「江分利満氏」シリーズは、人生エッセイのひとつの頂点と言ってもいい。

「江分利満氏の優雅な生活」を読んだすぐ後、僕は江分利満氏と同年齢だった自分の父親をモデルにして、模倣した文章を書いている。もっとも、「江分利満氏の優雅な生活」はエッセイではなく小説であり、一九六三年の直木賞を受賞した。僕が読んだのは五年後の一九六八年、十六歳のときだった。高校一年生の春休みに読んだのだ。薄い新潮文庫で読み、読み終わるとすぐに続編の「江分利満氏の華麗な生活」を買いに走った。

「買いに走る」と言えば、「江分利満氏の優雅な生活」の冒頭は、江分利満氏の小学生の息子である庄助が手に十円玉を握りしめて、貸本屋へ走っていく場面だった。山口瞳さんの実際の息子が正介さん（現在は作家で映画評論家）であることを知るのは、ずっと後のことである。

「江分利満氏の優雅な生活」は小説仕立てにはなっているけれど、ほとんどエッセイである。東西電機の社宅に妻と息子と住む江分利氏は、山口瞳さん本人と完全に重なる。しかし、小説仕立てであることで、感傷的でストレートな叙懐を照れずに書けるのだ。山口さんは事業を失敗した父親のことも、妻の病気のことも赤裸々に書く。この手法を後に多用したのが、諸井薫さんだった。諸井さんはエッセイ仕立ての短文の登場人物を「彼は」とか「男は」と三人称で書いた。それによって、中年男のストレートな感傷を描き出し、読者であるお父さんたちは感涙にむせぶ夜を過ごした。一時は本屋に山積みだった諸井さんの本も、今は見なくなってしまったなあ。

おもしろいことに、岡本喜八監督によって映画化された「江分利満氏の優雅な生活」（一九六三年）は、原作では東西電機とされていた勤め先をサントリー宣伝部に変え、江分利満氏（小林桂樹）を山口瞳に似せたメーキャップにした。おまけに江分利満氏は直木賞候補になり、記者（中丸忠雄）に取材されるシーンまであった。才人・岡本喜八監督らしくアニメーションも使用するし、ストップモーションなども多用された。その二年前に日本で公開されたルイ・マルの「地下鉄のザジ」（一九六〇年）の影響を受けていたのかもしれない。

山口瞳さんが開高健と共に、サントリー宣伝部にいたことは多くの人が知っている。「洋酒天国」というPR誌を編集し、「トリスを飲んでＨａｗａｉｉにいこう」というコピーを書いたことは有名だった。それは、直木賞を受賞した頃から知られていたのだろう。だから、映画では江分利の勤務先をサントリーにした。

「江分利満氏の優雅な生活」を読んでから三十年近くの月日が流れ、出版社に就職していた僕は入社二十年経った頃に月刊「コマーシャル・フォト」という広告写真専門誌の編集部に配属になり、あるとき広告制作会社サン・アドを取材することになった。「サン・アド」はサントリー宣伝部にいた開高健、柳原良平、坂根進、山口瞳らがフリーになって作った広告制作会社だが、出資したのはサントリーである。したがってサントリーの広告を作るのだけれど、他の会社の広告制作も行い、広告業界では主要な制作会社だった。

僕が取材したのは二十数年前だから、アートディレクターの葛西薫さんがいろいろな広告を作っていた。僕が取材した頃より少し後、葛西さんの仕事ではサントリー・ウーロン茶のシリーズが忘れられない。中国ロケで女性ふたりが登場し、中国語の「鉄腕アトム」の歌が流れるCMなど今も映像と音が甦ってくる。その「サン・アド」を取材したとき、僕は「ここに開高健、山口瞳がいたのか」と、少し感慨にふけった。もちろん、イラストレーターの柳原良平さんもいた。初めて読んだ「江分利満氏の優雅な生活」の表紙カバーは柳原良平さんのイラストだったから、江分利満氏を思い浮かべると、今もアンクル・トリスの顔が重なってしまう。

（2019.03.21）

ヘミングウェイの猫たち

老人と海／アーネスト・ヘミングウェイ

ロング、ロングバケーション／パオロ・ヴィルズィ監督

全身ガンに冒され「生きてるのが不思議」と医者に言われた妻は、認知症を患う夫と共に大型のキャンピングカーで旅に出る。五十年連れ添った夫婦だが、今でも深く愛し合うふたりだ。目的地は英語教師だった夫が一度はいきたいと言っていた、フロリダ・キーウェストにあるヘミングウェイ博物館である。ヘミングウェイ博物館は、アーネスト・ヘミングウェイが晩年を過ごした家で、そこで「老人と海」を書いたと言われる。

ヘミングウェイ博物館には猫が数十匹も暮らしているのだが、それはヘミングウェイが飼っていた猫の子孫（六本指の遺伝子を持つ）だという。しかし、現在のヘミングウェイ博物館は観光名所化していて、老夫婦が到着したときには結婚パーティが行われている。様々なイベント用の会場として貸し出しているらしい。「まったく、どうなってるの」と、想像していたのとは大きく異なり妻は落胆するが、認知症の夫は結婚パーティに紛れ込み、一緒になって踊り出す。

しかし、頭がはっきりしているときの夫は、昔通りの文学好きの英語教師である。その日の朝も夫はホテルのビュッフェの黒人ウェイトレス相手に、「老人と海」の冒頭の文章を暗誦し解説する。彼は誰彼かまわずにヘミングウェイやハーマン・メルヴィルなどアメリカ文学の話を始めるのだ。ところが、夫は「老人と海」の最後のフレーズが思い出せない。「美しい文章なのに……」と夫は落ち込む。

するとウェイトレスが「老人はライオンの夢を見ていた」と暗誦し、「卒論が『老人と海』だったの」と言う。そこへやってきた妻に、夫は感激して「彼女は『老人と海』を卒論にしたのだ。すばらしい」と言う。妻は「スペンサー・トレイシーの映画の方がよかったわ」と皮肉まじりに答える。夫が若い女性と親しく話しているので、嫉妬したのだ。妻は、今も夫を熱烈に愛している。

七十二歳のヘレン・ミレンと八十二歳のドナルド・サザーランドが老夫婦を演じた「ロング、ロングバケーション」（二〇一七年）は、結末が予測できるものの見ていて楽しい映画だった。おまけにヘミングウェイ博物館を見ることもできたし、ヘミングウェイ博物館の猫たちもスクリーンに登場し、「ここの猫は指が六本あるのよ」というセリフも出てきた。

映画を見た後、強烈に「老人と海」を読みたくなり、僕は書棚を探した。薄い文庫本である。昔は活字が小さく百ページくらいしかなかったが、現在の新潮文庫版は百四十ページほどある。映画の中で引用されたように、ラストのフレーズは「老人はライオンの夢を見ていた」だった。冒頭で老人の容貌を描写するフレーズも映画で引用されていたが、確かに印象に残る文章である。

僕が「老人と海」を読んだのは高校生のとき、たぶん十七か十八の頃である。テレビで放映された（「日曜洋画劇場」だったかな）スペンサー・トレイシーが老漁師を演じた「老人と海」（一九五八年）を見て、原作が読みたくなったのだ。それまで、僕はヘミングウェイの代表的な短編と「武器よさらば」しか読んだことはなかった。クラーク・ゲイブルとイングリッド・バーグマンの映画で有名な「誰が為に鐘は鳴る」も読んではいなかった。

「ロング、ロングバケーション」でヘレン・ミレンが言っていたけれど、映画版「老人と海」は名作である。主要人物は老人の漁師と彼を手伝う少年だけ。その少年も最初と最後にしか登場しない。ずっと不漁続きだった老人が小舟で漁に出て過ごす四日間の物語だから、海と小舟と老人のシーンばかり続くことになる。ひとりで漁に出た日、老人の釣り竿に巨大なカジキマグロがかかるのだ。

しかし、簡単には釣り上げられない。小舟だから、巨大な魚に引きづられ沖へ出てしまう。老人は、魚が弱るのを待つ。しかし、老人と巨大なカジキマグロの戦いは四日間におよび、空腹と睡魔が老人を襲う。ようやく、老人は戦いに勝つが、獲物が巨大すぎて小舟には乗らないので、カジキマグロを舟の横にくくりつけて帰途につく。しかし、港に向かう途中、カジキマグロは鮫に襲われ食いちぎられていく。

それだけの物語だから、最初と最後の港のシーン以外は大海原と小舟と老人だけで見せなければならない。ときに巨大な魚が跳ね、釣り糸（ほとんどロープ）を引いたり緩めたりするシーンばかりである。原作では内面の描写があるが、映画では特にナレーションが入るわけではなかったと思う。当然、スペンサー・トレイシー（アカデミー主演男優賞を二度受賞した）の演技力が要求される。ひとり芝居である。

アーネスト・ヘミングウェイは登場人物たちの行動と会話、そして状況の描写だけで小説を書いた。読者は、登場人物たちの内面を行動と言葉から読みとらなければならない。その叙述スタイル（非情なスタイルと評された）は「ハードボイルド」と呼ばれたが、その後、ミステリ・ジャンルのダシール・ハメットへとつながり、ある特定のジャンルの物語を指すようになってしまった。

しかし、「老人と海」では老漁師と巨大な魚との戦いを描くわけだから、「お前はおれを殺す気だな、老人は心のうちで思った」という内面を描写する文章を出さざるを得ない。老人は魚相手に独り言を口にし、「かれは右手で綱をしっかり握りしめ、その上に腿をのせ、全身の重みをへさきの板にゆだねるようにした」という行動描写が臨場感を読む者に与えた。

それまでの作品ではヘミングウェイの「ハードボイルド文体」になじめなかった僕は、初めて「老人と海」を夢中で読んだ。老人の内面が描かれるために、感情移入がしやすかったからだ。あるいは、映画を先に見たために読んでいて映像が浮かんできたからかもしれないが、その後、「移動祝祭日」「陽はまた昇る」「海流の中の島々」など主だったヘミングウェイの作品を読破し、結局、最高傑作は「老人と海」だという結論に達した。

ちなみに、「ロング、ロングバケーション」の中で、オートキャンプ場で隣に駐車していた一家と老夫婦が話をしていると き、「夫にヘミングウェイの家を見せるの」と妻が言うと、隣の一家の主人が「ヘミングウェイって南軍の将軍？」と聞き返すシーンがある。男の妻はあわてて「あら、作家よ。確か、自殺したのよね」と言いつくろう。アメリカでも、今ではヘミングウェイはその程度の認知度なのだろうかと僕は思った。まあ、日本でも夏目漱石を知らない人がいるかもしれないけれど――。

ヘミングウェイが生まれたのは一八九九年で、自殺したのは一九六一年。僕が初めてヘミングウェイを読んだ頃は、ヘミングウェイのショットガン自殺はまだ生々しく語られていた。自殺から数年後、中学の夏休み課題図書がヘミングウェイの短編集だった。ヘミングウェイがノーベル文学賞を受賞したのは、一九五四年である。もう六十五年も前のことになってしまった。ヘミングウェイが死んだ歳より僕は五年も長生きしてしまったのか、と改めて思う。

ひげを生やしたヘミングウェイの写真を初めて見たときは、かなりな老人に思えたが六十歳にもなっていなかったのだ。ちなみに六本指の猫を、ヘミングウェイは「幸運を呼ぶ猫」と信じていたらしい。そのヘミングウェイの猫たちに会うためだけでもキーウエストまでいきたいなあと思っていたら、「ロング、ロングバケーション」で見ることができた。ヘミングウェイが飼っていた二匹の猫の子孫は、今では五十匹以上になっているらしい。

（2019.03.28）

ショーケンに弔いの花束を

■魔都に天使のハンマーを／矢作俊彦

🎞青春の蹉跌／神代辰巳監督

三月二十六日、平成の最後にショーケンこと萩原健一が六十八歳で亡くなった。ショーケンは一九五〇年七月二十六日に埼玉県与野市（現・さいたま市）に生まれ、一九六七年、十七歳でザ・テンプターズのリード・ヴォーカルとしてデビューした。僕は一歳下だったから、同世代としてデビューのときから知っている。ただし、テンプターズやタイガースは少女趣味の大甘な歌ばっかり歌っていたから、どちらかというと「ケッ」という感じで見ていた。

「失神」で顰蹙を買ったオックスを含め、彼らは少女向けのアイドル・グループだった。当時の男子たちが好きだったのは、ワイルド・ワンズ、ゴールデンカップスといった音楽的スタイルのあるグループ、あるいは先駆者的な「ブルー・シャトー」のジャッキー吉川とブルー・コメッツなどだったと思う。少なくとも、彼らはルックスを売りにはしていなかった。

ただし、ショーケンはグループ解散後、師と仰いだ斎藤耕一監督の「約束」（一九七二年）で俳優としての才能を発揮した。当初、当時の二枚目俳優で人気のあった中山仁が主演に決まっていたが、なかなか女優が決まらず、中山仁が降りてしまう。その後、ヒロインに岸惠子が決まると今度は相手役が決まらず、映画監督になるつもりで斎藤耕一監督の助監督をやっていたショーケンが出ることになった、というエピソードがショーケンの自伝で披露されていた。

パリからやってきた年上の岸惠子の面倒を斎藤監督に命じられてショーケンが見ることになり、何かと一緒にいたため噂になったが「男女の関係はなかった」と弁明し、その頃は范文雀と半同棲状態だったと告白している。

范文雀はテレビドラマ「サインはV」でヒロインのライバルであり、不治の病で死んでいくジュン・サンダース役で人気が出た女優だ。日活映画「野良猫ロック」シリーズや「大幹部ケリをつけろ」（一九七〇年）などにも出ていて僕の好きな女優だったが、五十四歳で早世した。

ひょんなことから出演した「約束」だったが、作品の評価は高くキネマ旬報ベストテン5位に入り、ショーケンの演技が認められるきっかけになった。演技もできることがわかり、アイドル的人気もあったから日本テレビの連続ドラマ「太陽にほえろ！」のオファーがくる。「太陽にほえろ！」のマカロニ刑事を認めていなかった僕がショーケンを役者として「うまい」と思ったのは、映画「青春の蹉跌」とテレビドラマ「傷だらけの天使」を見たからだった。どちらも一九七四年の仕事である。

「傷だらけの天使」は秋から翌年三月までの半年間の放映だった。「青春の蹉跌」は日活ロマンポルノで評価された神代辰巳監督が、東宝で作った一般映画である。石川達三の原作は僕が高校時代にベストセラーになったものだが、僕はまったく評価していなかった。ところが、映画になった「青春の蹉跌」は抜群にいいのだ。セオドア・ドライサーの「アメリカの悲劇」を映画化した「陽のあたる場所」（一九五一年）と同じストーリーパターンだけれど、ショーケンが演じた主人公の造形が素晴らしかったのと、当時の大学の状況（内ゲバなど）がリアルに描かれていたことが印象的だった。

この年以降、僕はショーケンが出る映画は見逃さないようになった。ショーケンは、神代辰巳、工藤栄一、黒澤明、蜷川幸雄、鈴木清順、山下耕作、深作欣二など鬼才や巨匠の作品に出演しキャリアを重ねるが、中でも山下耕作監督の「竜馬を斬った男」（一九八七年）のシーンが強く記憶に残った。

それは坂本竜馬暗殺の下手人と言われる佐々木只三郎を演じた作品で、そのシーンで僕は彼の演技から狂気のようなものを感じた。燃えている手紙を食べてしまうシーンだった。役者はみんなどこか狂気じみているのかもしれないが、特にショーケンは突き抜けていた。

しかし、ショーケンの代表作と言えば、やはりテレビドラマ「傷だらけの天使」と「前略おふくろ様」ではないか。「傷だらけの天使」は、当時の若者たち（もちろん僕を含めて）を熱狂させ、最終回（工藤栄一監督）に漂う哀しみと切なさは今も胸の奥から甦るし、「前略おふくろ様」の板前サブちゃんの囁くようなナレーションは今も耳に残っている。

「傷だらけの天使」はショーケンと同い年の作家、矢作俊彦さんの中にも深く残っていたのだろう。放映から三十年以上経った二〇〇八年初夏、矢作さんは「傷だらけの天使・魔都に天使のハンマーを」を出版した。

三十数年後の木暮修が公園のホームレスとして目覚めるところから、物語は始まる。もちろん、僕はすぐに買って読んだ。矢作俊彦さんの愛読者でもあったし、「傷だらけの天使」のファンでもあったからだ。巻末には「傷だらけの天使」の脚本を書いた市川森一さんとショーケンへの謝辞があったから、もちろんショーケンも読んだに違いない。

ショーケンの自伝は「ショーケン」というタイトルで、彼が五十七歳のときに出た。その巻頭は「おれは、生まれてきちゃいけない人間だったのかもしれない」という文章である。クスリ、酒、女、結婚と離婚、逮捕歴などが赤裸々に書かれた自伝だった。しかし、巻末の文章は「五十七年間、こんなに激しく生きてきたのに、まだまだやり足りない。もっともっとやれる。これからショーケンの第二幕が始まる」となっていた。それから十一年、こんな風に第二幕が閉じられるとは思ってもいなかった。合掌。

余談だけど、一九七五年一月、玄光社という出版社の最終面接で、僕は「青春の蹉跌」の3シーン1カットの素晴らしさを熱弁し合格した。ただし、そのせいで希望していた「コマーシャルフォト編集部」ではなく「小型映画編集部」に配属されてしまった。まあ、それでも四十年勤めさせてもらったわけで、これもショーケンのおかげかもしれない。
(2019.04.04)

二度映画化された短編

📕殺人者たち／アーネスト・ヘミングウェイ
🎞殺人者たち／ドン・シーゲル監督

ヘミングウェイの短編集「われらの時代」と「男だけの世界」から抜粋した旺文社文庫のヘミングウェイ短編集が中学の夏休みの課題図書になったことがある。最初に「インディアンの村」という短編が配置され、ニック・アダムスという少年を主人公にした物語が続いた。「ヘンリーズ・ランチルームのドアがあいて、二人の男が入ってきた」というフレーズで始まる、「The Killers」という短編の主人公は青年に成長したニック・アダムスだった。

食堂に入ってきた二人の男を「ニック・アダムスは、カウンターの反対の端から」眺める。その後、男たちとカウンターの中のジョージとの会話だけで物語は進む。やがて二人の男はジョージとニックと調理場にいた黒人コックのサムを猿ぐつわをして縛り上げ、毎晩、決まった時間に食事にやってくるオーリー・アンダーソンという男を殺すために待ち伏せをする。しかし、その日に限ってなぜかオーリーはやってこず、二人の男は立ち去る。

ニックはオーリーの下宿を知っていたので、彼に二人の男が殺しにきたと報せにいく。しかし、オーリーはベッドに寝そべったまま「いいんだ、どうでもいいんだよ、そいつらの人相など」と言う。警察に知らせても無駄だし、もう手の打ちようがないと口にする。ニックは、再び食堂に戻り、ジョージと会話する。

「あの人、どんなことをしたのかな?」ニックが言った。
「だれかを裏切ったのさ。それをやっちまうと、たいてい殺されるんだ」

文庫本で十五ページほどの短編が深く印象に残ったのは、会話中心で描写されるスタイルが新鮮だったのだと思う。内面描写はなく、人物たちの行動と状況しか描かれない。「これがハードボイルドだ」と中学生の僕は、きっと興奮したのだろう。しかし、その叙述スタイルは登場人物に感情移入ができず、中学生にとってはわかりにくかったと思う。ちょうどその頃、「殺人者たち」(一九六四年)という映画が公開された。

テレビシリーズ「シカゴ特捜隊M」で好きになったリー・マーヴィンがサングラスをし、消音器のついた拳銃を構えている映画の広告が新聞に掲載され、それがヘミングウェイの短編「The Killers」を原作にしていることを知った。監督は、ドン・

シーゲルという人だった。ある町の聾唖学校へ二人の男がやってくる。背の高い男（リー・マーヴィン）は銀髪でサングラスをし、黒いスーツを身に付けている。手足が長く、しなやかな動きを見せる。もうひとりは小男（クルー・ギャラガー）で、すばしっこい感じだ。やはり、黒いスーツでサングラスをしている。

男たちは目的の男がいる教室をめざす。目的の男（ジョン・カサヴェテス）は聾唖学校の教師だ。受付からの電話で、男は二人の男が「そちらに向かった」と連絡を受けるが、現れた二人の男たちの銃口に逃げもせず、慫慂と死を受け入れる。依頼を果たした殺し屋たちは、男がなぜ抵抗もせず、逃げもしないで銃弾を受けたか不審に思う。そして、男の過去を探り始めるのだ。やがて、男がレーサーだったことを調べ出し、相棒のメカニックから話を聞き出す。

殺された男は、かつてシーラ（アンジー・ディッキンソン）というファム・ファタール（運命の女）に出会ったという。その女はジャック（後に大統領になるドナルド・レーガン）というギャングの情婦であり、現金輸送車強奪のためにレーサーを誘惑し犯罪に引き込んだことがわかる。おまけに現金を奪った後、女は男を裏切っていた。殺し屋たちが殺した男は誰かを裏切ったのではなく、愛した女に裏切られ生きる気力も失っていたのだとわかる。

「殺人者たち」を見た十数年後、僕は「殺人者」（一九四六年）を見た。ヘミングウェイの「The Killers」を最初に映画化した作品だ。この作品では、冒頭の十五分ほどはヘミングウェイの原作通りに物語が進む。異なるのは、ニックが報せた後、二人の男たちに男（バート・ランカスター）が殺されることである。シーンが変わると、保険会社の調査員（エドモンド・オブライエン）が警察で事件のことを調べている。

被害者の男の過去を調べると、男がボクサーだったこと、ファム・ファタールと出会い、やがて犯罪に引き込まれていったことなどがわかる。その女（エヴァ・ガードナー）はギャングのボスの情婦で、事件の後で男を裏切ったことが判明する。「女に裏切られたとき、彼はすでに死んでいたのよ」というセリフが出てくる。

文庫で十五ページほどのヘミングウェイの短編は、その背景にどういう物語があったのか、ハリウッドの脚本家たちに想像させる力をもっていた。オリジナルの部分を加えて、映画版「殺人者」および「殺人者たち」は成立したのである。どちらも、見応えのある映画化作品だった。

ちなみに、現在の翻訳では「The Killers」は「殺し屋」と訳されている。「殺し屋」という日本語がいつ頃から使われ始めたのかは不明だが、昔読んだ小林信彦さんの著書にそれらしいことが出ていた。「アルフレッド・ヒッチコック・ミステリマガジン」編集長時代のエッセイだったと思う。それが正しければ、昭和三十年代に生まれた言葉なのかもしれない。「エラリィ・クィーンズ・ミステリマガジン」「マンハント」など、翻訳ミステリ雑誌が乱立した時代があった。そんな頃に「殺し屋」という言葉が生まれたのだろうか。

　八百屋、魚屋、果物屋、文房具屋などと並んで「殺し屋」なんて店があると怖いけれど、要するに職業的殺人者のことである。「日本に殺し屋なんかいない」と言ったのは、日活で殺し屋ばかりを演じた宍戸錠だそうだが、日活映画はずいぶん殺し屋を登場させたものだ。究極は鈴木清順監督の「殺しの烙印」（一九六七年）だろう。

　それにしても「殺し屋」とは、言い得て妙かもしれない。それだけで「殺しを生業とする人」とわかる。英語で言えば「コントラクト・キラー／Contract Killer」あるいは「暗殺者」の意味を持つ「アサシン／Assassin」だろうか。最近では、「ヒットマン／Hitman」でも通じるかもしれない。ただ、英語が苦手な僕は「マーダラー／Murderer」と「キラー／Killer」の違いがよくわからない。

(2019.04.10)

■秋津温泉／藤原審爾

何でも書ける作家

⊛秋津温泉／吉田喜重監督

先日、ユーチューブでいろいろ見ていたら「地獄の曲り角」という古い日活映画が出てきた。昭和三十四年（一九五九年）のモノクロ作品だ。主演は葉山良二で、恋人役は稲垣美穂子だった。南田洋子が事件の裏を知る悪女役で出ていた。

　葉山良二は三流ホテルのボーイだが、犯罪じみたことにも手を染める小悪党である。ある夜、汚職事件に関係しているらしい男がホテルの部屋で殺し屋に殺される。ボーイはその部屋であるものを見つけ、強請りを企てたために政治的陰謀に巻き込まれるという話だ。その原作者が藤原審爾だった。

　藤原審爾原作の最も早い時期の映画化作品は、黒澤明が脚本を書いた「獣の宿」（一九五一年）である。昭和二十六年、藤原審爾は新進作家だった。同人雑誌で注目され純文学から出発した藤原審爾は、病気や結婚などもあって読み物作家として様々なエンターテインメント作品を手掛けていた。

　作品を振り返ってみると、初期には恋愛小説の傑作「秋津温泉」があり、その後、やくざが主人公の作品、殺し屋小説、脱獄囚の物語、警察小説のハシリのような「新宿警察」シリーズ、スパイ小説、任侠小説、時代小説、動物小説などがある。

　一九五〇年代から七〇年代にかけての三十年ほどの間に、藤原審爾は映画に六十本近くの原作を提供した。中でも、一九五九年に五本、六一年に七本、六三年に六本、六四年に五本、六七年に四本、七一年に四本、七二年も四本と集中しているし、その他の年にも一、二本の映画化作品がある。それらは「地獄の曲がり角」のように時間と共に忘れ去られた作品もあるが、多くは映画ファンに知られている。

「恐喝こそわが人生」は二度映画化されたし、「よるべなき男の仕事・殺し」は市川雷蔵の「ある殺し屋」「ある殺し屋の鍵」（一九六七年）になり、村川透監督によって「よるべなき男の仕事・殺し」（一九九一年）としてリメイクされた。

カルト的人気のある作品としては、新東宝の「地平線がぎらぎらっ」（一九六一年）や日活の「拳銃（コルト）は俺のパスポート」（一九六七年）などがある。前者は黒澤明監督の「用心棒」の冒頭、桑畑三十郎に片腕を斬られるジェリー藤尾が同じ年に主演した脱獄もの。後者でもジェリー藤尾はスナイパー宍戸錠の弟分を演じた。

僕は石井輝男が新東宝から東映に移って監督した「花と嵐とギャング」（一九六一年）「恋と太陽とギャング」（一九六二年）が好きだ。若き高倉健がよく喋るトッポいチンピラ（「スマイリー健」）を演じているのが楽しい。ガンブームの頃に作られた映画だから、ガンアクションに凝っている。

藤原審爾はチンピラ小説も書いており、チンピラとお嬢様の純愛を描いた「泥だらけの純情」は一九六三年に十八歳の吉永小百合と浜田光男が映画化し、十四年後の一九七七年に山口百恵と三浦友和でリメイクされた。「秋津温泉」でわかるように、元々、藤原審爾は純愛小説の名手だった。

意外なことに山田洋次監督の「馬鹿まるだし」（一九六四年）も原作は藤原審爾だし、森崎東監督の「喜劇　女生きてます」シリーズの原作も藤原審爾である。かと思うと、江波杏子主演で加藤泰が監督した「昭和おんな博徒」（一九七二年）や高倉健主演「日本やくざ伝　総長への道」（一九七一年）もある。

日本映画史上の名作として残っているのは、今村昌平が監督した作品だ。「果てしなき欲望」（一九五八年）は、今村監督の三作めである。終戦時に軍医が埋めた大量のモルヒネを掘り出そうとする、五人の男女の欲望に駆られた姿を描き出す。今村作品独特の、人間のエネルギー（欲望）にあふれた力強い画面が印象に残る。

「赤い殺意」（一九六四年）も名作の誉れ高い作品だ。夫（西村晃）に虐げられ、いつもおどおどしている妻（春川ますみ）が強盗に犯される。妻は首を吊ろうとするがロープが切れて（春川ますみの小太り体型に説得力があった）死ねず、しぶとく強い女に変貌していく姿を生々しく描いた。

しかし、僕が昔から日本映画ベスト3の一本としているのは、岡田茉莉子の百本記念として製作された吉田喜重監督の「秋津温泉」（一九六二年）である。他の二本は成瀬巳喜男監督の「浮雲」（一九五五年）と川島雄三監督の「幕末太陽傳」（一九五七年）だ。「浮雲」と「秋津温泉」には人生の真実を教わり、「幕末太陽傳」からはしぶとく生きることを学んだ。「秋津温泉」は十八歳の時に見て、生涯忘れられない一本になった。

結核で岡山の叔母の家を頼った主人公の河本（長門裕之）には、藤原審爾自身の姿が重なる。秋津温泉の秋津荘の娘・新子

（岡田茉莉子）の看病で病気から回復した河本は、戦後、岡山で塾を開きながら小説を書いている。

ある日、妻の兄（宇野重吉）が文学新人賞を受賞したと知らせがあり、地元の新聞記者たちが取材にやってくる。帰宅した河本は妻に「私が働きますから、あなたもいい作品を書いてください」と言われ、「俺はどんなに堕落しても、あんな大衆小説は書かん」と怒鳴りつける。

それから十数年後、東京の出版社の立派なビルのロビーで、河本はショップの店員をしつこく口説く中年になっている。流行作家になった義兄の紹介で出版社に入り、長い年月が過ぎたのだ。そこへエレベーターから編集長と義兄が降りてくる。編集長は、「わが故郷」というエッセイの取材で義兄と岡山に同行しろと言う。「故郷でいいことなんて何もなかった」と答える河本だが、同人誌に純文学作品を書いていた頃、安酒で酔いどれては「おめおめと、また秋津か」と言いながら新子に救いを求めて秋津温泉へいっていた。

河本は十年ぶりに新子を訪ねるが、今の彼は新子の肉体だけを求める、つまらない男になっている。原作が発表されたのは戦後すぐの一九四六年だったが、映画版「秋津温泉」は原作を大胆に脚色していた。ファーストシーンは、岡山空襲の直後である。山陰に疎開した叔母の下へ向かう途中、結核で動けなくなり秋津温泉の宿に泊まり、女学生姿の新子と出会う。そこから終戦、戦後を経て、映画製作時の現在までを描いている。十数年に及ぶ男女の変遷が僕に「人生の真実」を教えたのだ。

「秋津温泉」を見てから数年後、僕は薄い文庫本を入手した。「秋津温泉」は、美しい文章で綴られた恋愛小説だった。「鮮烈」という言葉が浮かんだ。映画とは違った感動があった。しかし、その後の藤原審爾の作品群は、完全なエンターテインメントばかりだった。それを知ったとき、河本が義兄の作品に向かって放った言葉が浮かんできた。しかし、純文学をエンターテインメントより上位に置いていた若き日の僕と違い、今は藤原審爾という作家の凄さがわかる。

「小説の名人」と異名をとったそうだが、それも納得する。何でも書いた（書けた）作家だった。現在、作品が入手しにくいのは残念だ。「秋津温泉」を見て以来、僕は己に忸怩たる想いが湧くと「おめおめと、また秋津か」と口にするようになった。大学時代も、勤めているときも、何度「おめおめと、また秋津か」とつぶやいたことだろう。今でも、深夜ひとりもの思いに沈むとき、思わず口を衝いて出ることがある。


——おめおめと、また秋津か!!

（2019.04.18）

いつ読むかは大切なこと

孤独な青年／アルベルト・モラヴィア
暗殺の森／ベルナルド・ベルトルッチ監督

先日、久しぶりに高田馬場駅から早稲田通りを早稲田に向かって歩く機会があり、懐かしくなって、飯田橋ギンレイホールと共に現在も健在な名画座である早稲田松竹の前で上映作品の看板を眺めた。スチール写真などを貼ってあるウインドウの横にパンフレットを差し込んだスタンドがあったので、上映予定のパンフレットをもらって三月の上映作品を確認すると、まるで四十五年前の大学時代へタイムスリップした気分になった。

パンフレットには「まぼろしの市街戦」（一九六六年）「追想」（一九七五年）「勝手にしやがれ」（一九六〇年）「気狂いピエロ」（一九六五年）「暗殺の森」（一九七〇年）「水で書かれた物語」（一九六五年）「手をつなぐ子ら」（一九六四年）といったタイトルが並んでいた。四十九年前の一年間、僕は早稲田大学近くの予備校に通っていたので、毎日、高田馬場駅から早稲田まで歩いていた。

駅前の芳林堂（今も変わっていない）や早稲田松竹にはよく入ったものだった。たまには沿道のパチンコ屋にも入ったけれど、古本屋と書店と名画座が僕のテリトリーだった。それにしても、早稲田松竹では時間が止まっているのではないか。ただし、入場料金は大人が千三百円、学生が千百円になっていた。記憶が確かではないのだが、僕が通っていた頃は百円か百五十円で二本立てが見られたと思う。池袋の文芸坐や文芸地下、銀座並木座も同じくらいだった。

当時、百五十円あればラーメンが食べられた。だから僕は昼食を抜いて、名画座の椅子に身を沈める日々を送っていたのだ。高田馬場から早稲田の予備校まで歩いていたのも、バス代を節約するためだった。僕は高田馬場から二つ目の池袋で赤羽線に乗り換え、一つ目の板橋駅を降りて五分ほどの滝野川にある四畳半一間の安アパートで暮らしていた。僕は貧しく、痩せていて、そして若かった。

そんな思い出が甦ってきたその日、早稲田松竹のパンフレットを見て連想した作家がいた。アルベルト・モラヴィアである。「ベルトルッチ監督の『暗殺の森』は、確かモラヴィアの『孤独な青年』が原作だったな」と、僕はつぶやいた。アルベルト・モラヴィアを連想したのは、ゴダール特集として「勝手にしやがれ」と「気狂いピエロ」もパンフレットに載っていたからだ。ゴダールがブリジット・バルドー主演で撮った「軽蔑」（一九六三年）もモラヴィアの原作なのである。

僕がアルベルト・モラヴィアの名前を知ったのは、中学生のときだった。当時、定期購読していた早川書房発行の「エラリィ・クィーンズ・ミステリマガジン（後にハヤカワズ・ミステリマガジン）」の社告ページでモラヴィアの小説（「無関心な人々」だったと思う）が広告されていた。その本が、なぜ僕の興味を引いたかというと、「ローマ法王によって発禁になった」というようなキャッチコピーがついていたからだった。

当時、イタリアはカトリックの戒律が厳しくて何かというと官能的な小説が発禁になったり、エロチックな映画が上映禁止になっていた気がする。ピエトロ・ジェルミ監督「イタリア式離婚狂奏曲」(一九六一年)という映画が上映された時代である。当時、イタリアでは離婚が認められていなかったし、避妊もダメだったから(検温で排卵日を避けるだけのオギノ式はいいんじゃないかという議論があったらしい)イタリア人は子沢山というイメージがあった。

ということから、イタリアで発禁になった小説は、きっと「イヤラシイ」(まだ猥褻という言葉を知らなかった)ものに違いないという短絡的な受け取り方を十三歳の僕はしたのである。まあ、幼かったわけですね。その結果、アルベルト・モラヴィアという名前が僕の記憶に深く刻み込まれることになった。しかし、大学生になってモラヴィアが文学的評価の高い作家だと知ることになる。当時、イタリアの作家では自殺したチェーザレ・パヴェーゼの方が人気があったが、モラヴィアもイタリアの重要な現代作家だと教えられたのだ。

そして、アルベルト・モラヴィアの作品が多く映画化されていることにも気付いたのだった。「軽蔑」や「暗殺の森」は評判になったが、その他にも話題作があった。「ローマの女」(一九五四年)はジーナ・ロロブリジーダ主演だし、「河の女」(一九五五年)はソフィア・ローレンが日本で注目され、スターになるきっかけになった作品だった。

モラヴィアは、政治的な立場を鮮明にしていた作家だった。第二次大戦中はムッソリーニ政権から作品を禁書にされ、新聞への執筆も禁じられていたという。戦後、ずいぶん経った一九八四年に、イタリア共産党から欧州議会の選挙に立候補して当選した。

「暗殺の森」(原作は「孤独な青年」)はファシストの青年(ジャン=ルイ・トランティニャン)が主人公で、ある人物の暗殺を命じられ、その妻(ドミニク・サンダ)に惹かれていく物語だったが、第二次大戦前の複雑なイタリアの政治状況を背景にしていた。また「軽蔑」では、女好きの映画プロデューサー(ジャック・パランス)と自分の妻(ブリジット・バルドー)を二人きりにしてしまうシナリオライター(ミシェル・ピッコリ)は、共産党の党員証をポケットから落とすシーンがある。

政治的(コミュニスト)であり、官能的な物語を書いたから、モラヴィアの作品は厳格なローマ・カトリックによって発禁指定に遭ったのかもしれない。中学生の頃、下賤な目的で手に取らなくてよかったと思う。読んでも理解できなかったろうし、つまらなく思ったに違いない。大学生になって初めて読んだから、それなりの理解ができたのだ。

いつ読むか、は大事なことだと思う。僕は、早くに読み過ぎた本もけっこうあるので、もう一度読み返したいと思っているのだけれど、感銘を受けた本がまるで違った印象になったらどうしょうと、少し迷っている。

(2019.04.25)

陶酔の時よ来い

美しい夏・女ともだち／チェーザレ・パヴェーゼ

女ともだち／ミケランジェロ・アントニオーニ監督

六〇年代後半から七〇年代前半、要するに僕が高校大学の頃、晶文社の本は高かったけれど若者たちに人気があった。高校生のとき、僕は背伸びをして扉のマークの晶文社から出ていたロープシン（サヴィンコフ）の「蒼ざめた馬」を買ったものだ。ポール・ニザン著作集の第一巻「アデン・アラビア」を買ったのは大学一年生のときである。

「アデン・アラビア」は「ぼくは二十歳だった。それがひとの一生でいちばん美しい年齢だなどとだれにも言わせない」という冒頭のフレーズが有名で、当時の若者たちはそのフレーズだけをノートに書き写したり、口ずさんだりした。といっても、結局、今まで「アデン・アラビア」を読み通したという人には会ったことがない。

その晶文社からチェーザレ・パヴェーゼ全集が出ていたのが、やはり一九七〇年前後だった。これは十五巻ほどで完結するはずだったが、半分ほど刊行された時点で中断した。現在は、岩波書店から「パヴェーゼ文学集成」が出ているし、岩波文庫では代表作のいくつかが読める。

僕は大学のフランス文学科に通っていたのだけれど、イタリアの作家であるパヴェーゼは人気があり、友人から「『月と篝火』を読んだか？」などと言われた。パヴェーゼは自殺した作家だから人気があるのかな、と僕は考えたが、そのまま読むこともなく、ずっとそのことが気にかかっていた。

卒業して何年か経った頃、書店で白水社の「世界の文学」シリーズでパヴェーゼの「美しい夏・女ともだち」が出ているのを見つけ、その頃には経済的余裕もあったので美しい白いハードカバーの単行本を買った。一九七九年のことで、定価は千三百円。まだ、消費税は導入されていない。僕は就職して四年、二十八歳だった。

白水社「世界の文学」シリーズには、映画化されたファウルズの「コレクター」やアップダイク「走れウサギ」、サリンジャー「ライ麦畑でつかまえて」といった売れ筋と共に、当時はそれほど注目されていなかったアルゼンチンのボルヘスなども出ていた。イタリアの作家としては、パヴェーゼの他にイタロ・カルヴィーノ「木のぼり男爵」が出ているだけだった。

チェーザレ・パヴェーゼは一九五〇年八月二十七日、北イタリアのトリノのホテルの一室で睡眠薬自殺を遂げた。生まれたのは一九〇八年だから、四十二年間の人生だった。同じ頃に自殺した作家というと、日本では太宰治を思い浮かべるが、太宰は一九〇九年に生まれ、一九四八年（昭和二十三年）に玉川上水に山崎富栄と共に入水した。太宰はパヴェーゼより一年遅く生まれ、二年早く死んだことになる。

白水社版「美しい夏・女ともだち」の解説によると、死の前日、パヴェーゼは「幾人かの女性につぎつぎに電話して夕食を誘ったが、はかばかしい返事はひとつも得られず、最後にいかがわしい場所の女を呼びだしたが、その女にさえ『行きたくないわ、あんたは嫌なひとだし、あんたに会ってもつまんないもの』と言われた」という。女の言葉は、ホテルの交換手が聞いたものだった。

人は誰かに拒絶されることによって、ひどく傷つく。僕は高校生のとき、同級のある男から「おまえ、好かんわ」と面と向かって言われたことがあり、しばらく落ち込んだ。その男とは、まったく住んでいる世界が違うと感じていたし、特に友達になりたいとは思っていなかったけれど、そのときからしばらく「人から拒絶されること」について考えたものだった。今も、そのときの相手の表情が浮かんでくる。

パヴェーゼも女たちに拒絶されたことで、傷つき落ち込んだのだろうか。それが絶望を呼び起こし、死に至ったのか。そんな作家の人生を知って「美しい夏・女ともだち」を読むと、ひどくやるせない気持ちになった。その二篇は死の前年、一九四九年に発表された小説だった。そして、僕は「美しい夏」の冒頭の数行が特別に好きになった。

——その頃はしじゅう楽しいお祭りさわぎがつづいた。家を出て、通りを横ぎればたちまち熱狂できたし、あらゆるものがほんとにすばらしかった。（菅野昭正・訳）

その文章を読んだとき、僕にもそんな時代があったのだという想いが湧き上がってきた。そのフレーズは、なぜか僕が好きだったアルチュール・ランボウの「いちばん高い塔の歌」を金子光晴が訳したフレーズを連想させた。昔からことある度に、僕は「いちばん高い塔の歌」の最初の詩句を口にする。

束縛されて手も足も出ない　うつろな青春
こまかい気づかいゆえに　僕は自分の生涯をふいにした
ああ　心がただ一すじに打ち込める
そんな時代は　ふたたび来ないものか？

ちなみに小林秀雄訳では後半は、『時よ来い　ああ、陶酔の時よ来い』となっていて、そのフレーズの方が「美しい夏」の冒頭と通じ合うような気がした。要するに、「美しい夏」では「しじゅう楽しいお祭りさわぎがつづいた」時代は去り、語り手はその頃の回想に浸っている。過ぎ去った昔は、帰ってはこない。その寂寥感が冒頭から漂い、かつての陶酔の時を渇望する。

三百三十ページほどある単行本の後半は「女ともだち」で、

こちらの方が「美しい夏」より少し長かった。僕が「女ともだち」を読みたかったのは、ミケランジェロ・アントニオーニ監督が映画化しているからだった。映画化作品の日本初公開は一九六四年だが、製作されたのは一九五六年である。「女ともだち」はアントニオーニの監督三作めであり、彼の評価が高まった「さすらい」(一九五七年)「情事」(一九六〇年)「太陽はひとりぼっち」(一九六二年)の日本公開後に初期作品として公開された。

しかし、僕は「女ともだち」は「太陽はひとりぼっち」より好きだった。僕がアントニオーニの「女ともだち」を好きなのは、主演がエレオノラ・ロッシ=ドラゴだからだ。僕はエレオノラ・ロッシ=ドラゴの出演作品は、他には「激しい季節」(一九五九年)と「刑事」(一九五九年)しか見ていないが、気品ある大人の女性の魅力に若い頃からまいっている。

日本の女優で言えば、先日亡くなった白川由美みたいなイメージである。エレオノラ・ロッシ=ドラゴは僕の母と同じ歳で、二〇〇七年に八十二歳で亡くなった。しかし、「女ともだち」を見ると、三十歳の美しい彼女の姿が永遠に残っている。パヴェーゼが自殺した六年後の映画だった。映画の舞台はトリノ。パヴェーゼが死んだ街だった。「女ともだち」は、ヒロインの仲良くなった若い女ともだちが自殺して終わる物語だった。

(2019.05.02)

動物小説の面白さを知った

『荒野の呼び声』ジャック・ロンドン
◉野生の呼び声/ケン・アナキン監督

「馬に乗った水夫」(アーヴィング・ストーン著)というジャック・ロンドンの伝記を読んだのは、中学生の時だった。当時、定期購読していた「ミステリマガジン」に短期連載されていたのだ。後に早川書房から単行本にまとまった。小学生のときには「キューリー夫人」とか「エジソン伝」といった偉人伝のような子供向けの本をいろいろ読んだけれど、特に偉人でもない小説家を取り上げた本格的なバイオグラフィ(伝記)を読んだのは初めてだったし、アメリカでは伝記作家という存在が成立するのだと知った。

しかし、「馬に乗った水夫」がジャック・ロンドンの伝記でなかったら、僕は読まなかったかもしれない。「ミステリマガジン」を定期購読していたのは、ミステリを読みたかったからで、ノンフィクションには馴染みがなかったからである。しかし、当時の「ミステリマガジン」は、ミステリ以外の作品やコラムが充実していた。編集長だった常盤新平さんの方針だったようだ。

僕は小学生で「荒野の呼び声」と「白い牙」を読み、ジャック・ロンドンという名前を記憶していた。後に原題が「The Call of the Wild」と知り、物語の内容からすれば「野生の呼び声」という邦題の方がニュアンスを伝えていると思ったけれど、僕の小学生の頃は「荒野の呼び声」というタイトルが一般的だったと思う。

「荒野の呼び声」は、僕が初めて読んだ動物小説だった。飼い犬だったバックがさらわれてソリを引く重労働に従事させられたり、様々な人間と出会い苦難に充ちた経験をし、やがて「野生の呼び声」によって荒野へ帰っていく物語だった。荒野で遠吠えをするバックの孤影を、僕は鮮明に浮かび上がらせた。

狼と犬の間にできた「白い牙」と呼ばれる犬の物語の舞台は、ゴールドラッシュに湧くアラスカだった。狼の血を引く「白い牙／ホワイト・ファング」は猜疑心の強い子犬だったが、原住民に拾われ、強いソリ犬のボスに育つ。やがて白人に買われ、闘犬に出されるようになり、無類の強さを誇る。

しかし、闘犬のために育てられたブルドッグと対戦して重傷を負い、瀕死のところを判事の息子に救われる。初めて心優しい人間に出会った白い牙は、判事の家の忠実な番犬になる。これは「荒野の呼び声」とは逆で、猛々しい野生の狼犬から幸せに暮らす飼い犬になる物語だった。

「白い牙」で印象に残ったのは、「片目」と名付けられた父親の狼である。過酷な荒野の生活を送ってきた片目は、右の目がつぶれている。犬のキチーとの間に白い牙を含めて五匹の子を為し、オオヤマネコと戦い死んでいく。「片目」は、「シートン動物記」の「狼王ロボ」を僕に連想させた。ただし、僕が読んだのは、「シートン動物記」を白戸三平がマンガにしたものである。一九六一年から一九六四年にかけて、僕の小学四年生から中学一年生のときに発表されたマンガだった。

その頃、金曜日の夜八時から一時間、日本テレビ系で三菱電機提供による番組枠があった。そこではプロレス中継と「ディズニーアワー」が隔週で交互に放映されていた。小学生たちはもちろんプロレスに熱中したけれど、僕は「ディズニーアワー」の方が楽しみだった。「ディズニーアワー・冒険の国」の回で「白い牙」が放映された。そのときの映像を、僕は今でも憶えている。檻の中に入れられて吠える主人公の狼犬。過酷な労働をさせられ、闘犬シーンでは牙を剥いて戦った。

ということで、僕はジャック・ロンドンという作家に強い興味を持っていたのだった。「馬に乗った水夫」を読んだ僕は、ジャック・ロンドンが極貧に生まれ、幼い頃から働き、やがて水夫になり、そんな経験を経て社会主義者となったことを知った。一八七六年生まれのジャック・ロンドンは、マルクスとエンゲルスの「共産党宣言」に共感し、一九〇一年にアメリカ社会党に入党する。一九〇三年、二十七歳のときに「荒野の呼び声」を発表し、流行作家となった。以降、五十冊以上の著書を残したという。

ちなみに数年前、僕は書店で柴田元幸さんが翻訳したジャック・ロンドン著「火を熾す」を見つけ、久しぶりに彼の短編を読んだ。村上春樹さんもジャック・ロンドンの「To Build a

Fire」にインスパイアされた短編を書いている。

ジャック・ロンドンは二十世紀初頭のアメリカで社会主義者だったから、ウォーレン・ベイティが監督主演した「レッズ」(一九八一年)にジャック・ロンドンが出ていたと、ずっと僕は錯覚していた。「レッズ」は、二十世紀初頭のアメリカでコミュニストとして生きた人たちを描いていたからだ。

「レッズ」(赤たち、つまり共産主義者たち)は、ロシアのヴォルシェビキによる十月革命をルポした「世界を震撼させた十日間」を書いたアメリカ人ジャーナリスト、ジョン・リード(ウォーレン・ベイティ)を主人公にした物語で、映画のラスト・クレジットでは重厚な「インターナショナル」が流れる。

しかし、「レッズ」にはリードの友人である劇作家ユージン・オニール(ジャック・ニコルソン)は登場するが、ジャック・ロンドンとは少し時代がずれている。ジャック・ロンドンは、ロシア革命以前の一九一六年に死んでいるのだ。モルヒネを飲んでの自殺だという。四十年の生涯だった。

ジャック・ロンドンの代表作は、何度も映画化されている。「シーウルフ／海の狼」「野生の呼び声」「白い牙」などである。ケン・アナキン監督でチャールトン・ヘストンが出た「野生の呼び声」(一九七二年)や若きイーサン・ホークが出ていた「ホワイトファング」(一九九一年)を僕は憶えている。(2019.05.23)

杉葉子さんが亡くなった

■若い人／石坂洋次郎

若い人／西河克己監督

女優の杉葉子さんが亡くなった。九十歳だったという。一九二九年(昭和四年)に生まれ、一九四九年(昭和二十四年)に十九歳で今井正監督「青い山脈」「続・青い山脈」のヒロイン寺沢新子を演じ、新人女優として一躍注目を浴びた。彼女の死は新聞やテレビで報じられたが、ほとんど「青い山脈」の女学生役にしかふれられていなかった。しかし、杉葉子は一九五〇年代に五十本以上の映画に出演しているのだ。もちろん、堂々の主演作もある。中でも僕が記憶しているのは、成瀬巳喜男監督作品の数々だ。

「石中先生行状記」(一九五〇年)「めし」(一九五一年)「山の音」(一九五四年)では脇役にまわっているが、「夫婦」(一九五三年)では上原謙と夫婦の役を演じている。地方の支社から東京本社に戻ってきて、ふたりで住める部屋を探している若い夫婦である。夫の同僚(三國連太郎)は愛妻を亡くしたばかりで、毎日、悲嘆に暮れているが、家は二階屋で広く夫婦は一階に間借りすることになる。三國が美しい杉葉子に舞い上がり、「僕は本当の素敵な女性を知りませんでした」と言い出すのがおかしい。「奥さんに比べれば、死んだ妻なんて」と手のひらを返す。

三國に親切な妻に夫は心おだやかではない。ある日、三國が病気で寝込み、夫は出社しても気が気ではない。会社の女子社員ふたりが三國を見舞いにいくというので三人で帰ると、杉葉子が洗面器とタオルを持って二階から降りてくる。三國の髭を剃っていたという。夫の同僚だし、部屋を借りているしということで、杉葉子は三國に親切にしているのだが、夫はますます嫉妬にかられる。

男らしい役の多い息子の加山雄三と違い、上原謙はこういうイジイジした優柔不断な男を演じると味わいがある。「夫婦」の後半でも子供を堕すかどうかで悩む夫を演じる。もっとも、そんなところが成瀬作品の魅力ではあるが――。

僕は成瀬作品はどれも好きだけれど、杉葉子主演の「夫婦」は特に好きな作品だ。「山の音」では主人公の山村聰は会社重役を演じていて、その秘書役で杉葉子が出てくるのだが、いつもと違って笑顔のない暗い役だから、ちょっと違和感を感じる。杉葉子には、明るい笑顔が似合う。「青い山脈」はもちろん封切りでは見ていなくて、もしかしたら吉永小百合版「青い山脈」(一九六三年)よりも後に見たのかもしれないが、初めて見たとき杉葉子の制服のスカートが意外と短いのに驚いた。昭和二十四年、敗戦間もない頃というイメージが強かったからだ。そんな時代に短いスカートは――と思いで込んでいたのだ。

「青い山脈」は、何度も映画化された石坂洋次郎の小説である。石坂洋次郎の本もいつの間にか書店からフェードアウトしたが、書店の棚を占有していたのは、やはり六〇年代だろうか。戦後すぐに「青い山脈」が新聞連載されて大人気になり、僕の中学高校の頃は超がつく流行作家だった。映画化された作品、テレビドラマ化された作品を数えると、ものすごい数になるだろう。たとえば「光る海」(一九六三年)は吉永小百合と浜田光夫によって映画化されたが、TBSドラマとしても一九六五年二月から五月にかけて放映されている。こちらは鰐淵晴子と石立鉄男の主演だった。

僕が初めて読んだ石坂洋次郎作品は、旺文社(だったと思うけれど)から出ていた新書サイズの軽装版「青春文学全集」に入っていた「若い人」だった。このシリーズでは、井上靖「あすなろ物語」や伊藤整「青春」などを読んだ記憶がある。「若い人」は一九三七年(昭和十二年)に発表された作品だが、前年に起こった二・二六事件のことも、中国で続いている戦争のこともまったく感じさせない小説だった。最初に読んだとき、僕は戦後に書かれたものだと錯覚していたかもしれない。

しかし、「若い人」は時局から見ても不謹慎な小説として、やはり右翼団体からの圧力があったという(不敬だということだったらしい)。石坂洋次郎は一九二五年に青森県立弘前高等女学校に教師として勤め始め、一九二九年からは秋田県立横手中学校に勤務していたが、この圧力によって教職を辞した。「若い人」には、石坂洋次郎自身の女学校教師としての経験が反映されているのだろう。主人公の間崎は女学校の教師であり、彼の目を通してふたりの女性が描かれる。ひとりは女学生の江波恵子であり、もうひとりは進歩的な女教師の橋本スミである。

江波恵子は飲み屋を営む母親の私生児で、複雑で奔放な性格に描かれる。この江波恵子が魅力的で主人公も惹かれていくのだが、読者も彼女の魅力でページをめくることになる。女教師の方は大人の女性ではあるが常識的で、間崎はついに恵子と男女の関係になってしまう。「昭和十二年だろ、教師と女学生がこんな関係になる小説が許されたの」と中学生の僕は思ったものだった。

それでも、この小説はすぐに文芸ものが得意だった豊田四郎監督によって映画化されている。一九三七年（昭和十二年）十一月公開。真珠湾攻撃の四年前のことである。時代は戦争に向かって突き進んでいた。

その後、僕は「青い山脈」「あいつと私」「美しい暦」「草を刈る娘」「花と果実」などけっこう読んでみたけれど、どれも食い足りない読後感が残った。単なる風俗作家じゃないの、と十代の僕は生意気にも断定したものだった。結局、「若い人」の印象が一番強く残っている。

ちなみに「若い人」も四度映画化されている。僕が見ているのは石原裕次郎、吉永小百合、浅丘ルリ子が出た三度目の映画化である日活版「若い人」（一九六二年）だけだが、これはけっこう楽しめた。恵子の母親の愛人を演じた北村和夫が、いい芝居をしている。テレビドラマにも四度なっていて、僕はNHK「銀河テレビ小説」で一九七二年七月から一ヶ月放映された「若い人」がしっかり作られていて好きだった。江波恵子は大映倒産によって、テレビに出始めたばかりの新人・松坂慶子が演じて注目された。彼女は、この後、大女優になっていく。間崎を演じたのは、知性派の二枚目、若き石坂浩二だった。

（2019.05.27）

銀座を舞台にした作家

■銀座二十四帖／井上友一郎

◎銀座二十四帖／川島雄三監督

川島雄三監督の「銀座二十四帖」（一九五五年）が好きで、何度も見ている。ただし、VHSテープでしか持っていないので、四国の実家にいるときには見ることができない。VHSの再生ができないからだ。昔、NHKの衛星放送で放映されたときに録画したものだと思う。ナレーションおよび主題歌を担当しているのは、まだ若々しい声の森繁久彌である。「おいらは銀座の雀なのさ、夜になったら鳴きながら～」という森繁節が、冒頭のタイトルバックに流れる。戦後十年経った昭和三十年、「もはや戦後ではない」と言われた頃である。

確かに、街に戦争の痕跡は見当たらない。銀座の街も、登場人物たちが住むアパートメントも清潔で美しい。焼け跡なども出てこない。フランス語を交えてキザなしゃべり方をする売れっ子の画家（安部徹）の乗るオープンカーはアメリカ車である。しかし、人々の過去には戦争が深く関わっている。物語は「銀座のコニー」と呼ばれる花屋を営む男（三橋達也）を中心に展開する。花屋を手伝う三人の十代半ばの女の子たちは、孤児院から通っている。「コニーのおじちゃんは、夜、学校に通わせてくれる」と、彼を慕っている。彼女らは戦災孤児なのだ。

女の子のひとりを演じるのは、十五歳の浅丘ルリ子である。彼女自身、大陸からの引き揚げ者だった。ある日、花屋でバラの花を買いたいと、和服の上品な女性（月丘夢路）がルリ子に声をかける。「これ、売り先が決まっているのですけど――」とルリ子がコニーに訊くと、「分けて差し上げなさい」と彼は言う。月丘夢路は銀座の外れ、おそらく築地あたりだと思うが、義理の母が営む川沿いの料亭で暮らしている。嫁ぎ先に娘を置いたまま家を出て、姿をくらました夫と離婚したがっているらしい。彼女は、父の遺した絵画を銀座の画商に託して処分を依頼する。

その料亭の近くで毎日、絵を描いている男（大坂志郎）がいる。彼は大阪から出てきた月丘夢路の姪（北原三枝）と親しくなるが、正体は警察官で絵を描きながら料亭を見張っているらしい。月丘夢路の夫が現れないかと張り込んでいるのだ。北原三枝は、松竹から日活に移籍したばかりの頃だ。若く、溌剌として、美しい。当時の女性としては、スタイルも抜群だ。その容姿で「ミス平凡」の大阪代表になり、上京した設定である。その審査会風景も写る。審査員の中に平凡出版（現マガジンハウス）の清水達夫の姿もある。

画廊に並べられた作品の中で、月丘夢路の少女の頃を描いた絵が評判になる。満州にいた頃、内地からやってきた若い学生が描いたものだという。サインはGM。月丘夢路に横恋慕した画家（安部徹）は頭文字が同じなので、「自分の作品だ」と言い出す。その絵を見たコニーは兄のタッチだと直感し、月岡夢路を問い詰めるが、確証は得られない。コニーの兄は大陸で行方不明になったままなのだが、コニーはどこかで生きていると いう希望を捨てられない。ここでも、十年前の戦争の影が色濃く漂う。

コニーは弟分（佐野浅夫）がクスリの中毒から抜けられず、銀座にヒロポン（覚醒剤）を卸している黒幕を憎んでいる。コニーは、その黒幕がGMと名乗っていることを知る。また、大坂志郎もクスリの密売ルートを追っているらしい。その黒幕は、月丘夢路の夫なのだろうか？　原作者の井上友一郎は、昭和初期に作品を川端康成に認められて世に出た人で、大学卒業後に新聞記者として中国戦線に従軍した後、作家専業となったが、戦後は風俗小説を多く書いた。「銀座二十四帖」は一九五五年に新潮社から出た小説で、すぐに映画化された。

僕が井上友一郎の小説を読んだのは、十八の頃だ。高校の現代国語の教科書に載っていた田宮虎彦の「絵本」が気になった僕は、中央公論社が出していた「日本の文学」の「田宮虎彦・井上友一郎・木山捷平集」を図書館から借りて読んだ。その本には、井上友一郎の「菜の花」「ハイネの月」などが収録されていた。

井上友一郎原作の映画化作品は、一九五四年から一九六三年の十年間ほどで九作品ある。流行作家だったのだろう。ほとんどはプログラムピクチャーとして消えていったものだが、「銀座二十四帖」の他にもう一本、映画史に残っている作品がある。

成瀬巳喜男監督の「銀座化粧」（一九五一年）がそれだ。戦前から高い評価を得ていた成瀬監督は、戦後は不調で「めし」（一九五一年）で復活したと言われるが、僕は一九五〇年の「怒りの街」「白い野獣」「薔薇合戦」を面白く見たし、一九五一年の三本「銀座化粧」「舞姫」「めし」も大好きだ。

「怒りの街」は結婚詐欺を働くふたりの大学生（原保美と宇野重吉）の生態が面白かったし、「白い野獣」は売春婦の更生施設を描き梅毒の恐怖を煽る作品だったが、梅毒で狂っていく北林谷栄が印象に残った。「薔薇合戦」は化粧品会社の宣伝合戦が面白く、当時の広告製作状況が興味深かった。

また、「舞姫」は岡田茉莉子のデビュー作品で、原作は川端康成である。「舞姫」とは、プリマドンナのこと。モダン・バレェの世界を扱っている。空襲で崩れたままの昔の屋敷跡にたたずむ山村聡のシーンが、戦後間もない作品だと認識させてくれる。「銀座化粧」は「めし」より前の作品だが、成瀬作品らしい男女の関係（腐れ縁？）が描かれる。子持ちで銀座のバーのママをやっているヒロイン（田中絹代）は、昔の男が借金にきてもキッパリと断れず、なんとなくずるずると関係が続く。

後に「女が階段を上がる時」（一九六〇年）で、銀座のバーの女たちを詳細に描く成瀬監督だが、その原型が「銀座化粧」である。「女が階段を上がる時」では、高峰秀子、団令子、淡路恵子、北川町子、中北千枝子、柳川慶子、横山道代、塩沢ときなどが女給を演じたが、「銀座化粧」では珍しく香川京子が女給役をやっている。

「銀座化粧」は銀座のバーのママの生態や男関係を描いて、いかにも風俗小説という感じだったが、「銀座二十四帖」は最後にアクションシーンもあり（あまり感心しないのだけれど）、ミステリ的な要素も加わっている。

井上友一郎の著書を調べてみると、「清河八郎」「唐人お吉」「近藤勇」といった時代小説もある。器用な作家だったのだろう。ちなみに井上の著作の中で「銀座」と付くタイトルは、他に「銀座川」「銀座の空の下」「銀座更紗」「銀座学校」などがある。銀座を舞台にするのが、好きだったのかもしれない。

井上友一郎は一九〇九年に生まれ、一九九七年に米寿で亡くなった。今では作品を見ることもなくなったが、中公版「日本の文学」があれば再読してみたい。

（2019.05.30）

ノンフィクションの魅力

■パリは燃えているか
／ラリー・コリンズ&ドミニク・ラピエール
❁パリは燃えているか／ルネ・クレマン監督

このところ白水社から翻訳出版されている、ジャーナリストやノンフィクション作家が書いた現代史の本を読んでいる。ベルリンの壁ができる頃の冷戦状況を描いた「ベルリン危機一九六一」、ベルリンの壁が崩れて始まったソ連崩壊を描く「東欧革命一九八九」、真珠湾攻撃後の日系人強制収容を取材した「アメリカの汚名」などだ。

どの本もそれぞれ興味深いのだけれど、すべて重厚長大なハードカバーで重いのが難点だ。寝転んでは読めない。先日読んだ「ヒトラーの絞首人ハイドリヒ」も本文は五百ページを越え、資料リストや索引などが六十ページ以上ある分厚さだった。筆者ロベルト・ゲルヴァルトは、ドイツ人の歴史家で現代史の教授である。

ラインハルト・ハイドリヒは、一九四二年五月二十七日にドイツ軍の占領下プラハで暗殺されたナチ高官だ。まだ三十八歳だったが、ハインリヒ・ヒムラーに次ぐSS（ナチス親衛隊）の有力者だった。また、「ユダヤ人絶滅政策」と呼ばれたホロコーストを急進的に推進した責任者でもあった。生きていれば、戦後、厳しく罪を問われただろう。

ハイドリヒが「死刑執行人」と呼ばれていたのは、フリッツ・ラング監督の「死刑執行人もまた死す」（一九四三年）を見たときに知った。フリッツ・ラング監督はサイレント時代からドイツ映画界で名作を作ってきたが、ユダヤ人であったことからナチスが政権を取った後の一九三四年にフランスに亡命し、その後ハリウッドに移った。

ハリウッドでは多くのフィルム・ノワール作品を手がけたけれど、特に劇作家ブレヒトの協力で制作した「死刑執行人もまた死す」は、ハイドリヒ暗殺事件の翌年に早々と公開した作品でありながら、その完成度の高さには目を見張るものがある。全編、緊迫感に充ちた傑作だ。

僕が初めて「死刑執行人もまた死す」を見たのは、アメリカ公開から四十年以上経ったときだった。それまで日本公開がなかったからだが、その圧倒的な迫力に圧倒された。この映画が製作された頃、ナチス政権はまだ盤石でヒトラーは意気軒昂だった。ヨーロッパはドイツ軍に席巻されていた。

映画は、プラハの街角から始まる。ヒロインのマーシャが買い物をしていると、ナチ親衛隊員たちがバラバラと現れる。ハイドリヒが暗殺されたというのだ。マーシャはひとりの男と知り合い彼を助ける。周囲を封鎖され脱出できなくなった男は、マーシャの家にかくまわれる。

彼は医師でありレジスタンスのメンバーであり、ハイドリヒの暗殺犯だった。一方、ゲシュタポは犯人が逮捕されるまで市民を無差別に逮捕して銃殺すると宣言し、マーシャの父親も逮捕される。マーシャは男を探し出し、自首してくれるように懇願するが――。

この映画から七十四年後、「ハイドリヒを撃て！『ナチの野獣』暗殺作戦」（二〇一六年）が日本公開された。これは歴史的事実を踏まえた作品で、イギリスの戦闘機からふたりの男が落下傘でプラハ近くの森林地帯の雪原に降下するところから始まった。ふたりは、ロンドンのチェコスロヴァキア亡命政府から派遣された暗殺チームである。ハイドリヒ暗殺作戦のコードネームは「類人猿作戦」だった。ふたりはプラハのレジスタンス組織と接触するが、彼らはハイドリヒ暗殺に反対する。

ハイドリヒ暗殺に成功したとしても、報復として大勢のプラハ市民が殺されるだろうとレジスタンスのリーダーは言う。しかし、レジスタンスにかくまわれながら、ふたりは準備を進め、ハイドリヒを襲撃する。そのときの傷によって六月四日にハイドリヒは死に、暗殺者たちはレジスタンスにかくまわれる。

予想通り、ナチスの報復はすさまじく、さっそく犯人たちをかくまった村の数百人が銃殺される。暗殺者に対する追及は苛烈を極め、通報者には莫大な報償が約束される。その金に目がくらみ、家族の安全を保証させ、密告したのはカレル・チャルダだ。イギリス仕込みのチェコ工作員でありながら、ゲシュタポ本部に出頭し仲間を売る。

映画は、実在の彼らを描いた。ふたりの暗殺者は、ガプチークとクビシュである。彼らをかくまっていた主婦マリエ・モラヴェッツはゲシュタポに踏み込まれ、青酸カリのカプセルを飲んで自殺する。夫はレジスタンスと無関係だったが、息子と共にゲシュタポに逮捕され拷問される。「ヒトラーの絞首人ハイドリヒ」によると、そのときの描写がすさまじい。息子は「二十四時間近くの残酷な尋問に耐えたあと、水槽に入った母親の生首を見せられ、おやじの首も並べるぞと脅されて、口を割った」という。

暗殺者たちは隠れていた教会を包囲され、壮絶な銃撃戦の果てに自決する。拷問されるより死を選んだのだ。しかし、ナチの報復は続く。彼らをかくまっていた数人の司祭は死刑になり、数千人が逮捕され千人以上が処刑された。さらに四千人ほどの人が強制収容所あるいは一般刑務所に収容されたという。ひとりの暗殺に対して、ナチの報復は信じられない執拗さだった。また、ハイドリヒ暗殺以降、ユダヤ人のホロコーストはさらに加速した。

ところで、僕が海外のノンフィクション作家やジャーナリストの重厚長大なノンフィクション作品を好んで読むようになったきっかけは、やはり中学生の頃に常盤新平編集長時代の「ミステリマガジン」を定期購読していたからだと思う。初めて買った「エラリィ・クィーンズ・ミステリマガジン」の真ん中あたりにあった早川書房の新刊を告知するページでは、「パリは燃えているか」というタイトルが目立っていた。ラリー・コリンズとドミニク・ラピエールが書いたパリ解放のノンフィクションだった。

そのタイトルに興味が湧いた僕は書店で実物を手にしたが、中学生には手が届かない値段だった。結局、原作を読んだのは数年後だったが、それより前にルネ・クレマン監督によって映画化された「パリは燃えているか」(一九六六年)を見た。ただ、多くの人が登場するものの明確な主人公のいない物語は感情移入できず、中学生にはよく理解できなかった。

「パリは燃えているか」の数年前、コーネリアス・ライアンが書いた「ザ・ロンゲスト・デイ」がアメリカでベストセラーになっている。ただし、日本では映画化された「史上最大の作戦」(一九六二年)が公開されて一般的に有名になり、主題歌もヒットしたが、原作はあまり売れなかった。

「ザ・ロンゲスト・デイ」は様々な人物に取材してノルマンディー上陸作戦を描いたものだから、日本が悲惨な敗戦を経験してからまだ十数年の時期では、連合軍の勝利の物語を読む気にはならなかったのかもしれない。それに、翻訳ものがそれほど売れる時代ではなかった。

コーネリアス・ライアンは第二次大戦時にヨーロッパ戦線や太平洋戦線を従軍記者として取材した人物だが、それから半世紀以上を経て戦後生まれのアニトニー・ビーヴァーが書いた「ノルマンディー上陸作戦一九四四」が白水社から上下二巻で出ている。近々、読んでみようと思っている。

(2019.06.06)

■巴里に死す/芹沢光治良
⊛異国の丘/渡辺邦男監督

神を追究した作家

機会があれば見てみたいと思っていた「りんごの唄」で有名な映画「そよかぜ」(一九四五年)をユーチューブで見た。公開は敗戦の二ヶ月後、昭和二十年(一九四五年)十月十一日だった。リンゴ園をヒロインが歌いながら歩くシーンは何度も見たけれど、どんな映画なのかはまったく知らなかった。初めて「そよかぜ」を見ると、戦争があったことも、敗戦のこともまったく出てこないのに驚いた。これを当時の人々は、どんな想いで見たのだろう。

完全な音楽映画である。映画は楽団の演奏で始まり、上原謙(加山雄三のお父さん)、佐野周二(関口宏のお父さん)、斎藤達雄(サイレント時代から小津作品に出演)がトランペットなどを吹いている。NHKのテレビ小説などから深作欣二監督の「仁義なき戦い」(一九七三年)まで、戦後を取り上げたドラマで「リンゴの唄」はその時代を象徴的に表現した。焼け跡闇市の光景が映り「リンゴの唄」が流れれば、見ている人たちは「ああ、敗戦直後なのだ」と理解する。最近の若者たちの反応はわからないが、少なくとも僕らの世代までは時代を表わす音楽的記号となる。

「そよかぜ」では上原謙らのバンドが出ている劇場の照明係

で歌の上手な少女みちを並木路子が演じ、何度か「りんごの唄」を歌う。劇場の看板歌手が結婚引退するので、上原謙は劇場主に「みつを抜擢しては」と推薦するが、劇場主は拒否する。今風に言えば、「リスクが大きい」ということらしい。上原謙、佐野周二、斎藤達雄らのバンド仲間とみつは、同じ家で共同生活をしている。みつは佐野周二を好きらしいのだが、佐野周二はみつに会うと憎まれ口を叩き、「子供のくせに」と子供扱いしかしない。

ある日、とうとうみつは怒って故郷に帰ってしまう。そこがリンゴ園なのである。本当はみつが好きな佐野周二は、バンド仲間たちとみつの故郷に向かう。最後は、看板歌手に抜擢されたみつが大きなステージの真ん中で「りんごの唄」を歌うシーンだ。

昔の映画には、音楽ショー的な要素が強いものがある。テレビの音楽番組と同じ役割を、映画が担っていたのだろう。「そよかぜ」には歌手の役で霧立昇（女性です）や二葉あき子が出ていた。監督は佐々木康。僕が子供の頃、東映時代劇をやたらに撮っていた監督である。

さらに「異国の丘」（一九四九年）もユーチューブで見ることができた。昭和二十四年四月二十五日の公開だ。冒頭、マッカーサー元帥がソ連に日本人抑留者の返還を要請し、冬季でも可能なように砕氷船を提供すると申し出ているがソ連からは何の返答もない、というクレジットが出て時代性を強く感じた。戦後四年経っていたけれど、まだ数十万人の日本人がシベリアに抑留されていた。

引っ越しのシーンから「異国の丘」は始まった。広くて立派な屋敷だが、手放すことになったらしい。運送屋の会話から、主人はシベリア抑留から戻っていないことがわかる。トラックに積まれたピアノを、その家の少女が弾く。その少女に、祖母が母親を呼びにいかせる。その頃、母親（花井蘭子）は庭で夫とのことを回想している。夫（上原謙）とは見合いで知り合い、結婚し、やがて夫を強く愛するようなる。夫は、音楽好きでヴァイオリンの名手だった。そのため、生まれた子供たちには音楽を学ばせようと、妻は高価なピアノを購入した。

しかし、夫が出征し、戦後四年にもなるのに戻ってこない。妻は歯を食いしばって家を守り、子供を育て、姑に仕えてきたが、とうとう家を手放すことになったのだ。ラスト近く、国立病院の患者たちの慰問にいき、妹がピアノ、兄がヴァイオリンを弾く。患者のひとりが「異国の丘」をリクエストし、ふたりは演奏する。すると、ひとりの患者が立ち上がり、「私は、シベリアで抑留されていた。ここには『異国の丘』の作曲者である吉田もいる」と言い出し、吉田正が患者として登場し「早く同胞たちを帰還させよう」と訴えた。後に昭和歌謡の作曲者として活躍する吉田も長く抑留されていたのだ。

ウーム、古さは感じるが、やっぱりその時代の空気がストレートに伝わってくるなあと思いながら、資料を観察するように

「異国の丘」を見ていたのだけれど、原作者が芹沢光治良であるのにはちょっと驚いた。調べてみると、昭和二十二年（一九四七年）に出た「夜毎の夢に」という小説の映画化だった。芹沢光治良が、こんな小説を書いていたのか、と何だか感慨に耽ってしまった。

僕が高校生の頃、芹沢光治良の本はいくらでも書店で見かけたものだ。その頃、芹沢光治良は日本初のノーベル賞作家・川端康成の跡を継いで日本ペンクラブの会長を務めており、その後、芸術院会員になった。

芸術院会員になるというのは、美術・音楽・演劇・文学などのジャンルでの最高峰の名誉である（僕が尊敬する大岡昇平は断ったけど）。芹沢光治良の小説は、「巴里に死す」を読んだことがある。十代半ばのことだった。出版は太平洋戦争真っ直中の昭和十八年（一九四三年）だ。そんな時代に、よく出せたものだと思う。

一九五二年に森有正がフランス語に翻訳し、フランスで一年間で十万部も売れたという。そんなことは、まったく知らなかった。僕は大学生の頃、森有正の本を愛読していた。当時、筑摩書房から「バビロンの流れのほとりにて」というエッセイ集が出ていたのだ。

哲学者でフランス文学者でエッセイスト。代表作は「遙かなノートル・ダム」である。明治の文部大臣であり「日本語をやめて英語にしてしまえ」と提唱した森有礼の孫だ。森有礼は暗殺されたけど、彼の提案が受け入れられていたら、今頃は僕も英語をしゃべっていた。

外国語が苦手なわりには、なぜか僕は大学でフランス文学を学んだのだが、僕がフランス文学科を選んだ理由のひとつに「巴里に死す」を読んだことがあると思う。芹沢光治良は一九二五年にソルボンヌ大学に入学するが、その後、結核にかかりスイスのサナトリュウムで療養し、一九二九年に帰国する。よき時代の巴里を知る日本人だった。

僕が高校生だった頃、芹沢光治良は長大な自伝的長編「人間の運命」を刊行中だった。一九六二年から一九六八年にかけて新潮社から刊行され、後に新潮文庫に七巻でまとまった。しかし、その長さに怖れをなし、結局、僕は「人間の運命」を読まなかったのだけれど、博識な友人が「天理教の話だろ」と一言で片付けたのを記憶している。

確かに、芹沢光治良の生涯と天理教は密接に関係しているが、それは両親が天理教に入信したこと、また、育ててもらった叔父の家も天理教の教会になったということであり、彼自身が入信していたかどうかはわからない。晩年、「神シリーズ」を書き続けたこともそういう印象をもたらしたのかもしれないが、僕は「巴里に死す」以外は読んでいないので何も言えない。しかし、未だに気になっている作家なのである。

（2019.06.13）

少女マンガの繊細さに打たれる

■河よりも長くゆるやかに／吉田秋生
❀櫻の園／中原俊監督　海街diary／是枝裕和監督

三十五歳で自殺した鷺沢萠（さぎさわ・めぐむ）は、一九八七年（昭和六十二年）に第六十四回文學界新人賞を「川べりの道」で受賞した。まだ十九歳の女子学生だった。その作品は、朝日新聞の文芸時評で取り上げられたと思う。その中に「マンガが文学作品に影響を与える時代になったのか」という一文があり、それによって僕は初めて吉田秋生（よしだ・あきみ）という名前を知った。

僕がマンガを読まなかったわけではない。子供の頃からたくさん読んできたし、高校生の頃に樹村みのり作品を読み少女マンガにも守備範囲を広げた。その後、少女マンガもけっこう読んだのだけれど、吉田秋生のことは知らなかったのだ。吉田秋生は一九八三年に「河よりも長くゆるやかに」と「吉祥天女」で小学館漫画賞を受賞していた。それは彼女のふたつの作品系列を代表するものだった。

朝日新聞の文芸時評では「川べりの道」は「河よりも長くゆるやかに」の影響を受けているのではないかと指摘していたのだった。しかし、そのことを否定的に書いていたわけではない。僕だってマンガからは多大な影響を受けた。僕よりも十七歳も若い鷺沢萠が少女マンガの影響を受けていたとしても当然のことだ。僕は文學界新人賞受賞作品に影響を与えたという吉田秋生の作品に俄然興味を惹かれたのである。

なぜかというと、当時、三十半ばだった僕は「文學界新人賞」に応募していたからだった。三十を過ぎて初めて応募したのだが、一次選考を通り、七十数編の候補作の中に残り、作品名と名前と居住地だけは掲載された。「川べりの道」受賞のときに僕も応募していたかどうかは忘れたけれど、結局、僕は三度応募して、すべて一次選考通過で終わった。だから、十九歳の少女の作品に興味を抱き、その作品に影響を与えたといわれるマンガを読んでみたくなったのだ。

「河よりも長くゆるやかに」は、マンガでしか描けない青春物語だった。僕は、さらに「吉祥天女」を読み、ずいぶん幅の広い作品を描く人だと思った。「夜叉」も「吉祥天女」の系列に入るだろう。人気の高い「BANANA FISH」は、まるでハリウッド映画だった。僕は、どちらかと言えば「河よりも長くゆるやかに」「櫻の園」「海街diary」と続く、日常を繊細に描く作品系列が好きだった。

吉田秋生の作品を読み漁っていた頃、映画化された「櫻の園」（一九九〇年）が公開された。翌年、ほとんどの映画賞を受賞する勢いだった。監督は中原俊。日活ロマンポルノを中心に活躍していた人だったが、「櫻の園」で一躍注目された。「櫻の園」は少女たちの繊細な心の動きを描き出し、映画評論家たちに絶賛された。絶賛した人たちは、中年男性が多かった。たぶん、彼らが想像する少女たちのイメージに合致したからではあるまいか。当時、三十八歳だった僕もそのひとりだった。

冒頭、ある名門女子高校の演劇部二年生の舞台監督が大学生らしいボーイフレンドと部室にいるところから始まる。彼女は前夜から男と一緒だったようだ。そこへ、次々に部員たちが登校してくる。三年生の部長である志水由布子は髪を切った姿で現れ、みんなを驚かせる。志水由布子は「櫻の園」のヒロインを演じる大柄な倉田知世子に憧れていて、いつも彼女を見つめている。

そんなところへ、部員の杉山紀子が前夜に他校の生徒と一緒に喫茶店でタバコを吸っているところを補導され、朝から職員会議で「櫻の園」の上演を中止するかどうかが話し合われているという情報がもたらされる。不良と見られている杉山紀子は部長の志水由布子に憧れていて、いつも彼女の視線の先には志水由布子がいる。この少女たちのほのかな関係が、この映画の何とも言えない切なさを醸し出す。

映画「櫻の園」は原作を映画的に凝縮し、ある名門女子高校の演劇部がチェーホフ作「櫻の園」を上演するまでの数時間が描かれた。しかも、多くの人物を登場させながら、うまく整理されていた。その十五年後、是枝裕和監督によって「海街diary」（二〇一五年）が映画化された。「河よりも長くゆるやかに」からずいぶん長い時間が過ぎていたけれど、原作は吉田秋生の日常を描く作品系列の到達点を見せる作品だった。

三人姉妹が暮らす鎌倉の古い家。そこへ腹違いの中学生の妹がやってくる。昔、三人姉妹の父は愛人ができて家を出た。その父が亡くなり、妹を引き取ったのだ。三十代の看護師の長女、二十代らしい信用組合に勤める次女、二十歳前後らしいスポーツ店に勤める三女、それに中学生の四女が加わり、まるで現代版「細雪」である。

それぞれの恋や悩みなどが描かれるが、すべては日常の中で淡々と過ぎていく。人々が物語に感情移入し共感するのは、「ああ、そうだよなあ、と身につまされる話」か「あんな風になりたい、と憧れる夢のような話」だとすれば、是枝監督作品は「ああ、そうだよなあ、と身につまされる話」の代表的なものだと思う。「海街diary」も観客が日常的に出合うような出来事が描かれていく。

「海街diary」の登場人物たちは、誰もが「自分が相手を傷つけたかもしれない」と思いながら生きている。だから、人間関係の描写が繊細なのだ。不倫相手である鬱病の妻と別居している医者と長女の会話、エリート銀行員から地方の金融機関に転職してきた課長と次女が交わす会話、三女が妹と交わす死んだ父についての会話、そして父親の不倫相手の子である四女と長女が交わす会話——それらからは、人々の繊細さと優しい心が浮かび上がってくる。

それは、今や是枝作品には欠かせない役者となったリリー・フランキーによって発せられるラスト近くのセリフ「すずちゃん、お父さんのこと知りたくなったら、こそっと聞きにおいで」という囁きに象徴されている。こんなに心穏やかになる作品はめったにないし、それは吉田秋生の原作に負うところが大きい。「河よりも長くゆるやかに」があったから、ここまで到達したのだろう。吉田秋生の人間に対する深い洞察眼を感じる。

それにしても、鷺沢萠の自殺のニュースを聞いたときの衝撃は今も忘れていない。人が自殺する理由なんて想像できるはずもないけれど、鷺沢萠の自殺を知ったとき、最初に思い浮かんだのが「河よりも長くゆるやかに」だった。彼女自身が自作の「川べりの道」への影響を認めていたのかどうかは、未だに調べてはいないけれど――。

(2019.06.15)

古典となった写真家の文章

■ちょっとピンボケ／ロバート・キャパ

❀最前線物語／サミュエル・フラー監督

写真家の名前などまったく知らない人でも、ロバート・キャパだけは知っているという人は多い。なぜ、それほどキャパの名は知られているのだろう。僕は長く写真雑誌の編集者をしていたので、多くの写真家の作品を見たけれど、キャパの作品は特別優れているというわけではなかった。もちろん写真作品には様々なジャンルがあり、記録性よりアート性を優先するものもあるし、現実のシーンをスナップ的に写し取る作品もあれば、画面の隅々まで作り込んで撮影する作品もある。

キャパの作品は記録性が重視されるもので、初期のトロツキーの演説の写真など相当な歴史的価値がある。キャパが一般の人々の心を捉えるのは、戦場カメラマンであったこと、最後には地雷を踏んで死んでしまったことなどから、ある種のロマンを感じるからではないだろうか。彼の年上の恋人だったゲルダ・タローも、スペイン戦争の時に戦車の下敷きになって死んでしまった。

キャパと言えばスペイン戦争での「撃たれて崩れ落ちる兵士」の写真が有名だが、沢木耕太郎さんが「キャパの十字架」で疑義を呈しているように、撮影者はゲルダ・タローで兵士は訓練中に滑っただけ、というのが真相なのかもしれない。「キャパの十字架」は大変に面白いノンフィクションで、沢木さんの実証的な追跡がスリリングでさえある。

キャパとゲルダは共にスペインに入り、戦場の写真を撮り、撮ったフィルムを未現像のままパリの通信社に送った。その中の一枚が「崩れゆく兵士」で、キャパの知らないうちに配信されて世界中の雑誌に掲載された。パリに戻ってみると、キャパの名は一躍有名になっていて、彼もゲルダも戸惑った。

僕がキャパの「ちょっとピンボケ」を読んだのは、十五歳の時だった。ロバート・キャパという名前を誰かに教えられ、筑摩書房（だったと思う）の世界ノンフィクション全集の一冊に入っていたのを読んだのだ。図書館で借りた本だった。「ちょっとピンボケ」の中に登場する「ピンキー」と呼ばれたキャパの恋人のことが、僕の頭の中に残った。「ピンキー」という呼び名がニックネームだとはわかったが、どういう意味なのかははかりかねた。翌年、「ピンキーとキラーズ」が登場し「恋の季節」を大ヒットさせるのだけれど、ますます「ピンキー」の意味がわからなくなった。

キャパはゲルダ・タローの死に打ちひしがれていた時、オランダ人の映像作家ヨリス・イヴェンスに誘われて日中戦争の現場を取材している。日本軍の爆撃で死んだ中国人、呆然とする人々の写真が残っている。キャパが撮影に協力したイヴェンスの記録映画「四億」は、ニューヨークで公開された。当時、歌われたように「支那にゃ四億の民が」いたのである。

ちなみに、ゲルダ・タローもロバート・キャパも本名ではない。ゲルダ・タローの「タロー」は戦前にフランスで美術の勉強をしていた岡本太郎と知り合い、その語感が気に入って「タロー」と名乗ることにしたのだ。キャパは毎日新聞社パリ支局の仕事をしたり、日本人留学生と同居したり、その頃から日本と縁があった。

さて、僕は「キャパの遺言」という小説で第六十二回江戸川乱歩賞の候補になったのだが、それを書くためにキャパについては改めて詳しく調べてみた。特に昭和十三年に中国大陸にいたこと、昭和二十九年に毎日新聞社の招きでひと月ほど日本にいたことが僕の小説の着想の元になっているので、その時期についてはかなり資料を読み込んだ。

キャパはインドシナの戦場で地雷を踏んで死ぬのだが、それはライフ誌派遣のカメラマンがアメリカへ帰る用事ができ、誰か別の人間を送らねばとなったとき「おお、ちょうどキャパが日本にいるぞ」というので、急遽、インドシナへいってくれないか、とライフ誌から依頼されたからである。

僕の「キャパの遺言」は最終候補の四作品に残ったけれど、選考委員の湊かなえさんには「ノンフィクション部分が面白い」と書かれ、今野敏さんには「事実が書きたいのならノンフィクションを書けばいい」と評され、受賞は佐藤究さんの「QJKJQ」に決まった。

そんなこともあって、「キャパ」と書くといろいろ複雑な思いもあるのだけれど、「ちょっとピンボケ」を初めて読んだときの印象は今も鮮やかで、もっと文章を残してくれればよかったのにと思う。写真家で名文家といえば藤原新也さんが思い浮かぶけれど、「ちょっとピンボケ」も写真家が書いた古典としてずっと残るだろう。

ところで、ゴタールの「気狂いピエロ」で「映画って何?」と訊いたジャン＝ピエール・ベルモンドに、「映画は戦場だ」と答えたアメリカの映画監督サミュエル・フラーの膨大な自伝を読んでいたら、ロバート・キャパの写真に一兵士として写っているフラーが掲載されていた。

すでに何冊か小説を出版し、また映画監督として名を成していたサミュエル・フラーだったが、第二次大戦にアメリカが参戦すると、志願して歩兵となる。ヨーロッパ戦線に派遣され、様々な経験を積んでいく。彼の第一歩兵大隊は「ビッグ・レッド・ワン」と呼ばれ、その勇敢さをうたわれた。

そのサミュエル・フラーを含めた歩兵たちの写真を、ロバート・キャパが撮っているのだ。キャパは従軍カメラマンとして、ノルマンディー上陸作戦に参加する。兵士たちと一緒に上陸用舟艇に乗り、ノルマンディーの海岸に飛び降りる。そのときのブレた兵士の写真は有名だが、これも未現像フィルムをロンドンに送ったときに技師が現像に失敗し、数枚の写真しか残らなかったという。

サミュエル・フラー監督は自分の体験をベースにして「ザ・ビッグ・レッド・ワン」という小説を書き、後に映画化した。日本では「最前線物語」（一九八〇年）として一九八一年一月に公開された。

リー・マーヴィンが演じる古参の軍曹とマーク・ハミル（スターウォーズで人気者になった直後）などの新兵たちが戦いの中で成長する物語だった。「最前線物語」のヤマ場は、やはりノルマンディー上陸作戦だった。

(2019.07.04)

重厚長大な小説

風と共に去りぬ／マーガレット・ミッチェル
風と共に去りぬ／ヴィクター・フレミング監督

長い小説というと、トルストイの「戦争と平和」とかドストエフスキーの「カラマーゾフの兄弟」、マルセル・プルーストの「失われた時を求めて」といったタイトルが浮かぶ。まあ、吉川英治の「宮本武蔵」も長いし、司馬遼太郎「竜馬がゆく」や「坂の上の雲」も長い。山岡壮八の「徳川家康」なんてのもメチャクチャに長いけど、この際、世界文学の中でと限定しておく。

僕は「戦争と平和」は百ページくらいで投げ出し、「カラマーゾフの兄弟」はずっと気になりながら十年ほど前にようやく読破した。「失われた時を求めて」は何度か挑戦しながら、その都度挫折したままだ。しかし、大学生の頃、「アンナ・カレーニナ」は夢中で読んだし、ドスト氏の「未成年」「白痴」もおもしろく読んだ。まあ、長いから苦手というものでもないらしい。長くても読めるものは読める。

ちなみに「徳川家康」は読んでいないが、「竜馬がゆく」「坂の上の雲」は読み出したらやめられなかった。短編連作（長編も何作かある）のシリーズものだから長さの比較にはならないけど、池波正太郎の「鬼平犯科帳」は二十巻くらい読んだ。

僕が初めて読んだ重厚長大な小説は、「風と共に去りぬ」だった。小学六年生のとき、友だちの家へ遊びにいくと本棚に河出書房版「世界文学全集」が並んでおり、その中に「風と共に去りぬ」上下巻があったのだ。映画は有名だったから、僕もそのタイトルは知っていたので、つい借りてしまったのだった。重く大きな本だった。その夜から読み始めると、けっこう読みやすくてスイスイ読める。小さな活字で二段組になっている全集二巻を、僕は一週間ほどで読破した。

ただ、ヒロインのスカーレット・オハラは気に入らなかった。嫌な女だと思った。おそらく、多くの男の読者は良妻賢母型で心優しいメラニー（映画ではオリヴィエ・デ・ハヴィランドが演じた）に好意を持つのではないだろうか。十二歳の僕もそうだった。スカーレットが恋する紳士的なアシュレイ、無頼漢の魅力を放つレット・バトラーを比べると、圧倒的にレット・バトラーに感情移入した。奴隷制度を当然とし、それを疑問に感じない南部の紳士たちには批判的な目を向けた。

後年、アン・エドワーズが書いた「タラへの道　マーガレット・ミッチェルの生涯」を読んだとき、僕はマーガレット・ミッチェルは「風と共に去りぬ」だけしか書かなかったことを知った。「風と共に去りぬ」があまりに評判になり、ピューリッツア賞を受賞し、世界中で大ベストセラーになり、その版権管理で忙しくて次作が書けなかったという説もあるけれど、たぶん他には何も書くものがなかったのだろう。

マーガレット・ミッチェルは南部のインテリの家に生まれ、高等教育を受けて新聞社に入り、コラムを執筆したりする。子供の頃から祖父母に昔の南部の生活や南北戦争についての話を聞き、古きよき南部のイメージを抱き続けていた。それが長大な小説「風と共に去りぬ」に結実したのだが、その一作ですべてを吐き出したのに違いない。それに、スカーレット・オハラという強烈なキャラクター（作者に似ているらしい）を創造したのも、彼女の手柄であった。

初めて読んだときには、妹の婚約者を奪ったりする（別に愛していたわけではなく、金のためなのだけれど）スカーレット・オハラは「嫌な女」としか思わなかったのだが、長い人生を生きてみるとスカーレット的な女性の生き方に共感する気持ちが湧いてくる。多くの人が持つスカーレット・オハラのイメージは、映画化された「風と共に去りぬ」（一九三九年）でヒロインを演じたヴィヴィアン・リーだろう。スカーレット・オハラ＝ヴィヴィアン・リーであり、これほど女優と役が離れ難く語られるのも珍しい。

プロデューサーのセルズニックが初めてセットの階段を昇ってくるヴィヴィアン・リーを見たときに、「ついにスカーレット・オハラを見つけた」と叫んだという伝説も本当かもしれない。インド生まれのイギリス人女優ヴィヴィアン・リーは、「無敵艦隊」（一九三七年）で共演したローレンス・オリヴィエと恋に墜ち、「嵐が丘」（一九三九年）に出演するためにハリウッドに滞在していたオリヴィエと一緒にいたのだ。

ある日、アトランタの町が炎で包まれるシーンを撮影（スカーレットとレット・バトラーはスタンドイン）していたセルズニックは、炎に照らし出されたヴィヴィアン・リーを見てそう叫んだと言われている。ヒロイン探しに難渋し、主演女優が決まらないままアトランタ炎上のハイライトシーンの撮影に入ったときにセルズニックがヒロインを見つけたというのは、まさに伝説として語られるにふさわしいエピソードだ。

映画は原作以上に世界中でヒットし、スカーレット・オハラ＝ヴィヴィアン・リーとなった今、彼女以外が演じるヒロインは想像できない（宝塚が舞台化して、何人かの日本人がスカーレットを演じたことがある）。ちなみに、僕は様々な女優がスカーレット・オハラ役のスクリーン・テストを受ける映像を見たことがある。メラニー役のオリヴィエ・デ・ハヴィランドもスカーレット役のテストを受けた。ベティ・デイヴィスのスクリーン・テストも残っていたはずだ。

「タラへの道　マーガレット・ミッチェルの生涯」を書いたアン・エドワーズは「ヴィヴィアン・リー」（どちらも文春文庫で出ていた）という伝記も書いていて、こちらも僕はおもしろく読んだ。ヴィヴィアン・リーは「風と共に去りぬ」の後、「哀愁」（一九四〇年）「美女ありき」（一九四〇年）「アンナ・カレニナ」（一九四八年）「欲望という名の電車」（一九五一年）と映画史に残る作品に出ているが、ローレンス・オリヴィエとも別れ、精神を病み、五十五歳で死んだ。

まるで、テネシー・ウィリアムズ原作でエリア・カザン監督の「欲望という名の電車」で演じたブランチ・デュボアみたいな後半生だった。

（2019.07.11）

映画は長さを制限されるけれど

■白痴／ドストエフスキー
❀白痴／黒澤明監督

少し前に「重厚長大な小説」という内容を書いたけれど、ほとんどの作品が重厚長大となると、フョードル・ミハイロヴィチ・ドストエフスキーの名を挙げないわけにはいかない。一八二一年にロシアに生まれ、一八八一年に亡くなった十九世紀を代表する作家である。

ドストエフスキーには五大長編というのがあり、書いた順番で言うと「罪と罰」（一八六六年）「白痴」（一八六八年）「悪霊」（一八七一年）「未成年」（一八七五年）「カラマーゾフの兄弟」（一八八〇年）となる。最も長いのが「カラマーゾフの兄弟」だが、それ以外もかなり長い。

僕の記憶では、中学生に向けた世界文学の名作リストに載っていたドストエフスキー作品は「罪と罰」だったと思う。「罪と罰」はドストエフスキー作品の中で最も有名だった。ラスコーリニコフという主人公の名前は、読んでいなくても知っていた。ただ、何だかおどろおどろしい感じがして、僕はドストエフスキー作品は敬遠していた。殺人の話ということもあったが、「重い」感じがして近寄りがたかったのだ。それに、ロシア名が長くややこしく、覚えにくかったのも敬遠する理由だった。

それでも本好きの人間としては、ドストエフスキーを読んでいないことが気になっていた。大学の文学部に入ると、さすがに文学青年がいっぱいいて、「ドストエフスキー、読んでないの!」と大きな声を出されたこともあり、「わかったよ。読んでやろうじゃねぇか」という気になった。

ということで、初めてドストエフスキー作品を読んだのは一九歳のときだった。しかし、普通なら「罪と罰」あたりから入るところだろうが、僕はなぜか最初に「未成年」を買った。新潮文庫で分厚い上下巻だった。なぜ、僕は「未成年」を選んだのだろう。へそ曲がりだったのかもしれない。

まあ、そんなわけで「未成年」を読み出したところ、スイスイ読めた。負け惜しみでなく、本当におもしろかったのだ。「未成年」は、ドストエフスキー作品の中でも知名度が一番低い作品である。それが、これだけおもしろいのだからと、僕は続けて「白痴」を買った。

前述のように「罪と罰」は高利貸しのおばあさんを殺す話だし、「悪霊」は現実にロシアで起こった革命組織内の殺人事件をモデルにしているというし、「カラマーゾフの兄弟」は長すぎるし、ということで「白痴」に落ち着いたのである。

「白痴」は「未成年」以上におもしろかった。夢中で読んだ。ムイシュキン公爵の造形に魅了されたし、ラゴージンという副主人公の荒々しさが際立っていた。それに、何と言ってもヒロインが素晴らしかった。ナスターシャ・フィリッポブナの名は、半世紀たった今も忘れない。

ちなみに、僕が初めてドストエフスキーを読んだ当時、若者たちに大人気で「苦悩教・教祖」と言われた小説家の高橋和巳は「日本の悪霊」という作品を書いていて、こちらは出てすぐに読んだ。革命組織と粛清(内ゲバ)がテーマであり、黒木和雄監督が佐藤慶を二役にして映画化(一九七〇年)した。そのときのポスターに書かれた惹句が「落とし前には時効はねぇ」というものだった。

「白痴」を読んだ数年後のことだろうか。僕はNHKの舞台中継で劇団四季の舞台「白痴」を見た。それで、よけいに印象に残っているのかもしれない。松橋登のムイシュキン、辻萬長のラゴージン、三田和代のナスターシャ・フィリッポブナだった。今ではミュージカル劇団として有名な劇団四季だが、当時はジャン・ジロドウやジャン・アヌイなどの戯曲を公演する普通の劇団だった。看板役者の日下武史が三島由紀夫の「我が友ヒットラー」を演じたのもその頃だっただろうか。

劇団四季は「カラマーゾフの兄弟」も舞台化しており、カラマーゾフの怪物的な父親を日下武史が演じたと記憶している。浜畑賢吉がイヴァンか、アレクセイ・カラマーゾフを演じていた。彼は若手人気俳優だったのだ。他にもテレビドラマで人気の出た荻島真一が四季に所属していた。

僕はずっと「カラマーゾフの兄弟」(亡くなった内藤陳さんはヤクザの物語であるかのように「カラマーゾフのきょうでぇ」と言っていた)を読んでいないことに負い目を感じていたので、十年ほど前に一念発起して読破したけれど、実はよく理解できなかった。

結局、僕の中では最もオススメのドストエフスキー作品は「白痴」になる。何と言ってもナスターシャ・フィリッポブナが素晴らしい。文豪・石川淳も文芸誌のインタビューで「世界文学の最も印象的なヒロイン」として彼女を挙げていた。

このナスターシャ・フィリッポブナをスクリーンで演じたのは、原節子だった。黒澤明監督が松竹で撮った「白痴」は、昭和二十六年(一九五一年)五月二十三日に公開になった。僕が生まれる半年前のことだ。

原節子は那須妙子の名でヒロインを演じた。舞台は札幌に移している。ムイシュキン公爵は亀田欽司という名前になり、森雅之の姿をして白皙の美青年として登場する。ラゴージンは赤間伝吉となり、三船敏郎が演じた。ナスターシャだけ語呂合わせをして、男ふたりは適当に名付けたのだろうか。

長いドストエフスキー作品を忠実に再現したせいか、黒澤版「白痴」は四時間二十五分の作品として完成した。松竹首脳は長すぎるとしてカットを要求し、激高した黒澤明は「切るのなら、タテに切れ」とキレたという。有名なエピソードだ。

結局、現在でも大幅にカットされた一六六分バージョンしか見ることはできない。僕が黒澤版「白痴」を見たのは遙かな昔のことになってしまったが、やはり三時間足らずのバージョンで、原作を読んでいても物語がわかりにくかった。

ものすごく簡単に要約すると、「白痴」は無垢で心優しいムイシュキン公爵と荒々しく激しい愛憎にとらわれるラゴージンが、高慢でミステリアスで魅力的なナスターシャ・フィリッポブナを愛してしまい、三角関係の中で破局を迎える物語である。もし新聞記事になったら、痴情事件として片づけられてしまうだろう。

それをドストエフスキーは長大な小説に仕上げた。それだけの文章を積み上げて書かれた物語は、人の心を打つものになった。ムイシュキンの無垢、ラゴージンの情熱、ナスターシャの魅惑、詳しい物語は忘れてしまったが、五十年近くたった今も僕の心を捉えている。

ところで、九時間を超える小林正樹監督の「人間の條件」(一九五九年~六一年)や、五時間を超えるベルナルド・ベルトルッチ監督の「1900年」(一九七六年)もあるのだから、四時間二十五分の「白痴」オリジナルバージョンが出てきてもいいじゃないかと思うけれど、カットされたネガが残っていないのだろうなあ。七十年近く昔のことだし──。

(2019.07.12)

大人の不倫物語に憧れた

逢う時はいつも他人／エヴァン・ハンター
逢う時はいつも他人／リチャード・クワイン監督

手元に音楽之友社が発行した「ビルボード・ナンバー1・ヒット」という上下本がある。買ったのは、もう三十年ほども前のこと。アメリカのビルボード誌の一九五五年から一九八五年までのヒットチャートが掲載されている。

その一番最初に載っているのが、ビル・ヘイリーとコメッツの「ロック・アラウンド・ザ・クロック」である。一九五五年七月九日の週にビルボード一位になり、八週間ナンバーワンを維持した。

ポピュラー音楽史では、「ロック・アラウンド・ザ・クロック」をロックン・ロールのエポック・メイキングな曲としているが、解説によると「初のロックン・ロール曲は一九五一年にメンフィスでジャッキー・ブレストンがレコーディングした『ロケット88』であるというのが定説」だという。

同じ年、ビル・ヘイリーも「ロケット88」をレコーディングし、白人アーチストとして初めてロックン・ロールのレコードを発表する。後年、ビル・ヘイリーは「ロックン・ロールの父」として語り継がれることになった。

「ロック・アラウンド・ザ・クロック」は、僕が中学生くらいのときにはロックン・ロールを広めた名曲として、よくラジオでかかったものだが、このレコードの発売は一九五四年四月のことであり、それから一年以上経ってビルボード一位になった。注目された理由は「ロック・アラウンド・ザ・クロック」が「暴力教室」（一九五五年）という映画のオープニングに使用されたからだった。グレン・フォードが教師を演じ、後に「コンバット」のサンダース軍曹で人気が出るヴィク・モローが不良生徒のボスを演じた。

「暴力教室」は荒れたハイスクールを描いてセンセーションを呼び、全米でヒットしたのだった。黒人生徒役で出演したシドニー・ポワチエは後に大物俳優になり、後にテレビシリーズ「ハニーにおまかせ」に主演するアン・フランシスも出演していた。映画がヒットし、曲もヒットしたのである。

「暴力教室」の原作者は、エヴァン・ハンターという作家だった。「暴力教室」で注目されたエヴァン・ハンターは別のペンネームで警察小説のシリーズを書き始め、そちらも大ヒットする。後に黒澤明や市川崑が映画化するのだが、それはまた別の話。今回は、エヴァン・ハンターの話をしたいと思う。

僕がエヴァン・ハンターという名前を知ったのは「暴力教室」の原作者としてだった。ただし、当時、映画の評判は聞いていたが、簡単に見ることはできなかった。そして、エヴァン・ハンター原作のもう一作「逢う時はいつも他人」というタイトルが僕の頭に刻み込まれた。「逢う時はいつも他人」の原題は「Strangers When We Meet」だから、ほぼ直訳である。

僕は英語を習い始めた中学生の頃、ちょうどフランク・シナトラが歌う「Stranger in the night」がヒットしていて、ラジオの司会者が「夜の見知らぬ人」と気取って訳したのを信じた。その頃、英語の授業で「Stranger」の意味を教師が「誰かわかりますか」と問いかけたことがある。僕は得意になって手を挙げ、教師に指名されると「見知らぬ人、という意味です」と答え、教師に「他人」という意味だと直されたことがある。

そのときのシーンが、未だに僕の記憶に鮮明なのだけれど、どうして「逢う時はいつも他人」というタイトルが僕の脳裏に刷り込まれたのかは不明である。もしかしたら、「Stranger」という単語が入っているからだったのかもしれない。

物語は、カーク・ダグラス演じる建築家が近所に住むキム・ノヴァク演じる倦怠感に充ちた人妻と恋に堕ちるという不倫ものである。子供をスクールバス乗り場に送りにいったのが知り合うきっかけだったと記憶している。ゴミ捨て場にいって知り合うよりはロマンチックだと思う。しかし、なぜ、大人の不倫物語に中学生の僕が惹かれたのだろうか。何が僕の琴線に触れたのだろうか。

キム・ノヴァクはアルフレッド・ヒッチコックの「めまい」(一九五八年)を見たときに「きれいな人だな」と思ったが、スレンダーな女性が好きな僕の好みではなかったし、顎の割れたカーク・ダグラスも好きではなかった。なのに、どうしてと考えると、やはり「逢う時はいつも他人」というフレーズに反応したのだと思う。

この映画を見てから原作を入手するまで、けっこう時間がかかった(僕は大学生になっていた)けれど、原作(角川文庫で上下二巻だった)を見つけたときにはすぐに買ったものだ。しかし、大学生でこの物語を読んでも本当には理解できていなかったと思う。

古きよきアメリカの裕福な白人たちが暮らす郊外の住宅街である。建築家というエリートである主人公は、妻や子供を愛していながら近所の人妻に恋をする。ダメだ、ダメだと思いながら惹かれていく。

五〇年代のモラルが支配するアメリカ。白人エリートたちは保守的であり、離婚率も高くはなかった。簡単に家庭を棄てるわけにはいかない。結局、ふたりは別れ、それぞれの家庭に帰っていく。分別のある大人の行いだ。しかし、気持ちはそう簡単に割り切れない。

そういうのは、やはり結婚し子供ができた後、誰かを好きになるという経験をしないとわからないだろうなあ。やはり、映画を見るのも、原作を読むのも早すぎた気がする。それなりの人生の経験をしてから読むと、身につまされたことだろう。

それにしても、「逢う時はいつも他人」というフレーズには、今でも心騒ぐものを感じる。理由はよくわからないのだけれど——。

(2019.07.18)

一九六七年の五木寛之

わが命の唄　艶歌

艶歌／舛田利雄監督

艶歌／五木寛之

一九六八年は、芦川いづみが藤竜也と結婚して引退した年である。松竹歌劇団にいた芦川いづみは川島雄三監督に見出され、十八歳のときに松竹映画「東京マダムと大阪夫人」（一九五三年）でデビュー。二年後、日活に移籍した川島監督を追ったのか、日活と契約した。戦後、遅れて製作を再開した日活は、裕次郎が登場するまでけっこう女性映画が多くて月丘夢路や南田洋子、芦川いづみなどの主演作品があった。

芦川いづみは人気絶頂の頃の石原裕次郎の相手役も何度かつとめているが、日活ファン以外にはほとんど名を知られていなかった年下の男優を伴侶に選び引退した。以来、彼女はまったく姿を現さない。テレビ出演で顔が売れ仕事も増えた藤竜也が大島渚監督のハードコア作品「愛のコリーダ」に出演し、仕事がまったくこなくなった数年間も夫を支え、金婚式を越えて今も仲むつまじく暮らしているようだ。

一九六八年、引退の年に芦川いづみは三本の映画に出演した。すでにヒロインをつとめる年齢を過ぎたと思われたのか、「大幹部　無頼」も「わが命の唄　艶歌」も松原智恵子にヒロインを譲っている。「大幹部　無頼」では、冒頭、人斬り五郎に救われる踊り子たちのリーダーとして登場し、後に赤線の娼婦となって五郎と再会する。五郎は彼女を相手に「無頼」シリーズを貫く重要な長ゼリフを口にする。

芦川いづみと藤竜也が共に出演している最後の作品は、五木寛之原作の「わが命の唄　艶歌」である。主人公のポップス系ディレクター津上を渡哲也が演じ、「艶歌の竜」こと艶歌一筋のベテラン・ディレクター高円寺竜三を芦田伸介が演じている。原作では主人公の友人でルポライター露木が書いた高円寺竜三のルポ記事が印象的に挿入されるのだが、映画版はそれを高円寺竜三を取材したドキュメントフィルムに変えてある。そのフィルム・ディレクター露木を藤竜也が演じていた。

原作における露木の比重は大きくて、短編だった「艶歌」が評判になり、五木寛之はその後、高円寺竜三を主人公にした長編を「海峡物語」「旅の終りに」と書き継いでいくことになるのだが、露木は高円寺のよき理解者であり、語り手として登場し続ける。芦田伸介は「艶歌の竜」こと高円寺竜三を当たり役とし、テレビ版の「艶歌」以降も「海峡物語」などで演じている。要するに、芦田伸介以外には演じられないキャラクターになってしまったのだ。

その最初が日活映画「わが命の唄　艶歌」だった。原作通り、ようやく津上の前に登場した高円寺竜三は録音スタジオのモニタールームのソファに競馬新聞を顔にかけて寝転び、何度めかの録音で「よし、できた」と体を起こす。横で聴いていた津上は、それぞれの録音の違いがわからない。

芦川いづみは最初の方で自殺する津上の恋人を演じ、後半で彼女の妹として松原智恵子が登場してくる。このふたりのヒロインは、原作では登場しない。短編の原作を九十分ほどの映画にするために、いくつかのエピソードが加えられ、新しい登場人物が創作されたのだ。

脚色を担当したのは池上金男。名作「十三人の刺客」を書き、その頃は「無頼」シリーズの脚本を手がけていた。池上金男は、六十歳を過ぎて池宮彰一郎の名前で「四十七人の刺客」を書き、時代小説家としてデビューする。

「わが命の唄　艶歌」が日活で公開されたとき、僕はタイトルが不満だった。「艶歌」だけでいいじゃないかと思ったのは、五木寛之の短編集（「さらばモスクワ愚連隊」だったと思う）の最後に配置されていた「艶歌」の読後感が強く残っていたからだった。その前年、一九六七年の秋、高校二年生だった僕は「海を見ていたジョニー」というグッとくる表紙の本を書店で見つけた。黒を基調にしたカバーで、真ん中に小さくピアノを弾く人物が写っていた。

当時、僕は自分が単行本を買うことなど思いもしなかった。僕は文庫本か古本（懐かしの「高松ブックセンター」）しか買わなかった。僕は「海を見ていたジョニー」を少し立ち読みして棚に戻し、翌日、学校で新聞部のTにその本の話をした。Tは「五木の小説は全部、徒労で終わるパターンばかりだ」と聞き慣れない言葉を口にし、その時点で新人作家・五木寛之の本をすべて読んでいると言った。

Tの家庭は裕福なエリート家庭らしく、単行本など簡単に躊躇せず買ってしまうようだった。何しろ、母親は市内唯一のデパート高松三越にトヨタ・クラウンを運転して買い物にくる（当時、とても珍しいことだった）というし、父親は陸軍大学出身の超エリートで蒋介石の軍事顧問として台湾にいると聞いた。本人も香川大学付属小学校・中学校から高松高校というエリートコースを歩んでいた。

僕はTにすべての本を貸してもらった。「さらばモスクワ愚連隊」「蒼ざめた馬を見よ」「海を見ていたジョニー」「青年は荒野をめざす」の四冊である。一九六七年の一年間に、五木寛之はそれだけの本を出版したのだった。僕は夢中で読んだ。そのときに読んだ短編の数々は、今も印象深く残っている。「海を見ていたジョニー」や「GIブルース」などジャズをテーマにした小説、「素敵な脅迫者の肖像」「CM稼業」など広告業界や放送業界を舞台にした小説を読んだのは初めてだった。

僕はすべての本を手元に置いておきたくなり、Tに譲ってくれないかと頼んだ。「いいよ、もう読まないから」とTは答えた。そのとき、僕はいくら払ったか記憶にないが、少なくとも金は払った。「五木なんて一度読めばいい。大江みたいに血を流して書いている作品を深く読み込まなきゃ」とTが切り捨てた五木寛之の作品は僕を魅了し、一九六八年に出版された「幻の女」「裸の町」「男だけの世界」「恋歌」「風に吹かれて」は、すべて単行本を待ちかねて買った。

ちなみに「わが命の唄　艶歌」の主人公を演じた渡哲也は、「海を見ていたジョニー」という歌を歌っている。「海を見ていたジョニー、いってしまったジョニー」とリフレインする曲で、ときどき僕は口ずさむ。作詞は五木寛之である。作家になる前にCM音楽の作詞をしていた五木寛之は、作家になってからも多くの作詞を手がけている。「旅の終りに」「愛の水中花」など、ヒット曲もいくつかある。

(2019.07.18)

警察小説のハシリ

■87分署シリーズ／エド・マクベイン
❀複数犯罪／リチャード・A・コーラ監督

海外ミステリを読み始めるきっかけになったのは、旺文社（学研ではなかったと思う）の中学生向け学年誌の付録の小冊子だった。毎月、付録に海外ミステリのダイジェスト（抄訳）版がついていた。小学校時代の友だちのお姉さんが学年誌を定期購読していて、その付録の小冊子が何十冊も本棚に並んでいたのだ。僕は、小学校の四年か五年だった。その小冊子をまとめて借りて帰り、むさぼるように読みふけった。

後に知ったのだが、それは早川書房でSFマガジン編集長をしていた福島正美さんのアルバイトだったらしい。毎月翻訳出版される早川ポケットミステリ（通称ポケミス）の中から選んでダイジェストしたものだったのだ。だから僕はその小冊子で「マイクル・シェーン」シリーズも読んでいるし、リュウ・アーチャーものだって読んだことがある。ウィリアム・アイリッシュの名前も、その小冊子で知った。十歳くらいのことだ。

その後、僕はダイジェストでないものが読みたくなり、書店で創元推理文庫を見つけて購入した。ポケミスは高くて手が出なかったのだ。当時のポケミスは簡易版の函に入っていて、表4の定価のところが小窓になっていた。函から出さずに定価がわかるようにしていたのだ。その後、ポケミスはビニールカバーに代わり、今も続いている。

当時、早川書房は文庫を出していなかったので、読みたいものはポケミスで買うより仕方がなかったのである。創元推理文庫でいろいろ読んでいた僕は、結局、新作を読みたい場合はやはりポケミスを買わざるを得ないのだと気付いた。当時、イアン・フレミングの007シリーズが人気で、創元推理文庫からは初期の「カジノ・ロワイヤル」「ロシアから愛をこめて」などが出ていたが、「ゴールド・フィンガー」も「サンダーボール作戦」もポケミスでしか出ていない。

その頃、イアン・フレミングは現役作家で、最新刊「黄金の銃を持つ男」の出版予告が「ミステリ・マガジン」に出た。僕は別に007シリーズを読みたかったわけではないが、最新の海外ミステリを読むには、やはりポケミスを買わざるを得ないのかと思った。

そんな時、僕は高松市の田町商店街にあった古書店「高松ブックセンター」にフラリと入り、本棚と本棚の狭い隙間に立って「87分署」シリーズのポケミスを見つけたのだった。

その時に買ったのは「死にざまを見ろ」（翻訳者は加島祥造）だった。中学一年で英語を学び始めたばかりだった僕は、原題の「See Them Die」を記憶し、自転車を漕ぎながら時々「See Them Die 死にざまを見ろ」と怒鳴ったりしていた。

十二歳の子供は、そういう意味のないことをよくやっていた。そこから「87分署」シリーズ全点踏破が始まった。僕は第一作「警官嫌い」から始めて「通り魔」「麻薬密売人」へと入り、小遣いを貯めてはポケミスを買った。

「高松ブックセンター」にはポケミスを定期的に売りにくる人がいるらしく、タイミングがよいと「87分署」シリーズも手に入った。その頃、作者のエド・マクベインは絶好調で、エヴァン・ハンター名義での「暴力教室」「逢う時はいつも他人」、カート・キャノン名義の「酔いどれ探偵街を行く」も好評だった。中でも「87分署」はテレビシリーズになり、それが日本でも放映された（僕の地方では見られなかった）ので人気は高かったのだ。

僕が「死にざまを見ろ」を買った時点で、「87分署」シリーズは十八冊が翻訳されていた。物語は時系列で続いているから、順番に読まなければならない。僕は一点一点買い集め読み進めた。とりあえず、十八冊目の「斧」にたどりつくまで二年近くかかったのを憶えている。その中でも僕が気に入ったのは、「警官嫌い」「キングの身代金」「殺意の楔」「電話魔」「クレアが死んでいる」「10プラス1」といったところだ。

「キングの身代金」は黒澤明が映画化し、「殺意の楔」も東宝で映画化され、「クレアが死んでいる」は市川崑が映画化した。また、「10プラス1」はフランスで映画化された。黒澤明は「キングの身代金」の犯人が社長の息子とお抱え運転手の息子を間違えて誘拐し、身代金を払うか払わないか苦悩するという設定を借りて「天国と地獄」（一九六三年）を作った。主人公を演じた三船敏郎の名前を権堂金吾とし、原作のキング氏に敬意を表している。

ただし、僕は以前にも書いたけれど、「天国と地獄」については「今、捕まえても死刑にできない」という理由で犯人を泳がせ、そのせいで麻薬中毒患者の女を殺されても特に気にせず、犯人逮捕の瞬間に「これでおまえは死刑だ」と得意顔（ドヤ顔）で言う仲代達矢の警部を容認できず、見ていると最後にはシラケてしまうのである。当時、黒澤明は自身の子が誘拐されるのを心配していたという話もあり、誘拐という卑劣な犯罪に対して異様な憎しみを向けている気がする。

「殺意の楔」は「天国と地獄」公開の翌年、同じ東宝で「恐怖の時間」（一九六四年）のタイトルで公開された。監督は岩内克己。主演は加山雄三である。つまり、スティーブ・キャレラ刑事を加山雄三が演じたのだ。これは原作に忠実に映画化されていて、僕としては「87分署」の映画化としては成功だと思っている。

加山雄三の刑事を恨む女が刑事部屋にニトログリセリンの瓶を持って押し掛け、占拠してしまう。刑事たちはニトロが本物かどうか半信半疑ながら、様々な駆け引きをして女を説得し、逮捕しようとする。女は不在の加山を待つという。加山は事件の捜査で出ていて、その事件の進展と占拠された刑事部屋の状況が同時に描かれる。脚色は名手、山田信夫である。

「刑事キャレラ／10＋1の追撃」（一九七二年）は、「男と女」のジャン＝ルイ・トランティニャンがスティーブ・キャレラ刑事を演じ、僕の永遠のヒロインであるドミニク・サンダが出ている（鏡に映る形でヌードシーンがあるらしい）のに、僕は見逃したままなのだ。

「クレアが死んでいる」は、「幸福」（一九八一年）のタイトルで市川崑監督が映画化した。僕は、当時、「小型映画」という八ミリ専門誌で「監督インタビュー」というページを担当していたので、市川監督に取材しようと思い試写で見た。

市川監督得意の現像での「銀残し」をし、カラーなのにモノクロの雰囲気を持つ独特の画面づくりだった。キャレラ刑事は水谷豊。若手刑事のバート・クリングの役は永島敏行だった。彼の恋人の女子大生クレアの役は、「東京ララバイ」がヒットした歌手の中原理恵である。冒頭で書店での乱射事件があり、被害者のひとりが中原理恵だった。谷啓がやっていた役は、原作のマイヤー・マイヤーなのだろうか。

「87分署」シリーズの映画化作品で最も楽しめたのは、「複数犯罪」（一九七二年）だった。「87分署」の宿敵「死んだ耳の男」（最初に登場する「電話魔」では「つ×ぼ」と訳されていた）が登場し、様々な事件が錯綜する話だ。

脚本もエド・マクベインが書いているのだけれど、ユル・ブリンナーが演じる「死んだ耳の男」の頭がよすぎて、刑事たちが間抜けに見えてしまう。バート・レイノルズのキャレラの他、女刑事役のラクェル・ウェルチなどキャスティングも賑やかでおもしろく見られる。

それにしても、五十年にわたって五十六冊の「87分署」シリーズを書いたエド・マクベインは希有な作家だと思う。

(2019.07.24)

併映作品に胸撃ち抜かれる

さらばモスクワ愚連隊／五木寛之
めぐりあい／恩地日出男監督

一九六七年秋、注目の新人作家・五木寛之の作品集四冊「さらばモスクワ愚連隊」「蒼ざめた馬を見よ」「海を見ていたジョニー」「青年は荒野をめざす」を新聞部のTから譲り受けた僕は、すっかり五木ワールドにはまっていた。Tが言った「五木の話は、どれも徒労に終わるものばかりだ」という意味も、何となくニュアンスを理解できるようになった。

五木寛之が書くものはハッピーエンドではなく、物語の中で主人公は何かを目的に動いているのだが、結局は裏切られるか、予期せぬことによって挫折してしまうか、主人公の努力は無意味だったという終わり方が多かったのだ。「海を見ていたジョニー」のように悲劇的な結末を迎えるものもあった。

多少、明るい終わり方は「青年は荒野をめざす」だった。ジャズ・トランペット奏者をめざす若き主人公は、ナホトカ航路に乗ってソ連に渡り、シベリア鉄道で北欧へ抜ける。その間に様々なエピソードがあり、女性との出会いと別れがある。ラストは、主人公が新しい世界に向かって羽ばたく印象があった。

週刊誌「平凡パンチ」に連載された「青年は荒野をめざす」は、若者たちの支持を集め、人気グループだったフォーク・クルセダーズが歌う「青年は荒野をめざす」がレコード発売された。

年が明け、一九六八年の三月、僕は「さらばモスクワ愚連隊」が加山雄三主演で映画化され、東宝系で公開されることを知った。加山雄三と言えば、若大将である。その年の正月に公開された「ゴー！ゴー！若大将」を、僕は友人と一緒に見たばかりだった。僕は高校一年で十六歳、春休みが終わると二年に進級する予定だった。翌年の一九六九年になると、東大闘争における学生たちと機動隊員たちの安田講堂攻防戦をテレビ中継で見た高校生たちは刺激を受け、全国で高校紛争が巻き起こるのだけれど、その年の春休みはまだ平和な時代だった。

「さらばモスクワ愚連隊」は「めぐりあい」という映画との二本立てで、田町商店街にあった高松東宝で公開された。僕は期待感を抱いて映画館に入った。「さらばモスクワ愚連隊」が先の上映だった。五木寛之の小説を読んで僕はジャズに興味を持っていたが、ちゃんとしたジャズを聴いたことはなかった。

ジャズの熱心なリスナーになった今から思うと残念なことに、当時の日本のトップジャズメンが「さらばモスクワ愚連隊」で演奏していたのに僕は何も憶えていないのだ。伝説の富樫雅彦のプレイシーンだってあった。なのに、僕にはまったく記憶がないのである。

主人公は元ジャズ・ピアニストのプロモーターだから、ジャズ・セッションのシーンがあったのは憶えている。しかし、おぼろげな印象しか残っていない。それは、「さらばモスクワ愚連隊」の後に見た「めぐりあい」が僕に強い印象を残したからだ。その後何度も見たからではなく、「めぐりあい」についてはどのシーンもよく記憶していた。

最初の出会い、再会、初めてのデート、トラックに乗って海へのドライブ、土砂降りの雨の中、トラックの斜めになった荷台でのくちづけ、すべてが僕の脳裏に刻み込まれた。

「めぐりあい」は、酒井和歌子初主演作品だった。それまで、テレビの風邪薬のCMで見て「かわいいな」とは思っていたが、

「めぐりあい」で僕は胸を撃ち抜かれてしまったのだった。相手役の黒沢年男は何となく毛深いイメージであまり好きではなかったが、酒井和歌子の魅力で僕にとって「めぐりあい」は名作になった。

監督は恩地日出男。タイトルが始まると、川崎の工場地帯が映し出され、荒木一郎が「めぐりあえる　その日までは」と歌い始める。満員電車、駅を降りる人々。足早に歩く酒井和歌子。人々の群を縫って走る黒沢年男。タイトルクレジットが終わると、すぐにふたりの出会いがある。

江藤努と今井典子。再会したふたりは定期券を見せ合い、互いに相手の名前を「平凡だ」と言う。努は典子を「テンコ」と読み、ずっとその呼び方を通す。努は自動車工場の工員、典子はベアリング卸商の店員である。六〇年代半ばの青春。貧しいけれど、漠然とした希望はあった。

「めぐりあい」の中では、大学進学がひとつのテーマになっていた。努の家は父親が定年を迎え、高校三年の弟と中学生くらいの妹がいる。弟のヒロシ（黒沢年男の実弟の博がこの映画でデビュー）は、強く大学進学を望んでいる。

努は父親が定年になると一家の生活がすべて自分にかかってくると怖れていて、ヒロシには「弟が大学行くからといって月給上げてくれねぇんだ」と言い喧嘩になるが、「俺も『大学いかせてくれ』って泣いたんだ」と口にする。

典子の家は父親が死んで長いが、笑いが絶えない明るい家庭だ。母（森光子）は保険の外交員で、野球をやっている高校生の弟（池田秀一）も新聞配達をしている。だが、父の弟（有島一郎）が母に結婚を申し込んだことから、典子は母と叔父に対して蟠りを抱く。

そんなふたりが海にドライブするシーンが印象に残る。自動車修理工場で働く友人に車を借りにいく努。カッコいいスポーツカーに身を寄せるが、「それは今日納車だ」という友人。次のシーンは運転する努と助手席で笑う典子。カメラが引くと四トントラックである。

この後、真っ白のワンピースの水着に着替えた酒井和歌子が登場するサービスシーンがあり、あることで仲違いしたふたりの帰途シーンになる。土砂降りなのに、典子はトラックの荷台に乗っている。努が「前へこいよ」と言ってもきかない。

努はトラックを止め荷台を上げる。斜めになった荷台から降りられない典子を残し、努は去ろうとするが駆け戻る。斜めになった荷台を登ろうとしても、土砂降りの雨で滑ってしまう。ようやく典子を荷台の下までおろしたとき、ふたりは初めてくちづけをする。この映画を見たとき、僕はまだ女性の手にも触れたことがなく、ましてくちづけなどしたこともなかったから、「めぐりあい」のくちづけシーンは自分自身の初めてのくちづけのような気がする。あれから五十一年、今もテレビで酒井和歌子を見ると胸がときめいてしまう。

（2019.07.25）

戦争にこだわった作家

戦争と人間／五味川純平

戦争と人間／山本薩夫監督

文藝春秋六月号に村上春樹さんが「猫を棄てる―父親について語るときに僕の語ること」を掲載した。父親から聞いた日中戦争の体験を中心に据えて、父母のこと、祖父のこと、父方の叔父や従兄弟たちのことなどを書いている。それを読むと、「ねじまき鳥クロニクル」を読み返したくなって、ひさしぶりに再読した。

最初に読んだときは「ノモンハン事件」についてもよく知らなかったのだが、その後、昭和史関連の本をかなり読んだから、この小説の核になっているテーマがよく理解できた気がする。読み返して改めて感じたのは、村上さんの戦争に対する関心の深さだった。ノモンハン事件も出てくるし、モンゴル兵に捕まって全身の皮を剥がされる話も出てくるし、シベリア抑留の話も出てくる。父親が一度だけ漏らした捕虜惨殺の話が、よほど深く村上さんの中に落ちていたのだろう。

ノモンハン事件（だけでなく昭和史全体）を詳細に描いた作家に五味川純平がいる。五味川純平は自身の戦争体験を元に書き上げた長編、「人間の條件」が大ベストセラーになって世に出た人である。版元の三一書房は、これで社屋が建ったと言われた。昭和三十一年（一九五六年）のことだ。「人間の條件」は小林正樹監督によって、全六部作として映画化された。まとめて上映すると九時間を超える超大作である。僕が大学生の頃は、週末にオールナイトでよく上映されていた。長いことは長いが、内容がおもしろいから時間を忘れて見ていられる。

僕はＴＢＳがドラマ化した「人間の條件」を何度か見た記憶がある。小学生の頃だった。加藤剛はこれがテレビデビューだったらしい。映画では新珠三千代が演じた奥さんは、確か藤由紀子だったと思う。捕虜惨殺など、惨たらしいシーンに目を背けた記憶がある。それでも気になっていたのか高校生になった時に、河出書房のグリーン版日本文学全集に「人間の條件」が上下二巻で入ったのをきっかけに読んでみた。ベストセラーになるだけあって、読み出したらやめられなくなった。朝鮮人や中国人の悲惨な描写も、主人公・梶の魅力で読ませてしまう。

「人間の條件」を読んだ頃、五味川純平の小説は何本かテレビドラマにもなっていた。「孤独の賭け」「アスファルト・ジャングル」などである。「アスファルト・ジャングル」は一回目を見た記憶があり、貧しい庶民の吉田義男が権力によって抹殺されるシーン（だったと思う）をなぜか今も憶えている。

その頃、五味川純平は「戦争と人間」という大作を順次刊行していた。これは一九六二年に最初の巻が発行され、一九八二年に最後の巻が刊行された。全十八巻で、やはり三一書房が版元だった。新書版だったと記憶している。その長さに怖れをなし、僕はなかなか手を出せなかった。

映画版「戦争と人間」は、原作が刊行中の一九七〇年から一九七三年にかけて三部作として公開された。監督は山本薩夫。日活映画で、日活スター総出演である。石原裕次郎だってワンシーンだけど、登場する。日活は一九七一年にロマンポルノに移行したため、初期のロマンポルノで活躍した片桐夕子や絵沢萌子も出ている。物語は伍代財閥の伍代家の人々を中心に展開する。

この映画を見るだけで、昭和三年（一九二八年）の張作霖爆殺事件から昭和十四年（一九三九年）のノモンハン事件までの昭和史がわかるというスグレモノである。もしかしたら、映画化された時点で原作の刊行もノモンハン事件までだったのだろうか。伍代家の当主は冷徹な実業家の滝沢修。その弟で満州伍代の頭領として豪腕をふるうのが芦田伸介だ。時流に敏感で、伍代の権力を笠に着る長男を高橋悦史が演じた。愛する青年将校（高橋英樹）がいながら、伍代家のために政略結婚に甘んじる長女は浅丘ルリ子だった。

子供の頃に、世の中の貧富の差や理不尽に目覚める次男は北大路欣也、その友人でプロレタリア運動家の山本圭は、伍代家の末娘（吉永小百合）と秘密裏に結婚し、中国大陸へ出征する。吉永小百合は夫の帰りを待ちながら、貧しい人々への奉仕活動に従事する。ちなみに山本薩夫は「赤い監督」だから今見ると「ソ連」「中共」に好意的で、また南京大虐殺については「中共の主張のままじゃないか」と言う人もいるかもしれないが、まあ、その辺は堅いことを言わずに見た方がいい。山本監督は確かに「赤い」けれど、「忍びの者」も「金環食」も同じようにおもしろく撮る。

第一部はキネ旬ベストテン二位、第二部は四位で、第三部は十位なのだけれど、僕は第三部が一番好きだ。なぜかというと、東北の貧農の娘で身売りされる苫（夏純子）が出てくるからだ。プロレタリア運動を通じて知った画家（江原真二郎）に頼まれて、北大路欣也は彼女を伍代家で雇う。

しかし、北大路欣也は満州に渡り徴兵される。夏純子は、結局、実家のために身を売り満州にやってくる。その夜、北大路欣也の部屋を訪ねた夏純子は、「あたす、今夜だけなんです。ずぶんの体でいられるのは」と言う。

そのシーンを初めて見たときに感じた切なさが、今も僕の中に甦る。映画版「戦争と人間」は、ノモンハン事件の惨敗をもって終わる。敗残兵が帰ってくる。娼家の前で水を持って兵士たちに渡しているのは、チャイナドレスを着た娼婦の夏純子だ。彼女の前を傷だらけの北大路欣也が通る。彼女は水を渡し、飲み終えて去っていく欣也に大声で言う。

――兵隊さん、あたしんとこさ遊びにおいでよ。うんと、かわいがってやっからさ。

九時間半近くある大作の最後のセリフが、東北なまりのある満州まで流れてきた娼婦の言葉であることに監督はどんな意味を込めたのか。「戦争と人間」を思い出すたびに、僕は考えている。美しさの絶頂にあった夏純子の面影と共に――。

(2019.07.31)

果てしない日々を生きる切なさ

■ワーニャ伯父さん／アントン・チェーホフ

⊛安城家の舞踏會／吉村公三郎

WOWOWで放映した「ルームロンダリング」(二〇一七年)を見ていたら、最後にヒロインの母親役でつみきみほが登場してきた。「花のあすか組!」(一九八八年)の主人公で登場したのが三十一年前だから、そろそろ五十に近い年齢だろう。

しかし、印象も体型もそんなに変わっていない。つみきみほが最も印象に残った映画は「櫻の園」(一九九〇年)だった。そこで、「櫻の園」を見たくなってDVDで見ていたら、杉山紀子(つみきみほ)がヤーシャ役の扮装をした姿は魅力的だなあ、と改めて思った。

演劇部部長の志水由布子(中島ひろ子)が演じるドゥニャーシャが好きになるパリ帰りの男の役である。ボーイッシュなつみきみほは男役がよく似合った。映画「櫻の園」は召使いのドゥニャーシャが蝋燭台を持って舞台に出ていき、アントン・チェーホフの「桜の園」の舞台が始まるところでラストシーンになる。うまい作りだが、それを見ると「桜の園」の舞台を見たくなってしまった。僕は「かもめ」と「ワーニャ伯父さん」は舞台で見たことがあるけれど、「桜の園」は戯曲を読んだだけなのだ。

「櫻の園」はラネーフスカヤという女地主が二人の娘を連れて、兄と一緒に領地を訪れるところから始まる。そこは春には見事な桜が咲くので、「桜の園」と呼ばれている。第一幕は、かつて「桜の園」の使用人だった商人のロパーヒンが召使いのドゥニャーシャと登場してくる。彼らは、ラネーフスカヤ一行の到着を待っている。

ラネーフスカヤは借金がかさんで「桜の園」を手放さなければならない状態なのに、まったく自覚がなくパリで優雅に暮らしていた。ロパーヒンが「このままでは桜の園が競売にかけられる」と心配しても、かつての栄華の時代の夢を忘れられない。そして、とうとう競売の日がやってきて、結果を聞く人たちの前でロパーヒンはこう言うのだ。

――わたしが買ったんです。(中略)桜の園は、もうわたしのものだ! わたしのものなんだ! ああどうしたことだ、皆さん、桜の園がわたしのものだなんて(中略)あのエルモライが、なぐられてばかりいた、字もろくすっぽ書けないエルモライが――冬でもはだしで駆けまわってい

たあの餓鬼が、まぎれもないそのエルモライが、世界じゅうに比べものもない美しい領地を、買ったのだ。（神西清・訳）

この長いセリフを読んでいると、僕は「安城家の舞踏會」（一九四七年）は「桜の園」だったんだなと連想した。戦後すぐに公開された「安城家の舞踏會」は、零落した華族の安城家が舞台だ。次女（原節子）は屋敷を、かつての使用人で今は商人として成功し金持ちになっている神田隆に売ろうとしている。

家長である滝沢修は、昔の栄華が忘れられない。まして、かつての使用人の世話になるなどプライドが許さない。長女（逢初夢子）も神田隆だけには売りたくない。というのも、使用人だった神田隆は長女に恋をし、彼女の結婚が決まった時、「金持ちになってやる」と安城家を出ていった男だからだ。そして、酔った神田隆はロパーヒンとよく似たセリフを口にする。

チェーホフは、「桜の園」を「喜劇　四幕」と書いている。「かもめ」も同じく「喜劇　四幕」であり、「ワーニャ伯父さん」は「田園生活の情景　四幕」となっている。「かもめ」には、ニーナ（若い処女、裕福な地主の娘）が登場するのだが、彼女のひとつのセリフは薬師丸ひろ子によって有名になった。

――女流作家とか女優とか、そんな幸福な身分になれるものなら、わたしは周囲の者に憎まれても、貧乏しても、幻滅しても、りっぱに堪えてみせますわ。屋根うら住まいをして、黒パンばかりかじって、自分への不満だの、未熟さの意識だのに悩んだってかまわない。そり代わり、わたしは要求するのよ。名声を――ほんとうの、割れ返るような名声を。――（両手で顔をおおう）頭がくらくらする――ああ！（神西清・訳）

「Wの悲劇」（一九八四年）を見たとき、うまいセリフを見つけてきたものだなあ、と思った。タイトルバックのシーンで処女喪失した俳優志望のヒロイン（薬師丸ひろ子）は、早朝の公園の野外舞台の上でこのセリフを言う。誰もいないと思っていた観客席から拍手が起こる。世良公則が身を起こし、「きみ、役者さん？」と声をかけてくる。

「かもめ」のニーナは、女優になりたくてモスクワへ出る。モスクワ郊外の別荘地での小屋で初舞台を踏んで、地方へまわったのだが、「演技はがさつで、味もそっけもなく、やたらに吼え立てる、大仰な見得を切る、といった調子でした」と、登場人物のひとりに言われる。さらに、私生活でも不幸が続く。「かもめ」は、そんな切ない人生を切り取った名作だった。

僕はチェーホフの短編も戯曲も好きでかなり読み込んだつもりだが、その中でも最も心に残るセリフが「ワーニャ伯父さん」の中にある。ずいぶん昔に俳優座の舞台を見て記憶に刻み込まれた。その舞台ではワーニャ伯父さんを近藤洋介が演じ、ソーニャを佐藤オリエが演じていた。

ワーニャ（ソーニャの髪の毛を撫でながら）ソーニャ、わたしはつらい。わたしのこのつらさがわかってくれたらなあ！
ソーニャ　でも、仕方がないわ、生きていかなければ！　ね、ワーニャ伯父さん、生きていきましょうよ。長い、はてしないその日その日を、いつ明けるとも知れない夜また夜を、じっと生き通していきましょうよ。運命がわたしたちにくだす試みを、辛抱づよく、じっとこらえていきましょうよ。（神西清・訳）

ソーニャのセリフは、まだまだ続く。昔、中央公論社から出ていたチェーホフ全集が欲しくてたまらなかったけれど、現在、青空文庫でチェーホフ作品はかなり読めるようになっている。戯曲は神西清の翻訳のもの。僕が読んだのは半世紀近く前だから、著作権も切れているのだろうなあ。

（2019.08.07）

単なる変態作家か？

細雪／谷崎潤一郎

細雪／市川崑監督

先日、ふと思いついて谷崎潤一郎の「細雪」を本棚から取り出して、また読み始めた。最初に読んだのは三十代半ばだったろうか。もう一度読み返したいと思っていたが、なかなか実行できなかったのだ。確か、最初に読んだのは新潮文庫で、上中下の三巻に分かれていた。今回は、文学全集の一巻本である。上下二段組、文字が小さい。

「細雪」の冒頭は、よく憶えている。「こいさん、頼むわ」と次女の幸子が言う。「こいさん」とは末娘の呼び方である。昔、「月の法善寺横丁」という歌があって、包丁一本さらしに巻いて旅修行に出た板前が、「待ってて、こいさん」と歌ったものである。「番頭はんと丁稚どん」というテレビ番組でも、「こいさん」「いとはん」という呼び方を覚えた。

「細雪」が四人姉妹の物語だということは、読んでいない人にもよく知られている。映画化は三度らしいが、舞台でもよく上演される。女優の競演を売りにできるからだ。だから、映画化や舞台化では、四人姉妹のキャスティングが注目される。数年前の舞台では、関根恵子こと高橋恵子が長女をやっていて「えっ」と思った。僕の中では「関根恵子＝おさな妻」のイメージが抜けていない。

映画化は一九五〇年版（花井蘭子、轟夕起子、山根寿子、高峰秀子）、一九五九年版（轟夕起子、京マチ子、山本富士子、叶順子）、それに市川崑が監督した一九八三年版（岸惠子、佐久間良子、吉永小百合、古手川祐子）がある。僕は一九五九年版と一九八三年版を見ているが、市川崑作品の豪華な映像が記憶に残っている。

市川崑監督版「細雪」では、長女の鶴子（岸惠子）と次女の幸子（佐久間良子）がとてもいい。鶴子の夫は伊丹十三で、幸子の夫は石坂浩二だった。このキャスティングもよかった。

四女の妙子（古手川祐子）もがんばっていたのだけれど、三女の雪子役の吉永小百合はミスキャストだと思う。僕の場合、吉永小百合がいいと思ったのは「キューポラのある街」とテレビ版「夢千代日記」だけであるけれど——。

ところで、僕は谷崎潤一郎の作品が苦手だった。僕が半世紀にわたって愛読する小林信彦さんは、ことある度に谷崎作品を絶賛するのだが僕にはそのよさがわからなかった。「単なる変態作家じゃないか」と思ったこともある。

もっとも、僕が好きな川端康成も「眠れる美女」などを読むと「変態作家だなあ」と思ってしまう。川端の場合は「美少女好き」（今風に言えば、ロリコン）で、有名な「伊豆の踊子」もそういう視点で読むと「なるほど」とうなずける。

谷崎の場合は完全な「脚フェチ」で、女性の脚の描写に精魂を傾けていたりする。たぶん、僕が谷崎を苦手になったのは、その趣味が露骨に出た「瘋癲老人日記」の映画の看板を小学五年生で目にしたからだろう。小学生の目には、その看板はひどくイヤラシゲーだったのだ。

その頃、大映は谷崎作品をやたらに映画化していた。たぶん、どの作品もエロチックだったからだと思う。観客は文芸作品としてより、エロチック作品として見ていたのではないだろうか。「鍵」（一九五九年）「痴人の愛」（一九六〇年）「卍」（一九六四年）などがある。

ということで、僕は長い間、谷崎作品が読めなかった。しかし、「細雪」だけは読まねばと思っていた。ようやく読めたのは、市川崑版「細雪」を見た後だった。花見のシーン、紅葉狩りのシーンの絢爛さにうっとりし、ゆったりした物語の流れに身をゆだねた。これは読まねばならん、と一念発起し、三十半ばでようやく本気を出した。

「細雪」は長い小説だが、読み始めるとスラスラ読める。独特の文体が心地よい。船場言葉が耳に響いてくるようだった（映画を先に見ていたせいかもしれないけれど）。この先どうなるのか、という興味でページをめくるというより、この世界にゆったりと身を浸したいという感じだろうか。読んでいると、この物語に終わりはくるのだろうか、と思う。

この長い物語を、谷崎は太平洋戦争中に書き続けていた。昭和十八年（一九四三年）、月刊誌「中央公論」一月号と三月号に「細雪」の一回目と二回目が掲載されたが、「戦時にそぐわない」と軍に指摘され掲載は止められた。

その後、谷崎は発表の予定もないまま書き続け、昭和十九（一九四四年）には私家版で上巻を出したという。結局、昭和二十三年（一九四八年）までかかって完成した。

今回、再読を始めて「やっぱり、すごいなあ」と改めて感じた。物語作家としての谷崎の面目躍如の感がある。冒頭の「こいさん、頼むわ」から引き込まれる。幸子が出かける準備をしているシーンなのだが、そこから雪子の縁談の話になり、そのいきさつが長々と語られ、冒頭のシーンに戻ってくるのは十五ページも進んでからなのだ。つまり、一章のシーンの続きは五章になる。

二章から四章までは、現在、雪子に持ち込まれている縁談の話になり、なぜ雪子が三十になるまで結婚していないかということや、四女の妙子の駆け落ち事件（新聞に載ってしまう）やら、姉妹が育った蒔岡家の衰退やら、長女の鶴子の本家のことやら、次女の幸子の分家のことやら、それぞれの婿のことなど、様々なことが入り組んで語られるのに、まったく読者を混乱させない。

谷崎の文体は、ひとつのセンテンスが長い。つまり、そのセンテンスの中に、いろんな情報が入っていることになる。文体は作家の呼吸みたいなものだから、その独特の呼吸を持つ文体が「細雪」という世界を構築している。

僕はその世界にすんなり入れたけれど、人によってはまったく受け付けないかもしれない。でも、「細雪」を読まないことは、人生の大きな損失になるのではないか、と僕は思っている。

（2019.08.16）

■さすらいのキャンパー探偵／香納諒一

香納諒一さんの新シリーズ

❀欲望／ミケランジェロ・アントニオーニ監督

建物が崩壊した廃墟の写真を見て「すごいな」と思ったのは、宮本隆司さんの作品を見たときだった。「建築の黙示録」という写真集で一九八八年に出版され、翌年、宮本さんは木村伊兵衛賞を受賞した。四×五インチ以上の大型のビューカメラを使っていたと思う。克明に写し取られた写真で、廃墟の迫力が伝わってきたものだ。

当時、僕は「フォトテクニック」というカメラ雑誌の編集部にいたものだから、宮本さんの写真展や写真集を見ることができたのだが、それから数年経った頃、廃墟・廃線ブームなるものが起こり、丸田祥三さんが「棄景・廃墟への旅」（一九九三年）という写真集を出した。これは様々な廃棄された光景をテーマにしたもので、廃墟のすごさが全面に出ていた。

この写真集で丸田祥三さんは、日本写真家協会新人賞を受賞した。当時、「フォトテクニック」では丸田さんの廃墟の写真を紹介させてもらったことがある。その写真を見て僕も廃墟巡りをしようかと思ったほどだったが、おそらく現実の廃墟の前に立つと僕は違う思いを抱くだろうと考えて、行動に移すことはなかった。

香納諒一さんの「虚国」（現在は「蒼ざめた眠り」と改題）

を読んだとき、主人公が廃墟をテーマにしているカメラマンとして登場してきたので、「おっ」と思ったものだった。冒頭、廃墟になっているホテル（だったと思う）を夜明けの光の中で写そうとして、主人公は綿密に光線を読みとり撮影に没頭する。

僕はカメラマンが主人公の小説や映画をけっこう読んだり見たりしたことがあるけれど、不自然に感じてツッコミたくなることもある。しかし、「虚国」では不自然に感じる描写はまったくなく、香納さんが写真にあまりに詳しいので、自分でもかなり撮る人なんじゃないかと思った。

僕は大学時代から写真を始め、下宿で暗室作業などもしていた関係で、写真雑誌をやりたくて「コマーシャル・フォト」という雑誌を出していた玄光社という出版社を受け、意に反して「小型映画」という八ミリ専門誌編集部にまわされたのだが、三十を過ぎて「フォトテクニック」に異動になり、写真のテクニック記事も書いたりして、それなりの専門家だと自負していたのだ。

ちなみに映像作品で写真家やカメラマンが出てくるシーンはよく見かけるが、俳優がやって様になっていたのはあまり記憶にない。「欲望」（一九六六年）のデビッド・ヘミングスの撮影シーンは今なら笑っちゃうかもしれないが、この映画を見てカメラマンになった人を僕は何人も知っている。そういえば、「ゆれる」（二〇〇六年）でオダギリジョーが演じた売れっ子カメラマンは、雰囲気を出していた方だと思う。

僕が一番印象に残っているのは、一色一成さん自身がファッションカメラマンの役で出た「なんとなく、クリスタル」（一九八一年）である。一色さんは、一般の人がイメージするファッション撮影の現場そのものを実践している人だった。僕は一色さんの現場には何度か入れてもらっていたので、映画で見たとき「そのまんまじゃないか」と思った。

さて、「虚国」は単行本で読んだのだけど、カメラマンで探偵でもある主人公・辰巳翔一が出てくる作品がその十七年前に書かれていたことを知り、文庫本で「無限遠」（「春になれば君は」を改題）を読んだ。その頃、僕は香納諒一作品の全点踏破をめざし、未読のものを探しては読んでいたのだ。

香納諒一さんに初めてお会いしたのは、二〇一一年の秋のことだ。日本冒険小説協会会長だった内藤陳さんの誕生パーティー（残念ながら最後のパーティーになった）でのことだった。そのパーティで香納諒一さんに紹介され、思わず「愛読しています」と口にした。

僕が初めて読んだ香納作品は、ご多分に漏れず角川文庫の「幻の女」だった。日本推理作家協会賞受賞作だったのが手に取ったきっかけだっただろう。しっかりした本格的ハードボイルド作品だった。

弁護士が主人公のハードボイルドというと、僕は結城昌治さんの作品を思い出してしまうのだが、正統的な一人称の文体が深く印象に残った。そこから香納諒一作品の全点踏破が始まったのだけれど、香納さんはすでに多くの作品を出していた。

僕は初期作品に遡って読み始め「炎の影」が特に気に入りの作品になった。初めてお会いしたときには、「歌舞伎町特別分署」シリーズも「贄の夜会」も「梟の拳」も「血の冠」も「ヨコハマベイ・ブルース」も読んでいた。

その夜、香納さんに「近々、新刊が出るのでお送りします」と言われ、僕はお言葉に甘えて名刺を渡してしまったのだけど、それからしばらくして「心に雹の降りしきる」が送られてきた。この本のことは「映画がなければ生きていけない 2010-2012」のコラム「無傷なこころがどこにある?」で少し書かせていただいた。その後も香納さんには、新刊を送り続けていただいている。

この一年足らずで「完全犯罪の死角」「絵里奈の消滅」「新宿花園裏交番坂下巡査」など立て続けに出版された。この八月には、久しぶりに辰巳翔一が主人公の「さすらいのキャンパー探偵」シリーズ第一巻「降らなきゃ晴れ」(双葉文庫)を送っていただいた。

三ヶ月連続の刊行で、「水平線がきらっきらっ」「見知らぬ町で」が予定されている。欧米では「タイプ2」の名前で親しまれているというフォルクスワーゲンバスを、キャンピングカーにして旅をしているカメラマンであり、探偵である辰巳翔一が様々な土地で事件に遭遇し、意外な結末があり、という連作シリーズである。

第一話「降らなきゃ晴れ」は、雑誌の仕事で富士山の写真を撮るために精進湖にやってきた辰巳翔一が、年輩のアマチュアカメラマンと出会うところから始まる。アマチュアカメラマンで何年も富士の写真を撮っているという人は多い。「フォトテクニック」編集部の頃、僕はカメラメーカーやフィルムメーカーのギャラリーを定期的にまわっていたが、よくアマチュア・グループの富士山写真展に遭遇したものだ。

文庫本百ページ足らずの物語なのだが、何度もどんでん返しがある。長編に仕立てられる要素はあると思うのに、それを短くまとめているのが、もったいないと思う反面、見事な見切りだとも思う。どうやって、こういうプロットを組み立てるのだろうか、と考えたりする。辰巳翔一というキャラクターは、少し軽みがあって「炎の影」の主人公を思い出した。香納諒一作品の最初の印象は、やはり「幻の女」から受けたもので重厚感にあふれていた。

その後、「歌舞伎町特別分署」シリーズで様々な刑事のキャラクターを描き分け、登場人物の幅が広がった気がする。「梟の拳」のように盲目の元ボクサーを主人公にする、という怖れを知らない挑戦をしてきた香納さんである。今回、帯のコピーには「旅する探偵。依頼人は出逢うものだ!」とあり僕はニヤリとしたが、キャンパー探偵という新しいチャレンジに向かっているのだと思う。

(2019.08.30)

■巨人と玩具／開高健

開高健原作の映画化作品

❀巨人と玩具／増村保造監督

一九六八年、高校二年生の時、新聞に大きな書籍広告が出た。新潮社純文学書き下ろしシリーズの一作で「輝ける闇／開高健」と、タイトルと筆者名が大きく印刷されていた。ベトナム戦争真っ盛りの頃で、そのベトナムへ従軍記者としていったときの作者の体験が元になっているらしいことがわかった。「輝ける闇」は評判になり、僕も図書館で借りて読んだ。開高健という作家の作品を読んだのは、それが初めてのことだった。

たぶん気に入ったのだろう、それから僕は開高健の旧作を遡って読み始めた。「パニック」「巨人と玩具」といった初期短編から、芥川賞を受賞した「裸の王様」を読んだ。しかし、小松左京が書いた「日本アパッチ族」と同じ題材を扱っているという「日本三文オペラ」はおもしろく読んだが、「屋根裏の独白」や「ロビンソンの末裔」は読みにくくて放り出してしまった。徳島ラジオ商殺人事件を取材して書いたという「片隅の迷路」は手を出すこともしなかった。

そんなとき、「青い月曜日」という自伝的な作品が出た。これは僕も、僕の友人たちも気に入り、僕らの中で「ブルー・マンデー」という言い方が定着した。「憂鬱な月曜日」である。月曜の朝、僕らは登校拒否に近い気分に陥ることがあり、「ブルー・マンデー」というフレーズが気分に合ったのだ。その後、自伝的な作品「見た揺れた笑われた」を読み、その中の「肥った」という作品に共感した記憶がある。

開高健は芥川賞受賞の頃はひどく痩せていたが、その頃はすっかり肥っていたし、テレビのドキュメンタリー番組などに頻繁に出るようになった頃は、小太り体型だった。釣りと美食の作家。開高健がテレビに出るようになって、そのイメージが定着した。アマゾンの釣り紀行「オーパ」はベストセラーになった。僕は律儀に「夏の闇」「花終わる闇」を読み開高健の神経症的な側面を作品の中に読みとっていたが、同時に「新しい天体」や「ロマネ・コンティ一九三五年」といった美食（グルメ）小説も楽しんでいた。

今も鮮明に記憶しているのだが、「新しい天体」を読んで「明石焼き」と宍道湖の「白魚の踊り食い」を知った。タレで食べるたこ焼きが存在することを僕は知らなかったので、新宿二幸近くにあるという「明石焼き」の店にいつかいこうと思ったものだが、結局、一度もいけなかった。ある時期から開高健は小説より、ノンフィクション作品が多くなった。たぶん小説が書けなくなったのではないか。

一九八〇年の長編「渚から来るもの」はベトナム体験の焼き直しだったし、一九八六年に出た「破れた繭　耳の物語1」「夜と陽炎　耳の物語2」は、音の記憶を元に書いたといっても、結局は自伝的作品の焼き直しだった。

開高健は文芸同人誌で知り合った年上の女性詩人と同棲し、十九歳で父親になった。そのことは、初期作品から様々な作品に出てくる。壽屋（現サントリー）に入社するまでの物語は、繰り返し語られた。しかし、その後の宣伝部での仕事を自ら語ることはあまりなかったと思う。

その宣伝部での体験が生んだのが、「パニック」という初期短編集に収められた「巨人と玩具」だ。僕は読んでから半世紀経った今でも、「パニック」と「巨人と玩具」を読んだときの鮮やかな印象を憶えている。「巨人と玩具」を読んだ頃、僕は新人作家・五木寛之の小説によって広告業界の存在を知ったばかりで、その世界に強い興味を抱いていた。開高健の小説はほとんど映画化されていないけれど、「巨人と玩具」は大映のエース監督である増村保造によって映画化され評判になった。

映画化されるくらいだから、「巨人と玩具」は発表当時に評判になったのだろう。この短編の後、「裸の王様」という短編を書いて開高健は芥川賞を受賞する。映画「巨人と玩具」の公開は一九五八年六月二十二日だった。開高健の「裸の王様」が芥川賞を受賞したのは第三十八回で一九五七年下半期の作品が対象だった。ということは、「最新の芥川賞作家の短編の映画化」ということで、大映は「巨人と玩具」を宣伝することができたわけだ。

ちなみに第三十八回芥川賞には大江健三郎の「死者の奢り」が候補になっていたが落選し、第三十九回（一九五八年上半期）に「飼育」で受賞した。僕は高校生のとき、開高健作品より大江健三郎作品を愛読していた。当時、ふたりは「大江・開高」と並び称せられるくらい純文学系の作家としてはよく売れる存在だった。

映画「巨人と玩具」では原作の「私」を川口浩が演じた。製菓会社の宣伝部員である。仕事中毒的なモーレツな仕事人間の上司を高松英郎が演じ、最後は勤め人の悲哀を感じさせた。高松英郎は、後に梶山季之のベストセラーを映画化した「黒の試走車（テストカー）」（一九六二年）でも、仕事のためにはどんな手段も厭わないモーレツ上司を演じ部下（田宮二郎）に愛想を尽かされる。

「巨人と玩具」は製菓会社三社（原作では、サムソンといった巨人の名がつけられていたと思う）の宣伝合戦を題材にし、ある少女をCMキャラクターとして採用し、その娘がスターになって変わってしまったり、上司が仕事に打ち込んだあげく体がボロボロになってしまったり、という物語の中にすでに消費社会への批判を潜ませていた。

名作が時間を超越するのは事実だと思う。「巨人と玩具」は、今見ても充分におもしろいし、六十年前も現在も企業社会は何も変わっていないということがよくわかる。増村保造監督が最も勢いがあった頃に、デビュー作「くちづけ」と同じ川口浩と野添ひとみを起用して撮った名作である。

（2019.10.01）

■サラサーテの盤／内田百閒
㊎ツィゴイネルワイゼン／鈴木清順監督

帰らぬ猫を恋うる作家

台風十九号が去った翌朝、いつものように利根川へ散歩にいくと、いつもと変わらぬ水量だったのに、その翌日、同じように土手を登って驚嘆した。目の前まで、泥水が押し寄せていた。田圃も農道も橋も、すべてが水没している。

驚いて道を引き返し、反対側から猫の一家が暮らす場所へいけるルートに変更した。自宅にいるときは毎朝、利根川の猫たちに会いにいっているのだ。四年ほど前、三匹の子猫が棄てられ、棄てられた畑の持ち主のリリー・フランキーに似たおじさんがブツブツ言いながらも面倒を見ている。

おじさんは猫小屋を建て、毎朝、猫たちに缶詰を与えていたが、一匹が車に牽かれて死に、残った二匹は雄雌だったので一年ほど後に四匹の子猫が生まれた。その後、ボランティアさんによって六匹の猫たちは不妊手術を受け、耳をカットされた桜猫になった。僕も安心して餌を与えられる地域猫になったのだ。やがて、近くに住んでいた一家が引っ越すときに置き去りにされたアメリカン・ショートヘアが加わり、今では七匹の猫たちが暮らしている。

実家にいっている三、四ヶ月の間、僕は猫たちと会えないのだが、父猫と母猫とは四年を超すつきあいだし、子猫ももう生まれて二年になり、中の二匹は懐いて僕の姿を見るとニャオニャオと鳴きながら足下にすり寄ってくる。その猫たちの小屋もおじさんの畑も、完全に水没していた。僕は猫たちを呼んだけれど、一匹も出てこない。しばらく待っていたが、たぶん高台に逃げているのだろうと思って、その日は帰った。

翌朝、再び利根川へいくと少し水は引いていたが、まだ猫の小屋のところは水没していた。高台の雑木林の中から茶色のフサフサの毛をした子が出てきて、僕の足に体をすり付ける。しばらくすると母猫と父猫、それと警戒心の強いハチワレの子も出てきた。茶色のアメリカン・ショートヘアも無事だった。誰かが新しい餌皿と水差しを用意していた。僕はアカと呼ばれる茶色のフサフサの毛の子を抱き上げた。

猫好きの作家は多いが、内田百閒の猫好きも有名だ。師匠の夏目漱石にならって「彼ハ猫デアル」という短編も書いている。これはノラと名付けることになる猫が、百閒先生の家に住み着くまでのいきさつを書いているのだけれど、そのノラがいなくなり、帰らぬノラに対する思いを綴った「ノラや」という文章は愛猫家の気持ちを見事に描いている。内田百閒はつつましやかな生き方が魅力的で、作品より人物の方がよく知られているかもしれない。

黒澤明監督も内田百閒を主人公にして、「まあだだよ」（一九九三年）という映画を撮った。松村達雄が飄々とした感じで、内田百閒（百鬼園とも称した）を演じ、香川京子が上品な奥さんを演じた。「まあだだよ」を見るとよくわかるが、百閒先生の生き方は「清貧」そのものである。もちろん、名を知られた作家だから貧乏というのでもないだろうが、狭い家で奥さんと猫と共につつましやかに暮らし、好きな原稿を書いている。羨ましいような生き方ではある。もちろん、映画の中にも猫は登場した。

その内田百閒が原作者としてはクレジットされていないが、間違いなく百閒先生の「サラサーテの盤」という短編を映画化したのが鈴木清順監督の「ツィゴイネルワイゼン」(一九八〇年)だ。公開当時、『サラサーテの盤』に着想を得て」という風にパンフレットには書かれていた。権利関係の問題で、原作としなかったのだろうか。

当時、僕は八ミリ専門誌「小型映画」編集部にいて、日大芸術学部でシナリオを教えていた鬼頭麟兵先生の連載を担当していたのだけれど、「サラサーテの盤」を読んだことを話すと、「それ読みたいな」というので新潮社版「内田百閒・中堪助・坪田譲治集」を先生に貸したことがある。「サラサーテの盤」を読んだ鬼頭先生は、「あれは、まぎれもなく原作ですね。それをきちんと表記しないのはいかがなものでしょうか」と言った。

確かに「ツィゴイネルワイゼン」は映画的に大きく膨らませているが、ベースは「サラサーテの盤」にすべて書かれていた。もちろん僕は「ツィゴイネルワイゼン」を見て圧倒されたし、凄い映画だと今も感服している。しかし、映画を見て理解できなかったことなども、「サラサーテの盤」を読んでよくわかったことがある。「サラサーテの盤」は随筆のような書き方ではあるけれど、一種の怪談話である。

冒頭、屋根の棟の天辺で小さな固い音がして、瓦の上を小石が転がっていると思った語り手は「ころころと云ふ音が次第に速くなつて庇に近づいた瞬間、はつとして身ぶるひがした。庇を辿つて庭の土に落ちたと思つたら、落ちた音を聞くか聞かないかに総身の毛が一本立ちになる様な気が」するのである。

——物音を聞いて向こうから襖を開けた家内が、あつと云った。「まつさをな顔をして、どうしたのです」

これは、映画の中でも使われたイメージである。その後、亡くなった同僚の中砂と暮らしていたおふさという女性が、中砂の六つになる遺児きみを連れてやってくる。次第に物語が進むと、このおふさときみがこの世の存在ではないような気がしてくるのだ。

——いつもの通りの時間におふささんがやつて来て、薄暗い玄関の土間に起つた。何だかぞつとする気持であつた。

「ツィゴイネルワイゼン」のシナリオを書いたのは、田中陽造である。「陽炎座」「セーラー服と機関銃」など、当時、大活躍だった。よく、「サラサーテの盤」を見つけたものだと思う。一九六七年、僕が高校生のときに買った新潮社版「日本文学全集・内田百閒・中勘助・坪田譲治集」の中に「サラサーテの盤」は収録されていたのだが、実は十四年後に「ツィゴイネルワイゼン」を見てから読んだのだった。

(2019.10.16)

柴田錬三郎と市川雷蔵

梅一枝／柴田錬三郎

斬る／三隅研次監督

市川雷蔵没後五十年というので、WOWOWで「眠狂四郎」シリーズ十二本が放映された。九月半ばから十月半ばまで自宅に帰っていた一ヶ月間、その録画を見て過ごした。中村玉緒、藤村志保、久保菜穂子などの顔がちらつく。さすがに市川雷蔵のはまり役だけに、どの作品でも狂四郎は素晴らしい。特に三隅研次が監督した「勝負」「無頼剣」は昔から好きで、何度見たかわからない。

市川雷蔵が死んだ日のことを憶えている。ニュースで、まだ三十七歳だったことを知った。僕は高校三年生で、夏休み直前のことだった。結局、遺作は二月公開の「博徒一代　血祭り不動」（一九六九年）になった。痩せた体に刺青を施し、気の毒になるような役柄だった。東映の鶴田浩二や高倉健の任侠映画がヒットし、大映も雷蔵にそんな役を与えたのである。

その年、一月に公開されたのが十二作目の「眠狂四郎　悪女狩り」（一九六九年）だった。もうあまり動けなくなっていたのか、殺陣に生彩がなく雰囲気だけで狂四郎を演じていた。エロチシズムを売りにする部分もあったが、僕の好きな藤村志保はあっさり死に、妖艶な久保菜穂子も悪女役だった。

六〇年代後半、雷蔵は「忍びの者」「陸軍中野学校」「ある殺し屋」「若親分」「眠狂四郎」などのシリーズを持ち、大映の屋台骨を支えていた。一年間で十数本の主演作が公開されたこともある。雷蔵の死後、大映はどんどんジリ貧になり、篠田三郎や松坂慶子、関根恵子などの新人を起用するが、結局、数年後に倒産した。

「眠狂四郎」といえば、シバレンこと柴田錬三郎である。昭和三十年代に相次いで創刊された出版社系週刊誌は、新聞社系週刊誌と違い取材力がないので連載小説やコラムなどの読物でページを埋めた。「眠狂四郎」の連載は「週刊新潮」の部数増に大きく貢献したという。週刊誌連載で小説を読む人々が多くいた時代だったのだ。僕は中学生の頃から柴田錬三郎にはまり、かなりの作品を読んだ。

きっかけはテレビ時代劇「われら九人の戦鬼」を見たからである。一九六六年一月から半年間、当時のNET（日本教育テレビ・現テレビ朝日）で放映された時代劇で、原作は柴田錬三郎だった。スタッフ・キャストは前作「新選組血風録」と同じだった。主人公の多門夜八郎は栗塚旭、それに島田順司、左右田一平などが出演した。多門夜八郎は足利将軍のご落胤だが狂四郎と同じく世をすねたニヒルな浪人で、極悪な領主の元で苦しむ農民たちを助けることになる。夜八郎を慕うヒロインは梨花という名前だったと記憶しているが、演じていたのは高石かつ枝という歌手だった。

「われら九人の戦鬼」にはまった僕は、原作を読んだ。テレビの脚色の方がいいとは思ったけれど、そのまま「孤剣は折れず」「剣は知っていた」「運命峠」「赤い影法師」などの長編を読み、「眠狂四郎」シリーズも読破した。確かに「眠狂四郎」シリーズは独特の魅力に充ちていた。狂四郎にからむ「美保代」「静香」という女性の名前を未だに憶えている。柴田錬三郎は「イエスの裔」が芥川賞と直木賞の両方の候補になったように「三田文学」出身の純文学系の作家だったし、現代を舞台にした小説も多い。

現代小説でヒットしたのは何度も映像化された「図々しい奴」だが、僕がはまっていた頃には「若くて、悪くて、凄いこいつら」という若者たちを描いた小説が出ていた。後に時代小説家・隆慶一郎になるシナリオライター池田一朗によって脚色され、中平康監督によって映画化された。日活映画「若くて、悪くて、凄いこいつら」（一九六二年）の主演は高橋英樹だった。ドライ（死語か）でクールな若者の生態を、中平康独特のシャープな（死語か）カット割りで描いた作品だったけれど、僕はあまり感心しなかった。

同じ一九六二年、柴田錬三郎の短編を原作にして珠玉の時代劇が作られている。僕は心が沈んだとき、人間に絶望的になったときなど、その作品を見る。だから、何度見たかわからない。すべての画面、セリフのひとつひとつが記憶に刻み込まれている。まだ若い市川雷蔵が、生き生きと主人公を演じていた。原作は「梅一枝」という短い小説だ。一種の剣豪小説でタイトルの意味は最後になってわかる。映画はほぼ原作に忠実に描かれるが、タイトルは「斬る」（一九六二年）と変更された。

「梅一枝」では客はこないと判断されたのだろう。監督は三隅研次。原作の端正な文章もいいけれど、それを体現した市川雷蔵はストイックで素晴らしい。映画は藤村志保演じる奥女中が、藩主の側女を刺殺するシーンから始まる。「方々、乱心ではございませぬぞ」と凛とした顔で、騒ぐ同輩たちを制する藤村志保がいい。続く処刑シーン。藤村志保は、討ち手（天知茂）を見上げて微笑む。白刃が太陽にきらめく。続いて、夜をついて走る駕籠。駕籠の中から赤ん坊の泣き声。無駄のないカット割りである。

赤ん坊は高倉家に預けられて信吾という名で成長し、殿の許しを得て三年の旅に出る。帰藩した信吾は、御前試合で「三弦の構え」という必殺の技を見せて来藩した剣豪に勝ち剣名をあげる。それを妬んだ隣家の父子は「信吾は捨て子だ」と言いふらし藩主にたしなめられるが、それを逆恨みして高倉家を襲い父と妹を殺す。

死に際の父から出生の秘密を聞かされた信吾は隣家の父子を倒して脱藩し、出家している本当の父（天知茂）を訪ねる。その後、信吾は漂泊し、江戸で大目付に仕えることになる。時は幕末。水戸藩は尊皇攘夷派を放置しているというので大目付が叱責に赴き、信吾は護衛としてつき従う。しかし、仏間に入るという理由で腰の大小を預けさせられ、そこへ刺客が現れる。さて、丸腰の信吾はどう切り抜ける？　となる。

市川雷蔵には「剣・三部作」と言われる作品がある。「斬る」「剣」（一九六四年）「剣鬼」（一九六五年）だが、「剣」は三島由紀夫の短編の映画化だ。ストイシズムの化け物のような大学剣道部の主将を主人公にした現代物である。他の二本は、柴田錬三郎の剣豪物の短編を原作にしている。だから、市川雷蔵と柴田錬三郎は切っても切れない関係なのである。

柴田錬三郎は市川雷蔵の逝去から九年後、一九七八年六月三十日に六十一歳で亡くなった。関係が深かった集英社は「柴田錬三郎賞」を設け、すでに三十数人の受賞者を出している。吉田修一が「横道世之介」で受賞したり、東野圭吾が「夢幻花」で受賞したり、奥泉光が「雪の階」で受賞したり、性格がよくわからない賞ではある。ちなみに、大沢在昌さんも「パンドラ・アイランド」で受賞している。

（2019.10.27）

マリー・ラフォレの死

■太陽がいっぱい／パトリシア・ハイスミス
◉太陽がいっぱい／ルネ・クレマン監督

マリー・ラフォレが八十歳で亡くなった。しかし、八十歳のマリー・ラフォレは想像できない。二十歳の彼女が出演した「太陽がいっぱい」を初めて見たのは、東京オリンピックの年、一九六四年だった。僕は十三歳の中学一年生。その年、リバイバル公開された「太陽がいっぱい」（一九六〇年）を高松市の二番館「中劇」で見た。

何度も書いているけれど、そのときに見た三本立てが僕を映画好きにした。「太陽がいっぱい」「恐怖の報酬」「リオ・ブラボー」というプログラムだった。考えられない凄さである。二本がフランス映画だったので、その後、僕はフランス映画好きになり、とうとう大学ではフランス文学科を選択した。とはいっても、フランス語が喋れるわけではない。

「太陽がいっぱい」で初めてマリー・ラフォレが登場したときは、まず大きな瞳のアップショットからだった。続いてギターを爪弾く手。鼻歌のようにスキャットで歌っていた。その美しい顔のアップが十三歳の僕に衝撃を与えた。その後、僕は南仏を舞台にしたバカンス映画「赤と青のブルース」（一九六〇年）も見たし、三十代のとき、そのレーザーディスクを買って飽きるほど見た。

しかし、それほどマリー・ラフォレが好きだったわけではない。ただ、中学生の頃の自分を思い出すと、マリー・ラフォレという女優の全盛期だったなあと感慨深いものを感じる。僕は映画雑誌の「映画の友」と「スクリーン」を購読していたが、ちょうどその頃「国境は燃えている」（一九六五年）というマリー・ラフォレが出演した映画が公開され特集された。当時は、ヨーロッパ映画が多く公開されたのだ。

マリー・ラフォレが強く僕の記憶に刻み込まれたのは、「太陽がいっぱい」の衝撃が強かったからだ。僕は殺人者が主人公の物語を初めて見たし、犯罪者を魅力的に描いていることに驚いた。とにかくアラン・ドロンが素晴らしかった。人を殺した後、果物や肉にむしゃぶりつく姿にショックを受けた。その原作が「才人リプレイくん」というものだと知ったが、まだ原作は翻訳されていなかった。

原作者は、女性のパトリシア・ハイスミス。ずっとイギリス人だと思っていたが、アメリカ生まれの作家である。僕が映画を見た当時、「太陽がいっぱい」の原作はハヤカワ・ミステリで出るという話だった。しかし、「太陽がいっぱい」の原作は後に角川書店が出したがあまり売れず、ずいぶん経って河出書房から再発売された。その頃には、僕はパトリシア・ハイスミスがトム・リプレイをシリーズの主人公にしているのを知った。

トム・リプレイは「太陽がいっぱい」でアラン・ドロンが演じた役だったが、後にヴィム・ヴェンダース監督の「アメリカの友人」（一九七七年）では、デニス・ホッパーが演じている。これは、トム・リプレイ・シリーズの三作めを原作にしており、ヴェンダースがオマージュを捧げているのか、ニコラス・レイやサミュエル・フラーといったハリウッドの監督が出演した。

パトリシア・ハイスミス名義で出した最初の小説「見知らぬ乗客」は、交換殺人を扱ったミステリでアルフレッド・ヒッチコックが映画化した。しかし、「太陽がいっぱい」の公開当時、パトリシア・ハイスミスの小説はどこからも翻訳は出ていなかった。日本では売れないと思われていたらしい。「見知らぬ乗客」の日本語版は二十二年後、「太陽がいっぱい」の日本語版は十六年後に発行された。

パトリシア・ハイスミスはミステリ作家と捉えられているが、ミステリのつもりで読み始めると落胆するかもしれない。「不条理な心理小説」といった方がわかりやすいだろう。迷宮に迷い込んだ気分になる。本人も「サスペンス作家」「ミステリ作家」と評価されることに不満を抱いていたらしい。だから、日本では長い間、売れない作家だったのだ。

数年前、ケイト・ブランシェットとルーニー・マーラが主演した「キャロル」（二〇一五年）がアカデミー賞にノミネートされ、それがパトリシア・ハイスミスの原作だと知ったときには「へえー」と思ったけれど、意外な気はしなかった。一九五〇年代を舞台に女性同士の愛を描いた物語である。保守的な時代、同性愛など認められるはずもない。しかし、「キャロル」

は人間同士の愛と切なさを描いて出色だった。

ところで、僕がなぜ「太陽がいっぱい」の原作を「才人リプレイくん」と表記するかというと、中学生の頃、友人から借りたレコード「ヨーロッパ映画音楽全集」のライナーノートに「『太陽がいっぱい』の原作はパトリシア・ハイスミスの『才人リプレイくん』である」と書かれていたからだ。

原題は「The Talented Mr. Ripley」である。トム・リプレイ・シリーズは全部で五作出版されており、すべてタイトルに「リプレイ（リプリーと表記する方が多い）」が入っている。

（2019.11.06）

■宴／糸魚川浩

一九六七年の中山仁

⊛宴／五所平之助監督

中山仁が肺腺ガンのために七十七歳で亡くなったと死亡記事が出た。十月十二日のことだったという。記事には「テレビドラマや映画などの名脇役として活躍。女子バレーボールが題材のスポ根ドラマ『サインはV』の鬼コーチ・牧圭介役やテレビドラマ『泣くな青春』の主演などで知られる」とあって、その紋切り型の内容に異議を唱えたくなった。特に「名脇役として活躍」という言葉には違和感があった。

中山仁は、突然出てきたという印象が強い。ある日、気がついたら売れっ子の二枚目俳優としてテレビや映画にいっぱい出ていたのだ。もちろん主役である。一九六七年、中山仁の顔は至るところにあった。正月早々、松竹映画「宴」が公開になった。四月からはテレビで連続時代劇「富士に立つ影」（四月四日～九月二十六日）が始まった。中山仁は主人公・熊木公太郎を演じ、ヒロインは葉山葉子だった。

当時、僕は十五歳。中学三年生だった一九六六年にベストセラーとして評判になった小説に、糸魚川浩が書いた「宴」があった。後に利根川裕の名になるのだが、出版当時はまだ中央公論社の編集者だったから筆名で「宴」を出したのだろう。利根川裕は一九八〇年から「トゥナイト」の司会者として十四年近くテレビに登場したから顔も知られるようになった。

「宴」は二・二六事件を起こす青年将校と彼を慕うヒロインとの物語だった。兄の友人としてヒロインは青年将校と出会うのだが、やがて別の男と結婚して人妻となった後に青年将校と再会し、再び思慕の念を燃え上がらせる。ある大雪の夜、ふたりは東京をさまようことになり、青年将校は冷え切ったヒロインの足の指を口に含んで温める。

中学生の僕にはよくわからなかったが、この冷え切った足を口で温めるシーンが「宴」で最も話題になったところである。今でもテレビ版と映画版のそのシーンが僕の脳裡に浮かんでくる。「宴」がテレビドラマとして放映（一九六六年十一月四日

〜一九六七年一月二十七日）されたとき、ヒロインは小山明子が演じ、青年将校は高橋幸治が演じた。松竹を辞めて苦闘していた夫の大島渚のために、小山明子はメロドラマで稼いでいたのである。

この「宴」人気に目を付けた松竹はヒロインに岩下志麻を抜擢し、青年将校に人気絶頂の中山仁を配した。公開はテレビ版がクライマックスに向かっていた一月十四日だった。映画版の公開から二週間経ったとき、テレビドラマ「宴」も最終回を迎えた。テレビドラマと映画がまさに同時期に競演したのである。

映画「宴」の雪のシーンが何かの雑誌に載っていて、僕はそれを切り抜いて持っていたことがある。当時、僕は岩下志麻のファンだったのだ。同じように葉山葉子のファンでもあった僕は、四月から始まった「富士に立つ影」も欠かさず見ていた。その結果、中山仁も見続けることになった。

後年、成瀬巳喜男監督の全作品踏破をめざした僕は、とりあえず戦後作品をすべて見る努力を始めたのだが、「ひき逃げ」（一九六六年）だけがなかなか見られなかった。ようやく「ひき逃げ」を見ることができたのは五年ほど前のことだ。初めて見て「おお、中山仁が出ていたのかあ」と、僕は思った。黒沢年男の出演作であるのは知っていたのだけれど――。

人妻である司葉子は青年と愛し合うようになるのだが、その青年を中山仁が演じていた。青年との逢い引きの途中、司葉子は車で子供をはねてしまうが、そのまま逃走する。やがて、彼女がひき逃げ犯だと知った子供の母親（高峰秀子）は家政婦として司葉子の家に入り、復讐を遂げようとする、という物語だった。黒沢年男は高峰秀子の弟の役である。

中山仁の映画出演の最初が「ひき逃げ」であるらしい。その翌年の一九六七年、中山仁は一気に六本の映画に出演し、テレビドラマでも主人公を演じた。映画は「宴」に始まり、「愛の賛歌」「智恵子抄」「颱風とざくろ」「囁きのジョー」「花の宴」と充実していた。特に「囁きのジョー」の斎藤耕一監督には気に入られたらしく、後の「約束」（一九七二年）も最初は中山仁主演の予定だった。

ところが、相手役の女優がなかなか決まらず、ようやくヒロインに岸惠子が決まったときには、売れっ子だった中山仁のスケジュールがとれなくなった。結局、斎藤耕一について映画監督をめざしていた萩原健一が相手役をやることになり、「約束」で役者として評価されたショーケンは、その後、「太陽にほえろ」のマカロニ刑事を経て「青春の蹉跌」やテレビドラマ「傷だらけの天使」で成功を収める。

ところで、一九六七年は一体どんな年だったのだろう。一月には「フォークソングの女王」ジョーン・バエズが来日し、僕はテレビで「ドナ・ドナ」を聴いた記憶がある。三月には高見山が外国人として初めて関脇に昇進した。藤猛が世界ジュニア・ウェルター級チャンピオンになり、日本初の商業用原発である敦賀原発の起工式が行われた。唐十郎が新宿花園神社で初の赤テント興行を行い、学生一人が死んだ第一次羽田闘争があった。「ミニスカートの女王」ツイッギーが来日し、女の子たちのスカートがどんどん短くなった。吉田茂が死んで国葬が行われ、前年に来日したビートルズの影響でグループサウンズが大流行。ザ・タイガースやザ・テンプターズがデビューし、ジャッキー吉川とブルーコメッツの「ブルー・シャトウ」がレコード大賞を受賞する。しかし、一九六七年を代表するヒット曲としては伊東ゆかりの「小指の想い出」にとどめを刺す。当時、どこの商店街でもかかっていた。

遙かな、遙かな昔のことだ。

(2019.11.12)

英国を代表する現代作家

■贖罪／イアン・マキューアン

⊛追想／ドミニク・クック監督

ロマン・ポランスキー監督の「告白小説、その結末」(二〇一七年)は主人公がフランス人の女性作家で、別居結婚している夫がテレビでインタビュー番組を持つ文芸評論家という設定だった。その文芸評論家は、アメリカやイギリスに作家を訪ねて取材にいく。彼の口からは、「ロンドンではイアン・マキューアンを取材する」と言うセリフが出てきた。

そうか、イギリス人作家と言えばカズオ・イシグロ(日本人の両親の元に生まれたがイギリス国籍です)よりもイアン・マキューアンなんだな、と僕は思った。イアン・マキューアンは世代的には村上春樹さんと同じで、あの世界的な疾風怒濤の六〇年代後半を十代後半で経験している。ただし、村上さんの作品からはそのことが読みとれるけれど、イアン・マキューアンはあまり関係ないかもしれない。

僕がイアン・マキューアンという名前を知ったのは、新潮社クレストブックで翻訳が出たからだった。しかし、その名前を記憶に刻み込んだのは、「つぐない」(二〇〇七年)という映画化作品を見たからである。原作は「贖罪」の邦題で出ていた。「つぐない」は、一度見たら忘れられない瞳を持つ少女シアーシャ・ローナンの姿が目に焼き付く印象的な作品だった。

もちろん、悲劇の恋人たちを演じたキーラ・ナイトレイとジェームス・マカヴォイにとっても代表作なのではあるけれど、十三歳のシアーシャ・ローナンの存在なくしては「つぐない」は単なる凡作になったかもしれない。

「作家志望の多感で純真無垢な少女ブライオニー」に存在感を与えたシアーシャ・ローナンがいたからこそ、つまらない行き違い(だいたい卑猥な言葉を手紙に綴るのが納得いかない)から起こる恋人たちの悲劇が説得力を持ったのだ。

したがって、その後の成長した姿を見せず、シアーシャ・ローナンは「つぐない」一作で消えるべきだったと僕は思ったのだけれど、実はその後の彼女の出演作はほとんど見ているのである。あの透明感のある瞳（何色と言えばいいのだろう）を見たいというのが、その大きな理由だ。殺し屋（ハンナ）を演じても、吸血鬼（ビザンチウム）を演じても、死者（ラブリーボーン）を演じても、彼女の悲しみを湛えた美しい瞳が記憶に刻み込まれる。

そんなわけで、シアーシャ・ローナンが再びイアン・マキューアン原作の映画化作品に出演した「追想」（二〇一八年）も見た。「初夜」の邦題で新潮社クレストブックで翻訳されている作品だ。物語の大部分は、新婚旅行初日のホテルの部屋で展開される。海辺のホテルの部屋には、新婚初夜を迎えようとしている若い男女エドワード（ビリー・ハウル）とフローレンス（シアーシャ・ローナン）がいる。

その初夜の現在時に、彼らの出会いから結婚するまでの過去が回想される構成になっている。それで、タイトルを「追想」としたのだろうかと僕は思った。原題は「On Chesil Beach」である。イギリスの風光明媚なビーチだということだが、ふたりしかいない長い浜辺は出てくるものの、有名な観光地という気はしない。時代は一九六二年（昭和三十七年）、日本なら熱海に新婚旅行へいき、その海岸をふたりで歩いている感覚かもしれない。

この時代設定が大変に重要な要素になっている。一九六二年と言えばまだ性的に解放されていない、処女性が尊重される時代だった。ヴァイオリニストをめざすフローレンスに対して、エドワードが口にする「チャック・ベリー」が重要な時代的記号として登場するけれど、ビートルズの登場まではまだ二年ある。そんな時代だから、ふたりは交際中にネッキングまではするが、童貞と処女として新婚初夜を迎えようとしているのである。

ふたりは、ともに不安に感じている。フローレンスは処女特有の潔癖さで、自分が男を受け入れられるか自信がない。いや、嫌悪さえ感じている。その感じをシアーシャ・ローナンが演じると、素晴らしいまでの説得力がある。演技の問題ではなく、彼女の存在自体がフローレンスになりきっているのだ。そのことが、結局、大きな悲劇を生む。僕は、まさか、そんな展開になるとは思わなかった。原作を読んでいなかったので「えっ」と思った。

ところが、それからいきなり十数年ジャンプして一九七〇年代半ばになってあるエピソードが描かれ、さらに二十一世紀の現在になり、老人になったエドワードとフローレンスの再会が描かれたとき、彼らより十年ほど若い僕もエドワードのようにハラハラと涙を流してしまった。「追想」とはそういうことだったのか、と思った。しかし、イアン・マキューアンが書く物語としては、少し甘い気がした。

「つぐない」も物語は戦前から始まるが、ラストは現在時になり、有名作家になった老ブライオニー（ヴァネッサ・レッドグレーブ）が新作「つぐない」についてテレビのインタビューに答えるシーンだ。純粋無垢な少女の言動によって引き起こされた悲劇の恋人たちの物語が、彼女の想像にすぎなかった（そうありたかった）のではないかという展開になる。だから、「つぐない」は見終わると奇妙にシュールな印象が残る。

ところが、「追想」のラストシーンでは世代的な甘い感傷に浸れるのであった。もっとも、それは僕が彼らがたどった時代の空気を知っているからかもしれない。エドワードとフローレンスは僕より十歳年上の兄や姉の世代だが、一九六二年に十一歳だった僕はその時代の保守的な空気も、七〇年代のヒッピー文化（日本ではアングラ文化と言った方がわかりやすいかもしれない）も、肌で感じることができる。

それは、イアン・マキューアンも同じだろう。しかし、イアン・マキューアンって、もっとハードな作家だと思っていたけどなあ。

ところで、「つぐない」というタイトルからは、どうも「アジアの歌姫」テレサ・テンを連想していけない。もっとも、原作の邦題「贖罪」だと堅すぎる気もする。原題は「Atonement」だから、「つぐない」も「贖罪」も直訳ではある。「あがない」では、通じない人間もいるだろうし――。やっぱり、「つぐない」しかないか。

（2019.11.17）

華麗なる一族だった

■硫黄島／菊村到

❀紅の翼／中平康監督

深作欣二監督夫人であった中原早苗は、若い頃は日活映画で活躍した女優だった。年を重ねてからも出演作は多い。深作作品では「柳生一族の陰謀」（一九七八年）の春日の局役が記憶に残っている。日活時代では鈴木清順作品に印象的な役があるけれど、やはり石原裕次郎作品のヒロインをつとめた「紅の翼」（一九五八年）が代表作だろう。活発で（当時の言い方だと）男勝りな新人記者を演じた。

裕次郎にとっては、デビューして三年目の初期作品である。主題曲もヒットし、僕もときどき口ずさむ。「青い空、白い雲、紅の翼」というフレーズで、気持ちのよい青空を背景に飛行する小型機が浮かんでくる。裕次郎は航空会社のパイロットを演じた。小型機をチャーターして逃亡を図る殺人者（二谷英明）を乗せることになり、同乗した中原早苗と共に死闘を演じる。

「紅の翼」の原作者が菊村到だった。芥川賞受賞作家だったが、その後、エンターテインメント作品を多く書くようになった。僕は菊村到の純文学系の初期作品である「硫黄島」という戦争小説を中学生の頃に読んだ記憶がある。菊村到とは逆に、直木賞を受賞した後に純文学系の作品を出すようになった梅崎春生の「桜島」と一緒に「戦争文学全集」に入っていた。

その後も裕次郎は、菊村到の小説の映画化作品に何本か出ている。「男が命を賭ける時」（一九五九年）「あした晴れるか」（一九六〇年）などがあり、それに何といっても「夕陽の丘」（一九六四年）である。裕次郎中期のムードアクションの中では「赤いハンカチ」（一九六四年）「二人の世界」（一九六六年）と並ぶ代表作だ。

「夕陽の丘」はやくざの主人公が兄貴分の情婦（浅丘ルリ子）と恋仲になり、その兄貴が出所するというので女に「一緒に逃げて」と言われ、女の故郷である函館（だったと思う）で女と待ち合わせる話である。女にはそっくりな妹がいて、彼女は地元のデパートに勤めている。やがて、主人公は妹と知り合い、姉とは違う清純さに惹かれていく。兄貴分を演じたのは、中谷一郎だった。

「紅の翼」はサスペンス小説であり、「あした晴れるか」は新聞記者だった菊村到がよく知っているジャーナリズムの世界を描いていた。その後、「夕陽の丘」のようなやくざを主人公にした小説など、エンターテインメントのジャンルを広げていった菊村到は長く活躍した作家だったが、一年で七本の作品が映画化された一九五九年前後が流行作家としての絶頂期だったのだろう。

映画化された最後の作品は、「死ぬにはまだ早い」（一九六九年）であるらしい。この映画が公開されたときのことは、よく憶えている。この作品で監督デビューした西村潔は、この後「白昼の襲撃」（一九七〇年）「豹は走った」（一九七〇年）「薔薇の標的」（一九七二年）と、殺し屋やスナイパーが主人公の切れ味のよいアクション映画を連発する。大学生の頃、どれもワクワクしながら封切りで見たが、もう一度見たい作品ばかりだ。

「死ぬにはまだ早い」は、昔、よくあった密室人質ものである。レーサー（高橋幸治）と人妻（緑魔子）がモーテルでの情事を終えてドライブインに寄ると、恋人を殺してきたという拳銃を持った若い男（黒沢年男）がやってきて、そこにいた客たちを人質にしてしまう。彼を裏切った恋人は、そのドライブインで男と会うことになっていたという。誰が、その男なのか、というサスペンスが醸し出される。

昔、サスペンスものとしてよく使われた物語のパターンであり、最近でも大雪に閉じ込められたペンションを舞台にして佐々木嬢さんが長編を書いていた（面白かった）けれど、新味を出すのはなかなかむずかしい。昔のテレビドラマではよく見た記憶があるのだが、僕の中で強く残っているのはエド・マクベインの87分署シリーズ「殺意の楔」である。

夫が刑務所で死んだのを恨み、夫を逮捕したキャレラ刑事のいる刑事部屋に妻がニトログリセリンを持って立てこもる話だ。人質になるのは刑事たちであり、キャレラが帰ってくるのを待つが、そのキャレラは密室殺人事件を調べている。この場合は緊迫した刑事部屋とキャレラの捜査が並行して描かれて、サスペンスを盛り上げていた。閉じ込められた状況だけで保たせるには、様々な工夫が必要だろう。

菊村到はそんなサスペンス小説が得意だったが、僕が彼の名前をずっと記憶しているのは、やはり初期の戦争小説を読んだからだ。今回、ネットで調べてみたが、芥川賞を受賞した「受胎告知」の単行本が発行された同じ一九五八年の一年間に、「ろまん化粧」「ああ江田島」「火の疑惑」「紅の翼」が刊行されている。初期から、サスペンス小説に手を染めていたらしい。

亡くなったのは一九九九年だが、その年「喪服の似合う女」という作品が徳間文庫から出ている。四十数年間、途切れずに書き続け、七十三歳で亡くなったのだ。初めて知ったが、本名は戸川雄次郎。父も小説家で後に平塚市長をつとめ、兄は政治評論家の戸川猪佐武、夫人の義兄は福田恆存だというから、華麗なる一族であったらしい。


(2019.11.22)

トンという名の作家

秋日和／里見弴

秋日和／小津安二郎監督

小津安二郎監督の作品群の中でとりわけ評価が（世界的にも）高いのは「東京物語」（一九五三年）であり、続いて「晩春」（一九四九年）「麦秋」（一九五一年）と続くのは衆目の一致するところらしい。ただ、僕は昔から晩年の作品「秋日和」（一九六〇年）や「秋刀魚の味」（一九六二年）が好きだった。どちらもカラー作品である。小津作品がモノクロームからカラーに変わったのは、「彼岸花」（一九五八年）からである。

その後、「お早よう」（一九五九年）「浮草」（一九五九年）「小早川家の秋」（一九六一年）を含めて六本だけだ。「浮草」は大映で撮り（名キャメラマン宮川一夫と組んだ）、「小早川家の秋」は東宝作品（森繁が出ている）である。

ある本によると「彼岸花」で大映の山本富士子を借りたので、お返しに「浮草」を監督し、「秋日和」で東宝の司葉子を借りたため「小早川家の秋」を監督したという。スタッフはそれぞれ大映、東宝だったから松竹のスタッフに慣れていた小津は戸惑ったのではないだろうか。

先日、「秋日和」を見ていたら「秋刀魚の味」と共に僕が気に入っている理由がわかった。クスクスと笑える喜劇的なシチュエーションが多いのだ。その場面を担っているキャラクターが岡田茉莉子である。当時の言葉で言えば、「おきゃん」な娘役である。「秋日和」は「晩春」の母子版だ。母（原節子）と娘（司葉子）がいて、死んだ父の友人たち（佐分利信、中村伸郎、北竜二）がいる。父の友人たちは会社の重役、大学教授など帝大出のリッチなエリートである。彼らは、友人の娘の司葉子を結婚させようとする。

しかし、母がひとりになるからと結婚を渋る娘の言葉を聞いた佐分利信たちは、男親を再婚させればいいと考え、男やもめの北竜二との再婚を思いつく。それを知った娘は「不潔だわ。汚らしい」と言い出し、母親に反発し親子の仲が怪しくなる。その経緯を聞いた司葉子と仲のよい同僚（岡田茉莉子）は、佐分利信たちのところに乗り込んで抗議する。勝ち気で、はっきりしていて、言いたいことはキチンと言うキャラクターであり、社会的地位のある中年男たちもタジタジとなる。

「秋刀魚の味」でも、岡田茉莉子は似たようなキャラクターで登場する。岩下志麻の兄（佐田啓二）の妻である。佐田啓二が同僚から譲り受けるつもりで持って帰ったゴルフクラブを「あんたなんかに贅沢よ」と返品させようとするシーンのおかしさは絶品だ。当時、松竹の看板女優だった岡田茉莉子は、「『青衣の人』より離愁」「班女」「女舞」「熱愛者」といった、井上靖、円地文子、中村真一郎などの小説の映画化作品で、憂いを秘め、笑顔を見せることなどないヒロインを演じている。

やがて、その路線は彼女の最高傑作「秋津温泉」（一九六二年）へと到る。だから、「秋日和」「秋刀魚の味」の岡田茉莉子のキャラクターは貴重なのである（木下恵介監督の恋愛コメディっぽい「今年の恋」のヒロインのキャラクターが近いけれど、小津作品でのコメディエンヌぶりに比べるとおとなしい）。

さて、「晩春」の原作者が広津和郎であるように、「秋日和」の原作は里見弴である。里見弴は「彼岸花」の原作者でもあるが、鎌倉文士だった里見は小津安二郎とも親しかったし、「早春」（一九五六年）以降の小津作品のプロデューサー山内静夫は里見の四男だった。里見弴は本名を山内英夫といい、有島武郎の弟だ。有島家の四男として生まれたが、母方の家を継ぐために山内姓となった。

ただし、有島家で他の兄弟姉妹と共に育っている。長男の有島武郎とは十歳違い。有島武郎は大正十二年に四十五歳で波多野秋子と軽井沢で心中した。僕の持っている文藝春秋社発行「現代日本文学館15」は、「有島武郎・里見弴」集である。僕は日本文学史上重要な位置を占める有島武郎の「或る女」は若い頃に読んだが、里見弴は長く「白樺派の作家ね」とバカにしていた。志賀直哉の小説には里見と思われる人物が登場する。

ところが、「彼岸花」「秋日和」の原作者であることで気になりだし、三十半ばの頃に本棚に並んでいた「有島武郎・里見弴」集を読んでみた。その結果、白樺派というよりは永井荷風に近いのだとわかった。自身の性的放蕩を題材に、私小説的世界を展開していたからだ。ただ、「彼岸花」を書いたときは七十歳。枯れた作風になっていたのだろう。

年譜には「昭和三十三年、小津安二郎らに依頼され、映画化する予定で『彼岸花』を発表」とある。同じく、昭和三十五年八月には「秋日和」を発表している。里見弴は一九八三年に九十四歳で亡くなるまで、この後、三十年近く生きる。兄・武郎の倍以上の人生だった。ちなみに黒澤明監督「羅生門」や溝口健二監督「雨月物語」の名優・森雅之は有島武郎の息子であり、里見弴の甥に当たる。

（2019.11.28）

カトリック作家という存在

おバカさん／遠藤周作

日本の青春／小林正樹監督

遠藤周作は「狐狸庵」という号を持ち、「狐狸庵先生」の名前で親しまれていた。「違いがわかる男」というネスカフェのテレビ・コマーシャルにも出たことがある。同じ頃、「どくとるマンボウ」の名前で軽妙なエッセイを書いていた北杜夫も同じように本が売れていた。ふたりとも純文学路線（遠藤は「沈黙」や「深い河」など、北杜夫は「楡家の人びと」など）とエンターテインメント路線を明確に分けて出版していた。

遠藤周作は「どっこいショ」「おバカさん」などがエンタメ路線の小説だったし、半世紀前には北杜夫の「怪盗ジバコ」がベストセラーになっていた。僕が遠藤周作の「おバカさん」を読んだのは、中学生の頃だと思う。一回限りのテレビドラマとして放映され、それが強く印象に残ったからだ。主人公の底抜けの人の善さは、いったい何なのだと僕は思った。あんな人間がいるのだろうか。そんな疑問が僕に原作を手に取らせた。

当時の僕は、遠藤周作が日本を代表するカトリック作家であることは知らなかった。知らないまま「おバカさん」を読んだけれど、僕は「この主人公はキリストなのだ」と気付いた。どんな人も、どんな罪も許す、底抜けのお人好しのおバカさん、としか思えない主人公はキリストが現代の日本に降臨した姿なのだと理解した。その後、遠藤周作のエンタメ系作品の表紙が柳原良平さんのイラスト（アンクル・トリスですね）だったこともあって親しみやすく、続けて「どっこいショ」を読んだ。

「どっこいショ」は戦中派の中年男の冴えない人生を描いていたが、十代半ばの僕はなぜかはまってしまった。高校生になったとき、「どっこいショ」は小林正樹監督によって「日本の青春」（一九六八年）のタイトルで映画化された。主人公のくたびれた中年男は、初めてシリアスな演技に挑戦したコメディアンの藤田まことだった。かつての恋人は新珠三千代が演じ、息子を黒沢年男が演じた。黒沢年男の恋人であり、主人公の仇敵の娘を酒井和歌子が演じている。

この当時、松竹出身の小林正樹監督は東宝で作品を撮ることが続いており、「上意討ち・拝領妻始末」（一九六七年）「日本の青春」「いのち・ぼうにふろう」（一九七一年）を撮っている。ちなみに「上意討ち・拝領妻始末」は、小林監督の代表作「切腹」（一九六二年）と同じ滝口康彦の原作である。このうち、「日本の青春」「いのち・ぼうにふろう」には、人気絶頂期の酒井和歌子が出ている。「人間の條件」の主人公の妻役に新珠三千代とこだわった小林監督は、女優の好みはハッキリしていたようなので酒井和歌子も気に入ったのかもしれない。

さて、映画化された「どっこいショ」も気に入った僕は、遠藤周作のエンタメ系作品と純文学系作品にどれほどの違いがあるのかが気になって、話題になっていた書き下ろし作品「沈黙」

を読もうと決心したが、いきなり「沈黙」に入るのは気が重かった。そこで、とりあえず芥川賞受賞作の「白い人・黄色い人」を読むことにした。新潮文庫で出ていて、背幅が三ミリほど。薄かったので手に取りやすかったのだ。当時、僕は安岡章太郎、吉行淳之介、小島信夫、庄野潤三など「第三の新人」たちの作品を読み始めていた。遠藤周作もそのひとりだった。

「白い人・黄色い人」はヨーロッパ留学時代のことを題材にしているようだったが、内容についてはよく憶えていない。ただ、「おバカさん」や「どっこいショ」といった作品に漂うユーモアはまったくなく、シリアスでしかつめらしい顔をした遠藤周作がいた。「これは心してかからねばならぬ」と侍のように独語した僕は、高校の図書館で新潮社書き下ろし作品という函入りの「沈黙」を借り出し、読み始めて驚いた。時代小説だったからだ。

当時の僕は、時代小説は娯楽作品であって純文学作品ではないと思っていた。志賀直哉作品が最高の純文学と言われていた時代だ。私小説が文学だと思い込まされていた。だから、物語を語る文体で綴られた江戸時代の前期を舞台にした「沈黙」は、僕にとっては純文学ではなかったのだ。主人公のイエズス会の神父がキリスト教が禁止された日本に密入国する場面など、サスペンスさえ醸し出しているではないか。

本の函の裏に書かれた何人かの書評の抜粋を読むと、「沈黙」は弾圧される隠れキリシタンの前に最期まで姿を現さない「神の沈黙」をテーマにしている、というようなことが書かれていたけれど、僕は「踏み絵を踏むか踏まないか」でそんなに悩むかなあ、と感じていた。信仰を持たない人間には切実なテーマではないのかもしれない、と僕は思った。そのことをきっかけにして、僕は「カトリック作家」の存在を知ることになった。フランソワ・モーリアック、グレアム・グリーンなどである。特にグレアム・グリーンは全集を揃えるほど読み込んだ。

日本でも「カトリック作家」は何人かいるが、高橋和巳の死後に小説を発表し始めた、夫人の高橋たか子の作品が一番記憶に残った。キリスト教圏では遠藤周作の「沈黙」が切実なテーマを扱ったものとして広く受け入れられているのだと知ったのは、マーチン・スコセッシが「沈黙」（二〇一六年）を映画化したときだった。映画化は、マーチン・スコセッシの長年の希望だったそうである。イタリア系移民の子孫であるスコセッシにとって、カトリックは生きる上での重要な何かなのだろう、と僕は肌で感じた。

（2019.12.06）

アンナ・カリーナに恋をした

■地獄の季節／アルチュール・ランボウ
❀気狂いピエロ／ジャン＝リュック・ゴダール監督

一九六八年五月に僕は高校二年生で、東洋の果ての国から遠くヨーロッパ大陸のフランスの動乱に憧れていた。学生や労働者がまるで革命を起こしているかようなニュースが、毎日、テレビや新聞で流されていたからだ。ちょうど、カンヌ映画祭が開催されている時で、ゴダールやトリュフォーといった先鋭的な監督たちが「映画祭中止」を叫んでいた。

僕はトリュフォーの「大人は判ってくれない」もゴダールの「勝手にしやがれ」も見てはいなかったが、映画雑誌や映画評論の本を読んでゴダールやトリュフォーといった名前に憧れていた。とりわけゴダールは「勝手にしやがれ」によって映画に革命を起こした、ヌーヴェル・ヴァーグの旗手的監督なのだと憧れた。

フランスの五月革命が鎮静し、朝日新聞社が出していた週刊誌「朝日ジャーナル」が特集をした。車が燃え上がるパリの街頭。敷石をはがして警官隊に向かって投げるカルチェ・ラタンの学生たち。彼らは、ソルボンヌ大学の学生なのだろうかと僕は思った。「朝日ジャーナル」の真ん中にあったグラビアページでは、五月革命の最中のパリを三本ターレットレンズのついた16ミリキャメラを片手にした、薄いサングラスをかけたゴダールの写真が掲載されていた。

少し禿げ上がった額、シニカルにゆがんだ唇、ゴダールのすべてがかっこよく見えた。その頃のすべての映画少年はゴダールを神のようにあがめていたが、地方に住む少年たちはその作品を見ることはできなかったのだ。

だから、一九七〇年四月に上京したとき、名画座をまわればいつでもゴダール作品が見られることに僕は狂喜乱舞した。「女は女である」「女と男のいる舗道」「小さな兵隊」「気狂いピエロ」「軽蔑」「アルファヴィル」「男性・女性」「勝手にしやがれ」「ウイークエンド」「中国女」などなど、僕は食事を抜いて名画座に通ったものだった。

その頃、十八歳の僕はアンナ・カリーナに恋をした。ゴダールはすでにアンナ・カリーナとは離婚し、アンヌ・ヴィアゼムスキーと結婚していたけれど、ゴダールのミューズはアンナ・カリーナなのだと堅く信じていた。

特に「気狂いピエロ」「アルファヴィル」(一九六五年)「メイド・イン・USA」(一九六七年)のアンナ・カリーナは素晴らしかった。恋をせずにはいられなかった。映画は、恋する人間の視線で撮られていたからだ。

ゴダールは、その三作のヒロインをつとめたアンナ・カリーナに複雑な想いを抱いているようだった。アンナ・カリーナが最も輝いている「気狂いピエロ」では、彼女が演じたのは男を裏切り破滅に追い込む「運命の女(ファム・ファタール)」である。しかし、自分を裏切ってもベルモンドはアンナ・カリーナを許す。

惑星「アルファヴィル」にやってきたトレンチコートのタフガイは、様々な冒険をし、美女アンナ・カリーナを救い出す。主人公レミー・コーションは、エディ・コンスタンティーヌが演じて人気のあったハードボイルドなキャラクターである。そのイメージを借用し、ゴダールは独特な雰囲気の映画を作った。

ゴダールと離婚したアンナ・カリーナは「メイド・イン・USA」のヒロインを演じたが、彼女は自らがトレンチコートを身に付けてベルトを締め上げ、拳銃を手にするなどハードボイルドなヒロインとなった。ゴダールは、アンナ・カリーナの自立を受け入れ、自分の元から去るのを認めたのかもしれない。

あれから五十年が過ぎ去り、二〇一九年十二月十四日にアンナ・カリーナの訃報が世界を駆けめぐった。何人の男たち（あるいは女たち）が「ああ、かつてアンナ・カリーナに憧れた時代があったなあ」と甦らせたことだろう。僕は、アンナ・カリーナの死を知り、「アルファヴィル」を見た映画館の匂いさえ嗅いだ気がした。「気狂いピエロ」を見て映画館を出た後の五十年前の新宿の雑踏が目の前に浮かんだ。

ところで、ゴダール作品で原作について語ることはほとんど意味がないのだが、「アルファヴィル」「気狂いピエロ」「メイド・イン・USA」はすべてミステリ（犯罪小説）が原作になっている。「アルファヴィル」の主人公レミー・コーションはイギリスのミステリ作家ピーター・チェイニィが作り出したヒーローだし、「気狂いピエロ」はアメリカのミステリ作家ライオネル・ホワイトの犯罪小説をベースにしている。

そして、驚くことに「メイド・イン・USA」の原作は、アメリカのミステリ作家リチャード・スタークの小説が使われているのだ。悪党パーカー・シリーズの「死者の遺産」だという（原作の跡形もないけれど）。

ハードボイルドな作品を書いていたドナルド・E・ウェストレイクは、六〇年代半ばにリチャード・スターク名義で「悪党パーカー」という非情でクールな犯罪者（プロの強盗であり冷静に人を殺す）を生み出した。

「メイド・イン・USA」は悪党パーカーを女性の新聞記者に変更してアンナ・カリーナに演じさせている。これだけ犯罪小説をベースにするのは、ゴダールもミステリ好きだからではないかと僕は想像している。

「気狂いピエロ」は犯罪者になった男女の逃亡劇であり、その途中で強盗をしたりして、まるで「ボニーとクライド」だが、ゴダールが撮るとまったく別の世界が描き出される。様々な書物から引用されたナレーションが耳に残り、ランボウの詩集「地獄の季節」を読みたくなる。映画のラストシーンに引用されるのは、ランボウの「永遠」という詩なのだ。

とうとう見つけたよ
何を
永遠というもの
太陽に溶けていく海のことだ

（2019.12.21）

満州国演義／船戸与一

執念で完成させた大河小説

戦争と人間／山本薩夫監督

満州国のことを調べる必要があり、参考のために船戸与一「満州国演義」全九巻を年末に一気読みした。船戸さんは初期作品の「山猫の夏」に感心したが、その後の作品にはなかなかなじめず完読できたのは一冊くらいで、どちらかと言えば苦手な作家だった。「山猫の夏」を読んだのは刊行されてすぐのことだったから、三十五年近く前になるだろうか。ダシール・ハメットの影響を強く感じたものだが、後に「チャンドラー読本」に寄稿した文章を読んで、船戸さんがチャンドラーよりハメットを高く評価していることを知った。

さて、「満州国演義」は敷島四兄弟を狂言まわしにして、昭和初期の満州事変の前から書き起こし、日本敗戦後の中国共産党と国民政府との内戦の始まりまでを描いた大河小説だった。昭和初期からほぼ二十年近くにわたる歴史が描かれる。調べるのは大変だっただろう。最終巻の末尾に掲載された参考資料の膨大さに圧倒される。

船戸さんは四兄弟を様々な世界に配置する。長男は外交官で満州の高級官吏となるため、政治的な分野の情報が出せる。次男は十九で満州にわたり馬賊の頭領になり無頼の生活を送るから、その世界が描けるし、三男は関東軍憲兵隊の将校なので軍部の歴史を語ることができる。実在の人物が多く登場し、昭和史の裏面にも詳しくなる。

昭和三年に大規模な左翼狩り（共産党員の大量逮捕）があるのだが、その頃、四男は早稲田に通い左翼劇団に所属して活動している大学生である。彼は波乱に充ちた流転の人生みたいなものを送るのだが、後には満州映画協会にも深くかかわる。戦後、たったひとり生き残り、三男の兄から託された満蒙開拓団の少年を広島の郊外に暮らす祖父の元に届ける。

全九巻はさすがに読み応えがあり、「船戸さん、完成させることができてよかったですね」と言いたくなった。船戸さんには、一度だけ会ったことがある。二〇一二年の早春、目白・椿山荘で行われた内藤陳さんの「お別れの会」のことだった。北方さん、大沢さん、佐々木さんなど、陳さんゆかりの作家たちが大勢集まっていた。

その「お別れの会」で船戸さんの姿を見たある作家は、数日後、ブログに「船戸与一が生きている。びっくり」と書いた。船戸さんは、その数年前にガンであることを公表し、数年の余命だと言っていたからだ。しかし、その夜、船戸さんは元気そうに会場内を歩いていた。三年後、船戸さんは亡くなった。

「お別れの会」の四年前になるのだろうか、二〇〇八年三月の日本冒険小説協会第26回全国大会のことだった。熱海で行われる全国大会には大勢の会員が集まるのだけれど、僕は前年に映画コラム集「映画がなければ生きていけない」で特別賞をいただいた関係で、作家部屋へ通されていた。

その作家部屋でひとりでいると、佐々木譲さんが新潮社の編集者と現れた。そのときの大賞は佐々木さんの大作「警官の血」だったのだ。僕は小説家になったばかりの頃の佐々木さんと酒席を共にしたことが一度だけあり、挨拶の後でそのことを話すと、しばらくして「沖野?」と譲さんは口にした。

沖野さんは僕の大学の先輩たちの芝居仲間で、僕も学生時代に一緒に飲んだりしていたが、大学を出て舞台照明の会社を興していた。その沖野さんが佐々木さんと知り合いで(たぶんゴールデン街つながりだと思う)、大学の先輩の谷合さんが詩集を自費出版してパーティを開いたときに佐々木さんを呼んだのだった。

その夜、僕は作家部屋で佐々木譲さんとふたりだけになり、翌朝もしばらくふたりで話をした。そのときに船戸与一さんの話が出たのだ。「船戸さん病気でね、今、書き続けている『満州国演義』を完成させる前に死んだら『譲ちゃん、あと書いてくれないか』と言われた」という。そのとき、初めて僕は船戸さんの病気のことを知った。

その話を聞いて僕は、船戸さんと佐々木さんが仲がいいことがちょっと意外だった。無頼っぽい船戸さんと真面目人間のような佐々木さん。外見から受ける印象は正反対だし、書く作品も何となく正反対の気がする。そのとき佐々木さんは「完成させるまで引き受けてもいいですけど、文体が変わっちゃいますよ」と答えたそうだ。

「満州国演義」を読み続けている間、僕は「ベルリン飛行指令」の文体で書かれていたらどうだろう、と思い続けていた。船戸さんの文体は、文章が短く簡潔で、ハメットのように非情である。ウエットさはなく、乾いた文体だ。佐々木さんの文体もウエットではないけれど、乾いたというより正確無比という感じがする。船戸さんに比べると、どこかに情感を感じるのだ。

さて、「満州国演義」はいろいろ参考になったけれど、僕が読んだ昭和史の文献とは異なる解釈の部分もあった。五味川純平原作・山本薩夫監督の大作「戦争と人間」も満州の雰囲気を知るには役に立つ映画だが、「赤い」山本監督だから歴史認識が中共やソ連(映画に協力してもらったし)寄りの部分があり、やはり様々な資料に当たらないといけないなと感じたものだった。

ちなみに「戦争と人間」は日本の敗戦までを描く予定だったそうだが、ノモンハン事件で日本軍が敗走するところで終わっている。北大路欣也が演じる伍代家の次男が敗残兵として歩いていると、彼を慕い満州まで流れてきて娼婦になっている夏純子が水を与える印象的なラストシーンだ。

昭和十四年のノモンハン事件で終わっているのは、製作費が途絶えたからだという。できれば、昭和二十年夏まで描いてほしかった。

(2019.12.31)

2020

映画と本がなければ まだ生きていけない

■赤い天使／有馬頼義

伯爵になるはずだった作家

⑧赤い天使／増村保造監督

昨年の十二月半ば、初めて比叡山に登った。晩秋というより初冬である。琵琶湖側の坂本から登り、途中、世界一長いというケーブルカーに乗り、延暦寺に入った。延暦寺は広くて全部は見切れなかったが、何となく歴史の重みは感じた。映画に登場した僧兵たちの姿が浮かんでくる。

頂上からロープウェイの駅に向かったが、高所恐怖症の僕はずっとロープウェイは避けてきたのだ。心中は穏やかではない。戦々恐々というところか。かみさんが「ひとりだけ歩いて降りたら」と笑う。歩くと言っても道もわからないし、時間がどれくらいかかるのかも不明だ。

ということで覚悟を決めてロープウェイに乗ったのだけれど、後から客が乗り込むたびに揺れる。これはどうなることか、と思っていたらロープウェイが動き出し、僕は窓から遠くに目をやった。下を見るなんてとんでもない。しかし、ロープウェイは数分で下の駅に到着した。何だか肩透かしだった。

そのまま急傾斜のケーブルカーに乗り込むと、後ろの席に登山服姿の数人のグループがいた。その中のひとりの女性が「ねえ、有馬記念の有馬ってどういう意味？」と言うのが聞こえた。その週末に有馬記念が行われる予定だった。その年に活躍した名馬が出揃う一年最後のG1レースだ。

その女性の質問には別の男性が「競馬界に貢献した有馬さんを記念したレースだよ」と答えたが、僕は「有馬伯爵。その息子が作家になった有馬頼義。『貴三郎一代』は大映で『兵隊やくざ』として勝新主演で映画化されてヒットし、シリーズ化された」と心の中で補足していた。

有馬頼義が亡くなったのは、もう四十年も前のことになった。書店で著作を見かけることもない。戦後すぐの頃から流行作家として活躍し、様々なジャンルの作品を残したが、やはり戦争を描いた作品が多かった印象がある。ただし、初期は推理小説家だと思われていた。

僕がずっと見たいと思っている映画に「三十六人の乗客」（一九五七年）と「四万人の目撃者」（一九六〇年）がある。前者が東宝作品で、後者は松竹作品である。その頃、有馬頼義は流行作家だった。「三十六人の乗客」はバスの中が舞台で、「四万人の目撃者」は野球場で事件が起きる。この二本はサスペンス映画として評判がいいのだが、プログラム・ピクチャーで名画座にかかることもなかった。調べていないのでわからないが、もしかしたらＤＶＤになっているかもしれない。

僕は内容は知らないのだけれど、有馬頼義は「ガラスの中の少女」という小説も書いていて、これは一九六〇年に吉永小百合が映画化し、美少女の誉れ高かった後藤久美子が一九八八年にリメイクした。タイトルがいかにもという感じだから、どちらも原作のタイトルをそのまま使っている。

この辺は、様々なジャンルの小説を書き、お嬢様とチンピラの悲恋を描いた「泥だらけの純情」が吉永小百合と山口百恵によって二度も映画化された藤原審爾に似ている気がする。世代的にも近いのではないだろうか。藤原審爾の「新宿警察」シリーズは、今の警察小説ブームのハシリだった。

さて、前述のように有馬頼義は戦前の伯爵・有馬頼寧の三男だった。長男と次男が病弱で三男の頼義が伯爵を継ぐことになっていたらしい。戦後、長男と次男は若死にしているから、華族制度が廃止にならなかったら伯爵になっていたのだ。

有馬頼義の「貴三郎一代」を映画化した「兵隊やくざ」は、めっぽう喧嘩が強く殴られ強い貴三郎（勝新太郎）とインテリ上等兵（田村高廣）のコンビが日本陸軍の不条理を頭脳と腕力で跳ね返し最後は脱走する物語で、軍隊でいじめられた戦中派が溜飲を下げる内容だった。公開当時、軍隊経験のある人はまだまだ多かった。

十本近くあるシリーズの前半の五本ほどは見ているが、日中戦争最中の日本陸軍の生態がよく描かれている。僕は、ずっと田村高廣が演じるインテリ上等兵は有馬自身ではないかと思っている。有馬頼義は軍隊での体験を様々な作品に仕上げているのだ。

そのひとつが従軍看護婦を主人公にした「赤い天使」（一九六六年）である。どんなジャンルでもこなした大映のエース監督だった増村保造と若尾文子が組んだ作品は名作ぞろいだが、ベストワンとして僕は「赤い天使」を挙げる。増村監督は「兵隊やくざ」を手がけており、そのつながりで有馬の「赤い天使」に出合ったのだろうか。

若尾文子が演じる従軍看護婦は、増村作品のすべてのヒロインと同じく、とても強い意志を持っている。簡単なことでは傷つかない。傷病兵にレイプされても彼女は負けないし、戦場で両手を失った若い兵士の頼みを受け入れ、彼を性的に満足させる。

彼女は過酷な前線を希望し、不眠不休で働く軍医（芦田伸介）の下に就く。残酷な戦争の現実を彼女は目撃するが、ただ自分の仕事を黙々とこなすだけだ。その精神の強さには恐れ入ってしまう。僕が増村作品のヒロインを好きなのは、彼女たちの強さに惹かれるからだろう。

戦傷を負った兵士たちを手当し再び戦場に送り出すことに、軍医は医者として虚しさを感じている。それでも、毎日、ひどい負傷者たちが運び込まれ、瞬時に「助かるか、助からないか」を判断し、助からない負傷者は見捨てざるを得ない。

ヒロインは、次第に軍医に惹かれていく。だが、軍医は彼女の想いを受け入れることができない。精神的に深く傷ついている軍医はモルヒネに頼り性的不能者になっている。だが、ヒロインの強さは、そんな男の弱さを補う。どんなことも彼女の心を傷つけられず、意志を挫くことはできない。

作家生活の後半、有馬頼義は戦争をテーマにした作品ばかり発表していた印象がある。「反戦」を明確に打ち出しているわけではないが、戦場の現実を描き出す作品だった。だから、「赤い天使」のように作品全体から「厭戦」気分を誘われる。心の底から「戦争は厭だ」と思わされる。

(2020.01.06)

国民作家の伝奇小説

■鳴門秘帖／吉川英治

❀鳴門秘帖／衣笠貞之助監督

九十四歳になる父母がいるので、退職以来五年間、四国高松の実家と千葉の自宅をいったりきたりしているけれど、このところ高松にいる期間が増えている。さすがに父母が衰えてきたのだ。母は要支援2で、昨年暮れに父の介護申請をして要支援1に認定された。

昨年は二月中旬過ぎまで高松にいて、五月末から九月下旬まで高松、一ヶ月だけ千葉に帰り、十月下旬からずっと高松にいる。自宅に四ヶ月、高松に八ヶ月という計算だ。高松にいる間は僕が昼食を作り父母と食べ、病院や外出のときに付き添っている。両親は朝食は自分たちで作り、夕食はワタミの宅食にしている。

かみさんとは「遠距離結婚」あるいは「卒婚」状態だが、僕は料理が好きで炊事洗濯なども苦にならないので、実家の裏の借家でのひとり暮らしは、ある意味で快適でもある。訪ねてきた友人が「きれいに住んでるな」と驚き、キッチンに下がっている鍋や調理道具を見て目を丸くする。

そんな生活だが、昨年十二月に友人夫婦たちと京都で会うことになり、かみさんと京都駅で待ち合わせた。五組の夫婦十人が集まるのだが、そのうち七人が高校の同級生、三人が関学の同級生である。まあ、同窓会みたいなものである。

かみさんは東京駅から新幹線で京都に入るが、僕は高松から京都までの長距離バスで京都駅に向かった。四国の高速道路を通り、鳴門大橋を渡り、淡路島を抜けて明石大橋を渡る。その後、神戸から京都へというコースで、三時間ほどで着く。

高松の中央インターから鳴門まではほぼ一時間。鳴門大橋から下を見ると、怖くなるほどの潮流である。大きな渦が巻いている。エドガー・アラン・ポーの短編を思い出し、ちょっとゾッとしたが、その後、「鳴門秘帖」というタイトルが頭の中に浮かんできた。

「鳴門秘帖」は、僕にとって謎の物語だった。小学生の頃にマンガで読んだのだが、それはかなり短縮されたダイジェストだったらしく、様々な謎を僕に残した。要するに、幼すぎて理解できないことが多かったのだ。だから、「鳴門秘帖」のことがずっと気になっていた。

中学生のときだと思う。「鳴門秘帖」がテレビの連続ドラマになった。その頃には、僕も「鳴門秘帖」が国民的作家・吉川英治の代表的な伝奇小説だということは知っていた。吉川英治の少年向けの小説「神州天馬峡」が、少年雑誌に絵物語として改めて連載されていた頃だったと思う。

「鳴門秘帖」は、主人公の法月弦之丞が若き高橋悦史だった。姉御タイプのヒロインである見返りお綱は、扇千景（今や自民党の大物政治家）だった。純情お嬢様タイプのヒロインお千絵は評論家・村松剛の妹である村松英子が演じていたと思っていたが、僕の記憶違いであるらしい。

ネットで調べてみたら、「鳴門秘帖」のキャストに扇千景と並んで市川和子の名前が出てきた。市川和子はテレビ時代劇「新選組血風録」で沖田総司（島田順司）の姉の役をやった人だ。市ヶ谷（四谷だったかな）の職人の家の離れで寝ている総司を見舞い、何かと世話を焼く。

さて、僕は半年に及んだその連続時代劇を見て、ようやく「鳴門秘帖」の全容を知ったのだった。それでも、きちんと読まねばならんと決意して、僕は講談社から出ていた吉川英治文庫の「鳴門秘帖」を買った。分厚い文庫本だった。

「鳴門秘帖」を読んで、僕は時代伝奇もののパターンを「鳴門秘帖」が作ったのだと思った。まず、主人公は虚無僧姿で剣の達人。ヒロインはふたり。ひとりは女スリで海千山千だが、純情な心を持ち、ただひたすら主人公に想いを寄せる。もうひとりのお姫様タイプの純情可憐なヒロインは、たいてい主人公と相思相愛になる。

また、悪人の屋敷にいって立ち回りなどをやっていると、悪人が天井から下がっている紐を引く。すると、主人公が立っていた床が割れ、落とし穴に落ちる。主人公には岡っ引きか盗人の町人が子分のようになり、そんな窮地に陥った主人公を救い出す。

「鳴門秘帖」は、阿波の蜂須賀藩の秘密を探るべく潜入した幕府隠密がことごとく行方知れずになることから始まる。隠密の娘であるお千絵のために法月弦之丞が鳴門の渦潮を渡り阿波徳島に潜入し、四国随一の難所である剣山の洞窟に作られた牢に幽閉された隠密を見つけ出す。

一九二六年に新聞連載された時代伝奇小説の嚆矢のような作品だから、昔から何度も映画化されてきた。連載中に人気を博し、さっそくマキノ映画が映画化した。戦後も市川右太衛門や長谷川一夫（衣笠貞之助監督作品）、鶴田浩二などが映画化している。

僕は知らなかったのだが、二年前にもＮＨＫがＢＳ時代劇で映像化していた。主演は山本耕史だったらしい。九十年以上経っても、テレビドラマ化されるのだから名作なのであろう。今読めば、文章の古くささもかえって味わいがあるかもしれない。

（2020.01.11）

ギリシャ悲劇のような私立探偵小説

■さむけ／ロス・マクドナルド
⊛動く標的／ジャック・スマイト監督

ロス・マクドナルドが創り出した私立探偵リュウ・アーチャー・シリーズは全部で十八作品（別に短編集「我が名はアーチャー」がある）が書かれ、最高傑作だと評価される「さむけ」を僕が読んだのは、小笠原豊樹さんの翻訳が早川ポケットミステリで出たときだった。たぶん中学三年か、高校一年だった。その後、もう一度だけ読み返したけれど、それから何十年たった今でもラストフレーズを記憶している。

――あげるものは、もう何もないんだよ、レティシア。

小笠原豊樹さんが翻訳した「ウィチャリー家の女」「縞模様の霊柩車」「さむけ」は、リュウ・アーチャー・シリーズ中期（六〇年代前半）に連続して刊行され、圧倒的な評価を受けていた。ニューヨークタイムズの書評家アンソニー・バウチャーが「ハメット・チャンドラー・ロス・マクドナルド・スクール」と名付けたという話が、ポケミスの解説文などには何かと登場した。

ところで、小笠原豊樹さんが詩人の岩田宏さんの別名であることを、僕は「ミステリマガジン」の書評欄で知った。今から思えば、先に「さむけ」を読んだのか、思潮社の現代詩文庫「岩田宏詩集」を先に読んだのかはっきりしない。「岩田宏詩集」は現代詩文庫で田村隆一、谷川雁に続く三巻めである。初版は一九六八年一月一日になっているから、やはり「さむけ」を先に読んだのかもしれない。

あさ八時
ゆうべの夢が
電車のドアにすべりこみ
ぼくらに歌ういやな唄
「ねむたいか　おい　ねむたいか
眠りたいのか　たくないか」

岩田宏さんの代表作「いやな唄」はこんな風に始まっている。語調がリズミカルで、韻を踏んでいる。一時期、僕はよく暗唱したものだった。好きな詩のひとつである。この詩を暗唱していると、リュウ・アーチャーの一人称「わたし」を格調高く静謐な雰囲気で訳した人物と同じとは思えないが、リュウ・アーチャーは詩人の翻訳によって単なる私立探偵ではなくなった。

第一作「動く標的」から数作までのリュウ・アーチャーは、当時、アメリカに多数生息していたタフガイ私立探偵とそう変わらなかった。右の端にはミッキー・スピレインのマイク・ハマーがいて、左の端にはチャンドラーのフィリップ・マーロウがいたとすると、アーチャーは確かに左寄りではあったが暴力沙汰が皆無ではなかった。時々、後頭部を殴られて昏倒し、目覚めると死体があったりする。しかし、「人の死にゆく道」あたりから作風は変化し、「ウィチャリー家の女」である高みに到達し、「さむけ」で頂点を極める。

ところが、後期の「地中の男」「眠れる美女」そして最後の作品「ブルー・ハンマー」は同工異曲、頂点を極めた作家が自己模倣に陥るという典型的なパターンから逃れられなかった。もちろん水準は高く、どの作品も読み応えはある。僕は新作が出るたびに待ちかねてポケミスを買ったが、何と早川書房は「ブルー・ハンマー」をハードカバーで出してきた。すでに社会人として働いていたので、値段が高くなったことより判型が大きくなり本棚に並べて揃わないのが腹立たしかった。

「さむけ」がアメリカで刊行されたのが一九六四年のこと、翻訳が出たのはおそらく一九六六年だと思う。一九六六年にはポール・ニューマンが主演した「動く標的」が公開された。僕が買った創元推理文庫「動く標的」のカバーには映画のスチールが使われていたから、映画の公開当時に買ったのは間違いない。裏表紙にはセクシーな格好をしたパメラ・ティフィンの写真が使われていた。パメラ・ティフィンは誘拐される富豪の娘を演じていて、初めて登場するシーンではビキニの水着で踊っていた。

映画「動く標的」(一九六六年)の原題は「ハーパー」で、主人公の名前はルー・ハーパーと変えられている。その理由を当時の映画雑誌の記事では、「ポール・ニューマンは『ハッド』などHで始まる映画がヒットし、自らの演技も評価されたから、タイトルがHで始まることにこだわり、プロデューサーに強く要求した」と書かれていた。

そんな理由でアーチャーがハーパーになったの？　と僕は思ったけれど、映画自体はよくできていた。特に探偵が目覚めてコーヒーを煎れようとすると、豆が切れていて昨夜のコーヒーフィルターを屑籠から拾うシーンは有名になった。彼は二日酔いらしく、洗面台に氷を張って顔をつける。この映画は村上春樹さんのお気に入りで、エッセイには何度も登場する。僕は、真犯人がわかった後のラストシーンがとても好きだ。

九年後、ポール・ニューマンは再びルー・ハーパーを演じる。リュウ・アーチャー・シリーズ二作目「魔のプール」の映画化作品「新・動く標的」(一九七五年)である。監督はポール・ニューマンとは相性のいいスチュアート・ローゼンバーグだった。九年の年を重ねてポール・ニューマンは渋くなっていたし、「暴力脱獄」や「明日に向かって撃て」でハリウッドを代表する大スターになっていた。

その「新・動く標的」では、僕はラストの真犯人の告白シーンにギリシャ悲劇のような雰囲気を感じたものだった。「動く標的」は何となく心が浮き立つような気分で映画館を出てこれるが、「新・動く標的」は人間の宿命や運命といったものに思いを馳せながら映画館を出てくる感じだった。後のロス・マクドナルドを彷彿とさせた。そう、リュウ・アーチャー・シリーズはどんどんギリシャ悲劇のようになっていき、その悲劇性に僕は強く惹かれたのだった。

(2020.01.15)

エースのジョーへの鎮魂歌

深夜プラス1／ギャビン・ライアル

殺しの烙印／鈴木清順監督

イギリスの冒険小説家ギャビン・ライアルには、二作の名作がある。「もっとも危険なゲーム」と「深夜プラス1」だ。「もっとも危険なゲーム」は後に松田優作主演の殺し屋・鳴海昌平シリーズ「最も危険な遊戯」(一九七八年)にタイトルをパクられ、「深夜プラス1」は宍戸錠主演・鈴木清順監督「殺しの烙印」(一九六七年)にストーリーをパクられた。

不思議なことにギャビン・ライアルの小説は、まったく映画化されていない。どれも映画向きだと思うのだけれど、プロットが複雑すぎて観客に理解させられないと製作者は思うのかもしれない。しかし、ギャビン・ライアル自身は映画好きに違いない。でなければ「本番台本」(原題を直訳すれば「撮影台本」の方が適切だろう)なんて小説を書くはずがない。

「本番台本」はカリブ海の政情不安な国でハリウッドの撮影隊に雇われたパイロット(自身が戦闘機パイロットだったライアルはパイロットを主人公にすることが多い)、キース・カーが主人公である。ハリウッドの大スターとして出てくるのは、ジョン・ウェインやダグラス・フェアバンクスを彷彿とさせる人物だ。

僕が初めて日本で翻訳されたギャビン・ライアルの作品である「もっとも危険なゲーム」を読んだのは、ポケットミステリで出た頃だから、たぶん高校生だった。僕は「ゲーム」を文字通りの意味で受け取ったが、後に「獲物」という意味があると知って、「最も危険な獲物」と訳すのが正しいのだと思った。「最も危険な獲物とは、銃を持った人間」のことである。この獲物は撃ち返してくる。

その後、「深夜プラス1」がポケミスで出版され、僕はすっかりギャビン・ライアルの愛読者になった。処女作「ちがった空」に遡り、「裏切りの国」「死者を鞭打て」「拳銃を持つヴィーナス」と読み続けたが、「影の護衛」でつまずいた。なぜなら、「影の護衛」は三人称で書かれていたからだった。その後も僕はライアルの新作を買い続けたが、今も読めずに置いてある。

ギャビン・ライアル作品の魅力は、主人公の一人称にあった。レイモンド・チャンドラーの小説の魅力が、主人公フィリップ・マーロウの魅力に重なるのと同じである。僕は、ビル・ケアリもムッシュ・カントンもキース・カーも、同じキャラクターとして読んでいた。ライアルが創り出す魅力的な男たちである。

彼らは己のルールを持ち、独特のモラルで生きている。法を犯すことは多々あるが、自分の決めた規範はどんなことがあっても守り抜く。彼らの生き方に僕は多くを教えられ、「己に恥じることだけはしてはいけない」と十代に学んだものだった。そういう意味では、ライアルの主人公たちは僕にとっての人生の師匠なのである。僕はライアルの初期四編は、英語版ペイパーバックさえ揃えた。

大沢在昌さんと話をしたときに（ふたりともかなり酒が入っていたが）、大沢さんは「僕は『もっとも危険なゲーム』の方がいいと思う。何と言ってもヒロインが魅力的だ」と言っていたけれど、それは僕も同感だ。僕も繰り返し読んだ回数は「もっとも危険なゲーム」が一番多い。しかし、ほとんどの人はライアルの代表作として「深夜プラス1」を挙げるだろう。内藤陳さんだって、酒場の名前を「深夜＋1」にしたのだ。

「深夜プラス1」は、間違いなく傑作である。主人公のムッシュ・カントンことルイス・ケインのキャラクターもいいのだが、副主人公でアル中のガンマンであるハーヴェイ・ロヴェルがとにかく魅力にあふれている。警察と正体不明の敵に追われる大富豪と秘書をフランスの海岸からリヒテンシュタインまで送る仕事を引き受けた主人公は、護衛として元シークレット・サービスのアメリカ人ロヴェルを雇ってシトロエンＤＳでヨーロッパ大陸を走り抜ける。

先日亡くなった「エースのジョー」こと宍戸錠の殺し屋映画としては、「殺しの烙印」が最高傑作だと僕は思う。「拳銃（コルト）は俺のパスポート」（一九六七年）支持派と意見は分かれるところだと思うが、僕は「殺しの烙印」派である。なぜなら「殺しの烙印」には、甘さがまったくないからだ。後半、真里アンヌに惹かれる宍戸錠の甘さは、「殺し屋ナンバー1」によって完全に粉砕される。

「殺しの烙印」で印象的なセリフは「ナンバー1は誰だ」というものだが、これは「深夜プラス1」が発想の元になっている。ハーヴェイ・ロヴェルはヨーロッパでナンバー3のガンマンで、ナンバー1と2のガンマンは敵方に雇われ、彼らに襲われて倒したためロヴェルはヨーロッパ・ナンバー1のガンマンになる。その発想が「殺しの烙印」の殺し屋ランキングにつながる。

「殺しの烙印」の前半のストーリーは、ある人物（南原宏治）を海岸で拾い信州の高原ホテルまで送り届ける仕事を殺し屋ランキング3位の花田（宍戸錠）が引き受けるところから始まる。運転手の春日（南廣）はかつて殺し屋ランキングに入っていたが、今は酒で身を持ち崩しランク外に落ちている。殺し屋ナンバー2のコウ（大和屋竺）に襲われ、「近寄らないと当たらなくなった」と言って春日は銃をかざして坑道を走り抜けコウと差し違える。

「殺しの烙印」では、「深夜プラス1」の描写そのままの襲撃シーンを再現してくれる。山道で車を止められ、両側から狙撃され、昔のトーチカ陣地での攻防が繰り広げられる。宍戸錠は

「深夜プラス1」に書かれている通りにガソリンタンクをトーチカの小窓から投げ入れ、銃撃して火を点ける。トーチカ内にいた殺し屋は、火だるまになって飛び出してくる。

この前半だけでまとめていたら「殺しの烙印」はもっと一般的な支持を受けたと思うが、後年「ツィゴイネルワイゼン」（一九八〇年）を作る鈴木清順監督は訳の分からない世界に入っていく。つまり、「生きている人間は死んでいる。死んでいる人間は生きている」という清順思想が前面に押し出されてくるのだ。ということで日活の社長に「訳の分からん映画を作る監督はいらん」とクビにされてしまった。

「殺しの烙印」は清順監督の初めての自主企画であり、オリジナル脚本だった。シナリオは具流八郎。清順監督、大和屋竺など八人が参加したという。僕は昔、その中の一人だと言われていた石上三登志さんこと電通の今村さんに会ったときに、「『殺しの烙印』の前半は、『深夜プラス1』ですよね」と訊いたことがある。「『深夜プラス1』って、ひたすら車で走る話だよな」と、石上さんは曖昧に答えた。

清順監督は「殺し屋の映画を作るんだ」と、「殺しの烙印」公開時に特集を組んだ「映画芸術」の記事の中でつぶやくように取材に答えていた。その清順監督は、宍戸錠のもう一本の代表作「野獣の青春」（一九六三年）も監督している。亡き実弟・郷鍈治（ちあきなおみの夫）がプラモデル好きのおかしな殺し屋役で印象に残るし、若き宍戸錠の動きがシャープで見事なアクションを見せてくれる。こちらの原作は大藪春彦。ちなみに「拳銃（コルト）は俺のパスポート」の原作は藤原審爾です。

（2020.01.22）

汚れちまった悲しみ

中原中也詩集／中原中也

太陽への脱出・無頼より 大幹部／舛田利雄監督

六〇年代後半に詩集の出版ブームがあった。新潮社や角川書店が詩人全集を出していたし、他の出版社も様々な詩集を出した。人気があったのは、高村光太郎や三好達治、島崎藤村、室生犀星、北原白秋など、戦前からの詩人たちだった。中でも、中原中也は特に人気があったと思う。

僕は中学生の頃から詩集を読み始めたが、まず最初は高村光太郎の「智恵子抄」だった。「東京の空、灰色の空」と唄う歌謡曲がヒットし、その元になったのが「智恵子は東京に空がないという」と詠った高村光太郎の詩だと知り、興味を覚えたのだ。その後、萩原朔太郎、室生犀星、そして中原中也を読んだ。

高校生になった後は思潮社の「現代詩文庫」を揃え始め、田村隆一、鮎川信夫、谷川雁、岩田宏、関根弘といった戦後派の詩人たちの詩を読みふけり、ついに「現代詩手帖」を定期購読し投稿欄の常連だった天才少年詩人・帷子耀の詩に圧倒され、長田弘の長編詩「クリストファーよ、僕たちは何処にいるのか」を暗唱するに至ったが、それは別の話。今回は、中原中也について話をしよう。

僕が持っている角川書店発行の「日本の詩集10　中原中也詩集」は「カラー版」というもので、冒頭にカラーページの口絵があり、日本の四季を写した風景写真に中也の代表的な詩が掲載されている。一九六八年二月に初版が発行され、僕が持っているのは何と八刷りである。ハードカバーの詩集が五年かかっているとはいえ、八刷りは大したものだと思う。

その口絵には「あゝ　おまへはなにをして来たのだと――吹き来る風が私に云ふ」のフレーズが有名な「帰郷」や「汚れつちまつた悲しみに――」などが採り上げられている。おそらく、中也の詩で最も有名なのは「汚れつちまつた悲しみに――」だろう。

僕が好きだったのも、やはり「帰郷」「汚れつちまつた悲しみに――」などだった。口絵に掲載された詩ばかりである。結局、多くの読者が好む作品を僕も好きになったのだが、若い頃はそんな自分に反発し、誰かが「汚れつちまつた悲しみに」などと引用しようものなら「けっ、通俗だ」とケチをつけたものだった。青二才だったのである。

舛田利雄監督の「無頼より　大幹部」（一九六八年）を初めて見たときも、僕はたぶん「けっ、中也かよ」と思ったに違いない。それは藤田五郎原作の自伝的なやくざ映画で、主人公は黒匕首を持つ「人斬り五郎」こと藤川五郎（渡哲也）である。彼は悪辣な新興やくざの所業に耐えかねて、最後に黒匕首を抜いて殴り込みをかける。

その斬り込みシーンの舞台は悪役が経営するナイトクラブであり、そのステージでは青江三奈がハスキーな声で「上海帰りのリル」を唄っている。そのナイトクラブへ殴り込む人斬り五郎の背後には映画の看板なのか、「汚れちまった悲しみ」という文字が見える。それは五郎の心情を表現するものだったのかもしれない。

舛田利雄監督が「汚れちまった悲しみ」という看板を背景に映し込んだ意図は明確だった。その言葉に何らかの思い入れがあるのだ。僕は「監督は中也の愛読者か」と思ったが、僕の好きな石原裕次郎の「太陽への脱出」（一九六三年）を見たときに確信した。この映画の中で舛田利雄は裕次郎に「ホラホラ、これが僕の骨」と唄わせている。

ホラホラ、これが僕の骨だ、
生きていた時の苦労にみちた
あのけがらはしい肉を破って、
しらじらと雨に洗はれ
ヌックと出た、骨の尖。

ベトナム戦争などが続いていた頃、日本の武器メーカーが秘密裏にインドシナに武器を輸出していると国会で追求され、新聞記者（二谷英明）がインドシナに飛ぶ。彼は会社の命令で武器商人にさせられた二人の日本人（石原裕次郎と梅野泰靖）を探す。しかし、新聞記者の前に現れたナイトクラブ経営者の裕次郎は、中国人の劉と名乗り英語しか話さない。

その裕次郎がひとりでナイトクラブのピアノを弾きながら、日本語で「ホラホラ、これが僕の骨」と歌い出す。そこへ新聞記者が現れて、「日本へ帰って会社を告発しないかね」と言う。結局、裕次郎は日本へ帰るのだが、武器工場の倉庫の前で仁王立ちになって集中砲火を浴びる。「太陽への脱出」は、裕次郎が初めて「死ねた」映画なのである。

中原中也は、三十で夭折した。彼が死んだときに小林秀雄は「夭折したが彼は一流の抒情詩人であった」と書いた。その小林秀雄と中也は長谷川泰子を巡る三角関係で有名だ。京都で中也と同棲していた女優の泰子は中也と共に上京するが、小林秀雄と知り合い同棲を始める。その後、松竹映画に出たりするけれど、再び注目されたのは岩佐寿弥監督「眠れ密」（一九七六年）に本人として出演したときだった。

当時、僕は八ミリ専門誌「小型映画」編集部にいたものだから、このドキュメンタリーを交えた実験映画を記事で紹介することになった。岩佐監督は岩波映画の出身で、黒木和雄監督の「とべない沈黙」（一九六六年）の脚本を書いた人である。「眠れ密」に本人として出演した長谷川泰子は、実生活では連れ込み旅館の女中として働いていた。

昭和十三年（一九三八年）に死んだ中原中也を「遠い昔の人」と思っていた僕は「眠れ密」を見たとき、「中也を棄てた女」として伝説的だった長谷川泰子が七十を過ぎたばかり（彼女は中也より三歳年上だった）で元気であることを知り、曰く言い難い感覚を味わった。まったく知らない過去が、タイムマシンで目の前に現れたようだった。

(2020.01.31)

引き籠った人気作家

ライ麦畑でつかまえて／J・D・サリンジャー

ライ麦畑の反逆児　ひとりぼっちのサリンジャー／ダニー・ストロング監督

先日、「ライ麦畑の反逆児　ひとりぼっちのサリンジャー」（二〇一六年）という映画を見た。ジェローム・デービッド・サリンジャーを主人公にした作品で、本人が存命なら絶対に映画化などできなかっただろう。生きている間は自分に関する出版物などに対して訴訟を起こしてまで戦い続けた人だが、サリンジャーの死後、彼に関する本も様々なものが出るようになった。実の娘マーガレット・A・サリンジャーも「我が父サリンジャー」を出している。

「ライ麦畑の反逆児　ひとりぼっちのサリンジャー」では、

出征する前の若い頃から戦後に作家として大成功し、人間不信になって自宅の周囲に高い塀を巡らせて隠遁生活に入るまでが描かれていた。若い頃、劇作家ユージン・オニールの娘ウーナと恋仲だったと描かれていたが事実だろうか。ウーナは「おさな妻」好きのチャップリンと結婚する。出征中のサリンジャーが、その新聞記事を読んでショックを受けるシーンもある。

「ライ麦畑でつかまえて」が世界中でヒットした後、サリンジャーは自分と作品に関わるものに様々な制約をつけた。だから、翻訳した作品にいつも長い解説を付ける村上春樹さんも「キャッチャー・イン・ザ・ライ」には、「権利の関係で解説はつけられない」と書いていた。

僕が初めて「ライ麦畑でつかまえて」(野崎孝さんの訳)を読んだのは、高校二年の時だった。読むきっかけになったのは、当時の芥川賞作品でベストセラーになった「赤頭巾ちゃん気をつけて」を読んだからだった。「赤頭巾ちゃん気をつけて」は、一九六九年に東大入試が中止になったことから書かれた小説である。

東大闘争が長引き、一九六九年一月には安田砦の攻防があり、その年、東大は入試を中止した。僕の一年先輩たちは、東大を受験できなかったのだ。中学のバスケ部の先輩であり高校の先輩だったMさんも東大受験をあきらめ京大に進んだ。東大志望者の多くは一年浪人して翌年に受験したから、僕の現役のときに東大に入った奴はかなり優秀だったのだろう。

「赤頭巾ちゃん気をつけて」は主人公の日比谷高校生が饒舌に語る文体を採用しており、「ある世界的名作にそっくり」と言われた。その「世界的名作」が「ライ麦畑でつかまえて」だと僕は知った。「ライ麦畑でつかまえて」が日本で出版されてから、すでに十数年が経っていた。「ライ麦畑でつかまえて」は白水社から単行本が出ているだけで、高校生には少し高く手が出なかった。

僕はクラスメイトのお姉さんが持っていることを知り、その本を貸してもらった。しかし、僕はそれほど「ライ麦畑でつかまえて」が気に入ったのではなかった。ちょうど、その頃に野崎孝さんの「フラニーとゾーイー」の翻訳が出て話題になっていた。その本を買いにいった僕は、なぜか荒地出版社から出ていた「サリンジャー選集」の原田敬一さんが訳した「フラニーとズーイー」を買ってしまい、すっかり気に入ったのだ。

サリンジャーの愛読者になった僕は「サリンジャー選集」を揃え始めたのだが、「ライ麦畑でつかまえて」だけは白水社が版権を持っているので他の出版社からは出ない。サリンジャーの作品を揃えたかった僕は、クラスメイトに頼んで「ライ麦畑でつかまえて」を譲ってもらった。

ということで、僕は数少ないサリンジャーの作品をほとんど読んでいる。初期短編集「若者たち」、「バナナフィッシュに最良の日」が冒頭に配置された「九つの物語」、そして「グラス・サーガ」と呼ばれる一連の中長編「大工よ、屋根の梁を高く上

げよ　シーモア序章」「ハプワース16一九二四」などである。

　そのサリンジャー作品の中では、「ライ麦畑でつかまえて」だけが異質な気分を僕にもたらす。それは、主人公ホールデン・コールフィールドに感情移入できないからだと思う。この十七歳の主人公を僕自身が十七歳のときに読んだのだけれど、「こいつは一体何がしたいのだ」と思ったことを憶えている。

　ホールデンは、すべてのものを「インチキ」として否定する。彼が認め心癒されるのは、幼い妹だけである（妹の言葉によってラスト近くで啓示を受ける場面との類似性によって、「赤頭巾ちゃん気をつけて」は間違いなく影響を受けているというか、物語のパターンを踏襲している）。

「ライ麦畑の反逆児　ひとりぼっちのサリンジャー」を見ると、サリンジャー本人がかなりホールデン的な人間だったようだ。戦争体験がサリンジャーを変えたと言われているが、どんどん「人間嫌い」になっていく姿は見ていてつらかったし、昔の恩師さえ信じられなくなるのは本人に問題があるんじゃないか、と思ったりした。

「ライ麦畑でつかまえて」は、映画にもいろいろ登場する。ジョン・ファウルズの原作を映画化した「コレクター」（一九六五年）では、女子大生を誘拐してきた男（テレンス・スタンプ）が女子大生（サマンサ・エッガー）と「ライ麦畑でつかまえて」について論争する。

　ケヴィン・コスナー主演「フィールド・オブ・ドリームス」（一九八九年）の原作は「シューレス・ジョー」という小説であり、原作では主人公が誘拐（解放）する「閉じ籠り作家」はサリンジャーなのだ。映画では、名前を変えて黒人作家にしていた。これはサリンジャーがまだ生きていたからだろうなあ。

　サリンジャーは、二〇一〇年に九十一歳で死んだ。一九五一年、三十二歳のときに「ライ麦畑でつかまえて」を刊行し、一九六五年の「ハプワース16一九二四」以降、サリンジャーは何の作品も発表していない。しかし、四十五年間、書かないではいられなかったはずだ。もしかしたら、これからサリンジャーの遺稿が整理されて続々と出てくるかもしれない。（2020.02.06）

帝王の赤裸々な告白

■マイルス・デイビス自叙伝／マイルス・デイビス&クインシー・トループ
⊛死刑台のエレベーター／ルイ・マル監督

「マイルス・デイビス自叙伝」の単行本を読んだのは、いつの頃だっただろうか。高校生の頃（フリージャズ全盛だった）からジャズを聴き始め、上京した頃は新宿ピットインなどによく通っていたけれど、社会人になりいつの間にか聴かなくなっていた。再び聴き始めたのは二十歳近く年下の女性社員がジャズファンで、彼女にお気に入りの曲を録音したカセットテープをもらったことがきっかけだった。

彼女がジャズファンになったのは、角川映画の「キャバレー」（一九八六年）を見て「レフト・アローン」が好きになったからだという。「レフト・アローン――かあ」と僕は答えた。懐かしかった。

マル・ウォルドロンは好きなピアニストだったし、ジャッキー・マクリーンのアルトサックスの音色が聴こえてくるような気がした。それから、レコードではなくCDでジャズ・アルバムを買い始めた。

昔のジャズメンたちのアルバムが中心だったけれど、デビューしたばかりで人気絶頂だった大西順子やケイコ・リーといった人たちの新譜もどんどん買った。学生時代と違い経済力は向上したので月に十枚以上買っていた。ただし、秋葉原の石丸電気レコード館に通って安い輸入盤ばかり漁った。

そんな中、昔、「ビッチェズ・ブリュー」でつまずいたマイルス・デイビスを買うかどうか迷っていた。僕はマイルスがエレクトリック・サウンドに走った頃から聴かなくなっていたのだ。当時「これはジャズか？　ロックじゃないか」と思った。

アコースティック時代のマイルスのアルバムはよく聴いたものだった。「カインド・オブ・ブルー」は繰り返し聴いたし、特に「死刑台のエレベーター」はよく聴いた。古いフランス映画に使われたジャズが好きだったのだ。アート・ブレイキーやMJQなどである。


五年間まったく人前に現れずトランペットも吹かなかった時期のマイルスを主人公にした「MILES AHEAD／マイルス・デイヴィス空白の5年間」（二〇一五年）が数年前に公開された。ドン・チードルがマイルスそっくりな喋り方をしていた。しかし、マイルスと映画というと、やはり「死刑台のエレベーター」を思い出す。

「死刑台のエレベーター」はスタジオのスクリーンに映し出された映像を見ながら、マイルスが即興で音楽を付けていったと聞いたことがある。確かに、そんな感じの音楽だ。実際はどうだったのかは、自叙伝の中で語られていた。

マイルスは「死刑台のエレベーター」のジャンヌ・モロー（冒頭いきなり「ジュテーム」と電話口で色っぽく囁く）に恋をしたとも言われていたが、自叙伝を読むとフランスでの恋人は歌手のジュリエット・グレコだったらしい。

さて、ある時、僕は人に勧められて、五年間の沈黙の後に発表した「ウィ・ウォント・マイルス」を聴き、すっかりハマってしまった。一ヶ月間、通勤の行き帰りに聴き続け、エレクトリック・マイルスの魅力に目覚めたのである。そこから、マイルス作品の収集が始まった。

僕は、まずスイングジャーナル元編集長の中山康樹さんの「新マイルスを聴け!!」を読んだ。続けて平岡正明さんの「マイルス・デイヴィスの芸術」を読み、それらを参考にアルバムに優先順位をつけて買い始めた。

そんなとき、中山康樹さんが翻訳した「マイルス・デイビス自叙伝」が刊行され、僕は図書館で借りてあっという間に読了した。分厚い本だったが、おもしろくてやめられなかったのだ。詩人でジャーナリストのクインシー・トループにマイルス・デイビスが自分の生涯を語る形でまとめられた本だった。それを中山さんはマイルスの口調を彷彿とさせるように「オレ」という一人称での語りで訳していた。

その後、宝島社から文庫二冊に分冊されて発行されたので、その文庫版を僕は購入し、もう一度読み通した。やはり、おもしろくてやめられなかった。二冊で七百ページもある分量だったけれど——。

村上春樹さんは原書で読んだのだろうが、あるエッセイで「マイルス・デイビス自叙伝」を「こんなおもしろい本はない」と絶賛していた。ただし、名前の表記については「マイルズ」が正しいのではないかと提起している。

文庫本の奥付は「二〇〇〇年一月一日」発行となっていたが、「一九九〇年五月に小社より単行本として発行」と書かれていたから、僕が最初に読んだのは一九九〇年の初夏なのだろう。もう三十年も昔のことになった。

その頃、僕は毎月「スイングジャーナル」を買っていたし、様々な音楽の本を読んでいた。大部分は整理してしまったが、今も「ビル・エヴァンス　ジャズ・ピアニストの肖像」の他に「西洋音楽史」「交響曲の名曲・名盤」といった本が書棚に残っている。

毎月、一、二度、石丸電気レコード館で待ち合わせ、好きなCDを買った後、近くの居酒屋「赤津加」で一緒に飲んでいたIさんがジャズだけでなくクラシックも詳しかったので僕も影響され、いつの間にかジャズ五枚にクラシック一枚という買い方になった。

このIさんがマイルス・デイビスの全アルバムを聴いているような人だった。「ウィ・ウォント・マイルス」を勧めてくれたのもIさんだった。そんなIさんとは「マイルス・デイビス自叙伝」の話でも盛り上がったものだった。

あれから三十年以上が過ぎ、僕が父母の介護で一年の三分の二近くを四国で暮らすことになったり、Iさんの病気が進行し自宅からあまり出られなくなったりで、「赤津加」にもずいぶん長く顔を出していない。

ここ数年、僕が四国から自宅に戻ると連絡しあって秋葉原にいっていたのだが、それでも年に数回いければいい方だった。その後、改装でしばらく店がやっていなかったこともあり、ずいぶんご無沙汰している。

改装後にふたりで一緒に顔を出したのが、今のところ最後だ。ふたりで四十年近く通った店なので、ひとりでいく気にはなかなかなれない。カウンターのYさんにも会いたいのだけど——。僕らが「武智豊子」さんと名付けた人から数えると、彼女で三代目になる。

(2020.02.12)

LOVEと対立するHATE

私は本屋が好きでした／永江朗

狩人の夜／チャールズ・ロートン監督

昔、地下鉄丸の内線南阿佐ケ谷駅を出たところに「書原」という本屋があった。ネットで調べてみると二〇一八年二月に閉店したらしい。五十年間、あの場所で営業を続けていたという。いい本屋だった。「書原」の前を東西に走っているのは青梅街道、北に向かっては中杉通りになっていた。右側の横断歩道を渡ると杉並区役所、左側の横断歩道を渡ると杉並消防署があった。

消防署の横に人がひとり通れるくらいの路地があり、そこを抜けると僕が住んでいたアパートがあった。弘栄荘という木造モルタル、鉄の外階段の典型的な1Kアパートでトイレ付き。風呂は近くの銭湯に通った。一九七五年の夏にそこで暮らし始め、四年後の夏に引っ越しをした。荻窪の花籠部屋に輪島がいて、青梅街道の反対側の二子山部屋に貴ノ花がいた。銭湯では、よく花籠部屋の力士と一緒になった。

だから、その四年間、僕は銭湯と同じくらい、数え切れないほど「書原」に入った。狭い本屋で書棚は天井近くまであったし、通路はすれ違うのに苦労するほどだったが、品揃えは独特だった。当時、僕が主に見ていたのは文芸書の棚だったから、そのジャンルに関しては「ユニークな品揃えだな」と思った記憶が鮮明だ。文芸評論や詩の本もかなり揃っていたと思う。

その頃、僕は本屋以外にいく場所を持たなかった。時間があれば本屋をのぞいていた。就職して結婚したばかりで経済的には余裕がなく、そうそう本を買うこともできなかったから、よけいに本屋に入り浸っていたのかもしれない。「本の雑誌」を見つけたのも「書原」だった。

ある日、店頭にヘタなイラストの表紙の小冊子が平積で並んでいた。僕が初めて買ったのは十二号だったのではないだろうか。椎名誠さんの「地獄の味噌蔵」か「文藝春秋一冊丸読み」が載っていたと記憶している。あれから四十年以上が過ぎ僕は今も本屋が好きだけれど、本屋をのぞく機会はめっきり減ってしまった。だから新刊書の情報もそれほど入ってこない。

永江朗さんの新刊「私は本屋が好きでした」を知ったのは、たまたま新聞の書評をネットで見つけたからだった。その書評がひっかかったのは、僕が永江さんの長年の読者だったからだ。永江さんを僕は「最も信頼できる出版ジャーナリスト」として捉えている。書店経験のある永江さんは出版業界について正確な情報を伝えてくれるし、出版界への提言も明確である。

僕は、中小出版社に四十年勤めていた。最初の三十年は編集部で、最後の十年は管理部門で製作管理なども担当した。経理や財務も見ていたので、取次会社との金のやりとりもよくわかった。再販制度と委託システムの出版流通というのは、非常に特殊な世界であることも理解した。そう言えば、「本の雑誌」を買って勉強になったのは、書店員たちの覆面座談会だった。

若くて編集しか知らなかった僕は、出版流通や書店の現実を知り、その後、何人かの書店の店長たちと仲良くなるきっかけになった。思えば、僕には管理部門に異動する下地があったのかもしれない。編集部しか経験していない人間は、「正味」も「分戻し」も知らないし、原価計算なんでできるわけがない。取次からの入金日も、「運賃協力金」なんて訳の分からないものも理解できないだろう。

ところで、僕は「私は本屋が好きでした」というタイトルに引っかかった。なぜ過去形なんだ？　と思いながら書評を読み、その本を実際に読んでみた。サブタイトルは「あふれるヘイト本、つくって売るまでの舞台裏」となっていた。二百五十頁ほどのソフトカバーである。僕は一日で読破したし、強く共感した。「好きでした」と過去形にした気持ちがよくわかった。

出版界も書店業界も逆風にさらされている。しかし、売れればどんな本を出してもいいとは思わない。貧すれば鈍す、という言葉が浮かんできた。この本の中で永江さんはヘイト本が無節操に並んでいる現在の本屋の状況を嘆き、なぜそうなっているのかを書店員、ライター、編集者、版元などを取材し、解き明かそうとする。その中で、僕は「ヘイト」という言葉の正しい意味を理解したくなった。

――なにかを批判し攻撃する本が、すべて「ヘイト本」になるわけではない。（中略）その人の意思では変えられない属性――性別・民族・国籍・身体的特徴・疾病・傷害・性的指向など――を攻撃することばは、批判ではなく差別です。

――ヘイトは悪口ではない。差別を拡大し、憎悪とそれによる行動をそそのかし、特定のだれかを傷つけ、傷つける側の快感を喚起する麻薬のようなものだ。ヘイトは特定の人を攻撃し、恫喝し、怯えさせ、アイデンティティを傷つけ、肉体的暴力や生命の危険を暗示することによって苦しめるサディスティックな行為だ。

このような部分を読んで僕の頭の中に浮かんできたのは、「狩人の夜」（一九五五年）という映画だった。後にフィリップ・マーロウを演じる好漢（いつも眠たそうな目をしていると言われた）ロバート・ミッチャムが恐ろしい犯罪者を演じたカルト・ムービーだ。例のトローンとした目をして無表情なロバート・ミッチャムは、幼い子供たちを追い詰める殺人鬼である。

彼が左右の拳を突き出すシーンがあり、親指以外の四本の指には一本ずつアルファベットの刺青が彫られている。左右どちらかは忘れたけれど、片方に「ＬＯＶＥ」、もう片方に「ＨＡＴＥ」と彫られていた。その映画を見たとき、英語では「ＬＯＶＥ」に対立する概念は「ＨＡＴＥ」なのだと僕は理解した。以来、アメリカ映画を見ていると「Ｉ ＬＯＶＥ ＹＯＵ」というセリフは嫌になるくらい頻繁に出てくるが、ときどき「I HATE YOU」と言っているのに気づいた。単純に訳せば「愛」に対する概念としては「憎しみ」となるのだろうが、辞書で調べてみると「嫌う」「嫌悪」というニュアンスもある。日本語では「憎む」と「嫌う」の間には大きな意味の隔たりがあると、僕は思う。

日本人は「あなたを愛してる」と言わない民族らしいけれど、「あなたを憎んでいる」と言うこともあまり考えられない。しかし、「あなた、嫌いよ」くらいは言うことがあるだろう。僕も高校生の頃に、「おまえ、好かんわ」と面と向かって言われたことがある。

最近、「ヘイト・スピーチ」「ヘイト・クライム」という言葉が、テレビニュースなどでもそのまま使われるようになった。しかし、「ヘイト」をそのまま「憎しみ」「憎悪」という日本語のニュアンスで受け取るのは、もしかしたら違うのかもしれないと思う。

もちろん「嫌悪」「嫌う」という心情もマイナスで非生産的イメージである。自分が対象になるのなら、どちらもイヤだけど、「憎悪」されるよりは「嫌悪」される方がまだマシという気もする。

(2020.02.16)

小津の冷徹な視線

絢爛たる影絵／高橋治

東京物語／小津安二郎監督

千葉の自宅へ帰ってひと月足らず、父が入院したので再び高松にやってきた。九十四歳の母にひとり暮らしをさせるのは無理があり、実家で母と暮らしている。実家の向かいの家に兄夫婦が住んでいて義姉が見てくれているのだが、義姉は施設に入っている実母もいて大変なのだ。先日、母が半月入院し、そのときも義姉にずっと付き添ってもらった。

三月末に九十五歳になる父は、大正十四年生まれ。去年、父名義のクレジットカードを作るために申し込もうとしたら、「大正」という字が申込用紙からなくなっていた。簡単に申し込めるという楽天カードをネットで調べたが、選べる生年月日は八十九歳までだった。九十以上はクレジットカードは作れないらしい。何がキャッシュレス推進だ、と言いたくなった。

父がiPhoneを使い始めたのは八十半ばだったと思う。年齢が高すぎて機種代は二年間の通信料に上乗せ分割ができず、一括払いになった。要するに向こう二年間で死ぬ可能性があると判断されたのだ。そのときに入手したiPhone5を父は今も使っている。

そんな父母の姿を見ていると、いつも思い出す映画のセリフがある。母が何度も同じことを訊いてきてイラついたりしたときは、そのセリフを自分に言い聞かせている。それは小津安二郎監督の「東京物語」（一九五三年）の中で大坂志郎が口にしたセリフだった。

「東京物語」は尾道で教師をしている末娘（香川京子）と暮らす老夫婦（笠智衆と東山千栄子）が、東京に住む子供たちを訪ねて出てくる物語だ。長男（山村聡）は町医者で、長女（杉村春子）は美容院を経営している。戦死した次男の嫁（原節子）は会社勤めでアパート暮らしだ。

長男も長女も邪険にしているつもりではないのだが、両親の上京を歓迎している様子はない。ふたりは金を出し合い、両親を熱海に送り出す。親孝行のつもりでも、何となく厄介払いの感じだ。熱海にいったふたりは旅館がうるさくて眠れず、予定を切り上げて帰ってくる。杉村春子は「もう帰ってきちゃったの」と迷惑顔である。

広い東京で行き暮れた老夫婦は次男の嫁のアパートで歓待を受け、「あんたは、ほんまにええ人じゃ」と東山千栄子は尾道弁で言う。老夫婦は帰りの列車の中で「ワシらはなんぼかええ方じゃよ」と互いに慰め合う。東山千栄子は「ながいっきゃ、するもんじゃのう」と口にするが、その言葉は「長く生きてきて実の子からこんな目に遭うくらいなら、長生きなんかしたくなかった」と聞こえる。

ふたりは大阪で暮らしている三男（大坂志郎）と会ってから尾道に帰り、すぐに老妻は死んでしまう。葬儀が行われ、子供たちが集まる。葬儀の後、長男も長女もさっさと帰り支度をし、悲しむ様子がない。杉村春子はさっそく形見分けの話を持ち出し、「お母さんのあの着物、私もらうわよ」と妙に明るく言う。

そんな実の兄や姉の態度を見て「みんな、ひどいわ」と香川京子が言うと、原節子が「みなさん、お忙しいのよ。ご自分の生活で精一杯なの」とかばう。彼らは自分の家族を持ち、自分の仕事と生活でいっぱいいっぱいなのかもしれない。そんなつもりはなくても、いつの間にか親を棄てている。

年老いた親の問題は六十年以上昔より、今の方がずっと難しくなっている。人々の心は変わったし、時代も変わってしまった。「東京物語」の世界より、もっと複雑になった。だが、僕は「東京物語」のテーマ「親を棄てる」を思うとき、三男が葬儀を抜け出し、心配して追ってきた原節子に寺の廊下で言うセリフを必ず思い出す。

孝行をしたいときには親はなし
さればとて墓に布団は着せられずや

自宅と実家をいったりきたりし始めて六年目に入った。最初の年は七ヶ月ほど実家の裏の家にいたが、去年は通算で八ヶ月以上いることになった。この五年で、確実に老父母は衰えている。特に母の衰えが目立つ。この一年ほどは自宅に二ヶ月ほど帰ってくると、母の認知機能や理解力が目立って落ちていることに気付く。

それでも父がしっかりしているので、ふたりで暮らしていると何とかやれるのだが、父が入院してしまうと母ひとりでは不安が募る。先日、片方の補聴器が見あたらなくなったとき、「元々、片方しか入れてなかった」と母は言い張り、一瞬、唖然とした。補聴器はずっと両耳に入れており、一年足らず前に僕が一緒に専門店に付き添い新しくしたものだったからだ。僕は、母の顔を見つめた。悲しみが湧いてきた。

小津監督は生涯独身で、母と二人で暮らしていた。そんな小津だから家族について冷徹な目で見つめた「東京物語」が作れたのだろうか。「東京物語」はイギリスのBBCが世界の映画監督からアンケートをとった結果、古今東西の映画の中のベストワンになった。それほど高く評価されるのは、「家族」「親子」そして「親を棄てる」というテーマが普遍的だからだろう。

小津監督に関する本は様々に出ている。たぶん黒澤明に関する本より多いのではないか。僕もかなり読んできた。主だった研究書には目を通したし、笠智衆や三上真一郎が書いた思い出本も読んだ。数十冊は読んだと思うけれど、やはり面白かったという意味では、高橋治が書いた「絢爛たる影絵」だ。

冒頭、女性と会うために北海道にいた高橋治は電報で呼び戻され、松竹大船撮影所で「東京物語」のフォース助監督につく。チーフ助監督は、今村昌平である。生意気盛りの高橋治は、小津組の現場の沈黙に反抗し、カチンコを叩いて引くときにわざと足下の缶を蹴飛ばし、大きな音を立てる。現場に緊張が走る。

その日の撮影が終わりスタジオを出た高橋治は、待っていた小津監督に声をかけられる——というように、大学を出てすぐに入った松竹で高橋治は小津監督と身近に接した経験があり、そういうスタンスで長い物語を綴っていく。後に数本の作品を監督し、松竹ヌーヴェルヴァーグの一員となった高橋治は作家になり、直木賞を受賞し、「風の盆恋歌」を書いた。

この「絢爛たる影絵」は小説的な面白さもあるが、何年も経ったあるとき、突然「東京物語」が気になり始め、改めて作品の魅力、価値を見定めようとする高橋治の魂の遍歴みたいなものも描かれていて、独特な魅力のある本なのだ。数多く読んだ小津監督本の中で、いつまでも忘れられない印象を残している。

(2020.02.24)

古井由吉さん追悼

哀原／古井由吉

櫛の火／神代辰巳監督

古井由吉さんが亡くなった。八十二歳だった。僕が初めて古井作品を読んだのは浪人生のときだった。十八である。「先導獣の話」という小説ともエッセイともつかない、不思議な文章だった。その短編を読んでいる間、まったく別の時空間に連れていかれていたような気がした。本を読んでいるという現実感が消滅し、その文章の世界に完全に誘い込まれた。読み終わったときには、ハッと夢から覚めた気がしたものだ。

それから第一作品集「円陣を組む女たち」を読み、続いて「男たちの円居」を読んだ。「円居」を「まどい」と読むのだと知った。大学一年になったとき、「杳子／妻隠」が芥川賞を受賞した。「妻隠」を「つまごみ」と読ませるのだと知った。それ以来、「仮往生伝試文」まではエッセイ集や対談本を含め、欠かさず単行本を買っていたが、その後は気になったものだけを買うようになった。「仮往生伝試文」についていけなかったからだ。その後も「陽気な夜まわり」や「野川」などを購入した。

しかし、「仮往生伝試文」まではすべて完読し、何度も読み返し、文庫本が出たらそれも買った。僕が気に入っていた処女長編「行隠れ」は単行本で読み、文庫版で読み、河出版「古井由吉作品集」で読んだ。文庫版で大幅に削除訂正されていたからだ。ということから、僕の書棚には同じ作品が単行本、文庫本、作品集と揃っている。河出版作品集は全七巻で、七巻めのエッセイ編が刊行されたのは一九八三年のこと。六巻までが小説で「親」「椋鳥」などが最新の作品だった。

僕は作品社から出た「古井由吉エッセイ集」全三巻も揃えていて、その一巻めの見返しには、古井さんのサインが入っている。作品社は文芸誌「作品」を刊行し、その創刊号から休刊号までに「槿」が連載されており、僕はその「作品」全巻も持っていた。古井さんは河出書房にいた編集者の寺田博さんと親しく、寺田さんが作品社を立ち上げた後、依頼されて「槿」を連載したのだろう。その後、寺田さんは福武書店（現ベネッセ）に移り、文芸誌「海燕」を立ち上げ「槿」の連載を再開した。

そのように一九七〇年代から八〇年代にかけて二十年以上、僕は熱烈な古井由吉ファンだった。試みに「古井由吉論」を三十枚ほどでまとめたこともある。その濃密な文章の魅力にとらわれていたのである。

さて、以前にも書いたけれどエッセイ集の見返しにサインが入っているのは、当時、月刊「小型映画」編集部で机を並べていたH女史が「杳子」の映画化を企画し、製作者として古井さんと知り合いだったからである。彼女に頼んでサインをもらったのだ。彼女は、当時「自主映画の母」などと呼ばれる存在だった。十六ミリで「杳子」（一九七七年）を映画化し、「ぴあシネマブティック」として科学技術館地下ホールで公開した。「杳子」の姉の役は山口小夜子。杳子の姉も精神を病んだキャラクターだった。

古井さんの作品は映像化するのが困難だが、初期のものなら可能かもしれない。そう思ったのは、神代辰巳監督である。当時、古井作品としてはかなり評判になった「櫛の火」が神代監督によって東宝で映画化（一九七五年）されたのである。主人公は、美青年で人気抜群だった草刈正雄だ。最初の方で死んでしまう大学時代の恋人は、桃井かおり。主人公が後に知り合う人妻を、ジャネット八田（後に阪神の田淵と結婚した）が演じている。けっこうハードなセックスシーンもこなしていた。

しかし、映画「櫛の火」は撮影監督の姫田さんの証言によると「試写では全員が傑作だと思ったが、併映作品との関係で二十分もカットされて、わけがわからないものになった」という。併映は、蔵原惟繕監督の「雨のアムステルダム」。神代監督は蔵原監督の助監督出身で、師匠に「あんたの方をカットしろ」と言えなかったらしい。

それでも、原作を何度も読んでいたせいか、僕にはおもしろい映画だった。神代監督独特の曖昧な描写が、「内向の世代・朦朧派」と揶揄された古井さんの世界に合致したからだ。ちなみに題名は古典に精通している古井さんらしく、「古事記」に出てくる神話から採っている。

古井作品を読み込んだおかげで、僕も古典を読むようになった。古井作品に突然出てくる文章が「梁塵秘抄」だったり、「平家物語」だったりするからだ。「仏はつねにいませども」とか「遊びをせむとて生まれけむ」といった「今様」もよく出てきた。

しかし、僕が最も影響を受けたのは、古井作品の冒頭の一行であり、その後の展開方法だった。たとえば「行隠」の冒頭は、「その日のうちに、姉はこの世の人ではなかった」という一文だが、実際に姉の自殺がわかるのは、後半である。

古井作品の中でも、僕が特別に忘れられないのは短編「哀原」だ。冒頭の一頁をまるまる引用したいくらいだ。冒頭の一行は「原っぱにいたよ、風に吹かれていた、年甲斐もない、と友人はおかしそうにいう」と始まる。そして、幻想的な光景が語られるのだが、三番目の段落で「夢だったのだろうね、と私は毎度なかば相槌のような口調で答える」と、初めて語り手が「私」として出てくる。

この手法で、僕は初めてまともな短編を仕上げることができた。三十のときだった。自分でも古井作品の影響がもろに出てるなと思ったが、それを「文學界」新人賞に応募して一次選考を通過し、作品タイトルと名前と住居地が載ったときにはうれしかった。タイトルも古井さんの影響を受けていて、「橋姫」と付けた。

（2020.02.28）

大江健三郎とゾルバ

■性的人間／大江健三郎

❀その男ゾルバ／マイケル・カコヤニス監督

大江健三郎の「性的人間」を読んだのは、忘れもしない高校二年、十六歳のときだった。衝撃を受けた。刺激が強すぎた。僕が初めて買った大江健三郎の作品集だった。当時、新潮社からハンディサイズの「大江健三郎全作品」六巻が刊行されていた。東大新聞に載った処女作「奇妙な仕事」から、書き下ろし長編「個人的な体験」までが収められた作品集である。

その頃、話題になっていたのは長編「万延元年のフットボール」だった。すでに次の新作が出ていたのだ。その小説は筒井康隆が「万延元年のラグビー」というパロディを書くほど騒がれていた。しかし、僕は話題の小説ではなく、すでに評価の定まった「全作品」の六巻めを最初に買った。冒頭に「性的人間」が配置され、「空の怪物アグイー」などの短編が続き、後半に長編「個人的な体験」が収められていた。

だから、僕は「性的人間」を最初に読むことになった。後に、サルトルとカミュが論争したという「政治的人間」のことを知り、大江健三郎は「政治的人間」に対置するものとして、「性的人間」とつけたらしいと推測した。小説は、深夜に海辺の別荘に向かうスポーツカーから始まる。

金持ちの青年J、その妻、キャメラマン、詩人、全裸の若いジャズシンガーなどが乗っている。彼らの関係が次第に明らかになっていく。それが前半の物語だ。構成は一部と二部のように完全に分離されている。後半は、前半の別荘の乱痴気騒ぎに登場した青年Jが痴漢の少年と出会う物語だ。彼は、全裸の上にコートを身につけただけで電車に乗っている。

簡単に説明するとそれだけの物語なのだけれど、後半では特に「性的なるもの」についての考察がある。ただし、十七歳の少年にはそんなことは読みとれない。痴漢行為がなぜ形而上的なものになるのか、まったくわからなかった。しかし、前半の乱交パーティ風の展開や後半の痴漢行為の描写などが、若い僕を刺激した。ただし、下半身を刺激したのではない。ポルノグラフィは扇情的な描写だが、「性的人間」はまさに純文学的な描写だったからだ。

刺激されたのは、僕の頭脳である。「これが純文学なのか」と衝撃を受け、そのまま第六巻を読み進み、「個人的な体験」に入り、またまた僕はびっくりした。「鳥（バード）」と呼ばれる青年と火見子というヒロインとのセックスシーンが延々と続いたからである。頭にもうひとつの大きな瘤のようなものをつけて生まれた我が子を見て、バードはかつての恋人だった火見子の元に逃げる。自分の息子を引き受けるか、死を願うか、迷いながらバードは火見子とのセックスに耽るのだ。

後にジョン・アプダイクの「走れウサギ」を読んで、物語の基本構造が似ているなと感じたが、「個人的な体験」が発表されたときにもそれは指摘されたことだったらしい。確かに、似ていた。どちらにしても、僕は初めて小説で「露骨な性的描写」にぶつかり驚いたのだった。しかし、それで大江健三郎作品を読み尽くそうと決意し、作品集を毎月一冊ずつ購入し、講談社から出ていたサイケデリックな装丁の函入り「万延元年のフットボール」も買った。

そのときから現在まで、大部分の大江作品は読んできた。伊丹十三が自殺してからは、ほとんど彼についての小説ばかり書いている大江さんではあるけれど、元々、「日常生活の冒険」の斎木犀吉は伊丹がモデルになっていた。高校時代に大江健三郎と伊丹十三（いろいろ改名した人だけれど、伊丹の名は父親の伊丹万作監督から引き継いでいる）は同級生になり、伊丹の妹と大江健三郎は結婚する。

だから、その死は衝撃だっただろうし、生涯にわたって書き続けることになったのだろう。とすると、若い頃から俳優やデザイナーなどをやっていた伊丹の周辺を見ていた大江健三郎は、「性的人間」の詩人やジャズ・シンガーやキャメラマンなどの人物像をそこら辺から得たのかもしれない。

ところで、「性的人間」を思い出すと、僕が必ず連想する映画がある。「その男ゾルバ」（一九六四年）というエーゲ海のクレタ島を舞台にした作品だ。主人公のイギリス人作家（アラン・ベイツ）はクレタ島の炭坑を相続し、島へ渡る。クレタ島へ行く船を待つ港の酒場で、作家はひとりのギリシャ人と出会う。ゾルバ（アンソニー・クイン）である。彼は強引に売り込み、炭坑の責任者となり、ふたりは一緒に島に上陸する。

島で作家は未亡人（イレーネ・パパス）と恋に落ちる。未亡人には、ずっと彼女を恋い慕う若者がいた。作家が未亡人の家から早朝に抜け出すのを目撃した若者は、断崖から海に身を投げて死ぬ。若者の死を知った一族が未亡人の家を取り囲み、沈黙のまま見つめる。モノクロームの画面に白と黒の衣装が際立つ。大勢の人たちが家に石を投げ、やがて引きずり出された未亡人は若者の父親に刺殺される。作家もゾルバも何もできず、目の前で彼女が殺されるのを見ているだけだ。

「性的人間」に、これに似た場面がある。海辺の道をヘッドライトが切り裂くようにスポーツカーで疾駆しているとき、突然、大勢の人々が集まっているのを照らし出す。無表情な漁民たちだ。彼らはある家を取り囲んで、じっとたたずんでいる。その家の主を無言で非難しているのだ。不気味な民衆たちのイメージである。僕は、その場面を読むたびに「その男ゾルバ」のイレーネ・パパスを思い出す。

（2020.03.07）

恍惚の人

■ペコロスの母に会いに行く／岡野雄一

◎ペコロスの母に会いに行く／森崎東監督

父が入院したので母をひとりにしておくのが心配になり、高松の実家で母とふたりで暮らすことになった。ただし、一ヶ月もしないうちに、「もう耐えられない」とグチが出た。最近は、午前中や午後に一時間から二時間ほど、実家の裏の一軒家（僕の仮住まい）に避難するようになった。健忘症や認知機能の低下は老人の宿命のようなものだが、先日、歩いて父の入院している病院までいったのに、病室で三十分ほどいた後、玄関を出ると母が「ここで待ってるから」と言う。

僕が駐車場から車を取ってくるのを待っているというのだ。その日は天気が良くて暖かだったから、少しは歩いた方がいいと思って散歩がてら父を見舞ったのに、そのことを完全に忘れて車できたと思っている。独り言も増えたし、何度説明しても思い込んでしまった考えに固執する。繰り返しは多いし、同じことを何度も訊いてくる。それでもプライドは高いから、こちらが老人扱いすると怒り出す。

先日は「私は、この家の女主人だ」と胸を張った。こちらも、ついついきつい言い方になる。他の人たちの話を聞くと、母はまだマシな方なのだけれど、ついイライラしてしまう。父は耳はほとんど聞こえないが頭はしっかりしているし、金銭の管理も自分でやっている。十日に一度の入院費の精算も自分で行う。僕は言われた引き出しから財布を出して届けるだけだ。そんな父と話しているときの母は、意志疎通がきちんとできているように見える。

七十年以上連れ添った夫婦である。僕など理解できない何かが存在するのだろう。ふたりとも、今年で九十五歳になる。大正十四年生まれだ。結婚したのは戦後の焼け跡闇市の頃。兄は昭和二十四年九月生まれだから、たぶん戦後三年目に結婚したのだと思う。人生百年と言われるが僕の親戚は長寿の人が多く、母方の伯父も父方の伯母も九十半ばまでしっかりしていた。かみさんの母親（僕の義母）も大正十五年生まれで、今年九十四歳になる。

昔、有吉佐和子の「恍惚の人」という小説がベストセラーになり、「恍惚の人」は流行語になった。その後、「ボケ老人」と言われ、「痴呆症」という言葉がしばらく使われていたけれど、差別的（？）だというので、いつの間にか「認知症」という病名が一般的になった。「恍惚の人」は文芸作品の巨匠・豊田四郎監督によって映画化された。本が出たのが一九七二年、映画の公開は一九七三年である。

老人介護の問題を取り上げ、一般的に知らしめた最初の小説ではなかっただろうか。主婦が舅を介護するのだが、その大変さが伝わる内容だった。主人公を演じたのは、高峰秀子。舅役は森繁久彌である。森繁は役に入り込んだという。嫁が排泄の世話をする場面もあり、家庭での介護の問題を提示した。当時は、長男の嫁は舅姑の世話をするのが当たり前と思われていたし、協力する夫も少なかったのではあるまいか。

介護保険が導入されたのは、何十年前だっただろうか。僕は四十を過ぎていたと思う。ある日、突然、介護保険料が給与から引かれるようになった。ということは、保険導入からすでに二十年以上が過ぎたのか。介護保険料の納入は四十から始まるのは、今も変わっていないのだろうか。

介護保険導入によって「介護ビジネス」という言葉が登場し、ビジネスチャンスを狙って多くの企業が参入した。そんなこともあり、今では介護施設に親を入れるのは当たり前になった。近所を散歩をしていると、そこら中に介護施設がある。仕方のないことなのだろうが、預ける側には「後ろめたさ」みたいなものもあるだろう。

一昨年亡くなった赤木春恵さんが「最高齢で主役を演じた」と言われたのが「ぺコロスの母に会いに行く」（二〇一三年）だった。原作が四コマ漫画だから、全体にユーモラスに描かれているけれど、認知症になった母親は子供にとってはシリアスな問題である。笑い飛ばせる余裕があれば——と思う。

主人公（岩松了）は長崎の広告代理店に勤め、広告取りの営業をしている。タウン誌に漫画やイラストを描いていて、ときどきライブハウスで歌っている。母の認知症が進行し、施設に預けることになる。面会にいくと、母は息子がわからない。禿頭をなでさせると、「雄一や〜」と認識する。その辺がユーモラスなのだが、現実としては深刻だ。

一方で、母の人生が描かれる。少女の頃の友達が長崎の遊郭に売られていく。長崎に原爆が落ちて、友達は被曝する。戦後、結婚して子供を産んだ母は彼女を探しに島原へいく。しかし、友達は娼婦であることを恥じて彼女の前から逃げるように去る。手紙を出しても返事はこない。

一方、夫は大酒飲みで、苦労続きの日々だ。父の給料日には呑み屋に寄らないように息子の雄一が迎えに出される。雄一に母と手を繋いで海を見ていた記憶が甦る。あれは、もしかしたら心中を考えていたのではないか——。そんな母の一生が現在の認知症の姿と共に描かれる。

赤木春恵の姿が、僕の母に重なってくる。たった一年前に通じていたことが、今は通じなくなっているのを見ると、悲しみが湧き上がる。そのとき、母の生涯が一気に頭の中を駆けめぐる。僕が小学生の頃の母の姿、十八から僕は家を出たので年に一度くらいしか会うことはなかったが、それでも様々な思い出が甦る。

「恍惚の人」が流行語になっていた頃、僕は大学生だった。あれから五十年近くが過ぎ去り、今、その言葉が現実のものとして迫ってくる。それが、人生なのかもしれない。くるべきものは、いつかやってくるのだ。それを受け止め、生きていかなければならないのだろう。

（2020.03.17）

怪異譚に託す思い

■異人たちとの夏／山田太一

❀異人たちとの夏／大林宣彦監督

ある時期、山田太一さんの本を読みあさったことがある。ただし、シナリオ集は読んだことがない。小説やエッセイを読んだ。もちろん、山田太一ドラマは「それぞれの秋」にはまって以来の大ファンで、ほとんどの作品を見てきた。山田太一という名前を知ったのは、「それぞれの秋」だった。

主演の頼りなさそうな小倉一郎、その友達を演じた火野正平、セーラー服でスケバンを演じた桃井かおり、母親役の久我美子、父親役の小林桂樹、兄役の林隆三、妹役の高沢順子など、今でも様々なシーンを鮮明に憶えている。だから、僕にとっては山田太一は名脚本家という存在だった。そう思い込んでいたから、角川文庫でぶあつい「沿線地図」が出ているのを発見したとき、誰かがノベライゼーションを出したのだと思ったものだった。

しかし、それは地方紙に小説として連載された作品だと解説にあった。えーっ、山田太一って小説も書くの、というのが最初の僕の印象だった。ちょっと軽んじた感じである。後に向田邦子が小説を書いて、名脚本家が素晴らしい小説を書けるのだと証明するのだけれど、山田太一は小説を書いてもすごいのだと僕は認識した。

その後、「飛ぶ夢をしばらく見ない」という小説が出て評判になり、僕もすぐに読んだのだが、シリアスで現実的なテレビドラマの世界と違い、ひどく幻想的な設定に驚いたものだった。小説では非現実的な発想をし、テレビドラマとはまったく違う世界を創りあげていた。

その結果、僕は山田太一さんの小説とエッセイを読みあさることになった。ずいぶん読んだと思う。新潮社書き下ろしの「冬の蜃気楼」は、山田太一の松竹の助監督時代が元になっていて、そこに出てくる巨匠のモデルは木下恵介だろうか、小津安二郎だろうかなどと思いながら読んだ。

朝日新聞連載の「丘の上の向日葵」は、毎日、待ちかねて読み続けた。小説が完結し、本人のシナリオでテレビドラマが始まったのは、その後のことである。ドラマには、僕が仕事で毎月通っていた富士フイルム本社ビルが頻繁に登場した。葉月里緒菜がデビューした作品だから、もうずいぶん昔のことになる。

身長差があるカップルの物語「君を見上げて」とか、鍵屋が主人公の物語とか、ほとんどの小説を読み、エッセイ集もかなり読んだ。中でも僕の記憶に深く残っているのは、「異人たちとの夏」だ。一九八八年の大林宣彦監督の映画化作品（脚色は市川森一）が、より印象を深くしているのかもしれない。

「異人たちとの夏」は、非現実的な設定（ベースは「牡丹灯籠」ではないか）という意味で「飛ぶ夢をしばらく見ない」の系列に入るかもしれない。誰かが書評で「父母恋い小説」と書いていた記憶がある。「異人たちとの夏」を読むと、誰もが自分の父母について思いを巡らせるだろう。

主人公の原田英雄は四十を過ぎ、離婚したばかりのシナリオライターである。都内のマンションにひとりで住んでいる。そのマンションはオフィス使用が多く、夜に明かりが点いているのは六階の英雄の部屋と三階のひと部屋だけである。三階には、女性がひとりで住んでいた。

ある夜、その女性が主人公を訪ねてくる。女性はひとりきりで淋しくてと、ひとりでは飲みきれないというシャンパンを持ってやってくる。しかし、「別れた奥さんに接近させてもらいます」と仕事仲間のディレクターに言われた直後で機嫌が悪かった英雄は、女性を追い返す。

しばらく後、地下鉄の無人駅の取材で不思議な体験をした後、「浅草」の表示を見て久しぶりに英雄は懐かしい浅草へいく。十二歳まで父母と共に暮らした町だ。英雄が十二のとき、自転車の二人乗りをしていた父母は国際通りで事故に遭って死んだのだ。

その夜、英雄はたまたま入った寄席で父親そっくりの男を見かける。男は「もう、出ようか」と声をかけて寄席を出ていく。英雄が出ると、男は待っていて「うち、くるか」と言う。英雄がついていくと、アパートの二階の部屋には母親そっくりの女がいた。

大林監督の映画版では、主人公を風間杜夫、父親を片岡鶴太郎、母親を秋吉久美子が演じた。後に英雄と深い仲になる同じマンションに住む桂（ケイ）役は、名取裕子だった。その他の主要な人物は英雄の仕事仲間のテレビディレクター（永島敏行）くらいで、登場人物は多くない。

最初の夜、父母とそっくりな男女と楽しい時間を過ごした英雄は、半信半疑で改めてアパートを訪ね、帰りしなに「名字、何ですか。表札出てないし」と訊き、母親に「原田に決まってるだろ。親に名字訊く子供がどこにいるのさ」と言われ、本当の父母なのだと理解する。

自分より若い寿司職人の粋な父と美人の母に英雄は甘える。十二歳で別れてしまった父母に四十の男が子供のように甘えるのだ。そのシーンがたまらない。片岡鶴太郎は、この映画で初めて俳優として評価されたのではなかったか。はまり役である。

しかし、英雄はテレビ局のスタッフなどに「体、大丈夫ですか」と声をかけられることが増える。「ひどくやつれている」と指摘される。男女の仲になった桂からも「誰かに会ってるの？ひどい姿よ」と言われ、父母に会っていることを告白する。

二十八年前に死んだ父母が、現実の存在として目の前にいる。この世のものではないはずだ。しかし、小説も映画も二人を現実の存在として描き出す。そこが、この作品のいいところだと思う。二十八年前に死んだ両親が、四十になった息子を当たり前のこととして受け入れる。

しかし、英雄は桂に促され、父母と別れる決意をする。アパートを訪ねた英雄は訳を話し、三人で浅草の町を散歩して今半別館へすき焼きを食べにいく。真夏のすき焼き。別れの宴である。秋吉久美子の素晴らしい演技があり、僕にとっては忘れられないシーンになった。

——おまえをね、大事に思っているよ。おまえをね、誇りに思っているよ

山田太一さんのエッセイを読むと、戦前、浅草で食堂をやっていた父母の元で育ったという。戦後、父親と湯河原に住み、やがて早稲田大学に入る。そこで、寺山修司と親友になり、卒業後は松竹に入った。木下恵介の助監督を務め、木下監督が松

竹を辞めてテレビに進出したときにシナリオライターとしてデビューする。
「男たちの旅路」「想い出づくり」「ふぞろいの林檎たち」など、山田太一さんがテレビドラマの世界に残した功績は大きいが、小説ももっと読まれていいのではないか。ドラマでは書かない幻想譚、あるいは怪異譚に何らかの思いを込めたのではないか。そんなことを感じる。

（2020.03.20）

■悲しみよこんにちは／フランソワーズ・サガン

短い髪の少女

悲しみよこんにちは／オットー・プレミンジャー監督

先日、もう何度めかになるけれど、ダニエル・オートゥイユ主演の「やがて復讐という名の雨」（二〇〇七年）を見ていたら、この中に出てくるヒロインが僕の好みのタイプなのだと気付いた。その理由は、髪が短いことである。彼女の場合は髪の毛が逆立っている感じだが、とりあえずショートヘアではある。

ティモシー・ダルトンがジェイムズ・ボンドを演じた「007 消されたライセンス」（一九八九年）も何度も見る映画なのだが、そちらは明確にショートヘアのヒロイン（キャリー・ローウェル）を見るのが目的だ。彼女は女性パイロットとしてラストシーンでも活躍するし、アクションシーンもこなしている。ボーイッシュな短髪が似合う。聞くところによると、リチャード・ギアの奥さんらしい。

さらに、最近では僕の気に入りの女優は、「ターミネーター ニュー・フェイト」（二〇一九年）でグレースを演じた人（マッケンジー・デイヴィス）である。背が高くて手足が長く、ショートヘアだった。

ダニーという女性を守るために、未来から送られてきた女性兵士である。彼女は人間だがサイボーグ的に強化され、ターミネーターに対抗できる戦闘力を持っている。短髪のブロンドが女性兵士という設定にリアリティを感じさせた。

六〇年代に多感な時期を過ごした僕らの世代は、「ショートヘア」というより「セシル・カット」という言葉の方がイメージしやすい。本当はもっと先行する世代が流行らせた言葉なのだが、まあ僕らまでは通じるだろう。十八歳のフランソワーズ・サガンが書いた世界的なベストセラー小説「悲しみよこんにちは」のヒロインであるセシルからきている。

厳密に言えば「セシル・カット」という言葉は、映画化された「悲しみよこんにちは」（一九五七年）でヒロインを演じたジーン・セバーグのヘアスタイルに由来する。当時、観客に衝撃を与えたほど極端に短くした髪形だった。ジーン・セバーグは、その髪形とスタイルのままゴダールの「勝手にしやがれ」（一九五九年）に出演し、シャンゼリゼ通りを「ニューヨーク・ヘラルド・トリビューン」と売り歩いた。

ほぼ同時期、フランスにジャクリーヌ・ササールという女優がいた。彼女は「悲しみよこんにちは」に主演するはずだったのだが、英語が話せないので話は流れた。しかし、「芽ばえ」（一九五七年）というイタリア映画に主演し、日本でもアイドル的な人気が出た。彼女のヘアスタイルは、ショートヘアの対極だった。サラサラした長い髪が魅力だった。作品によっては長い髪を後ろで結び、ポニーテール風にした。

それは「ササール・カット」と呼ばれ、当時の若い男たちを夢中にしたものである。多くの男たちは、僕と違って長い髪を好むらしい。しかし、なぜか僕は短い髪の女性に惹かれる。女性にとっても髪を短くすることによって、何かから解放されるのではないか。たとえば「ローマの休日」（一九五三年）のアン王女も長い髪をバッサリとカットする。それは、自由の象徴だったのではないだろうか。

「悲しみよこんにちは」のセシルはジーン・セバーグのイメージが強すぎて、日本で連続テレビドラマ化されたときもヒロインはショートヘアのセシル・カットで登場した。梓英子という女優が演じたヒロインの名前は忘れたが、彼女のショートヘアは今も憶えている。デボラ・カーが演じた役は南田洋子、ミレーヌ・ドモンジョが演じた父の愛人役は富士真奈美だった。

フランソワーズ・サガンの「悲しみよこんにちは」を僕が読んだのは、十代半ばの頃だった。刊行されて十年以上が経ち、すでに新潮文庫に入っていた。サガンのポートレートが巻頭に挿入されていて、セシル・カット風の髪だったような気がする。サガンはすでに三十を過ぎており、「ブラームスはお好き?」や「ある微笑」などを出版し、「悲しみよこんにちは」がフロックではなかったことを証明していた。

それにしても、十八歳の少女が書いた短い小説が世界的なベストセラーになり、ハリウッドで映画化されるというのは、稀有なシンデレラ・ストーリーである。そんな成功を収めたら普通の人生は送れないだろうなあ、と誰もが思ったかもしれないが、そんな人々の期待に応えるようにサガンは、自動車事故、結婚と離婚、アルコール中毒、ドラッグなどに彩られたスキャンダラスな人生を送った。

さて、「悲しみよこんにちは」を読んで僕はどう思ったか、よく憶えていない。感心したのか、こんなものかと思ったのか。十八になっても自分にはこんな小説は書けないだろうな、と思ったかもしれない。ただ、冒頭の部分は今も鮮やかに記憶している。その憂鬱な感覚の表現には、たぶん素直に感心したのだと思う。

オットー・プレミンジャーが映画化した「悲しみよこんにちは」の冒頭も、パリの街中をスポーツカーで走りまわり、パーティに明け暮れるセシルの生活をモノクロームで描き出し、憂鬱な感覚を醸し出す。ナイトクラブで踊るセシルの顔のアップに、ステージでジュリエット・グレコが唄う「悲しみよこんにちは」という曲が重なり、セシルは去年の夏のバカンスを回想する。それは、カラーで描かれる陽光にあふれた世界だった。

この対比がうまくいっていると思う。原作で「毎朝、悲しみよこんにちはと目覚める」という、現在のヒロインの憂鬱な感覚をモノクロームとカラーで対比させているのだ。去年の夏の出来事を経た十八歳のヒロインには、憂鬱な感覚がつきまとって離れない。それを「ボンジュール・トリステス」という言葉で表現したのだけれど、やはり希有な才能があったのだろう。

「悲しみよこんにちは」から何十年も経って書かれた、サガンの「夏に抱かれて」を僕は読んだことがある。相変わらず恋愛をテーマにしていたが、さすがに奥の深い大人の恋愛になっていた。背景になるのは、ナチスに占領されていた時代のレジスタンス活動である。ところで、今、フランソワーズ・サガンを読む女性はいるのだろうか。昔は、少女たちの必読書だったのだけれど——。

(2020.03.26)

松田政男さん追悼

薔薇と無名者／松田政男

絞死刑／大島渚監督

松田政男さんの「薔薇と無名者」を買ったときのことは、五十年が過ぎた今も鮮明に憶えている。上京して初めて買った映画評論集だった。高校生のときに、古本市で小川徹さんの「橋の思想を爆破せよ」という映画評論集を初めて買ったので、松田さんの「薔薇と無名者」は僕が買った二冊目の映画評論集になる。版元は芳賀書店だったと思う。後にエッチな本で有名になる神保町に店がある芳賀書店だが、昔から映画関係の本を出していた。

一九七〇年の初夏のことだった。僕は上京し、ひとりで浪人生活を送っていた。予備校が早稲田にあったので、池袋駅で乗り換えて赤羽線でひと駅めの板橋駅から歩いて五分ほどの滝野川の安アパートに住んでいた。四畳半ひと間だけで炊事場も便所も共同だった。板橋駅の東口へ出ると、目の前に近藤勇を祀った廟がある。確か、近藤勇は流山で捕らえられ板橋で首をはねられたはずなので、その刑場跡なのかもしれない。

僕のアパートはその廟の横を抜けて明治通りの方へ向かうのだが、廟の前の道を北に上ると突き当たりに映画館があった。僕の記憶では「人生坐」という名前だったはずなのだけれど、後に池袋文芸坐のS支配人に話を聞いたときに「それは弁天坐でしょう」と言われた。初めていったときには松本俊夫の（というよりピーターの）「薔薇の葬列」（一九六九年）と大島渚の「絞死刑」（一九六八年）を上映していたが、滝野川で僕が暮らすようになって三ヶ月ほどで閉館した。

その映画館の前の道を東へ十メートルほどいったところに古本屋があった。僕は毎日のように、その古本屋を覗いたものだった。アパートを出て銭湯へいき、滝野川商店街をブラブラして古本屋を覗き、最終上映の映画を見るなんて理想の生活をしていた。その映画館では、四国高松にいたらとても見られないアートシアターギルド（ＡＴＧ）作品を百円で見ることができたのである。

その古本屋では清水昶さんの詩集「少年」や松田政男さんの「薔薇と無名者」を買った。古本とはいえ、どちらもけっこう高くて何度も躊躇したものだ。何しろ僕は本当に貧しくて、映画を見るために昼食を抜いていた。身長は今と変わらず一七〇だったが、体重は五〇キロを切っていた。ウエストは六十八センチ。今からは想像できないほど痩せていた。

何度も躊躇して買ったのだが、「薔薇と無名者」は僕に新しい世界を教えてくれた。映画を思想的に見る視点である。その本の中で松田さんは、自分のことを「失業革命家」と称していた。「職業革命家」という言葉は僕も知っていたが、「失業革命家」と自称する姿勢（そこには自虐的なニュアンスはなかった）に僕は何か割り切れないものを感じたものだった。

後に、松田さんが若い頃に共産党に入党し、山村工作隊に参加していたという噂を聞いた。共産党が武力革命路線を提唱し、それを信じて全国の農村をベースに革命をめざした若者のひとりだったのだろう。世代的には、大島渚と近かったのかもしれない。京都大学で大島渚と同学年だった戸浦六宏は、共産党に二度入党し三度脱退したという。大島の処女作を批判し、「だったら出てみろ」と言われて二作目に出演し、以降、ほとんどの大島作品に出た。

「薔薇と無名者」を読んで、僕は松田政男さんが大島渚監督の「絞死刑」に出ていた検察事務官だったと知った。その少し前に僕は「絞死刑」を、大島渚作品としては珍しくおもしろく見たのだった。低予算の映画らしくセットにほとんど金をかけず、出演者も絞り込んでいた。大島一家である戸浦六宏、小松方正、小山明子などの他、松田政男さんのような役者ではない人を出演させていた。

松田政男さんに初めて紹介されたのは、出版社に勤め始めて数年後のことだと思う。八ミリ専門誌「小型映画」編集部に、映画関係者に広い人脈を持つＨさんという女性がいた。僕は隣の編集部にいたのだが、映画好きということで何かと誘ってもらうことが多く、ある夜、新宿ゴールデン街の「銀河系」でＨ女史に松田さんを紹介されたのである。その後も「銀河系」ではいろんな人と出会ったものだ。

Ｈ女史と松田さんはかなり親しいらしく、その後も僕は何度か「銀河系」で一緒に飲むことになった。僕は「薔薇と無名者」を買ったことを話し、明け方まで飲み続けるようなこともあった。松田さんはＨ女史の紹介で自主映画作品をよく見るようになり、その世界に詳しい映画評論家になった。その関係で、「ぴあフィルムフェスティバル」の草創期から応募作品を全部見る下審査のようなことをしていた。

あれは、一九七九年の初夏のことだったと思う。まだ猿楽町にあった「ぴあ」の上映室で遅くまで松田さんと一緒に応募作品を見て、そのまま新宿へ飲みに出た。明け方まで飲み続け、夜明け頃に靖国通り沿いの中華料理店に入り、丸テーブルを囲んだ。松田さんとH女史、僕、他にも誰かがいたと思う。お腹を空かしていた僕はけっこう食べたが、すっかり松田さんにごちそうになってしまった。

明るくなった新宿東口駅前で、僕はジャン・マイケル・ヴィンセント、ウィリアム・カット、ゲーリー・ビジーの三人がサーフボードを抱えている映画の看板を見た。「ビッグ・ウェンズデー」である。「俺には、きっと一生、水曜日の大波なんてこないんだろうなあ」と僕はつぶやき、「きみは、まだ二十七なんだろ。これからだぞ」と松田さんに言われた。あれから四十一年の月日が流れ、三月二十日の新聞の訃報欄に、僕は松田さんの名前を見つけた。

松田政男（まつだ・まさお＝映画評論家）

十七日午後八時十五分、肺炎のため埼玉県戸田市の病院で死去。八十七歳。東京都出身。葬儀・告別式は故人の遺志で行わない。しのぶ会を後日開催する予定。出版社で埴谷雄高や吉本隆明らの著書を編集。「テロルの回路」「風景の死滅」などの著書を残した。

（2020.03.29）

「銀髪」というヒロイン

カーテン／レイモンド・チャンドラー
ロング・グッドバイ／ロバート・アルトマン監督

初めて読んだレイモンド・チャンドラーの小説は「カーテン」だった。中学一年生の夏、僕は十二歳である。その夏の終わり、僕は初めて「エラリィ・クィーンズ・ミステリマガジン」の一九六四年九月号を買った。表紙に「レイモンド・チャンドラー／カーテン」と刷り込まれていたからだ。同じ号に「短期連載／ジョルジュ・シムノン／若い女の死」とあったけれど、それはまた別の話。

チャンドラーがパルプマガジンに書き飛ばした中短編の主人公は、「私」という一人称が多いが、名前はフィリップ・マーロウとは限らない。

チャンドラーが「ブラック・マスク」誌に初めて書いた「脅迫者は射たない」は三人称であり、冒頭に「男の名前はマロリーといった」と出てくる。彼の名はジョン・マロリーだが、マーロウ・マロリーにしたかったという話も残っている。一九三三年のことである。チャンドラーは四十五歳。日本は昭和八年、五・一五事件の翌年だった。

三年後の一九三六年、日本で二・二六事件があった年、「ブラック・マスク」誌に「カーテン」が発表された。主人公の名前はフィリップ・マーロウとなっているが、フィリップ・マーロウが登場するのは初長編「大いなる眠り」からだから、初出のときには違う名前だったはずだ。

もっとも、チャンドラーは「主人公は処女作いらい一貫した人物として書いた」と言っている。初期には、ジョン・ダルマスといった名前も使っている。

「カーテン」の冒頭のフレーズは十七年後の一九五三年、チャンドラー六十五歳の時に刊行された「長いお別れ」の冒頭の有名なフレーズに重なる。僕は初めて「長いお別れ」を読んだとき、「何だ、これは。『カーテン』の始まりと一緒じゃないか」と思った。一方、「カーテン」のメインプロットは「大いなる眠り」に使われていて、初めて「大いなる眠り」を読んだときには、「何だ、『カーテン』じゃないか」と思ったものだった。

ちなみに、僕は編集者時代に双葉十三郎さんを何年も担当し、毎月、映画の原稿をもらっていたのだが、ある日、「なぜ、『大いなる眠り』だけでチャンドラーの翻訳をやめたのですか?」と訊いたことがある。「翻訳は、眼を悪くするんでね」と双葉さんは答えた。

双葉さんは牛乳瓶の底のようなメガネをかけ、いつも試写室の最前列に座っていた。視力はあまりよくなかった。「それで、清水くんにチャンドラーを薦めたんだ」と続けた。今では、すべての長編が村上春樹訳で読めるようになった。

さて、創元推理文庫版「チャンドラー短編全集1」の稲葉明雄さんの解説によると、「雨の殺人者」「犬の好きな男」「カーテン」「女で試せ」「支那の翡翠」「ベイ・シティ・ブルース」「湖中の女」「山には犯罪なし」の八編は、その一部を長編中に使用したという理由でアメリカで出版された中編集には採録されていないという。「カーテン」の冒頭は、こんな文章である。

——はじめて私がラリー・バッツェルを見かけたのは、『サーディ』の店の前で、彼が古物のロールス・ロイスのなかで酔いつぶれているところだった。そばには一度みたら忘れられないような目をした背のたかい金髪女がいっしょだった。(中略)二度目に会ったときの彼は、ロールス・ロイスも持たず、金髪女といっしょでもなく、映画界の人間らしくもなかった。(稲葉明雄・訳)

村上春樹さんが訳した「ロング・グッドバイ」の冒頭を引用してみよう。

——テリー・レノックスとの最初の出会いは、〈ダンサーズ〉のテラスの外だった。ロールズロイス・シルバー・レイスの車中で、彼は酔いつぶれていた。(中略)かたわらに若い女がいた。暗い赤みのかかった美しい髪で、実のない微笑みを唇に浮かべ、肩にはブルー・ミンクのショールを掛けていた。

「カーテン」のラリー・バッツェルは、テリー・レノックスに重なる。ある朝、ラリーは拳銃を持ってマーロウのベッド脇に立っている。ラリーは「自動車でおれをサン・バーナディノまで送ってくれよ」と言うのだ。テリー・レノックスと同じである。

しかし、マーロウがシャワーを浴びている間にラリーはいなくなり、近所で機関銃によって撃ち殺される。ギャングの仕業だ。部屋へ戻ったマーロウは、ラリーの置き手紙を見つける。その後、ラリーを撃ち殺した二人組のギャングにマーロウもつかまってしまう。しかし、隙をついて一人を射殺し、もうひとりを捕らえたマーロウは、男と死体を手錠でつなぎ道端に置き去りにする。「まさか、こんな格好で置きざりにしようってんじゃないだろうな?」という男に、マーロウが口にしたセリフが十二歳の僕の心を撃ち抜いた。そのセリフこそがチャンドラー作品の魅力だった。秘めたセンチメンタリズムである。マーロウは、こう言ったのだ。

――今朝、きみらが眠らせたのは、あれは僕の友達だったんだ。

チャンドラー作品を読む喜びがここにはある。ギャングたちが登場するハードボイルドなストーリーの中、主人公が一瞬見せる感傷である。ダシール・ハメットとは、ここがまったく違うのだ。たとえばハメットの「ガラスの鍵」は主人公のギャンブラーとギャングのボスの友情物語であり、主人公は友情のためだけに命を懸けるのだけれど、その心情は徹底的に隠されている。描写はハードボイルド(非情)であり、主人公はセンチメンタルなセリフなど一切口にしない。

しかし、チャンドラー作品が(特に女性に)好まれるのは、ストーリーの底流にセンチメンタリズムが流れているからだ。その資質を受け継いでいるのが村上春樹さんである。村上作品が多くの人(特に女性)に好まれる理由は、どんなストーリーでもその底流に甘美な感傷が流れているからだ。

もちろん、センチメンタリズムを前面に押し出して、読者の歓心を惹こうとする低級な作品ではない。乾いたストーリーを展開しながら、奥底にある心情を読者に感じさせる。そんな芸当はチャンドラーだからできたことで、それを村上さんが引き継いだ。

「カーテン」の中には、マーロウが「銀髪」と名付けるヒロインが登場する。マーロウが気絶から目覚めると女がいて、マーロウの逃亡を手助けする。そのヒロインが印象的だった。初めて読んだ十二歳のときから半世紀以上経っても、僕の記憶に刻み込まれている。そして、「カーテン」の最後はこう結ばれていた。そのフレーズだけで、マーロウの心情と感傷が伝わってくるではないか。

――警察のほうへもどる途中で、とあるバーに車をとめ、一、二杯ひっかけた。なんの用もなさなかった。酒のおかげで『銀鼬』のことを思いだしたが、もう二度と彼女に会うことはなかった。

「銀鼬」の字面は十二歳の僕の脳裏に刻み込まれ、後に「夜の銀狐」という歌謡曲がヒットしたとき、なぜかそれが「銀鼬」というヒロインを連想させた。今なら「銀鼬」などと訳さず、「シルバー・ウィッグ」とそのまま表記すると思う。双葉十三郎訳「大いなる眠り」の「黒メガネ」が村上春樹訳では「サングラス」に置き換わったように――。

(2020.04.10)

不条理に反抗する作家

ペスト/アルベール・カミュ

最初の人間/ジャンニ・アメリオ監督

新型コロナウィルスの世界的感染状況を受けてアルベール・カミュの「ペスト」が売れていると聞いたので、久しぶりに読んでみるかと古い本を探し出した。僕が持っている本は新潮文庫版で上下二巻の分冊である。ずいぶん前から一冊にまとまっているはずだが、僕が買った当時は製本技術のせいなのか、そんなに大長編でもないのに分冊になっていた。宮崎嶺雄さんの訳である。

本の奥付を見てみると、初版の発行日は「昭和三十年十二月二十五日」になっており、僕が買ったのは上巻も下巻も「昭和四十三年十月二十日発行」の二十刷だった。一九六八年だから、僕は高校二年生。十七歳である。「そうか、俺は十七歳で『ペスト』を読んでいたのか」と何だか感慨深いものを感じた。しかし、当時の僕が「ペスト」を理解できたとは思えない。

この文庫解説は初版時の昭和三十年(一九五五年)に書かれているから、カミュはまだ生存していた。ノーベル文学賞をもらうのが四十過ぎだから、この時点ではまだ受賞していない。サルトルと共に戦後フランスの最も重要な作家として日本でも位置づけられていたが、カミュの小説作品はまだ「異邦人」と「ペスト」の二作しかなかった。

カミュは作品数の少ない作家である。小説が数編、戯曲が数編、哲学的エッセイが数編というところだろうか。しかし、僕が高校生の頃、カミュは特別な作家と思われていたのか、思索の断片を記録したカミュのノートが立派なハードカバーで二巻の「カミュの手帖」として出ていて、僕はその高い本を買ったものである。しばらくしてカミュ全集も出版され、僕は「正義の人々」が入った巻や「反抗的人間」なども購入した。

つまり、十七歳から十八歳の頃の僕は、アルベール・カミュを読もうと背伸びしていたのだ。後に僕は大学のフランス文学科に入るのだけれど、誰かに「どうして仏文科なの?」と訊かれると、「カミュの『異邦人』にやられたものでね」などと気取って答えたものだった。確かに「異邦人」は読んではいたけれど、理解していたかどうかは怪しいものである。

僕が入ったフランス文学科の連中の多くは、カミュの「異邦人」にやられた口だった。みんな、「今日、ママンが死んだ」という冒頭の一行にやられてしまうのだ。その後の主人公ムルソーの理由のない殺人、審判で動機を訊かれ「太陽がまぶしかったから」などと答えるかっこよさが「よくわからないけど、凄い」という気分にさせる。ということで、僕らは「仏文九組ムルソー一派」を名乗り、神田神保町の喫茶店「ラドリオ」にたむろした。別名「仏文九組ラドリオ一派」でもあった。

それほど入れ込んでいたアルベール・カミュだったのだが、大学を出て以来まったく読んでいなかった。マルチェロ・マストロヤンニがムルソーを演じた「異邦人」(一九六八年)が公開されたときにはさっそく見にいったけれど、あれもずいぶん前のことになった。それが、数年前に「最初の人間」(二〇一一年)という映画を見て、突然、カミュの作品を読み返したくなった。

「最初の人間」は、カミュが自動車事故で死んだ後に発行された未完の小説だ。それがずいぶん経って映画化されたのである。「最初の人間」は読んでいなかったが、映画を見るとカミュの自伝的作品だった。アルジェリアに入植したフランス人の父親とスペイン系の母親の元に生まれたカミュは、苦労して新聞記者になり作家となるが、家族の中で読み書きができたのは彼だけだったことも描かれていた。

現在時でのカミュはノーベル文学賞を受賞し、独立運動が盛んな故郷アルジェリアに戻り、大学で講演をする。ちょうどアルジェリアの独立運動が燃え盛っている頃で、彼の立場は微妙で命の危険さえあると言われる。カミュは独立は支持しながら、無差別な爆弾テロを繰り返す独立派を容認できないのだ。そんな現在を描きながら、子供の頃からの回想が交錯する。祖母と映画を見にいき、字幕を読んでやる幼いカミュのエピソードが記憶に残る。

先日、NHKのEテレビ「100分で名著」で「ペスト」を取り上げていた。世界中が新型コロナウィルスの感染と戦っている今だから取り上げたのかと思ったら、二〇一八年に放映されたものの再放送だった。フランス文学者の中条省平さんが講師を務めていた。最後の回だけは、ゲストとして内田樹さんが登場し、いかにも楽しそうにカミュについて語っていた。

「ペスト」は不条理文学の代表的な作品として位置づけられている。一九四※年四月十六日の朝、アルジェリアの港町オランの医師ベルナール・リウーは階段で死んだ鼠を発見する。鼠の死骸は増え続け、やがて人々がペストのような兆候を現して死に始める。医師会の長老や知事は、なかなかペストであることを認めようとしない。しかし、とうとう国はオランでのペストの発生を認め、街を封鎖する。今、日本でも騒がれている「都市のロックダウン」である。

現在の日本の状況を認識しつつ「ペスト」を読み返してみると、「なるほど人間は歴史に学ばないし、過ちを何度でも繰り返すのだな」という気持ちになる。オランの知事や医師会の長老などの姿が安倍首相に重なってくる。カミュは「ペスト」をドイツ軍に占領されていたフランスの数年間を象徴化して書いているが、現在の世界の感染状況を見ると何と深く形而上的な認識をしていたのだろうかと思う。占領も感染症も、突然やってくる「不条理なもの」である。

「ペスト」には、典型的な人物たちが登場する。医師リウー、旅行者だが都市封鎖に遭い保険隊に志願するタルー、目立たない下級役人だが保険隊の要になるグラン、血清を開発する老医師カステル、彼らはペストによっても変わらず、己の職務を誠実に果たそうとする。また、街の脱出を図る新聞記者ランベール、ペストも神の審判だと説教するパヌルー司祭、ペストによって救われたと喜ぶ犯罪者コタールなどは、時間と共に変貌を遂げる。彼らはペストという不条理に反抗し、やがて「連帯」を実感する。

今、「ペスト」を読み返す意義は大きいかもしれない。できれば、愚かな指導者たちに読ませたい。特に、世界が連帯しなければ新型コロナウィルスに立ち向かわなければならないときに、中国やWHOといった存在を敵と想定し、責任を押しつけ、自らの責任を逃れようとしている愚かなアメリカ大統領こそ読むべきだと思うが、トランプは文字を読むのがひどく苦手だとクビになった元側近の誰かが書いていた。あの救い難い愚かさは、書物を読んだことがないからなのだろう。

（2020.04.15）

太ったおばさんのために靴を磨く

▇フラニーとズーイー／J・D・サリンジャー

⊛素晴らしき哉、人生！／フランク・キャプラ監督

母の足腰がすっかり弱ってしまい、実家の買い物は父がシニアカートに乗っていっていたのだが、二月の入院以来、酸素吸入が離せなくなり、外出ではボンベを引いて歩かなければならないため、買い物にいくのにも不自由するようになった。そういうことで僕がまとめて買い物することが多くなったが、それでもリュックタイプの小型の酸素ボンベがあり、ときどき父はそれを背負ってシニアカートで買い物に出かけている。

しかし、大きなものを買うのは無理なので、先日、父から大量の買い物を頼まれた。新型コロナウイルス騒ぎで、心臓に問題のある九十五の老人は人の集まるところへはいかない方がいいこともあり、僕は軽自動車を運転して近くのスーパーへいった。もっとも、僕自身が感染リスクの高い高齢者ではある。しかし、東京とは違って高松は人が少なく、スーパーといっても密度は低い。

米やトイレットペーパー、ティッシュペーパー、食料品などを買い込み、駐車場までカートを押していき車に荷物を積み込むと、駐車場にあるカート置き場にカートを戻した。そのまま車のところへ戻ろうとしたとき、カート置き場の近くに車を駐めた太ったおばさんが、「カートに何か残ってるよ」と声をかけてきた。僕は自分が置いたカートを振り返ったが、何も載っていないし、買い物袋も見えない。

一瞬、問いかけるような顔をしたのか、おばさんはさらに「巾着みたいなのが下がってるわよ」と言った。その瞬間、僕はとても大事なものをカートに引っかけたままだったのに気づいた。それは黒革の巾着で、中には財布とカード入れが入っているのだ。財布の中には五万円以上入っているし、様々なポイントカードや病院の診察券と保険証などが入っている。

カード入れにはキャッシュカード、クレジットカード、免許証、マイナンバーカードなど、とても重要なものが収納されている。その巾着をカートに引っかけていたのを、僕はすっかり忘れていた。あわててカートに戻り、黒のため見えにくかった巾着を取り上げ、おばさんに向かって「ありがとうございます。これ財布が入っているんです」と心の底から礼を言った。おばさんは軽くうなずき、スーパーの売り場へ向かった。

車に戻り、エンジンをかけて駐車場を出ると、僕は大きな声で「ラッキー。神様は本当にいるんじゃないか」と叫んだ。本当にそう思ったのだ。あのとき、おばさんが声をかけてくれなかったら、僕は完全に財布とカード入れを忘れていただろう。もしかしたら、そのまま出てこないこともあり得た。

だから、僕は太ったおばさんの姿を借りた神が降臨したのだと感じ、先日、久しぶりに見返した「素晴らしき哉、人生!」(一九四六年)を思い出した。冒頭、天国で神様がまだ羽がもらえない見習い天使を呼ぶところから始まり、見習い天使は飛び降り自殺をするまで追い込まれてしまうジェームス・スチュアートの人生を救えと命じられる。

アメリカはイギリスのピューリタンたちが上陸して建国した国だから、こういう設定がすんなり観客に受け入れられるのだろうなあ、と初めて見たときには思ったが、先日、久しぶりに見ると抵抗なく主人公の守護天使の存在が納得できた。もしかしたら、僕も年とったのかもしれない。といって、僕が神の存在を信じているわけではないし、何かの宗教を信じていることもない。

ただ、高松にいる間は、毎朝、散歩のときに近所の神社に寄り、賽銭を入れ、二礼二拍手一礼をして手を合わせている。やっぱり、年をとったせいなのか。大事なものを完全に忘れるところだったのに、おばさんが教えてくれたことで助かったとき、僕は本気で「神様はいる」とつぶやいていた。そのまま帰るのがもったいなくて僕は車を家とは逆の方へ向け、「神様が助けてくれたのだ」と興奮しながら運転をした。

運転しているとき、僕の脳裏に甦ってきたのは、シーモア・

グラスの言葉だった。「太ったおばさんのために靴を磨け」というフレーズである。五十年以上前に初めて読んだJ・D・サリンジャーの「フラニーとズーイー」の最後に出てくる、作品全体を貫くキーワードである。

僕は高校生のときに荒地出版社から出ていた原田敬一さん訳の「フラニーとズーイー」を読んだので、ずっと「フラニーとズーイー」と言っているけれど、同じ頃に野崎孝さん訳で新潮社から出たのは「フラニーとゾーイー」と表記されていた。「ゾーイー」の方が正確な発音なのだという。ちなみに、村上春樹さんの新訳では「フラニーとズーイ」になっている。

「フラニーとズーイー」は「フラニー」と題された短編と「ズーイー」というタイトルの中編で構成された作品だ。「フラニー」では久しぶりに会った若い男女レーンとフラニーのデートシーンが描かれる。フラニーとレーンの思いはすれ違い、デートの最中にフラニーは失神する。

「ズーイー」は、実家に帰ってきたフラニーが何かをつぶやきながら寝込んでいるのを、兄のズーイーが励まそうとする物語だ。

最初、バスタブに浸かっているズーイーのところに母親がやってきてフラニーを心配するのだが、湯上りのズーイーはフラニーと話すものの却ってフラニーを落ち込ませてしまう。

そのフラニーに、遠くに住む作家の兄バディから電話がかかってくる。フラニーはグラス家の末っ子であり、次兄のバディは長兄シーモアが自殺した後、生存する最年長の兄弟である。その後、フラニーとバディの電話での会話が続くのだけれど、その最後に出てくるのが「太ったおばさんのために靴を磨け」という言葉だった。

「フラニーとズーイー」は宗教的な要素が強い小説だし、「フラニー」はレストランのテーブルでの男女の会話が中心で、「ズーイー」はグラス家の中だけで展開されるのだが、小説としては非常に凝ったものになっている。

だから「太ったおばさんのために靴を磨け」という言葉に至ったとき、大きな感動が生まれ目から鱗が落ちる。今、僕の手元には村上春樹さんの訳した新潮文庫版しかないので、そこから引用しよう。

——その太ったおばさんというのが実は誰なのか、君にはまだわからないのか？　ああ、なんていうことだ、まったく。それはキリストその人なんだよ。まさにキリストその人なんだ。ああ、まったく

スーパーマーケットの駐車場のカート置き場で僕に声をかけてくれたのは、太ったおばさんの姿をした神様だったに違いない。

（2020.04.27）

■映画の理論／岩崎昶

映画の見方を教えてくれた

⊛イングロリアス・バスターズ／クエンティン・タランティーノ監督

岩崎昶先生の「映画の理論」は、岩波新書のベストセラーだった。初めて読んだのは、高校生のときだったと思う。黒澤明の「羅生門」（一九五〇年）が詳細に分析されていた。また、エイゼンシュタインのモンタージュ理論も多くのページを割いて解説されていた。

大学に入って「映画論」の授業を選択した。岩崎昶先生だった。いや、岩崎先生だったから選択したのだ。先生は「映画の理論」を教科書に指定していた。僕は改めて「映画の理論」を読み直した。映画を分析的に見るということを教えてくれた最初の本だった。

授業は、一九七一年の四月中旬に始まった。お茶の水駅聖橋口から小川町へ向かって下る途中にあった、今はなき中央大学文学部校舎一階の講堂代わりに使用される大きな階段教室だった。「白門」と呼ばれた中大校舎は法学部が使用していて、文学部校舎は道を挟んだ外れにあった。法学部の後光で輝いている大学だったから、仕方がないと僕らは諦めていた。

初めての「映画論」の授業。僕は、数百人が入れる階段教室の後方に座った。教壇が遙か彼方のようだった。だから、岩崎先生が入ってきたときの記憶はあまりない。顔も憶えていない。声も著書に掲載されていたポートレートで憶えているだけだ。しかし、今では甦ってこない。しかし、間違いなく岩崎先生は教壇に立ち話し始めた。

そのときのことで僕が記憶しているのは、岩崎先生が「前期は黒澤明監督の『羅生門』を上映して、それについて話をする」と言い、大学では授業で映画が見られるのだと感激したことだった。「羅生門」は銀座並木座で見ようと思っていたから、得した気分だった。

しかし、僕は岩崎先生には距離を置いていたし、何かを質問したこともない。高校時代、僕が「映画の理論」を読んでいると、同級生が「岩崎昶って日共系の映画評論家だろ」と侮蔑的に口にしたからだ。僕は岩崎先生のことなど何も知らなかったが、その男はいろんな知識があり、その男の言葉が当時の僕を強く縛りつけた。

要するに、僕はその男に対して強い劣等感を抱いていたのだ。彼にはカリスマ性があり、教師を論破するほど弁が立ち、新聞部部長として学内のオピニオンリーダーだったし、女たちにモテた。彼は後に小学館に入り「小学六年生」編集長として「ゴルバチョフの冒険」という特集を組み、小学生向け学年誌が初めて丸谷才一の書評に取り上げられた。

当時、日共こと日本共産党は学生たちに人気がなかった。日共の青年部である民主青年同盟は新左翼系（代々木に共産党本部があることから反代々木系）の学生からは「民コロ」と呼ばれ、軽蔑されていた。ノンポリだった僕も心情的には赤ヘル（中大ブント）びいきだったため、校舎裏で「民青」の学生たちに取り囲まれ自己批判を迫られたことがある。

僕らの世代は全共闘世代（中大ブントのバリケードの中には、北方謙三さんや相米慎二さんがいた）の後に入学したので、「内ゲバ世代」と呼ばれている。大学へいくと中庭で毎日のように、色の異なるヘルメットをかぶった学生たちが角材や鉄パイプをふるって殴り合っていた。大学へいくのに、命の危険を感じる時代だった。

そんな時代だったから、高校の同級生（彼は一年先に僕と同じ中大仏文に入っていた）に言われた「日共系映画評論家」である岩崎昶先生には近づけなかったのである。その後、僕は岩波新書「現代映画芸術」など数冊の岩崎先生の本を読んだし、「映画論」は二年生になっても履修したのに、とうとう岩崎先生とは一度も口を利かなかった。

今になって思えば、岩崎先生に聞いておけばよかったと思うことばかりだ。昭和初期から映画評論家として活躍していた岩崎先生は、左翼系映画人としてにらまれたが、甘粕正彦の満州映画協会に救われ映画製作に携わる。その関係か、李香蘭が山口淑子として中国から引き上げてきたとき、身元引受人のようなこともやっている。

映画評論家の佐藤忠男さんは戦争中の映画人についての本を出しているけれど、その中で「どんな映画人も多かれ少なかれ戦争協力者だった時代、『戦ふ兵隊』の亀井文夫監督と岩崎昶だけは戦争協力を拒否し、反戦を貫いた映画人だった」と書いている。

そんなことを知ったのは、僕が大学で「映画論」を聴いていた頃から十数年も経ってからだった。僕は岩崎先生のことを知れば知るほど、大学生のときに話しかけておけばよかったなあ、と後悔した。岩崎先生は日本映画史の証人だけでなく、歴史そのものの証人でもあったのだ。軍国主義に傾く日本を身をもって体験した。

しかし、一九八一年、岩崎先生は僕が大学を出た六年後に亡くなった。明治三十六年（一九〇三年）に生まれた、七十八年間の人生だった。その岩崎先生が一九七四年に発表し、一九七五年に刊行した朝日選書「ヒトラーと映画」（朝日新聞社）を、先日、僕はふとした拍子に書棚から引き出して読み始めた。三十年ほど前に買って読んでいたはずなのだが、まったく初めて読む印象だった。

僕はナチスと映画の関係に昔から関心があり、いろいろと資料を読んでいる。ナチの宣伝相ゲッベルスについても何冊かの本を読んだ。岩崎先生の「ヒトラーと映画」を読んでいて感じたのは、ヒトラーもゲッベルスも岩崎先生にとっては同時代の人間なのだということだった。ヒトラーが政権を奪い、ナチが勃興するのを同時代に目撃したのだ。

また、サイレント時代から映画を見ている岩崎先生は、ドイツ表現主義の代表作「カリガリ博士」もフリッツ・ラング監督のドイツ時代の作品も、レーニ・リーフェンシュタールの「民族の祭典」も、すべて日本初公開時に見ているのである。そのせいか、改めて読むと、岩崎先生の声が聞こえるようで新鮮だった。

ところで「ヒトラーと映画」を読んでいて見たくなったのは、クエンティン・タランティーノ監督の「イングロリアス・バスターズ」（二〇〇九年）だった。史実を無視したまったくのフィクションで、ヒトラーやゲッベルスをはじめナチの高官たちが映画館に閉じ込められて虐殺される無茶苦茶な「イングロリアス・バスターズ」を岩崎先生が見たら、どんな反応をするかと考えると、何だか楽しくなってきた。

（2020.05.04）

シニカルで残酷な作家

■あなたに似た人／ロアルド・ダール

❀チャーリーとチョコレート工場／ティム・バートン監督

ロアルド・ダールの名前を初めて知ったのは、彼が「００７は二度死ぬ」（一九六五年）の脚本を担当しているという「ミステリマガジン」の記事でだった。当時、００７シリーズの人気は絶頂を迎えていたし、「００７は二度死ぬ」は日本を舞台にしているということで、どんな映画になるのか、中学生の僕は楽しみにしていた。

映画雑誌では「００７は二度死ぬ」の日本ロケの写真が公開され、海女姿の浜美枝と日本人漁師に化けたショーン・コネリーが写っていた。黒髪のカツラをつけ、短い着物に身を包み胸毛を晒したショーン・コネリーは、どう見ても日本人の漁師には見えなかった。そんな写真を見ると、どんな作家が脚色してもマトモな映画にはなりそうもなかった。

「ミステリマガジン」の記事には、「ロアルド・ダールは、女優パトリシア・ニールの夫でもある」と書かれていた。僕は「ティファニーで朝食を」（一九六一年）の作家をめざす貧しいジョージ・ペパード青年を、金で囲っているパトロンの有閑マダムの顔を浮かべた。

ずいぶん後にパトリシア・ニールの分厚い自伝を読んで、彼女の壮絶な人生に涙したけれど、その当時、僕は「ティファニーで朝食を」の彼女しか見たことがなかったのだ。今では、アカデミー助演女優賞を受賞した「ハッド」（一九六三年）の彼女を見ているので、あの映画の名場面が浮かんでくる。

ロアルド・ダールの名を知った頃、彼の本は詩人の田村隆一が訳した「あなたに似た人」が早川ポケットミステリで、また「異色作家短編集」シリーズの一冊で「キス・キス」が出ているだけだった。こちらは開高健の翻訳だった。ただ、「奇妙な味」

の小説として大変に評判はよかった。

僕はまず「あなたに似た人」を読み、その皮肉に充ちた物語と残酷な結末に魅了された。ただ、ワインの利き酒をテーマにした「味」の結末は、当時の中学生には少しわかりにくかったし、指を賭けの対象にする「南から来た男」の最後に登場する、ほとんどの指を失った女のイメージが僕に恐怖を感じさせたものだった。

十数編の短編の中で僕の記憶に最も残っているのは、夫が殺害された部屋を警察が捜査している隣のキッチンで、妻が肉料理を作っているところから始まる物語だ。妻は、その肉料理を「皆さん、お腹がすいたのでは?」と警官たちに勧め、警官たちはテーブルを囲む。実は、その肉は――、という結末だった。

あらすじを書いてからタイトルを明かすとネタバレになってしまうのだが、中学生だったからそんな結末の物語の方が理解しやすかったのかもしれない。その短編はテレビ「ヒッチコック劇場」の一編としても映像化された。しかし、年を経ると「味」や「南から来た男」の結末の方が、味わい深い余韻があると感じられる。

さて、「Someone Like You」というタイトルも気に入った僕は、続いて「キス・キス」を買った。ダールの世界にすっかりはまりこんだわけだ。ダールは自作の登場人物たちに対して実に残酷で、「そんな、あんまりだ」というような結末が多かったけれど、そこに一種の人生の真実のようなものを感じさせる神技を持っていた。

その後、「ミステリマガジン」に飛行士を主人公にしたダールの短編が掲載された。戦闘機乗りだったダールが戦後すぐに出した、処女短編集「飛行士たちの話」の中の短編のようだった。僕は「カティナ」という飛行士たちにかわいがられる戦災孤児の少女の話を読んで、「これがダール?」と驚いたものだった。

ギリシャが舞台だったと記憶している。イギリスの航空部隊が駐留し、ドイツ軍と戦っている。ある日、彼らは戦災孤児のカティナを見つけて基地に連れ帰り、彼女は基地のマスコットのようになる。しかし、ドイツ軍の空爆があった日、飛行士たちの制止を振り切ってカティナは防空壕を飛び出し、敵機に向かって拳を振りかざす。

ダールの短編が印象的なのは、結末の鮮やかさが素晴らしいからだ。「意外な結末」が多く、残酷でシニカルな終わり方であっても心に残る。しかし、「カティナ」が敵機に向かって拳を振り上げるラストシーンは、まったく別の感動を僕に呼び起こした。映像として鮮明に残る結末だった。抒情的でさえあった。こんな小説も書けるのか、と僕は思った。

今、ダールの本の多くは自宅に置いていて、実家にいる僕の手元には「オズワルド叔父さん」(やはり田村隆一の訳)しかない。カバーは池田満寿夫のエロチックな版画である。内容は「艶笑譚」という言葉が合いそうだが、版元は「ファンタスティックでセクシーな、大人のための童話」と書いている。

甥が叔父の日記を元に語る形式を取っていて、カザノバも真っ青な漁色家のオズワルドが、世界的な天才や有名人の精液を冷凍保存し金持ちの女たちに売って儲けようとする話である。組むのは「セックスの化身ともいえる淫らな女子学生」で、彼らの精液をどうやって手に入れるのか——。いかにも、ダールらしい辛辣な小説だった。

辛辣で残酷でシニカルでセクシー、ダールの小説には棘がある、と僕はずっと思っていた。本当は、そういう小説は僕の好みではない。なのに、なぜか僕はダールの小説をかなり読んでいる。愛読者だと言ってもいいだろう。棘はあるが、ダールだからこそできる「人生を感じさせる何か」が存在するからだ。抒情的な何か——。

そんなダールだから童話もたくさん書いていて、日本でもほとんどが翻訳されている。もう半世紀以上前の一九六四年にイギリスで出版されたのが「チョコレート工場の秘密」（田村隆一訳）である。これは多くの子供たちに親しまれてきたし、現在もよく読まれているという。イギリスでは「熊のプーさん」より人気があるとも聞いた。

「チョコレート工場の秘密」は出版から四十年経って、ジョニー・デップ主演で「チャーリーとチョコレート工場」（二〇〇五年）として公開された。ダールらしく、一筋縄ではいかない物語である。ジョニー・デップという曲者スターとオタク監督ティム・バートンでなければ、ダール的な世界観は表現できなかっただろう。

（2020.05.13）

ガラガラの新幹線で読んだ本

恐喝こそわが人生／藤原審爾

恐喝こそわが人生／深作欣二監督

まだ首都圏の緊急事態宣言が解けない五月下旬、義母が神奈川の介護施設で亡くなり、不要不急の出来事のために急遽、新幹線で向かうことになった。友人のTくんに「急に帰ることになった」と知らせたら、高松駅まで送ってくれるという。「朝の七時だからいい」と言ったのだが、「早いのは、お互い苦にならない歳だろ」と笑う。

結局、好意に甘えて高松駅まで送ってもらうことにした。当日、我が家の前に着いたブルーのホンダ・フィットに乗ると、「これ」と言ってTくんが上下二冊の文庫本を差し出した。「藤原審爾の『恐喝こそわが人生』を見つけたんだ」と言う。本好きのTくんは、相変わらずブックオフの百円棚で掘り出し物を探している。

藤原審爾については以前にも書いたことがあるけれど、幅広いジャンルのエンターテインメントを書いた人である。僕は初期の純文学作品とされる「秋津温泉」（岡山県の奥津温泉がモデル）が好きなのだが、以降は純愛小説、推理小説、スパイ小説、アクション小説、やくざ小説、警察小説など何でも書いた。

「新幹線の中ででも読んでよ」とTくんは言う。東京にいる頃は「本の雑誌」に原稿を書いたり、五味康祐の文庫解説を書いたりしていたTくんは、高松に戻ってもう三十年近くになるだろうか。一年半ほど前に肺ガンの手術をして、今も月に一回は抗ガン剤治療に通う。僕より一歳下だが死を覚悟しただけに、落ち着いた隠居生活を送っている。

さて、Tくんの車で高松駅に着くと、駅前には本当に人っ子ひとりいなかった。土曜日の早朝というのもあるのだろうが、学校はやっていないし、外出自粛が続いている。香川県知事が「県境を超える移動は自粛して」と改めて呼びかけたせいか、本当に人がいない。何となく気が引ける。

Tくんに礼を言って瀬戸大橋を渡るマリンライナーに乗ったが、車両には僕を入れて三人だけだった。さすがに発車近くになると少し増え、坂出ではもう少し乗ってきたけれど、ソーシャル・ディスタンスは充分にとれる人数だった。岡山駅までは一時間足らず。岡山駅で新幹線「のぞみ」に乗り換える。

自由席は三両しかないのに、一号車に乗ったのは僕の他には三人だけだった。名古屋まで新大阪や京都では少し乗り降りがあったが、それでもガラガラである。名古屋駅で降り、小田原に停車する「ひかり」がくるまで三十分以上あり、ホームを降りて待合室にいくことにした。

待合室も空いていた。四人掛けの椅子にひとりで座っていられる。その間もずっと、「恐喝こそわが人生」を読み続けた。昔、深作欣二監督が映画化した作品を見ているが、映画はかなり脚色していたようだ。「誇り高き挑戦」（一九六二年）「狼と豚と人間」（一九六四年）「恐喝こそわが人生」（一九六八年）は、「仁義なき戦い」（一九七三年）以前の深作作品で重要な位置を占めている。

僕も原作が文庫で上下二巻になるほどの長さだとは思っていなかった。映画化するとなると、かなり刈り込まなきゃいけないな、と思いながら読んでいた。映画版「恐喝こそわが人生」は細かな物語は憶えていないが、若き松方弘樹が楽しそうに恐喝屋を演じていたのが印象的だった。紅一点の仲間であるお時役の佐藤友美の色っぽさも記憶に残っている。

それに、何といってもラストシーンである。人混みの中を松方弘樹が歩いている。深作映画らしく、町の雑踏の中で手持ちカメラで撮っているような感じだった。歩いている人たちもエキストラではなく、本当の通行人のような気がした。そのとき、ひとりの通行人が松方にぶつかる。男は詫びるように頭を下げて去っていく。それを見送り、呆然と自分の腹部を見る松方弘樹の表情が忘れられない。

原作は、そういう描き方とはまったく違っていた。それに主人公と因縁がある古い友人で、後に主人公を執念で追う刑事になる人物が映画では省かれていた。その物語を取り入れると、二時間足らずの映画では却って煩雑になってしまうからだろう。作家が苦労して考えたプロットも整理して、シンプルにすることも映画化の際にはよくあることである。

ということで、なるほど映画ではここを省略したのだなとか、この人物とこの人物を合わせてしまったのだなとか、いろいろ考えながら読んでいると、十二時半には小田原駅に到着した。そこで小田急線に乗り換えたのだけれど、ここでも人はまばらだった。驚くほど人がいない。神奈川で東京以上に感染者が出ていた時期で、緊急事態宣言が続いていたからなのだろう。

小田急線の鶴巻温泉駅で降りたのは、一時半。高松駅でマリンライナーに乗ってから六時間ほどが経っていた。その間に「恐喝こそわが人生」上巻を読み切っていた。下巻は義母の葬儀が終わり、弦巻温泉駅から千葉県に帰る間に読んでしまおうと思って本をしまった。昔、新幹線の岡山から東京まで五時間ほどの間に池波正太郎の「鬼平犯科帳」を四冊読んだことがあるけれど、あれは例外的に早く読めるシリーズだった。（2020.05.26）

聖書がなければ書けなかった

怒りの葡萄／ジョン・スタインベック

エデンの東／エリア・カザン監督

中学生から高校生にかけての頃、ジョン・スタインベックを集中的に読んだことがある。今でも、好きな作家のひとりとして忘れられない。以前にも書いたけれど、初めて読んだのは「二十日鼠と人間」だった。その小説に十四歳の僕は感動したのである。心の底から純粋に感動した。あんな風に感動することは、あのときだからできたのだろう。

短い小説だった。大恐慌の時代、アメリカをさすらうホーボーの物語である。世の中を知り尽くした頭の働く小男と、うすのろで人を疑うことを知らない大男の二人組だ。彼らは職を求めてカリフォルニアをさすらっているが、小男にはいつか小さな牧場を持つという夢があり、大男はそれが実現することを疑わない。

大男はポケットに鼠を入れてかわいがっているが、小男は「また馬鹿力でつぶしてしまうぞ」と注意する。大男は気の優しい男だが、力が強くて鼠をかわいがっているつもりで力が入りすぎて殺してしまったことがある。力の加減ができないのだ。それが、ひとつの複線になる。

男たちは、ある牧場に雇われる。牧場主の息子は自分が小柄なのがコンプレックスになっているのか、大男を見ると自分の力を誇示したくてたまらないようだ。大男を意味もなく挑発する。牧場主の息子には、派手で男好きのする尻軽な妻がいる。小男はトラブルの臭いをかぎ、早々に退散しようと考える。しかし——。

「二十日鼠と人間」は、ジョン・スタインベックの代表的な作品だった。その後、僕は「月は沈みぬ」「缶詰横町」「赤い子馬」などの中編や短編に手を出したが、代表作である大長編「怒りの葡萄」「エデンの東」は未読のままだった。

僕が「二十日鼠と人間」を読んだのは一九六五年である。スタインベックがノーベル文学賞を受賞したのは一九六二年だから、最も旬なノーベル賞作家だった。「二十日鼠と人間」が出版されたのは一九三七年であり、同じく大恐慌時代のアメリカを描いた「怒りの葡萄」が出たのは一九三九年だった。「怒りの葡萄」はベストセラーとなり、翌年にはジョン・フォードが映画化した。

六〇年代半ば、「エデンの東」は原作より、エリア・カザンによって映画化されたものの方が有名だった。原作は一九五二年に発行され、映画化はその三年後だったが、ジェームス・ディーンが主演していた。「エデンの東」「理由なき反抗」「ジャイアンツ」と立て続けに主演作が公開されたジェームス・ディーンだったけれど、公開時には彼はすでに事故死していた。

ジェームス・ディーンは一九五五年九月三十日に二十四歳の若さで自動車事故で死んだ。僕が初めてジョン・スタインベックの小説を読んだ頃は、まだ彼の死から十年しか経っておらず、ジミー・ファンはまだまだいっぱいいたし、「エデンの東」の人気も高かったのだ。それに、早川書房から出ていたハードカバーの上下本も高かった。

それでも、高校生になった僕は「エデンの東」の上下本を書い、河出書房版のハンディな世界文学全集で「怒りの葡萄」を買った。その結果、「エデンの東」はすぐに読了したのに、「怒りの葡萄」を読み終わるには長い年月を要してしまった。

「エデンの東」は「旧約聖書」の「アベルとカイン」の話が下敷きになっていた。それも親子二代にわたる「アベルとカイン」の物語なのである。そこへ実の両親を焼き殺しても平然としている悪魔のような美少女がからみ、高校生にもわかりやすい物語だったのかもしれない。

一方、「怒りの葡萄」はとにかく長かったのと、大恐慌の時代背景がよくわからなかったので、読み終わるのに長い年月がかかってしまったのだった。結局、「怒りの葡萄」の物語をきちんと把握できたと思えたのは、ジョン・フォード監督「怒りの葡萄」を見たからだった。若きヘンリー・フォンダが素晴らしかった。

映画版「怒りの葡萄」を見た後、僕は原作を改めて一気に読み通した。ジョン・スタインベックの最高作だと感じた。これも下敷きになっているのは「聖書」である。「旧約聖書」の「出エジプト記」のようなところもあるし、「新約聖書」のイエスと十二人の使徒の物語のようなところもある。

オクラホマの農地を追われ、カリフォルニアに希望を託して一家一族がオンボロなトラックに乗って目的地を目指す。彼らの中には、ジム・ケイシーという名の説教師もいる。主人公トム・ジュードを導くジム・ケイシーの存在は大きい。

カリフォルニアにやってきた一家は、安い賃金で果樹園の仕事に就く。そこでは、満足に食事もできない飢えた人々が低賃金で重労働に耐えている。ジム・ケイシー（イエス・キリストと同じJCの頭文字）は労働組合を組織しストライキを計画するが、会社側に雇われた警備員によって撲殺される。

その直前、「おまえさんたちは自分のやっていることがわからねえんだ。おまえさんがたは、子供を飢え死にさせる手伝いをやっているんだ」とジム・ケイシーは言う。その言葉は磔刑になる直前のイエス・キリストの言葉「父よ、彼らを赦したまえ。その為すところを知らざればなり」に重なる。スタインベックの意図は明確だ。

高校生のとき、新聞部部長で教師を論破した伝説を持ち、カリスマ的なオピンニオンリーダーであり、とにかく女にもてた男が「スタインベックなんて、聖書がなければ小説が書けなかった奴だろ」と言ったことがある。何かにつけてそういうことを言う男だったし、僕は彼にひどく劣等感を抱いていたので、その言葉に強く縛られることが多かったのだけれど、スタインベックに関してだけは譲れなかった。

「そんなことはない」と僕は切り出したはずだ。「はずだ」と書いたのは記憶が曖昧で確信が持てないからだけれど、愛読するジョン・スタインベックについて僕は反論しただろうと思う。いや、もしかしたら論破されてしまったのかもしれない。高校生の頃の僕は何にも自信がなかったし、自分の芯を持っていなかった。

相手の言うままに「そうかもしれないなあ」とうなずいたかもしれない。思い返すと、情けない。

（2020.05.30）

忍法ブームを作った作家

■おぼろ忍法帖／山田風太郎

㊊魔界転生／深作欣二監督

山田風太郎の「忍法帖」シリーズは僕が子供の頃のベストセラーだったが、大人たちの話から察するに「エロ・グロ」小説であるらしかった。小学生の頃に「くノ一忍法帖」が東映で映画化され、何だかイヤラシゲーな感じの新聞広告を見て体の芯が疼いた記憶がある。中島貞夫の監督デビュー作で脚本を倉本聰が担当していることを知ったのは、ずいぶん後のことになる。

その頃、僕は「少年サンデー」連載の横山光輝のマンガ「伊賀の影丸」に夢中になっていたのだが、「伊賀の影丸」は「忍法帖」シリーズに影響されていたのだということも後に知った。特に、不死身の忍者である阿魔野邪鬼をはじめとする特殊体質を持つ敵方の忍者たちが登場する第一部は、まさに風太郎の世界だ。ちなみに、松方弘樹主演の映画版「伊賀の影丸」（一九六三年）では、邪鬼を山城新伍が演じていた。

噂に高かった山田風太郎の「忍法帖」シリーズを初めて読ん

だのは、四国新聞で「忍法剣士伝」の連載が始まったからだった。一九六七年、高校生のときである。冒頭、北畠家に名だたる剣客が集まる中、姫君に妖術師・果心居士がある術をかける。それによって姫はすべての男たちを虜にするが、姫の半径数メートルに入るとどんな男も射精するというものだった(と思う)。

その姫を守って、若い忍者が旅に出る。彼は姫の半径数メートル内には入れない。姫に惹かれる名だたる剣客たちが跡を追う。塚原卜伝とか、上泉伊勢守といった剣聖たちだが、彼らは男の欲望を丸出しにする。その剣客たちとの戦いが話の中心になったと記憶している。「忍法帖」シリーズは、初期から物語の基本パターンはあまり変わっていない。

「忍法剣士伝」は「忍法帖」シリーズとしては後期の作品である。初期の「甲賀忍法帖」「くノ一忍法帖」などから始まり、大長編「柳生忍法帖」「おぼろ忍法帖」で頂点を極め、その後、変則パターンのものや短編集を加えて、全部で五十作品は下らないのではないか。そのほとんどを僕は読んだ。

しかし、最初にきちんと読んだ(「忍法剣士伝」は連載の途中で読むのをやめてしまった)のは、大学時代に友人のTくんに勧められた「おぼろ忍法帖」だった。一九七一年だと思う。時代小説に異常に詳しかったTくんは、「山田風太郎を読んだか。とにかく、読め」と言い、「『柳生忍法帖』と『おぼろ忍法帖』は絶対読め。風太郎は長ければ長いほどおもしろい」と断言した。

ということで、僕は古本屋で講談社ロマンブックスという新書版の「おぼろ忍法帖」上中下の三巻本を見つけて読み始め、完全にはまった。めちゃくちゃにおもしろかった。その数年後、角川文庫で「忍法帖」シリーズが次々に復刊され始め、カバーの佐伯俊男さんのイラストがエロチックで買うのが恥ずかしかったけれど、結局、角川文庫版は全部購入することになった。

おもしろさでは「柳生忍法帖」と「おぼろ忍法帖」が突出していた。どちらも主人公は、柳生十兵衛である。山田風太郎は、たぶん柳生十兵衛を愛しているのだ。実に魅力的なキャラクターとして描き出す。後に「柳生十兵衛死す」という二巻本を出して、きちんとケリを付けるほど、この主人公が好きだったに違いない。

ところで、角川文庫版では「おぼろ忍法帖」という作品はない。改題されてしまったからだ。「おぼろ忍法帖」の中に登場する忍法は、死の直前に「もう一度生き直したい」と強く願いながら若い女と交わり、その後、女の体を割って再生する「魔界転生」というものである。角川文庫版では、「魔界転生」そのものがタイトルになったのだ。

記憶がはっきりしないのだが、もしかしたら深作欣二監督によって映画化されたときのタイトルが「魔界転生」(一九八一年)だったので、それをきっかけにして改題したのかもしれない。映画「魔界転生」はジュリーこと沢田研二が天草四郎を演じ、テレビスポットもどんどん流れたので、「魔界転生」という言葉を誰もが知ることになった。柳生十兵衛役は千葉真一だった。

この世に未練を残して死ぬ剣豪を魔界に転生させるのは、原城のおびただしいキリシタンの死骸の中から甦った天草四郎である。彼は宝蔵院胤舜、田宮坊太郎、宮本武蔵、柳生宗矩、尾張柳生の柳生如雲斎（十兵衛の伯父）、荒木又右衛門を転生させるのだが、映画化作品では知名度の低い田宮坊太郎（荒木又右衛門もだったかな）は省かれ、代わりに細川ガラシャを加えてエロティシズム担当にしていた。

魔界に転生したために生きていたとき以上に強くなっている彼らと、柳生十兵衛の戦いが物語の中心になるのだけれど、それぞれの一騎打ちに様々な工夫があり、「一読巻擱くあたわず」になる。若かったし大学生で時間もあったので、僕は上中下の新書版を徹夜で読み切ってしまった。読み終えると次が読みたくなり、ほとんど中毒だった。

僕が「忍法帖」シリーズをほぼ読み切った頃、山田風太郎は明治ものを書き始めていた。「警視庁草紙」を読んだのは、七〇年代の後半だった。その後、「幻燈辻馬車」「地の果ての獄」「明治断頭台」「明治波濤歌」「エドの舞踏会」「ラスプーチンがきた」「明治バベルの塔」などは、単行本が出るたびに買ったものだ。

その頃から、山田風太郎の評価はどんどん高くなっていった。六〇年代は「エロ・グロ作家」「キワモノ作家」の扱いだったと思うが、七〇年代後半からの評価はまったく違ったものになった。関川夏央さんなどは「天才老人・山田風太郎」なんて本を出した。

評価されるようになったのは、「戦中派不戦日記」（一九七一年発行）を出したことが大きかったのかもしれない。

しかし、僕が書店で驚いたのは「人間臨終図巻」だった。大判の豪華な製本で上下巻だった。版元は徳間書店。その本を書店の店頭で見つけたときは、本当にびっくりしたものだ。

本そのものの豪華さもあったけれど内容の奇抜さに唖然とし、「これは労作だ。名著だ」と思った。残念ながら、その豪華本は手元にはないが、今も三巻の文庫版は僕の愛読書になっている。

今年は、「六十九歳で死んだ人々」の項目を、じっくりと読んだ。

（2020.06.06）

電通マンを続けた作家

■シリウスの道／藤原伊織

❀カサブランカ／マイケル・カーティス監督

厚労省からの業務委託問題で、電通の名前がニュースに頻繁に登場した。僕は「コマーシャル・フォト」という月刊誌の副編集長をやっていたときに電通には毎月通ったし、クリエイティブ部門の人にはずいぶん取材したので電通はよく知っている会社だが、一般の人にとっての知名度はどうなのだろうか。

日本有数の巨大企業だが表に出ない仕事が中心だし、一般ユーザーとも縁がないから、フツーの人は何をしている会社なのか、よくわかっていないかもしれない。しかし、政府がらみのキャンペーンや選挙活動などにも裏に電通が加わっていたりして、世論形成や情報操作などにも大きな影響を与えているのではないか。

出版社の社員には作家の子弟が多くいるし、テレビ局には芸能人の子弟が社員としていることが多いように、広告会社（最近は広告代理店とは呼ばないらしい。昔は「士農工商××その また下の代理店」と自嘲した）の電通には上場企業の役員クラスの人たちの子弟が社員として多くいると聞いた。一種の人質なのだと、業界通の人は言う。父親の勤める企業としては、子供が世話になっているので広告展開は電通に――ということになる。

もう四十年以上前のことだが、ヒットCMを創った若手の花形CMプランナーを取材したことがある。僕が八ミリ専門誌「小型映画」編集部にいた頃で、初めて会った電通マンだった。その取材記事を書いた後、隣の「コマーシャル・フォト」編集部にいたKさんに「あの人、K重工の重役の息子」と教えてもらった。

それから十数年後に「コマーシャル・フォト」へ副編として異動した僕は、聖路加タワーに入っていた頃の電通に頻繁に通うことになったが、業界の噂話がけっこう本当なのだと知ることになった。

僕が電通や博報堂に通っていた頃、電通には芥川賞作家と直木賞作家が一名ずつ勤務しており、博報堂には直木賞作家が一人いた。電通は新井満さんと藤原伊織さんであり、博報堂は逢坂剛さんである。僕は新井満さんの作品は芥川賞受賞作品しか読んでいなかったし、逢坂さんについても「カディスの赤い星」しか読んでいなかったけれど、藤原伊織さんの作品はほとんどを読んでいた。

藤原さんは「ダックスフントのワープ」という「すばる新人賞」受賞作を含む作品集を一冊出していたが、僕ももちろん初めて読んだのは江戸川乱歩賞受賞後に直木賞も受賞した「テロリストのパラソル」だった。受賞後も藤原さんは電通の営業マンとして二足の草鞋を履き続ける。そのため、二作目の長編「ひまわりの祝祭」が出るまでに二年もかかったように、作品数はあまり多くない。

二〇〇七年に亡くなった藤原さんは、結局、多くの作品は残さなかった。作品数の少なさもあるのだろうが、僕は藤原伊織作品をすべて読んでいる。はっきり言うと、どの作品もミステリとしてはプロットに無理があり、中には破綻していると思うものもあるけれど、僕はすべての作品に愛着がある。それは、藤原伊織的テイストを僕が愛しているからだと思う。僕は藤原伊織作品の熱烈な愛読者なのだ。

「テロリストのパラソル」を読んだのは一九九五年であり、その後、読んだ順番はバラバラだが、「ダックスフントのワープ」から遺稿をまとめた「名残り火　てのひらの闇Ⅱ」まで、未完の「遊戯」を含めてすべての作品を僕は読んでいる。中には「蚊トンボ白鬚の冒険」という不可思議な設定の作品もあるし、熟知した広告業界を舞台にした作品もある。

その作品の中で僕が最も好きなのが「シリウスの道」だ。主人公は広告会社の営業担当である。この広告会社は明らかに電通であり、藤原さんの勤め人としての経験が最も色濃く出ている作品だろう。「ひまわりの祝祭」の主人公は元アートディレクターであり、「てのひらの闇」の主人公も元CMディレクターだが、藤原さん自身は電通で営業担当として勤めていた。

その営業体験が生かされた「シリウスの道」がおもしろいのは、一種の企業小説としても読めるからである。僕もだいたいのことは知っていたが、「シリウスの道」を読んで媒体枠を埋めるやりとりやら、企業サイドのオリエンテーション、競合プレゼン、クリエイティブ部門との連携など、広告会社の内部事情がわかって「なるほど、なるほど」とうなずいてばかりいた。

同時に「シリウスの道」は少年少女の物語でもあるし、昔の出来事をネタにした脅迫者は誰かといった謎を追うミステリでもあるし、主人公の部下の代議士の御曹司の成長小説でもある。様々な要素が詰め込まれているが、まるでハードボイルド的一人称かと思わせる三人称一視点（これが藤原作品の文体を創り出している）の魅力が読者を引きつける。

「テロリストのパラソル」は「私」で語る一人称だった。「ひまわりの祝祭」は「僕」で語る一人称だった。「てのひらの闇」も「私」で語る一人称だった。そして「シリウスの道」は辰村という主人公は三人称で描かれるのだが、読後感はまるで一人称小説を読んだ気分になる。それは、辰村の独白がダイレクトに叙述されるからだ。

昔、大沢在昌さんと対談したときに「ハードボイルドの神髄とは何だと思いますか？」と訊かれたことがあり、僕は「やせ我慢ですかね」と答えたが、大沢さんは「僕は、惻隠の情だと思う」と言った。僕は大沢さんの言わんとすることはわかった。ハードボイルドの神髄は「やさしさ」なのである。だから多くの主人公は感傷的であり、大沢さんのデビュー作が「感傷の街角」であるのは実に象徴的だと思う。

「カサブランカ」（一九四二年）の中でタフで非情ぶっているリック（ハンフリー・ボガート）に警察署長は何度も「You are sentimentalist」と言う。字幕では「きみは人情家だ」と出た。そう、ハードボイルド小説の主人公はセンチメンタリストなのである。典型的なのはフィリップ・マーロウだが、非情に描かれる「ガラスの鍵」のネド・ボーモンだって友情に殉じる感傷的な男である。

しかし、よくできたハードボイルド小説は、主人公のセンチメンタルな心情を直接的には描かない。その言動を描いて、読者に想像させるのだ。それをどううまく読者に伝えるかが小説家の力量になる。ハメットの「ガラスの鍵」のように主人公の行動と言葉だけを描くのは究極だが、そのため「ガラスの鍵」はハメット作品の中でも読者を選ぶものになっている。

「シリウスの道」は、相当に感傷的な物語である。それは、辰村と部下の戸塚との関係や辰村と才色兼備の上司である立花英子との関係でもうかがえるが、辰村の幼なじみで成長して歌手として人気を得ながら大東電機の御曹司と結婚した明子との再会シーンで全開になる。辰村の心情は語られず、独特な強がり・やせ我慢・抑制が描かれるだけだ。

藤原伊織作品の読者ならおなじみだが、主人公は勤め人なのに無頼でヤクザな言葉遣いをし、とんでもない酔っぱらいである。口が裂けても自分から女性に愛を告白したりはしないが、なぜか女性たちからは好意を寄せられる。その女性たちはどちらかと言えば男っぽい感じで、彼女らとのさっぱりした関係も藤原作品の魅力である。

そうしたすべての要素が僕好みであるし、何よりそんな物語を語る「伊織節」とも言いたくなる文体が実に心地よいのだ。僕は矢作俊彦さんのめちゃめちゃ気取った会話も好きなのだけれど、藤原さんの気取っていることをあまり感じさせない気取りも会話シーンを生き生きとさせる。だから、物語を熟知しているのに、僕は「シリウスの道」を何度も読み、読後の感傷に浸るのだ。

(2020.06.15)

時間が崩壊させた革命幻想

世界を震撼させた十日間／ジョン・リード
レッズ／ウォーレン・ベイティ監督

一九六〇年代は、まだ共産主義革命についての幻想が残っていた。スターリン批判があり、ハンガリー事件があり、僕が高校生のときには「プラハの春」を圧殺するソ連のチェコ侵攻があったけれど、まだソ連に対して幻想を抱く共産主義者は大勢存在していた。ソ連が崩壊するまでには、それから二十数年が必要だった。

当時、ゴダールは「中国女」(一九六七年)の中で毛沢東語録を手に「マオ、マオ、マオ」と踊り讃える若者たちを描いた。その頃、中華人民共和国では紅衛兵による文化大革命が進行中で、彼らの行動に世界の若者たちは共感し、日本でも高校や大学の至る所に「造反有理」の文字が描かれた。文化大革命の実態が知られるには、それから数十年の時間が必要だった。

その六〇年代に「読むべき現代史の名著」として挙げられていたのが、ジョン・リードの「世界を震撼させた十日間」とエドガー・スノーの「中国の赤い星」だった。十代半ばだった僕は、読書ガイド的なものを漁り「読むべき本」を探していたから、さっそく「世界を震撼させた十日間」の文庫本を買った。

ジョン・リードはアメリカのジャーナリストで、一九一七年のロシアにおける十月革命をレポートしたノンフィクション作品「世界を震撼させた十日間」を一九一九年に刊行し、その翌年にはこの世を去ってしまう。しかし、その著書は、まさに世界を震撼させるほどの反響があったのだ。

ジョン・リード自身は社会主義者で、ロシア革命をレーリン率いるボルシェビキの立場から描いている。ジョン・リードはロシアに滞在し、ロシア革命を目撃し、現場を取材しているのだ。革命を遂行するレーニンやトロツキーを、臨場感を持って描いている。ちなみに、スターリンはほとんど登場しない。

ということで「世界を震撼させた十日間」を読んだ高校生の僕は、「ロシア革命は正義であった」という観念を植え付けられることになった。ちょうど同じ頃に公開された「ドクトル・ジバゴ」(一九六五年)を見て、「ロシア革命って正しかったの?」という疑念を抱いたものの、「西側の映画会社が制作した映画だからなあ」と割り引いて考えたものである。

「ドクトル・ジバゴ」の原作者パステルナークは、ソ連政府の圧力によってノーベル文学賞を辞退させられた作家である。「ドクトル・ジバゴ」はソ連国内では発禁になり、原稿が西側に持ち出されて刊行された。そんな作品だから、ロシア革命については批判的な部分もある。映画版でも、人民委員のジバゴ一家に対する理不尽な対応が描かれていた。

十代に刷り込まれたものは自分の血肉となるのか、僕は共産主義については特に思い入れは何もなかったが、「革命」という言葉には何となく「夢」のようなものを感じたし、当時の新左翼にはシンパシーを抱いていた。それでも「ドクトル・ジバゴ」に描かれた人民委員の教条主義的な態度には反発を感じた。

もっとも、ジョン・リードには好意を持っていたのだろう、ウォーレン・ベイティが監督・主演・脚本を手がけた「レッズ」(一九八一年)がアカデミー賞で最優秀監督賞や最優秀助演女優賞などを獲得したときは、我がことのように喜んだものだった。このような題材をハリウッドがよく映画にしたものだ、と感心した。

「レッズ(アカたち)」は、ジョン・リードの後半生を描いている。一八八七年から一九二〇年の三十三年間の短い生涯だが、ロシア革命を現地で取材し、ロシアの地で没し、赤の広場のクレムリンの壁に埋葬された「ソ連の英雄」であったジョン・リード。彼をウォーレン・ベイティが演じたのには違和感を感じたが、なるほどそういう人物だったのかとわかった。

「レッズ」のラストでクレジット・タイトルがスクロールしている間、劇場に響いているのはフル・オーケストラが演奏する重厚な「インターナショナル」である。「ドクトル・ジバゴ」でも「ワルシャワ労働歌」や「インターナショナル」が流れるが、ここまで堂々と「インターナショナル」を聞かせる映画は他に知らない。

ジョン・リードは早世したが、それは彼にとってよかったことだと思う。彼はレーニンの死も、トロツキーの追放やメキシコでの暗殺も、スターリンの圧政も、スターリンによって「世界を震撼させた十日間」がソ連国内で発禁になることも見ないですんだ。ロシア革命の幻想を抱いたまま死ねたのだ。

一方、一九三七年に「中国の赤い星」を出版したエドガー・スノーは長生きしたために、自分の本を否定せざるを得ないことになる。

エドガー・スノーは中国共産党を最も早くに取材し、毛沢東を世界に紹介したアメリカ人ジャーナリストである。一九〇五年に生まれ、一九七二年に死んだ。

エドガー・スノーは一九三六年（日本では昭和十一年）に長征後の中国共産党が本拠にしていた西安に向かい、周恩来や毛沢東を取材する。

当時、彼らに対する情報はほとんどなかったから、英語で書かれロンドンで出版された「中国の赤い星」は広く読まれることになった。スノーは中国共産党を好意的に、毛沢東を革命の英雄として描いた。

しかし、その後、中国共産党の歴史の負の部分が暴かれ、毛沢東の実像も明らかにされると、スノーも己自身の無知を認めたと言われる。やがて中華人民共和国に幻滅し、晩年には「中国の赤い星」を書いたことを後悔していると語ったという。

皮肉なことにニクソン大統領の電撃的な中共訪問の直前、エドガー・スノーは息を引き取った。

（2020.06.21）

■春の死／立原正秋

日本的な美を追求した作家

❀非行少年・若者の砦／藤田敏八監督

先日、久しぶりに「非行少年・若者の砦」（一九七〇年）を再見した。昔、大好きだった映画である。初めて見たときは十八歳。上京してすぐのことだった。公開は一九七〇年四月である。公開の一週間ほど前には、赤軍派による「よど号」ハイジャック事件が起こった。彼らが亡命先として選んだ北朝鮮との交渉も手間取り、日航機は韓国の金浦空港に留まったまま解決までに十日以上かかったのではなかっただろうか。

「非行少年・若者の砦」のラストシーンでは松原智恵子が警察署から出てくる地井武男を車で待っているのだが、彼女の乗るスポーツカーのラジオから「よど号」ハイジャック事件のニュースが流れてくる。当時、あの事件では、けっこうシンパシーを持って経緯を気にしていた人もいたのである。ハイジャック犯たちも「乗客には危害を加えない」と明言していたと記憶している。

「非行少年・若者の砦」の監督は、新人の藤田敏八だった。監督デビュー作は「非行少年・陽の出の叫び」（一九六七年）で、そのときは藤田繁矢だったが、その後、手術をして抜糸したので名前からも「糸」を抜き「敏八」になったと、当時の「映画評論」のゴシップ欄で読んだ記憶がある。

翌年公開の「八月の濡れた砂」（一九七一年）で人気監督になり、「ツィゴイネルワイゼン」（一九八一年）で役者として注目され顔の売れた監督になった。

ところで、僕のかつての座右の銘は「甘ったれるな、テメェの牙はテメェで磨け」というものだった。それは「非行少年・若者の砦」の最後で、かつて非行少年だった地井武男が現役の非行少年である石橋正次に向かって、怒鳴りつけるように言うセリフである。警察の取調室で二人きりになった地井武男は、取り上げたチェーンを机に叩きつけながら、その言葉を口にする。

次郎（地井武男）はかつて教師の手を懐剣で刺し、少年院に入っていたことがある。苦労して大学まで出たが、今は自動車修理工である。ある日、手のつけられない非行少年である石橋正次の家庭教師を母親（南田洋子）から頼まれる。「毒をもって毒を制す、ですか」と地井武男は皮肉に言う。

次郎が職員室にいた教師の手を懐剣で貫いたのは、教師が「さっき、おまえの叔母が学校にきたが、そういう血だったんだな。おまえが反抗的な理由がわかった」と言ったからだった。そして、チマチョゴリを身に着けた叔母の姿が映る。少年の次郎が「どういう意味ですか」と強い口調で問い返す。

そのシーンを見て、「これは立原正秋自身の体験を反映しているのか?」と僕は思った。原作者は立原正秋で、彼が朝鮮半島出身であることを知っていたからだ。一九六四年に「薪能」で芥川賞候補になり、一九六六年に「白い罌粟」で直木賞を受賞した立原正秋は、当時、売れっ子の流行作家だった。

「非行少年・若者の砦」公開と同時期、テレビの「木下恵介劇場」で「冬の旅」（一九七〇年四月十六日〜七月九日）というドラマが始まった。主演の少年を演じたのは、あおい輝彦だった。彼はある理由で少年院に入り、厳しい人生を歩む。しかし、そのストイックな生き方が共感を呼び、多くの視聴者を感動させた。

「冬の旅」の原作者も立原正秋である。その後、続々と小説がテレビドラマ化された。立原正秋が描く世界は、大人の恋愛であり、ストイックな少年の苦難の物語だった。キリリと張りつめたような、刃のきっさきを自らに突きつけるような、背筋がピーンと伸びるような、冷徹な厳しさが伝わってくるような作風だった。

「非行少年・若者の砦」を見たとき、僕がすでに読んでいた立原作品は「剣ケ崎」くらいだった。その短編を読んだとき、僕は何となく三島由紀夫作品と共通する美学のようなものを感じたものだ。日本的な美を追求する作家だと思った。それは中世の能のような形を持つ美でもあり、生き方の美学のような形而上的なものでもあった。

「非行少年・若者の砦」の原作は、「春の死」という短編である。その作品が収められた短編集を僕は持っていたのにいつの間にかなくなり、短編集のタイトルさえ思い出せないが、「春の死」の語り出しは今も記憶に残っている。「私」は「弁天のハート破り」と呼ばれた非行少年の思い出を語り始める。ちょっと古風な非行少年の物語だった。

しかし、映画化作品は時代を反映し、石橋正次が演じる高校生の母校では紛争が起こっている。彼に強姦されたと主張する優等生らしき少女はヘルメットをかぶり、鎌倉駅前でカンパ活動を行っている。「造反有理」なんて言葉も描かれていたりする。その少女の口調やセリフが懐かしい。「いたいた、こんな女の子」という感じである。

「非行少年・若者の砦」を見終わると、あれから五十年が過ぎ去ったのか、という感慨が湧き起こってきた。地井武男はすでに亡くなり、松原智恵子は認知症の女優の役などやっている。十八だった僕だって、古希が近くなってきた。だが、初めて見たときの興奮は、まるで昨日のことのように甦る。


——甘ったれるな、テメェの牙はテメェで磨け！


チェーンで机を叩きながら教えてくれた地井武男の言葉が、この五十年間の僕の人生に通奏低音のように響きわたり、僕を叱咤激励してくれたのだ。だから、ここまで生き延びてくることができた、と改めて僕は思い知る。一本の映画、ひとつのセリフが人生の支えになることだってあるのだ。

ちなみに、立原正秋さんは五十過ぎでガンのために早世した。多くの作品を残してはいるが、亡くなる年に「帰路」（新潮社の純文学書き下ろし作品だった）を出版したことで心残りはなかったのではないか、と僕は勝手に想像している。(2020.07.03)

赤狩りで収監された作家

■血の収穫／ダシール・ハメット
用心棒／黒澤明監督

最初に読んだときのタイトルは「赤い収穫」だったと記憶している。友達のお姉さんから借りた中学生向け学習雑誌の付録の小冊子である。僕は小学六年生くらいだったが、大変おもしろく読んだ。ただし、冒頭に出てくる町の名前「ポアゾンヴィル」の意味さえわからなかっただろう。

中学生になって創元推理文庫の「赤い収穫」を買って読んだのだと思う。後に講談社文庫で出た田中小実昌さんが訳した「血の収穫」を読んだから、今までに少なくとも三度は読んだことになる。原題は「レッド・ハーヴェスト／Red Harvest」だから、直訳では「赤い収穫」、意訳では「血の収穫」になる。

語り手である「俺」は「名無しのコンチネンタル・オプ」と呼ばれている。コンチネンタル探偵社の調査員（オペレイティブ）だからだ。彼は人々が「ポアゾンヴィル」と呼ぶ町に赴き、ふたつの暗黒街勢力を戦わせて壊滅させ町を掃除する。こんな話、どこかで聞いた記憶はないだろうか。

小林信彦さんは、黒澤明監督の「用心棒」（一九六一年）はダシール・ハメットの短編「町の名はコークスクルー」が元になっていると指摘する。僕もその短編を読んでみたことがある。ハメットはその短編を元にして、改めて長編「血の収穫」を書いたのだ。

ハメットの作品数は少ない。「血の収穫」「マルタの鷹」「デイン家の呪い」「ガラスの鍵」「影なき男」などである。作品発表時からそれぞれハリウッドで映画化されたけれど、ヒットしてシリーズ化されたのは「影なき男」である。夫婦探偵の掛け合いに人気が出たのだろう。

「マルタの鷹」もハンフリー・ボガート主演で、新人監督ジョン・ヒューストンによって映画化（一九四一年）され名作となった。二度めか三度めの映画化だった。こちらは、宝探しもののジャンルに入る。愛した女を警察に突き出す非情なラストシーンが、ハードボイルドだと評判になった。

黒澤明監督はハメットを愛読していたのではないか、その映画化作品はきちんと見ていたのではないかと思ったのは、アラン・ラッド主演の「ガラスの鍵」（一九四二年）を見たときだった。こちらも二度めの映画化である。この作品はとてもよくできていて、原作を読んでも理解できなかった物語がストンと腑に落ちた。

ダシール・ハメットは、アーネスト・ヘミングウェイと並んで「ハードボイルドな文体」を創り出したと言われている。登場人物の行動と口にした言葉しか描かないからだ。その心理や感情を描写することがない。いわゆる「非情な文体」である。だから、読者は感情移入がしにくいのだ。

「ガラスの鍵」では、非情な文体が最も徹底されている。三人称描写であることも影響する。主人公が何を考えているのか、さっぱりわからない。例によって、町には二人のボスがいる。主人公ネド・ボーモンは、片方のボスの親友で賭博師である。そのボスはある議員に肩入れし、選挙を応援している。一方のボスが対抗し、町の検察や政財界を巻き込んだ抗争が起こる。

ネド・ボーモンは敵方に捕らわれ、大男の手下に殴られボロボロになる。息たえだえのネド・ボーモンを見張っているのは、大男と間抜けなチンピラである。ふたりはカード遊びをしているが、何かの用で部屋から出ていく。彼らがいなくなったのを見計らい、ネド・ボーモンはある策を弄して敵方の建物から逃げ出す。

このときのボロボロになったアラン・ラッドを見て、僕は「用心棒」でプロレスラーのマンモス鈴木が演じた巨人の三下ヤクザにボロボロにされ、息たえだえで横たわる三船敏郎を連想した。二人の見張りがいなくなった隙に、策を弄して逃げ出すシーンもよく似ていた。

何だか「血の収穫」の話より「ガラスの鍵」の話になってしまったけれど、僕がハメットらしい作品として「血の収穫」にこだわるのは、物語の背景として鉱山の労働争議が描かれているからだ。後に「赤狩り」で非米活動委員会の証人席に立たされ、証言を拒否して刑務所に服役することになるハメットの思想がうかがわれるからである。

「ハメット」（一九八二年）という、ダシール・ハメットが探偵役になったハリウッド映画がある。原作は、ハメットを敬愛するジョー・ゴアズが書いた。フランシス・フォード・コッポラが制作し、ドイツからヴィム・ヴェンダースを招聘して監督をさせたが、残念ながらヴェンダース自身も「失敗作」と認めている。

ハリウッド映画に出てきたハメットで印象的なのは、ジェーン・フォンダがリリアン・ヘルマンを演じた「ジュリア」（一九七七年）に登場するジェイスン・ロバーズが演じた役である。妻子がいたハメットだが、若いリリアン・ヘルマンと出会い同棲する。ハメットは、リリアンに作家の先輩として何かとアドバイスする。

「鉄の女」とも言うべきリリアン・ヘルマンを闘士ジェーン・フォンダが演じるのは適役だったが、そのジェーン・フォンダはジェイスン・ロバーズに向かって「ダーッシュ」と甘えた声で呼びかける。「ダシール」の愛称だ。ふたりが浜辺で焚き火に照らされるシーンは美しい。

ハードボイルド・ミステリの始祖と言ってもよいダシール・ハメットだが、現在ではどう読まれているのだろう。「血の収穫」の物語のパターン（二つの組織を争わせて潰してしまう）はずいぶん使われていて、もしかした「手垢にまみれたプロット」と思われるかもしれない。

そのパターンを最初に作ったのがハメットなのだ。そのためにも「血の収穫」だけは、読むべき古典なのではないかと思う。

レイモンド・チャンドラーの「ロング・グッドバイ」は村上春樹さんによって「準古典小説」と持ち上げられたけれど、「血の収穫」も世界の古典に並ぶ作品だと思う。もちろん「マルタの鷹」も「ガラスの鍵」も読んでほしいとは思うけれど——。

ちなみに映画版「マルタの鷹」は、窓に描かれた「スペード&アーチャー探偵事務所」の文字から始まる。ある女の依頼を受けて、相棒のマイルズ・アーチャーが仕事にいき射殺される。アーチャーの女房と不倫していたサム・スペードは、アーチャー殺しの犯人を探る。

ロス・マクドナルドが創り出した思索的な私立探偵リュウ・アーチャーは、女房と相棒に姦通され、罠にはめられて射殺される「マルタの鷹」のアーチャーから名前をとっているらしい。

（2020.07.11）

乾いた空気感を描く作家

■スローなブギにしてくれ／片岡義男

❀スローなブギにしてくれ／藤田敏八監督

先日、ダシール・ハメットの「非情な文体」について書いたら、そう言えば日本には片岡義男がいたなと思い出した。登場人物の言動と光景や状況だけをクールに描く、日本では珍しい作家である。登場人物は等距離で描かれ、その心理はまったく描写されないから、読者は不思議な印象を持ち、かつ特定の人物に感情移入はしにくい。

僕は、一時期、片岡義男にはまったことがある。一九七〇年代後半のことである。角川文庫が片岡義男キャンペーンを始める少し前のことだと思う。へそ曲がりの僕は、出版社が派手なキャンペーンで売り出そうとしている作家には、絶対に手を出さなかったはずだからだ。

しかし、片岡義男はすでに「スローなブギにしてくれ」をはじめ、「マーマレードの朝」「人生は野菜スープ」など多くの文庫本を角川書店から出していた。たぶん僕は十数冊を立て続けに読んだと思う。文庫本を読み尽くし、「彼のオートバイ、彼女の島」は単行本で買った。

それ以外にも、晶文社から出していた口絵が豊富に入った「波乗りの島」や「サーフシティ・ロマンス」など、けっこう高い単行本も買ったから、よほど片岡義男にはまっていたのだと思う。二十代半ばの僕は、片岡義男の小説の登場人物になった気分だったのかもしれない。

僕は「にわか愛読者」ではなかった。六〇年代の「テディ片岡」時代から彼のコラムは読んでいたのだ。それにアメリカン・ミステリの翻訳者としても認識していた。「悪党パーカー」シリーズは最初の「人狩り」(後に「ポイント・ブランク」に改題)は小鷹信光訳だったが、初期の何作かは片岡義男の訳である。

「悪党パーカー」も主人公パーカーの行動を中心に描き、心理や感情は書き込まない。特に初期の数作はハードボイルドに徹していて、必要ならまったくためらわずに人を殺し金を奪うパーカーには「非情な文体」が合っていた。片岡訳は、その非情さが最も出ていたのではなかったか。

ということで、片岡義男がコラム集やエッセイ集ではなく小説を出したことを僕は喜んだものだった。最初は、ビリィ・ザ・キッドの小説だったと思う。アメリカン・カルチャーにどっぷり浸り、サーフィン(当時は「波乗り」と言ったけど)などを日本に紹介したテディ片岡が、とうとう小説を書いたのだ。

「スローなブギにしてくれ」をはじめバイク小説が気に入った僕は、片岡義男が描くバイク・ツーリングの爽やかさに誘われ、本気でバイク免許を取ろうかと考えた。会社でも同僚に相談し、「取るのなら大型だよな」と言われて躊躇した。倒れたナナハンを起こせる自信がなかったし、一本橋のテストも受かるとは思えなかった。

僕が片岡作品をほぼ読み尽くした頃、「スローなブギにしてくれ」が映画化され、角川商法だから例によって十五秒のテレビスポットがやたらに流された。南佳孝の「ウォンチュー、俺の××に～」と歌う主題歌は、誰もが耳にした。

僕はそれほど有名じゃない頃からの南佳孝ファンで、レコードも何枚か買っていた。「ラスト・ピクチャー・ショー」というアルバムは愛聴盤で、その中の「突然炎のごとく」は特に好きだった。すべて映画のタイトルの曲ばかりなのである。タイトルの「ラスト・ピクチャー・ショー」は、もちろん「ラスト・ショー」という邦題で公開された映画である。

南佳孝が一般的に知られるのは、彼の「モンロー・ウォーク」を郷ひろみが「セクシー・ユー」というタイトルでカバーしたときだと思う。しかし、南佳孝バージョンの方がずっと素晴らしいと僕は知人に言い続けていた。それが、「スローなブギにしてくれ」で南佳孝の声を誰もが知ることとなり、うれしい反面、ヒットしすぎてうんざりする気分でもあった。

映画化作品は、山﨑努、原田芳雄が出演し、監督は藤田敏八である。僕が見にいかないはずがない。封切り後すぐに僕は「スローなブギにしてくれ」（一九八一年）を見にいった。不良少年ばかりを描いていた藤田監督は、「赤い鳥逃げた?」以来、不良中年を描くようになったが、この映画でも山﨑努が哀しくてよかった。

どういういきさつで出演することになったのか、浅野温子をレイプする二人組のひとりが作家の高橋三千綱だったのがちょっとおかしかったけれど、ノッポの古尾谷雅人も浅野温子もがんばっていたと思う。離婚担当弁護士役で出てくる伊丹十三も憎たらしいほどうまかった。

しかし、映画は片岡義男の小説ほどクールでもドライでもなかった。映画は生身の役者たちが演じるし、いくら客観描写に徹しても表情や仕草がその人物の心理や感情を語ってしまうのだ。だから、どうしてもウェットになるし、クールな印象はなくなる。

最近、数十年ぶりに片岡義男作品を読んだ。最新作を集めた作品集である。相変わらずの「非情な文体」だった。無駄をそぎ落としたようなスタイルで、ますます磨きがかかっていた。どちらかと言えば純文学に寄っている。エンターテインメントとしては、読者サービス（?）が不足していると思う。しかし、八十を過ぎたというのに、片岡義男の研ぎ澄まされ方は凄い。

と思っていたのだが、一方で片岡義男の最近のエッセイ集などを読むと、昔と違って妙に日本的情緒を描いていたりする。まさか片岡義男が成瀬巳喜男監督作品についての本を出すとは思わなかった。成瀬巳喜男作品は、日本的情緒にあふれたものばかりだ。成瀬巳喜男と片岡義男、僕が片岡作品にはまっていた頃には考えられなかった組み合わせだった。

しかし、ふたりの作家性は似ているのかもしれない。日本的な物語を日本的情緒を加えて描いていても、成瀬作品には登場人物を客観的に描こうとするクールさがある。ウエットでは、決してない。ドライな描写である。乾いた空気感を感じさせる片岡作品と共通するものを感じないでもない。（2020.07.12）

もうひとりのハードボイルド作家

■ビッグ・ヒート／W・P・マッギヴァーン
❀復讐は俺に任せろ／フリッツ・ラング監督

ウィリアム・P・マッギヴァーンが好きだった。中学生の頃に初めて読んで、数年間、彼の小説を探して読んだ。当時、創元推理文庫と早川ポケットミステリで作品が出ており、最初に読んだ「明日に賭ける」という犯罪ミステリに十三歳の僕は感動してしまったのだ。

現在、アメリカでは黒人差別反対の運動が全国的に広がっていて、相変わらずアメリカの人種問題は解決されていないと実感するけれど、半世紀前に読んだクライム・ノヴェル「明日に賭ける」では黒人と白人の和解が描かれていて、僕はひどく心を動かされたのだった。

前科者の白人が強盗計画に誘われる。メンバーが集まると中にひとり黒人がいて、黒人嫌いの主人公は何かと黒人を差別し、敵視する。彼が黒人嫌いである理由は、はっきりしない。アメリカの無教養なプアホワイトが抱く、何の根拠もない黒人への偏見を持っている。

強盗が実行されるが、ある原因で失敗し、主人公は黒人とふたりで逃げることになる。その逃避行の間に、ふたりの関係が変わっていく。そして、最後、主人公は黒人の仲間を救うために自らが捕まることを覚悟して、ある行動に出るのだ。白人と黒人の固い友情が成立する。

「明日に賭ける」は「拳銃の報酬」（一九五九年）として映画化されたが、ラストは原作とはまったく違っている。しかし、この映画化作品の前に登場した「手錠のままの脱獄」（一九五八年）は、おそらく小説「明日に賭ける」に影響を受けたのだ。その物語のスピリッツを完全に継承しているからである。

ということで、僕はマッギヴァーンの愛読者になり、定価の安かった創元推理文庫版から読み始めた。「最悪のとき」「ビッグ・ヒート」「悪徳警官」などである。私立探偵、警官（ときに悪徳警官）、新聞記者などを主人公にし、ハードボイルドな世界を展開していた。

もう十数年前のことになるけれど、日本冒険小説協会の熱海での全国大会のときに大沢在昌さんと話が盛り上がり、小説や映画やテレビドラマなどの思い出をしゃべりまくったことがある。そのときに僕が「マッギヴァーンは好きですか？」と訊くと、大沢さんは激しく反応した。

その後、大沢さんのエッセイでハードボイルド小説にはまるきっかけになったのが、マッギヴァーンの小説（「最悪のとき」

だったかな）だったと知った。主人公が行動し、実際の暗黒街が描かれ、銃撃戦などがある小説を読み「本格ミステリとは違うリアルな世界」に目覚めたという。

マッギヴァーンの「ビッグ・ヒート」を原作に、ナチの手を逃れてアメリカに亡命しハリウッドで様々なフィルム・ノアールを手がけたフリッツ・ラングが監督した「復讐は俺に任せろ」（一九五三年）を見たのは、小説を読んでから四十年以上経った頃だった。

フリッツ・ラングの映画として見始めた僕は「原作はマッギヴァーンの『ビッグ・ヒート』なんだ」と初めて知り、懐かしく、またうれしくなった。「ビッグ・ヒート」はマッギヴァーンの初期の代表作で、主人公は殺人課の警部である。

例によって町のボスがいて、警察も買収されて腐敗している。そんな状況の中で、ある殺人事件を解決しようと孤軍奮闘する主人公バニオン警部。家庭には愛する妻とかわいい娘がいる。敵の脅迫は家族にまでおよび、警察の上司は「手を引け」と警告する。

映画は、ひとりの警官が拳銃自殺し、それを発見した妻が遺書を読んで、町のボスに電話するシーンから始まる。現場を調べたバニオン（グレン・フォード）は自殺は間違いないが、遺書がないことに違和感を感じる。そんなとき、警官の愛人だった酒場女から電話があり、バニオンは女と会う。しかし、翌日、女は拷問の跡を残した体で殺されている。

一九五〇年代の映画である。「女を拷問して殺す」というのは、セリフだけだとしても観客はショックを受けたに違いない。その後、この作品では数々の衝撃的なシーンが登場する。もちろん、今見たら大したことはないのだが、当時の観客の反応を想像すると、興味深い。

ハリウッド映画史の中でも語られる衝撃的なシーンのひとつは、煮えたぎるコーヒーメーカーをつかんだサディストのギャング（リー・マーヴィン）が情婦（グロリア・グレアム）の顔に熱湯をかけるというものだ。

情婦の叫び声だけで想像させるのだが、リー・マーヴィンの凶暴な顔がリアルさを感じさせる。だから、グロリア・グレアムの登場シーンの八割くらい、顔の片側は包帯で覆われている。

映画の後半のヒロイン役を担うグロリア・グレアムは、本当にかわいそうな役だ。バニオンを愛するようになり、彼に協力するのだけれど、バニオンは爆死した妻の素晴らしさばかりを彼女に語る。

そう、バニオンの妻が爆死するシーンも当時の観客は悲鳴を挙げたのではないだろうか。

バニオンが乗るはずだった乗用車を妻が用事で出かけるので鍵を借りるところから、現在の観客なら車が爆発すると予想するだろうけど、当時の観客にとっては主人公の愛妻が爆死するなどとは思わなかっただろう。

ちなみに、僕はグロリア・グレアムのファンで、「復讐は俺に任せろ」を見たかった理由のひとつが彼女だった。同じフリッツ・ラング監督でグレン・フォードとグロリア・グレアムが出た「仕組まれた罠」（一九五四年）も同じ頃にDVDを買った。こちらの原作はエミール・ゾラである。

また、グロリア・グレアムがハンフリー・ボガートと共演しているのは「孤独な場所で」（一九五〇年）である。こちらも、僕はよく見る。グロリア・グレアムは悪女や情婦などの役が多かった人で、アカデミー助演女優賞も「悪人と美女」（一九五二年）で取っている。

最近、晩年のグロリア・グレアムをアネット・ベニングが演じた「リヴァプール、最後の恋」（二〇一七年）という映画が公開された。アネット・ベニングがグロリアによく似ているので驚いた。雰囲気もよくつかんでいる。

実在の人物を演じるとき、どれだけ似せるかを競うような雰囲気が今のハリウッドにはある気がする。それだけ、「リアル・ストーリーに基づく」映画が多く作られているのだろう。

最近のクリント・イーストウッドも「リアル・ストーリー」にこだわっていて、とうとうある事件の当人たちを主演にして「15時17分、パリ行き」（二〇一八年）を撮ってしまった。

（2020.07.18）

犯罪で人間の欲望を描く

■郵便配達はいつも二度ベルを鳴らす／ジェームズ・M・ケイン
⊛郵便配達は二度ベルを鳴らす／ボブ・ラフエルソン監督

先日、ルキノ・ヴィスコンティ監督の「熊座の淡き星影」（一九六五年）を見ていたら、急に「ヴィスコンティの監督デビュー作は『郵便配達は二度ベルを鳴らす』（一九四二年）だったな」と思い出した。何度か映画化されたジェームズ・M・ケインの小説だが、僕がヴィスコンティの映画化作品を見たのはずいぶん後になってからだった。

「郵便配達は二度ベルを鳴らす」を僕が初めて読んだのは、高校生のときだったと思う。発表から三十五年後くらいである。原題に「always」が入っているので、僕は「郵便配達はいつも二度ベルを鳴らす」と訳すし、たぶん最初に読んだ文庫本の邦題にも「いつも」が入っていたと思うけれど、映画化作品では「いつも」が省略されることが多い。

正確に訳すと「郵便配達人はいつも二度ベルを鳴らす」となると思うのだが、これは何かの暗喩なのだろうかと昔から思っている。物語は、流れ者（時代から見てアメリカ大陸を放浪するホーボーだと思う）が街道沿いの食堂で色っぽい若妻と年の離れた主人と知り合い、そこで働くようになり、若妻と肉体関係ができ、共謀して主人を殺す話である。

短編というには長く、長編としては短い。まあ、中編だろうか。ミステリとして読んだら、ほとんど謎解きはなく、どんでん返しもない。犯罪小説と言うべきか。それにしても、新聞の三面記事になりそうな、そう言っては何だけど、よくある話である。しかし、こういう形を最初に提示した小説だったのではないだろうか。

発表されたのは一九三四年だから、大恐慌後の不況の最中だ。発表時は、大勢のホーボーがアメリカ大陸を放浪していた。現実に、リアルな犯罪小説だったに違いない。ジェームズ・M・ケインは犯罪小説をいくつか書いたが、「郵便配達は二度ベルを鳴らす」と同工異曲の「倍額保険」も書いており、こちらもハリウッドで映画化された。

「倍額保険」は、保険外交員の主人公がある屋敷を訪ねて色っぽい若妻と出会い、女に唆されて保険金目当てで屋敷の主人を殺す話である。映画は「深夜の告白」(一九四四年)のタイトルで日本公開された。ビリー・ワイルダー監督、フレッド・マクマレイとバーバラ・スタンウィック主演。脚本にレイモンド・チャンドラーが加わっている。

不倫の男女が共謀して女の夫を殺す。男は本気で女に惚れ、その弱みで犯罪に引き込まれるが、女の方は夫の保険金が目当てで、男を計画的に誘惑したのだというのは、現在でもよくある話だ。悪女ものの原点のような物語パターンである。ジェームズ・ハドリー・チェイスの悪女ものでも、同じパターンが使われている。

ちなみに、イギリス人で犯罪小説を多く書いたジェームズ・ハドリー・チェイスは、フランス人に愛読され何作もがフランスで映画化されている。もしかしたら、フランス人は犯罪小説が好きなのだろうか。セリ・ノワールと呼ばれた叢書には、犯罪小説がたくさんラインナップされていた。

「郵便配達は二度ベルを鳴らす」も原作が出て五年後、一九三九年にフランスで最初に映画化されたらしい。その三年後の一九四二年にルキノ・ヴィスコンティは、監督デビュー作として「郵便配達は二度ベルを鳴らす」を選んだ。ヴィスコンティは助監督時代をフランスで過ごしたが、自作の舞台はイタリアに設定した。

しかし、「郵便配達は二度ベルを鳴らす」を読むと、アメリカ大陸の街道沿いにあるダイナー(簡易食堂)が浮かんでくる。長距離トラックの運転手が主な客だ。彼らの車に乗せてもらおうと、みすぼらしい姿のホーボーが駐車場にたむろしている光景が似合っている。セクシーな若妻が店から出てくると、運転手やホーボーが欲望に充ちた視線を向ける。

セーターを着て胸の膨らみを強調し「セーターガール」と呼ばれたハリウッド女優ラナ・ターナーは、第二次大戦中のセクシー・シンボルのひとりだった。兵士たちはヘルメットの裏に彼女のピンナップを貼ったり、戦闘機にその姿を描いたりした。

他にもリタ・ヘイワースやベティ・グレイブルなども人気があった。

そのラナ・ターナーの代表作と言うと、「郵便配達は二度ベルを鳴らす」（一九四六年）になる。僕がこの三度目（ハリウッド初）の映画化作品を見たのはずっと後のことだったが、ラナ・ターナーの色っぽさはなかなかのものだった。流れ者を演じたのは、ジョン・ガーフィールド。数年後、赤狩りで仕事を奪われ、悲惨な最期を遂げる。

結局、僕が最初に見た映画化作品は、ボブ・ラフェルソンが監督した「郵便配達は二度ベルを鳴らす」（一九八一年）だった。小説を読んでから十数年後のことである。流れ者の男はジャック・ニコルソンが演じ、色っぽい若妻はジェシカ・ラングが演じて激しい愛欲シーンを展開した。このふたりの組み合わせは大成功だった。

初めてふたりがセックスするシーンの凄さ（?）は、僕の中で忘れられないものになっている。男女の性欲の高まりをこれほど印象的に描いたシーンは、他にはなかなか浮かばない。公開当時も、このシーンのことばかりが語られた記憶がある。「キングコング」女優だったジェシカ・ラングは、一躍、ハリウッドの名女優になった。

「郵便配達は二度ベルを鳴らす」は、男女のどうしようもない制御不能の性欲が描かれ、それによって結びついた男女が金銭への欲望によって食堂の主人（女の夫）を殺すことになる物語だ。全編を貫くのは、人間の欲望の激しさである。そして、それが法によって裁かれるとき、男女はどのような反応を示すのかが描かれる。

そう考えると、タイトルの「郵便配達」は「人間の欲望」のことではないかと思うこともある。何しろ、郵便配達人なんて、この小説のどこにも出てこないのだ（確か、そうだったよなあ）。あるいは、「運命」みたいなことを指すのだろうか。それとも、犯罪は露見し、罪を償うことになるわけだから、「神」みたいな存在を示しているのだろうか。

そして、それは「いつも二度ベルを鳴らす」のだから、しつこく何かを促しているのかもしれない。一度目のベルでは躊躇しても、二度目のベルには反応してしまう「人間の弱さ」みたいなものを描いているのだろうか。この小説はアメリカでは一種の古典作品になっているらしいが、映画化はもう四十年近く行われていない。

（2020.07.22）

自己を投影した主人公

■走れウサギ／ジョン・アップダイク
⊛イーストウィックの魔女たち／ジョージ・ミラー監督

先日、村上春樹さんの新しい短編集「一人称単数」が出て、さっそく読んだのだけれど、「そう言えば、ジョン・アップダイクも『一人称単数』という作品を出していたな」と、しばらくして思い出した。村上さんとは世代が近いせいか、読書歴がけっこう似ている。

ジョン・アップダイクも僕は高校生のときに読んだ。その頃、アメリカの若手作家で活躍していたのがアップダイクだった。村上さんはエッセイの中で「高校生のときにジョン・アップダイクの『ケンタウロス』を読んで心に残った」みたいなことを書いていたと思う。

アップダイクが「ケンタウロス」を出したのは一九六〇年のことだった。この長編で、一躍、アメリカ文学の旗手になった。その後、「走れウサギ」が全米図書賞などを受賞して評判になり、一九六八年に出した「カップルズ」は新潮社から上下二巻の単行本で出版され、僕は大学生のときに買った。

六〇年代、アメリカ文学界ではユダヤ系作家が活躍していたことから「ユダヤ文学」みたいな呼称で括られていた。一方、公民権運動で盛り上がっていた時期に、黒人作家として活躍していたジェームズ・ボールドウィンなどは「黒人文学」として括られた。

当時、早川書房からは「黒人文学選集」が出ていた。その選集の中では、リチャード・ライトの「アメリカの息子」やエリスンの「見えない人間」というタイトルをよく憶えている。黒人は「見えない人間」なのか、と高校生の僕は思った。

ユダヤ系文学にカテゴライズされていたのは、ジョン・アップダイク、ジェローム・デービッド・サリンジャー、ソール・ベロウ、フィリップ・ロス、それにバーナード・マラマッドなどだった。

その中で僕が特に愛読したのが、サリンジャーとマラマッドである。サリンジャーとマラマッドは翻訳されていた作品はすべて読んだ。最近、マラマッドの初期長編「アシスタント」や短編集の新訳が出たりしているので、ちょっと気になっている。

さて、僕がジョン・アップダイクを読もうと思ったきっかけは、大江健三郎の「個人的な体験」を読んでひどく感動したからだった。主人公は「鳥〈バード〉」と呼ばれる青年。主人公がニックネームで書かれているのが、ひどく新鮮だった。

彼は初めての子供が産まれるのを待っているのだが、病院へいくと頭がふたつあるように見える赤ん坊がいる。医師は「重い障害が残る」可能性を示唆し、〈バード〉は赤ん坊をそのまま死なせるか、あるいは育てることを引き受けるかという選択を迫られる。

「個人的な体験」は僕にとっては〈性的なテーマの取り扱いということでも〉衝撃的で、十六歳か十七歳だった僕の「その後の生き方」を変えるほどの作品だった。新潮社版「大江健三郎全作品」の第六巻の巻末に入っていた。

ところが、何かで「個人的な体験」がジョン・アップダイクの「走れウサギ」の影響を受けていると読んだのである。当時、僕はアルトサックス奏者のチャーリー・パーカーが〈バード〉

と呼ばれていたことも知らなかったし、アップダイクを読んだこともなかった。

ということで、僕は「走れウサギ」を読んでみた。アメリカの地方都市で暮らす青年が〈ウサギ〉と呼ばれていたり、愛人の元に走ったり、青年特有の閉塞感を感じていたり、確かに「個人的な体験」に影響を与えたのかもしれないなとは思ったが、ふたつの作品はまったく別物だったし、僕はどちらにも共感したものである。

僕はアップダイクにも興味を持ち、何作かを読むことになった。しかし、いつの間にか、僕はアップダイクを読まなくなってしまった。大作「カップルズ」までは読んでいたのだが、その内容にあまり共感できなかったからかもしれない。

アメリカの都市の郊外のやや高級な住宅地に暮らす何組かの夫婦を登場人物にして、中産階級の生活を描いているのだけれど、当然、そこには不倫やら夫婦交換やらの「セックス」の問題がからんでくる。大学生の僕にとっては、あまり身近な物語ではなかった。

「カップルズ」はアメリカでベストセラーになり、日本でも評判になったが、翻訳が出て十年後、「金曜日の妻たち」というテレビドラマが評判になり「金妻」などと呼ばれて社会現象になったとき、僕は「カップルズ」を思い出した。

郊外に暮らす何組かの夫婦の恋愛(不倫)関係という現代的な物語が、アメリカから十数年遅れて日本でもドラマになるようになったのかと僕は感慨深いものを感じた。その頃には、僕も東京郊外のマンションで暮らす三十半ばの妻子持ちだった。

アメリカ文学には「サバービア(郊外)文学」というジャンルがあると教えられたのは、川本三郎さんの評論を読んだときだった。郊外の住宅地を舞台にしたもので、五〇年代くらいから出現したらしい。

ジョン・チーヴァーなどの作家がいて、六〇年代にはジョン・アップダイクが登場したわけだ。映画ではダグラス・サークが監督した作品なんかが浮かぶ。古き良き時代のアメリカである。中産階級の生活を描いていた。もちろん、白人だけのソサイアティである。

郊外もののひとつとしてアップダイクは「イーストウィックの魔女たち」という作品を一九八四年に出版し、三年後に「マッドマックス」の監督ジョージ・ミラーが映画化した。三人の熟女が出てくるのだけど、それを全盛期のミシェル・ファイファー、シェール、スーザン・サランドンが演じている。

しかし、彼女たちは魔女ではなく、彼女たちを誘惑する悪魔を演じたのがジャック・ニコルソンだった。郊外のちょっと高級な住宅街に暮らす熟女たちの生活ぶりが印象に残っている。

さて、「走れウサギ」は様々な賞を受賞し評判になったアップダイクの出世作だが、まさか「帰ってきたウサギ」(「帰ってきた若大将」というテレビドラマがあったなあ)などという続編が出るとは思っていなかった。

しかし、アップダイクは自身が年を重ねるにつれ、「ウサギ」シリーズを書き続け、「金持ちになったウサギ」まで四部作として残ることになった。まあ、僕もそこまでは付き合いきれなかったので、続編以降は読んでいない。

だが、ジョン・アップダイクが〈ウサギ〉を書き続けた気持ちは何となくわかる。〈ウサギ〉はジョン・アップダイク自身なのだと思う。自身が歳を重ねるにつれて生活や考えが変化し、自己を投影した主人公にその変化を反映させた作品を書きたいと思うに違いない。

今、僕も古希を迎える歳になって、自分が三十年前に書いた文章を読むと、まるで別人のもののような気がする。ベースは一貫しているとは思うけれど、年齢による様々な変化は、その歳になってみないとわからない。

（2020.07.29）

酒井和歌子さんへのオマージュ

深川安楽亭／山本周五郎
いのち・ぼうにふろう／小林正樹監督

講談社の「週刊現代」が夏の合併号で「酒井和歌子に夢中になった時代」という特集を組むというので、僕のところにもコメント依頼があり電話取材を受けた。

確かに僕は酒井和歌子ファンだけど、どこから知ったのか。確かめたら、十五年前に「命棄ててもいいほどの清純さ」というコラムを書いていた。

僕の「映画がなければ生きていけない2003-2006」に収められているが、「週刊現代」の編集者は「日刊デジタルクリエイターズ」のアーカイブで読んだという。ネット社会だと思う。特集のテーマが決まった後、編集者はネット検索をしてみたのだろう。

僕も試しに「酒井和歌子」などのキーワードで検索してみたが、なかなか僕のコラムは出てこない。結局、僕の名前を入れないとヒットしなかった。

さて、そのコラムで僕は「めぐりあい」（一九六八年）と「いのち・ぼうにふろう」（一九七一年）を取り上げている。「めぐりあい」は酒井和歌子の初主演映画で、彼女は十八歳。ファンサービスで、白い水着姿を見せてくれる。初めてのキスシーンもある。

「めぐりあい」は、一九六八年の春休みに公開になった。僕は高校一年から二年になるところだった。主題歌を荒木一郎が歌っていて、タイトルデザインを和田誠が担当していた。公開当時、僕は和田誠が何者か、まったく知らなかった。

電話取材では最も印象に残っているシーンとして、僕は「めぐりあい」の中の土砂降りの雨の中、斜めになったダンプの荷台でのキスシーンを挙げた。たぶん、酒井和歌子にとっても初めてのキスシーンだったはずだ。ミニスカートが濡れて肌にくっつき、白い太股が露わになっていたことも思い出す。

しかし、昔も今も酒井和歌子は「性的なもの」から最も遠い存在だと思う。「聖なる存在」であり「清純さ」を体現する存在として酒井和歌子はこの世に生まれたと、十六歳からずっと僕は思っている。そのことを「いのち・ぼうにふろう」に託して書いた。

「いのち・ぼうにふろう」は、山本周五郎の小説「深川安楽亭」を小林正樹監督が映画化したものだ。俳優座が制作し、仲代達矢、佐藤慶、近藤洋介、岸田森などが無法者たちを演じた。安楽亭の娘を人気絶頂の栗原小巻が演じている。

深川安楽亭は無法者たちが集まる店で、町方も手出しができない。亭主と無法者たちは密輸に手を染めている。ある夜、仏の与兵衛（佐藤慶）が岡場所で地まわりに半殺しになっていた手代（山本圭）を助けて連れ帰る。無法者たちは手代の話に耳を傾ける。

手代には、幼い頃から言い交わした娘（酒井和歌子）がいた。ある日、娘がやってきて、身売りされることになったと言う。手代は矢も盾もたまらず、店の金に手をつけて娘の家へいくが、すでに娘は女衒に連れられていった後だった。手代は娘を捜して岡場所にいき、男たちに半殺しにあったのだ。

無法者たちは、若い恋人たちのために立ち上がる。娘を苦界から救おうとする。罠かもしれない密輸仕事に出かけ、身請けの金を作ろうとする。男たちが命を棄ててもいいと思うほどの「聖なる存在」として、酒井和歌子が演じた「おきわ」は登場しなければならない。

「いのち・ぼうにふろう」で、ずっと登場するのは栗原小巻だ。酒井和歌子が出てくるシーンは少ない。無法者たちは「おきわ」に会うこともなく、死んでいく。手代の話の中に出てくる娘の姿を胸に描いて、御用提灯の群れの中に飛び込んでいく。

無法者たちが「いのち・ぼうにふってもいい」と思わせるだけの「清純さ」がなければ、観客たちを納得させることはできない。二十歳を過ぎたばかりの酒井和歌子にはそれがあった。ラストシーンは、深川安楽亭に向かって祈りを捧げる酒井和歌子なのである。

「深川安楽亭」は山本周五郎の短編だが、一時期、彼の小説はずいぶん映画化されたものだ。黒澤明だって「椿三十郎」「赤ひげ」「どですかでん」を撮っている。テレビでの映像化作品も多い。僕は、中村吉右衛門が主人公を演じた「ながい坂」をよく憶えている。

僕が初めて読んだ山本周五郎作品は「赤ひげ診療譚」だった。一九六五年の春休みのことだ。僕は十三歳、中学一年から二年になるところだった。なぜよく憶えているかというと、春休みの宿題の作文を「春休みの読書」と題して提出し、それが校内誌に掲載されたからである。

初めて自分の文章が活字になったのだ。その中で僕は「赤ひげ診療譚」とロマン・ロランの「ジャン・クリストフ」を読んだことを書いている。もっとも、「ジャン・クリストフ」は長大な小説のために第一部しか読めなかったので、それを正直に書いた。

僕が「赤ひげ診療譚」を読もうと思ったきっかけは、黒澤明監督が映画化しているというニュースを見たからである。その映画で期待の新人・内藤洋子が出演することも話題になっていた。人気絶頂だった「若大将」こと加山雄三の相手役ということだった。

そんなミーハーな動機で読み始めたのだが、「赤ひげ診療譚」を読んだために僕は山本周五郎の愛読者となった。以来、「さぶ」「ながい坂」「青べか物語」など、忘れられない作品に出合った。中年を過ぎて読み返したとき「説教臭い作家だなあ」とは思ったが、それでも感動の涙が落ちた。

数多い山本周五郎原作の映画化作品の中でも僕が好きなのは、川島雄三監督の「青べか物語」(一九六二年)と「いのち・ぼうにふろう」である。

ちなみに、「週刊現代」の酒井和歌子特集は、きっとご本人も目を通すのだろうなあ。つまり、僕のコメントも読まれてしまうわけですね。

(2020.08.02)

ミステリ界の詩人

■幻の女/ウィリアム・アイリッシュ
⊛暗くなるまでこの恋を/フランソワ・トリュフォー監督

先日、「週刊現代」の「酒井和歌子に夢中になった時代」という特集について書いたけれど、その記事の中に僕の「酒井和歌子さんが悪女を演じた二時間ドラマ」についてのコメントが採用されていた。二十分ほどの電話取材だったが、そのことが取り取り上げられるとは思わなかった。

その二時間ドラマについて話した後、ネットの「テレビドラマ・ベータベース」で調べてみたら、「仮面の花嫁」(一九八一年三月十四日放映)というタイトルだった。酒井和歌子と愛川欣也の共演で、監督が神代辰巳だったのは記憶していた。原作はウィリアム・アイリッシュの「暗闇へのワルツ」だ。

この二時間ドラマは酒井和歌子が出ていたので予備知識もなく見始めたのだけれど、始まってすぐに「これ、『暗闇へのワルツ』だぞ」と気が付いた。その十二年前には、フランソワ・トリュフォー監督によって「暗くなるまでこの恋を」(一九六九年)として映画化されたミステリだ。

トリュフォー監督は、ウィリアム・アイリッシュ(別名コーネル・ウールリッチ)のミステリが好きなのだろうか。「黒衣の花嫁」(一九六八年)に続いての映画化である。「黒衣の花嫁」

はジャンヌ・モロー主演で、タイトルからも想像できるように、男たちに復讐を果たしていく女の物語だった。

「暗くなるまでこの恋を」（何という邦題だろう）は、ジャン＝ポール・ベルモンドとカトリーヌ・ドヌーヴの共演である。南米で成功した農園主はピクチャー・ブライドで本国から花嫁を迎えるが、やってきたのは絶世の美女。女の虜になった農園主は破滅に向かい、やがて犯罪さえ犯すことになる。

カトリーヌ・ドヌーヴが演じた怪しく謎めいた悪女は魅力的ではあったけれど、心底からの悪人で悪魔的だった。二〇〇一年にはアンジェリーナ・ジョリーが同じ原作を「ポアゾン」として映画化し、あの大きな目でゾクリとさせる悪女を演じた。相手役は、ラテン系セクシー男優と言われたスペイン出身のアントニオ・バンデラスだった。

ドヌーヴが演じた悪女を二時間ドラマでやっている酒井和歌子に、僕はひどく戸惑ったものだ。すでに三十をいくつか過ぎた酒井和歌子だったが、僕は彼女を見るとまだ「清純」「清楚」といった文字が頭に思い浮かぶのだった。ただし、相手役の愛川欣也は、女に溺れて犯罪者になっていく気の弱い男の役には向いていた。

「テレビドラマ・ベータベース」で調べて初めて知ったのだけれど、酒井和歌子は神代辰巳監督と組んで「悪女の仮面」（一九八〇年）「愛の牢獄」（一九八四年）「死角関係」（一九八七年）「函館殺人夜景」（一九九〇年）といった二時間のミステリドラマを作っているらしい。この時期（要するに彼女の三十代）、悪女ものに傾倒していたのだろうか。

さて、カトリーヌ・ドヌーヴ、酒井和歌子、アンジェリーナ・ジョリーとフランス、日本、アメリカのトップ女優によって何度も映像化されるのだから、「暗闇へのワルツ」は人気のあるミステリなのだろう。昔は早川ポケットミステリで出ていて、けっこう分厚い作品だった。アメリカで出版されたのは一九四七年のことだ。

だが、ウィリアム・アイリッシュの代表作といえば「幻の女」である。世界のミステリ・オールタイムベストテンが選ばれるとき、エラリィ・クイーン「Ｙの悲劇」、アガサ・クリスティ「アクロイド殺し」「ＡＢＣ殺人事件」、ヴァン・ダイン「僧正殺人事件」などと並び必ず挙げられる古典的名作である。

初めて「幻の女」の日本語訳が出たとき、その冒頭の一行が話題になったという。「夜は若く、彼もまた若かった」というフレーズだ。アイリッシュは「ミステリ界の詩人」のように受け取られたのだろうか。ロマンチックでセンチメンタル、謳うようなフレーズが散りばめられている。もっとも、「幻の女」は意外な犯人で有名な作品だ。

「幻の女」を読む前、たぶん中学生の頃だと思うが、僕はＮＨＫが「幻の女」を単発ドラマにしたのを見たことがある。妻が殺され、夫が逮捕される。夫は、死刑を宣告される。夫の愛人（だったか秘書だったか）が夫の友人と一緒に探偵役となり、唯一のアリバイ証人である「幻の女」を捜す。だが、死刑の日は刻々と迫ってくる。

物語を単純に要約するとそうなるのだが、夫の友人を若き山﨑努が演じていた記憶がある。その他のキャストはすっかり忘れたが、刑事役で内田稔が出ていたのはなぜかよく憶えている。たぶん、最後のドンデン返しのシーンに内田稔が（確か車のトランクから）飛び出してきたとき、びっくりした僕は画面そのものを絵画のように記憶したのだ。

もっとも、その頃、僕はよく見る脇役俳優だとは思っていたが、「内田稔」という名前を知るのはずっと後のこと。好きな俳優で、映画やテレビにいっぱい出ていた。今、記憶を探ると薬師丸ひろ子の「Wの悲劇」（一九八四年）での劇団マネージャー役が浮かぶ。記者会見シーンでは、薬師丸を挟んで並んだ気難し気な演出家役の蜷川幸雄とは好対照だった。

その内田稔によって犯人が明かされると僕は本当にびっくりしたから、「幻の女」を初めて読んだときには「こいつが犯人なんだ」とわかっていたので、ミステリとしてのおもしろさはあまり感じなかった。妻が殺された時刻、夫は行きずりの女と一緒に酒を飲み舞台を見ていた。その目立つ帽子をかぶった女を誰も記憶していない、という不自然さの方が気になった。

それでも、やはり「幻の女（ファントム・レディ）」はミステリの名作だと思う。その後、似たような設定やトリックは山のように現れただろうが、最初に書いたのはウィリアム・アイリッシュだったのだ。原作が出て二年後にハリウッドで映画化された「幻の女」（一九四四年）を、つい最近、見ることができた。当時のニューヨークの雰囲気がよくわかったし、ジャズの演奏シーンも楽しめた。

ただ、どうして原作をズタズタにして、まったく違うものにしてしまったのだろう。原作のプロットでは、観客には理解できないと考えたのだろうか。早々に真犯人をバラしてしまうし、何のために「幻の女」を映画化したのかわからない。「幻の女」の存在を解明しないと観客は満足しないと考えたのだろう。それにしても、ひどい。ウィリアム・アイリッシュは、たぶん納得しなかっただろう。

（2020.08.04）

忘れられないヒロインの名前

■ティファニーで朝食を／トルーマン・カポーティ

⊛ティファニーで朝食を／ブレーク・エドワーズ監督

少し前になるけれど、トルーマン・カポーティの「テイファニーで朝食を」の原稿がオークションに出て、高値で落札されたという記事が新聞に出た。タイプ原稿だそうだが、カポーティの手書きの直しが入っているという。何と、ヒロインの名前は全く違うものだったとか。それを「ホリー・ゴライトリー」に直した跡があるらしい。

「ティファニーで朝食を」を初めて読んだのは、高校生の頃だった。薄い新潮文庫で、カバーには映画版のオードリー・ヘップバーンの写真が使われていたし、カバーの折り返し部分には映画のいくつかのシーンのスチール写真が何枚か印刷されていた。

初めて読んでから五十年以上が経つけれど、今もヒロインの名前は忘れていない。「ホリー・ゴライトリー」である。なぜなら「ホリー・ゴライトリー・トラヴェリング」という呪文のようなフレーズが、僕の頭の中に刻み込まれているからだ。これはホリーの名刺に印刷されていたフレーズだった。

どちらにしろ「ホリー・ゴライトリー」という名は、きっと死ぬまで僕の脳裏に張り付いている。もし認知症になったとしても、僕は「ホリー・ゴライトリー」と口にするかもしれない。しかし、特別に語呂がいいとも言えない。吉田修一の「横道世之介」みたいに韻を踏んで語呂がいいと、記憶してしまうということは確かにあるけれど。

ホリーの他に記憶しているフルネームのヒロインは——と考えてみると、「ナスターシャ・フィリッポブナ」という名前が浮かんでくる。ドストエフスキーの「白痴」のヒロインである。そんな面倒くさい名前をなぜ憶えているかについては、僕なりの理由があるのだけれど、それはまた別の話である。

さて、改めて言うと「ホリー・ゴライトリー」はトルーマン・カポーティの有名な小説「ティファニーで朝食を」の主人公の名前である。オードリー・ヘップバーン主演で映画化されたヒロインも名前は変えていなかった。原作のカポーティ自身らしい語り手（名前は出てきたかなあ）は、売れない小説家のジョージ・ペパードになり、名前を与えられていたと思う。

ホリーの部屋の下（上だったかな）に住んでいる日本人の写真家は、原作でもユニオシ（どんな字を書くのだ？）という名前だったと思うけど、これも映画は踏襲したものの出っ歯メイクのミッキー・ルーニーに演じさせた。小男で出っ歯でメガネをかけているのが日本人だった時代（終戦後まだ十六年）である。まるで戦時中のアメリカの新聞マンガに登場する日本人像（ジャップ）だった。

「ティファニーで朝食を」は、ホリーがニューヨークからいなくなった数年後から始まる。「ホリー・ゴライトリー旅行中」というように、彼女は世界中をまわっているのではないか、などと友人たちは噂する。アフリカのある部族の集落でホリーそっくりの木彫りの像があったという話も出てくる。

語り手である「私」はニューヨークのアパートに入り、同じアパートに住むホリーと出合った頃を思い出す。自由奔放なホリーは、男たちに貢がせて夜な夜な遊び歩き、定期的に刑務所にいるギャングのボスに面会にいき、何らかの報酬を受け取っているらしい。そんなエピソードが語られていく。

映画版「ティファニーで朝食を」はロマンチックなラブストーリーに仕上げてられていて、原作の独特なニュアンスはなくなっているが、オードリーの魅力だけで後々まで語り継がれる作品になった。外階段の踊り場でギターを抱えて「ムーン・リヴァー」を弾き語りするシーンだけで映画の存在価値を高めてしまった。

また、ジヴァンシィのドレスもたっぷり見せてくれる。冒頭からオードリーはロングドレスで、ティファニー宝石店のショーウィンドウを見ながらトーストをかじりコーヒーを飲む。原作で比喩的に語られる「ティファニーで朝食を」を、そのまままストレートに描いていた。ブレーク・エドワーズ監督らしい野暮ったさだ。

「ティファニーで朝食を」を初めて読んだとき、ホリーのあるセリフにちょっと衝撃を受けた。ホリーは「あの嫌な赤」という言葉を口にする。時代は一九五〇年代である。英語では「レッズ」と書かれていたはずだ。

つまり、「赤狩り」の時代にホリー・ゴライトリーは「あの嫌な赤」と口にするのだ。それが、当時のアメリカ人の普通の感覚だったのかもしれないが、左翼思想に傾倒し始めていた十代の少年には、カポーティは保守派なんだという印象を与えたものだった。

僕が「ティファニーで朝食を」を読んだ頃、アメリカではトルーマン・カポーティのノンフィクション・ノヴェル「冷血」が大ベストセラーになっていた。新潮社から分厚い翻訳本が出たのは、しばらくしてからだったと思う。分厚すぎるのと、四人の家族を皆殺しにする実際の犯罪を描いているというので、僕は手を出すのをやめた。

「冷血」は作品的評価も高く、ベストセラーになったということからもカポーティにとっては成功した仕事だったのだが、この作品以降、カポーティは大した仕事を残してはいない。成功しすぎた一作を出すのは、作家としては痛し痒しなのかもしれない。カポーティが「冷血」を書くまでを映画にしたのが「カポーティ」（二〇〇六年）だった。

「ノンフィクション・ノヴェル」という触れ込みで出版した「冷血」は、他の作家にも影響を与えた。たとえば、日本では佐木隆三である。実際の犯罪を元に「ノンフィクション・ノヴェル」として多くの作品を書き、「復讐するは我にあり」で直木賞を受賞した。直木賞は小説に与えられるもので、ノンフィクションの賞ではない。ということは、小説として認められたということである。

しかし、「ノンフィクション」と「ノヴェル」は完全に対立する概念であるから、矛盾そのものだと思う。アメリカの出版社の編集者が考えたコピーなのだろうけど（案外、カポーティ自身が付けたのかも）、「ノヴェル」の概念がフィクションだとすれば、「フィクションではないフィクション」ということになるのだろうか。最近は、あまり使われていない気がする。

（2020.08.14）

和製ジョゼ・ジョバンニと呼びたい

■無頼　ある暴力団幹部のドキュメント／藤田五郎
❀無頼　人斬り五郎／小沢啓一監督

藤田五郎は、「人斬り五郎」と呼ばれた本物のヤクザだった。ヤクザ時代の体験を元に、自伝的な小説を多く書いた。「無頼ある暴力団幹部のドキュメント」は渡哲也によって「無頼シリーズ」（一九六八年）となり、今も僕のような（あるいは矢作俊彦さんのような）熱烈な支持者が存在する。

フランスにギャング出身のジョゼ・ジョバンニがいたように、日本には藤田五郎という作家がいた。後に、渋谷の安藤組出身だった安部譲二が元ヤクザの作家（自身の体験を元に「塀の中の懲りない面々」を書いた）として有名になるけれど、それよりずっと前から藤田五郎は作家として活躍していたのだ。

藤田五郎は渡哲也によって「人斬り五郎こと藤川五郎」となり、スクリーンにその姿を永遠に残した。「いつかカタギになる」という夢を抱いて、ヤクザ社会に愛想を尽かしながらも、先輩や若いモンのために必殺の黒匕首（ドス）を抜かざるを得なくなる渡哲也の姿は悲壮美の極みだった。

そして、藤川五郎はよく泣いた。幼くして死んだ妹のために、無惨に殺された先輩のために、引き裂かれた若き恋人たちのために、そして、そんな世界から縁が切れない自分の宿命に――。今も僕は思い出す。松原智恵子の姿と共に永遠に忘れられない、「無頼　人斬り五郎」のラストシーンを。

ヤクザの世界と縁を切り、慕ってくる松原智恵子と共にフェリーに乗って去ろうとするとき、「たばこ買ってくらあ」と言いおいていなくなった藤川五郎を探した松原智恵子は、黒い革ジャンに雪駄で桟橋に立つ五郎を見つける。

岸を離れたフェリーのボードは徐々に上がり、五郎の姿は見えなくなる。松原智恵子はデッキに駆け上り、「五郎さん」と何度か叫ぶ。渡哲也と松原智恵子のバストアップがカットバックされる。人斬り五郎は、殺された先輩や友人たちのために、封印したはずの黒ドスを抜くしかないのだ。

人でなしのヤクザたちとの死闘、傷ついた藤川五郎は塩田の端に横たわる。夕日が落ちていく。五郎が刺した悪辣なボスが掛けていたサングラスが落ちている。そのサングラスには夕日の丘が映っている。その丘に、人影が現れる。

フェリーで去ったはずの松原智恵子。五郎を慕って戻ってきたのだ。サングラスに映る松原智恵子の姿を見つめる藤川五郎は、涙をこらえているような泣き顔である。そして、「ヤクザを賛美している」として放送禁止になった主題歌（作詞・滝田順／作曲・伊部晴美）の二番が重なる。

俺しか知らぬ　無頼の心
ドスで刻んだ　おまえの名

僕がまだ若かった頃、藤田五郎は週刊誌の連載小説を書いていたこともある。文藝春秋社の「週刊文春」や講談社の「週刊現代」ではなく、「アサヒ芸能」（通称「アサ芸」）とか「週刊大衆」といった格落ち（ゴメン）の週刊誌だった。もちろんヤクザ小説である。

その頃、大学の同級生が青樹社という出版社に潜り込み、売れない頃の藤沢周平や人気絶頂の頃の宇野鴻一郎などを担当していたが、藤田五郎も青樹社から著作を出版していた。ある日、僕はその同級生から藤田五郎に会った話を聞いた。

――やっぱり、怖い人？

――そんな雰囲気はなかったよ

「藤田五郎＝藤川五郎」というイメージを抱き続けていた僕は、やはり黒ドスを握りしめた渡哲也の映像しか浮かばなかった。渡哲也と藤田五郎は切っても切れない関係なのだ。「無頼」シリーズはもちろん、渡哲也が最高の演技を見せた深作欣二監督「仁義の墓場」（一九七五年）も、藤田五郎原作である。

「仁義の墓場」は渡哲也の病気復活第一作だったが、この撮影後に再び入院する。深作監督の現場は、相当にきつかったのかもしれない。「仁義の墓場」のポスターの惹句は「俺が死ぬときは、カラスだけが啼く。凶暴無惨・石川力夫」だった。

自分の組の親分を切りつけ、自分が自殺に追い込んだ妻の骨をかじり、無茶苦茶な三十年を生きて「大笑い三十年のバカ騒ぎ」と刑務所の壁に刻んで、屋上から飛び降りた伝説のヤクザ石川力夫。

もしかして、藤田五郎はヤクザ時代に石川力夫と面識があったのだろうか。時代は重なっている。そんな凄絶な男たちの生涯を描き続けた藤田五郎は、書き続ける中で何かが己の体の中に澱のように溜まり続けたのかもしれない。一九九三年十二月十一日、藤田五郎も壮絶な死を選んだ。

それから二十七年後の八月十日、「東京流れ者」の不死鳥の哲、「無頼」の藤川五郎、「仁義の墓場」の石川力夫を演じた渡哲也は死んだ。七十八歳だった。一九六四年に日活に入社し、一九六五年に「あばれ騎士道」でスクリーン・デビュー、五十六年間の俳優人生だった。

淡路島で育ち、青山学院大学に入り空手部の部員として活躍していたが、日活が浅丘ルリ子の相手役募集をしたときに（例によって）友人が黙って応募し、石原裕次郎に会えるかもしれないと日活撮影所に赴き、そのままスカウトされた。

デビュー当時は救いようのない大根役者で、日活が提携していた劇団「民藝」に勉強に出されたけれど、あまり演技は上達しなかった。当時の劇団「民藝」の長老は、宇野重吉と滝沢修だ。共産党系文学者だった中野重治から二字をもらって芸名を付けたという宇野は戦前からの演劇青年だったが、戦後、様々な映画に出演して顔の売れた役者になった。

しかし、左翼系の劇団を運営するのは大変だったらしく、戦後に製作を再開した日活と提携し、劇団員を日活映画に出演させて運営資金を稼いだ。だから、昔の日活映画には後に名優になる「民藝」の俳優たちがいっぱい出ている。宇野重吉と石原裕次郎の仲も日活時代に培われたものだった。

　幸いなことに、渡哲也は「新劇的演技」には染まらなかった。おそらく、彼の目標は石原裕次郎だったのだ。自然体の演技、本人の魅力で惹きつける演技である。デビューしたばかりの頃の出演作、石原裕次郎主演の「泣かせるぜ」（一九六五年）を見るとよくわかる。演技者として見ればぎこちないが、素の部分で観客を魅了する「スター性」を持っていた。

　渡哲也自身もインタビューで言っている。「演技は弟（渡瀬恒彦）の方がずっとうまい」と。しかし、デビューから四年後には、あの「藤川五郎」になるのだ。渡哲也を思い出すと、五十年以上昔の黒ドスを構えた泣き顔の藤川五郎が浮かんでくる。そして、僕は「ヤクザの胸はなぜにさびしい～」と「無頼のテーマ」をまた歌い出す。

(2020.08.15)

権力闘争のむなしさを描く

■野望と夏草／山崎正和

⊛仁義なき戦い／深作欣二監督

　今年の夏、山崎正和さんが亡くなった。僕には名前を聞くと「知性」という言葉が浮かぶ人が何人かいる。その筆頭には「加藤周一」という名が出てくるし、僕と同世代の哲学者としては「内田樹」さんが浮かぶ。亡くなった山崎正和さんもそのひとりである。山崎正和さんの作品を初めて読んだのは、戯曲の「世阿彌」だったのだが、劇作家というより評論家あるいは思索家のイメージが強い。

　大学生の頃、山崎正和さんの著作を集中的に読んだ時期がある。もっとも、まだそれほど多くの本は出ていなかった。「世阿彌」は山崎さんが世に出るきっかけになった戯曲で、「野望と夏草」は僕が大学に入った頃に出た新作戯曲だった。山崎さんは新進の戯曲家だったのだ。ただし、正統的で重厚な作風は、当時の演劇状況の中では保守的と見られていたかもしれない。

　六〇年代後半から七〇年代にかけては唐十郎の赤テント「状況劇場」があり、寺山修司の「天井桟敷」があり、黒テントの「自由劇場」があり、早稲田小劇場では白石加代子が狂気女優として評判だったし、三田の慶応ではつかこうへいが登場してきた。東大の野田秀樹が出てくるのはもう少し後のことだが、戦後の新劇的なものが否定され（原田芳雄や中村敦夫などの俳優座大量脱退などもあった）、アンダーグラウンド（アングラ）的な演劇がもてはやされた。

　そんな中、山崎正和さんの戯曲はオーソドックスで、格調が高すぎたのかもしれない。たとえば一九七〇年に発表された戯曲「野望と夏草」は、保元・平治の乱から始まり平家滅亡で終わる物語だ。後白河法王と平清盛の権力闘争を中心に描く。最初の場面では、保元の乱に敗れた平忠正（清盛の叔父）と源為義（義朝の父）が柱に縛られている。兄弟親子が敵味方に別れて戦ったのだ。敗れた崇徳上皇は、弟の後白河院によって讃岐に流される。

もっとも、「腰巻お仙」や「鼠小僧」といったアングラ系前衛劇団の舞台にあまりなじめなかった僕には、「野望と夏草」で描かれた世界の方が大変おもしろかった。その背景をもっと詳しく知りたくなり、「平家物語」を原文で読もうと思うほどだった。実際、講談社文庫版「平家物語」上下二巻を購入し、何とか読み切ることができたのだった。そのおかげで大江健三郎の小説に出てきた「見るべきほどのことは見つ」という言葉を口にしたのが平知盛だとわかったのだった。

その後、山崎正和さんは「鴎外　闘ふ家長」を出し文芸評論の世界に手を広げる。「世阿彌」も「鴎外　闘ふ家長」も評価が高く、それぞれに賞をもらっている。当時、山崎さんの著作はほとんど河出書房（新社）から出ていた。僕がお茶ノ水にあった中央大学に入学した頃、河出書房は中央大学の学生会館と接したビルに入っていて、時々、社員がストをやっていた。おそらく、そのビルへ山崎さん（当時は三十代後半）もきていたに違いない。

その後、僕は評論活動が中心になった山崎正和さんの著作とは縁がなくなってしまう。時々、新聞に寄稿していたものを読むと、社会的・政治的な発言が中心だった。自民党が主宰する有識者会議のメンバーなどにもなっていたと記憶している。山崎さんは、いつのまにか保守派の評論家と目されるようになっていた。

僕が再び山崎正和さんの著作を読んだのは、八〇年代半ばになってからだった。大学を出て十年、社会人を十年もやっていると、学生時代とは違う視点が生まれてくる。その頃、僕はあるテーマで本をまとめて読むことにし、その一冊として山崎正和さんの「柔らかい個人主義の誕生」という本を手にしたのだ。その評論も何かの賞をもらっていると思う。

その当時、僕は「現代をどう捉えるか」というような、ちょっと漠然としたテーマを抱いていて、様々な評論を読み漁っていた。その中の一冊が「柔らかい個人主義の誕生」だったのだ。その本を読みながら、「山崎さん、最近は戯曲は書いていないのかな」と思ったが、それは僕の情報不足で山崎さんは戯曲もきちんと書き続けていた。

僕が「今の時代をどう捉えるか」というテーマを抱いて、いろんな本を読み漁っていたのは、今から三十年以上昔のことになった。あれは、まだ「昭和」の時代だったのだ。あれから「社会」自体が大きく変化した。現在の世界を山崎さんは、どう分析していたのだろうか。亡くなったニュースを知って、僕はそんなことを考えた。

山崎さんは、古典を題材にした戯曲で世に出た人である。古典の現代語訳にも手を染めている。僕が特に好きな戯曲「野望と夏草」は、保元・平治の乱から平家滅亡までの時代を描く作品だ。

歴史上の人物たちが権力闘争を繰り広げる。また、「世阿彌」は能を完成させた人物だが、将軍との確執もあり波瀾万丈の人生である。権力者と文化人の対立が描かれる。この辺は、秀吉と利休の確執を連想させる。

どうも僕は、権力闘争を好む傾向があるようだ。歴史は権力闘争そのものと言ってもよいだろう。「野望と夏草」にしても、最初に上皇と帝の戦いがあり、崇徳上皇方に味方した武士たちは処刑され、上皇は流罪になる。

その権力闘争の功績によって平清盛は隆盛となり、遂には後白河帝をうわまわる権力を掌握する。しかし、清盛の死後、平家は急激に滅亡する。

「野望と夏草」の最後の場面では、後白河法王が出家した建礼門院を訪ねて言葉を交わす。そこでは「権力闘争も結局はむなしい」という雰囲気が醸し出される。僕は「権力闘争のむなしさ」まで描かれていることが好きなので、たぶん「野望と夏草」をよく憶えているのだろう。「夏草」には、芭蕉の「夏草や兵どもが夢の跡」のニュアンスがある。

ちなみに、文学座が上演した内野聖陽の清盛、津嘉山正種の後白河という配役の「野望と夏草」は忘れられない舞台だった。以下のセリフを、あの津嘉山正種の渋い低音の声で想像してみてほしい。

――できることなら答えてくれ。このむなしさに帰るために、ひとはなぜ一度あの栄華を築かねばならぬ。なんのためだ。

ところで、権力闘争とそのむなしさを描いた映画作品というと、僕は「仁義なき戦い」（一九七三年）を思い出す。呉とヒロシマを舞台にヤクザ社会の頂点に立とうとする人間たちの戦いを描き、戦国時代の歴史を見るのと同じような面白さを感じさせてくれる。裏切りと離反が繰り返され、敗れた人々が死んでいく。だが、呉のヤクザの頂点を獲ったサカイのテッチャン（松方弘樹）も謀殺され、広能昌三（菅原文太）は戦いのむなしさを感じて祭壇に向かって銃弾を撃ち込む。

（2020.08.22）

自虐的で無様な主人公たち

■フィデルマンの絵／バーナード・マラマッド
⊛ナチュラル／バリー・レビンソン監督

昔、「海」という中央公論社が出していた文芸誌があった。文藝春秋社の「文學界」や講談社の「群像」に比べると後発で、独自色を出すためか海外作品をよく特集した。編集部には後に「時代屋の女房」で直木賞を受賞する村松友視さんや「海」休刊後に「マリ・クレール」編集部で活躍する安原顕さんがいた。

あれは、僕が高校三年のときだったと思う。「海」の海外作品特集で、初めてバーナード・マラマッドの短編を読んだ。「最後のモヒカン」というタイトルで、「フィデルマンは、画家としては落第であることをみずから認めて、ジォットー研究の準備をすすめるためにイタリアへやってきた」という書き出しが妙に僕を捉えた。すでに夢をあきらめた人間として登場してきたからかもしれない。

ローマにやってきたフィデルマンは、「ガイドはいらないか」と声をかけてきた胡散臭い男ススキンドにまとわりつかれ、大事な原稿の入った鞄を取られてしまう。その後、原稿を取り戻そうと奮闘する、フィデルマンの滑稽かつ無様な姿が「これでもか」というくらい描写される。フィデルマンは不運な目に遭い続けるわけだが、そこが当時の僕の気分にフィットした。

その「最後のモヒカン」を下敷きに、僕は初めて短編小説を完成させた。それまで、断片やメモ程度のものは書いていたけれど、きちんと構成を決めて四百字詰め原稿用紙で三十枚ほどの小説を書いたのは初めてだった。それは、主人公の「僕」が理不尽にひどい目に遭い続ける物語で自虐的な作品だった。

バーナード・マラマッドは、ユダヤ人であることを主要なテーマにして書く作家である。フィデルマンという名前は、それだけでユダヤ系であることがわかる。六〇年代に登場しアメリカ文学の主流になったユダヤ系作家たちは、みんな大御所になっていくのだが、フィリップ・ロスやジョン・アップダイクに比べるとマラマッドは地味な存在だった気がする。しかし、僕はマラマッドの翻訳された作品を次々と読破した。

当時、角川文庫から長編「汚れた白球」と「アシスタント」が出ていて、新潮文庫からは「マラマッド短編集」が出ていた。「魔法の樽」という短編集の作品が中心だったと思う。フィデルマンを主人公にした連作短編集「フィデルマンの絵」が河出書房から出たのは、一九七〇年、僕が浪人をしているときだった。フィデルマンは、どのエピソードでもひどい目に遭っていて気の毒になるほどだった。

しかし、作者のマラマッドがフィデルマンを愛しているのは伝わってきた。それは、他の小説でも同じだ。たとえば「新しい生活」のレヴィンは、ある挫折を抱えて地方のカレッジに教師としてやってくるが、そこで様々なことに遭遇し、無様な姿を晒し、ラストでは再び逃げるように去ることになる。おまけに、新しい苦悩を抱えて、である。そんな、ダメ男を作者は深い愛を込めて描いていた。

「ドゥービン氏の冬」という大長編では、伝記作家ドゥービンの人生が語られるが、そこにも無様で滑稽なエピソードがいっぱい出てくる。若い女とセックスできそうになったとき、相手が突然に具合が悪くなり、彼女が汚物で汚したホテルの床を拭くことになる初老のドゥービンの姿は、滑稽でみじめで、未練たらしく、そして悲劇的でもあった。

おそらく、僕がバーナード・マラマッドを愛読し続けてきたのは、そんな無様でカッコ悪い、自虐的な主人公たちが好きだったからだ。だが、マラマッドの小説を映画化した作品は、なぜかみんなカッコいい闘うヒーローになっている。帝政ロシア時代のユダヤ人迫害をテーマにした「フィクサー」（一九六八年）であり、「ナチュラル」（一九八四年）である。

「フィクサー」はジョン・フランケンハイマーの監督で、主演はアラン・ベイツだ。当時、アラン・ベイツは引く手あまたのイギリス人俳優だった。「その男ゾルバ」の作家役が印象に残っている。彼が演じたのは、ユダヤ人ヤーコフ。帝政ロシア時代に近所で子供が殺され、ヤーコフは冤罪で逮捕される。小心で、卑屈で、臆病だったヤーコフは、獄中の読書で次第に思想にめざめ、自分の無罪を堂々と主張する男になっていく。

「汚れた白球」のタイトルで出ていた「ナチュラル」（自然児といった意味らしい）は、マラマッドの処女作である。現実にあった野球の八百長事件「ブラックソックス事件」をベースにしている。裁判所から出てきたシューレス・ジョーことジョー・ジャクソンに向かって、少年ファンが言ったという「嘘だと言ってよ、ジョー」のセリフは、そのまま小説に取り入れられ「嘘だと言ってよ、ロイ」とラストに出てくる。

映画のストーリーは、マラマッドの小説に割に忠実に進んでいく。雷が落ちた木から作ったバットを持ってメジャー・チームのテストを受けにいく途中、スター選手と対決することになり、彼を三振に仕止めた十代のロイ・ハブスは、ヒーローを殺すことに取り憑かれた異常な美女に誘惑されて撃たれ、十数年という年月を棒に振るが、三十を過ぎてメジャーデビューしバッターとして注目される。

小説では、「嘘だと入ってよ、ロイ」という少年ファンの言葉を聞いて、ロイ・ハブスがさめざめと涙を流して終わったと記憶している。暗くて、苦い終わり方だった。しかし、映画版「ナチュラル」は気持ちよく終わるし、主人公ロイ・ハブスを演じたロバート・レッドフォードは、最後まで高潔でカッコいいヒーローだった。レッドフォードの出演作の中でも、人気の高い映画だと思う。

僕もレッドフォード出演作の何作かは、ときどき見たくなるものがある。「明日に向かって撃て」とか「スティング」「ホットロック」といった作品だ。もちろん、「ナチュラル」もその一本で、ホームランボールが照明灯を直撃し、まるで花火が上がったようになり、光の中をロイ・ハブスがグランドをまわるシーンをときどき見たくなる。

マラマッドの原作とはまったく違う雰囲気なのだけれど、ハッピーエンドの方がヒットするというのはハリウッドの常識である。もちろん、自虐的で無様で滑稽な主人公は、ハリウッドではプロデューサーに「こんな主人公を誰が見たがるかね」と、相手にもされないだろう。よく、二本も映画化されたものだと思う。

（2020.09.06）

親を棄てる

■楢山節考／深沢七郎
🎞楢山節考／今村昌平監督

今年になって千葉の自宅に帰ったのは、通算二ヶ月足らず。ずっと高松の実家の裏の家にいて、父母の面倒を見ている。父母は共に大正十四年生まれで、もうすぐそろって九十五歳になる。長寿の時代だが、夫婦がそろって九十五というのは珍しいかもしれない。

ただ、父は慢性心不全で今年から酸素吸入が手放せなくなり、外出もままならない。調子がよいとボンベを引いて散歩したりしていたが、先日、今年になって三度目の入院になった。

父が入院すると、認知症が進み始めた母をひとりにしておけず、実家で母と暮らしている。今年の春先、やはり父が入院したときに母とふたりで実家で暮らしたが、話が通じず、イライラすることばかりだった。つい、大声を挙げてしまう。

母の方も、自分の家だという意識が強いから、ある日、「私はこの家の女主人だあ」と叫んだ。ストレスがたまっていたのだろう。今回は、僕の方もムキにならないようにしている。

しかし、先日、昼食に僕が作ったちらし寿司を「おいしい」とオカワリまでしたのに、昼寝して起きた母親は「昼ご飯食べていない。お腹が空いた」と、向かいの家に住んでいる兄夫婦の家に訴えたという。僕が裏の家に戻ったほんの三十分の間のことだ。義姉から電話がきて、あわてて迎えにいくと、「昼ご飯食べてない」と言い募る。情けなくなった。

介護の苦労はいろいろ耳にしていたが、実際に担うことになると、毎日「やれやれ」という状態になる。義姉が手伝ってくれるので少し助かるが、義姉も実家の母親が介護施設で暮らしており、そちらの世話もあって、あまり頼るわけにもいかない。それでも、顔の見えないところにいると、やはり心配になってしまう。

父は耳が遠くて筆談でないと話が通じないが、頭ははっきりしていて金銭の管理も自分でやっている。それで助かっていたのだけれど、入院してしまったから、毎日、汚れ物を引き取り、洗濯をして届けるという日々になった。コロナのせいで、面会も一日一回だけと制限されている。

そんな状況なので、ケアマネージャーと相談して、母をショートステイで介護施設にしばらくあずけることにした。近所の施設なので、父も「近くていいじゃないか」と言う。母も最初は「あ、そう」と納得した返答だったが、一度寝て起きてくると「私は絶対にいかない」と言い始めた。「二十四時間、僕がついてるわけにもいかないから」と言っても、説得される相手ではない。

昔、倉本聰さんが母親を施設に入れるために連れていった経験を元に単発ドラマを書いた。七〇年代の話である。当時は、子親を施設にあずけることは親不孝として受け取られたから、子供の方にも後ろめたさがあった。倉本さんは、その経験をエッセイにも書いていたし、「やすらぎの郷」の中でも使っていた。

介護施設に親をあずけるのは、昔ほど子供の側に後ろめたさを感じさせなくなったのだろうが、昔の人間である母は「親を棄てるのか」といった反応を示す。僕の方にも少し罪悪感があるから、昔からの「姥捨て伝説」が浮かんでくる。「楢山節考」というタイトルが甦った。母は「えらい（苦しい）、死にたい、殺してくれ」と真顔で僕を見つめる。

僕が文学に目覚めた頃、深沢七郎の「楢山節考」はすでに高い評価を受けた小説だった。この作品で世に出た深沢七郎だったけれど、当時の書評を見ると新人の作品とは思えないほどの絶賛である。僕も読んでみようと思ったが、すでに「風流夢譚」事件後のことで、深沢七郎は筆を折って「ラブミー牧場」の主人として週刊誌の人生相談などに登場するような存在だった。

そんなわけで、僕は「楢山節考」より「風流夢譚」を読みたくなった。その後、大学生のときに地下出版の形で出た「風流夢譚」を読むことができたのだが、「何がおもしろいの？」という感じだった。革命が起こって皇居前で天皇が処刑される夢を見たというだけの短編である。肩すかしを食らった気分だった。その短編は右翼から猛抗議を受けることになり、掲載した中央公論社の社長宅を右翼の少年が訪れ、応対した社長の妻とお手伝いさんを刺し、お手伝いさんが死んだ。

死者を出したことで深沢七郎は筆を折ったのだが、後にまた書き始め谷崎潤一郎賞などを受賞した。しかし、深沢七郎というと、やはり「楢山節考」が代表作だ。木下惠介、今村昌平という日本を代表するふたりの監督によって、二度、映画化された。木下版「楢山節考」（一九五八年）は、小説が話題になってすぐに映画化されたものだ。主演のおりんは田中絹代。オールセットで、人工的なカラーだったのをよく憶えている。

今村版「楢山節考」（一九八三年）は、試写で見た記憶がある。非常に日本的な作品だと思っていたから、カンヌ映画祭でパルム・ドールを受賞したニュースに驚いたものである。おりん婆さんは坂本スミ子。「『エロ事師たち』より 人類学入門」（一九六六年）でも重要な役を演じており今村監督のお気に入りなのかもしれない。

今村版「楢山節考」で忘れられないのは、雪が降ってきたので棄ててきた母が心配になって引き返す息子（緒形拳）より、「死にたくない」とすがりつく父親（辰巳柳太郎）を谷底に蹴り落とす隣家の息子（深水三章）だ。その後、「やっと厄介払いができた」という涼しい顔をしていた。

「楢山節考」を思い出すと、あの深水さんのシーンが浮かんでくる。「親を棄てる」というより「親を殺す」である。実際に親の介護を経験すると、そんな気持ちもわかってしまう。それが悲しい。そんなとき、僕は「東京物語」の大坂志郎のセリフ「親孝行したいときには親はなし。さればとて、墓に布団は着せられずや」も一緒に思い出すようにしている。（2020.09.14）

幸福になれる野球小説

📕シューレス・ジョー／W・P・キンセラ
🎞フィールド・オブ・ドリームス
／フィル・アルデン・ロビンソン監督

先日、バーナード・マラマッドの「ナチュラル」のことを書いたら、セットのようにW・P・キンセラの「シューレス・ジョー」を思い出した。「ナチュラル」（原作の方）も「シューレス・ジョー」も一九一九年のワールドシリーズで起こった「ブラックソックス事件」をベースにしているからだ。

一九八四年、文藝春秋の新刊として「シューレス・ジョー」という本が書店に平積みになった。まったく知らない作家だったけれど、野球小説が好きな僕としては興味を引かれて購入した。それから五年ほど経った頃、「シューレス・ジョー」が「フィールド・オブ・ドリームス」（一九八九年）として映画化され、公開に合わせて文庫化された。

幸いなことに、僕は先にその不思議な原作を読んでいた。主人公の名前はレイ・キンセラ。アイオワでトウモロコシを作っている。

ある日、トウモロコシ畑で「それを作れば彼はくる」という声を聞き、トウモロコシ畑の一部を切り開いて野球のグラウンドを作る。そして、そこへ迎えるべき人たちを捜しにアメリカ中を旅するのだ。

彼が連れてくる作家は映画では黒人作家で架空の人物になっていたが、原作ではジェローム・デービッド・サリンジャーである。自宅の敷地に高い塀をめぐらし、早くから隠遁生活に入ってしまった作家だ。隠遁した後は作品の発表もないのだが、「キャッチャー・イン・ザ・ライ」や「フラニーとズーイー」などの作品は世界中で売れ続けている。

レイ・キンセラが連れてこようとしているのは、現実の世界で夢が果たせなかった人たちである。そのひとりが、メジャーリーグの試合に一イニングだけ守備で出て一度もバッターボックスに立たなかったムーンライト・グラハムだ。

彼は故郷の田舎町に帰り、医者として町の人たちに頼られ尊敬されて生涯を終える。その人生に「見果てぬ夢」という言葉を僕は連想した。

レイ・キンセラの野球場には、過去に野球の夢を完遂できなかった人たちが集まってくる。すでにこの世の存在ではない、幽霊たちである。

シューレス・ジョー・ジャクソンを含む八人の野球選手たちは、八百長事件によって野球界を追放され二度と野球ができなかった。裁判所から出たジョーに、少年ファンが「嘘だと言ってよ、ジョー」という言葉を投げた伝説も生まれた。

アメリカでは「フィールド・オブ・ドリームス」が製作された前年に、「エイトメン・アウト」（一九八八年）という映画が作られている。日本では公開されなかったが、後にWOWOW

で放映された。硬派監督ジョン・セイルズの作品だ。ジョン・キューザックやチャーリー・シーンなど、当時の若手人気俳優が出ている。

これは「ブラックソックス事件」を取材したノンフィクション「エイトメン・アウト」を原作として映画化したもので、事実に即した作品になっていた。僕はWOWOWで放映されたときに見たが、原作の翻訳本は分厚いので敬遠してしまった。読んでおけばよかったと今は思う。

シューレス・ジョーことジョセフ・ジェファスン・ジャクソンは一八八七年に生まれ、一九五一年十二月に死んだ。一九一九年、まだ白人しかプロ野球選手になれなかった頃、ワールドシリーズにシカゴ・ホワイトソックスの主力選手として出場した。ホワイトソックスは絶対優勢と思われていたが、初戦で惨敗する。

そのまま、ホワイトソックスはシンシナティに負けてしまう。それが不自然に見えたのか、「八百長ではないか」と人々が噂をし、ついに連盟の調査が始まる。

翌年、コミッショナーはシューレス・ジョーをはじめ八人の選手を永久追放にし、彼らは「悲運の八人」と呼ばれた。シューレス・ジョーは、その後の三十二年間をどんな思いで生きたのだろう。

さて、「フィールド・オブ・ドリームス」は、主人公を団塊世代（アメリカではベビーブーマー）にして、冒頭でレイ・キンセラが農場に落ち着くまでの人生を語ってしまう。その中にはウッドストックも登場するし、フラワー・チルドレンや大学紛争で有名なバークレー大学も出てくる。

レイ（ケヴィン・コスナー）の妻（エイミー・マディガン）も学生運動の闘士で、夫とは同志的な結びつきで結婚しているから夫への理解がある。トウモロコシ畑をつぶしても文句を言わないし、黒人作家の小説（原作では「キャッチャー・イン・ザ・ライ」）を禁止にしようとする父母会では、反対論を展開して大勢を論破する。

ちなみに「キャッチャー・イン・ザ・ライ」が出版当時、多くの州で禁書扱いされたのは、最後に出てくる「ファック・ユー」という落書きが、敬虔なクリスチャンたち（トランプ支持の長老派など）を刺激したからではないだろうか。まあ、内容的にもPTAには受けないと思うけど——。

それにしても、何十年も前に死んだシューレス・ジョーや仲間たち、そしてレイ・キンセラの父親、医者として生涯をまっとうしたムーンライト・グラハムなど、幽霊たちが楽しそうに野球をやるシーンは、やはり映像で見た方が身に迫ってくる。見終わって幸福感に浸れる野球映画として、「ナチュラル」と「フィールド・オブ・ドリームス」はときどき見たくなる。

（2020.10.03）

映画評論の金字塔

■鈴木清順論／上島春彦

❀陽炎座／鈴木清順監督

上島春彦さんと初めて会ったのは、二〇〇七年の初め頃だと思う。僕の「映画がなければ生きていけない」の最初の二巻が前年末に書店に並び、何人かに献本し「何が送られてきたかと思ったよ」と言われた後のことである。何しろA5判、上下二段組、一巻で六百ページだから二巻だと千二百ページになる。二巻合わせると背幅は十センチ近い。

献本した中に成田泉さんがいた。一九八〇年頃にライターとして出会い、様々な仕事をお願いしてきた。成田さんは自主製作映画として十六ミリで「殺しが静かにやってくる　生成篇」（一九七九年）と「殺しが静かにやってくる　爆殺篇」（一九八一年）を監督している。「爆殺篇」には「電撃ネットワーク」の南部虎太さんが出ていて、昔、成田さんに酒場で紹介してもらったことがある。僕は「電撃ネットワーク」の過激ギャグのファンだったのだ。

成田さんは、その後、文筆の仕事をするようになり、編集者兼ライターとして僕とのつきあいが始まった。昔、横浜映画学校のゼミを取材してもらったときには、浦山桐郎監督と三人で呑んだこともあった。成田さんはライターとしてはボクシングの記事を得意とし、昔のことだが世界チャンピオン戦前日に畑山隆則の本を上梓したこともある。やがて、編集プロダクションを立ち上げ、今も様々な本を編集している。

献本した後、成田さんから「話題の映画の本を出している上島くんという映画評論家がいて、今度、紹介したい。一緒に呑もう」と連絡があった。「上島春彦さんですか」と僕は答えた。当時、「レッドパージ・ハリウッド」という本が出たばかりで、大きな話題になっていたのだ。新聞の書評欄でも大きく取り上げられていた。

今、手元にある「レッドパージ・ハリウッド　赤狩り体制に挑んだブラックリスト映画人列伝」の奥付を見ると、「初版第一刷」は二〇〇六年七月十五日になっていて、僕の持っているのは「初版三刷」で二〇〇六年九月二十日の発行だ。本体三千八百円のハードカバーの映画の本が二ヶ月で三刷とは驚異的である。帯には「蓮見重彦氏絶賛」とあった。

僕は、成田さんに「ぜひ紹介してください」と返事をした。上島さんは僕より八歳若く、編集者をしながらじっくりと映画論を書き続け、すでに「宮崎駿のアニメ世界が動いた――カリオストロの城からハウルの城へ」とか「モアレという幻」などの著書を出していた。「キネマ旬報」のレギュラー筆者でもある。

というわけで、二〇〇七年の早い時期に僕は成田さんの紹介で上島春彦さんと酒席を共にした。西銀座あたりの居酒屋だったと思う。もちろん、話は終始、映画のことばかりだった。そんな話の中で、上島さんが「今度、鈴木清順論を書こうと思っているんです」と口にした。僕はすかさず「だったら、昔、僕が清順さんをインタビューしたテープを提供しますよ」と言っていた。

僕が鈴木清順監督をインタビューしたのは、一九八一年の夏のことである。その頃、僕は八ミリ専門誌「小型映画」編集部にいて、「監督インタビュー」というページを担当していた。その第一回目は加藤泰監督「炎のごとく」で、その後、相米慎二監督「セーラー服と機関銃」、工藤栄一監督「ヨコハマＢＪブルース」、大林宣彦監督「ねらわれた学園」、小栗康平監督「泥の河」などを取材した。

鈴木清順監督を取材したのは、「陽炎座」（一九八一年八月二十九日封切り）の公開直前だった。渋谷にあったシネマプラセットの事務所で、目の前にはプロデューサーの荒戸源次郎さんと清順監督が並んで座った。十代で「東京流れ者」や「けんかえれじい」を見て以来、神と仰ぐ清順監督が目の前にいて、僕はひどく緊張していた。

そんな緊張を和らげようと、僕は「ゴールデン街の『銀河系』の棚に清順さんのボトルがありましたよ」といきなり口にした。監督は「ああ、あれね」と答えただけだった。僕が緊張していたひとつの理由は、「清順さんは、まともに質問には答えてくれないよ」という業界関係者の忠告があったからだった。確かに、質問を「煙に巻く」ので評判の清順監督である。

しかし、そのときのインタビューには、清順さんはまともに答えてくれたのである。もっとも、僕が訊いたのは不思議な映像をどのように作ったかというテクニック的なことが多かったので、答えやすかったのかもしれない。たとえば、大楠道代が大樽の水中に沈み、口から赤いほおづきがひとつ浮かぶと、やがて沢山のほおづきが浮かび上がり水面を覆うシーンを「どうやったのですか」と僕は訊いた。

今でもよく憶えているのだが、夜叉ケ池で小舟に乗っている松田優作がいて、いきなり小舟がコンパスで円を描くように舳先を中心に回転するシーンがあり、その仕掛けを訊くと、荒戸さんと清順さんは顔を合わせ「してやったり」というような笑顔になった。結局、仕掛けは明かしてもらえなかったと思うけれど――。

その「監督インタビュー」の取材テープは、僕の個人的な宝としてずっと保管していたが、その中の清順さんのテープを、酒席の後、すぐに僕は上島さんに送った。コピーもとらず、オリジナルテープを送ったのは、自分が持っていても単なる自己満足にすぎないと思うようになっていたからだ。監督たちをインタビューしたのは一九八一年のこと。僕の二十九から三十歳の時期だ。翌年には「小型映画」は休刊になり、上島さんに送った時点で二十六年の歳月が過ぎていた。

先日、ものすごい本が作品社から送られてきた。Ｂ５判の上製本。ハードカバーである。重さを測ると、一キロ半あった。

総ページは七百ページに及ぶ。上下二段組で、三段組の部分もある。後書きによれば「当初二千枚を考えていたのだが、終わってみれば三千三百五十七・八枚（四百字詰原稿用紙換算）を数えることになった」とある。本体価格は、一万円だ。帯に「圧倒的スケールで打ち建てる、映画評論の金字塔」とある。

ちなみに、後書きには「十河進さんからは『陽炎座』公開時の貴重なインタビュー音源をカセットテープで頂戴した」と書いていただいている。あれから十三年、上島さんの力作「鈴木清順論 影なき声、声なき影」は、想像を絶する凄い本として出版された。十三年間の途中で上島さんは、「血の玉座 黒澤明と三船敏郎の映画世界」（作品社）も出している。毎週、適当な短文を書いている僕など恥入るしかない。（2020.10.06）

原作を超えたラストシーン

■離愁／ジョルジュ・シムノン

離愁／ピエール・グラニエ＝ドフェール監督

ジョルジュ・シムノンの小説を初めて読んだのは、中学一年の夏のことだった。初めて買った「エラリィ・クィーンズ・ミステリマガジン（ＥＱＭＭ）」一九六四年九月号に「メグレと若い女の死」の連載第一回が掲載されていたのだ。その他にはレイモンド・チャンドラーの「カーテン」が一挙掲載だったたし、巻頭には星新一の「進化した猿たち」というコラムが連載されていた。

しかし、一九六四年十二月号で「エラリィ・クィーンズ・ミステリマガジン」は終わり、翌年の一月号からは「ハヤカワズ・ミステリマガジン」になり、後に「ミステリマガジン」となって今も隔月刊で続いている。僕が買っていた頃の編集長は、後に直木賞を受賞する常盤新平さんだったが、その前任編集長も「追いつめる」で直木賞作家になった生島治郎こと小泉太郎さんだった。

僕がＥＱＭＭを買い続けることにした要素のひとつは、「メグレと若い女の死」の連載を読み続けたかったことがある。メグレ警視の冷徹な視線で語られる殺人事件が何となく気に入ったのだろう。メグレ警視は名探偵ではなく、地道な捜査を指揮して事件の本質に迫る。ホームズものに飽きた僕には、新鮮だったのだ。メグレの部下として登場する「不機嫌な刑事」も強く印象に残った。

その後、創元推理文庫で出ていた「男の首」「黄色い犬」などを読み、角川文庫「サン・フォリアン寺院の首吊り人」を読んだ。後に河出書房からペーパーバックサイズの「メグレ警視シリーズ」が出たときには、最初の配本「メグレと殺人者たち」を買い、その後は興味を引いたものを買った。そのシリーズ刊行の頃、東京に舞台を移したテレビドラマが放映され、「目暮警視」を愛川欣也が演じた。

僕は「メグレ警視シリーズ」は二十冊ほどは読んだだろうか。しかし、最も僕の記憶に残っているのは、早川書房「世界ミステリ全集」に入っていた「メグレの回想録」である。他には、ボアロー&ナルスジャック「悪魔のような女」とアルベール・シモナン「現金に手を出すな」が入っていた。「メグレの回想録」は、パリ警視庁に実在するメグレ警視がジョルジュ・シムという若い作家に取材され、自分のことが小説で有名になってしまったという設定で書かれていた。

ジョルジュ・シムノン=メグレ警視シリーズ（百冊以上書いたらしい）ではあるけれど、シムノン自身は純文学作家であると自負していたという。五十年くらい昔になるだろうか、集英社からシムノンの純文学作品がまとまって出版されたことがある。アンドレ・ジッドが絶賛したという「雪は汚れていた」とか「リコ兄弟」などだ。その後、集英社文庫に収められたが、メグレ警視シリーズほどは売れなかったらしい。

先日、ユーチューブでフランス映画を検索していたら、古い作品がいくつかヒットした。フランス人がアップしているのか、もちろん日本語字幕などついていない。昔、習い覚えたフランス語（まだ英語の方がわかるけど）を思い出しながら見ていたら、どれも原作がシムノンだった。日本未公開「フルショー家の兄」はジャン=ポール・ベルモンド主演で、ダイアローグはジャン=ピエール・メルヴィルとクレジットされていた。もう一本は、ブリジット・バルドーとジャン・ギャバン主演の「可愛い悪魔」だった。

その画質の悪いフランス映画を見ながら、シムノンは「メグレ警視シリーズ」以外の映画化作品でも記憶に残るものがいっぱいあるなと思い、数えてみると「倫敦から来た男」（二〇〇七年）「仕立屋の恋」（一九八九年）「離愁」（一九七三年）「帰らざる夜明け」（一九七一年）「マンハッタンの哀愁」（一九六五年）などが甦ってきた。「マンハッタンの哀愁」はジャズ・ピアニストのマル・ウォルドロンが創った「オール・アローン」が主題曲として流れる僕の思い出の映画だ。

しかし、やはり、極め付きは「離愁」である。ジャン=ルイ・トランティニャンとロミー・シュナイダー主演の「離愁」は一九七五年二月に日本公開になった。僕はテレビの映画紹介番組で予告を見て、絶対に見にいこうと思った。

その当時（今もだけど）、僕はロミー・シュナイダーの熱烈なファンだったのだ。監督のピエール・グラニエ=ドフェールは、アラン・ドロンとシモーヌ・シニョレを使った「帰らざる夜明け」に続いてシムノンの小説を映画化した。

「離愁」の原題は、原作と同じく「列車」である。一九四〇年、ドイツ軍がフランスに攻め込んできて、国境近くの街の電気屋だった男は身重の妻と娘を連れて避難する。避難民たちで列車はいっぱいだ。

男は貨物車両に乗り込むが、身重の妻と娘は座席のある車両に移る。男の乗った貨物車両に、黒いスーツの美しい女が乗り込んでくる。長い移動の間に男は女と心を通わせ、やがて男女の関係になる。

列車が目的地に到着し、男が妻の出産を知って病室へ行っている間に女はいなくなる。それから数年、ナチス占領下の街で男はラジオ商として商売をしているが、ある夜、ドイツ兵にゲシュタポの取調室に連行される。

そこにはレジスタンスに身を投じた女が逮捕されていて、男の妻の身分証を持っていたと訊問官に問い詰められる。女を知っていると言えば、男もゲシュタポに逮捕され命はない。そして、情感にあふれた、忘れられないラストシーンがやってくる。あのロミー・シュナイダーの顔を、僕は一生忘れない。

それほど感動したものだから、僕は早川書房から出ていたシムノンの原作を買ってみた。シムノンらしいシニカルな物語で、結末もまったく異なっていて、ちょっとがっかりしたけれど、映画のラストシーンのような設定をシムノンが書くわけないな、と納得したものだった。シムノンの本質は、シニカルなリアリストなのだと思う。過剰な思い入れや、センチメンタルな設定は、シムノンには似合わない。

しかし、僕は「離愁」を見終わったとき、しばらく映画館の椅子から立ち上がれなかった。周囲からは嗚咽が聞こえていたし、さっさと席を立つ人もいなかった。

僕の頬も涙が伝っていた。僕は「あそこで、ストップモーションにするかよ」と強がってつぶやいたが、それは自分が泣いていることに照れていたからだ。あれから数えきれないほど映画を見てきたけれど、「離愁」を越えるラストシーンを僕は知らない。

(2020.10.14)

リー・マーヴィンの眉

殺戮の月／リチャード・スターク
殺しの分け前 ポイント・ブランク／ジョン・ブアマン監督

村上春樹さんは小説の中に具体的に音楽、映画、ファッションブランド、車などの名前、あるいは「スターバックス」といった固有名詞を出してくるのだが、それがハルキストたちには「オシャレ」と映るらしい。特に音楽に関しては、村上作品に出てきた曲のリストを作成し解説する本まで出ている。

そうした具体的な曲名や映画のタイトルは、村上作品の中である種の記号となり、村上ワールドを創り出す要素となる。作家が意識的にやっているのは間違いない。しかし、「騎士団長殺し」で「邪悪なるもの」の象徴として登場した「白いスバル・フォレスターの男」については、「スバル」からクレームがつかなかったのか少し心配になった。

僕がそう心配したのは根拠のないことではなく、短編集「女のいない男たち」の「まえがき」で村上さんは雑誌発表時に実際の地名で書き、「地元の方から苦情が寄せられ、それを受けて別の名前に差し替えた」と書いてある。僕は雑誌発表時に読んでいたので変更部分がわかったけれど、「へえ、世の中にはそんなことに目くじら立てる人もいるんだ」と思った。

僕は村上さんに近い世代で十代に見た映画も共通するものがあるので、作品の中に映画のタイトルが出てくると、ニヤリとすることが多い。「動く標的」や「キーラーゴ」は、けっこう登場する。先日、「騎士団長殺し」を再読していたところ、こんな文章にぶつかった。最初に読んだときにも、きっとニヤリとしたと思うのだけれど、すっかり忘れていた。

――騎士団長は片方の眉をぐいと上げて私の顔を見た。その眉の上げ方は映画『ポイント・ブランク』のリー・マーヴィンの眉の上げ方によく似ていた。とてもクールだ。まさか騎士団長が『ポイント・ブランク』を見たとは思えなかったが。

「殺しの分け前／ポイント・ブランク」（一九六七年）はリチャード・スタークの「悪党パーカー」シリーズの一作目「人狩り」（原題は「ザ・ハンター」だったが、後に「ポイント・ブランク」に変更した）を映画化したもので、リー・マーヴィンが主人公を演じた。なぜか、名前は「ウォーカー」に変わっていた。リー・マーヴィンは長身で手足が長く、いつもクールで表情を変えないプロの犯罪者の雰囲気をよく出していた。

その頃には、リチャード・スタークがハードボイルド作家として「殺しあい」や「その男キリイ」などを発表していたドナルド・Ｅ・ウェストレイクの別名だと知られていた。「悪党パーカー」は裏切った元妻の死体の顔を冷静に切り刻む（元妻は自殺で、身元をわからなくするためだが）ことができる男として登場し、衝撃を与えたダーク・ヒーローだった。

犯罪小説が好きなフランスでは衝撃的な「悪党パーカー」は受けたらしく、ハリウッドでの「ポイント・ブランク」映画化と同じ年に、「悪党パーカー」シリーズが「闇をつきぬけろ・真夜中の大略奪」（ＤＶＤ発売で付けたタイトルだろう。日本では劇場未公開だった）と「メイド・イン・ＵＳＡ」として映画化された。前者はミシェル・コンスタンタン主演で、後者はジャン＝リュック・ゴダール作品だ。

「メイド・イン・ＵＳＡ」は「死者の遺産」が原作で、悪党パーカーをアンナ・カリーナがトレンチコートのベルトをきつく縛って演じた。「真夜中の大略奪」は「襲撃」の映画化で、原作を読んでいると長いタイトルの意味もわかる。僕はずっと見たかったのだが、先日、ユーチューブでフランス語版がヒットしたので見てみた。セリフの意味はわからない（仏文科出てるけど）が、ミシェル・コンスタンタン（僕は熱心なファンだ）は悪党パーカーのイメージにぴったりだった。

僕は「悪党パーカー」シリーズは、角川文庫で出ていた数冊

（「汚れた七人」など）を含めて「殺戮の月」までの十六作品を読み、二十三年ぶりに再開した作品も翻訳が出た四作品は読んだ。スピンオフした「俳優強盗アラン・グロフィールド」シリーズも完読した。その中で最も印象に残っているのは、パーカーの仕事仲間全員が結集し、アラン・グロフィールドを救出するシリーズ最長の「殺戮の月」だけど、ひとつの街全体から略奪する「襲撃」は初期作品の中では記憶に残る一作だった。

今まで「悪党パーカー」を演じたのは、リー・マーヴィン、ロバート・デュバル、ミシェル・コンスタンタン、アンナ・カリーナ、ジム・ブラウン、メル・ギブソン、ジェイソン・ステイサムなどである。女性や黒人もいて、「パーカー」が象徴的なキャラクターであるのがわかる。そんな中でも、「ポイント・ブランク」が公開されたときのリー・マーヴィンの印象は深く刻み込まれている。確かに、リー・マーヴィンの眉の上げ方は特徴的だった。

その三年前、リー・マーヴィンはドン・シーゲル監督の「殺人者たち」（一九六三年）で強い衝撃を僕に残した。公開は一九六四年の初夏だった。今でも四国新聞に載った映画「殺人者たち」の広告を憶えている。小学生の頃に見ていたテレビシリーズ「シカゴ特捜隊M」でリー・マーヴィンの変な顔にはなじんでいたが、「殺人者たち」でのサングラスをかけて消音器を付けたリボルバーを構える殺し屋の姿は、「これ、ほんとにヘミングウェイの原作なの？」と僕に思わせたものだ。

ちなみに、「殺人者たち」で殺される男（ジョン・カサヴェテス）のファム・ファタール（運命の女）を演じているアンジー・ディッキンソンは、「ポイント・ブランク」では裏切った元妻の妹（原作には登場しない）として出てきて、殺伐な画面に花を添えた。「リオ・ブラボー」（一九五九年）の網タイツ姿（彼女は「百万ドルの脚線美」として売り出した）を見て以来、僕は熱烈なアンジー・ファンなのだ。だからテレビシリーズ「女刑事ペパー」は欠かしたことがなかった。毎回のオープニングシーンは螺旋階段を降りてくる彼女の脚から映し出された。

ところで、今回はドナルド・E・ウェストレイクの「ホット・ロック」について書こうと思ったのだけど、書き始めると「悪党パーカー」好きが出てしまい、「ホット・ロック」まではいきつけなかった。「悪党パーカー」シリーズでシリアスでリアルなプロの強盗を描いたリチャード・スタークは、「ドートマンダー」シリーズで笑える間抜けな犯罪者たちを描いてバランスを取っていたのかもしれない。

（2020.10.20）

邪悪な男が成功する物語

■チャンピオン／リング・ラードナー
⊛チャンピオン／マーク・ロブスン監督

先日、野球小説が好きだと書いたけれど、僕がプロ野球に夢中になっていたのは、一九七五年から七八年の三年間だった。一九七五年、社会人になった僕は鬱屈した気分を、快進撃を続ける赤ヘル軍団によって晴らしていた。前年、最下位でユニフォームを新調する金もなく、帽子とヘルメットだけを赤くした広島カープは、オールスター・ゲームで山本・衣笠のアベックホームランを見せつけ、初優勝に向かって突き進んでいた。

前年、「巨人軍は永久に不滅です」と挨拶して華々しく現役を引退し、巨人軍監督として期待を背負ってデビューしたミスター・ジャイアンツ率いる巨人軍は屈辱の最下位に低迷し、その目の前で古葉監督の胴上げを見せつけられることになった。それから三年後、今度は弱小球団だったヤクルト・スワローズが安田・松岡のダブル・エースを擁し、広岡監督の元でリーグ初優勝を飾り、日本シリーズでも阪急ブレーブスに勝利した。

あの三年間、僕は阿佐谷に住んでいたこともあって、頻繁に神宮球場へ通った。外野が芝生席だった頃の話だ。困ったのは、ヤクルト・広島戦のときには一塁側へ入るか、三塁側へ入るか迷うことだった。ヤクルト・大洋戦といった客の入らない試合だと、当日でもバックネット裏の席がとれたので、真正面にマウンドが見える席に座り、松岡の速球の威力を実感したこともあった。

その当時、水島新司が「野球狂の詩」というマンガを連載していて、美少女投手・水原勇気の人気が沸騰していた。その人気にあやかろうと、日活は木之内みどり（現在は竹中直人の奥さん）を主演にして「野球狂の詩」（一九七七年）を公開した。本人の役で野村克也が出演しているのが、ご愛敬だった。

その映画の翌年、集英社から「赤毛のサウスポー」という翻訳本が出版された。アメリカの大リーグに十八歳の少女がピッチャーとしてデビューする物語だった。（特にアメリカの）野球小説が好きだった僕としては読まないわけにはいかないし、荒唐無稽ではあってもけっこう楽しめる小説だった。ピンク・レディーが「わーたし、ピンクのサウスポー」と歌うレコードを出したのは一九七八年三月だから、作詞の阿久悠さんはこの小説にインスパイアされたのかもしれない。

思い返せば、僕が野球小説好きになったのは、リング・ラードナーの短編小説をいくつか読んだからだと思う。中学生のときに毎月買っていた「ミステリマガジン」に、ときどきリング・ラードナーの古い短編小説が加島祥造さんの翻訳によって掲載されていた。後に、新潮社から三冊の単行本「微笑がいっぱい」「息がつまりそう」「ここではお静かに」としてまとまった。

僕が最初にリング・ラードナーの名前を記憶したのは、「アリバイ・アイク」というユーモラスな野球小説を読んだときだった。大リーグのチームに加わったアイクという選手は、ファインプレーをして「ナイスキャッチ」とチームメイトに言われると、「いやあ、ボールの方からグローブに飛び込んできたのさ」と何でも言い訳する。そこから「アリバイ・アイク（弁解屋アイク）」というニックネームが付くのだ。

リング・ラードナーは新聞記者で、スポーツ記事をよく担当したらしい。そこから、短編のネタを得たのだろう。最初の作品も「メジャー・リーグのうぬぼれルーキー」というユーモア小説だった。その後、僕は「当り屋」「ハリー・ケーン」などの野球小説、また「息がつまりそう」「この話、もう聞かせたかね」といったユーモア小説を読んで、リング・ラードナーの愛読者になった。

そんなとき、「ミステリマガジン」に「チャンピオン」という短編が掲載された。カーク・ダグラス主演で映画化されたリング・ラードナーの代表作だという。しかし、僕は「チャンピオン」を読んで強いショックを受けた。それは、僕の知っているラードナーではなかった。どこにもユーモアはなく、結末は苦かった。主人公は唾棄すべき男だった。そんな人間がチャンピオンになり成功を収めて終わる、そんなことがあっていいのか、と中学生の僕は憤った。

主人公は卑劣で、狡猾で、利己的で、自分勝手な男である。しかし、天才的ボクサーだった。女を誘惑して棄てて不幸にし、ボクサーとして育ててくれた恩人を金のために裏切り、落ちぶれさせる。しかし、彼は栄光をつかみ、金持ちになり、大衆のヒーローになる。彼が周りの人を踏みつけにしてのし上がったことなど、彼らには関係ない。人々は彼の試合を見て熱狂し、讃える。

それまで僕が読んだ物語では、正しい者や善人が最後には報われた。ミステリでは、殺人者は必ず暴かれ罰を受けたし、犯罪者が主人公だとしても犯罪は何らかの形で露見し、報われなかった。悪人が主人公の物語でも、最後には何らかの報いを受けた。それらは道徳的な教訓を僕に教えた。しかし、「チャンピオン」では邪悪な者が成功し、善人は不幸に落ちて終わる。

しかし、やがて、それが現実の世の中なのだと僕は知った。それを最初に教えてくれたのが、リング・ラードナーの「チャンピオン」だった。僕は現実の世界には「邪悪なるもの」が存在し、必ずしも正直で善き者が幸せになるとは限らないことを学んだ。それは、僕が大人になったということなのかもしれない。そういう意味で、リング・ラードナーの「チャンピオン」という短編は、僕には忘れられないものになった。

リング・ラードナーは、一九三三年に四十九歳で亡くなった。彼の息子、リング・ラードナー・ジュニアは父と同じ道を歩み、やがてハリウッドの売れっ子脚本家になった。しかし、大戦後の赤狩りの時代に「ハリウッド・テン」のひとりとして告発され、下院非米活動委員会に召還された。彼の名はブラックリストに載り、ハリウッドでの仕事を失った。

時が経ち、リング・ラードナー・ジュニアは復活し、「M☆A☆S☆H／マッシュ」（一九七〇年）の脚本でアカデミー賞を受賞する。あの全編、ふざけ散らすような笑える脚本を書いたのは、父親のDNAではないかと思う。

リング・ラードナーはアイロニーとして「チャンピオン」を

書いたに違いない。彼の作家としての本質は、人々を優しい視線で描き出す、ユーモアにあふれる作風だった。それを息子が受け継いだのだ。「M☆A☆S☆H／マッシュ」を見ながらそんなことを僕は考えた。

（2020.10.22）

現実の事件を描く

📖黒い潮／井上靖
🎞黒い潮／山村聡監督

先日、まだ見ていなかった石原裕次郎主演の「男と男の生きる街」（一九六二年）を見たら、加藤武がとてもいい役だったので少し驚いた。裕次郎とのダブル主演と言ってもいいくらいだった。シナリオは舛田利雄と熊井啓のオリジナルである。裕次郎が演じているのは事件記者。その新聞社の名前が「毎朝新聞」だった。

今まで小説や映画やテレビドラマなどのフィクションで、「毎朝新聞」という名前はどれくらい使われてきただろうか。「毎日新聞」と「朝日新聞」から一文字ずつとったイージーなネーミングだと思うけど、「毎朝新聞」と言われると何となく新聞社としてのリアリティを感じるところもある。

フィクションの世界で使われた新聞社名で僕が気に入っているのは、五十年前に読んだ滝田ゆうのマンガに出てきたものである。月刊COMに載った「夕焼けのあいつ」という短編だったと思う。その中に「朝寝新聞」「読捨新聞」という名前が出てきた。「毎日新聞」を連想する新聞名も出てきたかもしれないが憶えていない。

ところで、「毎朝新聞」は「まいちょうしんぶん」と読み、「まいあさしんぶん」とは読まない。劇中では「まいちょうの速水です」みたいな台詞でさらっと言う。それで新聞記者だとわかるのだから、お約束みたいなものである。現実の記者も「朝日の××です」とか「毎日の××です」と口にする。よく考えればヘンな言い方だと思う。

明治時代に新聞社と新聞記者が日本に存在するようになって以来、新聞記者を主人公にした物語は、おそらく無数に作られてきたはずだ。

といって、すぐには思い浮かばないのだが、ジョナサン・ラティマー作「シカゴの事件記者」やウィリアム・P・マッギヴァーン作「緊急深夜版」のようにミステリの世界では、新聞記者は便利に使われてきた。

最近は警察小説が隆盛で警察官が主人公の物語が多いけれど、警察組織のはみ出し者の設定が多いとはいうものの、国家権力を背景にした警察官が主人公の物語は僕としてはあまり好きではない。

その点、新聞記者を主人公に設定すると反権力の要素も込められる。あるいは、権力側の犯罪を追求するという物語も展開できる。

新聞社そのものを描き出した物語として、僕が感心したのは横山秀夫さんの「クライマーズ・ハイ」である。群馬県の地方紙「上毛新聞」で長く記者を勤めた横山さんは、日航機墜落事故を背景に新聞記者たちの様々な姿を描き出した。明らかに「上毛新聞」がモデルなのだが、「北関東新聞社」という名前にしてある。フィクションではあるけれど、現実の事件を取り上げているから生々しいリアリティがあった。

そんなことを考えていたら、現実の事件を取り上げて新聞社内部を詳細に描き出し、生々しい印象を残した物語として僕の頭に浮かんできたのは井上靖の「黒い潮」という小説だった。昭和二十四年に起きた下山国鉄総裁の轢死事件を題材にしており、事件の翌年に刊行された。日本は、まだ連合軍に占領されていた時代だ。

小学生のときに井上靖の「あすなろ物語」を読んで以来、僕は生涯を通して井上靖の愛読者であり続けた。井上靖は、一時期、ノーベル文学賞候補と言われたこともあるが、様々なジャンルの小説を発表した人である。戦前、懸賞小説で佳作に入った実績はあるけれど、ずっと毎日新聞の記者として勤務し、戦後、四十を過ぎて芥川賞を受賞し、一時期は新聞雑誌に何本も連載を持つ流行作家になった。

昭和二十五（一九五〇）年に「黒い潮」を書いた頃、井上靖は新聞記者と作家の二足の草鞋だった。小説中で「K新聞社」として出てくるのは、勤め先の「毎日新聞」である。僕が「黒い潮」を読んだのは、たぶん十代半ばだった思う。新聞社の描写がリアルで、それで新聞社の物語というと「黒い潮」をすぐに思い出すのかもしれない。

新聞社の頭文字を「M」としなかったのは、毎日新聞を連想させたくないという意図なのだろうか。誰が読んでも「毎日新聞」とわかるのに、なぜ「K」にしたのだろう。まあ「毎朝新聞」みたいな名前にしなかったのはよかったと思うけど。

「下山事件」は今でも真相を究明する本が出たりして、戦後史の謎とされている。事件の発生当時から、謀略による「他殺説」とノイローゼによる「自殺説」が対立しているからだ。「他殺説」を唱えたのは「朝日新聞」で、東大医学部の法医学者の判断を根拠にした。死後に轢断されたと判断したのだ。

それと対抗するように「毎日新聞」は「自殺説」を唱えた。「毎日新聞」の根拠は慶応大学医学部の法医学の権威に検死を依頼し、彼らが自殺だと判断したからである。東大医学部と慶応大学医学部はライバルではあったけれど、検視結果が真逆に出るなんてことはあるのだろうか。

十代半ばの僕は「黒い潮」を読んで「下山事件」なるものを初めて知った。六〇年代後半だったから、「下山事件」から二十年ほどが経っていた。「K新聞社」が「自殺説」を支持した具体的な理由は、「黒い潮」に書かれている通りなのだろうと思ったが、僕が現実の事件を「自殺」で納得したわけではなかった。

その「黒い潮」は刊行された四年後、一九五四年八月三十一日に映画化作品（脚色は菊島隆三）が日活系で公開された。監督主演は山村聡である。山村聡は「黒い潮」で主演男優としても映画賞をもらっているし、監督としての評価も高かった。小津作品や成瀬作品で名演技を残している山村聡だが、自身の監督作品をもっと手掛けてもよかったのにと思う。もしかしたら、クリント・イーストウッドのようになっていたかもしれない。

(2020.10.29)

突飛な物語に現実感を持たせる作家

■ガープの世界／ジョン・アーヴィング
❁ガープの世界／ジョージ・ロイ・ヒル監督

ジョン・アーヴィングという作家はひどく突飛な設定を考え出す人だけれど、「そんなこと起きるのかなあ」と思うシチュエーションでも絶大なリアリティで描き出すから、ついつい不思議な世界に引き込まれてしまう。最初にベストセラーになったのは四作目の「ガープの世界」だが、そこで語られるひとつひとつのエピソードは、「そんなあ」と思うものの「あり得ないことではないな」と思ってしまう。圧倒的な筆力なのだ。

たとえば、親が車庫入れしていて我が子を轢き、死なせてしまったというニュースがときどき流れることがある。だいたいが幼児である。そんなニュースを聞くと、いたたまれない気持ちになる。自分の過失で我が子を殺してしまう、そんなときの親の気持ちが想像できるからだ。誰も恨めない。後悔するばかりだ。死んでしまいたくなるだろう。その後、どんな人生を送るのだろう。そんなことを想像する。永遠に救われない悲劇。

ジョン・アーヴィングの「ガープの世界」でも親が起こした事故で子供が死ぬ悲劇が描かれるが、それは同時に喜劇的でもある。結婚し息子たちも生まれたガープは、ある日、子供たちと映画に出かける。

その留守に、大学教師をしている妻の浮気相手である大学生がやってくる。妻は別れ話を持ち出し教え子の車の中で「帰ってくれ」と言うのだが、相手は「オーラルセックスをしてくれたら帰る」と言い出す。仕方なく、妻は運転席に座る男の股間に顔を埋める。

そこへガープと息子たちが車で帰ってくる。ライトを消して、ガレージに向かってスピードを出したままだ。それは、ガープと息子たちのいつものゲームだった。しかし、その日は車庫の前に妻の教え子の車が停まっていた。ガープの車は勢いよく追突して息子のひとりは死に、もうひとりの息子は片目になる。ガープは首を痛めてむち打ち症になり、妻は教え子のペニスを噛み切ってしまう。

僕は小説を先に読んでいたのだけれど、映画化作品のそのときのシーンが印象に残っているので、首に大きな輪っかを巻いたロビン・ウィリアムスが無言で妻を責めるシーンが浮かんでくる。生き残った息子は片目に黒いアイパッチをしていた。妻を演じたのは、僕の好きなメアリ・ベス・ハートだった。ウッディ・アレンの「インテリア」(一九七八年)でも文学少女を演じていたが、「ガープの世界」(一九八二年)でもメタルフレームのメガネをかけた文学教師を演じた。そういう役が似合う女優さんだった。

それにしても、自分が事故を起こして子供を死なせたのなら悲劇だが、そのうえ妻の裏切りを知り、おまけにオーラルセックスをしていたことを知り、相手がペニスを噛み切られことに復讐心を多少満足させられるにせよ、男としては同情してしまうだろうし、一体、どんな気持ちを抱けばよいのかと己の身に振り返って途方に暮れる。悲しみと怒りと、悔しさと裏切られた寂寥感、それに滑稽ささえ抱え込むことになる。

そんな夫婦が再び愛情を抱きあえるかと問えば、誰もが「絶対ない」と思うだろうが、アーヴィングは深い傷を負った夫婦が互いに責めるのをやめ、いたわりを持って再生する物語を展開するのである。どこか現実離れしたストーリーなのだけれど、いつの間にか圧倒的なリアリティをもって読む者の心の底に定着するのだ。「ガープの世界」がベストセラーになった理由がよくわかる。

僕が「ガープの世界」を読んだのは、映画化される少し前だから一九八〇年くらいだろうか。もう四十年も昔のことになる。「ガープの世界」が評判になり、村上春樹さんがアーヴィングの処女作「熊を放つ」を翻訳し、それも僕は買った。その後、「ホテル・ニューハンプシャー」が出て、こちらもおもしろく読んだ。映画化された「ホテル・ニューハンプシャー」(一九八四年)では、熊の着ぐるみ姿の美女ナスターシャ・キンスキーが忘れられない。

その後、「サイダーハウスルール」「オウエンのために祈りを」「未亡人の一年」までは読み続けたが、「あの川のほとりで」(二〇〇九年刊行)は手にしたものの読み切れなかった。ひとつにはアーヴィングの作品が長大であることも理由で、どの作品もほとんどが単行本で上下巻になる。物語は延々と続き、年を重ねた身ではその長さを読み切る体力がなくなる。

映画版「サイダーハウスルール」(一九九九年)はジョン・アーヴィング自らが脚色しアカデミー賞にノミネートされたが、人工中絶をテーマにしているからアカデミー賞の会場前で中絶反対のデモが起こった。孤児院が舞台になっていてディケンズの「オリバー・ツイスト」を連想させる物語だった。アーヴィングは、意図的にディケンズ的物語を現代に甦らせようとしているらしい。

しかし、アーヴィングの世界の完成形は、やはり「ガープの世界」だろうと思う。「熊を放つ」が原型なら、「ガープの世界」は一気にアーヴィングの世界が花開いた作品だ。ところが、「ガープの世界」が高く評価されたために、それ以降の作品はシチュエーションは変わっても変奏曲というか、同工異曲という感じがしないでもない。どれも「ああ、アーヴィングの世界だなあ」と感じる。それはどんな作家でも同じなのだが、特にアーヴィングの場合はその突飛な発想が「ガープの世界」から変わっていないなあと感じるのだ。

アーヴィング作品はほとんど映画化されていてどれもよくできているのだが、やはりジョージ・ロイ・ヒルが監督した「ガープの世界」の奇妙な現実感が忘れられない。作中に出てくるアメリカンフットボールのプロリーグNFLの元選手で性転換したロバータというキャラクターなど、普通の発想ではとても創造できないだろう。映画化作品ではヘンな顔で、ごつい大男のジョン・リスゴーが演じていて強烈な印象を残した。僕は数え切れないほどの映画を見てきたけれど、ジョン・リスゴーの演じたロバータだけは絶対に忘れないだろう。（2020.11.07）

山口百恵が愛読した作家

■80ヤード独走／アーウィン・ショー
❀若き獅子たち／エドワード・ドミトリク監督

人気絶頂の頃の山口百恵が何かのインタビューで愛読書として挙げたことから、アーウィン・ショーの「夏服を着た女たち」（確か講談社文庫版だったと思う）が一時期ずいぶん売れたことがある。その短編を読んだ百恵ファンは、どう思っただろう。僕はアーウィン・ショーの愛読者だったし、百恵ファンだった（「イミテーション・ゴールド」は凄かったです）から単純に喜んだものだった。

「夏服を着た女たち」が有名になってショーは短編作家のイメージが定着したけれど、長編もいろいろあって大河ドラマ風の大長編「富めるもの・貧しきもの」「乞うもの・盗むもの」と続く作品は文庫本で全四巻になる。最初の長編「若き獅子たち」も分厚い文庫本で上下巻である。「ビザンチウムの夜」も「ローマは光の中に」も「乱れた大気」も長く、短めの長編は「夏の日の声」くらいだ。

僕が読んでいないショーの長編は二編（ひとつは未訳）だけだ。上記の長編の中でも「ビザンチウムの夜」は特に好きで、もう何度か読み返している。小泉喜美子さんの翻訳で、その解説も記憶に残っている。ショーについては、彼に惚れ込んだ常盤新平さんの「夏服を着た女たち」の翻訳が有名だけれど、小泉喜美子さんのショーへの惚れ込みようも相当なものだった。小泉喜美子さんは、最初、ショーの短編「80ヤード独走」に感動し、ショー作品の翻訳を望んだという。

ショーの短編の中でも、有名なのは「夏服を着た女たち」「憂いを含んで、ほのかに甘く」「80ヤード独走」の三編だろう。どれも「ニューヨーカー」誌に掲載されたもので、昔、早川書房の「ニューヨーカー短編集」全三巻に常盤新平さんの翻訳で収録された。僕は、この分厚い三巻の短編集がほしくて、大学生のときに無理して購入した。しかし、結局、全部の短編は読めなかった。

「夏服を着た女たち」は山口百恵のインタビューで有名になったが、「憂いを含んで、ほのかに甘く」は薬師丸ひろ子「Wの悲劇」（一九八四年）で有名になった。映画が公開されて「ショーの短編の盗作ではないか」と言い出す人間がいたのだ。夏樹静子の「Wの悲劇」を劇中劇にし、駆け出しの女優が有名女優のスキャンダルの身代わりになって役を得るというストーリーが「憂いを含んで、ほのかに甘く」と同じだと騒ぎ始めた。

もちろん僕は「憂いを含んで、ほのかに甘く」を読んでいたが、「Wの悲劇」も感心して見た。荒井晴彦さんの脚本にも拍手を送った。おそらく荒井さんはショーの短編を読んでいたのだろうが、あれを盗作と言ったら小説や映画は創れない。「憂いを含んで、ほのかに甘く」からインスパイアされたと言うべきだろう。創作というのは、そういうものだと思う。

しかし、僕が最も好きなのは小泉喜美子さんと同じで「80ヤード独走」である。十代で読んだとき、無茶苦茶に感動した。何度読んだかわからない。短い小説だから、何かあると読み返すことができるのだ。本当に短い小説なのに、人生のすべてを描き出している。人生というもののエッセンスが、そこにはある。夜中に読み返して、しみじみとため息をつくこともある。

こんな短編がひとつでも書けたら、死んでもいいと思う。

長編「夏の日の声」を読んだとき、「これは『80ヤード独走』の長編版だな」と思った。ある夏の日、息子の野球の試合を見にいった主人公は、少年の頃からの自分の人生を回想する。現実の時間は、夏の日の数時間。息子の野球の試合が終わるまでであるけれど、主人公の数十年の人生が甦り、彼のこだわりや蟠りや心の傷が伝わってくる。まだ人生半ばだから、彼はこれからも生きていかなければならない。

「夏の日の声」は長編なのだけれど何となく中途半端な印象があり、短編「80ヤード独走」の方が「人生の核」のようなものを描き出していると思った。冒頭、大学時代にアメリカン・フットボールの選手だった主人公がクォーターバックからのパスを受け、相手チームのディフェンス陣をかわし80ヤードを独走し、エンドゾーンに飛び込んでタッチダウンするシーンが描かれる。

アメリカン・フットボールのエンドゾーンからエンドゾーンまでは100ヤードある。つまり、自陣20ヤードでパスを受け、80ヤードを走り抜けるビッグプレーを主人公はやり遂げたのだ。観客たちは総立ちで、大騒ぎだったに違いない。その十数秒間、彼は得意の絶頂にいた。何万人の観客の視線を集め、彼らの絶賛を浴びる存在だった。しかし、それが主人公の人生の頂点だった。

その独走の描写の後、「いつのことだったろうか?」という文章で、生き生きと躍動していた文体が、いきなり沈鬱なトーンに変わってしまう。そして、三十五歳になった男が、十五年後、母校のグラウンドに立ち回想しているのだとわかる。「その十五年のあいだに、目方が十ポンド増え、一九二五年から一九四〇年までの歳月が顔に滲み出ていた」と、ショーは書く。この後に語られる十五年間の人生は、苦渋に充ちたものである。

だが、彼の苦い十五年間の人生が語られた後、再び母校のグラウンドにシーンは戻る。グラウンドで人生の絶頂だったときの回想に耽る主人公を、いぶかしげに見つめる若い男女をショーは登場させる。彼は言い訳のように「僕は——、昔——、僕はここでプレイしたことがあるんだよ」と口にする。だが、若い男女は何も答えない。

「——はてれくさそうに笑って、ぴったり寄り添ってすわった二人を凝視し、それから肩をすくめると、踵を返して、ホテルの方へ行った。汗が顔をつたって、カラーに流れ落ちていた」という文章で「80ヤード独走」は終わる。この余韻。説明なんかしない。描写だけで、彼の心情をうかがわせる。素晴らしい。本当に、ショーは短編の名手だと思う。もちろん、長編もいいのだけれど。

ところで、「ビザンチウムの夜」ではカンヌ映画祭を舞台に映画プロデューサーを主人公にし、「ローマは光の中に」ではイタリア（もちろんチネチッタ、英語だとシネシティ）で映画出演する落ち目の俳優を主人公にするなど映画演劇の世界を描くショーだが、映画化作品はマーロン・ブランドがドイツ軍将校を演じた「若き獅子たち」（一九五八年）しか僕は見ていない。「ローマは光の中に」「夏の日の声」も映画化されているようだが、僕は見てはいない。

よく憶えているのは、一九七七年に「リッチマン・プアマン」のタイトルでNHKで放映された、アメリカ制作の連続テレビドラマだ。兄弟の物語で兄がリッチマン、弟がプアマンである。その弟を若きニック・ノルティが演じていて、僕はこのドラマで初めてニック・ノルティを知った。数年後、ニック・ノルティは「ノース・ダラス40」（一九七九年）で主演し、エディ・マーフィと組んだ「48時間」（一九八二年）でスターになった。それも、今は遥かな昔のことだ。

（2020.11.13）

国民作家になる前は？

■燃えよ剣・新選組血風録／司馬遼太郎

燃えよ剣／原田眞人監督

僕は、司馬遼太郎作品を読んでいたおかげで出版社の入社試験に通り、四十年勤めることになった。戊辰戦争で薩長軍と戦った長岡藩の河井継之助を描いた「峠」の中に印象的に出てきた言葉だと思うが、「士は己を知る者のために死す」という格言（？）がある。司馬さんは「最後の武士」の姿を河井継之助に見たのだ。僕はそれを文章の冒頭に配置して、入社試験の作文を提出した。

一九七四年、僕は前年秋の第一次オイルショックの直後に就職活動をすることになり、いきなり戦後最大の就職難にぶち当たってしまった。初めて内定取り消しが出て、新聞などで報じられていた頃のことだ。僕は出版社志望だったから最初は講談社や小学館、集英社といった大手出版社から受け始めたのだけれど、講談社などは若干名の募集に数千人が受験にきていて大学の校舎が試験会場になっていた。

出版社だから、入社試験には英語や一般常識のテストと一緒に必ず作文があった。確か、小学館と集英社は作文のテーマが「三題噺」だった。関係のなさそうなテーマを三つ羅列し、それで作文をまとめろというのだ。たとえば、「魚・家・石」みたいな感じである。これは、僕は得意だった。星新一のショート・ショートが好きでよく読んでいたから発想をとばすのには慣れていた。

大手出版社のほとんどは落ちたけど、集英社の試験には通って一次面接までいった。集英社が「少年ジャンプ」で「男一匹ガキ大将」を連載していた頃だと思う。しかし、一年先に小学館に入社していた高校の同級生（僕は一年遅れて彼と同じ大学の同じ学部学科に入った）のアドバイスに従ったため、面接の冒頭でしくじってしまった。人のアドバイスを盲信し、自分の考えで答えなかったことを今も悔やんでいる。

その後、二十社くらいを落ちて、年の暮れに玄光社という小さな出版社を受けた。大学時代に写真に夢中になり、四畳半の下宿で暗室作業をやっていた僕は月刊「コマーシャル・フォト」編集部に入りたかったのだ。受験の前に書店で見た「コマーシャル・フォト」の表紙はサラ・ムーンの写真で、巻頭は彼女の特集だった。当時、僕はキヤノン newFtb を愛用し、友人に名機ニコンFを借りて京都の秋を撮ったりしていた。

玄光社の入社試験は、神田の簿記学校の大教室を借りて行われた。受験者は、百人以上はいたように思う。募集人員は二名。まあ今度もダメかなと思いながら受けたのだが、入社試験は一般常識に専門用語の解説、作文などだった。英語がなくて「しめた」と思った。しかし、「フォトキナを説明せよ」なんて問題が出ていたのを記憶している。「何ですか、フォトキナ?」って感じだった。

作文のお題は「あなた自身のPRをしてください」というものだった。僕は「『士は己を知る者のために死す』という」と書き始めた。自分の覚悟を書いたつもりだったけれど、今から思えば「自分を評価してくれるのなら命を賭して働きますよ」というメッセージであり、ひどく媚びているわけだから恥ずかしい。そのときの作文を、僕は司馬遼太郎風文体でまとめた。

その試験に合格し二度の面接を通過し、何とか入社した後（結局、編集では僕ひとりの採用だった）、配属になった編集部（意に反して八ミリ専門誌だった。面接のときに映画の話ばかりしたのが悪かった）の編集長から「きみの作文は社内で評判になって、管理職全員で回覧したんだ」と言われた。喜ぶというより、そのときは戸惑いの方が強かったし、あれは司馬遼太郎を読んでいれば誰でも書けるんじゃないか、と思った。

僕が初めて司馬遼太郎の文章を読んだのは、毎日新聞に連載されていた「峠」の数回分だった。我が家は四国新聞以外はとったことがないから、どこかへ出かけたときに毎日新聞があったのだろう。「峠」の連載は、一九六六年十一月から一九六八年五月までとなっている。後に「峠」全編を通して読んでわかったが、僕が読んだ数回は若き継之助が京都に上っていたときの場面だった。

司馬遼太郎作品を初めて読了したのは、高校生の頃に刊行され始めた河出書房の「カラー版国民の文学」を毎月買っていたからだ。といっても二十六巻全部を買ったのではなく、井上靖、五味康祐、司馬遼太郎、柴田錬三郎、山手樹一郎、富田常雄、林不忘、白井喬二、松本清張、水上勉、海音寺潮五郎などを選んで買った。

「司馬遼太郎集」には「燃えよ剣」と「新選組血風録抄」として「沖田総司の恋」など数編が収納されていた。当時、すでに「竜馬がゆく」「燃えよ剣」「国盗り物語」を刊行し、一九六八年四月からは産経新聞に明治時代を描く「坂の上の雲」を連載していた司馬遼太郎は有名作家ではあったけれど、後年「国民作家」と呼ばれるほどになるとは誰も予想はしていなかった。

僕にとって司馬遼太郎の独特の文体は、驚きだった。初めて読む「小説の文体」だった。こんな書き方があるのか、と目から鱗が落ちた。その後、司馬遼太郎の作品をずいぶん読んでからわかったのだが、初期の「梟の城」や「上方武士道」などの頃は時代小説の語り口だったけれど、実在の人物を描くようになってから司馬さんの文体は変化した。歴史小説への転換が、それをもたらせたのだと思う。

実在の人物を主人公にした「竜馬がゆく」を書き上げ、司馬さんは手ごたえを感じたのではないか。「燃えよ剣」「新選組血風録」で文体は完成し、そして「国盗り物語」「関ヶ原」「城塞」「新史太閤記」「覇王の家」などの戦国もの、「峠」「花神」「世に棲む日日」「翔ぶが如く」などの幕末もので司馬さんは実在の人物を描き続ける。小説の途中で「閑話休題」と書いて、作者自身が顔を出すようにもなった。

架空の主人公を描いた初期の時代小説（忍者物が多い）から、歴史上の人物を描く歴史小説への移行期に執筆したのが「燃えよ剣」であり「新選組血風録」である。しかし、資料を重視する（あるいは史実に縛られる）歴史小説になってから、僕は司馬作品が楽しめなくなった。司馬作品の中でも一九七五年に出た「空海の風景」が読みづらい作品になったのは、資料に依拠しながら参考にする資料が少なかったからではないかと思う。

ということで、僕は未だに司馬作品で一番おもしろいのは「燃えよ剣」であり、「新選組血風録」だと思っている。それが僕が初めて全巻読了した司馬作品だったからだし、それまで新選組の中の悪役でしかなかった土方歳三を魅力的に描いていたからだ。それに、テレビドラマになった「新選組血風録」は、今もＤＶＤで見るほど好きな番組だった。小説を読んでいても、栗塚旭の土方、島田順司の沖田、左右田一平の斎藤一が浮かんでくる。

このところ「関ヶ原」（二〇一七年）「燃えよ剣」（二〇二〇年）と、続けて司馬作品を映画化している原田眞人監督は僕の二歳上。もしかしたら、僕と同じ頃に「燃えよ剣」や「関ヶ原」に夢中になったのだろうか。ちなみに「関ヶ原」は、昔ＴＢＳ開局三十周年記念（だったと思う）で放映した三夜連続の九時間ドラマが原作に忠実に、実におもしろく映像化していた。加藤剛の三成、三船敏郎の島左近、森繁の家康だった。（2020.11.22）

偉大なるギャツビー／スコット・フィッツジェラルド

アメリカ人の基礎教養

華麗なるギャツビー／バズ・ラーマン監督

カーソン・マッカラーズの「心は孤独な狩人」が村上春樹さんの新訳で出たので、五十年ぶりに読み返した。訳文のよさもあるのか、「こんなに静かで深い小説だったのだ」と改めて感じた。これほどの小説を「南部の田舎町から出てきた二十歳そこそこの娘によってあっさり書かれてしまった」（訳者あとがき）のは、僕にとっても信じがたいことだ。

発表当時、カーソン・マッカラーズは「天才少女」と騒がれたらしい。彼女は数編の作品を残し、五十歳で亡くなった。亡くなった年に「金色の目に映るもの」が映画化され、翌年、「心は孤独な狩人」が映画化された。

僕が「心は孤独な狩人」を読んだのは、十八歳のときだった。高校三年生の春に「愛すれど心さびしく」（一九六八年）という映画を見たからである。原題はもちろん「心は孤独な狩人」だったが、配給会社はそんな陳腐なタイトルに変えてしまったのだ。僕は「ロンリー・ハンター」という言葉に思い入れがあったので、「何だよ、このタイトルは」と憤ったものだ。しかし、映画は素晴らしくて、聾唖者を演じたアラン・アーキン、孤独な少女ミックを演じたソンドラ・ロックが印象に残った。

「心は孤独な狩人」については以前に書いたので今回は詳しくは書かないけれど、僕が気になったのは「訳者あとがき」で村上さんが書いていた「いつか自分で訳してみたい――『将来のために大事に金庫に保管しておきたい』作品」のリストである。中でも「心は孤独な狩人」は、村上さんにとっては最後に取っておいた作品だったという。

村上さんが挙げた小説群は、僕自身にとっても「いわば水源地にあたるような存在」だった。村上さんは青春期に読んで影響を受けた大事な作品として、スコット・フィッツジェラルド

「グレート・ギャツビー」、レイモンド・チャンドラー「ロング・グッドバイ」、J・D・サリンジャー「キャッチャー・イン・ザ・ライ」「フラニーとズーイー」、トルーマン・カポーティ「ティファニーで朝食を」を挙げている。

それらは、僕も高校生のときに読み深く記憶に残っている小説たちであり、その後も何度か読み返してきたものだ。特に「ロング・グッドバイ」と「フラニーとズーイー」は何度読み返したかわからない。ちなみに村上さんは自分で訳して「フラニーとズーイ」と表記しているが、僕は荒地出版社「サリンジャー選集」の原田敬一訳で読んだので、ずっと「ズーイー」と書く。野崎孝さんは、「フラニーとゾーイー」のタイトルで出版した。その本が新聞の書評で紹介されたとき、ユダヤ系の発音では「ゾーイー」なのだと書かれていた。

村上さんが挙げた小説の中で僕がコラムでまだ取りあげていないのは、「ロング・グッドバイ」と「グレート・ギャツビー」である。「ロング・グッドバイ」については書き始めたらどうなるかわからないので、とりあえず敬遠している。

チャンドラー作品を取りあげたのは、初めて読んだ中編「カーテン」だけだ。チャンドラーについては「さらば愛しきひとよ」「大いなる眠り」「プレイバック」についても書きたくなるだろうし、大好きな短編「待っている」について書き始めたら終わらないかもしれない。

村上さんは二十歳前後でそれらの小説を読んだらしいが、僕もほとんど同時期に読んでいる。六〇年代末、それらの作品は青年たちの必読書みたいなものだった。しかし、もしかしたら当時の朝日新聞の連載コラム（自宅を探せば、切り抜きを貼ったスクラップブックが見つかると思う）が影響しているのではないだろうか、と思い当たった。アメリカの現代小説についてのコラムが、一九六八年か六九年に連載されたのである。筆者は野崎孝さんだった気もするが、担当記者が野崎孝さんたちを取材して書いていたのかもしれない。

そのコラムで取り上げられていたので僕が手に取ったのは、サリンジャー「フラニーとズーイー」、フィッツジェラルド「グレート・ギャツビー」、ジェームズ・ボールドウィン「もう一つの国」、フィッリップ・ロス「さようならコロンバス」などである。その他、カポーティの短編やジョン・アップダイクの「ケンタウロス」なども取り上げられていたかもしれない。

そのコラムを僕は愛読していて、ある日、高松市の田町商店街にあった「高松ブックセンター」という古書店で集英社版「世界の文学」を見つけた。収録作品は「偉大なるギャツビー」（野崎孝訳）、ジョン・スタインベック「赤い子馬」、ジョン・オハラ「サマーラの町で会おう」、ナサニエル・ウェスト「ミス・ロンリーハート」だった。

その本の中で最も印象に残ったのは、「偉大なるギャツビー」の冒頭部分だった。語り手ニック・キャラウェイが子供の頃に父親から言われた言葉が僕の心を捉えた。「偉大なるギャツビー」が素晴らしいのは、ニックという語り手を登場させ一人称で書かれたからだと思う。ニックの視点がなければ、単なるメロドラマにしかならなかった。ひとりの男がひとりの女性を想い続け、そのために金持ちになり、もう一度彼女を振り向かせようとする物語。日本で言えば、「金色夜叉」の貫一・お宮である。

しかし、ニックという語り手を設定することで、彼がギャツビーという富豪と知り合うまでの展開（謎を提出し、それを解き明かしていくというミステリ的手法）、また謎めいたギャツビーという男の魅力などが際立つことになった。

やがて、かつて愛したデイジーに再び近づくために、ギャツビーが対岸の屋敷で毎晩派手なパーティを催していることがわかってくる。そして、ニックの視点を通すからこそ、ギャツビーという男の行動のバカバカしさが伝わるのだ。同時に、ひとりの女性を想い続ける切なさも伝わり、それが独りよがりではなくなる。

「グレート・ギャツビー」は、ハリウッドで何度も映画化されている。「或る男の一生」（一九二六年）は原作が出た翌年の映画化だ。「暗黒街の巨頭」（一九四九年）は人気者アラン・ラッド主演で、ギャング映画のようなタイトルで公開された。ロバート・レッドフォードが人気絶頂の七〇年代前半、やたらに「華麗なる」という形容詞が付いた映画が公開されており、「グレート・ギャツビー」は「華麗なるギャツビー」（一九七四年）として公開された。以降、ミラ・ソルヴィーノがデイジーを演じた「華麗なるギャツビー」（二〇〇〇年）、レオナルド・ディカプリオ主演「華麗なるギャツビー」（二〇一三年）と定着した。

しかし、映画化ではニック・キャラウェイの視点からすべてのシーンを描くことは無理であり、そのことによって（僕が見たのはデイジー役で言えば、ミア・ファロー版とミラ・ソルヴィーノ版とキャリー・マリガン版だけど）単なるメロドラマに堕することになった。やはり、小説で読んでもらいたいと思う。

たとえば、悲劇的な自動車事故とその後のいきさつについては、ニックは現場に立ち会っていないため伝聞として叙述することになり、それがより悲劇性を高めている。高校生のとき、「偉大なるギャツビー」を読了した僕は、曰く言い難い気持ちを抱いた。ギャツビーのために歯がゆさや悔しさを感じ、それがよりいっそう彼の悲劇性を高めた。同時に、ニック・キャラウェイの人間的成長も感じたのだった。

（2020.11.29）

日本で一番有名な猫

吾輩は猫である／夏目漱石

吾輩は猫である／市川崑監督

九十五歳の父母が共に入院したので、広い実家で猫と暮らしている。実家は二世帯住宅で二階は兄夫婦が退職後に戻ってきて十年近く棲んでいたが、去年、実家の前に新居を建てて出ていったので無人である。だから、僕は一階だけを使っているのだけれど、仏間と和室、リビングダイニングがあり、ひとりでは広すぎる。全部の部屋を使っているのは猫のタマだけである。

タマは子猫の時に迷い込んできて、一度は母が追い出したらしいが、庭の物置に逃げ込んでしまい、情にほだされて飼うことになった。以来、十二、三年になるが、父を見舞いにいくと「タマはどうしてる?」と真っ先に訊くほどかわいがっている。人間で言えば、もう老人である。僕より年上かもしれない。

タマは仏壇裏に隠れたり、和室の押入で寝ていたり、リビングのソファで丸まっていたり、庭の物置の敷物の上で休んでいたりして、実家のほとんどの場所をネグラにしている。ただし、二階へはいかない。兄夫婦も猫を飼っていたので、他の猫の匂いが残っているのかもしれない。僕は父のベッドで寝ているのだが、夜になるとタマが布団の上でジッとしていることが多い。

タマは警戒心が強く、知らない人がくると仏壇裏に逃げ込んでしばらく出てこない。インターフォンがピンポーンと鳴っただけで、驚くほど俊敏に仏間に走っていく。猫は子供の甲高い声が苦手だというが、小学二年生になる姪の子がやってくると、タマは一目散に逃げていく。それも玄関のドアが開く前で、かすかな足音だけで聞き分けているらしい。

日常的に猫と接するようになって、六年ほどになる。千葉の自宅では、生まれたばかりで棄てられていた猫を娘が拾ってきて五年になる。自宅に帰ったときには毎朝、利根川まで散歩にいくのだけど、そこで知り合った猫の一家(父猫と母猫と子供たち四匹)とは四年以上になるつきあいだ。その猫たちはボランティアさんによって去勢され、地域猫として近所の人たちに可愛がられている。

実家のタマとは帰省するたびに会っていたが、いつも数日のことなのでまったく懐いてくれなかった。自宅と実家をいったりきたりするようになった六年前から頻繁に会うようになったし、餌をやったり猫砂の始末をしたり、いろいろ面倒をみるようになってようやく懐いてくれた。今では足に体をすり付けてくるし、なでてやると喉をゴロゴロ鳴らす。

猫好きの作家は多く、最近では「作家の猫」という本まで出ている。好評だったのか、二冊目も出た。先日、テレビでマンガ家の現場を取材した番組を見ていたら、ひとり暮らしの女性マンガ家は仕事場で猫を自由にさせていた。手描きなのでインク壷などもあるのに——と思ったが、猫は机の上をうろついても器用にそういうものは避けていた。

そういえば、タマも何かを倒したりといった粗相をすることはない。ごちゃごちゃしている机の上でも「踏んではいけないもの」がわかるのか、ちゃんとよけている。最近は動画投稿サイトにたくさんの猫の動画がアップされていて、それらを見ていると猫というのは賢いものだと思わされる。まあ、猫も一匹一匹性格が違うのだけど——。

「作家と猫」と言えば、夏目漱石である。漱石自身が登場するドラマもいろいろあったが、いつも猫が一緒に登場した。漱石と言えば猫、というくらい一般的なのだろう。最近はどうかわからないが、昔は「吾輩は猫である」を知らない人はいなかった。読んでいなくても、「吾輩は猫である。名前はまだ無い」という書き出しの文章は誰もが知っていた。

ということで、僕も「吾輩は猫である」をずっと読んだ気になっていた。小学生のときに子供向けの本で読んでいたからである。思春期を迎えて文学少年になっても、「初期の漱石作品である『吾輩は猫である』と『坊ちゃん』は単なるユーモア小説でしょ」とバカにして手に取ることはなかった。

漱石の作品を順番に読もうと思い立ったのは、岩波書店の新書サイズ版「漱石全集」を書店で見つけたときだった。一巻めと二巻めが「吾輩は猫である」だった。第一巻の奥付を見てみると、「一九八一年一〇月五日　第七刷」となっている。僕は三十を過ぎて、ようやく漱石作品と向き合う決心をしたのだ。その後、全作品を揃えて、片道一時間を超える通勤電車で読み続けた。

その結果、「こころ」「それから」「門」「明暗」など、中期から後期にかけての漱石作品にはもちろん感銘を受けたけれど、「吾輩は猫である」全編を読んで「今まで、単なる諧謔小説だという偏見を持っていて申し訳ございませんでした」と頭を下げたくなった。「吾輩は猫である」は、後半に至って切ない恋物語に変容したのだ。

「吾輩は猫である」は、俳句誌「ホトトギス」に一回だけということで掲載したが好評で「続きを書いて」と要望され、結局、十回続くことになった。だから、一回目は「諧謔小説」として完結している。しかし、連載を続けることによって登場人物も多彩になり、切ない恋愛も描かれ、後半はまるで違う小説になった。

そのことを実感できるのは、市川崑監督によって映画化された「吾輩は猫である」（一九七五年）によってである。苦沙弥先生が細君の姪の雪江を見つめる視線が切ない。苦沙弥を仲代達矢、迷亭を伊丹十三、寒月を岡本信人、雪江を島田陽子、金貸し金田の細君を岡田茉莉子、金田の娘を篠ヒロコが演じている。金田を演じたのは三波伸介だった。猫の声は、小倉一郎である。

実は、僕が「吾輩は猫である」が「こんなに切ない小説だったのだ」と思ったのは、市川崑監督「吾輩は猫である」の試写を見たからだ。それは仕事として見たのだったが、僕はすっかり映画にのめり込んでしまった。撮影監督は岡崎宏三さんで、出版社に入社早々、僕は岡崎さんに取材することになり最新作を試写で見せてもらったのだった。

結局、映画版「吾輩は猫である」を見てから十年近く経って小説を読んだ僕は、市川崑監督は漱石作品と相性がよいのだと気付いた。市川崑監督は森雅之と新玉三千代を主演にして「こころ」(一九五五年)を映画にしているのだが、これは漱石作品の最高の映画化だと思う。また、谷崎の「細雪」(一九八三年)や三島の「金閣寺」を映画化した「炎上」(一九五八年)など、市川崑監督の文芸作品にハズレはない。

(2020.12.01)

ル・カレの幸せな作家人生

■寒い国から帰ってきたスパイ/ジョン・ル・カレ

⊛寒い国から帰ったスパイ/マーティン・リット監督

今でもよく憶えているけれど、僕が初めて買った「エラリィ・クィーンズ・ミステリマガジン一九六四年九月号」の表紙裏(表2)には「国際諜報局」(一九六四年)という映画の広告が載っていた。今から思えばだが、黒縁のメガネをかけたマイケル・ケインの顔が写っていた。何となく思わせぶりなシーンがデザインされていて、「見たいなあ」と思わせた。

その広告に載っていたのか、あるいは社告ページ(早川書房の刊行物の広告ページ)に載っていたのかは忘れたが、原作は「スパイ小説の金字塔『寒い国から帰ってきたスパイ』を超えるスパイ小説」というキャッチコピーがついていたと思う。レン・デイトンの「イプクレス・ファイル」である。僕はそのソフトカバー時代のハヤカワ・ノヴェルズを買い、しばらくして高松中劇で公開になった「国際諜報局」を見にいった。

当時、ショーン・コネリーの007シリーズが大ヒットし、原作もよく売れていた。創元推理文庫と早川ポケットミステリである。しかし、「イプクレス・ファイル」や「寒い国から帰ってきたスパイ」は、ジェイムズ・ボンドのような荒唐無稽なスパイ小説ではなく、現実のスパイ活動をリアルに描いているということで話題になっていた。

もっとも、リアルなスパイ映画「国際諜報局」は、派手な光と音が交錯する洗脳シーンは今も記憶に残っているけれど、中学生の僕にはよくわからなかった。

ただ、「イプクレス・ファイル」を読んだ後、「スパイ小説の金字塔」というキャッチにつられて僕は「寒い国から帰ってきたスパイ」に手を出した。日本で翻訳が出たのは一九六四年、東京オリンピックの年である。僕は中学一年生だった。ということは、「イプクレス・ファイル」や「寒い国から帰ってきたスパイ」を立て続けに読んだのは、僕が十三歳のときのことになる。

実は「イプクレス・ファイル」は読んでいても何が起こっているのか、よく理解できなかったのだけれど、それに比べて「寒い国から帰ってきたスパイ」の筋はよくわかった。ただし、経験もなく世間知らずの少年は、そこに描かれた男女関係や主人公アレック・リーマスの行動はよく理解できなかったと思う。リーマスが情報部をやめて酒におぼれていくところでは、一体どうなるのかと心配した。

小説はベルリンのチャーリー検問所を英国情報部の協力者が無事に通過できるかという場面から始まるのだが、僕は東西ベルリンのことも、できて数年の壁のこともよくわかっていなかった。ベルリンが東西に別れている事情も歴史も知らなかった。冷戦と言われていた時代だけれど、中学二年生では世界情勢の知識などあるはずもなかった。それでも、東ドイツ情報部と英国情報部（ＭＩ6についても何も知らなかった）の諜報戦のおもしろさは伝わった。

そして、あのドンデン返しがやってくる。しかし、僕は最初、そのドンデン返しがよくわからなかった。「なぜ、悪役であるはずの東ドイツ情報部トップのハンス・デューター・ムントがここに登場するの？」と、頭の中を疑問符でいっぱいにしながら読み続け、最後の最後でようやく理解した。しかし、ラストシーン。壁の西側でアレック・リーマスを待っていたジョージ・スマイリーに対しては、「卑劣な奴」という印象を抱いた。

それでも、なぜか僕は続けてル・カレの処女作「死者にかかってきた電話」を買った。高いハヤカワ・ノヴェルズだったのに無理して買ったのだから、よほど読みたかったのだろう。なぜなら、それは「寒い国から帰ってきたスパイ」の前日談であり、主人公がジョージ・スマイリーだったからだ。後にスマイリーは、ル・カレ自身を反映させた主人公なのだと推察した。

「寒い国から帰ってきたスパイ」がマーチン・リット監督によって映画化され「寒い国から帰ったスパイ」（一九六五年）の邦題で公開されたのは、一九六六年の寒い季節だった。中学三年になる少し前のことだ。

僕は封切りで見にいき、原作を追体験した。小説を読んでいたおかげで、物語は改めてよくわかった。アレック・リーマス役は、エリザベス・テイラーと結婚と離婚を繰り返して評判になっていたリチャード・バートンだった。

僕の印象に残った俳優は、東ドイツ情報部のナンバー2であるフィードラーを演じたオスカー・ウェルナーだった。当時、「スクリーン」「映画の友」といった映画雑誌を読んでいた僕は、彼が「突然炎のごとく」（一九六二年）という名作に出ていた俳優だと知った。そのフィードラーは「寒い国から帰ったスパイ」のキーになる人物だったし、ムント役の俳優の悪党面に比べるとずっとハンサムだったからだ。

もっとも、すでに「恐怖の報酬」（一九五三年）を見ていた僕は、ハンス・デューター・ムント役のペーター・ファン・アイクが出てきたとき、「あっ、『恐怖の報酬』のトラック運転手の人だ」とわかった。二台のトラックにニトログリセリンを満載して悪路を往く物語であり、一台はイブ・モンタンが運転し、もう一台を背の高いペーター・ファン・アイクが運転していた。その役に僕は好感を抱いたものだった。

その後、ル・カレは「鏡の国の戦争」「ドイツの小さな町」などの地味なスパイ小説を経て、ジョージ・スマイリー三部作で好評を博すのだけれど、僕はまったく読んでいない。「リトル・

ドラマー・ガール」は分厚い単行本を買ったが、五十ページほどで投げ出した。その単行本が出たのは一九八三年、僕はもう社会人になって八年を経て、ハードカバーのハヤカワ・ノヴェルズを躊躇せずに買えるようになっていた。

その後もル・カレは、着実に新作を出し続けた。原作が出て三十数年後に「ティンカー・テイラー・ソルジャー・スパイ」が「裏切りのサーカス」（二〇一一年）の邦題で公開され、そのおもしろさから改めて原作を読んでみた。「やっぱり、ル・カレは凄い」と再認識し、それ以降の新作「誰よりも狙われた男」「われらが背きし者」は翻訳が出てすぐに読んだ。その時点でル・カレは八十歳。もう新作は出ないと思っていた。

ところが、ル・カレはその後も「繊細な真実」を出し、回想録を出し、「寒い国から帰ってきたスパイ」の後日談でもある「スパイたちの遺産」を八十六歳で出版した。僕はル・カレと「寒い国から帰ってきたスパイ」に敬意を表して「スパイたちの遺産」を読了した。そこではスマイリーの部下だったピーター・ギラム（「裏切りのサーカス」ではカンバーバッチが演じた）の引退生活が描かれていた。彼はアレック・リーマスの息子が「父親の死の責任は英国情報部にある」と訴えようとしていると知らされ、ＭＩ６に舞い戻る。

「スパイたちの遺産」で長年のおなじみだったＭＩ６の登場人物たちの人生を描ききったためか、ジョン・ル・カレは二〇二〇年十二月十二日に八十九歳で生涯を終えた。うらやましい作家人生である。その作品のほとんどは映画化されており、映画化されなかった作品もイギリスではテレビドラマになっている。ジョージ・スマイリーを演じたのは、アレック・ギネス（オビワン・ケノビですね）やゲイリー・オールドマンなど名優ばかりだった。ちなみに「シコふんじゃった」（一九九一年）で相撲を始めるイギリス人留学生の名前は、ジョージ・スマイリーである。

（2020.12.15）

東大入試中止を描いた

■赤頭巾ちゃん気をつけて／庄司薫

⊛赤頭巾ちゃん気をつけて／森谷司郎監督

十一月、東映社長などを務めた岡田裕介さんが七十一歳で亡くなった。父は、かつての東映社長だった岡田茂である。岡田裕介は映画プロデューサーとして吉永小百合作品を多く手がけ、数十年も前のことだが吉永との仲を疑われ、写真週刊誌でツーショットをスクープされたことがある。俳優としてはＮＨＫドラマ「夢千代日記」で、夢千代（吉永小百合）の元恋人（温泉旅館の息子）を演じたこともあった。

慶応大学時代にスカウトされて俳優としてデビューした岡田裕介の初主演映画は、「赤頭巾ちゃん気をつけて」（一九七〇年）だった。相手役は森和代。服飾雑誌「装苑」のモデルだった。

スラリとしたスタイルでショートヘアのボーイッシュな人だったが、「初めての旅」（一九七一年）を含め二本の東宝作品（どちらも森谷司郎監督作品）に出ただけで、俳優の森本レオと結婚して引退してしまった。僕は彼女のモデル時代からのファンだったので、少し残念な思いをした。

一九六九年上半期の芥川賞を受賞した「赤頭巾ちゃん気をつけて」は、その年のベストセラーになった。僕は芥川賞受賞作として月刊「文藝春秋」に掲載されたときに読んだから、高校三年の夏のことである。

作者は庄司薫で、小説の主人公と同じ名前だった。後に「薫くんシリーズ」として全四部作になった。薫クンは学校群制度が始まる前の優等生が集まる日比谷高校生だったが、岡田裕介も日比谷高校から慶応に入ったばかりだった。

一九六九年は、若者たちの異議申し立てによって波乱の年明けになった。一月十九日、東大安田講堂に立てこもった学生たちを排除するために学校側は機動隊の導入を決め、強制退去を実行した。安田講堂のバリケード内からは火炎瓶が投げられ、機動隊は大量の放水を行ない無数の催涙弾を撃ち込んだ。その様子は、テレビを通じて全国に流れた。そうした混乱の結果、その年、東大の入試は中止になった。

「赤頭巾ちゃん気をつけて」は現在進行形の状況をビビッドに取り込み、東大を受験する予定だった日比谷高校生の薫クンが過ごした二月のある一日を描いた小説だった。薫クンの饒舌な一人称で、ある日の出来事が語られていく。たとえば、スキーのストックを蹴っ飛ばして足を怪我した薫クンは、近くの病院へいくと若い女医さんが出てきて手当をしてくれるのだが、兄の知り合いらしい彼女の白衣の下の乳房を見て戸惑う。

そんな風に青春期の思いやエピソードが語られるのだが、最後は銀座へ出て「本」という字が店頭で点滅している書店に入り、赤いフード付きコートを着た幼い女の子に怪我した足を思い切り踏んずけられる。その痛みに気絶しそうになるが、やせ我慢をして女の子と会話をし、その結果、落ち込んでいた気分が向上した薫クンは帰宅し、近所に棲む幼なじみのガールフレンドである由美と会って仲直りをする。まあ、そんな他愛のない話といえばいえる小説だった。

しかし、僕は薫クンの一学年下で高校三年生になったばかりだったから、薫クンに共感し感情移入することが多かった。薫クンは東大全共闘をはじめとする大学生たちにシンパシーを感じながらも、どこか違和感を抱いていたり、自分は彼らのように思想に殉じることができない中途半端な存在だと考えたりする。迷い、戸惑い、何かに向かって突き進めない自分を自己嫌悪したりする。そんな揺れ動く気持ちが、当時の僕にはぴったりきたのだろう。

薫クンは優等生で近所の奥さんに会うと「やっぱり、一年浪人して来年受けるんでしょ」と言われ、東大受験が当然だと思われている。そのことも薫クンの悩みのひとつだ。大学の解体が叫ばれていた時代である。東大を受験する意味も問い直されていた。そんなとき、東大が入試を中止したからといって、あくまで東大受験にこだわるのはいかがなものか、という自己批判も薫クンの胸には立ち上がってくるのだ。

ということで、「赤頭巾ちゃん気をつけて」は十七歳だった僕の胸にストンと落ちたのだけれど、後にベストセラーになり、作者は「白鳥の歌なんか聞こえない」「さよなら怪傑黒頭巾」「ぼくの大好きな青髭」と続けて薫クンものを書いた。NHKでテレビドラマにもなり、由美を演じた岩井半四郎の娘がアイドル的な人気を得たりした。ということで、僕はすっかり「赤頭巾ちゃん気をつけて」に幻滅してしまったのだった。

そんなある日、「あの名作に似ていると評判の芥川賞作品」という週刊誌の見出しに気付いた。その記事は「赤頭巾ちゃん気をつけて」が「ある名作」に似ているという内容だった。「ある名作」とは、サリンジャーの「ライ麦畑でつかまえて」だという。ただし、その時点で「ライ麦畑でつかまえて」は、日本で翻訳が出て十数年しか経っていなかったはずだ。僕はさっそく、白水社から野崎孝さんの訳で出ていた「ライ麦畑でつかまえて」を読んだ。

主人公の少年ホールデンの語り口は確かに薫クンと似ていたし、最後に幼い少女と会話することで精神的に再生するところもよく似ていた。ただ、影響は受けたのだろうけれど、それだけのことじゃないの、と僕は思った。「ライ麦畑でつかまえて」の方が普遍的な青春期の苛立ちを描いているとは感じたが、「赤頭巾ちゃん気をつけて」は僕にとって身近な状況を背景にしていて理解しやすかった。それに「赤頭巾ちゃん気をつけて」を読んでいなければ、「ライ麦畑でつかまえて」を手に取ることもなかっただろう。

つまり、僕のサリンジャー体験の入り口になったことで、「赤頭巾ちゃん気をつけて」は僕にとって忘れられない小説なのである。

もっとも、映画版はあまり印象には残っていない。同じスタッフ・キャストで作った次作「初めての旅」の方が岡田裕介も森和代も記憶に残っているし(森和代の出演シーンは少ないけど)、岡田と共に自動車を盗んで旅に出る高橋長英もよかった。また、デビューしたばかりの小椋佳が歌う「少女よ、泣くのはおよし」という歌が頻繁に挿入され、その透明な歌声を僕は初めて知った。

その後、僕は書店でまったく知らない出版社から出ていたサリンジャーの「九つの物語」(巻頭の短編は「バナナフィッシュに最良の日」と訳されていた)を見つけて買い、荒地出版社から出ていた「サリンジャー選集」を一冊ずつ揃えていくことになった。

ちなみに一九七〇年四月に上京した僕は銀座の東芝ビル一階にあった旭屋書店にいき、「薫クンが女の子に足を踏まれた書店はここだったのか」と確認した。それから数えきれないほど旭屋書店にはいったが、赤い頭巾の幼女を見かけたことはない。
旭屋の絵本コーナーは充実していたけれど——。(2020.12.24)

2021
映画と本がなければ まだ生きていけない

読むドラッグ

ユービック／フィリップ・K・ディック

ブレードランナー／リドリー・スコット監督

四十年近く前のことだから何の映画を見にいったのかは忘れたが、そのとき「近日公開」として「ブレードランナー」（一九八二年）の予告編が流れたのは鮮明に記憶している。衝撃的な映像だった。「エイリアン」（一九七九年）のリドリー・スコット監督作品である。主演は「おっ、ハリソン・フォードじゃないか」と、その年の正月早々に見た「レイダース・失われた聖櫃」（一九八一年）のインディ・ジョーンズを僕は思い出した。「これは、見なきゃイカン」と思ったものだった。

しかし、一九八二年の夏休み直前に公開になった「ブレードランナー」はほとんどヒットしなかったし、僕も気にはなっていたがすぐには見にいかなかった。そんなある日、当時、毎週買っていた週刊「漫画アクション」の「アクション・ジャーナル」で「ブレードランナー」が取り上げられていた。「こんなにおもしろい映画なのに、客が入っていない」と、そのコラムは書き出されていた。

そのコラムで僕は「ブレードランナー」の原作者であるフィリップ・K・ディックというSF作家が映画公開直前に亡くなったことを知った。コラムは「ブレードランナー」を絶賛し、原作の「アンドロイドは電気羊の夢を見るか?」を絶賛し、不遇のうちに死んだディックを悼んでいた。ディックは一九二八年十二月十六日に生まれ、一九八二年三月二日に亡くなった。五十四年の生涯だった。

そのときまで、僕はフィリップ・K・ディックを知らなかった。後に友人のTがディックの初期からの愛読者で、日本でも早い時期の翻訳である「偶然世界（太陽クイズ）」（ハヤカワポケット版SF）からずっと初版本を持っているのを知って驚いたことがある。Tは、洋泉社の特集誌がディック特集を組んだときにその初版本を資料として提供し、彼の本がディック特集のページを飾った。

しかし、僕はずっと遅れてきた読者だったから、当時は早川SF文庫で出ていた「アンドロイドは電気羊の夢を見るか?」を買って衝撃を受けた。映画化された「ブレードランナー」もすごいが、原作の哲学的な部分はあまり反映されていない。特に、マーサー教についてはバッサリと削られている。また、人々の本物の動物に対する強い憧れと代替品としての電気動物のことなど、ディックの世界観が僕を捉えた。

デッカードは、妻の機嫌を気にする冴えないバウンティハンターとして登場する。アパートの屋上で鳥を飼う近所の女性と「それ、本物かい」と会話し、いつか本物の羊を飼うことを夢見ている。部屋に戻るとテレビのスイッチを入れ、マーサーが石を投げられ血を流しながら坂を登る姿を見つめ、共感（シンパシー）ボックスに手を触れてマーサーの痛みと苦しみを共有する。

坂を登るマーサーは、茨の冠をかぶり血を流しながら十字架を背負ってゴルゴダの丘を登るキリストなのだと僕は思った。共感ボックスによって、マーサー教の信者たちは同じ苦しみを感じることができるのだ。デッカードは共感ボックスによって自分に石が当たったと感じ、鋭い痛みを自覚し、血が流れることによって精神的な何かを得る。

ディック作品に共通するのは、読んでいると現実感がどんどん崩壊していくことだ。マーサー教の共感ボックスは、その象徴のようである。だから、後半に至り自分が偽の記憶を移植されたアンドロイドではないのかと疑い始めるデッカードの気持ちがストレートに伝わってくる。それは、ディックの小説を読むことでしか得られない読書体験である。だから、ディック作品は麻薬のような効力を持つ。

ディック中毒になった僕は、ハヤカワSF文庫で出ていた作品を全部買い込んだ。「高い城の男」「火星のタイムスリップ」「パーマー・エルドリッチの三つの聖痕」「ユービック」「流れよわが涙、と警官は言った」などである。次々に読み続け、重度のフィリップ・K・ディック中毒患者になった。ディック作品は「読むドラッグだ」と、当時の僕は友人たちに言い募った。

後に、サンリオSF文庫で出たディックの後期作品「暗闇のスキャナー」「ヴァリス」などもすべて揃えたが、後期作品は難解すぎて読み通すことができなかった。ディック作品で中毒性が強いのは、「火星のタイムスリップ」(一九六四年)から「流れよわが涙、と警官は言った」(一九七四年)までの作品だと思う。中でも読んでいる間、完全にゲシュタルトが崩壊し、現実感を喪失してしまう強度のトリップ体験ができるのは「ユービック」である。

「ユービック」を初めて読んだとき、僕は途中からストーリーを追うことができなくなり、ただディック・ワールドに浸っていただけだった。本をおいても、現実感が戻ってこなかった。今、ここにいる自分は本当に存在しているのか、誰かの幻想の中にいるだけではないのか、あるいは世界は誰かの夢なのではないか、自分の記憶は植え付けられた偽の記憶なのではないか、本気でそんな感覚に囚われた。

「ユービック」は、超能力者に対抗するために不活性者(反超能力者)による警備会社を立ち上げたグレンが、助言を求めて死んだ妻のエラがいる「安息所」を訪れる場面から始まる。死んだ人間を「半生者」として冷凍保存し、その魂(精神?)と会話できる場所が「安息所」なのだ。やがて超能力者たちが月に集結したという情報が入り、不活性者たちも月に向かう——と、あらすじを書いてもあまり意味がない。

ディック作品は読むのではなく、体験するものだ。理解するのではなく、感じるものだ。僕は、比喩として「読むドラッグ」と言っているのではなく、本当にドラッグ(薬物に手を出したことはないけれど)なのである。たぶん、まったく受け付けない人もいるだろう。しかし、僕には強烈に効いたのだった。だから、何度も僕は「ユービック」を読んだ。今でも、ときどき読みたくなる。今では新訳（新薬ではない）が出ているらしい。そちらを試してみようかと考えている。

（2021.01.02）

十億年の時空を超える

■果しなき流れの果に／小松左京

❀日本沈没／森谷司郎監督

小学生の頃、毎週、「少年マガジン」を買っていた。二つ違いの兄は「少年サンデー」を買っていた。「少年マガジン」には、ちばてつやの「紫電改のタカ」が載っていて、「少年サンデー」には横山光輝の「伊賀の影丸」が連載中だった。人気は「少年サンデー」の方があったと思う。後に「少年マガジン」は「巨人の星」と「あしたのジョー」で爆発的な人気を誇るが、それにはまだ何年かが必要だった。

もちろん、僕と兄は「少年マガジン」と「少年サンデー」を交換して読んでいた。しかし、やがてマンガ雑誌を買わなくなり、中学生になってからは僕が「ミステリマガジン」を買い、兄が「SFマガジン」を買うようになった。「ミステリマガジン」と「SFマガジン」も交換して読んでいたから、僕は小松左京、光瀬龍など日本のSF小説の先駆的な作家たちの作品を読んでいた。筒井康隆の「ベトナム観光公社」が「SFマガジン」に掲載されたのをよく憶えている。イラストは真鍋博さんだった。「SFマガジン」には日本人作家の長編小説が連載されていて、兄が初めて買った号には小松左京の「果しなき流れの果に」が載っていた。すでに数回の連載が過ぎていて「これまでのあらすじ」が最初のページにまとめられていた。さすがに、「あらすじ」の内容は記憶していないが、ネットで調べた「果しなき流れの果に」（ハルキ文庫）の「あらすじ」に書いてあるものとそう変わらなかったと思う。

――N大学理論物理研究所助手の野々村は、ある日、研究所の大泉教授とその友人・番匠谷教授からひとつの砂時計を見せられる。それは永遠に砂が落ち続ける砂時計だった。白亜紀の地層から出土されたというその砂時計の謎を解明すべく発掘現場に向かう一行だった。

連載もすでに後半に入っていたらしく、その号では野々村をはじめ発掘の関係者は変死あるいは行方不明になっており、僕はいきなり「マツラ」と呼ばれる男が火星に移住しようとしているヤップ（祖国が沈没し世界中に散らばった日本人たちの蔑称）たちの中に、「N」と呼ばれる男を探しているシーンから読み始めた。「N」には仲間がいて、時間と空間（全宇宙）を管理している存在に反逆しているのである。

「マツラ」は反逆者たちの組織を時空間を超えて追跡しているらしいのが、読み進めるうちにわかってきた。今なら「パラレルワールド」という言葉で簡単に理解できるのだけれど、「この地球は、きみの地球ではない。きみの地球は、太陽の異常によって二十一世紀で消滅した」なんて言葉が出てきて、僕の頭は混乱した。そして、全宇宙を管理する神のような存在がいて、その存在に反逆する者たちがいる、という壮大な物語が展開していく。

それは、十億年の時空間を超越する想像を絶する小説だった。Nは様々な歴史上の時間に現れ、管理者たちに反逆するのだが、マツラに追われ様々な歴史の中に隠棲し身を潜める。しかし、ついに追い詰められ、自殺的行為によって「精神」だけの存在になり、宇宙や時空間を掌握する何かと対話をする。そこには、超絶的存在になったマツラも現れ、彼らの対話が僕の記憶に刻み込まれた。「何だか、すごいぞ」という印象だった。

それまで、SFを読んだことがなかったわけではない。小学生の頃には学習雑誌の付録に付いていたアイザック・アシモフやアーサー・C・クラーク、ロバート・A・ハインラインの小説（抄訳だったけど）を読んでいたし、同じ学習雑誌に連載されていた光瀬龍の小説（今で言うジュブナイルみたいだったけど）を読んだこともある。

しかし、「果しなき流れの果に」のような壮大なテーマを扱ったSFは初めてだった。ラストの神のような存在との対話では、まるで哲学書を読んだ気分になった。それなのにエピローグでは野々村を五十年も待ち続けた女性の元に、アルプスで全裸で発見され記憶が戻らないままの年老いた男が現れ、ふたりで仲良く年を重ねていくハッピーエンド風のエピソードが加えられていた。

日本列島が海に沈んでしまう（この着想は前述のように「果しなき流れの果に」ですでに書き込まれている）衝撃的な内容の「日本沈没」が大ベストセラーになり映画化（一九七三年）もされ、一時期、小松左京の小説は「エスパイ」（一九七四年）や「復活の日」（一九八〇年）などが鳴り物入りで映画化された。しかし、「果しなき流れの果に」は映像化には不向きなのだろう。ただ、今も、僕は「果しなき流れの果に」が小松左京の最高作だと思う。

兄が定期購読していた頃、SFマガジンでは日本のSFを代表する作品が次々に生まれていた。「果しなき流れの果に」が終わった翌月からは、光瀬龍の「百億の昼と千億の夜」（一九六五年十二月号～一九六六年八月号）が連載され、次には安部公房の「人間そっくり」（一九六六年九月号～十一月号）が始まった。ちなみに安部公房の作品は「人間もどき」と予告されていた。

さらに新人作家であった筒井康隆の長編二作目「馬の首風雲録」も始まり、それらを連載で読めた僕は幸せだったと思う。「馬の首風雲録」は戦場の残虐な描写がグロテスクで辟易したが、後にそれが露悪的な筒井康隆の常套手段なのだとわかった。また、「馬の首風雲録」がベルトルト・ブレヒトの戯曲「肝っ玉おっ母とその子どもたち」を下敷きにしているのも、後に知ることになった。演劇青年だった筒井康隆なら当然だったのかもしれない。

ところで、どうでもいいことだが、安部公房が「人間もどき」と予告していたタイトルを「人間そっくり」と変えたのは、「仮面ライダー」に「人間もどき」が登場したからだろうかとか、京塚昌子主演のテレビドラマ「肝っ玉かあさん」は「肝っ玉おっ母とその子どもたち」の剽窃だろうかという疑問がその頃から消えない。ずっと気になっていたので、今回、調べてみた。

「人間もどき」は六〇年代半前半に早川書房が日本書き下ろしSFシリーズとして、タイトルだけがずっと予告されていた。シリーズには筒井康隆の「48億の妄想」や小松左京「エスパイ」なども予告されていて、その中の一編だった。「第四間氷期」を書いた安部公房は、SF作家としても認識されていたのだ。

一方、テレビで「仮面ライダー」が始まったのは七〇年代だった。石ノ森章太郎のマンガも同時期の連載である。

ブレヒトは、演劇人であれば誰でも知っている作家である。最も有名な戯曲は「三文オペラ」で、一九二八年の初演だった。クルト・ヴァイルが曲を書き、その中でも「匕首マック」（ドイツ語では「メッキー・メッサー」と韻を踏んでいる。ボビー・ダーリンが英語版「マック・ザ・ナイフ」をヒットさせた）が有名だ。また、「肝っ玉おっ母とその子どもたち」は、一九三九年に書き上げられた。「肝っ玉かあさん」のプロデューサー石井ふく子が知らなかったはずはない。

（2021.01.02）

世界観が変わる

■宇宙からの帰還／立花隆

●ファースト・マン／デイミアン・チャズル監督

カメラ雑誌の編集部にいたとき、様々なジャンルの写真家に弟子入りするという企画をやっていた。料理写真の佐伯義勝さんとか、ヨット写真の添畑薫さん、ネイチャーフォトの木原和人さんなど、多くの写真家に多大な迷惑をかけた体験取材だった。そのひとつに、水中写真の中村征夫さん（「東京湾」で木村伊兵衛賞を受賞する前だった）に弟子入りする回があった。アクアラングを装備し、水中でモデルを撮るのである。

しかし、僕はスキューバダイビングなどしたことがない。海での取材は危険だとなり、水深十メートルの潜水プールで、まずインストラクターに鍛えてもらうことから始まった。中村さんは「こいつに、三十分で酸素ボンベを背負わせてくれ」と言った。とっとと取材をすませたかったに違いない。

ということで、まず水中メガネとシュノーケルをつけてビート板を持ち、バタアシで二十五メートルプールを往復するところから始まった。

潜水プールは十五メートルまでは五メートルの水深で、それを超えると十メートルの水深になった。十メートルの水深になるところは垂直の崖のようになっていて、いきなりものすごい深さに感じられた。五メートルの水深とはまったく違う。水面から十メートルの深さを見て僕は驚き、あやうく溺れそうになった。その十メートルの深さを水中モデルの女性は、素潜りで人魚のように泳ぎまくっていた。

それでも、ようやく僕はタンクを背負い口にレギュレーターをくわえ、初めてのスキューバ・ダイビングに挑むことになった。手にはオレンジ色のニコノスV（水中カメラ）である。水中メガネをつけ、僕は恐る恐るプールの中に入った。「呼吸を荒くするな、ゆっくり普通に呼吸しろ」と言われていたが、緊張でタンクの酸素を大きく吸ってしまう。喉の奥がひどく乾いた。そして、僕の頭は水中に没した。

大した水深ではなかった。耳抜きに苦労しながら二メートルほど潜ったとき、水面を見上げた。キラキラと水面が揺らめいていた。プールの天井が見えた。それなのに、僕は呼吸をしている。そのときの感動を何と表現すればいいだろう。水中から空気のある世界を見ているのだ。それはアチラ側であり、日常の世界だった。しかし、僕は人間が生息できない世界にいて、楽に呼吸をしていた。そのとき、世界観が変わった。

水中に潜って反対側から水面を見ただけで世界観が変わるのだから、宇宙空間に出て球体の地球を見たとき、どれほどの衝撃や感動を感じることだろう。世界観は、まるで変わってしまうに違いない。まして、人類として初めて月面に降り立ち、小さな球体の地球を見たときの感動はどれほどのものだろう。

立花隆さんの「宇宙からの帰還」を読んだとき、僕が実感したのはそんなことだった。本が出たのは一九八三年のことで、当時、よく売れた本だった。あまりの評判に、科学ノンフィクション分野の本にはあまり手を出さなかった僕も購入した。筆者が立花隆であることも大きな要素だった。それまでに「中核対革マル」など何冊か読んでいて、信頼できる書き手であると思っていたのだ。

内容は、地球を外側から見た宇宙飛行士たちに取材したノンフィクションだった。その中でも僕が今も印象深く記憶しているのは、アポロ11号で月面に立ったニール・アームストロングとバズ・オルドリンの物語である。特に二番目に月面に立ったバズ・オルドリンのことが、読後三十八年経っても忘れられない。彼は月面から地球を見たときに神の存在を実感し、帰還後、「ノアの箱船」が実在したことを示す遺跡探索を始める。

「宇宙からの帰還」を読むと、多くの宇宙飛行士の中でもバズ・オルドリンは変わった人物に思えた。変人である。偏屈で、人と馴染まない人物のような印象だった。最近、ニール・アームストロングを主人公にした「ファースト・マン」（二〇一八年）を見たけれど、その映画の中でもバズ・オルドリンはそんな人物として描かれていた。仲間の宇宙飛行士が事故死しても、「あいつの判断ミスさ」と口にするようなキャラクターである。

僕が「宇宙からの帰還」を読んだのは三十八年前の出版時であり、以来、一度も読み返していないが「印象に残った一冊」を挙げるときには必ず思い出すし、「宇宙からの帰還」を思い出せば月面に二番目に降り立ったバズ・オルドリンのことが浮かんでくる。この「一番」と「二番」の差は大きく、帰還後のニール・アームストロングがアメリカの英雄として華々しい人生を送ったのに比べ、バズ・オルドリンは地味な生涯だった。

しかし、月面から地球を見て「神の存在を実感」したというバズ・オルドリンという人物が僕には忘れられない。想像でしかないが、彼が「神の存在を実感した」ということが、僕には素直に納得できるのだ。僕自身は無神論者みたいなものだけれど、月面に立ち小さな球体の地球を見たとき、間違いなく世界観は変わると思う。そんなことを想像させてくれたのが「宇宙からの帰還」という本だった。

「宇宙からの帰還」は立花さんの著作の中でも初期のものであり、この後、脳科学や臨死体験といったテーマに進んでいく。田中角栄首相の金脈問題のルポで名前を知られ、「中核対革マル」や「日本共産党の研究」など政治的なテーマでノンフィクションを書いていた立花さんが「宇宙からの帰還」を書いたのがそもそも僕には意外だったので、その後の著作には僕は手を出していない。読めば、きっと目から鱗が落ちるとは思っている。何しろ「知の巨人」と言われる人ですから。（2021.01.11）

伝記好きになった本

馬に乗った水夫／アーヴィング・ストーン
華麗なる激情／キャロル・リード監督

ハリソン・フォードが出ている「野性の呼び声」（二〇二〇年）を見たが、CGを駆使しているのだろう、犬たちをはじめ熊や狼や兎などの動物たちの表情や動きが3Dアニメっぽくて、ちょっとシラケた。「野性の呼び声」は、もう何度も映画化されてきたし、僕は昔、日本テレビのプロレス中継と隔週で放映されていた「ディズニーランド」の「冒険の国」の回で見た記憶がある。そのモノクロの映像が記憶に残った。子供のときに見たので、よけいリアルに感じたのかもしれない。

ジャック・ロンドンの「野性の呼び声」（昔は「荒野の呼び声」とも訳されていた）と「白い牙」は、小学生のときに児童向けの世界文学全集で読んだ。児童向けだから、抄訳だったのかもしれない。その後､高校生のときに文庫本で読み返したけれど､それはジャック・ロンドンの伝記「馬に乗った水夫」を読んだことがきっかけだった。

アーヴィング・ストーンの「馬に乗った水夫」が早川書房の「ミステリマガジン」に翻訳連載されたのは一九六七年だった

から、僕は高校一年生になっていた。数回の短期連載で、僕は「ミステリマガジン」を買うと真っ先に「馬に乗った水夫」を読んだ。小学生のときに偉人伝をよく読んだので、「伝記」というと偉い人が書かれているものだと思っていた。

ところが、「馬に乗った水夫」は偉人伝とはまるで違った。ジャック・ロンドンは貧しい生まれで、子供の頃から金を稼がなければならず、ときには悪事にも手を出すような生活を送ったらしい。その後、遠洋漁業の船に水夫として乗り込み、やがて文学に目覚めて作家となり、社会主義者として活動し、四十歳でモルヒネを飲んで自殺した。

そうしたジャック・ロンドンの生涯が大変に興味深かったのはもちろんだが、「伝記という形式の文学」がアメリカには存在するのだという発見が新鮮だった。ストーンはゴッホやミケランジェロなどの伝記も書いていて、ミケランジェロの伝記は映画「華麗なる激情」（一九六五年）の原作になっている。

「華麗なる激情」は「第三の男」の監督キャロル・リードの後期の作品で、日本で公開されたのは一九六六年二月のことだった。僕は「映画教室」として学校から見にいった。チャールトン・ヘストンが足場を組んで仰向けになり教会の天井に絵を描いているシーンは、今もくっきりと記憶している。

たぶん、システィナ礼拝堂の壁画を描いていたのだと思うけれど、その頃はミケランジェロについては何も知らなかった。「ベン・ハー」の俳優は、ミケランジェロもやるんだと思いながら見ていた。「マイ・フェア・レディ」（一九六四年）のレックス・ハリソンが王を演じていて、芸術家と王の確執が描かれた。そのときは知らなかったが、字幕には原作者アーヴィング・ストーンの名が出ていたのだろう。

ストーンはアメリカ大統領の伝記なども書いているらしいが、僕は「馬に乗った水夫」しか読んではいない。たぶん、タイトルが印象的で記憶に残ったのだ。ジャック・ロンドンは漁船の水夫をやった後、文学に目覚めて大学で学びなおしている。その人生を象徴する意味でつけたタイトルなのだと思う。最近、ジャック・ロンドンの自伝小説を映画化した「マーティン・エデン」（二〇一九年）が日本でも公開された。

もちろん、子供のころ、僕は「野性の呼び声」や「白い牙」というジャック・ロンドンの動物ものが好きだった。小学生のときにそれらを読んだおかげで、「シートン動物記」をかじり、「狼王ロボ」という名前も知った。その頃、マンガ家の白戸三平が「狼王ロボ」をマンガにした。どちらかといえば、僕はマンガの方を熱心に読んだ。

しかし、子供だから作者のジャック・ロンドンがどんな人生を送ったのか、という興味は抱かなかった。それが高校生になり「馬に乗った水夫」を読むことで、実在の人物の生涯を詳細に知ることになった。それが現実の人生だったのだと思うと、すごく興味がわいた。それ以来、僕は伝記文学や自伝の類を好んで読むようになった。

アメリカは、特に伝記や自伝が盛んなのかもしれない。ハリウッド・スターの多くが自伝を書いているし、監督やプロデューサーの伝記も多い。映画が好きな関係で、僕はそのジャンルの伝記や自伝をよく読むが、政界や財界人などの自伝や伝記も数多く出ている。アメリカの大統領は、引退するとほとんどが回顧録を出版する。たぶん、凄い額のアドバンスが提示されるからではないだろうか。

自伝では自慢話や言い訳ばかりという人もいるけれど、ある人物の伝記を書こうとする作家はきちんと調べて書いていることが多い。僕は「書かれた本人が認めた伝記」より「本人が激怒した伝記」の方がおもしろいが、そういう場合は訴訟になったりすることもある。すでに亡くなった人を取り上げることが多いのは、そういうことも理由なのかもしれない。もちろん、死によって完結した生涯の方が伝記としてはおもしろい。

ユダヤ人文学の巨匠バーナード・マラマッドの小説に「ドゥービン氏の冬」という長編がある。主人公は伝記作家だ。彼は一作に数年間をかける。調べて、調べて、書くからだ。小説が始まった時点で著名な伝記作家の地位を築いているが、作品はまだ数点である。彼は「D・H・ロレンス伝」を書こうとしている。巻末では彼が残した作品リストが提示されるけれど、十指にも充たない数だった。

ちなみに僕の記憶に残っている自伝としては、ハリウッド・スターのパトリシア・ニールの「真実」とキャサリン・ヘプバーンの「Me」がある。後者はアン・エドワーズが書いたキャサリン・ヘプバーンの伝記と併せて読むとより楽しめる。アン・エドワーズも伝記作家で、他にマーガレット・ミッチェルを描いた「タラへの道」や「ヴィヴィアン・リー」（共に文春文庫で出ていた）も書いており、僕はどれもおもしろく読んだ。

なお、男たちの自伝は下半身の自慢話が多く、その典型がロジェ・バディム監督の「我が妻バルドー、ドヌーヴ、J・フォンダ」だろう。カーク・ダグラスの自伝「くず屋の息子」もセックス自慢にあふれているし、エリア・カザン監督も自伝でエヴァ・ガードナーやマリリン・モンローとの情事を告白（自慢）している。もっとも、カザンの場合は、膨大な自伝を通じて言い訳に終始している感がある。赤狩り時代の裏切りを、人々は彼の死まで許さなかったからだ。

（2021.01.17）

肉体労働者の文学

枯木灘／中上健次

赫い髪の女／神代辰巳監督

読み終えると、まったく違う次元に立っている自分に気付く本がある。精神的に昂揚し、読む前の自分とは別人になった気分になる。そんな読書体験がある。もちろん、そんなにたくさんはないけれど、僕にも何冊かそういう本があって、今もこんなブログを書き続けている。目から鱗が落ちる本、精神的に違うレベルに上がる本、人間に対する認識が深まる本などいろいろあって、そんな本に出合うと読書はまさに体験するものなのだと思う。

その本を読んだのは河出書房から函入りの単行本が出てしばらく経ったときだから、一九七八年のことだと思う。すごい評判で、「これは読まなきゃイカン」と思って買った本はすでに何刷りかで、投げ込まれていたパンフレットには各紙誌での絶賛の書評が掲載されていた。作者は少し前に「岬」という小説で芥川賞を受賞したばかりの新人作家だったが、彼の長編第一作は圧倒的な好評で迎えられていたのだ。

僕は「岬」も読んでいなかったし、中上健次という作家にも興味はなかったのだが、長編第一作「枯木灘」の評判がすごくて無視できなくなったのだった。社会人になって三年、僕はまだ文学青年的な青臭さを引きずっていたし、下手な小説を書いては「文學界新人賞」に応募し、一次選考を通ってタイトルと名前が出たと喜んでいた。文藝春秋社の「文學界新人賞」を受賞すると、必ず芥川賞候補になると言われていた。

「枯木灘」は読み始めると心臓を鷲掴みにされたようになり、夢中で読み進めることになった。それは、おそらく特徴的な文体にあった。村上春樹さんは文体について意識的だし、エッセイでも文体についてよく言及しているが、僕は初期作品の文体を別にして「村上春樹的文体」をあまり意識したことはない。

しかし、中上健次のリフレインする文体については「枯木灘」を読んでいる間中、強く意識させられた。

もちろん、文体に意識的でない作家などいやしない。昔、筑摩書房から「文体」という季刊誌を出していたのは、古井由吉、後藤明生など「内向の世代」の作家たちだった。強烈な文体を感じさせる古井さんは僕にとって特別な存在だったし、後藤明生の私小説かエッセイか見分けがつかない作風には、それなりの文体が存在した。作品と文体は不可分のもので、どういう小説をどんな文体で書くか、それは自ずと選択されるものだ。

「枯木灘」が文壇で高く評価された理由に、「肉体労働を描く文体」があるのではないだろうかと、初めて読んだときに僕は思った。主人公・秋幸は土方（今じゃ差別用語かな）である。その労働を描写するとき、彼の動きを、筋肉を、汗を、描写する文章が何度もリフレインする。繰り返されるフレーズ、それが力強さや荒々しさを伝えてきた。その圧倒的な力強さは、それまでの日本文学にはなかったものだし、土方の労働を土着的な迫力で描写する文体だった。

日本の文学は、インテリや文学青年たちによって書かれてきた。自然主義文学、白樺派、それらから生まれた私小説群、戦後は第一次戦後派、第二次戦後派、第三の新人、内向の世代などと続いてきたが、中上健次のように非差別部落出身で紀州の「路地」を舞台にし、荒々しい物語を綴った作家は珍しい存在だった。「枯木灘」に描かれるのは複雑な血の系譜であり、「近親相姦」や「父親殺し」といった重いテーマだった。それを、神話的な次元にまで中上は高めていた。

「枯木灘」一冊ですっかり中上健次に圧倒された僕は「岬」に遡り、初期の芥川賞候補作「十九歳の地図」を読み、中上が大江健三郎の影響を受けているのを悟った。さらに、彼のエッセイを読むと、アルバート・アイラーなどのフリージャズからも強い影響を受けているらしいこともわかった。

羽田空港で働いている頃、中上はジャズ喫茶に入りびたり、フリー・ジャズの大音響の中でノートにびっしりと小さな字で原稿を書き続けていたのだ。

中上には「破壊せよ、とアイラーは言った」というエッセイ集があり、それはマルグリット・デュラスの小説「破壊しに、と彼女は言う」をもじったタイトルだが、アルバート・アイラーの咆哮し絶叫するサックスが聴こえてくるような文章だった。それらは、十代のときに僕が影響を受けたものと共通していた。僕より五歳年上ではあったけれど、世代的共感も生まれた。以来、新刊が出るたびに僕は中上作品を読み続けた。

「岬」「枯木灘」に続く秋幸ものの続編「地の果て至上の時」が書き下ろしで出て、秋幸の母の若き時代を描いた「鳳仙花」が出て、その後も旺盛な創作欲を見せた。中でも僕の記憶に残っているのは、短編集「水の女」と連作「千年の愉楽」である。「水の女」の中の一編「赫髪」は、神代辰巳監督によって「赫い髪の女」（一九七九年）として映画化され、中上作品の映画化としては「青春の殺人者」（一九七六年）と並び成功した作品になった。

「青春の殺人者」は、中上の初期短編「蛇淫」を原作として長谷川和彦監督が映画化したものだった。中上健次と長谷川和彦の組み合わせは、当時、大きな話題になった。まだ監督作もなかったのに、今村昌平監督の秘蔵っ子であり、数々の話題作の脚本を書いていた長谷川和彦は「未完の大監督」として期待されていた。そのゴジこと長谷川和彦が満を持して監督第一作に選んだのが、中上健次の短編だったのである。

実際に起こった事件を元にしていると聞いた。女のために両親を殺した青年の物語である。映画は、若き水谷豊と原田美枝子が主演した。凄惨な映像になると予想しながら見にいった僕は、確かに血まみれのシーンはあったものの、不思議な解放感と主人公への共感に充ちて映画館を出ることになった。見終わった後、見る前とは違った自分になっていると思う映画もあるが、「青春の殺人者」はまさにそれほどの傑作だった。

「赫い髪の女」も原作を読んで感じていたものを、改めて形にしてくれた作品だった。神代作品特有の「曖昧さ」や「浮遊感」が全編を覆い、スクリーンでは宮下順子と石橋蓮司が延々と性行為を繰り返す。「憂歌団」の倦怠感にあふれた歌が流れてくる。そのとき、僕は男女の性行為を見ながら「人生の悲しみ」みたいなものを感じた。それは、石橋蓮司の弟分を演じた阿藤海のラストシーンの表情にも共通するものだった。それらは、中上作品のコアの部分を映像化していたのだ。

余談だが、日本冒険小説協会会長の内藤陳さんが存命の頃、新宿ゴールデン街の「深夜＋1」でよく飲んでいた。すでに中上健次が亡くなって十年以上が過ぎていたが、ゴールデン街の酒場のあちこちで中上伝説を聞いた。すさまじい酔い方、荒れ方、舌鋒の鋭さ、喧嘩の強さは、まだ生々しく語られていた。

ある夜、僕が呑み過ぎてスツールから落ちたとき、陳さんは「中上健次も酔っ払ってよく落ちて、床に座り込んで飲んでたな」と笑った。僕もまだ、そんな無茶ができた頃の思い出だ。遥かな昔のことになってしまった。

（2021.01.24）

戦場の現実を描いた

野火／大岡昇平

事件／野村芳太郎監督

もう四十年近く昔のことになるけれど、初めての子に「ショウヘイ」という名前を付けた。世界的映画監督の今村昌平、尊敬する文学者の大岡昇平、それに当時はモテモテ男の代名詞だった火野正平（今はチャリンコで日本中を走っているけれど）にあやかろうと思ったからだ。人は自分にできなかったことを、子供に託そうとする。

できれば鳴海昌平にもあやかりたかったのだが、それは「最も危険な遊戯」（一九七八年）に始まる「遊戯」シリーズで松田優作が演じた殺し屋の名前だったから、さすがにちょっとマズイかと思ったのである。僕としては火野正平みたいになってもらいたかったのだけど、親に似てそっち方面はまったくダメらしい。

まあ、それは照れ隠しの韜晦で、本当は大岡昇平のようにフランス文学者であり、詩人であり、「野火」や「俘虜記」から「レイテ戦記」のような記録文学までを書いた小説家にあやかりたかったのが本音である。それに今村昌平監督はすごいと思うが、実は今村作品にはちょっと苦手なところもある。

僕が大岡作品を初めて読んだのは、大学生のときに手に取った「野火」だった。「野火」を読み終わったときの強烈な印象は、今も記憶に残っている。「人肉食」というテーマは確かに衝撃的だったが、そのテーマがもたらした感動ではない。「戦場の飢えによる人肉食」を、形而上にまで止揚させた文学的興奮だった。

大岡昇平は「狂人の手記」として書き始めたらしいが、確かに一人称の語り手が戦場をさまようちにどんどん現実感を失っていき、幻想的な展開になる。強烈な飢えが主人公を含む兵士たちを襲い、語り手もついに戦友から手渡された「猿の肉」を口にする。それは、本当に「猿の肉」なのだろうか、と主人公は思う。

――しかし私は進んで永松に問い糺す勇気はなかった。そう訊くことが、事件の進行をもとに戻すことを懼れたからである。

あの猿の肉を喰べて以来、すべてなるようにしかならないと、私は感じていた。


大岡昇平は昭和十九年に三十五歳で召集され、フィリピンに送られる。すでに「スタンダール伝」など、多数の著作があるフランス文学者として名を知られていた。中原中也や小林秀雄との交流もあった。その年の暮れ、米軍がミンドロ島に上陸し大岡は山中に逃れるが、昭和二十年一月末に俘虜となる。レイテ島に送られ、数ヶ月の入院生活の後、収容所で過ごし、昭和二十年の暮れに復員した。

「俘虜記」が書かれたのは、昭和二十一年の五月だった。「野火」は、その間も書き続けられ、昭和二十六年一月から八月まで文芸誌に連載された。前年に出版した「武蔵野夫人」が好評で、一種の流行作家の扱いだったのだろう。「武蔵野夫人」は溝口健二監督が田中絹代と森雅之で映画化している。人妻の姦通を扱った、大岡版「ボヴァリー夫人」だった。

大岡作品には恋愛小説と戦争小説というふたつの流れがあると僕は分類しているが、他にも多彩な作品を残している。「武蔵野夫人」「花影」「酸素」といった恋愛をテーマにしたもの、「俘虜記」「野火」を経て「レイテ戦記」に至る戦争をテーマにしたもの、また「幼年」「少年」といった自伝的作品も多い。さらに、ベストセラーになった「事件」(日本推理作家協会賞を受賞)のようなミステリ的な作品もある。

「事件」がベストセラーになり松竹で映画化されたのは、一九七八年のことだった。その年、新人・永島敏行は「サード」「事件」「帰らざる日々」と、演技的には未熟だったが話題作に続けて出演した。「事件」では、松坂慶子の姉と大竹しのぶの妹のふたりに愛される青年の役だった。青年は姉を刺し、なぜ殺したのかという謎が裁判によって様々な形で解き明かされる。老練な弁護士役は丹波哲郎だった。

「事件」は、映画化の前にNHKで連続ドラマになっている。老弁護士を若山富三郎が演じて、当たり役となった。テレビ版では殺される姉をいしだあゆみが演じたが、妹の役は映画版と同じく大竹しのぶだった。こちらの方を先に演じたのかもしれない。「事件」は好評で、早坂暁のオリジナル脚本によって「続・事件」「続続・事件」と続いた。

三作目のシリーズ「続続・事件　月の景色」で家庭内暴力を振るう少年役で佐藤浩市が出ているが、これが彼のテレビデビューかもしれない。母親を岸惠子が演じ、若山富三郎はますます渋くなっていた。ちなみに、僕が佐藤浩市をスクリーンで初めて見たのは、東陽一監督「マノン」(一九八一年)だった。ヒロインの烏丸せつこのやくざな兄の役でビートたけしが出ていた。

「事件」が話題になる数年前のことだったろうか、「愛について」という大岡作品がNHKでテレビドラマになった。当時、テレビドラマ「二丁目三番地」や「冬物語」で人気だった浅丘ルリ子と原田芳雄のコンビである。妻が死に、その死を忘れられない夫が妻の過去を探っていく物語だ。この「愛について」も「武蔵野夫人」の系統だった。そうした恋愛小説ばかりを書いていていたら、大岡昇平は芸術院会員には推薦されなかったかもしれない。

しかし、有名な話だが大岡昇平は芸術院会員を「私は俘虜の身になった人間です」と言って断わるのだ。何となく大岡昇平の人間性をうかがわせるエピソードではある。そこには、自身を兵士として戦場に送った国家への反抗のようなものがあったのではないだろうか。「野火」を書いた作家である。単に俘虜の身を恥じただけとは思えない。

ちなみに、「野火」は市川崑監督が一九五九年に船越英二を主人公にして映画化し、二〇一五年には塚本晋也監督が映画化した。市川版では観客にショックを与えないためという理由で、主人公は人肉を食べなかった設定に変更されていたが、塚本版を見た後では「猿の肉」という言葉が僕の頭の中で響いていた。同じ原作を映画化したとは思えないほど、その二本はまったく異なる作品になっていた。

(2021.01.31)

■父の詫び状　あ・うん／向田邦子

向田邦子を読み続けた

❀あ・うん／降旗康男監督

九月二十七日は僕の結婚記念日だったのだが、昨年からは「竹内結子が死んだ日」として記憶に刻まれることになった。彼女の死を知ったとき、深い衝撃と共に「サイドカーに犬」(二〇〇七年)の竹内結子の姿が浮かんできた。

最近では、最も好きな女優だった。「サイドカーに犬」の根岸監督は「日本のヘップバーン」と絶賛した。しかし、彼女の死は翌日のニュースで知ったことであり、昨年の九月二十七日は別の意味で僕には忘れられない日になってしまった。

前日に父が退院したので、二十七日の朝、僕は近くの介護施設でショートステイをしていた母を迎えにいったのだが、母は錯乱状態になっていて車に乗るのをいやがり、僕に殴りかかってきた。僕を睨みつける目が忘れられない。まるで仇を見る目だった。初めての十日間のショートステイだったのだけれど、自宅をほとんど離れたことがなかったので「監禁された」という妄想にとらわれたらしい。

母を実家に連れ戻ると、今度は車から降りるのをいやがった。父が酸素吸入の長い管をつけたまま車庫までやってくると、ようやく納得して家に入った。午前中、母は今まで通りの状態に戻り僕はホッとしたが、昼食の後に父からメールが入り、母がどこかへ出ていってしまったという。それまでも、何度か徘徊はあった。あわてて探しに出ると、近くの神社前で歩行器を押している母を見つけた。

しかし、僕が「帰ろう」と言っても聞き分けない。押し問答をしていると、突然、母が意識を失って倒れた。母を一緒に探してくれていた義姉が車をもってきてくれたので、とりあえず乗せて帰ったが意識が戻らない。三十分近くたったとき、「これは危ないかも」と思って救急車を呼んだ。近所中の人たちが、心配そうに顔を出す。救急車がきて母を乗せ、僕も乗り込んだ。日曜日のことで、受け入れてくれたのは日赤だけだった。

病院で母はあらゆる検査を受けたが、意識を失うような原因は見つからなかった。翌日、改めて脳波などの検査をすると医者が言って、病室に入ったのは午後九時を過ぎた頃だった。半年前に完成した新館の十二階の個室だった。母は薬のせいか、熟睡しているようだった。まるで人が違ったかのような母の様子に衝撃を受けた、泣きたくなるような一日がようやく終わり、僕はぼんやりと十二階の病室の窓から外を見た。

目の下に、僕の出た高校が見えた。真下に正門がある。左手は武道場、その向こうがグラウンドだった。僕が通っていた頃とは、校舎とグラウンドの位置が逆だった。おそらく、昔のグラウンドの場所に新校舎を建設し、旧校舎を壊してグラウンドにしたのだろう。そのとき、高校一年の初めての文化祭が甦った。前夜祭のグラウンドでのキャンプファイヤーだ。その炎を、体育館の裏から見ている十五歳の自分が見えた。遙かな昔、もう五十数年の月日が過ぎ去っていた。

旧校舎は、今でも僕の記憶にはっきり残っている。戦後、高松中学と県女が合併して新制の高松高校になったが、元々は県女だったところに男子たちが引っ越してきて男女共学になったと聞いた。だから、校舎の床下には冷えないようにオガクズを敷き詰めてあるのだ、と誰かが言った。「どうして?」と僕が訊くと、その誰かは「母体保護だよ。将来の良妻賢母が優秀な子供を産めるようにだ」と皮肉な口調で答えた。

その話はずっと僕の記憶に残っていて、向田邦子が女学生の頃に高松で暮らし県女に通っていたとエッセイで読んだとき、「そうか、あの校舎で学んでいたのか」と思った。父親の転勤で鹿児島の小学校から高松の四番丁小学校に転校し、香川県立女学校に入学したのだ。二階の自室から見下ろすと玉藻城の馬場で兵隊たちが調練しているのが見えた、とエッセイに書いてあるから高松港の近くに社宅があったのだろう。

向田邦子のエッセイは、ほとんど（すべて）読んでいる。小説もだいたいは読破し、放送台本も何作かは読んだ。小説を先に書き、後に連続ドラマにしたものもあるし、放送台本を後に小説にしたものもある。直木賞受賞後に発表した「幸福」は最初に小説として刊行し、後にドラマ化した。短い小説だったが、連続ドラマは三ヶ月続いた。「ずいぶん膨らますものだな」と僕は感心した。無口な竹脇無我が印象に残っている。

向田邦子という名前を意識したのは、おそらくＮＨＫドラマ「阿修羅のごとく」（一九七九年）からだと思う。いや、その前の「冬の運動会」（一九七七年）「家族熱」（一九七八年）といったドラマだったかもしれない。エッセイ集「父の詫び状」が出て評判になったのは、一九七八年だった。すごく評判がよかったのだが、僕が「父の詫び状」を読んだのは文庫本になってからだだから、たぶん「阿修羅のごとく」で向田邦子の凄さを認識した後のことだと思う。

「父の詫び状」は一編の長さが四百字詰め原稿用紙で二十枚ほどあり、長いエッセイだった。「銀座百点」という昔からあるタウン誌に連載されたもので、一回の枚数としてはかなり長い。週刊誌の見開きエッセイは、せいぜい六枚から七枚である。長いエッセイの書き方を、僕は「父の詫び状」で学んだのだ。その「父の詫び状」は評判になり、「いきなり現れて、ほとんど名人」と、口うるさい玄人筋に評価された。

僕もそのうまさには感心した。説明的な文章ではなく、行間からにじみ出す何とも言えない情感のようなものが伝わってきた。だから、ハードボイルドな印象を抱いた。ドライでハードなのに、読後にしっとりとした情感が残る。「名人芸」という評が当たっている、と思ったものだ。その後、向田邦子のエッセイ集はすべて読んだ。僕が書く文章にも、その影響は残っていると思う。

一九八〇年のＮＨＫドラマ「あ・うん」の初回の放送を今も憶えている。門倉（杉浦直樹）が一軒家で風呂を炊いている。水田（フランキー堺）と妻たみ（吉村実子）と娘さと子（岸本加世子）がやってくる。転勤で東京に戻ってくる水田一家を迎えるために、門倉が家を準備し、すぐに風呂に入れるようにしているのだ。水田と門倉は兵役で一緒になった、いわゆる陸軍の「寝台戦友」である。

続編が翌年に放映され、同じ年に小説化されて刊行された。向田邦子の唯一の長編小説であり、僕はすぐに読んだけれど、その年の夏、向田邦子は飛行機事故で亡くなった。岸本加世子によれば、「『続々あ・うん』やるからね」というのが向田邦子の最後の言葉になったという。岸本加世子が演じた娘さと子は、向田邦子自身が投影されているのだろう。

八年後、「あ・うん」は高倉健の門倉、板東英二の水田、富司純子のたみで映画化されたが、これは放送台本を元にしたのではなく小説から脚色しているように思えた。杉浦直樹に比べれば高倉健はかっこよすぎる気がしたが、軍需成金の工場主役が似合っていて、ひょうきんなキャラクターだった。高倉健にこんな役ができるのか、と感心した。

ただし、向田邦子ドラマには印象深い音楽が使われることが多く、「阿修羅のごとく」の「トルコの行進曲」が有名だが、僕は「あ・うん」のタイトルバックで使われた「アルビノーニのアダージョ」が好きだった。映画版でも使ってほしかったなあ。小説版「あ・うん」を読んでいても、「アルビノーニのアダージョ」がずっと耳の奥で鳴り続けていた。

向田邦子の本を読み続けた頃を思い出した翌日、再び母の病室をたずねると、母は車椅子に座っておとなしくしていた。九十四という年齢よりは若く見えた。向田邦子も生きていれば九十一、母と同じ世代なのだ。僕がお茶を飲ませると、穏やかな表情に戻っていた母は「ありがとう」と詫びるようにつぶやいた。前日のきつい目をした母とは一変しており、心細そうな声だった。僕が息子だとわかっていたのだろうか。そう思った途端、「母の詫び状」という言葉が浮かんできた。（2021.02.08）

友情の尊さを学んだ

■飛ぶ教室／エーリッヒ・ケストナー
❀飛ぶ教室／トミー・ヴィガント監督

エーリッヒ・ケストナーはユダヤ系でありながら亡命もせず、ナチスが支配するベルリンで戦争中もずっと暮らしていた作家である。ナチスからは睨まれており、その著書は焚書に合った。ケストナーの凄いところは、自分の本が焚書になっている現場を見にいったことである。戦後、西ドイツのペンクラブ会長を務めたという。

ケストナーは一九二九年に発表した「エーミールと探偵たち」が好評で、一躍、人気作家になった。大沢在昌さんは「エーミールと探偵たち」を少年時代に読んだ大切な本として挙げているが、僕が最初に読んだケストナーの小説は「ふたりのロッテ」だった。ルイーズとロッテという離れ離れになっていた双子の少女の物語である。

僕がなぜ「ふたりのロッテ」から入ったかというと、「罠にかかったパパとママ」（一九六一年）というディズニー映画が日本で公開されたからである。当時、天才子役と言われたヘイリー・ミルズの主演だった。一九六二年三月の公開だから、僕は小学五年生の春休みにその映画を見たことになる。その後、僕は原作の「ふたりのロッテ」を読んだのだ。

サマーキャンプでロッテとルイーズは出会う。自分たちがそっくりなので最初は反発し合うが、やがて自分たちが双子として生まれ、両親の離婚によって離れ離れにされたことを知る。夏休みが終わると、ふたりは入れ替わって父親と母親の元に戻っていく。そこから物語が発展し、やがて父と母がよりを戻し、双子も一緒に暮らせるようになる。そんなハッピーエンドの物語だった。

その後、僕は創元推理文庫で出ていた「雪の中の三人男」とか、「点子ちゃんとアントン」など大人向けの小説も児童小説もごっちゃにして読んでいたが、最後に「飛ぶ教室」を読むことになった。「飛ぶ教室」はヒトラーがドイツの首相になり、ナチスが政権党になった一九三三年に書かれた児童小説だが、現在までに世界中で数え切れない子供たちが読み、感動したに違いない。

僕が「飛ぶ教室」を読んだのは十二歳、小学六年生の夏休みだと思う。ドイツの学校制度はよくわからないけれど、高等中学一年の少年たちが主人公である。彼らは寄宿舎で暮らしているが、ちょうどクリスマスでみんな帰省の準備をしている。しかし、マーティン・ターラーは貧しくて、クリスマスに帰ることができない。また、ヨナタン・トロッツは実の両親に捨てられ、養父が船長で航海中のため、やはり帰省しないことにする。

その他、腕っ節の強いマチアス、恐がりで臆病者と思われているウルリッヒがいて、彼らが中心になって物語は展開する。彼らは、それぞれに問題を抱えているし、決して恵まれているわけではない。そして、彼らを暖かく見守る教師「正義先生」ことヨハン、そして少年たちが慕う廃棄された車両で暮らし、ピアニストの仕事をしている「禁煙先生」が主要な登場人物だ。

貧しいが勇気があり正義感の強い少年、両親に捨てられた過去を持つが読書家で「飛ぶ教室」という劇を書く文学少年、喧嘩が強くボクサーを目指している心優しい少年、小柄で臆病な性格だが誇りを失わない少年、読書家で政治家のように弁が立つ少年、それぞれの性格が明確に書き分けられるけれど、彼らに共通しているのは「正義感が強く、誠実で、誇りを失わない」ということだった。

当時の僕は、どのタイプの少年に感情移入していたのだろうか。十二歳の僕は、すでにものを書くことが好きだった。日記を付け始めて二年が過ぎていた。学校の図書室には大して本は揃っていなかったが、ジャンルを問わず片っ端から読んでいた。

だから、「飛ぶ教室」の少年たちの中で僕が最も共感したのは、ヨナタン・トロッツだと思う。幼い頃に両親に捨てられるという不幸を経験し、それでもけなげに生きている少年だ。読書家で、クリスマス劇の「飛ぶ教室」を書く。タイトルの「飛ぶ教室」の意味は、劇中劇で明かされることになる。明るく振る舞っているヨナタンだが内省的で、ひとりになると繊細で傷つきやすい少年になる。

「人生は三つの要素でできている。愛と友情と裏切りだ」と言ったのは、僕が神と仰ぐフランスの映画監督ジャン＝ピエール・メルヴィルだけど、「飛ぶ教室」が描いているのは、「愛と友情と人生の苦さ」だった。特に「正義先生」が失踪してしまった親友「禁煙先生」と再会する場面では、僕は「友情」の尊さに泣いてしまったものだった。

ケストナーは、物語の前後に自身が登場する長い長い序文やあとがきを書く人だった。「飛ぶ教室」では、「クリスマスの物語」を書くと言っていたのにまだ書かないのか、と母親に促され、「クリスマスの物語」を書こうとしているとケストナーは述べる。そこでは、物語に登場するひとりの少年のことが、すでに描かれている。ケストナーは、少年たちの「悲しみ」を語るのだ。

「ふたりのロッテ」の前文では、「子供には子供の悲しみがある」とケストナーは書く。大人になって忘れてしまったかもしれないが、「子供時代の深い悲しみ」を自分は書くのだというようなことを述べている。「ふたりのロッテ」を読んで、今も僕の記憶に残っているのは、ケストナーのその言葉である。

僕がケストナーの児童小説に惹かれたのは、ケストナーが少年少女時代を「牧歌的な時代」として描かなかったからかもしれない。「飛ぶ教室」は、僕に「愛と友情と、これから立ち向かっていかなければならない人生の苦しさや苦さ」を教えてくれた本だった。未来は不安に充ちていたけれど、僕は「生きる勇気」をもらったし、その後の人生で何度もめげそうになったときには「飛ぶ教室」を思い出した。

二〇〇三年秋、何度めかの映画化で「飛ぶ教室」が恵比寿ガーデンシネマ（一時期、ウッディ・アレン作品の常設館みたいだった）で公開されたとき、数十年ぶりに講談社文庫の新訳で読み返した。最初に読んだときの感動が蘇ってきた。

(2021.02.14)

二人称のミステリ

■やぶにらみの時計／都筑道夫

殺人狂時代／岡本喜八監督

久しぶりにアマゾンで買い物をしたら、いつの間にかプライム会員にされていた。やめようと思って調べたけれど一ヶ月間プライムビデオが無料体験できるというので、プライムビデオのサイトにいってみた。「あなたにおすすめ」という映画などが出てくるが、ほとんどハリウッドの近作で見たものが多い。

試しに検索スペースに「日活映画」と入れてみたら、古い作品がずらりと出てきた。「プライム会員特典」となっている作品は無料で見られるらしい。次に「渡哲也」と検索したら「関東シリーズ」が三本出てきた。無料である。さっそく「関東破門状」「関東幹部会」「関東流れ者」（一九七一年）と続けて見た。

改めてプライムビデオのサイトにいくと、「あなたにおすすめ」の作品が一変していた。視聴履歴が反映されているのだ。何と「野良猫ロック　セックスハンター」（一九七〇年）が出てきたので、久しぶりに長谷部安春監督の切れ味のいいアクションシーンを楽しんだ。梶芽衣子も安岡力也も若い。

調子に乗って「長谷部安春」で検索したら、様々な作品がズラッと出てきた。いくつかの日活ロマンポルノ作品もあるし、テレビのアクションドラマの仕事が多かった監督だから「あぶない刑事」シリーズをはじめ、かなり揃っている。「流血の抗争」（一九七一年）や小林旭の主演作もある。

僕は見ていなかった旭の「俺にさわると危ないぜ」（一九六六年）を選んで見始めた。何と原作が都筑道夫の「三重露出」だった。脚本にも都筑道夫が加わっている。主人公が従軍カメラマンの設定だから「三重露出」なのだろうか、と考えた。初期の都筑作品の中でも有名な小説だが、残念ながら僕は読んでいない。

都筑道夫の小説の映画化で有名なのは、岡本喜八監督の「殺人狂時代」（一九六七年）である。原作は「なめくじに聞いてみろ」だ。主演は、若き仲代達矢だった。見たのはもうかなり昔のことになるけれど、カット割りが印象的なアクション喜劇である。カットが変わった瞬間、ナイフが飛んできたり、クラッカーが破裂する。岡本作品はカット数が異常に多い。

都筑道夫作品は、一時期かなり読んだ。都筑道夫は「エラリィ・クィーンズ・ミステリマガジン」の初代編集長で、初期の早川ポケットミステリの解説も多く書いていたからだろう。中学生の僕の読書範囲を広げたのは、「ミステリマガジン」からの情報が中心だった。

カート・キャノンの「酔いどれ探偵街を行く」を翻訳したのも都筑道夫だった。その冒頭の文章が有名だった。翻訳が出たのが一九六三年。その四年後、都筑さんは深作欣二監督と組んで「ローンウルフ」という天知茂主演の連続テレビドラマを書いているが、毎回最初に流れる天知のナレーションが「酔いどれ探偵街を行く」の冒頭の訳文とそっくりだったという。

その話は、昔、大沢在昌さんから聞いた。「ローンフルフ」は僕も高校生のときに見ていたが、大沢さんは中学に入ったばかりだったろうか。たぶん、夢中で見ていたのだろう。作家になった大沢さんは都筑さんと知り合い、「先生、あのナレーション، カート・キャノンですよね」と訊いたという。

僕が最初に読んだ都筑作品は、「やぶにらみの時計」だった。刊行は一九六一年。僕が読もうと思ったのは高校生のときで、その作品がトリッキーで実験的なミステリとして書評で紹介されていたからだ。何が実験的かというと、その小説は「きみは」という二人称で書かれていた。

「やぶにらみの時計」を読んだとき、僕はすでに「二人称」という言葉を知っていた。中学生の頃はミステリが中心だった僕の読書は、高校生になって純文学のジャンルへと広がった。日本の作家では「第三の新人」と呼ばれる作家たちと大江健三郎、開高健などが中心だったが、海外の現代作家にも手を広げていた。

その頃、フランスでは「ヌーヴォー・ロマン」「アンチ・ロマン」が盛んだった。アラン・ロブ＝グリエやミッシェル・ビュトール、ナタリー・サロート、あるいはフィリップ・ソレルスといった作家たちの作品が頻繁に翻訳されていた。

アラン・ロブ＝グリエは、アラン・レネ監督のために詳細な撮影台本のような「去年マリエンバートで」（一九六〇年）を書き、それも翻訳本が刊行されていた。僕は背伸びして、そんな作家たちの作品を読みチンプンカンプンだったが、わかったような顔をしていた。

そんな作品の中にビュトールの「心変わり」があった。「私は」と叙述する一人称、「彼は」と書く三人称、しかし、「心変わり」

は「きみは」という二人称の叙述だった。後にフランス語の「VOUS」であると知ったが、そんな小説を読んだのは初めてだった。原著は、フランスで一九五七年に刊行されていた。

「二人称の小説＝前衛的」と刷り込まれた僕は、そのこともあって都筑道夫の「やぶにらみの時計」を読もうと思ったのだろう。今では、二人称の小説はけっこうあるらしいが、当時はとても斬新だったのだ。ヌーヴォー・ロマンのビュトールの実験作から遅れること四年。なぜ「きみは」と書くのか、ミステリ的合理性があるに違いない、と僕は思った。

物語は、「きみ」と呼ばれる主人公が目覚めると別人になっていたという設定である。その設定自体は、当時、けっこうあったと思う。しかし、数人から別人として扱われるのではなく、ある会社の社員全員が主人公に向かって頭を下げて、「社長」と挨拶をするのだ。何人かで結託して、主人公をだましているわけではない。それに、一緒に暮らしていた女までが「あなた、誰？」と言い出す。

その後、都筑作品は「なめくじ長屋」シリーズや「退職刑事」シリーズなど、かなり読んだけれど、どれもトリッキーな小説だった。また、ハードボイルドものの「くわえ煙草で死にたい」（西連寺剛シリーズ）という単行本も僕は持っていて、その表紙のイラストはよく憶えている。

二〇〇〇年にフリースタイル社から刊行された、分厚くて高価な自伝エッセイ「推理作家の出来るまで」を買ったくらいだから、僕は都筑道夫についてはずっと興味があったのだろう。「推理作家の出来るまで」は、日本推理作家協会賞を受賞している。

ちなみに「俺にさわると危ないぜ」は松原智恵子のブラジャーとパンティ姿を見ることができたので得した気がしたけれど、今から見ると子供だましに思えるかもしれない。同じ頃、東宝で都筑道夫原作の「100発100中」（一九六五～一九六八年）シリーズが映画化されたが、そちらも三橋達也や宝田明主演のアクション・コメディだった。ビキニ姿の浜美枝（「007は二度死ぬ」のボンドガール）がお色気担当だった。

ところで、「背の眼」「月と蟹」などのミステリ作家・道尾秀介は、都筑道夫の「道夫」をとってペンネームにしているらしい。本人がどこかに書いていたと思う。

（2021.02.17）

伝奇時代小説の嚆矢

髑髏銭／角田喜久雄

髑髏銭／松田定次監督

僕が八ミリ専門誌の「小型映画」編集部に在籍していたのは、一九七五年から一九八二年までだった。前半は「ビギナーシリーズ」というムック編集部に所属し特集誌を作っていたが、後半は月刊誌に異動して休刊号まで付き合った。仕事としては、月刊誌時代の方がおもしろかったと思う。取材で多くの人と会えたからだ。

当時は、雑誌に愛読者ハガキがとじこみで入っていた。毎号、増減があるけれど、多いときで二、三百枚届いていたと思う。そのハガキで自分が担当した記事に人気があればうれしかったから、毎日、数十枚ずつほど届くハガキを見るのが楽しみだった。あるとき、そのハガキの差出人の名前が「角田喜久雄」とあるのに気付いた。

「あの角田喜久雄だろうか？」と、僕は考えた。年齢、住所を確認すると、ますます角田喜久雄本人だと思える。しかし、角田喜久雄は本名なのだろうか、という疑問が起こってきた。作家であるからペンネームの可能性がある。八ミリが趣味だとして、愛読者ハガキにペンネームで応募はしないだろう、と僕は推察した。

数年後、カメラ雑誌「フォトテクニック」編集部に異動していた僕は、自然写真家の木原和人さんの推薦でアマチュア写真家の作品を掲載したことがある。木原さんは「夢枕獏っていう作家らしいんだけど知ってる？」と言った。その頃、夢枕さんは「SFマガジン」に小説が載るくらいで、一般的にはあまり知られていなかった。

写真にはすべて撮影データを載せていたので、当時、小田原あたりに住んでいたと思うけれど、僕は問い合わせのために夢枕さんの自宅に電話した。撮影データを確認し、最後に「お名前はどうしますか？」と訊いた。夢枕さんは「本名でお願いします」と答えた。夢枕獏が本名とは誰も思わないが、角田喜久雄はどうなのだろう。

当時、角田喜久雄はもう筆を折った作家だった。全盛期は過ぎていた。春陽文庫で本は出ていたけれど、それほど売れているとは思えなかった。ただ、僕は角田喜久雄の作品を愛読していた。特に初期三作は偏愛していた。高校生の頃にまず「髑髏銭」を読み、「妖棋伝」「風雲将棋谷」と続けて読んだ。その頃には「霧丸霧がくれ」とか「耳姫三十五夜」など、手に入る限りの伝記時代小説を探して読んでいた。

角田喜久雄は探偵小説作家としてデビューし、戦後の再スタートも探偵小説からだったが、僕は彼の探偵小説や現代ものを読んだことがない。一九〇六年（明治三十九年）に生まれ、日本の探偵小説界を切り拓いた江戸川乱歩や横溝正史たちと同じ世代であり、戦後には探偵小説の代表作を次々と発表し、やがて伝奇時代小説を再び書き始め、主として東映時代劇に多くの原作を提供した。

僕が角田喜久雄を読み始めるきっかけになったのは、テレビ版「髑髏銭」だった。一九六九年八月から九月にかけて放送された連続ドラマだ。主演は高橋英樹。ヒロインの小夜は服部妙子が演じた。柳沢吉保の娘役は小林千登勢である。

伝奇時代小説というジャンルは、最近はあまり流行らないようだが僕は昔から好きだった。今から見ればパターン化した財宝を巡る争奪戦だけれど、僕はその連続時代劇を大変おもしろく見た。

そこで、原作に手を出した。たぶん春陽文庫だ。現在、僕の手元にある「髑髏銭」は買い直したもので、講談社文庫「大衆文学館」の一冊である。奥付は「一九九七年十月二十日」になっている。筆者紹介では「戦後は推理小説界を中心に活躍して『高木家の惨劇』や『笛吹けば人が死ぬ』(日本探偵作家クラブ賞) 等の名作をのこした。平成六年(一九九四年)没」となっている。

「髑髏銭」冒頭の「はッと息をのんでお小夜は目をあげた」という一文は、なぜか僕を夢中にさせた。「何かそこを、影のように、かすめて過ぎた気配のあるのを感じたからであった」と続くのだが、実に映像的な文章で、ありありと眼前に迫るものがあった。しかし、それは先にドラマ化された映像を見ていたからだったろう。原作に忠実にテレビドラマは作られていた。

「髑髏銭」は小夜の視点で物語が始まり、主人公が登場するのは、かなり経ってからである。登場しても正体不明のままであり、主人公の正体の謎が読者を引きつけるようになっている。さらに主人公の登場の前に謎の覆面の武士「銭酸漿(ぜにほおずき)」が登場しており、その不気味な姿が印象に残る。銭酸漿の正体もまた、読者の興味を引くように書き込まれている。いろいろな仕掛けのある伝奇時代小説だった。

「髑髏銭」は一九三七年に刊行された。昭和十二年だから日中戦争が始まった年である。その前年の二・二六事件が起こった年、デビュー作とも言える「妖棋伝」で人気を博した角田喜久雄は一九三八年には「風雲将棋谷」を発表し、伝奇時代小説の代表作三作を立て続けに出すことになった。

戦後、再び伝奇時代小説を量産し、その多くの作品を僕も読んではいるが、やはり、戦前の代表作(特に「妖棋伝」と「髑髏銭」)を越えるものはない。

「妖棋伝」「髑髏銭」「風雲将棋谷」と続く中でも「髑髏銭」に人気が集まるのは、「銭酸漿」の存在が大きいのではないだろうか。「髑髏銭」は原作が出た翌年、昭和十三年に嵐寛寿郎主演で映画化され、原建策が銭酸漿を演じた。

それは原建策の代表作となり、人気も高まったという。原建策は松原千明の父だから、石田純一の娘「すみれ」は孫に当たる。とすれば、原建策も若い頃は二枚目だったに違いない。

「髑髏銭」は戦後の昭和三十一年、市川右太衛門によって再映画化されている。このときに小夜を演じたのは長谷川裕見子であり、柳沢吉保の娘役は高千穂ひづる、銭酸漿は月形龍之介だった。

その六年後の昭和三十七年には、里見浩太朗主演でリメイクされた。高橋英樹のテレビ版は、その七年後ということになる。今回、ネットで調べてみると北大路欣也主演のテレビ版(一九八四年三月放映)もあった。戦後の二十八年間で四度映像化されている。

探偵小説作家として登場した角田喜久雄だから、伝奇時代小説の中にもミステリー的要素があふれている。その代表的なトリックが「髑髏銭」と双璧の「妖棋伝」に登場する怪人「縄いたち」の存在だ。「髑髏銭」が宝の在処を示す髑髏銭の争奪戦であるのに対して、「妖棋伝」では財宝の隠し場所を示すのは何枚かの将棋の駒である。角田喜久雄は将棋が趣味で、「風雲将棋谷」も将棋の強い小町娘の登場場面から始まる。

「妖棋伝」では「縄術」という珍しい武術が登場する。「髑髏銭」の「銭酸漿」のように「妖棋伝」でも頭巾をかぶった怪人が登場するのだが、その名前は「縄いたち」という。この怪人が重要な役割を担う。

主人公の縄術の達人・武尊守人と対立する「縄いたち」と、守人に協力する南町奉行所与力・赤地源太郎の存在が重要なのだ。この作品の主要トリックを、福永武彦は「風のかたみ」で自覚的に使っている。

加田伶太郎のペンネームで探偵小説も書いた福永武彦は、そのことを自ら解き明かしていた。福永武彦は少年の頃、角田喜久雄の伝奇時代小説を夢中で読んだに違いない。ちなみに、福永武彦のDNAは息子である池澤夏樹に伝わっていると思う。

ところで、今回、調べてみたら角田喜久雄は本名であることがわかった。やはり、あのときの愛読者ハガキは、僕の愛読する作家からのものだったのだ。

(2021.02.28)

神経症を文学にした

■杏子／古井由吉

⊛杏子／伴睦人監督

「杏子」を読んだのは、大学一年の夏だと思う。芥川賞受賞作として月刊「文藝春秋」に載ったときに読んだ記憶があるからだ。一九七一年、僕は一年浪人して大学に入り、まだ混沌としていた大学になじめずにいた。学生会館は封鎖されたままで、中庭では、毎日のように角材や鉄パイプでの殴り合いが続いていた。

そんなときに読んだ「杏子」という深く精神に沈潜していくような小説が僕をとらえた。「容子、洋子、陽子、葉子、曜子」という名の人には会ったことはあるが、「杏として行方が知れない」と使われる「杏子」は初めての字面で、調べてみると「杳」には「暗く奥深い」という意味があるのがわかった。つまり「杳（くらい）子」である。

杳子は深い谷底に一人で坐っていた。

そう始まる小説は、濃密な文章が続いた。「彼」と呼ばれる男の登山単独行が語られ、時制がいつの間にか崩壊し時間の流れを超越した。たとえば、「あの時、女の姿を目にしてから、立ち止まるまでのほんの僅かな間にも、彼の心の中にはかすかな昏迷があった」と出てきて、一体、どの時点から語られているのだろうと思う。しかし、そんな不思議な語りが、僕を小説にのめり込ませた。

一行あいた次の段落の最初は「後になって、お互いに途方に暮れると、二人はしばしばこの時のことを思い返しあった」とあり、山での出会いの後、二人は頻繁に会うようになったのがわかるが、続いて「谷を降りてくる彼の山靴の音を、杏子も早くから耳にしていたという」と書いて、そこからは杏子の側から語られることになる。「という」だけで、視点の移動が行われるのだ。

初期の古井作品には、「という」が頻出する。それも単に視点が移動するというのではなく、語り手の「全人格」を読者に提示するための手法になっていた。たとえば、杏子が目の前の岩を見つめるとき、それだけの行為なのに延々と感覚的な描写が続くのだ。時間にして数秒のことを一時間かけて描写するようなものである。

ゴッホの絵を見たとき、「この孤独な画家には、本当にこんな風に風景が見えていたに違いない」と思ったことがある。「星月夜」でも「糸杉」でも「カラスのいる麦畑」でも、ゴッホは見えたままに描いたのじゃないか、本当に僕はそう感じた。だから「杏子」が語る谷底の岩々は、彼女にはそう見えていたのだとわかった。凄い文章だと思った。

しかし、結局のところ、「杏子」とはどんな物語だったのか、と問われると、茫洋として何も浮かんでこない。若い男女の恋愛物語かというと、この沈鬱な雰囲気はとてもそんなものとは思えない。確かに、山で出会った男女が都会で再会し、ふたりは男女の関係に進んでいくが、それは神経症的な杏子の臨床報告のような気がしないでもない。

物語の後半になると、杏子の姉の存在が大きくなる。杏子の姉は子持ちの主婦であり、話すことにも異常さはないが、次第に不気味な存在になっていく。

姉は杏子が精神的な病を背負っており、病院へやりたいと思っている。そのことを「あなたからも、すすめてくれないか」と、執拗にSと名乗る「彼」に言い募る。その妙な残酷さで、姉の方が精神的な病を背負っているのではないかと思わされるのだ。

映画化された「杏子」（一九七七年）で姉を演じたのは、パリコレで日本人モデルとして東洋的神秘さを振りまいていた山口小夜子だった。映画版を見ると、杏子（石原初音）より姉の方の異常さが目立った。山口小夜子のキャラクターが強すぎたのかもしれないが、監督は原作から姉の神経症的な部分を強く感じたのかもしれない。

何度か書いているけれど、映画版「杏子」のプロデューサーは「小型映画」編集部の先輩のH女史だった。初めて彼女にゴールデン街の酒場に連れていってもらったのは、入社して半年目くらいだっただろうか。彼女とよく一緒に飲んでいた先輩の

Fさんも一緒だった。その酒場「銀河系」で、ふたりは「杳子」の映画化についてよく話をしていた。

古井作品は映像化には向かない、と僕は思っていた。あの粘着質の濃密な文体だからこそ、「杳子」の神経症的世界は成立しているのだ。そこから、目に見える物語だけを抽出すれば、単なる神経を病んだ少女の物語にしかならないのではないか、そんなことを僕もH女史に言ったような記憶がある。

しかし、すでに古井さんから映画化権を得ていたH女史は苦労して資金を集め、「杳子」の映画化に邁進した。映画は完成し、北の丸公園の科学技術館の地下ホールで、ぴあシネマブティックとして数日間公開された。

今でも僕がよく憶えているのは、杳子が駅前の複雑で巨大な歩道橋の真ん中で動けなくなり、うずくまってしまうシーンだ。僕自身がそうだったからだろう。

さて、雑誌で「杳子」を読んだ僕は、すぐに単行本を買ったのだが、「杳子・妻隠」という作品集の「妻隠」が読めなかった。その後、初期短編集「円陣を組む女たち」「男たちの円居」も買ったけれど、今度は「円居」が読めなかった。以来、「仮往生伝試文」までは、古井さんの本は小説、随筆、対談集などすべてを買った。

「槿」が連載された作品社の「作品」も創刊号から休刊号まで買い、福武書店の「海燕」で再開された連載もすべて揃え、単行本を買い、文庫版も買った。小説に限ってだが、僕は単行本と文庫本と同じ作品を持っている。最初の長編「行隠れ」は単行本と文庫本には大きな違いがある。「ゆらゆらと」といった感覚的な部分が、かなり削られているのだ。

「栖」「親」が連載された季刊誌「文体」も購入し、単行本にまとまってからも買い、文庫が出たらそれも買った。さらに、河出書房からまとまった「古井由吉作品集」全七巻もそろえた。その作品集の巻末には、珍しく古井さんがそれぞれの作品についての創作秘話を明かしている。

「杳子」「妻隠」「行隠れ」が収められた第二巻の巻末では、「『杳子』とは書き出すその日に思いついた名前だった。困ったものを引き寄せてきたぞと自分で眉をひそめはしたが、三分間と考えなかった」と書いている。「杳子」が日本文学史上の名作になったから、誰もが「ヨーコ」と読めるようになったけれど、こんな名前思いつかないでしょう、フツー。

いや、誰もが読めるようになったと書いてしまったけれど、「小説好き」「文学好き」と限定しなければならないだろう。ただし、芥川賞作家になったお笑い芸人の又吉くんは愛読書に「杳子」を挙げているから、彼の人気で一般にも知られたかもしれない。

昔、女優の戸田菜穂が愛読書として「杳子」を挙げていて、「いい趣味じゃないか」と思ったことがある。元々好きな女優だったが、好感度は一気に上昇した。

（2021.03.09）

暗黒街出身の作家

ひとり狼／ジョゼ・ジョバンニ

冒険者たち／ロベール・アンリコ監督

日本冒険小説協会会長だった内藤陳さんが経営していた新宿ゴールデン街の酒場「深夜＋1」（今は弟子のユースケくんが引き継いでいる）でボトルを預けるときは、コードネームにするのが決まりだった。冒険小説やハードボイルド小説の登場人物の名前を付けるのである。

僕が「深夜＋1」に顔を出すようになったのはずいぶん遅かったので、人気のある名前はあらかた使われていた。フィリップ・マーロウやサム・スペードはもちろん、ルイス・ケイン、ハーヴェイ・ロヴェル、クルト・シュタイナ、リーアム・デブリン、マット・スカダーなど人気が高い名前はすでに誰かのコードネームになっていた。

ちなみに大沢在昌さんは「僕のコードネームはトニー・リゼックなんですよ」と言った。「『待っている』がお好きなんですね」と僕は答えた。レイモンド・チャンドラーの短編「待っている」に登場する、侘びしいホテル探偵の名前である。僕も何度「待っている」を読んだかわからない。

ということで、僕も初めてボトルを入れるとき「もしかしてマニユ・ボレリはあいてますか？」と訊いたところ、何と誰も使ってないというではないか。以来、僕はボトルを入れるたびに「マニユ・ボレリ」とラベルに書き込むことになった。その後、佐々木譲さんのコードネームが「ローラン・ダルバン」だと知りうれしくなった。

要塞島屋上のマニュ（アラン・ドロン）の亡骸の横で、ローラン（リノ・ヴァンチュラ）は呆然と立ちすくむ——。佐々木譲さんがロベール・アンリコ監督の「冒険者たち」（一九六七年）が大好きであることは、昔、映画雑誌のエッセイで読んだことがある。他にも「冒険者たち」を生涯最高の映画に挙げる人は何人も知っているし、僕自身の最も好きな映画が「冒険者たち」なのだ。「レティシア」とつぶやくだけで切なくなる。

「冒険者たち」の字幕では発音の関係からアラン・ドロンは「マヌー」と表示されるし、リノ・ヴァンチュラは「ローラン」と出る。一、二度、フルネームが出たと思うけれど、原作での彼らの名前は「マニユ・ボレリ」と「ローラン・ダルバン」であることを知っている人は、そんなにいないのではないか。

マニユ・ボレリとローラン・ダルバンが初めて登場する小説は、ジョゼ・ジョバンニのデビュー作「穴」である。刑務所の雑居房にいるマニユやローランたち五人の男が、穴を掘って脱獄を図る物語だ。ジャック・ベッケルが監督した「穴」（一九六〇年）では、最初に登場する人物は実際の脱獄囚で「これは本当にあったことだ」と証言する。

僕がハヤカワ・ポケットミステリの「穴」を手に入れたのは高校生のときだと思う。ポケミスには最初のページに登場人物のリストが掲載されていて、そこに「マニュ・ボレリ、ローラン・ダルバン」とあった。数年後、河出文庫だったと思うけれど、「冒険者たち」の原作とされる「生き残った者の掟」を入手した。

その文庫にも登場人物のリストが載っていた。「マニュ・ボレリ、ローラン・ダルバン」とあり、「冒険から帰ってきた男」と説明が書かれていた。僕は「生き残った者の掟」を読んだけれど、「冒険者たち」とはまったく別物だった。宝探しから帰還した男たちが、コルシカ島の娼館から娼婦を足抜けさせる話である。

「冒険者たち」には原作者のジョゼ・ジョバンニ自身が脚本に加わっているが、彼自身は「チッ、何だか甘っちょろい話になっちまったぜ」と思ったらしい。改めて「生き残った者の掟」（一九六六年）を自身で監督した。以来、ジョゼ・ジョバンニは監督業に進出し、七〇年代に入ると「暗黒街のふたり」や「ル・ジタン」などを作る。

手足が長くて背が高く、強面で、フレンチ・ノワールに欠かせないミシェル・コンスタンタンという俳優がいる。リチャード・スタークのときに書いたけれど「悪党パーカー」も演じている。原作のパーカーの描写にピッタリだった。彼は「穴」でマニュ・ボレリを演じているが、「生き残った者の掟」でもマニュ・ボレリを演じた。

大沢在昌さんと対談したとき、ジョゼ・ジョバンニが映画祭で来日したときに会った話をうかがった。ジョバンニ自身は作家ではなく映画監督として遇してほしがったという。大沢さんは「生き残った者の掟」にサインを頼んだが、そこには「マニュに代わって」と書かれていた。「マニュ・ボレリは、ジョバンニ自身でしょう」と大沢さんは言った。

本人は「俺は映画監督だぜ」と思っていたらしいが、残念ながら僕はジョゼ・ジョバンニの監督作をまったくかわない。ただし、六〇年代に翻訳が出た彼の小説はすべてそろえた。ほとんどが映画化されている。僕が好きなのは「穴」「墓場なき野郎ども」「ひとり狼」である。クロード・ソーテ監督、リノ・ヴァンチュラ主演「墓場なき野郎ども」（一九六〇年）も大好きな映画だ。

小説としてまとまっているのは「ひとり狼」だろう。「ラ・ロッカという男」「ラ・スクムーン」のタイトルでも知られている。翻訳が出た頃、村上元三の同名の短編を元にした市川雷蔵主演「ひとり狼」（一九六八年）という映画があった。当時、「一匹狼」という言葉はよく知られていたが、「ひとり狼」という言葉は一般的ではなかった。雷蔵の映画から翻訳のタイトルを拝借したのだろうか。

僕が「冒険者たち」を見たのは高校一年の夏休み前だったから、その時点でジョゼ・ジョバンニの小説を読んだことはなかったはずだ。「冒険者たち」の原作者だということで、値段の高いポケミスをそろえたのだと思う。その頃には「生き残った者の掟」の翻訳は、まだ出ていなかった。

ポケミスの翻訳者は岡本孝一だった。「風、吹いた」みたいな文章が続き、読みづらいったらなかった。「男、立っていた」と書くと、ハードボイルドな雰囲気になると思ったのだろうか。しかし、一方では「ジョバンニは岡本訳でなけりゃ」という人たちもいたのだ。後年、岡本孝一の文体に影響を受けたのが北方謙三さんだった。

これも大沢さんから聞いた話だが、北方さんはジョゼ・ジョバンニが監督した「ラ・スクムーン」(一九七二年)が気に入り、一時期、集中してジョバンニを読んだという。その結果、岡本孝一の訳文に影響されたらしい。そう言われれば、「ブラディ・ドール」などを書いていた時期の北方さんの文章からは、岡本孝一の文体をうかがわせるものがあった。

僕もジョバンニの監督作を一本挙げるなら「ラ・スクムーン」になるけれど、同じ原作を元にした「勝負(カタ)をつけろ」(一九六一年)があり、僕はそちらの方が好きだった。監督はジャン・ベッケルだ。

主人公はどちらもジャン＝ポール・ベルモンドが演じている。ミシェル・コンスタンタンも二作で同じ相棒役を演じた。ヒロインだけが純情派クリスチーネ・カウフマンから、妖艶派クラウディア・カルディナーレに変わった。

ジョゼ・ジョバンニ原作・脚本で他の監督が映画化した作品には、ジャン＝ピエール・メルヴィル監督の「ギャング」(一九六六年)など名作が多い。これも、アラン・コルノー監督がリメイクし、「マルセイユの決着(おとしまえ)」(二〇〇七年)として公開された。この小説には、めちゃくちゃかっこいいオルロフというギャングが登場する。

元ギャングで刑務所にいたジョバンニは自分が知る実在したギャングたちをモデルにしているから、たぶんオルロフにもモデルはいるのだろう。

(2021.03.18)

別人になりきる作家

横しぐれ／丸谷才一

女ざかり／大林宣彦監督

うしろすがたのしぐれてゆくか
しぐるるや あるだけの御飯ようたけた

最初の句は種田山頭火の作品の中でも有名なものだが、二番目の句を僕はなぜかよく憶えている。ここには記憶だけで書いたので、もしかしたら少し違っているかもしれない。丸谷才一の「横しぐれ」の中に出てきた句である。この短編には、山頭火の「しぐれ」に関する句が多く引用されていた。

「横しぐれ」は作品集が出てすぐに評判になっていた。一九七二年出版の「たった一人の反乱」以来、丸谷才一は十年に一冊くらいで長編を書き、出れば評判になり、ベストセラーになった。短編集「横しぐれ」が出版されたのは、一九七五年春のことだった。僕は出版社に入社して、ひと月ほどが経っていた。

丸谷さんの本は、かなり読んでいる。「たった一人の反乱」以降の長編小説すべてと「にぎやかな街で」「年の残り」「横しぐれ」「樹影譚」などの短編集、さらに「忠臣蔵とは何か」を代表とする評論集、それに書評集やエッセイ集、グレアム・グリーンの「ブライトン・ロック」の翻訳などだ。

それらの中で最もおもしろく目から鱗が落ちた本は「忠臣蔵とは何か」だったけれど、読み終わった後で目の前から別の世界が広がっていくような気分を味わったのは短編「横しぐれ」だった。「忠臣蔵とは何か」も「横しぐれ」も共通しているのは、ミステリを読むようなおもしろさを感じさせてくれることだ。

丸谷さんはミステリ好きで、僕が初めてその名前を知ったのも中学生のときに定期購読していた「エラリィ・クィーンズ・ミステリマガジン」においてだった。すでに連載は終わっていたが、早川書房から出ていた「深夜の散歩」というミステリの書評本の広告が出ていたのだ。著者は、中村真一郎、福永武彦、丸谷才一の三人だった。

丸谷さんは純文学の世界で「物語性」を重視した作家だと思う。それは作品を読めばわかるけれど、村上春樹さんが「群像」新人賞に応募した「風の歌を聴け」の選考時に丸谷さんは高く評価し、その後の村上作品についても支持し続けたのは「物語性」重視の姿勢からだと思う。村上作品の底流に流れているのは「物語性」と「センチメンタリズム」だと僕は思っている。リーダブルであり、だからこそ多くの読者を獲得した。

同じようにリーダブルな「横しぐれ」は、物語性を重視する丸谷さんの特徴が最もよく出ている小説だと思う。まるで国文学の勉強をしているような気分になるし、謎を解き明かしていく過程でのワクワク感を味わえるし、ラストに至ってまったく違う次元にまで連れていかれる「意外性」にしばらく呆然とする。計算し尽くされた短編である。

「横しぐれ」を読むまで、僕は山頭火にまったく興味がなかった。名前を聞いたことがあるという程度だった。「横しぐれ」を読んで、自由律の俳句について、また旅の僧として放浪の生涯を送った山頭火について多くのことを教えてもらったものだ。今では、山頭火の作品集が僕の書棚に並んでいる。

「横しぐれ」は「語り手」が亡くなった父の思い出を語ることから始まる。医者だった父は、昔、友人の国文学の先生と四国の旅に出て、道後の茶店で旅の僧と一緒に酒を飲み、「その坊主がおもしろい奴だった」と何かにつけて話をした。話の途中「横しぐれ」という言葉に僧が鋭く反応したということを思い出し、もしかしたら「山頭火だったのではないか」と「私」は調べ始める。

父の出会いは戦前のことであり、山頭火がその時期に四国にいたことを証明しなければならない。また、「横しぐれ」という言葉を使った句が山頭火の作品にあるかどうかを調べ始める。したがって、「しぐれ」に関する山頭火の句がたくさん引用される。長編「輝く日の宮」では、国文学の学会発表だけで一章を読ませてしまう丸谷さんだ。まるで国文学の授業を受けている雰囲気だった。

　小説としての醍醐味は、最後の意外な展開にある。父は山頭火に出会ったのではないかという興味で調べ始めたことが、家族の意外な秘密をあぶり出すことになるのだ。ハヤカワ・ポケットミステリの最初からずっと読んでいた丸谷さんだけあって、そこから滋養を充分に吸い上げていたのだとわかる。

　丸谷さんのもうひとつの代表的な短編に「樹影譚」がある。これは、村上春樹さんが「若い読者のための短編小説案内」で取り上げており、その中で「丸谷氏の作品を系列的に読んでいけばわかることですが、この作者は常に『自分ではない誰か』に変身することを求めているように見えます」と書いている。丸谷さんは、日本独特の私小説的な純文学の伝統を嫌っていたのだろう。

　作中に丸谷さん自身と思える「語り手」が登場する作品は、実はけっこうある。「樹影譚」も最初の章は丸谷さん自身が語り手だと読める。しかし、私小説的純文学を否定し続けてきた作家である。丸谷さんが四十三歳で芥川賞を受賞した短編「年の残り」も僕は好きなのだが、その主人公は老人であり、丸谷さんは完全に老人になりきって書いている。

　ちなみに物語性豊かな小説を書いた丸谷才一だが、映画化されたものは大林宣彦監督による「女ざかり」（一九九四年）だけだ。吉永小百合が大手新聞社の編集委員を演じ、彼女が書いた論説のために保守党から目の敵にされる役だった。これを見ると（読むと）、大手新聞社の内部事情や編集委員会の様子がよくわかる。原作のヒロインのイメージは、吉永小百合ではなかったんだけどなあ。

（2021.03.23）

悪魔的な愛の物語

嵐が丘／エミリー・ブロンテ

嵐が丘／ウィリアム・ワイラー監督

　世界の古典文学と言われる中で最も僕の印象に残っているのは、エミリー・ブロンテの「嵐が丘」だ。読んだのは十六歳になる少し前。高校一年の秋だった。その一月後、僕は小学生のときから好きだった女の子に失恋することになる。その子とは高校に入って再会し、何度かデートする間柄になっていたのだけれど、僕の強い自尊心からその後一度も口を利かなくなるのだった。

　「嵐が丘」を思い出すと、なぜかその子との最後の電話を思い出す。たぶん、電話をしながら「俺は、ヒースクリフになってやる」と思っていたからだろう。幼かったのである。ヒースクリフとは、愛するキャサリンが他の男の妻となったことで復讐に凝り固まった悪魔のような男だ。これほど情熱的で、これほど暴力的で、理不尽で、残酷で、自分を棄てた恋人キャサリンの子供まで復讐の標的にする、まさに悪魔的な存在。

彼の心がそれほどまでにねじ曲がったのは、孤児として拾われ、幼い頃から共に育ったキャサリンが自分を棄てて上流階級の青年紳士エドガーに嫁いだからだ。また、養父が亡くなった後、ヒースクリフを毛嫌いするキャサリンの兄に下男として虐待され、辱められてきたからでもある。ヒースクリフは周囲に憎しみをまき散らし、悲劇を引き起こし、娘を産んで死んだキャサリンの幻を追って生き、自分の妻も息子も復讐の道具として使い、すべての人を不幸に陥れる。

まあ、とにかくひどい男だと思う。キャサリンがエドガーと結婚すると、エドガーの妹を誘惑して結婚し息子を産ませるも、虐待し冷たく扱う。絶望した妻は家を出て死んでしまう。ヒースクリフは妻の死に涙も流さず、成長した息子をキャサリンが産んだ娘と結婚させ、エドガーの遺産を奪おうとする。しかし、ヒースクリフのキャサリンへの想いは変わらず、「幽霊でもいいから、俺に姿を見せてくれ」と叫ぶ。その情熱的な恋ばかりが強調されて伝わり、「嵐が丘」を愛の物語だと勘違いしている人は多い。

さて、結局、冷静になった僕はヒースクリフになるのはやめた（なれなかった）けれど、失恋をきっかけにして自己改造には成功した。引っ込み思案だった僕は積極的な人間になろうとして二年生から生徒会の役員になったし、友人たちが立ち上げた軽音楽同好会（二年後輩に現在プロのベーシスト藤原清登くんがいた）の協力メンバーとしての活動も始めた。それまで授業が終わるとすぐに帰宅していたのだが、放課後の数時間を学校で過ごし帰宅は暗くなってからという日々が続いた。

そういう個人的歴史とからんでいることもあって、エミリー・ブロンテの「嵐が丘」は僕にとって忘れられない古典になった。その後、ブロンテ姉妹のことを調べたり、姉のシャーロットが書いた「ジェーン・エア」を読んだりもしたが、「嵐が丘」を最初に読んだときの強烈な印象はずっと薄れることはなく、ますます深まるような気がした。その間、何度も読み返そうと試みたけれど、その都度、最初の数ページで挫折した。なぜか、読み通せなくなったのだ。

まるで嵐が丘を思わせるような荒涼とした風景の中に建つ牧師館で育ったシャーロット、エミリー、アンのブロンテ三姉妹（その他にも姉や弟がいたけれど）はそれぞれ小説を書いたが、残ったのは「嵐が丘」と「ジェーン・エア」だけである。この二作は一八四七年に出版されて「ジェーン・エア」は好評を博し、「嵐が丘」は酷評された。「嵐が丘」は登場人物に共感が得られず、物語の構造が複雑すぎたのだろう。時系列も錯綜しているので、当時の読者には受け入れられなかったのだ。

十八世紀末から十九世紀初頭にかけて流行した「ゴシック・

ロマン」というジャンルがある。「嵐が丘」も「ジェーン・エア」も十九世紀半ばに出て、ゴシック・ロマンとして読まれたのではないだろうか。「嵐が丘」は田舎暮らしを始めるために嵐が丘にやってきた語り手がヒースクリフの屋敷に泊まることになり、その夜、窓の外に若い女の姿を見るところから始まる。ヒースクリフはその話を聞き、「キャサリン」と窓の外に呼びかける。つまり、幽霊話なのである。

「ジェーン・エア」は孤児として育った貧しい娘が田舎の屋敷に家庭教師として雇われるが、その屋敷は不気味な雰囲気で夜になると女の叫び声が聞こえる。ヒロインは屋敷の謎を探ろうとし、主人に拒否される。だが、しだいに彼に惹かれるようになる。彼は秘密を抱え、憂いに充ちている。そんなミステリアスなところが、女性を惹きつけるのかもしれない。

最新の映画版「ジェーン・エア」（二〇一一年）では、マイケル・ファスベンダーが魅力的に演じていた。ジョーン・フォンテーン版「ジェーン・エア」（一九四四年）ではオーソン・ウェルズだった。

シャーロットは「ジェーン・エア」以外にも作品を遺したが、エミリーは「嵐が丘」一作だけを遺し若くして亡くなった。彼女の死後、「嵐が丘」の評価はどんどん上昇し、「世界文学の三大悲劇」とまで言われるようになる。今では「ジェーン・エア」より人気があるし、人々に知られている。ヒースクリフとキャサリンの情熱的な恋愛物語（？）には女性ファンも多く、宝塚で舞台化されたこともある。

「嵐が丘」の映画化は何度も行われているけれど、僕はやっぱりウィリアム・ワイラーが監督した最初の映画化作品「嵐が丘」（一九三九年）が一番いいと思う。ローレンス・オリビエのヒースクリフ、マール・オベロンのキャサリン、デヴィッド・ニーヴンのエドガーである。ラストは荒野を背景にキャサリンを胸に抱くヒースクリフの姿だ。ふたりはこの世の者ではない。

余談だが、「嵐が丘」撮影のためにローレンス・オリビエは、若き愛人ヴィヴィアン・リーを同伴してハリウッドに赴いた。ある日、オリビエに付き添ってスタジオにいたヴィヴィアン・リーは、「風と共に去りぬ」（一九三九年）のアトランタ炎上シーンの撮影に立ち合っていたプロデューサー、セルズニックと出会う。ヒロインのスカーレット・オハラ探しに難航していたセルズニックは、「とうとうスカーレットを見つけたゾ」と叫んだという。伝説が信じられていた頃のハリウッドの心温まる逸話である。

さらに、どうでもいい余談。僕の「映画がなければ生きていけない」が初めて出版された十五年前、失恋の思い出を母が読んで彼女に電話をした。小学生の頃から彼女のことをよく知っていたからだ。それを母から聞いたとき、「チッ、チッ、チッ、余計なことしやがって」と僕は思ったが、しばらくして「本、読んだわ」と彼女から会社に電話があった。電話番号は母に聞いたという。最後に電話で話してから四十数年後のことだった。

電話の声はまったく変わっていなかった。彼女は小学校の校長先生になっていたけれど、十六歳の制服姿しか浮かんでこなかった。

（2021.03.27）

深いことを面白く書いた

■父と暮せば／井上ひさし

❀父と暮せば／黒木和雄監督

月刊「小説現代」を定期で買っていたことがある。七〇年代前半、大学生の頃だ。当時、「小説現代」連載で人気を博していたのが笹沢佐保の「木枯らし紋次郎」シリーズだった。僕が初めて読んだとき、すでに連載開始から何回かが過ぎていた。その後、一九七二年一月から市川崑監督によるテレビシリーズが始まり、全国的な人気になる。主演の中村敦夫も一躍有名になった。

「木枯らし紋次郎」は社会現象になるほどのブームだった。「紋次郎ラーメン」と銘打ったラーメンを出す店まで現れた。新宿歌舞伎町のラーメン店の店先で見た記憶がある。しかし、よく見ると「紋」ではなくて、小さく点が二箇所に入っていて「絞次郎」になっていた。名前を勝手に使うと著作権侵害になると思ったのだろうか。しかし、五十年も昔に見たラーメンの品書を記憶しているのも、ナンダカナーである。

もちろん「木枯らし紋次郎」の連載は楽しみに読んでいたけれど、僕が「小説現代」で愛読していたのは、井上ひさしの「モッキンポット師」シリーズだった。東京オリンピックの年の四月に始まったNHKの「ひょっこりひょうたん島」で名を知られた放送作家の井上ひさしは、六〇年代には「表裏源内蛙合戦」などの戯曲が話題になり、七〇年代に入ると小説誌に自伝的な内容のユーモア小説を書き始めていた。「モッキンポット師」は上智大学時代の神父をモデルにしていると聞いた。

一九七三年の夏から始まった石坂浩二主演の「ボクのしあわせ」というドラマがあった。石坂浩二は井上ひさしの役である。当時の奥さんである好子さんは、小鹿ミキが演じていた。主人公が何かと入り浸る三姉妹がやっている喫茶店があり、長女が夏木マリだった記憶がある。次女役は忘れたが、三女の秋吉久美子のことはよく憶えている。ドラマを見た僕は「この可愛い娘は、一体誰だ？」と思ったからだ。見た目は、純情可憐な少女だったのだ。

秋吉久美子は松本俊夫監督の「十六歳の戦争」（一九七三年）で主演に抜擢され、注目されてテレビドラマに起用されたのだろうか。アート・シアター・ギルド（ATG）作品だから、多くの観客が見たわけではない。日活の人気監督だった藤田敏八監督の「赤ちょうちん」「妹」（一九七四年）に出演して人気が沸騰するのは、テレビドラマの一年後である。「ボクのしあわせ」の頃はデビューしたばかりの新人だった。ということで、彼女を見たくて僕は「ボクのしあわせ」を見続けた。

「ボクのしあわせ」は短編集「モッキンポット師の後始末」とエッセイ集「家庭口論」を原作にしていた。「モッキンポット師」シリーズが井上ひさし自身の若い頃を題材にしているし、同じ頃に奥さんとの結婚のいきさつも小説として「小説現代」に載ったことがある。作家になった現在の主人公のエピソードは「家庭口論」に準拠し、彼が回想する若い頃のことを「モッキンポット師」のエピソードで描いていた。

モッキンポット師を演じたのは三谷昇である。深作欣二監督「人斬り与太・狂犬三兄弟」（一九七二年）の狂気じみた役柄とはまったく違ったけれど、どこか素っ頓狂なところを感じさせるキャラクターは共通していた。おかしなイントネーションの日本語で、外国人神父の雰囲気を醸し出していた。もっとも、三谷昇は外国人役でなくても独特の日本語を話す俳優だった。

だから僕が井上ひさし作品を読み続けていたのは七〇年代の十年間だったのだろう。テアトル・エコーの芝居を見たのも、その頃だと思う。「マメに働く豆男。股にマメ持つ豆女」という芝居の口上は大学時代に憶えたが、語呂がよいので未だに忘れられない（忘れてもいいようなものだけど）。井上ひさしの言葉の使い方に対するこだわりは、最初のときからのものなのである。

井上ひさしと言えば「難しいことを易しく、易しいことを深く、深いことを面白く」というフレーズが浮かんでくる。「手鎖心中」（一九七二年）で直木賞を受賞し、多くの小説を執筆し、戯曲の世界でも成功を収めた井上ひさしは単なるエンターテインメントの作家ではなく、文壇でも大御所になり、ペンクラブ会長まで務めた。その言葉通り「難しいことを易しく書き、深く面白い作品」をたくさん遺した。

ただ、初期の小説で愛読者になった僕は、一九八一年に発行された「吉里吉里人」以降の作品をまったく読んでいない。犬を主人公にした「ドン松五郎の生活」（一九七五年）、朝日新聞の連載中から読み続けた「偽原始人」（一九七六年）など、面白くて夢中になって読んだ小説ばかりだったが、分厚い「吉里吉里人」の単行本（背幅は五センチ以上あったのではないか）を迷って買ったあげく、何年かかっても読み切れず、とうとう井上ひさし作品からも遠ざかってしまったのだった。

それから、二十数年後、僕は井上ひさしの戯曲「父と暮せば」を映画化した黒木和雄監督の「父と暮せば」（二〇〇四年）を見た。面白かった。感動した。その仕掛け、構成の見事さに感服した。広島弁を使ってユーモアを醸し出す手腕は神業だった。言葉にこだわった井上ひさしの面目躍如だった。悲劇を悲劇としてではなく、笑いの中で描く姿勢に心が慄えた。

原爆投下直後、燃え盛る自宅に瀕死の父を置き去りにして生き残った娘の心情がひしひしと伝わってきた。もちろん、黒木監督の演出、原田芳雄と宮沢りえの演技力もある。戯曲になかった回想シーンなども映画では挿入していた。だが、井上ひさしの戯曲の力が大きかった。最後に宮沢りえが口にする「おとったん、ありがとありました」という台詞を聞いて僕が流した涙は、井上ひさしの原作が持つ力によるものだと思う。

映画を見終わった僕は、さっそく「父と暮せば」を買いにいき一気に読んだ。二十数年ぶりに読む井上ひさし作品だった。

(2021.04.04)

教科書で読んだ小説

海の沈黙／ジャン＝ピエール・メルヴィル監督

海の沈黙／ヴェルコール

教科書に載っていて記憶に残った小説がいくつかある。小学生の頃には芥川龍之介の「トロッコ」や「蜘蛛の糸」などを読んだ憶えがある。中学生のときには志賀直哉の「網走まで」が教科書に載っていたと思う。というくらいで、実はそれほど多くはない。教科書だから短編（それも四百字原稿用紙で十枚くらいだろう）という制約があるからだ。

そんな中で、高校生のときに教科書に載っていたヴェルコールの「海の沈黙」が強く印象に残っている。おそらく、全編が載っていたのではない。記憶がはっきりしないのだが、一部はダイジェストで「あらすじ」がまとめられていたのではないか。しかし、その小説は僕の心に今も深く刻み込まれている。

フランスのレジスタンス文学の代表的な作品だと紹介されていた。僕の高校時代だから戦後二十数年経っていたけれど、フランスではナチス占領下で抵抗運動を続けた人々がまだ多く生存していた。しかし、ドイツの同盟国だった日本の教科書になぜ「海の沈黙」が選ばれたのか、僕は不思議に思ったものだ。

ヴェルコールはナチスに占領されたパリでレジスタンスに参加し、地下出版「深夜叢書」を立ち上げ第一巻として自ら「海の沈黙」を刊行した。一九〇二年に生まれ一九九一年に没したから、僕が「海の沈黙」を読んだ頃には現在の僕と同じ七十前後だったことになる。日本の高校生が教科書で「海の沈黙」を読んでいたことを知っていたのだろうか。

同じ頃、僕はジャン＝ピエール・メルヴィル監督の映画に出合った。「ギャング」（一九六六年）「サムライ」（一九六七年）「影の軍隊」（一九六九年）「仁義」（一九七〇年）である。僕は「仁義」にのめり込み、「影の軍隊」に驚嘆した。「冒険者たち」（一九六七年）を見て以来、リノ・ヴァンチュラに入れあげていた僕は、「影の軍隊」のインテリ役に彼の新しい面を発見して興奮した。

以来、ジャン＝ピエール・メルヴィルは僕の神となった。聞くところによると、香港の映画監督ジョニー・トーもメルヴィルを神と仰いでいるらしい。それは「エグザイル／絆」（二〇〇六年）を見ればよくわかるし（サム・ペキンパー監督へのオマージュもある）、「冷たい雨に撃て、約束の銃弾を」（二〇〇九年）ではジョニー・アリディの役名は元殺し屋ジェフ・コステロである。

ジェフ・コステロは「サムライ」でアラン・ドロンが演じた殺し屋の名前だ。ジョニー・トー監督は「冷たい雨に撃て、約束の銃弾を」の主演にアラン・ドロンを望み、オファーしたが実現しなかったらしい。僕はジョニー・アリディ（パトリス・ルコント監督「列車に乗った男」が抜群にいい。何といってもシルヴィー・バルタンの夫だった人気歌手である）の方がよかったのではないかと完成した映画を見て思った。

ジャン＝ピエール・メルヴィル監督は「いぬ」（一九六三年）以降、日本で作品が公開になったのでフレンチ・ノワールの監督だと思われていた（「いぬ」はセルジュ・レジアーニ主演。「冒険者たち」の墜落したパイロット役ですね）。遺作になった「リスボン特急」（一九七二年）まで、レジスタンス活動を描いた「影の軍隊」以外は犯罪者たちが主人公である。後に「賭博師ボブ」や（一九五五年）「マンハッタンの二人の男」（一九五八年）なども公開になった。

しかし、メルヴィル監督は初期には「海の沈黙」（一九四七年）「恐るべき子供たち」（一九五〇年）、少し後には「モラン神父」（一九六一年）などを撮っているのだ。それらは、文芸作品といってもいい。「恐るべき子供たち」はジャン・コクトー原作で、姉と弟の近親相姦的な関係を描いている。そして、監督デビュー作は「海の沈黙」だった。ナチス占領から解放された二年後の制作である。

「海の沈黙」をメルヴィルが処女作に選んでいたことを知ったとき、僕は深く納得した。メルヴィルほど「沈黙」を描ける映画作家はいない。メルヴィルがどのようなシナリオを使ったのかは詳しく知らないが、そのシナリオはおそろしく薄かったに違いない。メルヴィル作品では、セリフなんてほとんど必要ないからだ。

たとえば、「仁義」の宝石店襲撃シーン。十数分間、現場の音以外は何もないし、覆面をしたアラン・ドロンとジャン＝マリア・ヴォロンテの行動が描かれ、縛られた警備員のショットがインサートされるだけだ。やがて狙撃手イブ・モンタンが登場し、ライフルから三脚を外して手持ちで鍵穴を射抜いてシャッターが上がり、去り際にモンタンがひと言つぶやくまで「沈黙」だけが描かれる。

また、「リスボン特急」の列車内で麻薬を盗むシーンでは、二十数分間にわたって列車の走行音とヘリコプターの爆音しかしない。運び屋の鞄をリチャード・クレンナがすり替えヘリコプターに吊り上げさせるまで行動だけが描かれていく。初めて見た半世紀前、僕は映画館でひっくりかえりそうになった。何て寡黙な映画なんだ――、素晴らしい。

ということで、「海の沈黙」を映画化できるとしたらメルヴィルしかいないだろうと、二〇一〇年になって初めて「海の沈黙」が日本で劇場公開されることになったとき、僕は改めて確信した。フランスの田舎の屋敷に伯父と姪が住んでいて、彼らは屋敷を宿舎にしたドイツ軍将校に対してひと言も口を利かない。「沈黙」が彼らの抵抗だ。

しかし、初めて教科書で「海の沈黙」を読んだとき、僕は紳士的なドイツ軍将校に同情した。レジスタンス文学と言われているが、「海の沈黙」に登場するドイツ軍将校は物腰のやわらかい人間であり、文化人であり、インテリである。フランスの文化を尊敬し、ドイツとフランスの融合を夢見る理想主義者だ。しかし、伯父と姪は彼に対して沈黙の抵抗を続け、絶望したドイツ軍将校は自ら志願してロシア戦線へ赴く。

数年前、「フランス組曲」(二〇一四年)という「海の沈黙」に似た設定の映画を見た。設定は似ているが、ヒロインとドイツ軍将校はまったく逆の関係になる。夫が出征し厳格な義母と暮らすヒロインの屋敷がドイツ軍将校の宿舎として割り当てられ、ひとりの将校がやってくる。彼はピアノを見てその前に座り、自作の曲を弾き始める。紳士的な彼に、ヒロインは次第に惹かれていく。ドイツ軍将校との禁断の恋が描かれるのだ。

映画を見て興味を掻き立てられた僕は、原作を読んでみた。長い未完の小説で映画化されたのは主として第二部の「ドルチェ」だったが、原稿が書かれたのはナチス占領下だったという。一九四一年から一九四二年にかけてだと推測されている。僕は、てっきり現代の作家が書いたのだと思っていた。だから、フランスでは長くタブーとされてきたドイツ軍将校とフランス女性の「禁断の恋」が書けたのだと——。

原作者イレーヌ・ネミロフスキーは戦前に映画化作品もある人気作家だったが、ロシア系ユダヤ人だったためフランス憲兵に連行され、一九四二年にアウシュヴィッツで死んだ。妻の釈放に奔走した夫も数ヶ月後に同じ運命をたどり、幼い少女ふたりが残されたが、知人の女性に匿われてナチス占領下を生き延びる。長女は父親から小さなトランクを託されていた。イレーヌの遺稿「フランス組曲」は、生き延びた娘によって六十年後に刊行され、世界中でベストセラーになった。

数奇な運命を感じさせる「フランス組曲」刊行までのいきさつは、僕に深い謎を残した。書かれたのは「海の沈黙」と変わらない時期である。イレーヌ・ネミロフスキーは「海の沈黙」を読んでいたかもしれない。そのうえで、ドイツ軍将校を人間的に描き、ヒロインに禁断の恋をさせたのだろうか。ユダヤ人に対する迫害が続く中で、イレーヌ自身はその後の己の運命を予知していたのだろうか。

(2021.04.12)

黄昏を迎えた男の回想

📖日の名残り/カズオ・イシグロ

🎞日の名残り/ジェイムズ・アイヴォリィ監督

「カズオ・イシグロの『わたしを離さないで』がいいですよ」

と教えてくれたのは呑み友だちのIさんだった。「Never Let Me Go が原題なんだけど、『わたしを離さないで』という訳で合ってるのかな。曲があるでしょう。ジャズでもいろいろなプレーヤーがやってるけど――」とIさんは続けた。

カズオ・イシグロの「わたしを離さないで」の翻訳本が早川書房から出たのは二〇〇六年四月のことらしいので、たぶんその年の秋口のことだったと思う。秋葉原の黒塀で囲まれた古い居酒屋「赤津加」のカウンター席だった。その頃には駅から赤津加にいきつくまでには、メイドの格好をした何人もの女性の客引きをすり抜けなければならなくなっていた。

M出版のIさんと初めて会ったのは、僕が三十か三十一の頃だと思う。三十で会社の労働組合の委員長になった僕は、そのまま三期務めることになってしまった。たぶん、その二期めのことだ。出版労働組合連合会（通称・出版労連）組織部担当の角川書店労組のKさんから「ふたつの会社で組合結成の動きがある」と僕は知らされた。PとM出版グループだという。

Pと言えば誰でも知っている会社で、講談社系列のM出版グループも健康雑誌などの出版広告を新聞に大きく出していたから、それなりに名前を知られていた。その年の春闘時期にふたつの組合は公然化して、経営に要求を突きつけるという。その二ヶ月ほど前に水道橋の旅館で泊まり込みの事前打ち合わせがあり、僕も出席することになった。

そこで初めて会ったのが公然化前のM出版グループ労働組合委員長のAさんと書記長のIさんだった。Aさんは大きな声で話す豪快な感じの人で大酒呑みだった。対してIさんは穏やかなインテリの紳士に見えた。ただし、Iさんも酒が好きだった。豪快なAさんの酒席に明け方まで数え切れないほどつきあっているらしい。ただし、いくら呑んでも乱れることがない。

後に僕は出版労連の業種別共闘会議の事務局長を引き受けることになるのだけれど、そのときの議長がAさんだった。Aさんが議長を引き受けることになり、「どうしても事務局長に」と懇願されたのだ。ということで、自然とAさんと頻繁に会うことになり、何度も明け方までつきあわされた。そこにIさんが同席することも多かった。

Aさんは後にM出版の社長になり、僕も会う機会が減ってしまう。ところが、Iさんとはずっと呑み続けていた。Iさんと会うと、本と映画と音楽の話が弾んだ。特に音楽だった。というより、僕がいろいろと教えてもらったのだ。僕はジャズばかり聴いていたのだが、Iさんはジャズとクラシックに詳しく夫婦でオペラを聴きにいくのである。吉田秀和全集や黒田恭一の音楽評を読む人だった。

映画についてはは僕の方が詳しかったかもしれないが、Iさんも重要な作品はきちんと押さえていて、そのちょっとした感想に目を啓かされることが多かった。批評は常に鋭かった。本についても実に博覧強記。古今東西の書物を読んでいる印象があった。というわけで、Iさんとは月に一度は秋葉原の石丸電気レコード館で待ち合わせ、赤津加で呑んでいた。

「わたしを離さないで」を教えてもらったのが二〇〇六年の秋口だとすると、毎月Iさんと赤津加で呑み始めて二十年以上経っていただろう。赤津加のカウンターには、もうYさんが入っていたのではないだろうか。僕らが通い始めた頃には、ちょっと怖いおばあさんが仕切っていて、僕らは「武智豊子さん」と呼んでいた。

武智豊子さんがいなくなり、次の若い女性を僕らは「チョーカーのお姉さん」と呼んでいたのだが、ある日、「前の人は?」と訊くと「亡くなりました」と言われてふたりとも絶句した。「チョーカーのお姉さん」は短期間でいなくなり、たぶん今もカウンターを仕切り店を切りまわしているのはYさんだと思う。月に一度しかいかない僕らに、Yさんはいつも人気のあるカウンター席を確保してくれた。

「わたしを離さないで」が話題になった夜、Iさんに「『日の名残り』は読みましたか。あれは素晴らしいですよ」とも言われた。僕はジェイムズ・アイヴォリィ監督の「日の名残り」(一九九三年)はよくできた映画だと思っていたけれど、原作までは読んでいなかった。ただ、カズオ・イシグロは気になる作家ではあった。両親はふたりとも日本人、英国に帰化し、英語で小説を書く人だとは知っていた。

読むとしたら順番通りだろうと考えて、僕はまず「日の名残り」を手に取った。たぶん翻訳もよくできていたのだろう、その小説には深い感銘を受けた。老執事が旅に出て、執事として生きてきた人生を回想する。父親も執事として人生を終え、自分も人生の黄昏を迎えようとしている。彼が仕えたご主人はドイツとの宥和派だったため、戦後は人も訪れないような暮らしになった。やがて館はアメリカの富豪に買い取られる。

英国貴族の館に仕える執事というのは映画ではよく見たけれど、彼を主人公にすることで英国貴族の生活や考え方、あるいは英国社会そのものが新しい視点で語られるようだった。また、第二次大戦前から戦後にかけての英国の歴史も描かれていく。女中頭のミス・ケントンは仕事のできる女性で主人公は高く評価しているのだが、執事として厳しい態度でしか応じられなかった。今、彼はベン夫人となっている彼女に会いにいこうとしている。

映画では執事スティーブンスをアンソニー・ホプキンスが演じ、ミス・ケントンをエマ・トンプソンが演じた。原作の格調高さを映画はビジュアルとして見せてくれた。アンソニー・ホプキンスとエマ・トンプソンの再会シーンは忘れられない。人生の黄昏を迎えた初老の男の心の内をうかがわせる微妙な表情と演技。確かに「人喰いレクター」は印象深い演技だったけど、「日の名残り」はその対極にある彼の代表作だろう。

ということで、すっかりカズオ・イシグロに傾倒した僕は分厚い「わたしたちが孤児だったころ」を読み、続いて「わたしを離さないで」を読んだ。「わたしたちが孤児だったころ」はよくわからなかったが、「わたしを離さないで」は「日の名残り」と同じく一人称での語りを最大限に生かしたミステリアスな物語で、悲しみと抒情にあふれた名作だった。

主人公たちの悲しみが多くの読者に共感されたのだろう、本はベストセラーになり、キャリー・マリガンやキーラ・ナイトレイによって映画化され、日本では多部未華子や木村文乃によって舞台化もされ、綾瀬はるかのヒロインで連続テレビドラマにまでなった。それほどまで受けてしまうと、何がそんなに大衆受けしたのだろう――と皮肉に構えてしまうのは、僕の悪い癖だ。

カズオ・イシグロがノーベル文学賞を受賞したのは、二〇一七年のことだった。その三年前から僕は両親の介護もあり、高松と千葉の自宅をいったりきたりする生活になった。Iさんともあまり呑めなくなった。Iさんに「パーキンソンなんです」と言われたのは十数年前だったが、数年前から進行期に入り歩行も少し困難になっていた。それでも、僕らは自宅に帰ると連絡を取り合って呑みに出かけた。

ただ、Iさんのマンションからも近く、僕も兄貴と慕うカルロス・シェフと会えるので渋谷のスペイン・レストラン「ラ・プラーヤ」で会うことが増えた。しかし、とうとう歩行器が必要になり、最後にIさんと呑めたのはもう二年近く前のことだ。僕がIさんのマンション近くの酒場まで出かけた。酒場を出てリフォームしたマンション近くのマンションの部屋を見せてもらった。壁一面、ロフトまで作り付けの本棚で、あらゆるジャンルの本が並び、ジャズとクラシックのレコードとCDがきちんと整理されていた。

(2021.04.20)

読むべき手紙がある

ゴッホの手紙／フィンセント・ファン・ゴッホ
ゴッホ　最期の手紙／ドロタ・コビエラ監督

「ゴッホの手紙」を読むきっかけになったのは、大江健三郎の「日常生活の冒険」を読んだことだった。たぶん高校三年生の頃である。「日常生活の冒険」の主人公・斎木犀吉に思い入れている人間は、僕らの世代にはけっこう多い。僕より一学年上の矢作俊彦さんも「NAVI」に書いていたエッセイで、斎木犀吉（六〇年代初めにジャグァに乗ったりする）について熱く語っていたことがある。

「日常生活の冒険」の冒頭、犀吉の自殺の知らせを語り手が受ける。つまり、犀吉は死んだ人間として登場し、語り手の回想が始まるのである。斎木犀吉については、物知りの新聞部部長が「あれは、伊丹一三が『自分がモデルだ』と言ってるぞ」と教えてくれた。当時は、まだ「一三」だった。後に「マイナスをプラスに変える」として「十三」と名前を変える。当時、伊丹一三は「ヨーロッパ退屈日記」や「女たちよ」の筆者として僕らに人気があった。

「日常生活の冒険」は語り手を大江自身と想定し、高校時代からの大江と伊丹との交友を考えれば、確かに伊丹一三がモデルなのだろう。伊丹の妹のゆかりさんは後に大江夫人になる。伊丹は六〇年代前半には川喜多和子さんと結婚していて、小説に登場する犀吉と結婚するお嬢様を彼女だと想定して読むと、ここまで書いて大丈夫？　と思ってしまう。

「日常生活の冒険」から数十年後、本当に伊丹十三が自殺するとは大江も思っていなかったのではないだろうか。伊丹十三の投身自殺後、大江は「取り替え子（チェンジリング）」を書く。語り手の名前は「長江古義人」という小説家であり「大」が「長」になっているだけだ。当然、大江自身を想像させる。彼の高校時代からの親友で義兄でもある吾良が投身自殺をした後、彼は吾良との過去を回想し架空の対話をする。

まあ、そんなことはずっと後の話なのだけれど、「日常生活の冒険」を読んだ十八歳当時、僕はかなり斎木犀吉に傾倒したのは事実だった。読んでいる間、この主人公はやがて自殺するのだと思い続けているわけだから、独特な心理的効果が冒頭の一文にはあったことになる。その中で、語り手によって死者を悼む言葉として「ゴッホの手紙」の中にあるというフレーズが何度も引用されていた。

死者を死せりと思うなかれ
生者あらんかぎり
死者は生きん　死者は生きん

そのフレーズに当時の僕は敏感に反応したらしく、日記にも書き写している。僕はゴッホの絵は知っていたし、「糸杉」や「星月夜」や「カラスのいる麦畑」の絵などがとても好きだったが、彼が膨大な「ゴッホの手紙」を残していることはまったく知らなかった。「日常生活の冒険」に引用されたフレーズに共感した僕は、岩波文庫で出ていた「ゴッホの手紙」を書店で探した。

記憶が曖昧なのだが、当時、岩波文庫では上下二巻で出ていたと思う。すべてが弟のテオ宛だった。その後、親友の画家ベルナール宛の手紙も含めて上中下の三巻の文庫になったようだ。僕は「ゴッホの手紙」を読み、ゴッホの文才に感心した。日常生活が報告され、創作への気持ちが語られ、テオへの送金依頼が綴られていた。

高校生の僕が驚いたのは、ゴッホが娼婦を買いにいったことをごく普通に書いていたことだった。また、娼婦に払った金も食料品や絵の具代などと一緒に支出として報告していた。それに「娼館にいくのは二週間に一度にしよう」などとも書いている。テオへの手紙は使った金の詳細な出納帳のようなメモと金の無心、描きつつある作品についての報告がほとんどだったが、どの手紙もおもしろく感銘深かった。ひとりの画家の孤独な生活と思想、心情が伝わってきた。

テオは確か二歳年下で、画商をやっていた。ゴッホに生活費を送り続けて支援した。しかし、ゴッホの死後、すぐに後を追うように亡くなった。ゴッホの手紙を保存しまとめたのは、テオの妻ヨーだったらしい。最近、読んだ原田マハのゴッホに関する新書では、ヨーの功績を高く評価していた。ゴッホ作品の保管も行い、彼女がいなければ後にゴッホの評価がこれほど高くなることはなかったのではないかという。

最近、ゴッホの生涯を題材にした映画を二本見た。郵便配達人ジョゼフ・ルーランやタンギー爺さんやガシェ医師などの肖像画が動き出す画期的なアニメーション「ゴッホ　最期の手紙」(二〇一七年)と、ウィレム・デフォーがゴッホのメーキャップをして渾身の演技を見せた「永遠の門　ゴッホの見た未来」(二〇一八年)である。どちらもゴッホ好きとしては、うれしい作品だった。

しかし、この二本ともがゴッホの死を自殺としていなかった。従来、ゴッホは自分で腹部を撃ち自殺したことになっていた。自分の耳を切り落として娼婦に渡した事件の後、精神病院に入っていたこともあり、自殺説は説得力があった。しかし、七、八年前にある研究者が別の説を打ち出した。ガシェ医師の近所の少年たちが拳銃を持ち出し、誤ってゴッホを撃ったというのだ。その説にはいくつか証拠があるらしいが、拳銃が見つかっていないことが大きな根拠になっているという。

原田マハの新書ではその説に疑義を唱えていたし、僕は読んでいないけれど彼女がゴッホを主人公にして書いた小説では自殺説を踏襲したという。しかし、最近作られた二本の映画がどちらとも、ふたりの少年による誤射説を採用しているのを見ると、欧米ではそちらの説が主流なのだろうか。ゴッホは腹を撃ってもしばらく生きており、その間、何も話さなかったという。少年たちをかばったということだろうか。

(2021.04.25)

一難去ってまた一難

■桃太郎侍／山手樹一郎

◉修羅城秘聞／衣笠貞之助監督

この小説をとり上げるのは、何だか恥ずかしい。「えっ、桃太郎侍なの」と反応されそうな気がする。「鬼の面を付けて、『ひとつ、人より×××』などと言いながら高橋英樹が派手な衣装で出てくるアレでしょ」と言われてしまうかもしれない。しかし、今、山手樹一郎の「桃太郎侍」をきちんと読んだ人はどれくらいいるのだろうか。

僕は強く言いたい。「アレは決して『桃太郎侍』ではない。単にタイトルを借りただけだ」と——。

大学の同級生で青樹社という出版社に入った人間がいる。売れない頃の藤沢周平さんなどを担当していた(没後、文春文庫で出た「藤沢周平のすべて」に彼も思い出話を書いている)。

ただし、青樹社は宇野鴻一郎や川上宗薫といった官能小説家たちの本で稼いでいた出版社だった。あるとき、彼から聞いたことがある。「うちの社長、山手樹一郎の小説を読むといつも泣く、と言ってるんだ」と——。

当時でも山手樹一郎の小説は春陽文庫でしか入手できなくなっていたと思うけれど、まだまだ愛読者はいた。山手樹一郎は、戦前から昭和三十年代にかけて人気のある時代小説作家だった。元は読み物雑誌の編集者である。

読者に受ける小説を書くコツは熟知していたのだろう。「桃太郎侍」を読むと、明朗な主人公が活躍する勧善懲悪の物語は大衆に受けたのだろうと想像できる。

僕が最初に読んだ山手樹一郎作品は「桃太郎侍」だった。毎月配本される河出書房「国民の文学」を買っていたからだ。第十六巻「山手樹一郎集」は一九六七年一月に配本になった。とすると、僕が「桃太郎侍」を読んだのは中学三年の三学期のことになる。高校入試の前である。夢中で読んだとすれば、受験勉強は疎かになっていたのではないか。よく合格したものだ。

今回、ネットで調べてみると「国民の文学・山手樹一郎集」の表紙映像がヒットした。表紙カバーの絵は、小姓姿の百合が落とし穴の天井に打ち込んだ大刀の鍔に足をかけて抜け出そうとしている場面だった。

いかにも昔の時代小説の挿し絵っぽくて、懐かしさが強く迫ってきた。その場面を選んだのはよくわかる。「桃太郎侍」の前半の最も印象的な場面だ。その場面の直前、水に充たされた落とし穴の中で、死を覚悟した百合は「あなた様の妻に——」と桃太郎に告白する。

「桃太郎侍」は独りの浪人が江戸の町をブラブラと歩いているところから始まる。彼は母を亡くしたばかり。しかし、母と思っていたのは実は乳母で、死に際に彼は謀藩の御曹司なのだと打ち明けられる。双子は「犬腹」と嫌われていた時代、彼は乳母に託されて棄てられたのだ。浪人の懐の大金につられて、元盗賊の伊之助が尾けている。その伊之助の前に小粋な女が現れるが、その女はふたりの田舎武士にからまれ、それを浪人が助ける。浪人は田舎武士たちに「鬼退治の桃太郎」と名乗る。

桃太郎に惚れた伊之助が子分になり、長屋に連れていく。ある日、近くで覆面の武士団に襲われている武家の娘を助けると、その父親は丸亀藩の江戸家老。彼らはお家騒動が起こっている事情を打ち明け、世継ぎの若君に瓜二つの桃太郎に身代わりになって国元にいってもらえないかと依頼する。双子の兄は、毒を盛られて江戸屋敷で生死の境をさまよっているという。最初は断った桃太郎だが、兄の苦境を考えて引き受ける。そこから、悪漢たちとの虚々実々の攻防が始まる。

昔の時代劇にはよくあった「貴種流離譚」であり、勧善懲悪の明朗時代劇である。主人公には一点のくもりもない。影の部分などまったく見あたらないし、完全な善人である。正義も主人公の側にある。悪漢側は藩主の側室が生んだ男子を世継ぎにもくろんでいるのだが、実は藩主の子ではなく悪漢側の頭目・伊賀半九郎との間に生まれた不義の子だと最後になってわかる。悪漢側には、徹底して正義はない。

しかし、最初に登場した女スリ小鈴は半九郎にだまされて、その手先に使われている。小鈴は桃太郎に岡惚れし、何とか自分の側の味方にしようとする。また、桃太郎が助けた江戸家老の娘・百合も桃太郎に惚れ、ふたりで悪漢の罠に落ちて落とし穴に水を流し込まれ助からないとなったとき、「あなた様の妻に」と抱きつく。姐御肌のバクレン女と純情可憐なお姫様タイプ。主人公を巡る恋の鞘当て。こんなパターンも踏襲している。

バクレン女とお姫様タイプと言えば、吉川英治作「鳴門秘帖」(一九二六年に新聞連載)の見返りお綱とお千絵が先行する。「桃太郎侍」は一九四〇年(昭和十五年)に新聞連載された小説である。昭和十五年の日本は日中戦争の泥沼にはまり、アメリカの経済制裁に反発していた頃である。一年後には、日本海軍は真珠湾を攻撃する。そんな世相の中で「桃太郎侍」は大衆に人気を博したという。

「桃太郎侍」は、戦後に何度も映画化された。「修羅城秘聞」(一九五二年)では長谷川一夫が主演し半九郎を大河内傳次郎が演じた。五年後に市川雷蔵が主演し、その三年後に里見浩太朗で映画化され、さらに三年後には本郷功次郎が主演した。十一年間に大映と東映で四度も映画化されている。よほど人気のある安定したコンテンツだったのだろう。僕は長谷川一夫版と市川雷蔵版を見た。

前述のように、僕が読んだのは中学三年の三学期だった。その年の四月に高校へ進学し、その秋から日本テレビ系列で「桃太郎侍」が始まった。尾上菊之助(現・菊五郎)の主演で、百合を長谷川一夫の娘である長谷川稀世が演じ、小鈴を後に萩原欽一との夫婦コントで顔を知られる女優、真屋順子が演じた。一九六七年の十月から翌年の四月までの半年間の放映である。当時の連続テレビドラマは、半年間つまり二十六回続くのが普通だった。

菊之助版「桃太郎侍」は原作に忠実だった。二時間足らず(「修羅城秘聞」は上下二巻に分けた)の映画版と違って連続テレビドラマだからじっくり描いていた。毎回のラストは「桃太郎の生死はいかに? 次回を待て」という感じで、主人公が危機に陥って終わる形だった。「桃太郎侍」は新聞連載だったためか、けっこうクリフハンガー(一難去ってまた一難)な物語である。読者は毎朝、待ちかねて読んだに違いない。

まず江戸での攻防があり、かけひきがあり、騙し合いがある。桃太郎が覆面の武士集団に襲われ大川へ飛び込み、小姓姿の百合が悪漢の門番に横恋慕されて連れ去られそうになり、救おうとした桃太郎と共に陥穽に落ち、水責めに遭う。四国丸亀に向かうことになると、東海道の道中で様々に攻防が繰り広げられる。やがて宇都ノ谷峠で襲われ、谷底に落ちた桃太郎の生死がわからなくなる。そこから、丸亀藩に船が入る場面にポーンと飛び、船上の百合と伊之助に正体不明の易者が声をかけるというように、当時としてはジェットコースター的展開だった。

しかし、それでも連続時代劇として半年間・二十六回はもたなかったらしい。原作通りの物語は十四回で終わり、後半は丸亀藩のお家騒動を解決した桃太郎が江戸へ帰る道中で出合う一話完結のエピソードに変わった。そのため原作では犠牲的な死を遂げる小鈴を生き延びさせ（すいません。ネタバレです）、桃太郎と江戸への道中をさせるのだ。ということで、僕は十四回までは欠かさず見ていたが、その後は見るのをやめた。

九年後、一九七六年十月から高橋英樹版連続時代劇が始まり、五年後の一九八一年まで二百五十話を越えて放映された。タイトルだけは「桃太郎侍」だったが、毎回、悪人を退治する一話完結のオリジナル脚本だった。あれを「桃太郎侍」だとは思ってほしくない。もっとも、昔はいくつかの文庫で出ていた「桃太郎侍」は絶版になってもう長い年月が経つ。アマゾンでは古書が入手できるようだけれど――。

(2021.05.04)

死の接吻／アイラ・レヴィン

一作で三度楽しめる

死の接吻／ジェームス・ディアデン監督

一九六七年にアメリカで出版された「ローズマリーの赤ちゃん」は、すぐに日本でも早川書房が翻訳本を出し評判になっていた。ハリウッドで映画化が進行し、ポーランド出身の新進監督ロマン・ポランスキーが起用された。映画の日本公開は、一九六九年一月だった。東大安田講堂のバリケード封鎖が機動隊導入によって壊滅した頃である。

しかし、僕は「ローズマリーの赤ちゃん」を読んだかどうか憶えていないのだ。「アイラ・レヴィンの十四年ぶりの二作目かあ」と感慨に耽ったのだから、たぶん読んだのではないかと思うけれど、まったく記憶が消えている。ストーリーを思い出そうとすると、映画のシーンばかりが浮かんでくる。その映画も、実はあまり感心しなかった。ミア・ファーローも魅力的ではなかったし。

アイラ・レヴィンが二十三歳で出版した処女作「死の接吻」については、読んでから半世紀以上たっているけれど、今でも鮮明に記憶が甦ってくる。中学生の頃から本格的に読み始めた海外ミステリだったが、その頃には「死の接吻」はすでに伝説的な作品になっていた。アメリカでの出版は一九五三年、日本で翻訳が出て十年以上が経っていた。読んだ人はみんな「あれはスゴい」と口にした。

僕が「死の接吻」を読んだのは、「ローズマリーの赤ちゃん」が評判になる一年ほど前のことだった。アイラ・レヴィンはその小説を二十三歳で書き上げたが、その後、十数年間、作品を発表していないと解説にあったと思う。ただ、「死の接吻」だけで世界ミステリ史上に残っている天才であると評価されていた。僕も世の中には早熟な才能が存在するのだと、「死の接吻」を読んでつくづく感じたものだった。

「死の接吻」のストーリーは、その構成が素晴らしい。今の時代から見ると古くさいかもしれない。しかし、その構成が素晴らしいのだ。大きく三部に分かれていて、第一部は「ドロシィ」、第二部は「エレン」、そして第三部が「マリオン」となっている。三姉妹の名前である。ドロシィは三女、エレンは次女、マリオンは長女で、鉄鋼王の娘たちである。

第一部「ドロシィ」は男が恋人が妊娠したため殺そうと考えるところから始まる。彼は強烈な上昇志向を持ち、富豪の娘ドロシィと恋仲になることに成功するが、ドロシィが妊娠したため父親に勘当される（そうなったら元も子もない）ことを怖れ、恋人を自殺に見せかけて殺すことを計画する。そして、その完全犯罪は成功する。ミステリのジャンルで言えば「倒叙もの」である。

第二部「エレン」は、大学生の妹が自殺するはずはないと思った姉が大学町にやってきて調べ始める話だ。犯人探しの「本格推理もの」である。彼女は妹を妊娠させた恋人を探す。この犯人探しはなかなかスリリングで、もちろん最後の意外な結末もビックリである。もちろん怪しい男たちが登場するが、最後にエレンは「えっ、あなたが――」と絶句する。そして、エレンも殺されてしまう。

第三部「マリオン」は、男に馴れていない長女が魅力的な男性に惹かれていく物語である。彼女を巧妙に誘惑し、恋い焦がれるように仕向けていく男は、もちろんドロシィとエレンを殺した犯人である。このパートは「サスペンス小説」と言えばいいだろうか。男は父親の鉄鋼王にも気に入られ、跡継ぎとして認められる。三女と次女を殺してまで手に入れようとした大富豪の人生が手に入るところにやってきたのだ。

「死の接吻」に影響を与えた小説として、シオドア・ドライサーの「アメリカの悲劇」とスタンダールの「赤と黒」が挙げられることがある。「アメリカの悲劇」は金持ちの娘に惚れられ、妊娠した恋人を殺す青年を描いた「陽のあたる場所」（一九五一年）としてモンゴメリー・クリフトとエリザベス・テイラーによって映画化された。両作とも上昇志向の強い野心的な青年が主人公で「死の接吻」の主人公と共通している。

第一部「ドロシィ」は犯人の視点で描写される。冷静で、冷酷で、妊娠した恋人をためらいもなく殺せる男である。しかし、彼が何者なのか、その正体は巧妙に隠されている。そして、第二部ではエレンの視点から描かれるから、彼はドロシィを取り巻く男たちの一人として登場する。エレンが怪しむ人間は何人かいる。しかし、どの人物が彼なのかは、第二部の最後にならないとわからない。

というわけで、「死の接吻」はひとつの作品の中で三つの物語が楽しめるようになっている。評判になった「死の接吻」は若きロバート・ワグナー主演で映画化され、日本では「赤い崖」（一九五六年）として公開された。タイトルを変えたのは、悪役リチャード・ウィドマークのハイエナ・ラフィングで有名な「死の接吻」（一九四七年）がすでに公開されていたからだろう。こちらも原題は「KISS OF DEATH」だった。

「死の接吻」（一九九一年）の二度めの映画化は、マット・ディロンとショーン・ヤングの出演だった。原題は「A KISS BEFORE DYING」である。「赤い崖」もそうだったが、映像では主人公の正体を隠したまま描けないため、第二部の犯人探しの部分は省略されることになった。こちらは、公開時に僕も見た。かなり脚色していたけれど、よくできたサスペンス映画だった。

ただ、僕がよく憶えているのは、日本で四回連続のテレビドラマになった「死の接吻」（一九七一年二月放映）だ。主人公を演じたのは、人気絶頂の頃の黒沢年男。殺される末娘は紀比呂子、誘惑される長女を鰐淵晴子が演じたと記憶している。黒沢年男の視点から描く形で、最後に父親役の三國連太郎に溶鉱炉の上に追い詰められたときの恐怖の演技が鮮明に記憶に残っている。脚本を担当したのは、大島渚一派の石堂淑朗だった。

しかし、「死の接吻」を読んでから五十数年、一度も読み返してはいない。今、読んだら古くささを感じないだろうか、再読に耐えるだろうか、という気がしてなかなか手が伸びないのだ。「ローズマリーの赤ちゃん」にしろ「ブラジルから来た少年」にしろ、戯曲「デス・トラップ／死の罠」にしろ、アイラ・レヴィンの作品は最後の驚きが肝なので、それを知っていて読むとどうなのだろうなあ、とも考えてしまう。

（2021.05.07）

日本ハードボイルドの先駆者

暗い落日／結城昌治

不良少年／後藤幸一監督

結城昌治は結核で入院中、やはり入院中だった福永武彦にすすめられてミステリの世界に馴染んだという。福永武彦自身、加田伶太郎の筆名で探偵小説を書いている。「風のかたみ」ではミステリ的どんでん返しを使っているし、「海市」「死の島」など、作品の構成はミステリのような複雑さである。僕はずっと福永武彦作品を愛読しているけれど、しかし、今回は結城昌治の話です。

結城昌治が「エラリィ・クィーンズ・ミステリマガジン（ＥＱＭＭ）」のコンテストに「寒中水泳」という短編で入賞し、早川書房から「ひげのある男たち」という長編ユーモア・ミステリを出したのは一九五九年のことであり、僕がＥＱＭＭを買い始めた六〇年代半ばにはすでに中堅作家の扱いだった。「ゴメスの名はゴメス」（一九六二年）というベトナムを舞台にした作品を出した後のことで、日本では珍しい国際スパイ小説として評判になっていた。

その奇妙なタイトルは中学生の僕の記憶に残ったが、結局、今に至るも読んではいない。仲代達矢が主演した映画版の物語がよくわからなかったからだろう。当時のベトナム戦争のいきさつなど何も知らない中学生にとっては、ちょっと複雑過ぎたかもしれない。

ちなみに、この作品を書くようにすすめたのはＥＱＭＭ編集長の小泉太郎で、彼が早川書房を辞めて作家になるとき「生島治郎」と名付けたのは結城昌治だったそうだ。

僕が結城昌治の小説を初めて読んだのは、私立探偵・真木が登場した「暗い落日」（一九六五年）だった。ロス・マクドナルドの「ウィチャリー家の女」のトリックに重大な欠陥があると指摘した結城昌治は、自ら「ウィチャリー家の女」と同じプロットの私立探偵小説を書くと宣言し、それが「暗い落日」に結実した。

ロス・マクドナルドを愛読していた僕は「お手並み拝見」と思って「暗い落日」を手に取った。その結果、僕は「公園には誰もいない」（一九六七年）「炎の終り」（一九六九年）と真木シリーズを読み続けることになった。

「日本のハードボイルド小説の先駆者」と言われた結城昌治だが、さまざまなジャンルの作品を残している。ユーモア・ミステリから始まり、私立探偵もの、悪徳警官ものなどを手がけた。万引き集団を描いた「白昼堂々」は、刊行の二年後に渥美清や倍賞千恵子で映画化（一九六八年）されて話題になった。後の寅さんとサクラの関係を知っていると、渥美清を倍賞千恵子が誘惑するシーンには戸惑ってしまう。

また、結城昌治が直木賞を受賞したのは戦争ノンフィクションのような「軍旗はためく下に」であり、これも二年後に深作欣二監督によって映画化（一九七二年）された。さらに、「志ん生一代」という評伝も高く評価されている。

それでも、僕にとっては私立探偵・真木を生んだ結城昌治は「日本のロス・マクドナルド」ともいうべき存在だった。これほど内省的な私立探偵小説は、他には大沢在昌さんの佐久間公の後期シリーズ「雪蛍」「心では重すぎる」くらいしか思い浮かばない。

大沢さんに「佐久間公の新作、書いてくださいよ」と言ったのは十五年近く昔のことだが、大沢さんは「あれは、血を流しながら書いてるからなあ」と答えた。その言葉に僕は納得した。身を削らなければ書けないほどの傑作である。佐久間公は、大沢さん自身なのだと思う。

結城昌治作品の中で真木シリーズと共に忘れられないのが、悪徳警官ものである。暴力団や総会屋などと付き合ううち、彼らの世界に堕ちていく刑事たちを描いた小説だ。結城昌治は、まず「夜の終る時」（一九六三年）を書く。

当時、ウィリアム・Ｐ・マッギヴァーンなど海外作家の悪徳警官ものはあったが、日本の作家で手がけたのは結城昌治が最初だったのではないだろうか。意欲的で挑戦的な作家だった。「夜の終る時」は何度もテレビドラマになるほどで、僕は室田日出男が主演した二時間ドラマ（一九七九年十一月放映）をよく憶えている。

「穽」（一九六五年）も悪徳警官ものである。大金が絡み、主人公の刑事を軸に暴力団や総会屋や企業幹部などが入り乱れる。これも連続テレビドラマ化されて評判になった。脚本は早坂暁。早坂さんが最も活躍していた時期である。一九七五年一月から三月まで放映された。

主演は浅丘ルリ子とのコンビでテレビドラマに引っ張りだこだった頃の若き原田芳雄だ。地井武男も出ていて、まるで日活ニューアクションの顔ぶれじゃないかと思いながら僕は欠かさず見ていた。ドラマは評判になり、結城昌治は「穽」をドラマタイトルだった「裏切りの明日」に改題した。

結城昌治作品で映画化されたものは十数本あるが、僕が忘れられないのが「昭和枯れすすき」（一九七五年）と「不良少年」（一九八〇年）だ。「昭和枯れすすき」は野村芳太郎監督で、高橋英樹の刑事と秋吉久美子の妹の物語である。公開当時、「意外な拾いもの」といったニュアンスの映画評が朝日新聞に出た。小品だが、野村監督らしいウェルメイドな映画だった。

原作は「やくざな妹」というもので、それだけで物語が想像できる。刑事の兄は、妹がチンピラと付き合っているのを知る。この映画のおかげで、メチャメチャ暗い「昭和枯れすすき」を僕は唄えるようになった。

「不良少年」は新人監督・後藤幸一の二作目だった。当時、「小型映画」という八ミリ専門誌編集部にいた僕は試写で見た。その試写会場で後藤監督に紹介された記憶がある。彼は黒木和雄監督「竜馬暗殺」「原子力戦争」の助監督を経て、丸山健二原作「正午なり」（一九七八年）で監督デビューし、主演に金田賢一を起用した。

金田賢一は、四百勝投手・金田正一の息子である。「不良少年」も金田賢一主演で、ヒロインを演じたのがNHKテレビ小説「マー姉ちゃん」で人気が出た熊谷真美の妹だという熊谷美由紀だった。後に松田優作と結婚し三人の子を産むとは、もちろん僕は想像さえしなかった。

「不良少年」の主人公は、何かというと「感情入ったよ」という言葉を繰り返す。少女と出会って「感情入ったよ」という具合だ。「きみが好きだ」と告白する代わりに「感情入ったよ」と言うのだ。何かが気に入ったときも「感情入ったよ」ですむ。その何にでも使えるニュアンスが僕は気に入り、それからしばらく「感情入ったよ」をずいぶん使ったものだ。ただし、それも独りよがりだったらしく、「感情入ったよ」とかみさんに言ったとき、「何よ、それ」と眉間に皺を寄せられた。やれやれ。

（2021.05.10）

理想主義を掲げた作家

アンナ・カレーニナ／レフ・トルストイ

戦争と平和／セルゲイ・ボンダルチュク監督

僕の中学高校時代の三年間をかけて日本で公開になったソ連映画「戦争と平和」（一九六五～一九六七年）は、当時、大きな話題になった。第一部で登場したナターシャが妖精のような美少女だったからだ。リュドミラ・サベーリエワ――、彼女の現実の成長に合わせて物語は展開した。監督と主演は小太りのセルゲイ・ボンダルチュクで、ソ連が国を挙げて製作した。

中学生の頃からオードリー・ヘップバーンのファンだった僕は、オードリー版「戦争と平和」（一九五六年）を見たかったのだが、ソ連版公開に合わせたのかテレビで二度に分けて放映され、ようやく見ることができた。淀川長治さんが解説で登場する「日曜洋画劇場」だったと思う。しかし、オードリー版「戦争と平和」は長大な原作をダイジェストした感じで、オードリー・ファンとしては喜べない凡作だった。

そこで、僕は「戦争と平和」を読もうと決意し、河出書房発行「グリーン版世界文学全集」の「戦争と平和」第一巻を購入した。たぶん全三巻だったのではないか。八ポイントか七ポイントくらいの小さな活字で上下二段に組まれ、ページに文字がびっしり詰まっていた。四〇〇字原稿用紙で数千枚に及ぶ大作だった。とりあえず一巻だけ買ったのは、読み切る自信がなかったからだ。

案の定、第一巻さえ読み切れなかった。いや、比較的初めの方のエピソードであるナターシャの駆け落ちにさえたどり着けなかった。まず、ロシア人の名前の複雑さと登場人物の多さと関係性についていけなかったのだ。その時点で、僕はソ連版「戦争と平和」第一部は見ていたので物語はわかっていたはずだが、それでも文字を追うことができなかった。

「戦争と平和」の時代状況や背景がまったくわかっていなかったことも、途中で投げ出した理由だと思う。日本史は得意だし好きだったけれど、世界史はあまり興味がなかったのだ。ナポレオンがロシアに攻め込んだ事情もまるで理解していなかった。だいたい、フランス革命から始まってナポレオンの登場やその後のあれこれなど、共和制になったり王制になったり、あの辺のフランスの歴史は今もよく整理できていない。

それでも、世界的名作「戦争と平和」を読めなかった引け目は、その後も僕の人生を暗く覆うことになった。「ああ、俺はトルストイを読めなかったダメな人間だ」と夜中に目覚めて落ち込むことはなかったけれど、読書人としては失格ではないかと思うことはあった。同じロシアの文豪ドストエフスキーの作品は大学生の頃に「未成年」「白痴」を熱中して読んだから、「カラマーゾフの兄弟」「罪と罰」は読んでいなくても引け目は感じなかった。

「戦争と平和」を読めなかった引け目を十数年引きずってい

た僕は、三十半ばになって「アンナ・カレーニナ」を読み始めた。きっかけは、たぶん呑み友だちのIさんと呑んでいて「アンナ・カレーニナはおもしろいですよ。『戦争と平和』よりずっと読みやすいし――」と言われたからである。もしかしたら、その前にトルストイを読めなかった引け目をIさんにカミングアウトしたのかもしれない。

中央公論社版「世界の文学」は赤い表紙だった。その赤い表紙に「アンナ・カレーニナ」と印刷されていた。冒頭、「幸せな家庭はいずれも似通っているが、不幸な家庭にはそれぞれに不幸の形がある」という、あの文章が現れた。その後に語られるのは、主人が子供たちの家庭教師と浮気をして妻に知られ、家庭内がジトーと暗くなっている状況だった。

「何だ、今と変わらないじゃないか」と僕は思った。近所のご主人が娘のピアノ教師との浮気がばれてもめているという噂話をかみさんから聞いたのは、その少し前のことだったからだ。「アンナ・カレーニナ」は一八七三年から七五年にかけて書かれた当時の現代小説だから、僕が読んだ時点で百十年ほど前のことになるが、男女のことは変わらないのだなあという当たり前の感想を抱いた。

冒頭に登場する不幸な家庭の主人である浮気男オブロンスキーの妹がアンナで、高級官僚のカレーニンとの間に娘がいる彼女は、兄に頼まれて義姉のドリィをなだめに子連れでモスクワにやってくる。ちょうどドリィの妹キティの社交界デビューがあり、キティは貴族の将校ヴロンスキーに恋をするが、ヴロンスキーは人妻のアンナに強烈に惹かれる。一方、田舎からキティにプロポーズしに出てきた地主リョーヴィンはキティに振られ、傷心を抱えて領地に帰っていく。

「戦争と平和」と違って、これだけで主要な人物は紹介できるのだ。アンナとヴロンスキーの関係が深まっていく展開があり、領地に帰ったリョーヴィンが農民たちと共に働く喜びが描写され、やがて傷心のキティに改めてプロポーズして結婚するという物語になる。片方で不倫関係の男女の物語があり、一方でトルストイが理想とした田舎での生活がリョーヴィンとキティに託されて描かれていく。

「アンナ・カレーニナ」は、サイレント時代から何度も映画化されてきた。サイレントとトーキーで二度アンナを演じたのは、スウェーデン出身の伝説の女優グレタ・ガルボである。ただし、僕は「グランド・ホテル」（一九三二年）でグレタ・ガルボの美しさは知ったが、「アンナ・カレーニナ」を見る機会はなかった。僕が見たのはヴィヴィアン・リー版（一九四八年）ソフィー・マルソー版（一九九七年）キーラ・ナイトレイ版（二〇一二年）だ。ヴィヴィアン・リー版だけは「アンナ・カレニナ」と音引きが入っていない。

映画化にあたってはアンナとヴロンスキーの関係を中心にして描くことが多く、リョーヴィンとキティの物語は省略されることもある。リューヴィンの物語をきちんと見せたのは、キーラ・ナイトレイ版くらいではないか。この作品では妻の不倫に耐えるカレーニン（ジュード・ロウ）の描写も充実していた。破滅に向かう不倫の男女の物語の方がメロドラマ的ではあるけれど、僕は「アンナ・カレーニナ」はリョーヴィンとキティの幸せに向かう物語があるからこそ完成度が高いのだと思う。

ということで、三十半ばを過ぎてようやく僕は「トルストイを読めなかった引け目」から解放されたのであった。また、後に「終着駅　トルストイ最後の旅」（二〇〇九年）を見たことでトルストイの生涯に興味を持ち少し調べた結果、トルストイは単なる小説家ではなく、彼の理想主義は世界的な影響力を持っていたのだと理解できたのだった。日本の白樺派（武者小路実篤や志賀直哉など）にも大きな影響を与えている。

（2021.05.19）

夢を見るから人間なのだ

■若者たち／永島慎二

🎞黄色い涙／犬堂一心監督

束縛されて手も足も出ない
うつろな青春
細かい気づかいゆえに
僕は自分の生涯をふいにした。
ああ、心がただ一すじに打ち込める
そんな時代は、ふたたびこないものか？

ランボウの「いちばん高い塔の歌」の訳である。記憶だけで書いたので少し違っているかもしれないけれど、この詩句を暗記した後で調べてみたら金子光晴の訳だとわかった。小林秀雄の訳では「ああ、心が――」の部分は「時よ来い　ああ、陶酔の時よ　来い」となっている。それは、僕がこの詩を知っていろいろ調べたからわかったことだが、最初にこの詩句に触れたのは永島慎二の漫画「若者たち」でだった。

週刊「漫画アクション」に「ルパン三世」や「サイボーグ009ノ1」が連載されていた六〇年代後半に「若者たち」も連載されていた。しかし、僕が「若者たち」を読んだのは双葉社が出した漫画全集という大型の函入りハードカバー本でだった。高校生の頃、豪華本の漫画全集がブームになったのだ。最初は筑摩書房だったと思うけれど、函入りの全集を出した。こちらは純文学的（ガロ派？）な作家を中心にしていた。「つげ義春集」とか「白戸三平集」「滝田ゆう集」などだ。

一方、双葉社版はもっと大衆的だった。「バロン吉元集」や「モンキー・パンチ集」もあったのではないか。しかし、漫画にしては高価な本だったので、僕が買ったのは「永島慎二集」だけだった。ただし、なぜか筑摩版は高校の図書室に入ったので、借りて読んだ記憶がある。僕は「月刊ガロ」は立ち読みですませていたが、「月刊ＣＯＭ」は毎月買っていた漫画ファンだった。ＣＯＭの創刊から間もない頃、永島慎二は「黄色い涙シリーズ　フーテン」を連載した。

僕が買った「永島慎二集」の冒頭は、短編「ク・ク・ル・ク・ク・パロマ」だった。貧しい歌い手が恋をして結婚し、やがて夢を実現して売れっ子になり、愛する人を忘れてしまう物語だった。センチメンタルではあったけれど、その叙情性と絵に心を奪われた。また、「ふるやのもり」などの民話に取材した短編、「かかしがきいたかえるのはなし」などが入っていた。セリフが全くない「少年の夏」も忘れられない。

本の後半に「若者たち」シリーズが五、六話入っていたと思う。「若者たち」は、まだ「漫画アクション」連載中で、後に全話が単行本にまとまったときに僕は改めて買って読んだ。今では、キンドル版で全編が読める。「若者たち」は夢を追う青年たちの物語だった。

ある日、売れない漫画家の村岡栄は、編集者から原作付き漫画の提案を受け悩みながら街を歩いていると、ギターを抱えた若者と吟遊詩人だという若者に出会う。村岡は、彼らを阿佐谷のひと間のアパートに連れ帰る。

アパートにいるのは画家志望の青年と、小説家志望の青年である。五人の若者たちの共同生活が始まる。漫画家、小説家、画家、歌手、詩人、彼らがめざすものは職業とするには実現のハードルが高いものばかりだ。これに役者志望が加われば、若者たちの代表的な「夢」がそろう。

最近では、アイドルや声優なども若者たちの「夢」の職業になっている。永島慎二自身もひどい貧乏暮らしをしながら漫画家を夢見ていた人だ。そんな経験が「漫画家残酷物語」を生み出した。

十八歳の頃、僕も小説を書きたいと思っていた。だから「若者たち」のエピソードが心に沁みたのだろう。その頃の気持ちは、今でも甦ってくる。将来への不安と期待。あれから半世紀以上の年月が過ぎていき、今、自分の人生を振り返ると未だに充たされない何かを感じてしまう。

それは、自分が「夢」の実現に向かって進んできたのではなく、多くの妥協をして生きてきたことを知っているからだろう。「生活のために」と口にし、妥協せざるを得なかったのだという己へのエクスキューズ——。

だが、「若者たち」の登場人物たちは若く、まだ妥協を知らない。彼らは自分の作品が評価されることだけを願っている。彼らは妥協はしたくないから、村岡は承諾すれば連載決定なのに原作付き漫画は断ってしまう。毎回のエピソードの結末は苦い。彼らは自分の作品が評価されること、売れることを願い期待するが、すべては裏切られる。そんなエピソードのひとつに、吟遊詩人の青年が恋をする回があった。

彼の想いは一方通行で終わり、狭いアパートの窓辺に座って一篇の詩を口ずさむ。それが、冒頭に掲げた詩句だった。小説家志望の青年が「いい詩だね。きみが作ったのか」と訊くと、「アルチュール・ランボウです。僕なんかダメだ」と答える。そのとき、彼の傷心が僕の胸に迫ってくると共に、ランボウの詩が胸に刻まれた。

それは、カミュの「異邦人」、アラン・ドロンとチャールズ・ブロンソンの「さらば友よ」（一九六八年）と共に、僕がフランス文学科へ進学する理由になったのは間違いない。

「若者たち」は嵐の五人によって「黄色い涙」（二〇〇七年）として映画化された。脚本は市川森一、監督は犬童一心である。なぜか映画では共同生活する若者は四人に絞られ、松本潤だけが近くの米屋のご用聞きの役だった。松本潤は食堂の娘（香椎由宇）に恋をする。

漫画家志望の役は二宮和也。時代は昭和三十八年（一九六三年）、東京オリンピックの前年に設定されている。四人の若者たちは、漫画家、小説家、画家、歌手になる夢を追って共同生活をする。

永島慎二は「夢」にこだわった漫画家だった。「夢」を抱いてしまったことの苦しみ、悲しみ、切なさを描き続けた人だった。「夢」を抱いてしまった人間は苦しい。「夢」を持つことは悲劇なんじゃないのか、と永島慎二の漫画を見て考えたことがある。なぜなら、ほとんどの人にとって「夢」は実現しないからだ。「夢」を持った苦しさは、「かかしがきいたかえるのはなし」に象徴的に描かれている。

畑の真ん中で孤独に立ち続けているカカシの前に、ある日、空腹でフラフラになった旅のカエルがやってくる。鳥に頼んで食べ物を持ってきてもらい、カエルは元気になる。カカシはカエルに旅をしている理由を訊く。

カエルはある井戸で生まれ家族と幸せに暮らしていたが、ある日、水面に映る満月に魅せられ、井戸から見える遠い空に輝く月にいきたいという「夢」を持つ。

カエルは家族に止められ、仲間に笑われながらも井戸を這い登り地上に出るが、月は遙かに遠い。カエルの果てしない旅はそこから始まった。ときには家族を思って涙を流し、自分の幸せは井戸の中にあったんじゃないかと後悔することもあった。

それでも、月にいきたいという「夢」のために放浪の旅を続けているのだと、カエルは言う。最後、カエルに永島慎二は救いを与える。一方、カカシの夢は何だったのだろう、という悲しい余韻が残る。

映画「黄色い涙」のラストシーンでは、母親（松原智恵子）の危篤の電報を受け取った二宮和也が夜汽車で帰る途中、隣のボックスの少年に自分が描き上げた漫画の原画を見せる。それは、ひと夏かけて仕上げた作品で、編集者に見せて「これじゃあ、売れないね」と一蹴されたものである。

しかし、少年は目を輝かし漫画を食い入るように読む。その漫画は「かかしがきいたかえるのはなし」だった。

どんな「夢」も「見果てぬ夢」ではないか。「見果てぬ夢」はミュージカル「ラ・マンチャの男」で歌われる曲だが、原題は「impossible dream」だから直訳すれば「不可能な夢（叶わぬ夢）」である。

僕の「小説家になりたい」という夢は、出版社で働きながら新人賞に応募していた二十代、三十代を経てあきらめた。しかし、なぜか「一冊でも自分の本が出せたらなあ」という夢が五十代半ばで実現し、分厚い六冊の映画エッセイが残った。

だが、ひとつの「夢」が叶えば、次の「夢」を人は抱く。リタイア後に腰を据えて書いた小説が乱歩賞の最終候補四篇に残って落選したが故に、僕は七十になろうとする今も「小説を出す夢」を諦められない。ちなみに、そのときの受賞者である佐藤究さんは、この数年で大藪春彦賞と山本周五郎賞を受賞し、先日、直木賞も受賞した。そんなことも、僕の「夢」の刺激になっている。

電子書籍では三冊の小説を出してずいぶんになるけれど、やはり紙の本で小説を出すことが今の僕の夢だ。若い頃には自己憐憫に充ちて「実現しないなら夢なんか持つんじゃなかった。夢を見る能力なんか欲しくなかった」とよく口にした。しかし、「夢」を見るから人間なのだ。「夢」と「希望」が人を前に進ませる。今は、そう思う。

（2021.05.24）

狂う妻に共振れする

■死の棘／島尾敏雄

❀死の棘／小栗康平監督

高校生の頃、犀のマークの晶文社の本は憧れだった。特に海外文学書、思想書などは今の言い方だと「とんがって」いて、小脇に抱えて歩きたくなるような本ばかりだった。エンツェンスベルガーの著作や「ヴァルター・ベンヤミン著作集」は難解すぎて手が出なかったけれど、ロープシン（サヴィンコフ）の「蒼ざめた馬」「黒馬を見たり」は読んでみた。後に五木寛之が「蒼ざめた馬を見よ」で直木賞を受賞したときに何となく割り切れない気持ちになったのは、そのタイトルの記憶があったからだろう。

また、当時の若者たちにとっては必読書だったポール・ニザンの「アデン・アラビア」も入手した。「僕は二十歳だった。それが人生でいちばん美しい時期だなどと誰にも言わせまい」という冒頭のフレーズが有名で、本を読んだことがない人でも知っていた。ただ、実際に「アデン・アラビア」を読み通したという人には会ったことがない。その他、映画「蜜の味」の原作なども買った。海外文学も王道のものではなく、サブカルチャー的な作品を多く出していた。

七〇年代に入るとブローティガンの「アメリカの鱒釣り」なんかも出すのだが、六〇年代も「晶文社＝海外作品」のイメージが強かった。しかし、あるとき僕は晶文社から「島尾敏雄作品集」という日本人作家の本が全五巻で出ているのを知った。「島尾敏雄？」と、僕は書店の棚の前で考え込んだ。そんな作品集が出るのだから評価されている作家なのだろうと思ったが、僕はまったく知らなかった。そこで新聞部の部長をやっていた博学なTに訊くと、「島に住んでる島尾さんだろ。奄美大島に住んでるんだ」と彼は言った。

同じ頃、僕は「第三の新人」と呼ばれる現代作家たちを愛読していた。吉行淳之介、安岡章太郎、遠藤周作、庄野潤三、小島信夫といった人たちだ。ある日、僕は古書店で「島尾敏雄、安岡章太郎、庄野潤三、吉行淳之介」の四人の代表作が収められた筑摩書房版日本文学全集の一巻を見つけて買った。

安岡「海辺の光景」「質屋の女房」、庄野「プールサイド小景」「静物」、吉行「砂の上の植物群」「驟雨」などと共に島尾作品は「夢の中での日常」の他、後に「死の棘」にまとめられる初期の短編が入っていた。

巻末の解説によると、島尾敏雄は庄野潤三とは学生時代からのつきあいがあり、また戦後は「第三の新人」たちとの交友もあったためその巻にまとめられたようだったが、その頃は妻子と共に奄美大島で暮らしているとのことだった。九州大学を出て海軍予備将校になり、太平洋戦争中は加計呂麻島の特攻艇部隊の隊長として駐留していた。

そのときに知り合った島の娘ミホと結婚したが、二人の子を持った後、彼の浮気が妻に知られ、嫉妬のあまり妻が精神に異常をきたし、入院の後、奄美大島に居を移したとのだった。

島尾敏雄は、私小説作家である。代表作「死の棘」は「私小説の極北」と言われた。一九六〇年から一九七六年まで十六年かかって連作短編の形で文芸誌に発表され、一九七七年に全十二章が一冊にまとまった。そのときに大きな話題になったのを憶えているし、新潮社から出た単行本を僕は買った。

紙質がよかったのかもしれないが、何だかずいぶん持ち重りのする本だなあと思った。函入りのクロス装で、活字はびっしり詰まっていた。

しかし、「死の棘」を読了するまで、僕は何年もかかった記憶がある。もっとも、すでに何章かは短編として発表されたときに読んでいた。「離脱」「死の棘」などだ。しかし、第一章「離脱」から第十二章「入院まで」を通して読もうとして、何度か途中で挫折したのである。だから、ずっと誰かに借金したままのような気分がしていたのだけれど、ある日、「死の棘」を小栗康平監督が映画化をしようとしているのを知って、ようやく一気に読み通せたのだった。

なぜなら、僕は小栗康平監督が「死の棘」を完成させたなら真っ先に見にいくだろうし、そのときにはきちんと読んでおきたかったのだ。しかし、読了した結果、これをどうやって映画化するのだろうと強い興味が湧いてきた。他の女との情事を書いた日記を妻ミホに読まれた作家トシオが、妻に責められ続けて三日も寝ていない状況から第一章は始まり、妻はどんどん常軌を逸していく。夫はその妻の狂気に付き合ううち共振れしていき、現実感を失う。妻が物狂いになるほど嫉妬するのは、彼らの戦争中の恋物語を知っていれば納得できるかもしれない。

嫉妬し物狂う女——、「死の棘」を読んで僕はパゾリーニ監督の「王女メディア」（一九六九年）を思い出した。コルキスの王女メディアは恋する男イアソンのために国を裏切り、黄金の羊の毛皮を盗んだイアソンと共に船で逃げ、追ってきた弟を殺して死体をバラバラにして海に流し、追っ手が死体を集めている間に逃げ切る。狂恋である。イアソンとはコリントスで結ばれ子供たちも生まれるが、イアソンはコリントスの王女に心を移しメディアと子供たちを棄てる。メディアは嫉妬と夫への復讐に狂い、自ら我が子たちの命を絶つ。

完成した小栗康平監督「死の棘」（一九九〇年）はカンヌ映画祭でコンペティション部門グランプリを受賞した。小栗監督作品らしい重厚な作品に仕上がっていた。ミホは松坂慶子、トシオは岸部一徳である。浮気相手の文学仲間の女性を演じたのは木内みどりで、トシオを心配した彼女が彼らの家を訪れたとき、ミホが相手を捕まえて庭に押さえつけ、「トシオ、この女をなぐれ」と命令されたトシオが女を平手打ちするシーンは、原作（もっと凄まじい）に基づくとしてもすごいインパクトを僕に与えた。「死の棘」といえば、真っ先にあのシーンが浮かぶ。ミホもトシオも僕自身のような気がした。

昔、村松さんの「私、プロレスの味方です」を読んでいたら、「善玉・悪玉」に加えて「凄玉」という概念が提起されていた。その分類に従えば「いい本」と「ろくでもない本」の他に「凄い本」というのがあって、さしずめ「死の棘」なんかは「純文学科・私小説類」ジャンルの「凄い本」の筆頭だと思う。

ずっと忘れられない本だったけれど、このコラムを書いたことで再読したくなった。そう思って調べてみると、その後、関連する本がいろいろ出ていたので、まずはそちらの方を読んでみようと思った。

写真家になった息子の島尾伸三さんなどが寄稿した「検証島尾敏雄の世界」、梯久美子さんが島尾ミホに取材したノンフィクション「狂うひと『死の棘』の妻・島尾ミホ」、それに島尾敏雄自身の「島尾敏雄日記『死の棘』までの日々」を図書館で検索して借りてきた。

まず読んだのは「狂うひと『死の棘』の妻・島尾ミホ」だが、これは凄い本だった。梯さんの本としては、硫黄島守備隊の指揮官だった栗林中将を描いた「散るぞ悲しき」が印象に残っているが、この「狂うひと」は「死の棘」の読者には是非読んでもらいたい。

島尾ミホは後に自身でも小説を書くようになり、昭和四十九年には「海辺の生と死」を出版した。「海辺の生と死」は満島ひかり主演で映画化（二〇一七年）されたが、それは幸いにも見ている。隊長役は永山絢斗だった。

隊に特攻命令が下るとき、自分も死のうと決意し懐剣を抱いて浜辺に立つ満島ひかりの姿が印象的だった。こういう役をやると、彼女は輝く。しかし、島尾敏雄が小説「出発は遂に訪れず」に書いたように特攻命令は出ず、終戦を迎えてふたりは結婚する。やがて「死の棘」の時期を過ぎ三十数年後に島尾敏雄が死んだ後、ミホは二十年以上にわたり亡くなるまで喪服で通したという。

（2021.06.05）

少年を鍛える私立探偵

初秋／ロバート・B・パーカー

アパルーサの決闘／エド・ハリス監督

七〇年代、「ネオ・ハードボイルド」というムーヴメントが起こった。「ニュー・ハードボイルド」と言えばいいのに、なぜ「ネオ」としたのかはわからないが、小鷹信光さんあたりが提唱したのではなかっただろうか。六〇年代までは正統派ハードボイルドの世界は、「ハメット・チャンドラー・マクドナルド・スクール」と言われていたから、それに対しての「ネオ（新しい）」だったのだろう。

ハードボイルド好きの僕としては、とりあえず翻訳された作品は片っ端から読み漁った。割に人気があったのはビル・ピロンジーニが創り出した「名無しのオプ」で、僕もほぼ読んだと思う。他の作家たちはほとんどが早川のポケミスから出ていたが、ピロンジーニ作品は新潮文庫だった記憶がある。「名無しのオプ」はダシール・ハメット作品「血の収穫」の主人公「コンチネンタル・オプ」からきている。

ネオ・ハードボイルドの私立探偵たちは、それぞれに個性や特徴を持たされていた。「名無しのオプ」はパルプマガジンを集めるのが趣味だった。個性というより肉体的ハンデを設定されたのは、マイケル・コリンズが創り出した隻腕の探偵ダン・フォーチュンだ。

ロジャー・L・サイモンの主人公モウゼス・ワインは学生運動に挫折した男で、妻に去られ、マリファナで朦朧となりながらオナニーをするヘンな探偵だった。僕は二作目まで付き合ってやめた。リチャード・ドレイファスがモウゼスを演じた映画（一九七八年）もある。

マイケル・Z・リューインの私立探偵アルバート・サムスンは妙に内省的でおとなしすぎたし、ローレンス・ブロックの私立探偵マット・スカダーは強度のアルコール依存症だった。後に人気シリーズになるボストンの探偵スペンサーの第一作「ゴッドウルフの行方」も、レイモンド・チャンドラーに傾倒する新人作家ロバート・B・パーカーの本邦初紹介作品としてポケミスで刊行された。

僕は「ゴッドウルフの行方」を出てすぐに買ったのだが、実は未だに読めていない。翻訳は菊池光さんではなく（文庫に入るときに菊池光さんの訳になった。菊池さんの訳では「テイプ」「テイブル」と表記するのがまず浮かぶ）、今読むと喋り方もまったく違いスペンサーが別人のように思える。それにデビュー時のスペンサーはマチズモを誇示するキャラクターではなく、何となくウジウジした設定だった。女性の膝にすがって泣くのは、「失投」だったか「誘拐」だったか。

ということで、後に人気シリーズになるマット・スカダーは「八百万の死にざま」だけしか読まず、スペンサー・シリーズは「ゴッドウルフの行方」を何度か読もうとして挫折していた。数年後、友人から「スペンサー・シリーズが四作目の『約束の地』あたりから面白くなった。賞もとったし」と言われ、さっそく「約束の地」を読み「ユダの山羊」を読んでみた。「ユダの山羊」でスペンサーは大きく変わった。

「ユダの山羊」はテロリストを狩る話だ。どちらかと言えば、当時、全盛を迎えようとしていた冒険小説の範疇に入る物語である。スペンサーはヨーロッパに赴き、テロリストたちを追い詰めていく。自分ひとりでは手に余ると自覚し、アメリカから助っ人としてホークを呼び寄せる。「ユダの山羊」ではホークが本格的に登場し、ショットガンをぶっ放す。スペンサーは曲がりなりにも免許を持つ私立探偵なので、殺人や非合法な部分はホークが受け持つことになる。

元ボクサーのスペンサーの好敵手だった黒人ホークは、裏社会に生きる人間だ。必要なら、ためらわずに人を殺す。初期作品では、ギャングのボスにスペンサー殺しを依頼されたりする。「約束の地」あたりからスペンサーの協力者となり、「ユダの山羊」ではスペンサーとふたりでテロリストの本拠に乗り込む。後に完全な相棒（バディ）となり、死地に赴くスペンサーを心配する恋人スーザンに「ホーク、彼を死なせないで」と言われ、撃たれた大男スペンサーを肩に担いで帰ってきたりして、ちょっとウルッとくる。

スペンサー・シリーズを読む楽しみは、ホークに会えることである。スペンサーは完全にホークに「背中を預け」る。絶対的な信頼を寄せている。「何でもかんでもホークに甘えるなよ」とスペンサーに苦言を呈したくなるほどだ。その二人の関係が完璧なものになったのは「ユダの山羊」だった。ホークが部屋に入ってきた途端にショットガンをぶっ放し、相手を殺してしまうのは「約束の地」だったか、「ユダの山羊」だったか。どちらにしろ、あのシーンで僕は目が覚めた。

スペンサー・シリーズ六作目は「レイチェル・ウォレスを捜せ」だった。七〇年代から始まったフェミニズムは、日本でもピンク・ヘルメットの「中ピ連」（中絶とピルを認めよと主張）を生んだ。そんなフェミニズムの闘士レイチェルを守る物語で、スペンサーはマチズモを全面に押し出す。

レイチェルとスペンサーの討論めいたシーンが多くなる。フェミニズムとマチズモの正面衝突である。この作品あたりで、スペンサーの性格が固まった。そして、最高傑作「初秋」が書かれることになる。

ロバート・B・パーカーの本はかなり持っていたのだが、退職後に何度か本の整理を行い、結局、「初秋」だけを残して他は処分してしまった。「初秋」だけは手放せなかったのだ。初めて読んだ四十年近く前の記憶が今も鮮やかに甦る。

ある時期からスペンサー・シリーズのプロットは、ひどく単純になる。込み入ったドンデン返しのあるミステリ的プロットではなく、直線的なストーリーラインである。だから「初秋」は「スペンサーが少年を鍛え導く物語」と、端的に要約できるのだ。

「離婚した夫が連れ去った息子を取り戻してほしい」と依頼されたスペンサーは、心を閉ざした少年ポールに出会い、彼を自立させるために二人だけで生活し、小屋を造り、料理をし、体を鍛える。単行本カバーの折り返しに書かれた紹介文には、「スペンサーと少年の交流を通して描く、厳しくも心温まるハードボイルド」と要約されている。

巻末の解説では北上次郎が『初秋』は、父と子の小説であり、きびしくも哀しい男の小説であり、そして相も変わらぬスペンサーの〈内なるスーパーマン物語〉なのである」と書いているが、「初秋」の後、ロバート・B・パーカーは「相も変わらぬスペンサーもの」を飽きもせずセッセと再生産し続けることになる。

僕は、その後の作品も八割方は読んでいるけれど、手に取るたびに「いつも通りだなあ」と飛ばし読みすることが多くなった。もっとも、一定のレベルは保っているので数時間の読書の楽しみは味わえる。

その後のロバート・B・パーカー作品としては、僕は西部小説「アパルーサの決闘」が好きだった。無法の街の保安官になる名うてのガンマンは、ヴァージル・コール。彼の背中を守るのは、相棒のエヴェレット。コールはエヴェレットに絶対の信頼を置き、背中を預ける。エヴェレットは、いつもショットガンを離さない。彼の一人称で小説は語られる。つまり、これはホークが語り手になったウェスタンなのである。ヴァージル・コールは、もちろんスペンサーだ。

ヴァージル・コールとエヴェレットの物語は「ブリムストーンの激突」「レゾリューションの対決」と続くが、「アパルーサの決闘」(二〇〇八年)は映画化されており、製作・監督・主演がエド・ハリスだった。エド・ハリスは、よほど映画にしたかったのだろう。彼はヴァージル・コールを演じ、エヴェレットをヴィゴ・モーテンセンが演じた。

この渋い二人の男を見るだけでもゾクゾクするが、久しぶりのウェスタンとしても上出来なのだ。なのに、なぜ、日本では劇場未公開だったのだ〜と僕は言いたい。レネー・ゼルウィガーだって出てるんだぞー。悪徳牧場主はジェレミー・アイアンズだったんだぞー。まあ、DVDで見たからいいけどさ。

(2021.06.16)

■檻／北方謙三

ハードボイルドな作家

🎬無頼・人斬り五郎／小沢啓一監督

北方謙三さんの「弔鐘はるかなり」が出たのは一九八一年で、その風貌もあってハードボイルド小説の人気作家となった。もちろん、僕もよく憶えている。同じ年、志水辰夫さんが「飢えて狼」でデビューし、僕はそちらの方が好きだったけれど、北方さんの小説は「逃れの街」「眠りなき夜」「さらば、荒野」「檻」と二年間は読み続けた。

「檻」が出た一九八三年の頃には北方さんの人気は絶頂で、一般的な知名度も高まっていた。作品を読んだことがない人でも、その風貌や名前を知っていた。テレビや雑誌での露出が多かったからだ。僕はタモリがやっていた「今夜は最高」に出てきたのを見た記憶があるが、はっきり憶えているのは「笑っていいとも」の「テレホンショッキング」に出演したときのことである。

後に北方さんはあちこちで書いているけれど、そのときにタモリに向かって「大学のバリケードの中にいたときに『新潮』編集部の人が原稿依頼にやってきた」という話をしていた。その作品「明るい街へ」は同人誌に掲載したものが「新潮」編集者の目に留まり、転載されたという。一九七〇年三月号だというから、編集者がバリケードにやってきたのは一九六九年の秋くらいだろうか。

僕が大学に入ったのは一九七一年四月で、その頃には学校側は何かあるとすぐ機動隊を導入することに抵抗がなくなっていた。入学したときには学生会館は大学側によって封鎖され、中庭で内ゲバなどが起こるとすぐに機動隊がやってきた。入学早々、内ゲバを見ていた僕は機動隊員に追われる経験をした。大学側はすぐにロックアウトをした。その頃、全共闘全盛の頃を知る先輩から「カスバの女」の替え歌を教えてもらった。

涙じゃないのよ　催涙弾に
ちょっぴりこの頬　濡らしただけよ
ここは神田の解放区　赤いメットの花が咲く
ブントの男の心意気

北方さんはタモリ相手に、自分が赤いヘルメットをかぶっていたことをちょっと得意そうに話していた。「ブントですよ」とも言ったかもしれない。まだ、学生運動の記憶が人々の中に残っていた時代だ。

僕は出版社に潜り込み、五年以上が過ぎていた。もしかしたら、最初の子供が産まれる頃だったかもしれない。ブラウン管の中で「赤ヘル」だとか「ブント」と口にする流行作家にちょっと複雑な気持ちを抱いた。

大学時代、先輩たちの中には北方さんと同じ赤ヘルのブントだった人たちがいて、バリケードの中のことをいろいろ懐かしげに話す人もいた。

僕が一九七五年の広島カープ初優勝にひどく思い入れたのは、その年、カープは帽子とヘルメットだけを赤にし、怒濤の勢いで優勝に向かっていたからだ。古葉監督の元、山本と衣笠がいて「赤ヘル軍団」と呼ばれた。

そんな複雑な感情を抱いたからというわけでもないが、「檻」を最後に僕は北方作品を読むのをやめた。それは「檻」以上のものは、もう書けないのではないかという思いだった。「逃れの街」(一九八三年)が工藤栄一監督によって映画化され、「友よ、鎮かに瞑れ」(一九八五年)のテレビスポットが派手に流れていた。

「檻」は裏社会で生きていた男が結婚して小さなスーパーのオーナーとして暮らしている話だ。しかし、彼の周囲にヤクザのような男たちが現れ始め、商売を妨害する。やがて、彼の昔の血が騒ぎ始める。僕は「檻」を読みながら渡哲也の「無頼」シリーズを思い出した。まるで、昔の日活映画じゃないか、と思った。

その数年後、ビデオ雑誌の編集長をやっていた僕はイメージフォーラムを主宰する映像作家であり造形大学教授のかわなかのぶひろさんと知り合い、「青年、青年」とかわいがってもらった。新宿ゴールデン街には、何度つきあったかわからない。終電がなくなっても飲み歩き、阿佐谷南にあった頃のかわなか邸に泊めてもらったことさえあった。

ある夜、かわなかさんから「ゴールデン街の酒場で飲んでいると、北方謙三が『無頼』のテーマを教えてくれ、と言ってきたことがある」と聞いた。かわなかさんは内藤陳さんとは古い知り合いで、日本冒険小説協会にも初期から参加していた。その関係で北方謙三さんとも知り合いだったのだろう。

「無頼」のテーマは「ヤクザを礼賛している」という理由でレコードも発売禁止になっていて、歌詞を確認するには映画を見るしかなかったが、その頃はまだビデオも出ていなかったのだ。かわなかさんから話を聞いて、僕は『檻』には、間違いなく『無頼』が影響している」と確信した。その夜、僕とかわなかさんは「やくざの胸はなぜにさみしい〜」と大声で唄いながらゴールデン街の路地を抜けた。

北方謙三さんに初めて会ったのは、日本冒険小説協会・内藤陳会長の最後の誕生会だった。二〇一一年の秋のことだ。新宿の中村屋ビルだった。陳さんのガンの再発が知られていた頃で、多くの作家も参加した。僕がかわなかさんと話していると、向かいの椅子に大沢在昌さんと北方謙三さんが腰を下ろした。僕は数年ぶりに会う大沢さんに会釈をしたが、かわなかさんに気付いた北方さんが挨拶にやってきた。

そのとき、僕は初めて北方さんを間近で見ることになったけれど別に紹介されることもなく、北方さんは大沢さんのところに帰っていった。逆に僕は大沢さんに近づき挨拶をした。「小説宝石」で対談してから四年が経っていた。大沢さんは僕を見て笑みを浮かべ、「お痩せになりましたね」と言った。対談時から比べると十キロ以上、僕は体重を落としていた。大沢さんも年に一度、別荘でダイエットする期間を設けているという。

「対談のときの写真見ると、顔がまん丸だったもんですから」と僕は答えた。僕の「映画がなければ生きていけない　2007－2009」の巻頭に対談を再録させてもらったが、その写真を見ると大沢さんと並んで写る僕の顔は大きくて、まるで遠近感が間違っているようにさえ見える。そのとき、大沢さんは笑ったが、隣にいた北方さんは、すでに文壇の大御所の風格だった。

その夜、出席した作家たちの挨拶があり、北方さんや大沢さん、今野敏さんや藤田宣永さん、西村健さんなどに続き僕も挨拶させられた。協会の特別賞をもらっていたので、そこでは僕も作家扱いされたからだ。

その夜、藤田宣永さんのおしゃべりの相手を初めて体験したが、僕は有名な作家たちの間で小さくなっていた。だから、その夜の集合写真の左上の端っこに僕は小さく写っているだけだ。おまけに広角レンズだから、顔が歪んでいる。中央には陳さんの両脇に大沢さんと北方さんがいて、周囲を作家たちが囲んでいた。

(2021.07.20)

途方に暮れていた頃

■遠雷／立松和平

⊛遠雷／根岸吉太郎監督

立松和平さんは、一時期「ニュースステーション」にリポーターとして出演し、独特の訛りのある喋り方で有名になった純文学作家だ。一九四七年生まれで、同年の北方謙三さんと文芸誌「新潮」に原稿を持ち込む文学仲間だった。もっとも、立松さんは早稲田、北方さんは中央大学だった。どちらにしろ、どこの大学も揉めている時期だった。

七〇年代後半に入って、六〇年代末の学生運動をテーマにした小説が出始めた。僕の高校の先輩である芥川賞作家の高城修三さんも「闇を抱いて戦士たちよ」(一九七九年)で自身が体験した京大闘争を描いた。三田誠広も「僕って何」(一九七七年)で芥川賞を受賞し、ベストセラーになった。立松和平さんも同じ世代であり、当時の若者の閉塞感や苛立ちや不安を小説にしていた。

僕は処女作品集「途方にくれて」からずっと、立松和平さんの作品集を買い続けた。「途方にくれて」が出たのは一九七八年のこと。僕は就職して早い結婚をし、毎日、途方に暮れていた。だから、「途方にくれて」というタイトルに惹かれて買ったのだ。集英社発行だった。表紙カバーは漫画誌ガロに作品を発表していた鈴木翁二さんのイラストだった。

それ以降、一冊も欠かさず僕は立松和平さんの本を買い続けた。一九八〇年発行の長編小説「遠雷」まで十冊、さらに短編集「冬の真昼の静か」と一九八一年発行のエッセイ集「回りつづける独楽のように」を購入した。「遠雷」でようやく評価が高まった新人作家は、その後、名が知られるようになり、宇都宮市役所勤めを辞め専業作家になる。

立松和平さんの初期十二冊をすべて読んだかと言われると、ちょっと困る。彼の本を僕は「読むべき本」として手元に置いていたというより、同時代を生きる世代の近い作家の証言のように感じていた。後に、その時代を思い出すとき、その小説群を読むと時代の空気感までが甦ってくるのではないか、そんな思いで買い続けていた気がする。

二十七歳の僕には、「途方にくれて」というタイトルが心に刺さったのだ。立松さんは自身の体験をベースにしていた。八冊目の「火の車」では、作家として生活できず妻子を連れて宇都宮に帰るまでの話が綴られていたと思う。しかし、売れない作家にしては、三年間で十冊も出しているのが不思議だった。

初期の数冊はあまり知られていない版元からも出ているが、その他は集英社、新潮社、文藝春秋などから本が出るようになっていた。そして、立松さんは「遠雷」を書く。「出世作」という言葉があるけれど、「遠雷」がまさにそれだった。評価は高く、評判になり、翌年一九八一年には映画化され、日活出身でロマンポルノの若手監督だった根岸吉太郎さんの評価も高まった。

しかし、僕が「遠雷」の次に出た短編集「冬の真昼の静か」と最初のエッセイ集を買っただけで、それ以降の立松作品を読まなくなったのは、自分が思い入れて応援していた新人作家が世に認められたことによって「もう、いいか」と思ってしまったからだろうか。「遠雷」が文学賞を受賞し、映画化作品も様々な映画賞を獲得したことによって、僕は何を感じていたのだろう。三十近くになって何者でもない己に、焦燥感を感じていたのか。

その頃の僕は「遠雷」の主人公の気持ちに近かったのかもしれない。映画を見て、その思いをさらに強くした。宇都宮郊外のビニールハウスでトマト栽培を続ける主人公の青年の現実を見極める気持ち、あるいは諦念みたいなものが、当時の僕には共感できたのだ。彼は見合いで初めて会った相手をモーテルに連れ込み、「結婚するから」とセックスを迫る。彼は現実の生活を肯定し、何かを割りきって生きているのだ。

青年を演じたのはデビュー翌年の一九七八年、「サード」「事件」「帰らざる日々」と名作が続いた永島敏行で、すでに俳優を四年続けていた。見合い相手は難病映画で女子高生を演じた石田えりだった。彼女の役は何人もの男を知っている「遊んでいる女」でモーテルで正体を現すが、結婚した後はトマト農家の堅実な主婦になる。主演のふたりは「遠雷」で高く評価された。「遠雷」は原作者、監督、主演者たちの出世作になったのだ。

幸福な作品だと思う。

物語の中ではビニールハウス近くの団地の主婦（横山りえ）と駆け落ちし、女を殺して逃げ帰ってくる主人公の友人（ジョニー大倉が演じた）の存在が大きな比重を占める。彼は何かに苛立ち、現実を拒否し、手に入らない何かを求めて、結局、身を破滅させる。その友人の思いが主人公には痛いほどわかるのだが、自身はそんな思いをおくびにも出さず、淡々とトマト作りにいそしむ。

映画では、そんな主人公の切ない気持ちが、桜田淳子のヒット曲「私の青い鳥」に託して描かれた。結婚式の披露宴だったろうか、主人公はその歌を唄いながら、友人の思いとその結末に涙を流す。僕は、あれほど切ない「クックックックー」を聞いたことがない。見事な演出だと思う。ほとんどの映画賞を総なめにしたのは当然だった。

一九八一年秋、僕は三十を目の前にして「遠雷」の主人公の気持ちに共振れした。もう若くはない、マンションも買った、子供も産まれる、覚悟を決めなきゃいけないんだ、と僕は永島敏行が唄う「クックックックー」を聞きながら言い聞かせた。

それでも、ジョニー大倉の演じた友人のように何かを諦めきれず、抗う気持ちが消えなかった。しかし、一方で僕自身の思いを描いてくれている新人作家から卒業しようと思ったのかもしれない。

ちなみに、二〇一二年に「内藤陳さんを偲ぶ会」が目白の椿山荘で開かれたとき、北方謙三さんに「立松和平さんとは、どういうお知り合いだったのですか？」と訊いたことがある。「若い頃、文芸誌に原稿を持ち込む仲間だったんですよ」と北方さんは答えた。その後、僕は「北方さん、赤ヘルの中大ブントだったんですよね。もしかしたら、相米慎二さんとも一緒だったんですか？」と不躾な質問をした。かなり酔っていたんだろうなあ。

そのとき、一度だけインタビューをした相米慎二監督の顔と、朝日新聞社の人に「今度、立松和平さんを紹介します。一緒に飲みましょう」と言われたことを思い出した。その後、連合赤軍事件を描いた「光の雨」連載中、資料として手記を読みこんだため、メンバーのひとりから「盗作」と訴えられる事件が起こり、結局、立松さんとは面識を得られなかった。相米さんも立松さんも亡くなってずいぶん経ってしまった。（2021.07.23）

ラテンアメリカ文学の衝撃

蜘蛛女のキス／マヌエル・プイグ

蜘蛛女のキス／ヘクトール・バベンコ監督

ラテンアメリカ文学が日本で多くの人に読まれるようになったきっかけは、新潮社がガルシア＝マルケスの「百年の孤独」を翻訳出版したことだった。調べてみると意外に早く、一九七二年のことである。その冒頭の文章と物語の語り口が日本の文学界に衝撃を与えたらしく、様々な書評に取り上げられた。僕も、その評判につられて読んだ。

読んで最初に思ったのは、物語を語る力だ。日本の小説にはないダイナミックな物語だった。神話のようでもあり、荒唐無稽なホラ話のようでもあった。ただ、「百年の孤独」が受け入れられたのは、ラテンアメリカという多くの人にはなじみの薄い世界が舞台だったからだろう。これが日本を舞台にして日本の作家が書いたモノだったら、あれほどの評判にはならなかったのではないか。

しかし、ラテンアメリカ文学の紹介というと、僕は新潮社より集英社の方が貢献したのではないかと思う。僕が最初にラテンアメリカ系の文学者として認識したのは、ホルヘ・ルイス・ボルヘスだった。一八九九年生まれだから、僕が初めて「伝奇集」を読んだのは、彼が七十を過ぎた頃になる。日本に紹介されたのも遅かったのではないだろうか。

ボルヘスを教えてくれたのは、読書家の友人だった。ボルヘスには「悪党列伝」という世界の悪党とされる人間を描いた作品があり、その中で吉良上野介が取り上げられているというのだ。南米の作家が忠臣蔵を取り上げていることに僕は驚いた。当時、集英社版「世界文学全集」の中にボルヘスの「悪党列伝」が入っていたと記憶している。

ガルシア＝マルケス以前に紹介されていたラテンアメリカ系作家はボルヘスの他には、パブロ・ネルーダくらいだったろうか。しかし、「百年の孤独」が評判になって以来、ラテンアメリカ文学の様々な作家の作品が紹介されるようになった。僕は八〇年代に入って刊行された集英社版「ラテンアメリカの文学」全十八巻の中の二冊を買った。ガルシア＝マルケスの「族長の秋」とマヌエル・プイグの「蜘蛛女のキス」である。

「蜘蛛女のキス」はタイトルに惹かれて買ったような気がする。「蜘蛛女のキス」は変わった小説だった。特に前半は、モリーナとヴァレンティンというふたりの囚人の刑務所の房内での会話だけで進行していくというアヴァンギャルドさである。モリーナは今の言い方で言うとトランスジェンダーであり、ヴァレンティンは政治犯である。反政府組織の闘士だ。

このふたりが交わす会話が濃密で、古い映画の話などを延々と続けていったりする。不思議な雰囲気が醸し出される。ここで語られる古い映画の話は、作者プイグ自身の経験が反映しているらしい。

子供の頃からの映画好きで、リタ・ヘイワースなどハリウッド女優に憧れていたという。処女長編のタイトルが「リタ・ヘイワースの背信」だから、よほど好きだったのだろう。

僕としては初めて読むスタイルの小説だった。アルゼンチンで刊行されたのが一九七六年で、日本での発行は一九八三年。その三年後には、映画化された「蜘蛛女のキス」（一九八五年）が日本公開になった。

モリーナ役のウィリアム・ハートがタオルをターバンのように巻き、女装した姿が強く記憶に残っている。ウィリアム・ハートは、多くの映画賞を受賞するほど評判になった。

映画版「蜘蛛女のキス」の出来があまりによかったので、小説の記憶より映画の記憶の方が強く残っているのだけれど、これは映画好きの原作者にとってはうれしいことかもしれない。プイグはイタリアのチネ・チッタ（シネマ・シティ）で映画監督を目指していたという。後に彼は「蜘蛛女のキス」を戯曲化する。対話劇だから戯曲にするのは向いているし、さらにミュージカル化もされて各国で上演されているらしい。

映画版でよく憶えているのは、病気になって弱ったヴァレンティンをかいがいしく介抱するモリーナの姿である。粗相をしたヴァレンティンの体を拭ってやるモリーナは神々しくさえある。次第にヴァレンティンを愛し始めるモリーナの気持ちがひしひしと伝わってくる。しかし、モリーナは秘密を抱えてヴァレンティンと同じ房にいるのだ。

「蜘蛛女のキス」はどんでん返しが後半に用意されていて、ふたりの会話を読み進んでいると驚くことになるし、映画の方はショットが変わるだけでどんでん返しが描けるから見ている方の驚きは大きくなるだろう。「蜘蛛女のキス」がベストセラーになり、映画もヒットした理由はその辺にあるのかもしれない。とはいえ、「トランスジェンダー」の男の切なく報われない愛を描いた珠玉の恋愛映画であった。

（2021.08.08）

ノーベル賞作家の性的嗜好

■千羽鶴／川端康成

🎞千羽鶴／増村保造監督

川端康成がノーベル文学賞を受賞したときの大騒ぎを憶えている。朝日新聞は何面にもわたって特集を組み、代表作「雪国」の駒子のモデルだという越後湯沢の元芸者のコメントを本人の写真入りで紹介していた。僕は高校二年生だったけど、「何だかなあ」と思ったことを今もよく記憶している。何も、今さら、モデルなんて出さなくても——と思ったのだ。

ノーベル文学賞決定のニュースが流れたのは、一九六八年十月十七日の木曜日だった。その五日前、十二日の土曜日にはラテンアメリカで初めて開催されるメキシコ・オリンピックの開会式が行われた。川端康成のニュースと共に、スポーツ欄にはオリンピック競技の写真があふれていた。バレーボールでは男女とも銀メダル、マラソンでは君原健二が銀メダルを獲得した大会だった。

当時、世間は騒然としていて、四日後の十月二十一日は国際反戦デーで、学生たちを中心としたデモ隊が防衛庁や国会構内に乱入した。新宿では火炎瓶が投げられ、新宿駅を占拠したデモ隊が線路にあふれたため国電（当時の呼称）は全面ストップした。その結果、警視庁は深夜に騒乱罪を適用し、逮捕者は八百人を数えた。今では、新宿騒乱事件と呼ばれている。

その頃、僕は四国高松の進学校にいて世の中の出来事の意味を知ろうと、友人に誘われた勉強会に参加していた。主宰していたのは香川大学生で、彼は香川大学には珍しい存在だった反代々木系だった。テキストはマルクスの「賃労働と資本」。ある日、大学生の下宿を出たとき、どう見ても公安の刑事としか見えない中年男と正面から顔を合わせた。あ、俺もマークされたな、と思った。

そんな時代だったから、川端康成が大騒ぎになっていても読もうという気にはならなかった。日本的な伝統や美意識を書いている作家というイメージだったからだ。誰でも知っているのが「伊豆の踊子」と「雪国」で、特に「国境の長いトンネルを抜けると雪国であった」という冒頭のフレーズは誰もが（読んでいなくても）知っていた。

もっとも、僕はそれまでに課題図書として「伊豆の踊子」や「十六歳の日記」などは読んでいた。「伊豆の踊り子」は、その時点でも何度か映画化されていて、戦前は田中絹代、戦後は美空ひばり、鰐淵晴子、吉永小百合、内藤洋子が演じていた。山口百恵が鳴り物入りで「伊豆の踊子」を演じるのは数年後のこと。相手役募集の広告が新聞一面に掲載され僕の友人も応募したけれど、決まったのはすでにテレビドラマでの主演もあった三浦友和だった。

「伊豆の踊子」「十六歳の日記」は青少年向けとして問題のない作品と見られていたから、中学高校の課題図書になっていたのだろう。「伊豆の踊子」は淡い恋を描いた青春小説のように思われていたし、祖父の死を冷徹に観察し描写する「十六歳の日記」は、人間の死について考えさせるよい教材だと思われていた。後に読み返して僕は別の視点を強く感じたのだけれど、十代半ばで読んだときは素直に「日本文学の名作」として捉えていた。

しかし、僕が初めて読んだ川端康成の小説は「千羽鶴」だった。高校生の兄が買った文庫本だったと思う。それを、中学生のときに読み、ひどくショックを受けた。何しろ、主人公が父の愛人だったかもしれない中年女の胸のあざを思い出すところから始まるのだ。そのイメージが強烈だった。

――菊治が八つか九つの頃だったろうか。父につれられてちか子の家に行くと、ちか子は茶の間で胸をはだけて、あざの毛を小さい鋏で切っていた。あざは左の乳房に半分かかって、水落の方にひろがっていた。掌ほどの大きさである。その黒紫のあざに毛が生えているらしく、ちか子はその毛を鋏でつんでいたのだった。

この小説を読んで以来、「川端康成→千羽鶴→胸のあざ」と連想してしまう。もちろん、「千羽鶴」はセックスの仕方も知らない十代半ばの少年には理解できなかったけれど、何となく怪しい雰囲気は伝わってきた。大人になった菊治は父の愛人だったと疑っているちか子に茶会で令嬢を紹介されるが、そこには父と関係があった太田夫人がきていて、彼女の菊治への執着が始まる。

菊治は太田夫人と関係を持ってしまう。また、太田夫人の娘もからんできて、菊治を巡って数人の女たちが様々な葛藤を巡らすのだ。いかにも、川端康成作品らしい。背景として描かれるのは鎌倉であり、お茶会であり、茶道具や掛け軸などの伝統的な美術品が小道具として登場する。昭和二十四年、占領下の日本で書かれた小説とは思えない。

「千羽鶴」の映画化は原作が出て数年後、吉村公三郎監督の作品がある。僕は見ていないのだが、おそらく太田夫人を木暮実千代、ちか子を杉村春子が演じている。その頃の木暮実千代は「雪婦人絵図」などの妖艶な役が多かったから、欲望に溺れていく太田夫人にはぴったりだったかもしれない。また、ちか子も杉村春子ならはまり役だろう。菊治は森雅之だった。

僕は増村保造監督版（一九六九年）を見ている。これは、制作年から見ると川端のノーベル賞受賞ブームに乗って作られたのだろう。菊治は「三匹の侍」で一般的に知られるようになった平幹二郎だった。太田夫人は若尾文子。こちらも増村監督によって引き出された妖艶さにあふれていた。ちか子は、確か京マチ子。京マチ子が太田夫人でもよかったと思うけれど、ちか子には不気味さが必要だから京マチ子に向いている。

その後、「雪国」「山の音」「美しさと哀しみと」「眠れる美女」など、主要な川端作品は読んできた。その結果、僕が高校生の頃に日本文学を代表するふたりの文豪と言われた川端康成も谷崎潤一郎も「性的嗜好がかなり偏った」作家であると結論するに至った。谷崎は「脚フェチ」と「マゾヒズム」、川端は「ロリータ・コンプレックス」が作品群に貫かれている。

（2021.08.15）

社会意識に目覚めた作品

地の群れ／井上光晴

地の群れ／熊井啓監督

昔、「われらの文学」という現代文学全集が講談社から出ていた。六〇年代後半のこと。埴谷雄高、野間宏などの戦後派、吉行淳之介、遠藤周作、安岡章太郎、小島信夫などの第三の新人、大江・開高、高橋和巳、倉橋由美子などがラインナップされていたと思う。その一冊に「井上光晴集」があった。

「われらの文学」の巻頭には一枚だけコート紙が挟み込まれ著者近影が印刷されており、その裏面に著者の直筆で様々なフレーズが書き込まれていた。たとえば吉行淳之介は「樹に千匹の毛蟲」と毛筆で書いていたと記憶している。「蟲」という漢字を使うのが、いかにも感覚派の吉行らしいと思ったものだ。

井上光晴は「雨のショポショポ降るパンにカラスの窓からの

ぞいてるマテツのキポタンのパカヤロウ」（少し違っているかもしれないけど）と書いていた。読んだとき僕は十七歳くらいだったから何のことかよくわからなかったが、後にある種の春歌だと知った（たぶん、大学生になって大島渚監督の「日本春歌考」（一九六七年）を見たからだ）。

これは朝鮮人慰安婦の歌である。「雨のショボショボ降る晩にガラスの窓から覗いてる満鉄の金ボタンのバカ野郎」という意味だ。娼家の窓から満鉄（南満州鉄道）社員が女を買おうかと覗いている——。半世紀以上経っても僕の記憶から消えていないのだから、読んだときに強く印象に残ったフレーズだったに違いない。そして、その本には「地の群れ」という長編小説が掲載されていた。

ときは一九六八年。高校生の僕は、社会意識に目覚め始めていた。差別や偏見には、特に強く反発した。「幼い正義感」とは言いたくない。まだ純粋に社会に異議申し立てができたのだ。汚れていなかった時代。だから「地の群れ」という小説にひどく触発された。「地の群れ」の舞台は長崎であり、佐世保だった。その年、佐世保は米軍の空母エンタープライズ寄港反対闘争で全国的に有名な地名になっていた。

井上光晴は、社会性の強いテーマで小説を書く人だった。在日朝鮮人、非差別部落の人々、原爆スラムと呼ばれる貧民窟に暮らす原爆症の人たち、そうした登場人物を配置し、様々な葛藤を描き出した。「地の群れ」もそんな小説だった。中心には、貧民街の診療所の医師がいる。しかし、彼も様々な鬱屈と罪の意識を抱えて生きていた。

彼は戦後の共産党員で、共産党が武力革命を掲げていた時代の山村工作隊に医療救援班として派遣される。そこで先乗りしていた親友が飢えで病に倒れ、死んでいくのを看取った経験がある。やがて共産党を除名になり親友の恋人と結婚したが、今は妻から離婚を切り出されている。過去の悔いと現在の鬱屈が、彼をアルコール依存症にしている。

そんな医師のところに娘の初潮が止まらないという母親がやってくる。その病状が原爆症に似ているので伝えると、母親は頑なに「自分は原爆に遭っていないので、そんなことは絶対にない」と言い続ける。娘が危なくなって救急車で長崎の市民病院に運ばれても、母親は「娘は胎内にもいなかったし、私は疎開していて原爆に遭っていないのだから」と主張し、「どうしても原爆症にして、この子の将来をめちゃくちゃにするのか」と医師にくってかかる。

その母親が「××新田みたいなモノ」と差別的に口にするのが、被爆者たちが多く暮らす原爆スラムだ。当時、広島にも「原爆スラム」があったのは、「仁義なき戦い・頂上作戦」（一九七三年）でも描かれた。一方、医師の元にやってきた別の娘は「××新田のモノに暴行されたから、体を調べて証明書を書いてくれ」と言う。彼女は左手にケロイドのある青年にレイプされ、「誰かにしゃべったら、おまえの出身をバラす」と脅されたのだ。

彼女は被差別部落で暮らしている。

また、医師は戦前、佐世保近くの炭坑に徴用工として連れてこられていた朝鮮人一家の娘と恋仲になり、妊娠させた過去がある。姉にひどく責められたが彼は責任逃れに終始し、朝鮮人の姉は「あんたが朝鮮人だったら一緒にさせるのに――」と諦めた口調で言う。姉に責められ続けた妹は、ある日、自殺してしまう。医師は相手が朝鮮人の少女だったから責められずにすんだことでホッとした自分を、今になって許せない。

こんな調子で、救いのない物語が展開する。当時の僕は偏見が偏見を生み、差別がさらに差別を作り出す日本社会の矛盾に対して「何かをしなければ――」という気分になった。だからといって、何かができたということでもない。全国的に高校紛争が広がり始めた時期ではあったけれど、保守的な四国香川県では高校生はがんじがらめにされていた。僕を大学生が主宰するマルクス勉強会に誘った友人は、体育祭の国旗掲揚で異議申し立てをして退学になった。

二年後の一九七〇年、「地の群れ」は社会派監督・熊井啓によってアート・シアター・ギルド（ATG）で映画化された。井上光晴自身が脚色に参加した。医師を鈴木瑞穂、被爆を隠し続ける母親を奈良岡朋子、暴行された少女を紀比呂子が演じた。佐世保に入港するエンタープライズが映り、爆音をたてて米軍戦闘機がスクリーンを横切った。原爆で破壊された教会、マリア像などが頻繁に挿入される。今から思えば、いかにも一九七〇年に製作された映画だと思う。

それ以来、井上光晴の作品は何作か読んできた。しかし、瀬戸内晴美の不倫相手の小説家が井上光晴だったことは、娘の井上荒野が父母と瀬戸内晴美のことを「あちらにいる鬼」で書くまでは、まったく知らなかった。瀬戸内が寂聴の名で出家した理由が、井上光晴との関係を清算するためだったというのは本当だろうか。瀬戸内寂聴は、井上荒野の取材にすべてを語ったという。

ドキュメンタリー映画「ゆきゆきて、神軍」（一九八七年）で有名な原一男監督が、井上光晴を五年間にわたって追ったドキュメンタリー「全身小説家」（一九九四年）を僕は見ていない。その映画で瀬戸内寂聴や埴谷雄高などが詳細にインタビューに答えているらしい。また、原監督の冷徹な姿勢によって、井上光晴の死後に調べて明らかになった経歴の虚偽が容赦なく暴かれているという。ちなみに井上光晴を「全身小説家」と形容したのは、埴谷雄高だった。

（2021.08.22）

物語全体からあふれ出す郷愁

■蝉しぐれ／藤沢周平

◉蝉しぐれ／黒土三男監督

藤沢周平にはまったのは、三十年ほど前になる。はまっていた頃に出た新刊が「秘太刀馬の骨」だったから、調べてみると一九九二年のことだ。まさに「はまった」と言う以外になかった。その二ヶ月、僕は藤沢周平作品だけしか読まなかった。毎日、通勤の行き帰りに読み、昼休みに読み、休日は終日読み続けた。

その頃には、藤沢周平作品のほとんどが文春文庫か新潮文庫（若干、講談社文庫）で読めた。亡くなる五年前のことだから、すでにほとんどの藤沢作品が書かれていたのだ。僕がはまったきっかけは「隠し剣」シリーズだった。「孤影抄」を読み「秋風抄」を読んだ。続けて「麦屋町昼下がり」を読んで、下級武士ものにはまってしまったのだ。

「市井もの」も読んでみたが、人情噺に何となく違和感を感じて、その後は手を出さなかった。とにかく「下級武士もの」「秘剣もの」を探して読み漁った。やがて連作長編「用心棒日月抄」シリーズや「風の果て」「三屋清左衛門残日録」「蝉しぐれ」などの長編も踏破した。「花のあと」「玄鳥」などの「女剣士もの」もお気に入りだった。

「風の果て」を読んだときは、セルジオ・レオーネ監督の大作「ワンス・アポン・ア・タイム・イン・アメリカ」（一九八四年）を連想した。藤沢周平は映画好き、それも洋画好きであること、海外ミステリの愛読者であることをエッセイで書いているので、もしかしたらレオーネ作品にインスパイアされたのかと思ったが、特に調べはしなかった。

海外ミステリ好きであることは、彫師伊之助シリーズや神谷玄次郎シリーズを読むと何となくうかがえるけれど、僕が読んだのは「霧の果て」一冊だけだから断言はできない。それに、立花登シリーズも僕は一冊も読んでいない。今でも未読の作品はまだまだあるけれど、下級武士が主人公の作品はほとんど（すべて？）読み切ったと思う。その集大成が「蝉しぐれ」だった。

その頃まで藤沢作品をまったく読まなかったわけではない。いや、むしろ藤沢作品が世に受け入れられる以前、彼の本があまり売れなかった頃に僕は藤沢作品をいくつか読んだ記憶がある。「帰郷」とか「又蔵の火」といった、めちゃめちゃ暗く救いのない短編を「オール讀物」や「小説現代」で読んでいたのだ。一九七〇年代半ばのことだと思う。

藤沢周平自身が書いているけれど、深い鬱屈を抱えて生きていた藤沢さんは「ハッピーエンドの話が書けなかった」という。自身のルサンチマンをはらすかのように書いた作品を読まされた当時の読者は気の毒だった、というようなことをエッセイで詫びている。藤沢作品が明るくユーモアさえ漂わせるようになるのは、「用心棒日月抄」からである。この連作はヒットし、連続テレビドラマにもなった。

読み物雑誌で何作か読んだ僕は、積極的に藤沢作品を読もうという気にはならなかったのだけれど、大学時代の友人が青樹社という出版社の編集部に就職したので、時々、彼から本をもらうことがあった。川上宗薫、泉大八、宇野鴻一郎などの官能小説（新書サイズだった）をもらうことが多かったのだが、あるとき彼は「この人、絶対、人気作家になるから」と「逆軍の旗」という単行本をくれた。一九七六年のことだ。

「逆軍の旗」は短編集で、タイトルになっている短編の主人公は明智光秀だった。光秀を主人公にするのが、いかにも藤沢周平だった。「また、暗い話なんだろうなあ」と思いながら読んだら、案の定、救いのない物語だった。読み終わると、心が沈んだ。深い余韻は残るのだが、気持ちが落ち込んでしまう。もう、藤沢周平は読まないぞと僕は思い、「隠し剣孤影抄」の絶賛の書評が出たときも無視をした。

しかし、何かが僕の嗅覚にひっかかり、藤沢周平がその作品群の大部分を書き終えた頃、僕はようやく「隠し剣日月抄」を手に取ったのだ。ありがたいことに未読の作品は山のようにあった。二ヶ月の間に文春文庫と新潮文庫が何十冊と書棚に並び、図書館を駆使して未読作品を読み続けた。一茶が主人公の作品や商人が主人公の大人の恋愛ものも読んだ。そのたびに「やっぱり武家ものだな」とつぶやいた。

その結果、好きな短編はいっぱいあるが、今でも読み返すのは「蝉しぐれ」である。「三屋清左衛門残日録」も会社をリタイアしたときに再読してひどく身に沁みたが、「蝉しぐれ」は何度読み返したかわからない。これが現代小説だったらセンチメンタルすぎるしリアリティの問題があるだろうが、時代小説だからこそストレートに「郷愁」に浸れるし、「心映えの美しさ」に手放しで感動できる。

フランスの映画監督ジャン＝ピエール・メルヴィルは「人生は三つの要素でできている。愛と友情と裏切りだ」と言ったけれど、「蝉しぐれ」には「愛と友情と裏切り」つまり「人生」のエッセンスが描かれている。主人公と隣家の娘ふくの幼い頃からの愛、主人公とふたりの友人との友情、そして様々な裏切りも描かれる。それらは権力闘争であり、男女の関係であり、人生に抱く「夢」や「希望」の裏切りだ。

「蝉しぐれ」は下級武士の家に育った牧文四郎の成長物語である。冒頭、文四郎は隣家のふくが蛇にかまれたのを救う。十五歳と十二歳である。しかし、文四郎の父は藩の権力争いに巻き込まれ、切腹を申しつけられる。家禄を召し上げられ、文四郎と母は罪人のように狭い長屋に押し込められる。

やがて許され、文四郎に郷方役が命じられた後、かつて住んでいた普請組の組屋敷を訪れると、江戸屋敷に奉公に出たふくに藩主のお手がついたことを文四郎は知らされる。そのときの藤沢周平の文章は、ある意味で「手放し」である。現代小説でここまで臆面もなく書かれたらたまらないが、これが時代小説では心震わせる名文になる。

――では、終わったのだと文四郎は思っていた。その思いは唐突にやって来て、文四郎を覆いつつみ、押し流さんばかりだった。

蛇に噛まれたふく、夜祭りで水飴をなめていたふく、借りた米を袖にかくしたふく、終わったのはそういう世界とのつながりだということがわかっていた。それらは突然に、文四郎の手のとどかないところに遠ざかってしまったのである。

ちなみに青樹社にいた友人は、藤沢周平没後に出た「藤沢周平のすべて」（現在は文春文庫）に「藤沢先生のこと」という回想文を寄せている。僕の好きな「花のあと」（北川景子主演で映画化された）も最初の単行本は、一九八五年に青樹社から刊行されたのだ。勝手な言い草だけれど、「花のあと」をもらっていたら僕はもっと早く藤沢周平を発見できたのにな、と思わないでもない。

（2021.08.30）

ニューハードボイルドの旗手

マイク・ハマーへ伝言／矢作俊彦

九月の冗談クラブバンド／長崎俊一監督

矢作俊彦さんの「マイク・ハマーへ伝言」は出てすぐに買った。一九七八年のことだ。デビュー作品ということになっているが、僕はその前から早川書房の「ミステリマガジン」の連載で名前を知っていた。「マイク・ハマーへ伝言」の版元は光文社で、書き下ろしである。しかし、僕は、なぜ早川書房から矢作さんの本が出ないのか不思議に思った。

その一、二年前のことだと思う。「ミステリマガジン」を久しぶりに買った僕は、矢作俊彦という作家の長編連載「真夜中へもう一歩」の文体が気に入り、「まるでチャンドラーへのオマージュだな」と思った。その作家が僕とは一歳しか違わないと知り、二十代半ばで「ミステリマガジン」に連載しているのかと感嘆し、また後に十七歳でデビューしたマンガ家「ダディ・グース」本人だと知り、早熟な才能に嫉妬した。

「マイク・ハマーへ伝言」の表4には著者近影が印刷されていた。エンブレム付きのネイビーのブレザーを着て、トレンチコートを腕に抱えて写っていた。アル・パチーノによく似た青年だった。プロフィールに「ピンカートン・インヴェスティゲイションズ横浜支局に勤務」とあり、「ニュー・ハードボイルドの旗手」という売りだった。

撮影したのは、横木安良夫さんだった。当時、横木さんはまだ篠山紀信さんのアシスタントだったろうか。いや、すでに独立して活躍していたと思う。数年後、写真誌の編集部にいた僕は巻頭で横木さんの特集を組むことになり、スタジオ撮影の現場を取材させてもらったことがある。そのときに横木さんに矢作さんのことを訊いてみた。

「矢作ねえ」と横木さんは口ごもるように言い、あまり詳しくは話してもらえなかった。その後、矢作さんと横木さんは「火を吹く女」など何冊か共著を出しているし、野性時代別冊「矢作俊彦特集」では、巻頭でベトナムを背景にした矢作さんの写真を掲載している。表紙も横木さんが撮影した写真だった。かなり親しい間柄らしい。

矢作さんは本名も明かしていないし、経歴もフィクションとして作っている。誰が書いていたのか忘れたが、矢作さんは会った最初から「別れ際の決め（捨て）ゼリフ」を考えているような人らしい。ある雑誌の「バー特集」に登場した写真を見ると、思いっきり気取っていた。スーツはやっぱりブルックス・ブラザースなのだろうかと僕は思った。

さて、「マイク・ハマーへ伝言」が出た同じ年に、早川書房からハードカバーの立派な作品集「リンゴォ・キッドの休日」が出版された。そちらにも著者近影が掲載されていたが、サングラスをかけていたため（「セルピコ」の頃の）アル・パチーノを思わせる鋭い目は隠されていた。

「リンゴォ・キッドの休日」は神奈川県警の刑事・二村永爾が非番の日に個人的に事件を追うハードボイルドで、正統的な作品だった。「マイク・ハマーへ伝言」がパトカーに追われて高速のカーブを曲がりきれずに空中に飛び出して事故死した友人の弔いから始まる物語という、ちょっと変則的な作品だったのとは大きく違っていた。

だから「マイク・ハマーへ伝言」と「リンゴォ・キッドの休日」を比べると、文体はかなり異なる。また「マイク・ハマーへ伝言」は三人称複視点で描かれるため、作品の印象も一人称一視点で描かれる正統派ハードボイルドとはまったく違う。しかし、僕が「マイク・ハマーへ伝言」が気に入ったのは、まさにその文体だった。

二十代前半の若者たちが主人公だから、会話が弾むように活き活きとしていた。冒頭、事故死した仲間の四十九日に、墓地へブラックスーツで数人の仲間が集まる。彼らの会話からテレビ局に就職したばかりの「マイク・ハマー」とあだ名される男のイメージが膨らんでくる。カリスマ性があり、彼らのリーダー的な存在らしい。

一方、彼ら全員が憧れる女性が登場する。確か「レイコ」だったと思う（手元に本がなくて記憶だけで書いているのだ）。そのヒロインを象徴するような「13センチ・ヒール」のハイヒールが登場する。「あんな靴、あの女しか履けなかったよ」といった感じだ。「マイク・ハマーへ伝言」で印象に残るイメージだった。しかし、そのために僕は失敗したことがある。

数年後のこと、僕の編集部の先輩であるH女史が「九月の冗談クラブバンド」（一九八二年）という映画をプロデュースした。監督は自主映画「ユキがロックを棄てた夏」（一九七八年）が評判だった長崎俊一。主演は、今やテレビドラマでよく顔を見る内藤剛志である。長崎監督の自主映画では内藤剛志が主人公だった。ふたりは日大芸術学部で同期だったのだと思う。

「九月の冗談クラブバンド」は撮影中に大事故を起こし製作

は中断した。プロデューサーの女史からは僕のところにも輸血の依頼がきた。

ちなみに、その事故の写真を撮影したのがスチール担当の倉田精二さんだった。僕は彼の写真集「FLASH UP」を見たとき、その迫力に身が震えたものだ。この人ならスタッフを救助するより写真を撮るだろうなあ、と納得した。彼は、鬼気迫るドキュメンタリーで木村伊兵衛を受賞する。

長崎監督は長く入院したのだが、その後、映画は完成し、宣伝を手伝うつもりもあって僕は監督を取材した。しかし、インタビューの最初に「あの13センチ・ヒールは『マイク・ハマーへ伝言』ですか?」と口にした。長崎監督の自主映画を見ていた僕は彼のハードボイルド志向を感じていたし、「九月の冗談クラブバンド」には「マイク・ハマーへ伝言」の影響(ヒロインはレイコだった)を見ていたのだ。

しかし、監督の反応を見て僕は「しまった」と思った。長崎監督は不快そうな視線を僕に向けた。こうなると、インタビューは失敗だ。「何だ、こいつ」と思わせてしまったのである。そのときは何とか記事にまとめたが、その後、長崎監督が商業映画の世界で評価されて立て続けに作品を発表している頃、東映主催のパーティで再会したとき、僕が「昔、インタビューさせていただいて」と挨拶すると、完全に無視されてしまった。

僕としては「マイク・ハマーへ伝言」へのオマージュなのかと思って訊いただけだった。デビュー以来、矢作俊彦という作家は独特のポジションを得ており、熱烈でコアな読者がいた。だから、僕は同じ矢作ファンとして敬意を表すつもりだったのだけれど、そういうことを指摘されたくない人もいるのだと思い知らされたのだ。

「マイク・ハマーへ伝言」以来、僕はずっと矢作作品を読み続けてきた。もちろん、マンガ作品も含めてだ。やがて「スズキさんの休息と遍歴」(一九九〇年)「ららら科學の子」(二〇〇三年)と純文学の世界からの高い評価も得た。若き堀口大學を主人公にしてメキシコ革命を描いた「悲劇週間」(二〇〇五年)は純文学誌「文學界」での連載である。それらを絶賛したのは福田和也さんと坪内祐三さんだった。

矢作ファンを続けた結果、ある日、僕に矢作さんの文庫解説の依頼がきた。二〇〇七年秋のことだ。ソフトバンク文庫「マンハッタン・オプ」全四巻(現在はキンドルでの電子版しか出ていないようだ)である。一巻の解説が坪内祐三さん、二巻が関口苑生さん、三巻が僕で、四巻が中条省平さんだが、この顔ぶれでは「なぜ僕?」と思う。まあ、いろいろいきさつがあるんですね。

(2021.09.07)

犯罪小説に目覚めた

■世界を俺のポケットに／ジェームズ・ハドリー・チェイス

傷だらけの挽歌／ロバート・アルドリッチ監督

一九三八年、ロンドンの書店員だったジェームズ・ハドリー・チェイスが「ミス・ブランディッシの蘭」を発表すると、過激な暴力とセックスに充ちたハードな物語はベストセラーにはなったが、あちこちで発禁騒ぎを引き起こした。確かに、その時代に書かれた小説としては、相当に刺激的ではあったと思う。

アメリカ南部の富豪の令嬢ミス・ブランディッシは、ギャング一味に誘拐される。ギャングといっても南部のプアホワイトの一家であり、母親が悪事を指導し、無学で字も読めないような息子たちが実行する。サディスティックな息子のひとりはミス・ブランディッシに性的関心を示し、身の安全のために彼女は自ら彼を誘惑し妊娠する。

「ミス・ブランディッシの蘭」は、僕が偏愛するロバート・アルドリッチ監督によって三十数年後に映画化された。邦題は「傷だらけの挽歌」（一九七一年）で、ミス・ブランディッシを演じたのはキム・ダービーだった。片目の保安官役でジョン・ウエインが初めてアカデミー主演男優賞を得た「勇気ある追跡」（一九六九年）の少女、「いちご白書」（一九七〇年）の女子学生のイメージが強かったから僕はびっくりしたし落胆もした。

誘拐されたミス・ブランディッシを富豪の父親の依頼で探索する探偵を、ロバート・ランシングが演じていた。テレビシリーズ「87分署」（一九六一年〜）でスティーヴ・キャレラを演じた俳優で、当時、僕はファンだったのだ。この私立探偵は「ハードボイルド小説史上最も乱暴な探偵」と言われており、ダイナマイトを投げつけて爆発させたり、戦後に登場する暴力派探偵マイク・ハマー顔負けだった。

「ミス・ブランディッシの蘭」の四年後に書かれた「蘭の肉体」は、ミス・ブランディッシが生んだ娘が精神病院を脱走するところから始まる物語だった。父親はサディスティックな殺人狂で、自身はニンフォマニアというヒロイン——それだけでも刺激的である。しかし、これらはアメリカを舞台にしているものの、ハドリー・チェイスはずっとイギリスで書いていた。彼の想像の中のアメリカだったのだ。

僕がハドリー・チェイスの名を知ったのは、一九六五年の初夏にジャン＝ポール・ベルモンド主演の「ある晴れた朝突然に」（一九六四年）が公開されたからだった。口笛で吹くテーマ曲がヒットし、ラジオ番組でも何度もかかっていた。ある日、本屋にいくと創元推理文庫の「ある晴れた朝突然に」が平積みになっていて、カバーに映画のスチール写真が使われていた。

それは誘拐もので、犯人のひとりがベルモンドである。仲間の中に妹がいて、このふたりが精神的な近親相姦だった。誘拐される富豪の娘（ジェラルディン・チャップリン）はベルモンドにセックスアピールを感じて、監禁されているベッドの上でいけない想像をしたりする。ちょっと記憶があやふやだけど、まったく関係ない男の家族を人質にして、その男に身代金の受け取りをさせる設定ではなかったろうか。

ただし、僕が初めて読んだハドリー・チェイス作品は「世界を俺のポケットに」だった。タイトルが気になったのだ。中学二年生で、英語に強い興味が湧いていたころだ。原題は「The world in my pocket」である。中学生の直訳では「私のポケットの中の世界」だが、それを「世界を俺のポケットに」と訳した理由が小説を読めばわかるかと考えたのだ。

それが、僕が「犯罪小説好き」になるきっかけだった。後に小鷹信光さんのエッセイで「ケイパー小説」という呼び名を知ることになるが、まず犯罪計画があり、様々な仲間が集まってくる。準備、そして実行となるけれど、そこで予期せぬことが起きる。一難去って、また――という展開である。何とか犯罪は成功するが、その後に何かが起こって金は手に入らないという展開が多い。

当時の映画で例を挙げれば、カジノの売上金強奪計画は成功したのに、プールの底に隠した札束がバッグから少しずつ浮き上がり、ついにプールの水面を札束が埋めるラストシーンが有名な「地下室のメロディー」（一九六三年）がある。当時のモラルとしては「犯罪は引き合わない」という結末が必要だったのだ。また、仲間割れによって犯人たちが死んでいく展開も割にあった。

「世界を俺のポケットに」は、現金輸送車襲撃だったと記憶している。典型的な「犯罪計画→実行→どんでん返しストーリー」で、初めて犯罪者たちが主人公の小説を読んだ僕はびっくりしたのだった。それから、ハドリー・チェイスの同傾向の犯罪小説を読み、やがて「ミス・ブランディッシの蘭」「蘭の肉体」を読み「悪女イブ」や「ダブル・ショック」などの悪女ものまで読み尽くした。

結局、物語から読み取れるタイトルとしては「世界を俺のポケットに」が正解らしいとわかったけれど、そんな風に訳せるには英語のニュアンスがつかめるようにならないとダメなのだと悟った。しかし、ジェームズ・ハドリー・チェイス作品には、その他にも気になるタイトルがいろいろあった。「その男　凶暴につき」もハドリー・チェイスの作品だ。北野武監督作品より二十年早く付けている。

また、「あぶく銭は身につかない」とか「ダイヤを抱いて地獄へ行け」なんてタイトルは容易に強奪計画ものと想像がつくが、僕が好きだったタイトルは「貧乏くじはきみが引く」だった。実人生の中で火中の栗を拾わざるを得ない状況になったときなど（たとえば、誰も引き受け手のなかった労組の委員長を引き受けたとき）には、僕は「貧乏くじはきみが引く」とつぶやいたものだった。

ところで、フランス人は犯罪小説が好きらしく、ハドリー・

チェイスの本もよく売れたという。本人もフランスが気に入って移住している。フランスでは、ハドリー・チェイス作品はよく映画化された。ミレーヌ・ドモンジョ（「ヤッターマン」のドロンジョ様の名前の源らしい）が悪女役で一躍スターダムにのし上がった「女は一回勝負する」（一九五七年）、ジャンヌ・モローの悪女が印象的な「エヴァの匂い」（一九六二年）、タイトルからは内容が想像もつかない「めんどりの肉」（一九六三年）など、どれも楽しめる作品だった。

ちなみに「悪女イブ」を原作にした「エヴァの匂い」はイザベル・ユペール主演で「エヴァ」（二〇一八年）としてリメイクされた。ジャンヌ・モローには適わないだろうが、「ピアニスト」（二〇〇一年）や「エル」二〇一六年）でミステリアスでサディスティックなヒロインを演じたイザベル・ユペールだから適役だったかもしれない。これは、久しぶりのハドリー・チェイス作品の映画化だった。

(2021.09.07)

「第三の男」の原作者

情事の終り／グレアム・グリーン

ことの終わり／ニール・ジョーダン監督

初めて読んだグレアム・グリーンの小説は「第三の男」だった。昭和四〇年代に早川書房から出ていたグレアム・グリーン選集の一冊で、古書店「高松ブックセンター」で購入したものだ。その本の前書きでグリーンはくどくどと書いていた。「『第三の男』はキャロル・リード監督による映画化を前提にして書いたもので、ラストシーンは映画の方がよかった」とあった。「何だか言い訳がましい前書きだなあ」と思ったことを記憶している。十代半ばのことだった。

映画版「第三の男」（一九四九年）では墓地の並木道で待つアメリカ人の三文作家（ジョゼフ・コットン）の前を、死んだ闇商人ハリー・ライム（オーソン・ウェルズ）の恋人（アリダ・ヴァリ）が見向きもせずに通っていくシーンで終わる。

しかし、原作では語り手であるウィーンのイギリス占領地区の治安を担当するイギリス軍将校が、アメリカ人の三文作家と死んだ闇商人の恋人が腕を組んで去っていくのを見送るラストになっていた。

それから十年ほどが過ぎて出版社に就職し、八ミリ専門誌「小型映画」編集部にいたとき、ある筆者の記事に関連して編集長に「第三の男」の原作ではラストシーンが映画とは違うと話したところ「貸してほしい」と言われた。

しかし、結局、貸した本は戻ってこなかった。元々、貸したものを催促するのが嫌いなぼくは、相手は上司でもあったので、そのまま泣き寝入りした。僕は彼に「本を返さない人なんだ」という烙印を押し、編集長としても尊敬できなくなった。

僕には返ってこない本がいろいろあるが、催促しないことをモットーとしている。貸すときには「帰ってこないこと」が前提だ。もっとも、最初からそうだったわけではない。乏しい小遣いで買った本が返ってこない悔しさは身に沁みていた。しかし、世間には借りた本やレコードは返さなくてもいいと思っている人が多いことを身を持って思い知らされ、社会人になってからは「貸すときはアゲるとき」と割り切った。ただし、僕自身は本やレコードは借りないようにしてきた。「これ、いいぞ」と勧められ興味が湧くと自分で買うことにしている。

だから、本を簡単に「貸して」と言う人はあまり信用しない。本当に読みたかったら買えばいい。また、自分が読んだ本をやたらに勧める人間にもなりたくはない。僕の会社の先代社長は、自分が読んで気に入った本を社員に勧める人だった。「これいいぞ。貸すから読め」と無理矢理に勧める。ありがた迷惑だが、社長にそう言われると断りにくい。

仕方なく借りて読み始めると、翌日から「あれ、読んだか」と毎日のように催促がある。「次は××くんに貸す予定だから」と急かす。僕は読書家だと思われていたから、彼の「本を貸す社員リスト」の筆頭にいたらしい。やれやれ。

そんなこともあって、僕が本や音楽や映画のことを話す相手は限られた人だけになった。「あれはいいよ」と僕が言うと、彼らは「今度、見にいくよ」とか「さっそく買うよ」と答える。誰も「貸してくれ」とは言わない。

たまに「貸してくれ」と言う人がいて、僕も一度読んだからいいやと思っている本は「返さなくていいから」と渡す。再読しそうな本は、「買えば」と答える。僕自身は本やレコード、まして現金は人から借りたことはない。

さて、話はそれたけれど、グレアム・グリーンである。「第三の男」の原作者として認識していたグレアム・グリーンだが、八〇年代に入って早川書房から全集が出始めて、なぜか全巻欲しくなった。結局、最後の「神・人・悪魔」というエッセイ集の巻が配本になったのは一九八七年だったから、二十五巻を出すのに十年近くかかったことになる。その間に新作「ジュネーヴのドクター・フィッシャー」「キホーテ神父」が出て、それらはハードカバーの単行本で揃えた。

ということで、僕の本棚には「内なる私」から「ヒューマン・ファクター」までの二十五巻と二冊の単行本が並んでいる。グレアム・グリーンは自作を「ノヴェル」と「エンターティンメント」に分類して書いていると言われたが、どちらのジャンルの作品でもほとんどが映画化されている。初期の「拳銃売ります」はアラン・ラッドとベロニカ・レイクで「拳銃貸します」(一九四二年)として映画化されたが、原作の兎口を手の指が奇形の殺し屋に変えていた。「恐怖省」(一九四四年)はフリッツ・ラング監督が映画化し、「権力と栄光」はジョン・フォード監督が映画化した。邦題は「逃亡者」(一九四七年)だ。

グリーンの作品は「追う者・追われる者」を基調にした冒険小説的要素やミステリーの要素にあふれており、スパイ小説的な物語も多いが、それらがすべて「エンターテインメント」にジャンル分けされるかというと、そんなことはない。不良少年の殺人を扱った「ブライトン・ロック」、メキシコ革命を背景にした「権力と栄光」、インドシナ戦争を背景にした「おとなしいアメリカ人」、イギリス情報部内の二重スパイを描いた「ヒューマン・ファクター」など、「ノヴェル」と「エンターテインメント」に簡単にカテゴライズはできないし文学的評価も高い。

グリーンの「ノヴェル」作品で早くに評価されたのは、「情事の終り」だった。「情事の終り」は一九五一年発行だから、七十年以上前に書かれた小説だ。グリーン作品には珍しく舞台は戦争中から戦後のロンドンで、語り手はグリーン自身を思わせる小説家である。登場人物も少なく、「ぼく」ことモーリス・ベンドリクスとセアラ、そして彼女の夫のヘンリの関係が中心になる。子連れの私立探偵が出てくるのが、いかにもグレアム・グリーンらしいところだ。

冒頭、戦争が終わってすぐの一九四六年一月、土砂降りの雨の中でベンドリクスが官吏のヘンリと出会うシーンから始まる。戦争中、ベンドリクスはヘンリの妻セアラと不倫関係にあったのだ。しかし、ある日、突然にセアラはベンドリクスから離れていき、ベンドリクスはずっとセアラを諦めきれずにいた。

久しぶりに会ったヘンリはセアラの行動に不審を感じ、ベンドリクスに相談を持ちかける。ベンドリクスはヘンリの代わりに探偵事務所を訪れ、セアラの調査を依頼する。ベンドリクス自身がセアラに新しい恋人ができたのではないかと疑っていたからだ。ベンドリクスはイヤな奴である。友人をバカにしながら彼の妻を寝取り、「間抜けなヘンリ」と口にする。ヘンリを気遣う振りをして、自分のためにセアラを調査させる。本当に卑劣な男だと思う。

僕は人妻の不倫物語が嫌いだし、友人の妻を寝取る話も嫌悪しか感じない。だが、なぜか「情事の終り」だけは忘れられないのだ。カトリック作家グレアム・グリーンの面目躍如で、物語の後半では「神の存在」を意識させられるし、下世話な「友人の妻を寝取る話」が形而上的な愛の物語に変容し昇華する。最初に読み終わったとき、僕は目の前が開け光が射し込んでくるような気持ちになった。何かが変わり、一段階ステージが上がった気分だった。人生における大事な何かを知った。それは、「神のような全的なるもの」の存在を精神的に実感したからかもしれない。

そんな「情事の終り」は何度か映画化されているけれど、僕はレイフ・ファインズのモーリス、ジュリアン・ムーアのセアラで映画化された「ことの終わり」(一九九九年)が素晴らしかったと思う。監督はニール・ジョーダンである。

原題は「The End of the Affair」だから「ことの終わり」でもいいけれど、やはり「情事の終り」としてほしかったなあ。それとも「情事」は「Love Affair」と明確に書かないとダメなのだろうか。

(2021.09.28)

説教くさい作家

■赤ひげ診療譚／山本周五郎

⊛赤ひげ／黒澤明監督

山本周五郎は、説教くさい作家である。彼の説教癖は、若い頃から山本とつきあいのあった編集者であり、後に時代小説作家になった山手樹一郎（「桃太郎侍」が有名です）が証言している。酒が入ると、やたらに説教を始めたらしい。人生論である。ちなみに、山本周五郎は「飲みに出かけること」が趣味のひとつだったという。

山本周五郎の説教くささは、作品の中に散りばめられた「人生」や「生き方」に対する様々な箴言から感じるものだと思う。その山本周五郎作品の箴言ばかりを集めた「泣き言はいわない」（新潮文庫）という本があり、五十を過ぎた頃に僕は買ったことがある。何となく、あの「説教くささ」が懐かしくなったのである。

僕が山本周五郎の作品を初めて読んだのは十三歳、中学一年の春休みだった。春休みに読書感想文の宿題があり、何を読もうかと考えて「赤ひげ診療譚」にした。その頃、撮影が進んでいた黒澤明監督の「赤ひげ」が様々な雑誌で取り上げられていたからだ。少年誌では「赤ひげ」でデビューする内藤洋子という十五歳の少女がクローズアップされていた。

黒澤明という名前は知っていたが、まだ一本も映画を見たことはなかった。父が連れていってくれるのは主に東映か日活で、東宝映画というと怪獣もの（併映は「若大将」シリーズか「社長」シリーズだった）を見にいくくらいだったからだ。ただ、岡本喜八監督の「暗黒街」シリーズは封切りで見た記憶がある。

しかし、数年ぶりの黒澤作品「赤ひげ」は大変な評判になっていて、宮脇書店で僕に「赤ひげ診療譚」を手に取らせた。短編連作という形式は初めてで、「こんな書き方の長編もあるんだ」と思ったものの、ひどく感動した。第一話は狂女の話だったが、貧しさと無知に立ち向かう赤ひげこと新出去定に感動し、保本登と共に僕自身が成長した気分になった。

同じ春休みに僕はロマン・ロランの「ジャン・クリストフ」の第一部を読み（その後、何度か読破しようとしたが未だに読めていない）、その二作で「春休みの読書」という作文を仕上げて提出した。それは、予想外に好評で、校内誌に採用された。今もよく憶えているのは、初めて活字になった文章だからである。

十三歳の少年にとって、山本作品に散りばめられた箴言は珠玉のように思えたものだ。たとえば「毒草から薬を作りだしたように、悪い人間の中からも善きものを引き出す努力をしなければならない。人間は人間なんだ」などと赤ひげは言う。なるほど、そうなのだと僕は肯く。だから、僕の生き方に山本周五郎は多大な影響を残している。

僕が山本周五郎作品を読んでいたのは、中学一年の春休みから高校二年の春休みまで。一九六五年三月から一九六九年三月までの四年間である。なぜ、そんなに明確にわかるかと言えば、始まりは今書いたように明確に記憶しているし、「もう読むのをやめよう」と思ったきっかけも明確に記憶しているからだ。

高校二年になった頃から、僕は大江健三郎作品を読むようになった。新潮社から出ていた「大江健三郎全仕事」六巻を購入し読み続けた。最初に買ったのが六巻めで「性的人間」「個人的な体験」が入っていた。どちらも十五歳の少年に世界が反転するほどの衝撃を与えた。そんな読書体験をした一年が過ぎ、高校三年になる前の春休み、翌年受験予定の大学を見にいくと両親を説得し、僕は友人ふたりと大阪・東京への初めての旅をした。

友人ふたりとは、それほど親しかったわけではない。自分は異端者（要するに変わり者）だと思いたい年頃だった僕は、香川大学教授の息子だったTくんも、教師を目指していたFくんも「俗っぽい優等生」と見ていた。しかし、一週間ほどの旅の間に彼らと話す時間はたっぷりあった。その話の中で、FくんがIII本周五郎に心酔しているのがわかった。

山本周五郎は僕らが高校に入る直前の一九六七年二月に亡くなり、「山本周五郎小説全集」が一九六八年に新潮社から刊行され始めた。ソフトカバーの入手しやすい価格だった。Fくんは、毎月、その全集を買っているという。また、前年、晩年の代表作「ながい坂」が中村吉右衛門主演でテレビドラマになっていた。Fくんは「ながい坂」で、いかに感動したかを語ってやまなかった。

それが僕の反撥心を呼び覚ました。校内一の論客と言われた新聞部部長が言った「大江は血を流しながら書いてるよな」という言葉が頭をよぎった。「大江に比べりゃ、山本周五郎なんて――」と、僕は安っぽい大衆小説に感動するFくんを軽蔑する気分になった。今から思うと実に傲慢だが、僕は十七歳だったのだ。ご勘弁いただきたい。

ということで、僕は山本周五郎作品を読まなくなった。ただし、それまでの四年間で「五辨の椿」「青べか物語」「さぶ」「ながい坂」など、晩年の名作と呼ばれるものは読んでいた。

しかし、一九七〇年にNHK大河ドラマになった「樅の木は残った」はまったく見なかったし、原作も読んではいない。もっとも「樅の木は残った」を原作とする、大映の三隅研次監督作品「青葉城の鬼」（一九六二年）は見ている。

しかし、それから四十年も経って、ある日、書店で「泣き言はいわない」という背表紙を見た瞬間、僕はその文庫本をすぐに購入した。山本周五郎のしごく真っ当な、反面では面はゆく気恥ずかしい、あの人生論に触れたくなったのだろう。

やはり、僕の七十年生きてきた生き方のどこかには、山本周五郎的美学が残っているのだ。そうとしか思えない。

（2021.10.05）

1973年を回想する

■ 1973年のピンボール／村上春樹
⊛風の歌を聴け／大森一樹監督

長い間、気になっていた疑問が、先日、ようやく解決した。ネットニュースを見ていたら、村上春樹さんが月に一回やっているというFM放送でのコメントが紹介されていたのだ。村上作品に出てきた音楽を読者のリクエストによってかけるという趣向だったらしい。その中に「1973年のピンボール」のことが出てきた。初期二篇についてはあまり言及しない村上さんとしては珍しいことだった。

僕の長年の疑問は「1973年のピンボール」というタイトルは、大江健三郎さんの「万延元年のフットボール」からきているのではないか、というものだ。村上さんが高校生のときに出て、大きな話題になった小説である。

当時、大江さんは新作を出すと今の村上さん並に売れる純文学作家だった。新作は書店の最も目立つ場所で平積みになった。僕も「万延元年のフットボール」は高校生のときに買って読んだ。サイケデリック調の函のデザインをよく憶えている。

万延元年は「桜田門外の変」があった年だ。ベストセラーをすぐパロディにする筒井康隆さんは、井伊直弼の首をラグビーボールのように奪い合う設定で「万延元年のラグビー」という短編を書いた（後に小松左京の「日本沈没」がベストセラーになると、「日本以外全部沈没」を書いた）。また、野坂昭如さんは大江さんが「洪水はわが魂に及び」を出したとき、「雑炊はわが魂に及び」という短編を書いている。

筒井さんや野坂さんの小説とは違って、村上さんの「1973年のピンボール」は内容的にも「万延元年のフットボール」とは何の関係もない。しかし、僕は最初からこのタイトルは、たぶん大江作品からきているなと思っていた。そして、先日、村上さん自身がFM放送で「1973年のピンボール」というタイトルは「万延元年のフットボール」からきているのだと明言したのである。

もう四十年以上も昔のことになる。一九七九年の五月だった。僕は社会人になって四年、まだ下手な習作を書いていた。ある日、大学時代の同人誌仲間から電話があり「今度の『群像』新人賞がいい。ぜひ読め」と言われた。その電話で僕は受賞作「風の歌を聴け」を読んだのだと思う。

選考委員だった吉行淳之介の選評を今もよく記憶しているからだ。当時、僕が一次選考に通ったのは「文学界」新人賞だったが、「群像」新人賞にも応募したことがあった。

僕は「風の歌を聴け」が気に入ったのだろう。単行本が出てすぐに買い、もう一度読み才能に嫉妬した。月刊「ガロ」で作品をよく見ていた佐々木マキの表紙イラストも気に入ったし、中学の頃からファンだったビーチボーイズ（僕はビートルズより好きだった）の「カリフォルニア・ガール」の日本語歌詞が

表4に印刷されていたのも気に入った。奥付は「一九七九年七月二十五日」だから六月末には書店に並んでいたはずだ。

二作めの「1973年のピンボール」が「群像」に掲載されたのは、八ヶ月ほど後のことだった。単行本が出たのはその数ヶ月後、奥付では「一九八〇年六月二〇日」になっている。その頃、代々木で「ピーター・キャット」というジャズバーをやっていた村上さんは、週刊誌などで「ジャズバーのマスターが新人賞」といった取り上げ方をされた。その記事で、僕は初めて村上春樹という人の写真を見た。

僕は出版社に就職して五年が過ぎていた。八ミリ専門誌「小型映画」編集部にいて、大森一樹監督の連載コラムを担当していた。大森監督はATG作品「ヒポクラテスたち」(一九八〇年)で評価され、次作の準備をしていた頃である。

ある日、原稿を受け取りにいくと、「『風の歌を聴け』を映画化するので脚本を進めているのだけど、読み込めば読み込むほど、どこがいいのかわからなくなった」とボヤいた。僕は「『1973年のピンボール』の方がいいですよ」と答えた。

神戸出身の大森監督は村上さんの中学の後輩であると、村上さん自身が初期のエッセイに書いていた。そういう関係だったから映画化を許可したのかもしれない。映画が好きで、大学でも映画の勉強をしてシナリオライターをめざし、映画「イージーライダー」についての卒論を書いたという村上さんだから、たぶん自作の映画化には強いこだわりがあったのだと思う。

小林薫が「僕」を演じ、ヒカシューの巻上公一が「鼠」を演じ、資生堂のCMで人気が出た真行寺君枝が指が一本ない女を演じた「風の歌を聴け」(一九八一年)は大森監督の思い入れが強すぎて、原作者には不評だったのではないかと僕は思う。特に神戸行き国鉄高速バス「ドリーム号」には大森監督の個人的体験が強く反映されていた。もっとも、僕も「神戸行きドリーム号」は大学時代に帰省でよく使ったから懐かしかったのだけれど——。

さて、「1973年のピンボール」は「風の歌を聴け」の「僕」の数年後の物語だと思われている。しかし、僕は、どちらも独立して読めばいいと思ったし、続く三作目の「羊を巡る冒険」も続編だとは思わなかった。確かに「僕」と「鼠」という共通する人物たちが登場するが、だからといって連続した物語だとは捉えなかった。

「1973年のピンボール」は様々なエピソードが散りばめられているけれど、シンプルに要約すると「僕」が大学時代に帰省したときに通っていたジェイズバーにあったピンボールマシン「3フリッパーの『スペースシップ』」と再会する物語だ。そして「スペースシップ」が象徴するものは、「二度と帰ってこない日々」のことだと思う。だから、この小説には強烈な「郷愁」「ノスタルジー」「サウダージ」といった気分が漂う。

「僕」がミステリアスなピンボールマシン・コレクターの倉庫で「3フリッパーのスペースシップ」と再会するシーンは本

当に美しい。彼女（当然、ピンボールマシンは女性でなければならない）は「列のずっと後方で僕を待って」おり、「ひどくもの静かに見え」るのだ。

そして、「165000」という「僕」のベストスコアが彼女のベストスコアでもあったことを確認する。ここでの「僕」とピンボールマシン「スペースシップ」との会話は、この小説のハイライトである。

一九七三年は、僕にとっても忘れられない年だった。その象徴のように「泣かないのか、泣かないのか、1973年のために」という舞台があった。清水邦夫が脚本を書き、蜷川幸雄が演出し、石橋蓮司と蟹江敬三が舞台を駆けまわった。

一九七三年秋、新宿文化劇場での公演だった。銭湯で出会った学生運動の元闘士と機動隊員の物語（彼らは全裸で対峙する）はあの時代を象徴し、もうすぐ大学を卒業しなければならない僕の涙腺を刺激した。

「1973年のピンボール」の「僕」が（ピンボールマシンと再会し）過去に決着をつけ、未来に向かって歩き出そうとして終わる物語は、僕にも何かを示唆したのだろう。三十を目前にし、僕は自分の人生を引き受けるために何かを吹っ切った。

しかし、一九七三年が僕にとっても忘れられない年だったからか、「スペースシップ」と「僕」の再会シーンを読みたいばかりに「1973年のピンボール」を僕は数え切れないほど読み返してきた。

（2021.10.15）

複数の翻訳で読む

■大いなる眠り／レイモンド・チャンドラー
⊛三つ数えろ／ハワード・ホークス監督

シャーロック・ホームズのコアなファンを「シャーロッキアン」と呼ぶのにならって、レイモンド・チャンドラーの熱心な愛読者を「チャンドラリアン」という。大沢在昌さん、矢作俊彦さん、村上春樹さんなどがそうだろう。しかし、なぜ「マーロウリアン」と呼ばないのか、昔から不思議に思っている。

最近ではシャーロック・ホームズの作者コナン・ドイルより「名探偵コナン」の方が有名かもしれないが、コナン・ドイルとレイモンド・チャンドラーはどちらがより一般的に知られているだろう。世界的人気作家の村上春樹さんがチャンドラーの全長編の翻訳を出したので、もしかしたらチャンドラーの名前も有名になっているのかもしれない。

僕が初めて読んだチャンドラーの小説は、以前に書いたように中編の「カーテン」だった。「エラリィ・クィーンズ・ミステリマガジン」日本版1964年9月号（10月号だったかな）に掲載されていたからで、僕は中学一年生だった。そして、初めて読んだ長編は「大いなる眠り」だった。今、手元に残っている創元推理文庫はすっかり色あせページも茶色になっている。定価百六十円だ。

奥付を見ると「1959年8月14日初版」とある。昭和三十四年の発行。訳者は双葉十三郎さんである。チャンドラー作品を多く訳した映画字幕の魁だった清水俊二さんは、自分が訳さなかった「高い窓」（ポケミス版は田中小実昌さんの訳）が心残りで病床で訳し続けたという。しかし、完成しないまま亡くなり、弟子の戸田奈津子さんが跡を継いだ。早川ミステリ文庫「高い窓」の「訳者あとがき」にはそのいきさつが書かれている。

田中小実昌さんはポケミスで「高い窓」と「湖中の女」を訳しており、フィリップ・マーロウの一人称を「俺」としていたと思う。清水さんとしては、それが気に入らなかったのかもしれない。清水さんが新訳を出したとき、すでに小実昌さんは亡くなっていたはずだ。「大いなる眠り」の新訳を出さなかったのは映画評論界の重鎮である双葉さんに気遣ったか、「私」と訳しているからいいとしたのか。

僕は出版社に就職し八ミリ専門誌「小型映画」編集部配属のとき、双葉十三郎さんの連載を数年担当した。あるとき、「どうして『大いなる眠り』だけしか訳さなかったのですか?」と訊いたことがある。双葉さんは「僕は目が悪くてね。翻訳をやると目が疲れるからやめたんだ」と言った。

確かに、双葉さんは牛乳瓶の底のようなメガネをいつも掛けていたし、試写室では一列目ど真ん中が指定席だった（両脇には、いつもおすぎとピーコが座った）。

チャンドラー作品には有名になったフレーズやセリフが多いが、なぜか清水訳のものばかりのような気がする。最も有名なのは「プレイバック」の「しっかりしていなければ生きていけない。優しくなれなければ生きていく資格がない」というものだが、その他「長いお別れ」の中の「さよならを言うのは、少しの間死ぬことだ」「ギムレットには早すぎるね」なども清水訳で知られている。

今では村上訳の方が書店に並んでいることが多いようだし、僕も村上さんが訳した長編をすべて読んでみた。「さらば愛しきひとよ」が「さよなら、愛しい人」になったのはいいとしても、何となく調子が狂う。特に「長いお別れ」は清水訳で何度も読み返したので、最初に村上訳を読んだときには違和感を感じてしまった。村上さんの「あとがき」によると、清水訳は細かなディテールをかなりとばしているらしいのだけれど――。

僕がチャンドラー作品で最も好きなのは短編「待っている」で、これは大沢在昌さんと一致した。トニー・リゼックというしがないホテル探偵が主人公で、ヒロインの「人生はたった一度なのに、あやまちは何度でもくり返せるものなのね」（稲葉明雄・訳）というセリフに僕も大沢さんもやられてしまったのである。大沢さんはゴールデン街の酒場「深夜＋1」のボトルのコードネームを「トニー・リゼック」としている。

そんな視点からチャンドラーの長編第一作「大いなる眠り」を見ると、特に有名なフレーズというのは思い浮かばない。ただ、僕はハンフリー・ボガート主演で映画化された「三つ数えろ」（一九四六年）との関係で印象に残っている場面があり、その部分の描写をよく憶えている。大富豪スターンウッドの依頼で屋敷を訪れたフィリップ・マーロウは、セクシーな妹娘カーメンと出会う。

「背が高いのね」と、彼女は言った。

「僕のせいじゃない」

彼女の目が丸くなった。困ったらしい。考えているのだ。顔を合わせてまだ僅かな時間しかたっていなかったが、私にはわかった。彼女にとって、考えることは結局いつも困ることなのだ。（双葉十三郎・訳）

「背が高いのね」と娘は言った。

「それは私の意図ではない」

娘の両目が丸くなった。戸惑っているようだった。そして考えをめぐらせた。まだ知り合って間がないにせよ、ものを考えるのが彼女にとってかなりの負担になることらしいのは、私にも推測できた。（村上春樹・訳）

僕は双葉訳でなじんでいるので「僕のせいじゃない」の方がいいと思うが、この場面がハワード・ホークス監督によって映画化されたときには「背が低いのね」と変更された。ハンフリー・ボガートは背が低い。カーメルの言葉にボギー演じるマーロウは「伸びなかった」と答える。その後「顔は悪くないわ。自分でもわかってるんでしょう」と原作通りのセリフになる。双葉さんは「好男子ね」、村上さんは「ハンサムでもある」と訳している。

初めて「大いなる眠り」を読んだとき、「これって『カーテン』じゃないか」と思った。後にチャンドラー作品を読み続けてわかったのは、チャンドラーはパルプマガジンに書いた中編のいくつかを組み合わせて長編に仕立てたことだ。「大いなる眠り」は中編「雨の殺人者」と「カーテン」が原型になっている。だから結末のフレーズは、ほとんど「カーテン」と変わらない。

もっとも、「カーテン」冒頭のフレーズやそれからしばらく続くストーリーは、「ロング・グッドバイ」に使われている。

しかし、僕は最初に読んだ「カーテン」の終わり方に深い余韻を感じていたから、「ただ『銀鬘』を思い出させただけだった。その彼女にも、もう二度と会わないだろう」（双葉・訳）というフレーズに感傷的な刺激を受けた。「銀鬘」に「シルヴァー・ウイグ」とルビが振られていたが、さすがに村上訳は以下のようになっている。

――それはシルバー・ウィグのことを私に思い出させただけだった。そのあと彼女には一度も会っていない。（村上春樹・訳）

（2021.11.09）

既視感漂う物語だが――

死にゆく者への祈り／ジャック・ヒギンズ

死にゆく者への祈り／マイク・ホッジス監督

あれは、七〇年代初期のことだったと思う。文庫本初訳で出た「地獄島の要塞」という冒険小説を読んだ。早川NV文庫だったと思う。内容はほとんど憶えていない。ノヴェルスのハードカバーでは出してもらえない作家なんだと思ったが、ジャック・ヒギンズという名前だけは記憶に残った。

それから数年、一九七五年のことだ。「鷲は舞い降りた」という第二次世界大戦中にドイツ兵がチャーチル暗殺を企ててイギリスに潜入する小説が、英語圏で大ベストセラーになっているというニュースが入った。作家の名はジャック・ヒギンズ。すでにハリウッドが映画化権を取り、撮影に入っているという。主演はマイケル・ケイン。監督は職人ジョン・スタージェスである。

「鷲は舞い降りた」は翻訳が出る前から、日本でも冒険小説好きには大きな話題になった。僕も期待したひとりで、ハードカバーの高い本が出たときにすぐに買った。ドイツ人の将軍とアメリカ人の女性の間に生まれ、ロシア戦線の英雄となったクルト・シュタイナとその部下たち。彼らの固い絆が僕の涙腺を緩ませたものだった。

作者はアイルランド・リパブリック・アーミー（ＩＲＡ）の闘士リーアム・デブリンがお気に入りらしく、かなり好意的に描かれていた。七〇年代はまだＩＲＡがロンドンで派手なテロを繰り返していて、そんなことから僕は「ＩＲＡ＝テロリスト」の印象しか持っていなかったので、ジャック・ヒギンズの多くの小説でＩＲＡに対するイメージを変更することになった。

よくわからないながら、何となく「北アイルランド紛争」が背景にあるのかなと考えた最初の映画は、キャロル・リード監督の「邪魔者は殺（け）せ」（一九四七年）だった。高校生の時にＮＨＫが放映し、「第三の男」（一九四九年）の監督だと思いながら見て引き込まれた。ジェームス・メイソンはＩＲＡの資金獲得のために給料強盗を行い、守衛に撃たれ瀕死の状態で（たぶん）ベルファストの町をさまよう。

高校生の知識では北アイルランド紛争など知る由もなく、仲間たちと拳銃を持って工場の給料強盗をする男が主人公であることに最初は戸惑った。勧善懲悪の単純な映画に洗脳されていたからだ。しかし、映画が進行していくうちに主人公の行動は、政治的大義に基づいたものだとわかってくる。しかし、犯罪者であることに変わりはなく、彼と恋人は追い詰められていく。

ジャック・ヒギンズはＩＲＡの元テロリストを主人公にした作品をたくさん書いているが、僕が最初に読んだのは「鷲は舞い降りた」の前に書かれながら一九七八年に翻訳が出た「死にゆく者への祈り」だった。この短い小説を読みながら僕が思い出していたのは、「邪魔者は殺せ」の影の多い暗い画面であり、グレアム・グリーンの初期の小説「拳銃売ります」だった。

　現在、僕の持っている「鷲は舞い降りた」のハードカバーは本文用紙が茶色く変色してしまっていてほとんど読めない（文庫で出た完全版を買い直した）が、ソフトカバーのハヤカワノヴェルスとして出た「死にゆく者たちへの祈り」はカバーの印刷もきれいなままだし、本文用紙もほとんど変色していない。製本部分の糊が四十余年の歳月によって劣化し、一折りめと二折りめの間に隙間ができているけれど、つい先日も再読した。

　なぜ久しぶりに再読したかというと、なぜか僕は「死にゆく者への祈り」が大好きだからだ。話は単純で手垢がついたようなストーリーだし、先の展開は読めてしまう。登場人物は「あるある」という感じである。それなのに、なぜそんなに好きなのか、改めて調べたいと思ったからである。

　昼過ぎから読み始め、寝る前には読了した。中編というくらいの長さだ。主人公は自分が仕掛けた爆薬のために間違ってスクールバスを吹っ飛ばし、何人もの子供たちを殺してしまったIRAのテロリスト、マーチン・ファロン。官憲はもちろん、IRAを抜けたため仲間からも追われている孤独な男。

　彼はパスポートと逃走資金と脱出の船のために、頼まれてギャングのボスを殺す。依頼したのは対立する町のボスである葬儀屋ミーハン。しかし、殺しの現場をカトリックのダコスタ神父に目撃されたため、ファロンは彼の教会の告解室に忍び込み殺人を告白する。カトリックでは告解の秘密は絶対に守らなければならないので、神父は警察に何も話せなくなる。

　犯罪者が目撃者の神父に自ら告解し神父の口をふさぐというのは、モンゴメリー・クリフトが神父を演じた古いハリウッド映画にもあるアイデアだし、ハリウッドのシナリオライターが「ギャングの抗争に利用された殺し屋がギャングたちに命を狙われる」というシノプシスをプロデューサーに提示したら鼻で笑われるのがオチだろう。

　登場人物たちにも既視感が漂う。悪役ミーハンの年若い弟は変態でサディスト、手下たちもゲイっぽいのがいたり、大男がいたり、割によくあるパターンである。ダコスタ神父の姪で盲目の美女が登場し、孤独なファロンの魂を救うし、ファロンが隠れ家として与えられるのは若い娼婦の家だが、彼女は純粋な心の持ち主でファロンを慕う。しかし、幼い娘を人質に取られてファロンを裏切る。

　ホラ、こう紹介するだけで「どこかで読んだな」とか「何かで見たな」と既視感が起こりませんか。しかし、これほど手垢にまみれたストーリー、登場人物、あるあるシチュエーションを使いながら「死にゆく者への祈り」は何度読んでも落涙ものなのだ。

　全編に教会のパイプオルガンが響き渡り、心が締めつけられそうになる。それは、ジャック・ヒギンズの作家としての力量を示しているのではあるまいか。今回、改めて読み返してそう思った。

ちなみに映画化された「鷲は舞いおりた」（一九七六年・片目のラードル中佐役のロバート・デュバルがいい）も「死にゆく者への祈り」（一九八七年・神父役のボブ・ホスキンスとミーハン役のアラン・ベイツがいい）も原作を越えることはできなかった。どうしても見たいという人には「どうぞ」と言っておきますが、積極的にはお勧めしない。ただし、時間分だけは楽しめると思う。

（2021.11.20）

2022

映画と本がなければ まだ生きていけない

ハリウッド映画に引用された和製オペレッタ

㊎鴛鴦歌合戦／マキノ正博監督

　第二次大戦時の日系人の苦難を描いたハリウッド映画というと、「ヒマラヤ杉に降る雪」（一九九九年）と共に「愛と哀しみの旅路」（一九九〇年）がある。監督はイギリス（もしかしたらアイルランドかも）出身のアラン・パーカー。音楽映画や音楽をテーマにした作品が多く、おそらく音楽好きなのだろう。トルコの刑務所に入れられたアメリカ人青年を描いた「ミッドナイト・エクスプレス」（一九七八年）や南部の黒人差別を描く「ミシシッピ・バーニング」（一九八八年）なども撮っていて、硬派の社会派監督の顔も持っている。

「愛と哀しみの旅路」はデニス・クエイドとタムリン・トミタのメロドラマでもあるし、日系移民および日系アメリカ人の苦難を描いた社会派ドラマでもある。まず、冒頭のタイトルバックに戦前の日本の流行歌「雨に咲く花」が流れるところから、当時人気スターだったデニス・クエイドのハリウッド製新作を見にきた日本の若き女性客は、びっくりしたのではあるまいか。いきなり「およばぬ～ことと～あきらめました」である。

　映画が始まるとすぐ、映画館に入ってきたデニス・クエイドが放火するシーンになる。彼は映写技師ユニオンの組合員で、映画館経営者たちに対する抗議として発煙筒を観客席に投げ入れたのだ。その後、彼はカリフォルニアに移り、日系人が経営する映画館に雇われ、そこで長女のタムリン・トミタと愛し合うようになる。経営者夫妻は日系移民で、その子供たちはアメリカで生まれたアメリカ国籍の日系アメリカ人である。

　彼らは真珠湾攻撃があった日から「ジャップは出ていけ」など落書きされ石を投げ入れられる。翌年、早々に強制収容の大統領令が出てマンザナー収容所に入れられる。デニス・クエイドは妻子を残して出征する。

　政府はアメリカに忠誠を誓うかという踏み絵を迫り、日本国籍の父母は迷い、長男はアメリカに忠誠を誓って軍に志願し、ヨーロッパ戦線で命を落とす。次男は踏み絵を拒否してアメリカへの反発を強め、収容所内で反抗分子と交わり、一度もいったことのない日本へ強制送還される。

「愛と哀しみの旅路」を見たのは公開当時だから、もう三十年も昔のことになる。それでも、けっこう細部まで記憶している好きな映画の一本である。英語主体の映画なのだけれど、そんな中にときどき日本語が出てきてドキッとする。

　ただ、ずっと僕が気になっていたのは、前半にワンシーン出てきた戦前の日本映画だった。その髷物ミュージカル映画の歌を、たどたどしい日本語で歌いながら映画館の廊下を映写技師のデニス・クエイドがステップを踏んで歩く。確かに、一度聴いたら耳についてはなれない軽快なメロディだった。

　そのワンシーン出てくる日本映画は、たぶんマキノ正博監督の「鴛鴦歌合戦」（一九三九年）だろうと思ったが、それから三十年、僕は確認していなかった。ただ、その映画の評判は知っていたし、レーザーディスクを買おうかと思ったこともあったが、戦前の作品に五千円近く払うのもなあ、と考えてためらったのだった。そういうことで、ずっと見ることなく過ごしてきたのだけれど、昨年、アマゾンプライムの会員になったらプライムビデオの中に「鴛鴦歌合戦」を見つけた。

「愛と哀しみの旅路」の日系人が経営する映画館にかかったのは、やはり「鴛鴦歌合戦」だった。冒頭、金持ちの商人の娘が丁稚をお供に江戸の町を歩くと、彼女を慕う男たちが列をなしてついてきて歌う。その男たちに娘も歌で返す。その曲のリズムがよくて、三味線なども入った日本的旋律なのだが、ワクワクウキウキしてくるのだった。当時、流行した浅草オペレッタみたいなものだろうか。

モテモテの町娘の後は、骨董好きの殿様の登場だった。「ぼーくは若い殿様〜」と江戸の町を家来を従えて歌いながら登場するのは、若きディック・ミネである。僕が子供の頃に見たディック・ミネは「夜霧のブルース」を歌う初老の歌手だったから、若い頃の顔だけ見ると判別はつかない。

「愛と哀しみの旅路」を見たときもディック・ミネだとは思わなかった。しかし、じっくり聴くと、声はディック・ミネだし、戦前、「ダイナ」という歌をヒットさせたモダンボーイだけに、ジャズ風の歌い方が耳に心地よかった。

商人の娘は別邸で養生する父（香川良介）の見舞いにいくが、目当ては隣の長屋に住む若い浪人（片岡千恵蔵）である。しかし、浪人は長屋の隣の娘に気があるらしい。その娘の父親（志村喬）が傘張りをしながら歌うのだが、これが実に上手い。

十数年後、酔いどれ医者になったり、野武士を斬りまくる人とは思えない。軽快に歌い、喜劇的演技を楽しそうにやっている。セリフを音楽にのせて歌うシーンが大部分で、全編通して楽しくなってくる映画だった。見終わってすぐに、もう一度見る（聴く）くらい気に入ったのだった。

ちなみに、片岡千恵蔵と言えば「十三人の刺客」（一九六三年）のお目付け島田新左衛門の重厚な演技が浮かんでくるが、これからは「鴛鴦歌合戦」のスリムで若い姿が出てきそうである。それに、声も若く軽快だった。志賀直哉原作・伊丹万作監督「赤西蠣太」（一九三六年）の若き千恵蔵も見ているのだけれど、何だかあまり印象に残っていないのだなあ。

(2022.01.01)

琴線に触れるロシアの歌

⊛クローズド・ノート／行定勲監督

先日、ユーチューブで検索をしていたら八反安未果が唄う「山のロザリア」が右のウインドに出てきたので、思わずクリックした。八反安未果も懐かしかったけれど、「山のロザリア」は好きな曲だったのだ。特に「帰れ、帰れ、もう一度」というフレーズは、今でも耳をついて離れない。小学生の頃によく聴いた記憶がある。ダーク・ダックスとかボニー・ジャックス、スリー・グレイセスが唄っていたのではないか。

聴き始めて「エッ」と思ったのは、字幕で「曲・ロシア民謡／詞・丘灯至夫」と出たことだった。ロシアの曲だとは知らなかった。「山の娘ロザリア」とか「青い牧場」と唄っていることからスイスあたりの曲かと思っていた。しかし、曲想からロシア民謡と言われても納得する。また、作詞が丘灯至夫だったのも意外だった。丘灯至夫の作詞で最も有名なのは舟木一夫が唄った「高校三年生」だろうが、その他にもヒットした歌謡曲をたくさん（「東京のバスガール」など）書いている。

ソ連（現在のロシア）に対しては、僕はあまり好意を感じない。近代史を知れば知るほど好きになれない。しかし、ツルゲーネフ、ゴーゴリ、チェーホフ、トルストイ、ドストエフスキーなど、若い頃、ロシア文学はけっこう読んだし、高校生の頃に早稲田大学露文科を出た（本人は抹籍と書いている）五木寛之さんを愛読していたことから、一時期、露文科進学も考えた。調べてみると、露文科は少なくて北大と早稲田くらいしか見あたらなかったけれど――。

近代史を振り返ると、まず、明治時代の日露戦争がある。やがて、第一次大戦とロシア革命があり、昭和に入ると愚かな関東軍はソ連軍とノモンハン事件を引き起こし、コテンパンにやられてしまう。第二次大戦が始まるとソ連はドイツ軍と死闘を演じ多くの死者を出すが、日本に対しては原爆投下直後に日ソ中立条約を破って満州や北方領土に攻め入り、九月二日の降伏条約の正式締結後も歯舞・国後などに侵攻した。多くの日本人が殺されシベリアに抑留された。ということで、日本にはソ連嫌い・ロシア嫌いの人はけっこう多いのではないだろうか。

もう五十年近く昔のことだが、仕事で知り合った人がシベリア抑留の経験者だった。僕の父と同じくらいの年令である。その人は満州から連行され、シベリアで五年近く強制労働をさせられたという。一度だけ、その人が口にしたソ連への強い憎しみを耳にしたことがある。ソ連は多くの捕虜（日本人とドイツ人）を死なせただけでなく、多数の自国民を強制収容所に送り込み数え切れない人の命を奪った。二〇世紀で最も人を殺したのはヒトラーではなく、スターリンだとも言われている。

そういう歴史もあって、今のプーチン（帝政ロシア時代に怪僧ラスプーチンというのがいたなあ）のロシアにも好意は抱けないのだけれど、僕はロシア民謡だけは本当に好きなのだ。マイナー調で哀愁を帯びた旋律が聞こえてくると、琴線に触れるというか、とにかく感情が刺激され、不意に落涙することさえある。「ともしび」「ステンカ・ラージン」「ポーリュシュカ・ポーレ」「走れトロイカ」「黒い瞳」あたりが有名かもしれないが、「山のロザリア」も確かにその系列に連なる。

高校生のとき、「走れトロイカ」のギター伴奏をやったことがある。Aマイナーと Eマイナーの二つのコードだけで伴奏できたと記憶している。やはりマイナー調なんだなと、そのときにも思った。それと歌詞の中に「高鳴れバイヤン」という部分があり、ずっと「バイヤンとは何?」と疑問に思っていたが、ロシア独特のアコーディオンに似た楽器らしい。

ロシアの楽器と言えば、デビッド・リーン監督の「ドクトル・ジバゴ」(一九六五年)で有名なバラライカがある。昔、神田神保町(大学時代のテリトリーだった)に「バラライカ」というロシア料理店があり、「一度いってみたいなあ」と友人と話していた。大学の卒業式の日、意を決してふたりで初めて入った。ロシア料理と言えば、ふたりとも「ボルシチ」と「ピロシキ」しか知らなかった。

ところで、モーリス・ジャールが作曲した「ドクトル・ジバゴ」の音楽はすばらしく、特に「ラーラのテーマ」は「映画音楽史上で最も美しい曲」と言われた。バラライカをフューチャーした旋律と共に、ラストシーンの水の流れるシーンが浮かんでくる。バラライカはキーによってアルト、バスなど何種類かあるらしい。3弦だけらしいのだが、音色としてはマンドリンに似ている気がする。

マンドリンは8つの弦があるが、ダブル弦(12弦ギターと同じですね)で4コースである。弦が共鳴し、独特の音色を出す。この独特の音色を生かして印象的な「ともしび」を聴かせてくれたのが映画「クローズド・ノート」(二〇〇七年)だった。

ヒロインはふたり。大学生の沢尻エリカと小学校の先生である竹内結子だ。沢尻エリカが大学のマンドリンクラブに入っていて「ともしび」を合奏会で演奏し、また伊勢谷友介相手にソロで演奏するシーンもある。

沢尻の物語と竹内結子の物語は一冊のノートを媒介にして重なるが、ふたりが実際に交わることはない。僕は竹内結子の物語が好きだった。竹内結子がまぶしいほど美しく、彼女が新米教師として奮闘する姿に涙する。

あれから十数年の月日が過ぎ、伊勢谷友介と沢尻エリカは薬物所持で逮捕され、竹内結子はこの世の人ではなくなった。今では「夜霧のかな~たへ」と口ずさむと、マンドリンが奏でる「ともしび」のメロディと共に窓辺にたたずむ竹内結子の面影が立ち上がってくる。

最近では、加藤登紀子が訳詞で唄った「百万本の薔薇」(伊東ゆかり版がすごくいいです)が、いかにもロシアの曲だった。ユーチューブではロシアの女性歌手がロシア語で唄う映像が出てくる。たぶんロシアのテレビ番組なのだろう。

僕が初めてロシア語で聞いた「百万本の薔薇」は映画の中だった。チェルノブイリ原発事故を題材にした「故郷よ」(二〇一一年)である。その日、結婚式なのに夫の消防士は緊急招集され、花婿のいない披露宴で「百万本の薔薇」が唄われる。花嫁はオルガ・キュリレンコ。彼女は夫を待ち続けるが、ついに彼は帰ってこない。

ロシアで多くの人が知っている日本の歌が、ザ・ピーナッツが唄った「恋のバカンス」だという。確かに、あの曲想はロシア民謡に通じるものがある。また、加山雄三に「愛しのアマリリア」という曲があり、「走れトロイカ」を連想させる（そういう風に作っている）。中学生のころに聴いたその曲が、僕は加山作品の中では一番好きかもしれない。

スタン・ゲッツとディジー・ガレスピー、ソニー・スティットが白熱の演奏を聴かせる「For Musicians Only」というアルバムがある。このアルバムでジャズ版「黒い瞳」が聴け、僕の昔からの愛聴盤だ。何度聴いたかわからない。ただ「黒い瞳」は英語では「Black eyes」ではなくて、なぜか「Dark eyes」になっている。

(2022.01.05)

「高校三年生」を唄い続けた日

これでいいのだ!! 映画赤塚不二夫／佐藤英明監督

「山のロザリア」の作詞家・丘灯至夫のことを調べてみると、出身地の福島県小野町に記念館があり、そのサイトに作品リストが出ていた。新聞記者を続けながら作詞家として活躍した人らしいが、実に多彩な作品歴だった。初代コロンビア・ローズが唄った「東京のバスガール」の翌年、「東京のエレベーターガール」という詞を書いていて、僕は聴いた憶えがなかったので興味が湧いた。それでも、やっぱり最も有名なのは舟木一夫の大ヒット曲「高校三年生」だろう。

何年か前、一日中「高校三年生」を唄っていた（唄わされた）日があった。その日を確定するためには、まず「これでいいのだ!! 映画赤塚不二夫」の公開された年を調べねばならない。ゴールデンウィーク公開だったから、東映としては力を入れた作品だったはずだ。公開の前年の夏の撮影で、渋谷のスペイン・レストラン「ラ・プラーヤ」のオーナーシェフであるカルロス兄貴の誕生日の前日だったから、日付は七月二十五日と確定できる。

「これでいいのだ!! 映画赤塚不二夫」は、二〇一一年四月三〇日公開だった。ということは、「高校三年生」を唄わされた暑い暑い一日は、二〇一〇年七月二十五日の日曜日だったのだ。本当に暑い日で、熱中症が騒がれ始めた頃だったから、撮影スタッフたちは僕らエキストラの心配もしなければならなかった。同時録音だったらしく、本番撮影が始まると空調は切ることになり、密閉された室内はたちまち温度が上がったし、十月末の設定だったから出演者は冬服を着ていたのである。

その日は、西銀座デパートの向かいにある東映本社に午前七時の集合だった。僕が丸の内東映の隣にある東映本社に到着すると、入口に新宿ゴールデン街の酒場「深夜＋1」のカウンターに入っているユースケくんが立っていた。その日、召集が掛かったのは日本冒険小説協会の会員であり、「深夜＋1」の常連客たちだった。佐藤英明さんの初監督作品「これでいいのだ‼ 映画赤塚不二夫」にエキストラとして出演しようというのである。

ユースケくんからの連絡によると、佐藤さんには内緒だという。撮影現場で驚かせるのも目的だった。ユースケくんは役者（六〇年代末の過激派学生の役）として出演しているので、エキストラ集めを引き受けたらしい。二〇〇七年に「映画がなければ生きていけない」が冒険小説協会特別賞をもらった関係で僕も会員になり、「深夜＋1」にも顔を出すようになっていたので声がかかったのだ。

佐藤英明さんとは全国大会などでも顔を合わせていたと思うけれど、お互いをきちんと認識したのは、二〇〇七年か二〇〇八年の冒険小説協会の忘年会だったと思う。

少し遅れてきた佐藤さんは僕の後ろ姿を別の人と間違え、ふざけるように肩に手を置いて「マンセー」と言ったのだが、すぐに間違いに気付き気まずそうな顔になった。それを僕が「キム・ジョンイルです」とジョークでフォローしたので、それから口を利くようになった。

ちなみに佐藤さんが間違えた相手は、冒険小説協会の古参会員で書店で働いている方だった。見た目がキム・ジョンイルに似ているというので、その人がくると会員たちは「マンセー」と万歳の格好をして迎える。しかし、けっこうふくよかな人で、僕は「後ろから見ると、俺もあれくらい肥っているのか」と少しショックだった。その翌年、僕は十数キロのダイエットに成功するのだが、ただし、そのときのことが原因ではない。

佐藤さんは学生時代に「深夜＋1」のカウンターでバイトをし、卒業後は助監督として働いていた。僕が見て感心した松田龍平主演「青い春」（二〇〇一年）にも助監督として付いている。多くの現場を経験し、初監督作品がゴールデンウィーク公開作だから、東映の評価は高く期待は大きかったのだろう。出演者も浅野忠信、堀北真希、佐藤浩市、木村多江、いしだあゆみなど豪華だった。原作は赤塚番だった小学館の編集者・武居俊樹（赤塚マンガの中にしょっちゅう登場した）である。

東映本社の七階だったか八階に上がると、広い部屋に見知った顔ばかりがいた。ラジカセから大きな音で「高校三年生」がエンドレスで流れていた。すでに結髪さんに髪をセットされ、ツィードのジャケットを着たカルロス兄貴がいて「俺は中小企業の社長という役どころらしい」と言う。「おまえは、いいとこ経理課長だな」と笑った。「何で、高校三年生？」と訊くと、「全員に覚えさせて、劇中で唄わされるらしい」と答え、「俺たちは、今さら覚えなくても唄えるけどな」と続けた。

カルロスは昭和二十五年生まれ、僕は昭和二十六年生まれだ。小学校高学年の頃に「高校三年生」はヒットし、学生服を着てヘンな前髪の舟木一夫という歌手が直立不動で唄う姿をイヤになるほど見た。歌詞なんか刷り込まれている。

しかし、若い人たちは知らない人もいるだろうし、メロディも完全にはわからないだろう。助監督らしい人が「この歌、覚えてくださいね」と全員に向かって言った。その後、僕は鏡の前に座り結髪の女性に髪を作ってもらい、別室の衣装部屋で冬物のスーツに着替えさせられた。

撮影場所は、銀座通りから一本か二本入った「白薔薇」という古いキャバレーである。男たちは冬服を着てゾロゾロと歩いて向かわされた。

女性たちはホステスの姿（高く盛り上げセットした髪、派手な肩出しロングドレス）なのでマイクロバスで送ってもらえたが、男たちは真夏の日差しの中、冬服を着て歩くのだ。時代遅れの衣装を着て集団で歩く男たちは、異様に見えたのではないだろうか。それでも五分ほどで「白薔薇」に着いた。

結局、撮影が終わったのは夜の七時過ぎだった。ほぼ十二時間、僕らは密閉されたキャバレーの中で過ごしたわけだ。目の前では赤塚不二夫役の浅野忠信と小学館「少年サンデー」新人編集者役の堀北真希が何度も同じ演技を繰り返した。

撮影が終わるとエアコンが入り、みんなホッとしたものである。結髪さんが冷やしたタオルを配り「首筋に当てて」と言った。佐藤さんは僕と顔が合うと「おっ」という表情をしたが、エキストラの顔ぶれを見て苦笑いを浮かべただけだった。

そのキャバレーのシーンは、一九六八年十月二十一日の設定だったらしい。新宿駅に乱入した学生たちのデモ隊に争乱罪が適用されたときである。世の中は騒然としていて、赤塚不二夫の全盛期だった。学生たちはニャロメやケムンパスを愛し、大学の立て看にはイヤミやチビ太、バカボンのパパの絵が描かれた。「ナーンセンス」と叫ぶ学生たちは、赤塚不二夫のナンセンスマンガを愛読した。

完成した映画を見ると、僕が写っているのはトータルで三秒ほどだった。キャバレーの客たちが並んで「高校三年生」を合唱するシーンもシュールな感じでインサートされている。ただ、ゴールデンウィーク公開の娯楽作品としては、あまりにシュールで前衛すぎた。撮影に入る前に「深夜＋1」で話したとき、「『地下鉄のザジ』をやりたいんだよね」と佐藤さんは言った。「えー、あれってルイ・マルの中でも相当ぶっ飛んでますよね」と僕は驚いたものだった。

レーモン・クノーの原作（昔読んだけど）自体がヌーヴォー・ロマンで、かなりアヴァンギャルドである。少女ザジはパリ見物を楽しみにやってくるが、ストで地下鉄が動いていない、さて――という物語だ。それを「死刑台のエレベーター」（一九五七年）でデビューした二十五歳の若きルイ・マル監督は、「恋人たち」（一九五八年）に続き斬新な手法を使って映画化した。突然、人物がコラージュのようになるシーンもあったと思う。

残念だが、「これでいいのだ!! 映画赤塚不二夫」は客が入らなかった。数年後、若くして亡くなるまで、佐藤さんは次作が撮れなかった。唯一の監督作が「これでいいのだ!! 映画赤塚不二夫」である。僕は、ＷＯＷＯＷで放映されたときに録画した「これでいいのだ‼ 映画赤塚不二夫」をときどき見る。知り合いたちが並んで唄っている「高校三年生」のシーンは、いつ見ても笑みが浮かぶ。ただ一カ所、メロディが狂っているところがあり、気になって仕方がない。

(2022.01.08)

懐かしい「発車オーライ」の声

有りがとうさん／清水宏監督

丘灯至夫ネタばかりで申し訳ないが、彼が作詞し初代コロンビア・ローズが唄った「東京のバスガール」が好きなので、「バスガール」について書いておきたいと思う。

今、運転手さんの他に女性がひとり付くとしたら観光バスだろう。遠足や修学旅行ではずいぶんお世話になったが、今も彼女たちは乗っているのだろうか。ただし、今は「バスガール」ではなく「バスガイド」と呼ばねばならない。昔、「ビジネスガール（BG）」が「オフィスレディ（OL）」になったのと同じような理由なら、「バスガール」は使用禁止かもしれない。

子供の頃、「バスガール」という言葉は知らなかった。僕らは「バスの車掌さん」と呼んでいた。「東京のバスガール」は、路線バスの車掌さんを唄ったものだ。彼女たちは紺の制服、紺の帽子、腰を絞るベルトに黒革の大きなガマグチを下げていて、お客からバス代をもらうとその中に納め（あるいはお釣りを出し）、切符を切って渡していた。「次は花園町」などと駅名を告げ、ドアの開閉を行い、踏切を渡るときや狭い道で対向車とすれ違うとき、あるいはバスがバックするときには、バスを降り安全を確認して首から下げた笛を「ピッピッ、ピッピッ」と吹いて、安全を運転手さんに知らせていた。そのキビキビした姿を、乗客たちはバスの中から感心して見ていたものだ。

「バスの車掌」という職業は、いつ頃から生まれたのだろう。戦前、女性の仕事が限られていた頃、「バスの車掌」は看護婦などと共に女性の職業の代表的なものだったのではあるまいか。「職業婦人」という言葉があり、昔の小説など読んでいると良家の娘は働きになど出るものではないと思われていたらしい。そんな時代に「バスの車掌」は誇れるとまでは言わないが、肩身の狭い思いをしないですむ職業だった気がする。

一九三六年だから昭和十一年に公開された松竹の清水宏監督作品に「有りがとうさん」がある。二・二六事件のあった年である。原作は川端康成の掌小説で、見開き二ページしかない短さだ。伊豆を走るバスの運転手は馬車や人力車や台八車などに道を譲ってもらうと、「有りがとう」と声を掛けるので「有りがとうさん」と呼ばれている。ある日、売られていく娘が母親と一緒にバスに乗ってくる。それだけの話だが、それを清水宏は様々な乗客を乗せることで話を膨らませて映画化した。

運転手を演じたのは、まだ出演作も少なかった新人の上原謙。加山雄三のお父さんである。このバスは伊豆半島を走っているらしい。当時の風景が鮮やかに捉えられている。

途中、道路工事に従事している人たちがいて、中にはチマ・チョゴリの女性もいる。女車掌は強制的に連れてこられたらしい女性と会話をする。チョゴリの女性は「ここが終わったら、次のところにいくの」と言い、車掌の言葉に「私たちはバスには乗れないから」と寂しそうに口にする。そのエピソードが僕の記憶に刻み込まれた。

戦前のバスの車掌の仕事を生き生きと見せてくれるのは、成瀬巳喜男監督の「秀子の車掌さん」（一九四一年）だ。もちろん主演は「デコちゃん」こと高峰秀子。当時、アイドル的人気を誇っていた。運転手を演じたのは藤原鶏太。「藤原釜足」という名前は不遜だと軍部に睨まれ、戦時中は改名していたのだ。戦後、「藤原釜足」に戻り、黒澤明作品などで名演技を見せた。

高峰秀子の車掌さんを見ていると、笛を吹いてバスを誘導するなど、僕の子供の頃の車掌さんと同じ動きをしていた。この映画公開の年の十二月、日本海軍は真珠湾を攻撃する。

高峰秀子は、戦後になっても成瀬作品でバスの車掌を演じた。ただし、こちらは「はとバス」らしき東京観光のバスで、「右手に見えますのが!」とガイドをやっている。林芙美子原作の「稲妻」（一九五二年）である。公開されたのは日本の占領が終わった昭和二十七年で、僕はおむつをした寝たきり赤ちゃんだった。映画が始まってすぐに銀座通りの柳並木が写っていて、なるほど「銀座八丁、銀座の柳」と唄われた昔はこうだったのか、と納得した。

デビューしたばかりで、ほっぺたがふっくらしている二十歳の倍賞千恵子がバスの車掌を演じたのは「雲がちぎれる時」（一九六一年）だった。主演は中井貴一のお父さん佐田啓二。彼がバスの運転手を演じ、彼を慕う車掌を倍賞千恵子が演じている。ただ、佐田啓二は子供の頃から心に思う女性（有馬稲子）がいて、ある日、十数年ぶりに彼女が帰ってきて心が騒ぐ。この映画、悲劇的結末なのだけれど、倍賞千恵子の車掌ぶりを見ていると、その仕事が完全に完成されていたのがわかる。当時、日本中の車掌さんが同じように働いていたのだ。

六〇年代半ばになると、バスの車掌という職業が揺らぎ始める。僕が記憶しているのは、中学生になった頃に「ワンマンバス」が走り始めたことだ。まだ車掌さんが乗っているバスと「ワンマンバス」と表示されたバスが混在していた。

そんな時期に松原智恵子が「仲間たち」（一九六四年）という舟木一夫出演の歌謡映画で、バスの車掌を演じている。舟木はラーメン屋の店員で松原に恋心を抱いているが、集団就職で一緒に上京した仲間の浜田光夫が松原と結ばれるという六〇年代日活青春映画のパターンで終わった。

しかし日活青春映画も六〇年代後半になると、現実のバス会社の状況を反映せざるを得なくなる。和泉雅子（車掌）と杉良太郎（運転手）が出演した「娘の季節」（一九六八年）では、車掌制度をなくし「ワンマンバス」に切り替えるという会社の方針に反対して、運転手と車掌たちが抗議行動に立ち上がる。

そういうことを経て、「東京のバスガール」で唄われた職業は半世紀も前に消滅してしまった。それでも、僕は車掌さんの乗っていた混んだバスが懐かしい。「発車オーライ」の声が甦る。


(2022.01.09)

不治の病の少女たち

四月は君の嘘／新城毅彦監督

ここ一ヶ月ほど、アマゾン・プライムの配信で「難病もの映画」を十数本見た。「難病もの」の中でも少女が出てくるものが中心だった。実話をベースにした廣木隆一監督(いい監督です)の「余命1ヶ月の花嫁」(二〇〇九年)なんて、そのものズバリのタイトル作品もあったけれど、高校生の青春恋愛ものを中心に見てみた。「難病もの」では実話であることが強みになるが、ほとんどはフィクションだった。

実話の「難病もの」としては、僕らの世代には何といっても「愛と死を見つめて」がある。河野某が亡くなった恋人との往復書簡を大和書房に持ち込んで出版され、ベストセラーになった。最初は、山本学と大空真弓でテレビドラマになって人々の涙腺を緩ませた。「マコ、甘えてばかりでゴメンね」という歌詞で歌謡曲としても大ヒット。やがて、日活が吉永小百合と浜田光夫で映画化し、乙女たちの涙を誘った。東京オリンピック直前のことである。

中学生になったばかりの僕は、こっ恥ずかしくて(だいたい「マコ」「ミコ」と呼び合うのが耐えられない)ドラマも映画も見なかったが、数十年後に映画版を見て「泣かせよう、泣かせよう」と作っているなと意地の悪い感想を抱いた。

監督は「渡り鳥」シリーズなど日活アクションを多数作った人だが、本人は松竹時代に小津安二郎監督の助監督だったことを誇りとしており、純愛ドラマ「愛と死を見つめて」の大ヒットを喜んだと、スクリプターの白鳥さんが著書「スクリプターはストリッパーではありません」に書いていた。

「愛と死を見つめて」がヒットしたからだろうか、日活は吉永小百合と渡哲也を起用して「愛と死の記録」(一九六六年)という映画も公開した。監督は、後の「南極物語」では犬で泣かせた蔵原惟繕。さすがに「泣かせよう」という、あざとい作り方はしていない。原爆症の青年が恋をして、やがて死んでいく物語をきちんと見せる。デビュー間もない渡の演技が生硬だけど、親友役の若くスリムな中尾彬の演技はうまい。数十年後、ネジネジのタイで有名になるとは予想もしなかった。

さて、別に研究するつもりで見たわけではないけれど、十数本見た中から長澤まさみ「世界の中心で、愛をさけぶ」(二〇〇四年)、広瀬すず「四月は君の嘘」(二〇一六年)、浜辺美波「君の膵臓を食べたい」(二〇一七年)、永野芽郁「君は月夜に光り輝く」（二〇一九年）を取り上げて、「少女たちはなぜ死ぬのか」を分析してみようかと思ったが、「泣かせる話」にしたいからだという単純な理由に思い至った。

世の中には「泣かせる話」に感動したい読者や観客がいっぱいいるらしい。人は泣いて感動し、カタルシスを感じ、精神が浄化される。号泣することは精神的にもよいことらしく、最近は積極的に感動の涙を流すメンタルトレーニング「涙活」という言葉まであるという。先日、テレビの「モーニングショー」で特集していた。泣ける映像を流し、積極的に泣くことで癒されるらしい。

最近の「難病もの」を見てわかったのは、昔と違って死を覚悟したヒロインたちがメソメソせず明るいこと。膵臓の病を抱える浜辺美波は、自身の寿命を知りながら主人公（北村匠海）を翻弄する小悪魔的キャラクターである。光を浴びると体が発光する奇病の永野芽郁は最初から入院しているが、主人公（北村匠海）に自身のやりたいことを代行させ朗らかに笑う。「四月は君の嘘」の広瀬すずに至っては、死ぬまで自分の病気を明かさない。主人公（山﨑賢人）は彼女の死後、手紙で初めて本当のことを知る。

ところで、小説や映画の中では少女たちがどんどん死んでいくのだけれど、現実の世の中でも少女たちは死んでいるのだろうか、という疑問が昔から僕にはあった。身近に、そんな死がなかったからだったが、ある日、知人の十三歳の長女が白血病で亡くなったと知らせが入り、「そんなことが――（本当にあるのか）」と絶句した。三十年以上も昔のことだ。当時、僕自身にも十歳の息子と八歳の娘がいた。子供に先立たれる想いは想像できた。まして、まだ中学生になったばかりではないか。

Kさんは大きな声の持ち主で、豪快・豪傑といった印象の人だった。僕よりいくつか年上で酒豪でもあった。出版労連の関係で知り合い、会議の後は必ず飲むことになった。酒席でも明るく陽気に振る舞い、酔うとますます声は大きくなった。そんなKさんの長女が長く白血病を患っていたこと、十三歳で亡くなったことを知った労働組合の仲間たちは一様に驚き、絶句する以外になすすべがなかった。

いくつかの出版社の組合の代表が集まった会議の最中にもたらされた知らせだった。さすがに同じ出版社の同僚は以前から事情は知っていたらしいが、他の参加者は全員、何も言えなくなった。Kさんとよく似たタイプで仲のよかった議長のAさんが立ち上がり、「今から、通夜にいく」と会議を中座した。後で聞いた話では、一晩中、Kさんと飲み明かしたという。Kさんは、彼にお嬢さんの思い出を語り続けた。

事務局長だった僕は会議を続け、翌日から二泊三日で出版労連の討論集会に参加した。会場は熱海の旅館だった。その討論集会が終わって、神奈川県だったKさんの自宅に弔問に寄ることにした。僕を含めて三人だった。すでに葬儀も終わっていたからだ。近くの駅まで、Kさんの奥さんがワンボックスカーで迎えにきてくれた。僕らは、子供を亡くしたばかりの母親に会うことに身構えていたが、奥さんはざっくばらんな人でKさん以上に豪快で明るかった。

長く娘の白血病と向き合ってきたのだ。強くなければ生きてこれなかったのではないか。しかし、そう考えた己を恥じた。娘を亡くした母親の心を忖度するなんておこがましいことだ。Kさんは酒席を準備して待っていた。僕らは、結局、Kさんの酒の相手をしただけだったのかもしれない。

真っ先に線香をあげなければならないのに、「まずは一杯」というKさんにつられて、さっさと飲み始めたのだった。その夜も、いつもの豪快なKさんだった。

お嬢さんの骨壺と写真が置かれ、線香が立てられた台に向かったのは、小一時間も飲んだ後のことだった。十三歳。中学生になったばかり。かわいらしい少女の姿が、小さな写真に捉えられていた。そのとき、不意に涙がこぼれた。人は死ぬ。若くても、幼くても人は死ぬ――。

(2022.01.17)

アンチ「難病もの」なのか?

❀僕らのごはんは明日で待ってる/市井昌秀監督

「難病少女もの」を含め高校生が主人公の(あるいは大人になった主人公が高校時代を回想する)恋愛映画ばかり三十本近く見た中で、一番気に入ったのが「僕らのごはんは明日で待ってる」(二〇一六年)という作品だった。原作は瀬尾まいこの小説で、その原作がしっかりしているのかもしれない。僕が気に入った理由は、ヒロインの描き方だった。それに「人が死ぬ物語」に批判的(?)なところも共感した。

瀬尾まいこという人の小説は読んだことはないが、最近、本屋さん大賞を受賞した「そして、バトンは渡された」(二〇二一年)が映画化されたのは知っている。調べてみると、その他に「幸福な食卓」(二〇〇六年)と「天国はまだ遠く」(二〇〇八年)が映画化されていた。僕は北乃きいが高校生を演じた「幸福な食卓」は見ているのだが、物語はほとんど忘れてしまった。ただ、「よくできているな」と思ったことは記憶にある。

「僕らのごはんは明日で待ってる」の原作がしっかりしているという印象を持ったのは、随所に気の利いたセリフが散りばめられていたからだ。映画が始まって二十分ほどの間に、いくつもの気になるセリフがある。主人公とヒロインのやりとりだけで飽きないし、笑みが浮かぶ。僕好みのヒロインだとはいえ、ポンポンと繰り出すセリフの魅力で、さらに好ましく見えてきた。新木優子という女優のファンになってしまった。

映画が始まってすぐ、教室の窓から空の雲をボーッと眺めている主人公・葉山亮太が映る。フレームの外から「あのさ、たそがれてるとこ、悪いんだけど」と女子生徒の声が聞こえる。見上げると上村小春が立っていて、「葉山君、米袋ジャンプでいいかな」と言う。体育祭のミラクルリレーの第三走者の枠だけが残ったらしい。

次のシーンでは大きな米袋に入った上村が袋を広げて、「さあ、入って」と葉山を促す。「葉山君、暗いでしょ。だから誰もペアになる人がいなくて、体育委員の私が仕方なく」と言いにくいことをポンポンと口にする。その屈託のなさとハキハキした物言いに、「いいなあ、この娘」と好感を抱いた。

シーンが変わると、葉山が校庭の隅のベンチで堀辰雄の「風立ちぬ」の文庫本を読んでいる。上村が廊下の窓から葉山に気付いてやってくる。そのときのふたりのやりとりが以下のようなものだった。上村はポンポンと早口で言い、葉山は戸惑いがちにゆっくりと答える。

上村「死ぬ人の出てくる小説ばっか、読んでるんだね」
葉山「そう――死んだ人の出てくる小説ばっか、読んでる」
上村「『風立ちぬ』二回目だね。気に入ってるの？」
葉山「いや、特に」

このとき、葉山が「風立ちぬ」をまた読んでいるのに上村が気付いたということは、上村が以前から葉山に関心があったことを観客に伝えている。この時点で、葉山がなぜいつもたそがれているのか明らかにされないが、「死ぬ人の出てくる小説ばっか」読んでいることへの辛辣な響きが、上村の快活で明朗な口調からでもうかがえるのだ。

このセリフのやりとりを聞きながら、僕は「人の死なない小説」より圧倒的に「死んだ人が出てくる小説」の方が多いだろうな、と考えた。このやりとりの中に作者は「死んだ人の出てくる小説」に対するアンチテーゼのようなものを含ませているのだろうか、とも推察した。しかし、その一方、どんな形であれ「人の死」とまったく無縁な小説って可能なのか、とも疑義を呈したくなる。

案の定、葉山がたそがれている原因は身近な死者の存在だった。中学生のとき、十七歳だった兄が病死したのだ。その死を引きずっている葉山は、クラスの誰とも交わらず、ひとりたそがれている。そんな葉山の憂愁に関係なく、上村はズカズカと踏み込んでくる。そして、ミラクルリレーで優勝した後、上村は葉山に告白する。そのシーンの会話もよくできていて、僕は思わず笑ってしまった。

上村の告白を断った葉山だったが、彼女が気になって仕方がない。インフルエンザで上村が休んだ日、葉山は彼女の自宅に見舞いにいく。そこで「好きになるのが怖いんだ」と告白する。その後のやりとりも笑いを誘うのだけれど、ふたりが土手を散歩しながらの会話がいいんだなあ。こんな女子高生に会ってみたかったなあ。現実にはいないと思うけど――。そして、別れ際、彼女は言う。

「それと、私、今のところ死ぬ予定ないから。インフルエンザにはうっかりかかっただけで、基本、健康だから」

これは、あきらかにヒロインを不治の病にして読者や観客の涙腺を緩ませようとする安易な物語作りに対する挑戦的な言辞である、と僕は思わず膝を打った。

登場人物を安易に難病にすることで劇的効果を狙う作家（たとえば、登場人物をすぐに末期ガンに設定する泣かせ専門で映画化作品も多い某直木賞作家とか）に対する明確な批評的セリフではないか。

しかし、この映画も「難病」とは言わないが、後半で「命に関わるかもしれない病」が物語のキーになってくる。その病はヒロインの「夢」が潰えるか否か、に関わるのだ。あまりに残酷な、致命的な病なのである。人は死なない物語かもしれないが、死と無縁な物語を成立させるのはむずかしいのかもしれない、と僕は再び思った。おバカで脳天気な物語（昔の東宝喜劇みたいな映画）なら別だろうけど——

ちなみに、ヒロインが気に入った要素のひとつに、新木優子がひっつめ髪で登場することがある。ポニーテールというより、ひっつめ髪である。こんな髪型、小顔で、よほどの美形じゃないと無理だと思う。それに、ぼんやりしている男をリードするハキハキしたヒロイン像は素敵だった。加えて、大きな声では言いたくないが、上村小春のおばあちゃん役で松原智恵子が出ているのもいいですね。

ところで、気になったので原作を読んでみた。後半のストーリー展開は大きく変えて脚色しているけれど、セリフはすべて原作にあるものだった。いいセリフだけ全部使ってるという感じです。原作は葉山亮太の一人称なので彼の内面がわかる分、ボーッとしたキャラクターじゃなくなっています。ということで、映画化作品の方が僕は好きだなあ。

（2022.01.18）

スキャンダルの時代

喧嘩太郎／舛田利雄監督

先日、石原裕次郎主演「喧嘩太郎」（一九六〇年）を見ていたら、冒頭の出演者クレジットの中に「三浦和義」という名前が出てきて「エッ」と思ったが、すぐに思い返して「あり得るな」と考えた。石原裕次郎を見い出したのはターキーこと水の江瀧子であり、日活でデビューした後、一年ほど石原裕次郎は水の江家で行儀見習いをしていたからだ。水の江家に三浦和義は子供の頃から出入りしていた。

数十年後、日本中で誰もが知っているほど有名になる輸入商・三浦和義は水の江瀧子の甥だったし、隠し子なのだという噂もあった。としたら、日活のプロデューサーとして活躍し、初期裕次郎映画のほとんどを製作したターキーの作品に子役として出演していても不思議ではない。映画の中では重要な子役（八歳くらいか）でセリフも多く、確かに後年の面影もあった。彼の姉の役は、後に深作欣二夫人となる若き中原早苗だった。

水の江瀧子は戦前、松竹歌劇団（ＳＫＤ）で「男装の麗人」とうたわれた人である。戦後、松竹歌劇団は淡路恵子、草笛光子、芦川いづみ、倍賞姉妹など多くの女優を送り出す。僕が水の江瀧子を知ったのはＮＨＫの人気番組「ジェスチャー」の紅組リーダーとしてだったが、彼女が映るたびに父母は「昔は男装の麗人だったんだよ」と懐かしそうに口にした。確かに、その頃も髪は短くしていたし、スカートを履いた姿は記憶にない。男っぽい人だったのは確かだ。

水の江瀧子は戦前の松竹映画に女優としても出演しているが、戦後は日活のプロデューサーとして活躍した。ところが、「サンダカン八番娼館・望郷」（一九七四年）を見たとき、ものすごい存在感のある老女優が元娼婦の姉御として登場してきて「あれ、一体誰だ？」と思いながら見終わり、クレジットタイトルで水の江瀧子とわかったときには驚いた。日活出身の熊井啓監督が「是非に」とオファーしたに違いない。女優としての実力も凄いのだと実感した。

三浦和義の事件が大騒ぎになっていた頃、僕は彼と水の江瀧子との関係などまったく知らなかったし、ワイドショー的大騒ぎを横目に見ていた。あれは、もう四十年近く前のことになる。ちょうど、新潮社が創刊した写真週刊誌「フォーカス」がスキャンダル路線に切り替えて売れ始め、それを見た講談社が「フライデー」を創刊し追随した頃である。

出版界（特に大手）には、オリジナリティを尊重する美徳はない。売れれば真似をする（二匹目のドジョウの方が成功する）商業主義しか存在しない。だから、「フライデー」はより過激なスキャンダル路線を選んだ。

一九八四年に「週刊文春」が「疑惑の銃弾」という記事を掲載したのが、三浦和義を巡る騒ぎの発端だった。ロサンゼルス郊外で日本人夫婦が拳銃で襲われ、妻は重体になり後に日本に運ばれて死亡。夫は太股を撃たれた。妻に多額の保険がかけられていたことから、夫に疑惑の目が向けられることになった。週刊誌報道によってテレビのワイドショーが騒ぎ出し、三浦本人も独占取材に応じたりした。

そこから一年にも及ぶ大騒ぎが始まった。マスコミは連日、三浦和義を追いかけた。折しも写真週刊誌全盛（いろんな出版社から何誌も創刊された。文春が出したのは「エンマ」だったかな）の時期にぶつかり、三浦和義は売れっ子タレント並に引っ張りだこだった。そんな中、ある男性誌では三浦和義を正装させ、報道写真の大御所的写真家（当時すでに東京都写真美術館が作品を買い上げていた）を起用してグラビアを組んだ。まるで売れっ子モデルの扱いだった。

その頃、僕は「フォトテクニック」というカメラ雑誌編集部にいたので、その写真の二次掲載をさせてもらった。タキシードを着た三浦和義の写真を大きく見開きで掲載し、写真家に取材した記事を添えた。どういう意図で撮影したか、が記事のメインだった。そのページは話題の写真を取り上げることをコンセプトにしていた。だから、写真週刊誌に載った写真もよく二次掲載させてもらった。「フォーカス」の写真デスクは昔からよく知っている写真家で、日芸写真学科でゼミも持っていた。だから、無理を聞いてもらえたのだ。

新潮社が創刊した「フォーカス」は、最初は志の高い写真週刊誌だったと思う。これは僕の推察だが、「ライフ」のような雑誌を目指していたのではないか。一枚の写真は多くのことを語る。「ライフ」から生まれた傑作は数多い。「フォーカス」の目指したものは、それと変わらなかったと思う。でなければ、藤原新也さんの連載など始めるわけがない。犯罪現場を大型ビューカメラで撮影した藤原さんのシリーズは、今もくっきりと記憶に残っている。

しかし、「フォーカス」は商業主義に敗北する。ある号で、藤原新也さんは見開きページで犬が人間の死体の一部をくわえている写真を掲載した。「メメント・モリ（死を思え）」という言葉を僕はその記事で初めて知った。しかし、日本で最も宣伝費を使う某洋酒メーカーは、そんな写真を掲載する媒体には広告を出さないと圧力をかけたと聞いた。新潮社発行のすべての雑誌から、その洋酒メーカーが広告を引き上げたら、新潮社はいくらの損害を被るのだろうか。

版元は敗北した。当たり前だ。いくら名の売れた出版社だといっても、日本の経済界の中ではたかが知れた弱小企業である。広告引き上げを言われれば、全面降伏するしかない。出版だけではない。民放も新聞も同じだ。その何年か後、文春が月刊「マルコ・ポーロ」で「ナチのガス室はなかった」という記事を掲載したとき、ユダヤ資本からの広告引き上げのプレッシャーを受け、雑誌を廃刊にして編集長（名の知られた人だった。今は右派雑誌をやっている）を左遷したのと同じだ。「フォーカス」創刊時から続いていた藤原新也さんの連載は終わった。

その後、「フォーカス」はスキャンダル路線に舵を切り、部数をどんどん伸ばした。それを見た他の出版社が放っておくはずがない。「フライデー」は、最初から過激なスキャンダル路線を採用し、やがてビートたけしとその軍団に編集部を襲撃されることになる。あの時代は、まさにルールも仁義もない過激な「スキャンダルの時代」だった。もちろん、今だって「スキャンダルの時代」ではあるが、あの頃に比べるといくぶん抑制されているんじゃないだろうか。だからいいってモンじゃないと思うけど——。

ちなみに、三浦和義はあの大騒ぎから二十数年後、二十一世紀になってグアム（サイパンだったかも）へ旅行したとき、アメリカで指名手配になっていたらしく逮捕されてロスに移送され、拘留されているときに拘置所でTシャツをロープ代わりにして首をくくった。そのニュースを知った日本人の多くは、「やっぱり、殺してたんだよ」と思ったかもしれない。僕は、ひどく虚しい気持ちになったことを憶えている。
（2022.01.28）

トトロの想い出

となりのトトロ／宮崎駿監督

少し前にロシア民謡の話でマンドリンのことを書いたときに十二弦ギターを連想し、十二弦ギターを使った曲で有名なのは、やはりザ・イーグルスの「ホテル・カリフォルニア」かなと考えた。「ホテル・カリフォルニア」は一九七六年の曲だが、僕は一九七〇年三月でアメリカン・ポップスやロックとの接点がなくなっている。

中学一年生からラジオで毎週アメリカン・ヒットチャートを追っかけていた。小島正雄（後にテレビ「11PM」の司会）の番組で毎週、ビルボード誌とキャッシュボックス誌のトップ10が発表になった。それでも、情報は一週間遅れだったと思う。たまに国際電話をかけて最新のヒットチャートを直接レポートしたが、通信状態が悪く音声はよく聞こえなかった。

僕のアメリカン・ヒットチャートのフォロー（毎週、ノートに付けていた）は一九六四年に始まり、一九七〇年三月に終わった。その年の四月に僕は上京し一人暮らしを始めたからだ。布団袋と本を詰めた段ボール箱ふたつを国鉄のチッキ（昔の人しかわからないだろうなあ）で送っただけで、机ひとつない生活を僕は始めた。結局、僕がラジカセを手に入れるのは、それから十年近く後のことで、ステレオを購入したのはさらに数年後だった。すでにCDの時代になっていた。

ということで、僕の中では七〇年代以降の音楽関係の情報がすっぽりと抜け落ちている。その代わり、デビュー当時のビートルズよりベンチャーズの方が日本では人気があったとか、ローリング・ストーンズは「ロンドン乞食」と呼ばれたとか、ビーチ・ボーイズのブライアン・ウィルソンはサーフィン（当時は「波乗り」と言った）はおろか海にさえ入れないとか、どうでもいいことは知っている。

だから、僕にとって十二弦ギターの名曲と言えば、「ホテル・カリフォルニア」より十年遡るホリーズの「バスストップ」なのである。一九六六年、あのイントロを聴いたときのショックは今も記憶している。この音は何だ、という感じだった。中学三年生である。まだ、十二弦ギターの存在を知らなかった。ただし、「バスストップ」はヒットチャート五位にとどまった。

「バスストップ」の歌詞は単純だ。雨の停留所に佇む若い女性に声をかけて恋に落ちるという内容である。十四歳で最初に聴いたときも「アンダー・マイ・アンブレラ」と唄うところだけは聞き取った。以来、半世紀以上が過ぎ去っても「バスストップ」は僕の記憶から消えず、ときどきメロディーが浮かんでくる。

「となりのトトロ」（一九八八年）を見たときにも「バスストップ」のメロディーが浮かんだ。メイと五月がトトロと出会う雨のバス停のシーンである。バス停にやってくるのは猫バス。初めて見たときは少しグロテスクだなと感じたが、その後、大の猫好き（今は実家の老猫と一緒に寝ている）になってから猫バス・ファンになり、那須の「どうぶつ王国」では実際の猫バスにも乗った。

ちなみに「となりのトトロ」と「火垂るの墓」が二本立てで公開になったのは一九八八年四月十六日のことだった。そのアニメ二作は評判になり、ゴールデン・ウィークが過ぎても映画館は満席だった。僕は空いたらいこうと思っていたが、結局、五月半ばまで見ることはできなかった。見てきた人は「どちらを先に見るかが大事」と、皆そろって謎めいた言葉を口にした。

五月半ばを過ぎた週末のことだった。当時、僕は出版労連の家庭書共闘会議（十数社の出版社の労働組合で組織していた）の事務局長という役を引き受けていて、毎年、各社の春闘が終わった段階で総括のための泊まり込み会議を開いていた。そのときは、秋川渓谷で一泊して討議をすることになった。参加者は十数人である。

土曜日の午後に集合の予定だったが、M出版のIさんは少し遅れてやってきた。二時間ほどの会議を終え、河原でのバーベキューの準備をしていた頃だった。「すいません。『となりのトトロ』を見てきたので」と、Iさんは言った。「いいなあ、見たいなあ」とイヤミではなく僕は答えた。「失敗しました。先にトトロ見ちゃったんです」と、Iさんは笑った。

その日、春闘の総括を話すはずが、いつの間にか「となりのトトロ」が如何によいか、という話に終始した。初夏の秋川渓谷の河原でのバーベキューである。ビールは進む。さらに焼酎のビンが空になる。そんな中、「そりゃあ、『火垂るの墓』を見ちゃったら、辛くて泣くでしょ。後で『となりのトトロ』を見てホッコリして映画館を出るのが正しい順番」と、編み物関係の出版社に勤めるSさんが言った。

その夜は、落花狼藉というか酒池肉林（？）というか、いつの間にか場は収拾がつかなくなっていた。「局長」と誰かが僕のことを呼んだ。事務局長になったとき「局長」と呼べ、と言っていたからだ。もちろん、それは新選組局長を連想してのことだ。司馬遼太郎の「燃えよ剣」を高校生の時に読んで以来、本当は「副長」の方がよかったのだけど、まあ局長でもいいか、というノリだった。

翌朝、大広間の布団の中で目を覚ました僕は、隣に敷かれた布団に女性が寝ているのに気付いた。その長い髪を見ると、間違いなくSさんだった。

編み物関係の出版社に勤めるSさんは僕の十歳上で、僕が入社早々の新人で訳も分からず家庭書共闘会議の連絡員として初めて会議に出席したとき、組織結成以来の歴史を語り「がんばりなさいよ」とまったく期待せずに励ましてくれたが、いつの間にか僕の方が事務局長になってしまった。

　Sさんは、ずっと共闘会議の会計担当だった。独身で、浮いた噂も聞いたことがなかったが、ときどき飲み過ぎて羽目を外すことがあった。僕は最初にSさんと会ったとき、フーテンの寅の妹の「さくら」を連想した。彼女が苗字の一文字をとって「さくらさん」と呼ばれていたからだが、僕は何となく倍賞千恵子的雰囲気を感じてもいた。容貌もどことなく似ている気がした。

　そのSさんが隣（少し離れていたけれど）の布団で寝ていた。僕の視線に気付いたわけでもないのだろうが彼女は目を覚まし、僕と目が合うと驚いて両手で顔を覆い「寝起きの顔、見ないでよ」と言い、「どうして、私の隣で寝てるのよ」と責める口調になった。「知りませんよ。どうして女性部屋にいかなかったんですか」と、僕は濡れ衣を着せられた男のように「冤罪だ〜」と叫びたい気分だった。

　数年前、出版労連に出ていた頃の知人と飲み屋でばったり会ったとき、Sさんの話になった。あの泊まり込み会議からは三十年の月日が流れていたし、Sさんが定年退職したことは聞いていた。僕がSさんの消息を尋ねると、その人は「亡くなったと聞いたよ」と答え、僕は絶句した。起き抜けの顔を両手で隠したSさんの姿が浮かんできた。

（2022.02.02）

後味悪いぞ、清張作品

霧の旗／山田洋次監督

　母はずっと施設にいるし父がまた入院したので、ほとんどの時間を実家で過ごすことになった。父がいるときは夜は実家で寝て（夜中にときどき父の酸素吸入が止まったりする）、起きると父の朝食をすませ、朝刊を取り入れ、ゴミ出しをして自分の家に戻る。午前中、一度実家をのぞき、昼は食事を作って父と一緒に食べ、また自分の家に戻る。

　夕方に実家で父の入浴と食事を介助し、僕は戻って酒を飲む。父は自分がまったく飲まないので、酒を飲むことを罪悪のように思っている。そんな人の前で晩酌などできるわけがない。介護ストレスが余計に募るだけだ。だから、自分でつまみを作り二時間ほど配信やＤＶＤで映画を見ながら酒を飲み、父が寝た頃に実家へいきベッドに入る。

　父が入院すると実家にずっといることになるのは、老猫がいるからである。ひとり（一匹？）にするのは忍びない。ずっと僕が面倒を見ているので一番僕になついているし、夜は同衾している。もっとも、午前三時頃になると僕の枕元で香箱座りをして、片手で僕の頭をつつき「庭に出たい」とねだるのが困りものではある。それでも、猫のおかげで生活に潤いがある。

　僕の家にはテレビがないので、先日、久しぶりに実家でＢＳ放送を見ていたら「霧の旗」をやっていた。ヒロインは相武紗季だから、けっこう前のドラマの再放送なのだろう。僕は相武紗季がドラム少女を演じた映画「ビート・キッズ」（二〇〇四年）が好きで相武紗季を贔屓にしていたのだが、いつの間にか人気女優になった。しかし、最近ではあまり見かけない。

「霧の旗」で敏腕のエリート弁護士を演じていたのが市川海老蔵で、「あれっ、こんな若い設定だったっけ」と思った。僕のイメージでは、もっと年輩の経験豊富な弁護士である。それは、映画版で老練な役者が演じたからかもしれない。倍賞千恵子主演・山田洋次監督版「霧の旗」（一九六五年）では劇団民芸の重鎮・滝沢修、山口百恵主演・西河克己監督版「霧の旗」（一九七七年）では三國連太郎が弁護士を演じている。

山田洋次は野村芳太郎監督の弟子筋にあたるので、珍しくサスペンス作品を監督したのだろう。野村芳太郎監督は松本清張の短編を膨らませて傑作「張り込み」（一九五八年）を作り、以降、「ゼロの焦点」（一九六一年）「影の車」（一九七〇年）「砂の器」（一九七四年）「鬼畜」（一九七八年）「わるいやつら」（一九八〇年）「疑惑」（一九八二年）などを作る。「ゼロの焦点」「砂の器」の脚本には山田洋次が参加した。

山口百恵は主演第一作「伊豆の踊子」（一九七四年）では相手役募集を大々的に宣伝した（僕の友人も応募した）が、結局、「素人は使いたくない」という西河監督の意向で、すでにテレビドラマ「剣道一本」（「柔道一直線」の後番組）の主演もあった三浦友和を指名した。その後、ふたりは百恵・友和コンビとして売り出し、テレビCMでは商業映画に進出する前の大林宣彦さんが演出している。

ふたりのコンビ作品は「潮騒」「絶唱」「風立ちぬ」など定番の純愛ものが続いたが、百恵自身は「霧の旗」でイメージを変えたかったらしい。陰のある女優（歌手）だから向いていたと思う。復讐に凝り固まったヒロイン役なので恋愛の入る余地はないのだけれど、ヒロインに好意的な週刊誌記者の役を膨らませて三浦友和にあてている。先日見た相武紗季版では、アズマックスこと東貴博が演じていた。

強盗殺人で起訴された兄を無実と信じる桐子は、エリート弁護士の大塚に弁護を依頼するが冷たく断られ兄は獄死。数年後、大塚弁護士の愛人が殺人現場に遭遇し、その場に偶然立ち会った桐子は真犯人の証拠を隠蔽し、愛人が落としたイヤリングを現場に残す。愛人は逮捕され、彼女を愛し無実と信じる大塚弁護士は桐子の前にひざまづき、証拠を渡してくれと懇願する。桐子は冷たく拒否し、誘惑して大塚を破滅に追いやる――という物語。原作が出たのは七十年近く前になる。

「霧の旗」の映画化は二度だが、調べてみるとテレビでは一九六七年から二〇一四年まで四十七年間に九回もドラマ化されていた。古い方から順に、広瀬みさ・芦田伸介、栗原小巻・三國連太郎、植木まり子・森雅之、大竹しのぶ・二谷英明、安田成美・田村高廣、若村麻由美・仲代達矢、星野真理・古谷一行、相武紗季・市川海老蔵、堀北真希・椎名桔平と続いている。広瀬みさと星野真理は好きな女優なので、ちょっと見てみたい。

それにしても、なぜ未だに清張作品はこんなに人気があるのか。それも「黒革の手帖」とか「けものみち」「わるいやつら」など後味の悪いイヤな話ばかり。「世の中は悪党が栄える。そんなものだ」という認識がいきわたっているからだろうか。昔のような勧善懲悪ドラマを求めているわけではないけれど、もう少し後味のいい話にならないものか、と無いものねだりをしたくなる。

僕にとって松本清張は、時代小説作家だった。高校生で初めて読んだのが「西郷札」、続けて長編「火の縄」、さらに「無宿人別帳」「かげろう絵図」などだ。どれも暗い（特に「無宿人別帳」は読んで落ち込んだ）時代小説で、高校生には納得がいかない部分もあった。現代ミステリは「ゼロの焦点」と「砂の器」しか読んでいないが、「砂の器」は恩人の警官を殺すことに納得できず、巡礼親子のさすらうシーンが評判の映画版も「どこで泣くんや」と思った。

後味の悪さで言えば、「鬼畜」が一番かもしれない。三人の幼い子供を棄てる（殺そうとする）親の話で、これだけ幼児虐待が騒がれている現代では衝撃はないかもしれないが、初めて見た四十四年前、見終わって「勘弁してくれよ」と思ったことをよく憶えている。

最近のイヤミス（嫌な読後感のミステリ。湊さんの「告白」あたりから言われ始めた）の始祖は、松本清張ではないか。その遺伝子が日本ミステリ界に拡散した。

（2022.02.05）

どんなことも否定できる？

❀否定と肯定／ミック・ジャクソン監督

どんなに自明のことでも「否定」しようと思えばできるのだと、以前にドナルド・トランプの言動を見ていて思った。地球の温暖化は嘘だと否定し、選挙に不正があり自分が勝っていたと言い続ければ、アメリカ国民の多くが信用する。共和党支持者のほとんどが「バイデンは選挙を盗んだ」と信じているらしい。これでは、またトランプが復活するかもしれない。日本人の僕でさえ「悪夢」だと思う。

トランプは自分の都合の悪いことは、すべてフェイクニュースだと主張し切り捨てた。自画自賛を繰り返す。自明のことでも否定し、存在さえしなかったと言い続ける。こんな人間がいるのか、とトランプの言動を見て何度も思った。下品で、下劣で、愚劣な卑怯者である。差別主義者（レイシスト）の常ではあるが、他者へのリスペクトはまったくない。それでいて、自分への敬意は要求する。

もっとも、独裁的な権力者は皆同じなのかもしれない。ドナルド・トランプと同じ匂いをプーチンにも感じていたが、ウクライナ侵攻以後のプーチンは明らかな嘘を平気で口にしている。世界中から孤立しているのに、自分が正しいのだと主張し、反対するものを弾圧する。それに対して、世界はなすすべがない。狂気の独裁者を止められない。それを支持する民衆がいる。絶望的な思いに捉われる。

「否定と肯定」（二〇一六年）を再見し、ヒロインを提訴する歴史学者デイヴィッド・アーヴィングの言動にトランプやプーチンを連想した。数年前にも面白く見たのだけれど、あれはトランプが大統領戦に出ていた頃かもしれない。ジョン・ル・カレ原作の「ナイロビの蜂」（二〇〇五年）を見て以来、レイチェル・ワイズというイギリスの女優が好きになり、その流れで見ることになった映画である。

レイチェル・ワイズには、実在した古代（四世紀末）の哲学者・天文学者ヒパティアを演じた「アレクサンドリア」（二〇〇九年）という秀作もある。知的な女優だから、そういう役が似合う。「アレクサンドリア」では、キリスト教徒による破壊から図書館を守ろうと懸命に戦い、最後は異教徒として殺されてしまう。その姿に宗教とは別次元の知性の重要性が象徴的に描写されていた。

「否定と肯定」でも彼女が演じたのは、ナチスとホロコーストの専門家である歴史学者だ。「否定と肯定」は事実に基づく物語である。原作はアメリカの歴史学者デボラ・E・リップシュタットの回顧録。イギリスの歴史学者で「ナチのガス室は存在しなかった」と主張するアーヴィングを自著の中で批判的に書いたため、彼女はイギリスの裁判所に名誉毀損で訴えられる。裁判は二〇〇〇年に行われ注目を集めた。登場する人物たちは全員が実在し、現在も活躍している。

アメリカでは名誉毀損で訴えれば原告側に立証責任があるが、イギリスは逆に被告側に立証責任があるという。そこで、アーヴィングはイギリスでのデボラの著書の版元ペンギン・ブックスと著者を訴えたのだ。デボラはユダヤ団体などの支援（映画の中でスピルバーグ監督も支援したと出てくる）を受け、訴訟を受けて立つことにする。

ディック・フランシスの競馬シリーズに弁護士が主人公のものがあり、イギリスの弁護士システムや法曹界に少し詳しくなっていたので、デボラが選んだ弁護士アンソニーと初めて会ったときの会話もよくわかった。アンソニーはダイアナ妃の離婚を扱った弁護士で、「僕は事務弁護士。法廷には立たない」と説明する。イギリスでは事務弁護士と法廷弁護士がいて、完全な分業になっているのだ。

法廷弁護士リチャードは経験豊富で老練。裁判前にアウシュヴィッツにいくシーンがあり、ヒロインのデボラから見ると感情を見せない冷徹な男に思えるが、裁判に勝つために様々な調査をし、それが後に法廷での切り札になる。ふたりの弁護士は、収容所から生き残ったユダヤ人たちもデボラ本人も証言台に立たさない方針を取り、デボラは激しく抗議する。しかし、それが勝訴への緻密な作戦であることを次第に理解する。

ホロコースト否定論者のアーヴィングは、「ヒトラーがユダヤ人虐殺を命じた証拠はどこにもない」と主張し、「ガス室と言われてきたのは、防空壕だった」と著書でも書いている。法廷弁護士のリチャードは彼が都合よく資料を解釈し、それが反ユダヤ主義に基づく意図的なものだと反証していく。しかし、アーヴィングはどんなに劣勢になっても、自分の主張を曲げることはない。本当にドナルド・トランプみたいだ。

アーヴィングはネオナチ集会や保守派の政治集会に出て演説していた映像を証拠に、人種や性別に対する差別主義者であることも暴かれる。しかし、裁判所前のマスコミには「人種差別主義者なんかじゃない。私のスタッフにはナイジェリア出身の女性もいる。彼女は魅力的な胸をしている」と話し、女性レポーターから「今、何とおっしゃいました?」と聞き返される。トランプそっくり。まったく自覚していない。

しかし、ガス室の存在もホロコーストがあった事実も証明され敗訴しても、アーヴィングは自分の負けを認めない。以前と同じように「ヒトラーがユダヤ人虐殺を命じた証拠はなく、ガス室も存在しなかった」とテレビ・インタヴューで答えているのを見て、デボラがスイッチを切るところで終わる。結局、勝訴しても否定論者が自己の主張を繰り返すのを止められない諦めが先に立つ。誰もトランプやプーチンの嘘を止められないのと同じだ。

自らのアジテーションで支持者たちが国会を襲撃し、何人もが死んだ騒ぎを「暴動ではなく愛国的行動だ」と主張し、「選挙は盗まれた」と言い続ければ賛同する人間が何千万人もいる世の中だから、アーヴィングの「ホロコーストはなかった」という主張を信じる人もいるだろう。日本にだって「南京大虐殺はなかった」と主張する人はいる。「中国が主張する犠牲者三十万人は嘘っぱちで、三万人くらいだった」と言う人もいて、僕は「数の問題ですか」と思ったことがある。

ちなみに勝訴後のマスコミ相手の取材で、ペンギン・ブックスの広報担当が「ペンギン・ブックスはD・H・ロレンスもサルマン・ラシュディも守ったように、今回はデブラ・E・リップシュタットを全面的に支援しました」と話していたのが印象に残った。「チャタレイ夫人の恋人」はイギリスでも裁判沙汰になったらしい。しかし、ムハンマドを作中で侮辱したとイスラム過激派から暗殺命令が出た作家サルマン・ラシュディを記憶している人は、今、どれくらいいるだろう。

(2022.02.06)

ボロアパートの不思議な住人

㊙黒い河/小林正樹監督

高松市の交通機関はJRと琴平電鉄が中心で、琴電は高松築港からふたつ目の瓦町駅がターミナルになっている。瓦町からは志度線、長尾線、琴平線の三路線が出ていて、駅ビルにはスタバをはじめ様々なショップが入っている。八階には市立図書館分館もある。三階はジュンク堂と丸善が入っていて映画本の棚には僕の「映画がなければ生きていけない」が開店以来並んでいる。まったく売れないのか、売れた後も補充してくれているのかはわからない。まあ、（僕の本が並ぶほど）品揃えは充実している。

その瓦町駅まで早めに歩くと四十分、ゆっくり歩くと五十分なので、ときどき散歩がてらに歩くことがある。近くの琴電の駅まで歩いても十五分ほどかかるので、それだけ歩くならいっそ瓦町まで歩こうか、という気分になるのだ。琴電バスの停留所は五分足らずのところにあるのだが、何しろ一時間に一本しか走っていない。時間帯によっては二時間も空くことがある（「路線バスの旅」のルートになったら苦労しそうだ）。

瓦町まで歩く途中に僕が生まれた家があり、今も人が住んでいる。父がそこを売ったのは、五十年近く昔のことだ。今の場所に引っ越したのが僕が十二歳のときだから、そちらの家は十数年間は賃貸にしていたのだろう。さすがに七十年以上経って、すごいことになっている。よく建っていると思う。

元は裏庭がありイチジクの木もあったが、それをつぶして二階建てのアパートにした。そのアパートを増築したのが僕が小学校低学年の頃だ。棟上げで餅を投げた記憶がある。「ソゴー、こっちに投げろ」と、ガキ大将の中村薫が叫んでいた。

最初に建てたときは何か店をやるつもりで玄関を広くしておいたらしいが、その玄関の半分をつぶして三畳くらいの洋間にし、そこを兄が使っていた。玄関奥には縁側があり、客はそこに腰を下ろして父母と話をしていた。

その縁側のガラス戸を開けると三畳の和室で、小学生になってからそこが僕の部屋になった。襖を開けると六畳ほどの和室で両親はそこで寝起きしていた。食事もそこでとり、その奥に薪で焚く浴室があった。便所（もちろん水洗ではない）はアパートと共用で、あまり思い出したくはない。

若き仲代達矢が注目された小林正樹監督の「黒い河」（一九五六年）には、昭和三十年代の古いアパートが出てくる。様々な人物が住んでいるが、当時はひと間に一家四人で暮らしているのは当たり前のことだった。そのアパートに貧乏学生の渡辺文雄が布団袋ひとつと本だけをリヤカーに積んで引っ越してくる。住人たちは問題があると寄り集まって相談するのだが、大学生の渡辺文雄は何かと頼りにされる。便所から汲み取った糞便を、アパートの前の畑に肥料として撒くシーンもある。

「黒い河」のアパートを見るたびに、僕の家のアパートを思い出す。新築ではあったが、古臭いボロアパートのイメージがあるからだ。アパートの一階は四畳半の部屋がひとつ、三畳がひとつあり、共用の洗面所兼炊事場があったのだろう、アパートの部屋には炊事場はなかった。二階は四畳半が三部屋と三畳がひと部屋あった。いろんな人が入っていたが、記憶に残っているのは、ひとり暮らしのお姉さんと、一階奥の三畳の部屋にずっと住んでいた父と娘のことである。

ひとり暮らしのお姉さんは、いつも着物姿だった。昼間もいたし、夜もいたのではないだろうか。今から考えてみると、一体何をしていた人なのだろうと考えてしまう。水商売なら夜には出かけていたはずだが、そんな気配もなかった。他には「おめかけさん」が疑われるけれど、誰かがきていた様子もなかった（僕が知らないだけかもしれないけれど）し、何より、あんな貧相なアパートに「おめかけさん」を囲うとは思えない。

しかし、お姉さんはお金持ちだった。高価なテレビを最初に購入したのだ。我が家にテレビが入るのはそれから数年後だから、けっこう早かったのではないか。僕と兄はテレビが見たくて、二階にあがる階段をいったりきたりしたものだ。「テレビ見せて」と言い出せなかったのである。あるとき、僕らの動きに気づいたお姉さんは「テレビ見においで」と言ってくれた。

それ以後は、夕方になると「進ちゃん、『七色仮面』始まるよ」と声をかけてくれるようになった。まだ波島進が主演だったから、昭和三十四年のことだろう。僕は八歳だった。それから主役が千葉真一に変わり、後番組の「アラーの使者」もお姉さんの部屋で見た。テレビ番組の放映時期から推察すると、お姉さんは新築のアパートに入り数年間住んでいたことになる。

三畳に住んでいた父娘とは、ほとんど話した記憶がない。たぶんアパートができたときから入居し、父がその家を売るまで住んでいた（と母が話していた）。昭和三十四（一九五九）年から昭和五十（一九七五）年代半ばまでだと思う。部屋代は、かなり安かったはずだ。更新料だってない。そんな小部屋に父娘ふたりでずっと住んでいなければならないほど、貧しいといった印象ではなかった。

娘は僕より三、四歳上だったと思う。住み始めた頃は、もう中学生だったのではないだろうか。そこから二十年近く一緒にいたとなると、三十半ばになっている。三畳は狭い。そんなところで娘盛りを父親と一緒に暮らせるものだろうか。今から考えると、あの父娘も一体何だったのだろうと不思議である。彼女も今では七十半ばになっているはずだ。少なくとも不幸な人生ではなかったと思いたい。

（2022.02.08）

ヒロイン小説は結婚で終わる?

⦿ストーリー・オブ・マイライフ　わたしの若草物語／グレタ・ガーウィグ監督

シアーシャ・ローナンは殺し屋、吸血鬼、宇宙人、死者など様々な役を演じているが、やっぱり文学少女がよく似合う。イアン・マキューアンの代表作「贖罪」を映画化した「つぐない」（二〇〇七年）で、十三歳の彼女は一躍注目された。僕もあの映画の彼女は忘れられない。その薄く透き通るような青い瞳がイノセントさを象徴するかのようだったが、彼女の嘘がひとりの若者を破滅させる。

客をもてなすために上演する劇を書くような「つぐない」の文学少女は長じてイギリスを代表する小説家になるのだが、「ストーリー・オブ・マイライフ　わたしの若草物語」（二〇一九年）のジョーもクリスマス劇をオリジナルで書く文学少女だった。日本では「若草物語」のタイトルが知れ渡っているので、サブタイトルを「わたしの若草物語」としたのだろうが英語タイトルも日本で勝手につけたものだ。

オルコットの自伝小説と言われる「若草物語」の原題は「リトル・ウィメン」で、これは映画版も同じである。日本で「細雪」と聞けば、誰もが蒔岡家の四人姉妹を思い浮かべるように、アメリカ人は「リトル・ウィメン」と聞くとマーチ家の四人姉妹を連想するに違いない。「小さな婦人たち」あるいは「かわいい婦人たち」とでも訳せばいいのだろうか。「少女たち」ではニュアンスが伝わらない。

「ストーリー・オブ・マイライフ」は雑誌編集部のドアの前に立つジョー（シアーシャ・ローナン）の姿から始まる。意を決して部屋に入り、編集長に「友人の書いたものだ」と言って原稿を差し出す。

原稿は採用されるが、無駄に長い部分があるとバッサリ、カットされる。下宿に帰ると同じ下宿人の教授がいて、ふたりが惹かれあっているのがうかがえる。ジョーはニューヨークにいて、下宿先の家庭教師をしながら原稿を書く生活をしている。

その現在と七年前の一年間のエピソードがめまぐるしく入れ替わるが、不思議と混乱はしない。七年前は北軍の従軍牧師として出征した父の不在の一年だ。母（ローラ・ダーン）と四人の娘たちは身を寄せ合って生きている。

近くには大金持ちの老人もいるが、子沢山の貧しい寡婦もいて母親は自分たちのクリスマスの食事をその家に運び、子供の世話をする。東部のピューリタンの家庭である。

僕は、今更「若草物語」のリメイク？　と思ったが、監督がグレタ・ガーウィグだと知って「ストーリー・オブ・マイライフ」の公開を楽しみにしていた。期待通り、現代的な「若草物語」になっていて、四人姉妹のキャラクターの描き分けも見事だった。「フランシス・ハ」（二〇一二年）の主演ですっかりグレタ・ガーウィグに惚れ込んでしまったけれど、「レディ・バード」（二〇一七年）に続いて監督としての才能を発揮。オーソドックスな演出で、繊細かつ現代的である。

女性監督ならではの描写も好感が持てる。フェミニズムのフィルターを通過した「若草物語」という感じだった。原作は百五十年前の古典である。そのまま描いたら古色蒼然、古い価値観に囚われた物語になるだろう。

しかし、保守的な価値観を持ち結婚願望の強いメグ、自立する女を志向するジョー、心優しく天使のようなベス、天真爛漫でわがままだが自分の意志を明確に主張するエイミー、四人の個性の中に現代に生きる女性の姿を重ねることができる。

彼女たちには、それぞれに才能がある。長女メグにジョーは「女優になればいいのに」と勧めるが彼女は結婚を選ぶ。ジョーは早くから作家をめざし、ベスは音楽に才能を発揮する。そして、エイミーは絵の才能を見せる。

現在時点で、ジョーは原稿の売り込み、エイミーはパリで絵の勉強をしている。メグは双子を生んで貧しい家庭をやりくりしている。そして、七年前、近所の貧しい寡婦の世話をして子供から猩紅熱をもらって以来、病弱なベスは死を迎えつつある。

原作で言えば、現在時は「続・若草物語」の部分であり、七年前のエピソードは最初の「若草物語」をベースにしている。しかし、時制を超越するような形で入れ子構造にしたため、四人姉妹の人生がより鮮明に浮かび上がってくる。

子供の頃にジョーに腹を立て、「ジョーが一番傷つくことを」と考えて彼女の原稿を焼いてしまう末娘エイミーは、自己主張の強さは変わらないもののレディになり、パリで再会した隣家のローリーの生き方を批判する。大人になったのだ。

「若草物語」は日本アニメーション制作のテレビ・アニメで多くの人の記憶に残っているかもしれない。ただし、僕はまったく見ていない。大昔に少女時代のエリザベス・テイラーが出たハリウッド映画は見た気がするが、完全に忘れている。

芦川いづみ、浅丘ルリ子、吉永小百合、和泉雅子が出た日活版「若草物語」（タイトルだけの借用ですけど）の方をまだ憶えている。どちらにしろ、ヒロインたちが結婚して終わりになる物語に対して、現代版では批判的な視点が存在する。

冒頭のシーンでジョーが持ち込んだ原稿を読み終えて、編集長は「女が主人公なら、最後は結婚させろ。さもなければ殺せ」とアドバイスする。なるほど、と僕は感心した。当時の価値観はそうなんだろうなあ。

ジェイン・オースティンの「高慢と偏見」だって、ヒロインが結婚するまでの紆余曲折を描くだけの物語だった。当時は「金持ちの男と結婚すること」だけが、女の幸せだったのだろうか？

（2022.02.12）

不細工な男たち

影の軍隊／ジャン＝ピエール・メルヴィル監督

この前、「影の軍隊」（一九六九年）のことを書いたので久し振りに見たくなってDVDで見ていたら、改めて「知的なリノ・ヴァンチュラがいいなあ」と思ってしまった。「冒険者たち」（一九六七年）のローラン・ダルバン役で惚れた、僕が最も好きな男優である。「影の軍隊」は、リノ・ヴァンチュラ主演作としては最高の出来だと思う。ジャン＝ピエール・メルヴィル作品としても最高作（シモーヌ・シニョレの最高作です）と言いたいが、僕は「仁義」（一九七〇年）の方が好きだ。

リノ・ヴァンチュラは「仁義」には出ていない。どうして出ていないのだろう、とずっと思っている。リノ・ヴァンチュラはレスリングかボクシングか知らないが、ヨーロッパ・チャンピオンになり俳優になった男である。

ジャン・ギャバンの「現金に体を張れ」（一九五四年）で敵役をやり、「死刑台のエレベーター」（一九五七年）では切れ者の警部を演じ、「モンパルナスの灯」（一九五八年）で強欲な画商を演じて俳優として認められた。

妻を殺した不倫相手が無罪となって戻った家で、相手を自殺に見せかけて殺す夫を演じた「彼奴を殺せ／きゃつをけせ」（一九五九年）で日本の観客に強烈な印象を残したリノ・ヴァンチュラは、映画好きの売れっ子漫画家・手塚治虫によって「アセチレン・ランプ」というキャラクターに生まれ変わった。僕は手塚漫画で先にアセチレン・ランプを見ていたので、「彼奴を殺せ」を見たときに「よく似ているな」と思った。特に目つきはそっくりだった。

手塚治虫は初期のマンガでは、共通キャラクターを使っている。「ヒゲおやじ（本名は片岡五郎?）」もよく登場したが、悪役としては「アセチレン・ランプ」とか「スカンク草井」などがいる。アセチレン・ランプはリノ・ヴァンチュラ、スカンク草井はリチャード・ウィドマークがモデルだった。

僕はリチャード・ウィドマークも大好きだった。ウィドマークは「死の接吻」（一九四七年）の不気味な悪役（ハイエナ・ラフィングと言われた笑い声が忘れられない）で認められたが主役に転じ、「拾った女」（一九五三年）や「ワーロック」（一九五九年）などがある。

なぜか、僕は不細工な男たちが好きだった。テレビ「シカゴ特捜隊M」（一九五七年）のリー・マーヴィン、「冒険者たち」（一九六七年）のリノ・ヴァンチュラに惚れ込み、その後、好きになったのは年を重ねたハーヴェイ・カイテルなどだ。まあ、入れてやってもいいかなと思うのは、「レオン」（一九九四年）のジャン・レノくらいだろうか。

いや、「レザボア・ドッグス」（一九九一年）で出てきたスティーブ・ブシェミという俳優もいるし、ヨーロッパにはクラウス・キンスキー（なぜか娘は美人のナスターシャ・キンスキー）という極め付きの異相俳優がいた。

そういえば、アーネスト・ボーグナインもいた。アーネスト・ボーグナインは「ワイルドバンチ」（一九六九年）で惚れ込んだ「笑った顔が怖い」俳優だ。まるで鬼瓦である。彼はアカデミー主演男優賞を受賞していて、その作品「マーティ」（一九五五年）は彼が醜男だから主演に抜擢されたのだった。

まじめで善人の肉屋のマーティは、容貌に劣等感を抱いていて女性と親しくなれない。ある日、勇気を奮って参加したダンスパーティで女教師クララと出会うが、クララも容姿に自信がなく二人はなかなか結ばれない。切ない映画だった。

アーネスト・ボーグナインが無賃乗車させないことを己の使命とする車掌を、どんな列車にも無賃乗車する伝説のホーボーをリー・マーヴィンが演じ、ふたりの駆け引きだけで映画にしたのが「北国の帝王」（一九七三年）だった。男と男の対決を描いた傑作を数多く作ったロバート・アルドリッチ監督作品だ。チャップリンの助監督を経て「ヴェラクルス」（一九五四年）で人気監督になり、「特攻大作戦」（一九六七年）「ロンゲスト・ヤード」（一九七四年）などを作った僕の大好きな監督である。だから「北国の帝王」（ほとんどリー・マーヴィンとボーグナインだけしか出てこない）を見ている間は至福の時を過ごせた。

忘れてはならない俳優にセルジュ・レジアニがいた。メルヴィル作品「いぬ」（一九六三年）では、シャン＝ポール・ベルモンドとのダブル主演である。しかし、若い頃の主演作「火の接吻」（一九四九年）を見てもまったくハンサムじゃないし、年を経てどんどんクシャおじさんみたいに皺くちゃになった。「冒険者たち」（一九六七年）のときは四〇代半ばだが、すでにたそがれた雰囲気がまとわりついている。コンゴ動乱で逃げ出す金持ちを乗せて墜落したセスナ機のパイロットを演じ、最後はマヌー（アラン・ドロン）をかばってギャングに射殺される。

そのセルジュ・レジアニが「影の軍隊」ではワンシーンだけ登場し、おいしいところをさらっている。ナチの兵士を刺殺して逃げたリノ・ヴァンチュラは、床屋に隠れる。店主のレジアニが出てくると「髭を」と言ってイスに座る。髭を剃り終えて出ていこうとするヴァンチュラに、レジアニは「こんな外套しかないが」と自分のコートを差し出す。ヴァンチュラはコートを替えて出ていく。セリフは少ないし、ずっと苦虫を噛み潰したような表情だったけれど記憶に残る役だった。（2022.02.22）

「残酷物語」が流行った頃

青春残酷物語／大島渚監督

二月末、川津祐介が亡くなった。川津祐介と言えば、まずテレビ版「ワイルド7」の草波隊長を思い出す。死亡記事ではテレビドラマ出演作として「ザ・ガードマン」や「Gメン75」などが紹介されていたけれど、僕の場合、テレビに出た川津祐介なら「ワイルド7」なのである。七台の大型バイクを収納できる大型トレーラーを操る姿が甦る。一九七二年秋から翌年春までの半年間の放映、僕は大学生だったが恥ずかしながら今も主題歌（阿久悠の作詞です）が歌える。

映画なら鈴木清順監督の「けんかえれじい」（一九六六年）のスッポン役が浮かぶ。主人公キロク（高橋英樹）の喧嘩の師匠である。キロクが喧嘩修行に真剣に励むシーンのおかしさは、スッポン先生の存在なくしては成立しない。スッポン先生は前半だけで登場しなくなってしまうので、なおさら忘れられない。川津祐介は川頭義郎監督の弟だった関係で松竹でデビューした人だが、なぜか日活や大映作品（増村保造監督「赤い天使」の両手のない兵士役）で僕の記憶に残っている。

松竹時代の代表作には、大島渚監督の「青春残酷物語」（一九六〇年）がある。川津祐介と桑野みゆきが主演した「松竹ヌーヴェルヴァーグ」と言われた作品だ。映画の冒頭、六〇年安保闘争のデモが映り、大学生である主人公の級友たちが参加している。しかし、政治闘争にも熱心になれない彼は、ふとしたことで桑野みゆきと美人局をやることになり、中年男たちから奪った金で遊びまわる。やがて、桑野みゆきが妊娠し——という物語だった。

この「青春残酷物語」というタイトル、世界的にヒットしたヤコペッティのドキュメンタリー映画「世界残酷物語」（一九六二年）からの剽窃だろうとずっと思っていたが、今回、調べてみて「青春残酷物語」公開の方が先だったと知った。「えっ、そうだったの？　六十年も勘違いしていたのかあ」という感じだ。昔、何かと「××残酷物語」（××には、どんな固有名詞でも入れられる）と言われた時期があり、今なら「流行語大賞」を受賞するんじゃないだろうか。

「世界残酷物語」は主題曲「モア」もヒットし、六〇年代にはやたらとラジオでかかっていた。カバーする歌手も多く、アンディ・ウィリアムスの代表曲にもなっている。六〇年代後半、NHKで「アンディ・ウィリアムス・ショー」が放映されていたこともあり、日本での彼の知名度も上がり、スウィート・ヴォイスで唄う「モア」を聴いた人も多かったはずだ。「夕陽に赤い帆」などと共に、今ではスタンダード・ナンバーになっている。

「青春残酷物語」がヒットしたので、漫画家の永島慎二は「漫画家残酷物語」を描き、東映は「武士道残酷物語」（一九六三年）や「幕末残酷物語」（一九六四年）を公開した。当時、僕は小学生だったので「残酷物語」という禍々しいタイトルから怖いシーンを連想した。それを裏付けるように「武士道残酷物語」のポスターには大きく目を剥いて悲壮な表情の中村錦之助が描かれていて、「一心太助」シリーズを見慣れていた僕は目を背けた。ただし、監督は巨匠・今井正だった。

後年、加藤泰監督のファンになってから全作品踏破をめざし、なかなか見られない作品を探して一本一本見始めたときも「幕末残酷物語」だけは二の足を踏んだ。さすがにいい歳になっていたので覚悟を決めて見たら、何と新選組の物語だった。主人公の若い武士（大川橋蔵）は何かの魂胆を抱いて新選組に入隊する。その目的が何なのか、その謎で物語を前に進めるのだ。

その間、血塗られた新選組の負の部分が描かれていく。苛烈な隊規（局中諸法度）によって、次々に隊士が処罰されていく。主人公は隊士が「士道不覚悟」で切腹を命ぜられると進んで介錯を申し出、局長の近藤（中村竹弥）や副長の土方（西村晃だったと思う）に気に入られる。そんな主人公をニヒルな沖田（河原崎長一郎）が冷ややかに見つめている。沖田は新選組内の血の粛清に厭きているようだ。

主人公の正体は最後に明かされるのだけれど、新選組フリークの僕としてはちょっと意外だった。テレビ版「新選組組血風録」や「新選組始末記」でも新選組初期の芹沢鴨一派と近藤勇一派の対立と粛清は描かれていたけれど、必ず芹沢鴨の理不尽で乱暴な言動が強調され、演じる役者も遠藤辰雄のような悪役が担当した。しかし、「幕末残酷物語」では——なのである。

「幕末残酷物語」で近藤を演じた中村竹弥は、それより以前にTBSで放映された「新選組始末記」（三橋美智也の主題歌がヒット）では、重厚で器の大きな近藤勇を演じて視聴者の好感を得ていたはずなのだが、この映画ではシャドウを強調したメーキャップ（モノクロ作品です）で残忍そうに見せており「血に飢えた男」という感じだった。そのことも、僕にとってはショックだったのである。

加藤泰監督は遺作になった「炎のごとく」（一九八一年）でも近藤勇を登場させる。主人公は幕末の京都で活躍したヤクザ会津の小鉄（菅原文太）で、倍賞美津子演じるヒロインとの愛の物語だった。加藤泰作品は「すべて男と女の話」（加藤監督からから直接聞いた）なのである。その二人を見守る度量の深い近藤勇を演じたのは、和製リチャード・ウィドマークと言われた不細工顔の好漢・佐藤允だった。

「幕末残酷物語」はタイトルは禍々しいけれど、内容はよくできた作品だった。また、仇討ちという武士道の理不尽さを描いた「武士道残酷物語」も中村錦之助の代表作として恥じないもの（ちょっと暗かったけど）だった。どちらも「おお、『世界残酷物語』が流行っとるけん、タイトルは『残酷物語』でいけぇ」と京都撮影所の岡田茂所長あたりが広島弁で言い、東映が勝手につけたものに違いない。タイトルで損をした。

そう言えば、同時期に日活ではエースのジョーこと宍戸錠が主演した「拳銃残酷物語」（一九六四年）が公開されている。原作は我が郷土出身の大藪春彦センセーだ。八〇年前後に角川文庫が大藪春彦キャンペーンをやり、松田優作が「野獣死すべし」など何本も映画化したけれど、大藪センセーの小説がよく売れたのは六〇年代だった。僕が高校一年のとき、エッチなシーンのページに栞を挟んだ大藪作品が授業中に回覧されてきたことがある。おまけに、その頃はガンブームでMGCボンドショップではモデルガン（まだ規制がなく本物そっくり）がよく売れていたのである。

（2022.03.06）

ゴジラと同期の俳優

女の座／成瀬巳喜男監督

宝田明が亡くなった。八十七歳だったという。僕の父より十歳若い。ということは、敗戦時は十歳か十一歳だろう。何年か前、宝田明の自伝「銀幕に愛を込めて——ぼくはゴジラの同期生」を読んだことがあり、晩年の宝田明が声を大きくして「反戦」を訴え続けた原点がよくわかった。

戦前、宝田明の一家は満州で暮らしており、敗戦後にソ連軍の侵攻を受ける。宝田少年は女性をレイプするロシア兵を目撃し、またロシア兵から銃撃されて腹部に重傷を負う。やがて一家は長男を残したまま帰国せざるを得ず、苦労して後から帰国した長男は家族を恨み、結局、ヤクザな人生を送ったという。戦争が生んだ悲劇だった。

ただ、僕は「甘い二枚目」として売っていた宝田明が好きではなかった。小学生の頃である。香港の女優と組んだメロドラマがヒットしていたらしく、街中に貼られた映画の看板に宝田明が女優を抱き寄せているシーンが描かれており、その「イヤラシゲー」な顔が気持ち悪かった。「ゴジラ」（一九五三年）を見たのは幼い頃だったので、宝田明が主演だったことなどすっかり忘れていた。

以来、ずっと宝田明は好きではなかった。キザで軟派な俳優というイメージを抱いていた。しかし、宝田明は役者人生を全うし、ミュージカルでも活躍し、僕は伊丹十三監督の「ミンボーの女」（一九九二年）で年を重ねた宝田明に再会した。背の高さは変わっていなかったが、顔には深いシワが刻まれ、いい顔になっていた。ところが、あの口跡のよいしゃべり方は変わっていない。セリフが明確に聞き取れる。声は年取らないのか、と思ったものだ。

いい役者じゃないか、と宝田明を見直したのは、成瀬巳喜男監督作品を集中的に見るようになってからだった。六〇年代、宝田明はメロドラマと並行していくつもの印象的な役をやっている。成瀬監督作品には「娘・妻・母」（一九六〇年）「女の座」（一九六二年）「女の歴史」（一九六三年）に出ている。「娘・妻・母」では銀座に事務所を持つ売れっ子の広告写真家を演じていて、リアリティを感じさせた。都会的なイメージが役に合っていた。

大家族の話で、年老いた親の介護、遺産相続などシリアスな問題が描かれるのだけど、監督の視線がやさしいせいか、あまり深刻な印象は受けない。一家の母親は三益愛子、長男は森雅之（妻が高峰秀子）、次男が宝田明（妻が淡路恵子）、夫が死んで実家に戻ってくる長女が原節子、次女が草笛光子、三女が団令子だった。草笛光子の姑役が杉村春子で、東宝オールスター映画だった。

「女の座」も東宝オールスター映画だが、二年の違いで顔ぶれが若返っている。金物雑貨店を営む一家。老いた両親は笠智衆と杉村春子、死んだ長男の嫁が高峰秀子、笠智衆の最初の妻が生んだ長女が三益愛子（夫は加東大介）、次女が草笛光子、次男が小林桂樹（妻は丹阿弥谷津子）である。再婚相手の杉村春子が生んだ三女が淡路恵子（夫が三橋達也）、四女が司葉子、五女が星由里子という顔ぶれだ。

杉村春子は最初の結婚に失敗し幼い子を置いて離婚した過去があり、ある日、三益愛子が経営するアパートに入った宝田明（六角谷甲／ムスミヤ・カブトという役名が記憶に残る）がその息子だと判明し、いい男だから星由里子たちが大騒ぎする。それまで男に見向きもしなかった草笛光子までが夢中になる。草笛と宝田の間には血のつながりはない。要するに一目惚れだが、宝田明の二枚目ぶりがその設定に説得力を持つ。

歌舞伎に「色悪」という言葉がある。僕は「色悪」タイプの俳優が嫌いらしく、宝田明をそんな風に見ていたのだろう。しかし、「女の座」では「色悪」的な印象を逆手にとっている。草笛光子は積極的に宝田明に接近するが、宝田明は未亡人の高峰秀子に関心を示す。高峰の妹を団令子が演じているのだが、劇団仲間の女性が宝田明の子を堕ろしたと姉に話す。

清潔な二枚目として登場した宝田明の胡散臭さがにおい出す。団令子は「あいつ、道訊いたって金取るような奴よ」と容赦ない。まだ未練げな劇団仲間に「あんな奴、忘れちゃいなさい」と叱咤激励する。高峰秀子の前では紳士を貫く宝田明の影の部分が漂い始め、実母の杉村春子も我が子が信用できない。宝田明の存在がダークな雰囲気を作品にもたらせる。「女の座」の宝田明は、忘れがたい。

同じ年、「その場所に女ありて」（一九六二年）にも出ていて、これも複雑なキャラクターを感じさせて印象的だった。主演は司葉子。当時、東宝が最も力を入れていた女優だ。「クール・ビューティー」と言われ、成瀬や小津、黒澤など巨匠に愛された知的で美しい人である。彼女がやり手の広告クリエイターを演じたのが「その場所に女ありて」だった。ヒロインの競合相手が宝田明演じる大手広告代理店の社員だった。電通か博報堂社員みたいなものである。司葉子と宝田明だから甘い恋愛劇かと思うと裏切られる。当時、「仕事に生きる女」を演じるのは珍しいことだった。芥川賞を受賞した開高健がサントリー宣伝部で活躍していたことが話題になっていた頃だが、まだまだ広告制作の世界は注目されてはいなかった。僕も一時期編集部にいた「コマーシャル・フォト」という専門誌が創刊されたのが一九六〇年六月十五日だった。

宝田明は、六〇年代初期から広告写真家や大手広告代理店の社員などを演じてリアリティを感じさせる都会的な俳優だった。年を重ねて出演した「ミンボーの女」でも名門ホテルのオーナーで紳士の役を演じていた。そういう役が似合う人だった。逆に言えば、汚れ役や下層社会の人間は演じられなかった。そう言えば、倉本聰さんの「やすらぎの刻〜道」（二〇一九年）でも車椅子に乗った黒幕みたいな役だった。

（2022.03.18）

映画の中の罵り語

バージニア・ウルフなんか怖くない／マイク・ニコルズ監督

五十年前に読んだ月刊漫画誌「ガロ」に掲載されていた四コマ漫画を今も憶えている。男の子ふたりが公園で喧嘩をしている。ひとりが「おまえのかーちゃん、でーべそ」と言うと、もうひとりも「おまえのかーちゃん、でーべそ」と言い返す。最後のコマは母親が出てきて「やめなさい。兄弟喧嘩は——」というものだった。今だに記憶しているのは、ほのぼのしたオチだったからだろうか。

罵りの言葉というのはいろいろあって、「おまえのかーちゃん、でーべそ」なんてのは可愛いものだと思う。一般的なのは「くそ」だろう。下に様々な名詞をつけて使用できる。「くそババァ」とか「くそオヤジ」などはよく使われるのだろうと思われるが、「くそコンピュータ」とか「くそ会社」などの使用例もある。英語の「ファッキン」と同じような使い方が可能だ。

「くそ」は英語では「シット」、フランス語では「メルド」である。「くそ」という言葉を一度も使わなかった人はいないのではないか。ただ、女性が口にするとドキリとする。「海街diary」(二〇一五年)でヨシノ(長澤まさみ)が妹のすず(広瀬すず)に「好きな子、早く作りなよ」と勧め、「好きな人がいれば、くそつまんない仕事も耐えられる」と言ったとき、僕はけっこうショックを受けた。ただ「なにくそ」という言葉は、なぜか肯定的に使われている。

ところで、最近の子供たちは「おまえのかーちゃん、でーべそ」とは言わないのだろうか。あまり聞かない。母親を侮辱することで相手を罵るものとしては、英語で昔から使われている「サノバビッチ」がある。「san of a bitch」だから直訳すれば「あばずれの息子」、つまり「おまえのかーちゃん、あばずれ」ということになる。もっとも、映画の字幕では「bitch」は「あばずれ」と訳されることが多いが違うニュアンスもあるらしい。

二十歳の頃に見た「ワイルド・バンチ」(一九六九年)では、最後の大銃撃戦で機関銃を撃ちまくるパイク(ウィリアム・ホールデン)の背中を撃ち抜くのはメキシコ女なのだけれど、パイクは即座に振り向くと「bitch」と言って女を射殺する。凶悪なマパッチ将軍のハーレムにいた女のひとりなのかもしれないが、「bitch」と罵ってためらいなく殺すのは衝撃的だった。

最近のハリウッド映画では、「ファック」が頻繁に使用される。動詞としての使い方では「ファック・ユー」があり、「ファッキン」と万能形容詞になって名詞の前につけたりもする。「母親を侮辱する」系の使用例としては「マザー・ファッカー」がある。しかし、昔のハリウッドにはヘイズコードがあり、映画での使用は禁じられていた。

ハリウッド映画で初めて「ファック」と言ったのは、髪を振り乱したエリザベス・テイラーだった(彼女は実生活では頻繁に使っていたらしい)。エドワード・オールビーの戯曲を映画化した「バージニア・ウルフなんかこわくない」(一九六六年)である。監督はマイク・ニコルズ。この頃からハリウッドでは「ニュー・シネマ」と呼ばれる作品群が続き、「ファック」というセリフも珍しくなくなった。

第二次大戦下のロンドンの少年たちを描いた「戦場の小さな

天使たち」（一九八七年）の中には、ひとりの少年が「ファック」と口にし全員が凍り付くシーンがある。一九四四年当時、その言葉が与えるショックはそれほど大きかったのだと思った。アメリカでも映画や小説で長く使えなかった言葉である。ジェローム・デービッド・サリンジャーの「キャッチャー・イン・ザ・ライ」が、アメリカのいくつかの州で発禁になった理由のひとつに「ファック」があった。

最後の方でホールデンは壁の落書きを描写する。野崎孝さん訳「ライ麦畑でつかまえて」では「お××こ」（日本の便所の落書きに頻繁に見受けられた）と訳されていたけれど、村上春樹さん訳「キャッチャー・イン・ザ・ライ」では「ファック・ユー」のままだ。僕が野崎訳を読んだのは五十年以上昔だった。当時、「ファック・ユー」では通じなかっただろう。今や日本でも「ファック・ユー」の方がニュアンスが伝わるようになったらしい。

（2022.03.22）

「セ・ラ・ヴィ」と「ケ・セラ・セラ」

気狂いピエロ／ジャン＝リュック・ゴダール監督

三連休初日の土曜日、夜九時過ぎのことだった。父がベッドから降りて、トイレにくる気配がした。僕がいる部屋はトイレの横にあり、父が洗面所を抜けてトイレにくると、夜中に寝ていても気づく位置にある。しかし、そのときは大きな音と共に父の悲鳴が聞こえた。すぐに「痛い」と大声がする。

驚いて洗面所にいくと父が床に横たわり、頭を抱えていた。転倒し、洗濯機で頭を打ったらしい。そのまま痛みが治まるのを待っている。しばらくして頭の方の痛みは治まったらしいが、今度は「体が動かない」と言い出し、横たわったまま「用を足したい」と口にした。ちょうど風呂場の前だったので、父の下半身を風呂の洗い場に入れズボンを脱がせた。

父の下半身をシャワーで流し、下着と室内着のズボンを履き替えさせ、体を起こそうとすると、父はひどく痛がる。僕はいつも父との筆談用に使っている小さなホワイトボードに「骨が折れた感じ？　救急車呼ぼうか」と書いて見せた。「わからん」と父の返事。父の体を持ち上げようとしたが、脱力した四十五キロの人間の体は動かせなかった。

痛がりようがひどいので１１９番に電話し、状況を説明した。十分ほどできてくれることになり、僕は誘導のために実家の前の道に出た。ピーポー・ピーポーと音がして救急車が見えると、僕は手を挙げて誘導した。夜の十時近くになっていた。三人の救命士たちを室内に案内し、状況を説明する。救命士は父が頭を打ったことをひどく気にした。

救命士とやりとりしていると、実家の向かいに住んでいる義姉が顔を出した。酸素吸入が欠かせない父のために酸素ボンベと心不全の薬、保険証などを入れたカバンを両手に持ち、運ばれる父の後に従う。義姉がきてくれたので、電気と鍵など家の始末を頼んだ。つい「実の息子は出てこないんですかね」と、この数年間で初めてイヤミを言った。そんなことを口にしても意味ないのだが、さすがに堪えられなかったのだろう。

「寝てるのよ。起こす?」と義姉は答えたけれど、「いいですよ。イヤミにとられるだけだから」と返事をして僕は救急車に乗った。二年前、母を救急車に乗せたときも(休日の昼間だった)、近所中の人が顔を見せたけれど兄だけは出てこなかった。母はそのまま家には帰れず、病院から施設に移り、今は鼻から胃に通した管で栄養を摂る状態で、ほとんど寝たきりになっている。

その夜、父の受け入れ先はなかなか見つからず、県立中央病院のERに入ったときは十一時近くになっていた。コロナ禍であり僕は控え室で待つしかなかったのだが、午前二時過ぎに医者に呼ばれ「左大腿骨の骨折です」と言われた。九十六歳と高齢だし、酸素吸入が離せない慢性心不全を抱えているので、手術は無理だがとりあえず入院だという。ただしコロナの検査があり、父のベッドの横で一時間以上待つことになった。

深夜の病室でやることもなくじっと待っていると、「どうして、こんなことになったのだろう」という思いに囚われた。ひとりで九十六歳の父母を介護して、すでに三年近くになる。ここ二年はコロナ禍でもあり、自宅にはまったく帰っていない。郵便物はかみさんが転送してくるので、確定申告も二年続けて郵送で処理した。電子申請すればいいのだが、マイナンバーカードを早く作ったために五年が経過し、電子証明の更新をしなければ使えない。居住地の役所にいく必要がある。

酸素マスクをして「スーハー・スーハー」と息をしている父の顔を、深夜にひとりで見つめているときに自己憐憫が湧き起こってきた。「なんで、俺がこんな目に遭うんだ——」というやつである。手術できないので今後の生活は車椅子になる、そんな父をひとりでは世話しきれない、と絶望的になったからかもしれない。しかし、「イカン、イカン。自己憐憫や妬み・嫉み・僻みは、人として最低の感情だ」と必死で打ち消した。

そのとき、何かというと「セ・ラ・ヴィ」と口にするキャラクターが漠然と浮かんだ。ゴダールの「気狂いピエロ」(一九六五年)の中で、ジャン=ポール・ベルモンドが何度か「セ・ラ・ヴィ」と言うシーンがあるけれど、僕が思い浮かべたのはそれではなかった。どんなときにも「セ・ラ・ヴィ」としか言わないキャラクターが出てきたフランス映画なのだが、そのタイトルが思い出せなかった。

もしかしたら、フランソワーズ・アルヌール主演の「幸福への招待」(一九五六年)かもしれない。突然、「ビバ・ビバ・オヨヨ、ビバ・オヨヨ」と叫ぶクレイジーなキャラクターが登場するフランス映画だ。その人物の不可思議なセリフを元にして、昔、小林信彦さんは「オヨヨ大統領」シリーズを書いた。あの映画なら「セ・ラ・ヴィ」しか口にしない人物が出てきてもおかしくはない。

どんなことがあっても「セ・ラ・ヴィ／それが人生だ」と許容できたら素晴らしいと思う。僕はそう心がけてきた方だと思うけれど簡単にはいかず、ときには己を憐れんだり、人を羨ましがったりする。愚痴ったり、ぼやいたりもした。それでも何とか痩せ我慢を張り、「セ・ラ・ヴィ」と強がる。己に言い聞かせる。そのときには、もうひとつの言葉「ケ・セラ・セラ／なるようになるさ」がセットではあるのだけれど——。七十年間、そうやって何とか生き延びてきたわけです。（2022.03.24）

父との告別

❀海辺の家族たち／ロベール・ゲディギャン監督

自宅で転倒し大腿骨を骨折して緊急入院した父は三十九日間がんばったけれど、骨折がきっかけになったのか以前からわずらっていた心不全が悪化し、それに伴って血中酸素量が低下した結果、多臓器不全になり息を引き取った。死因は老衰。九十七歳の誕生日を迎えてひと月足らずのことだった。

その二日前、面会できないのを承知で病院へ様子を訊きにいくと、看護師が担当医に確認してくれて十五分間だけ面会が許された。病室に入ると酸素吸入、点滴、カテーテルなど管をいっぱい繋がれた父が堅く目を閉じ、荒い息をし、苦しそうにベッドに横たわっていた。「進です」と耳元で声をかけ、瞼を濡れたティッシュで拭いても目を開かない。

病室のカーテンを引いて担当医が入ってきた。若い医師である。いつの間にか「先生」と呼ばれる職業の人たちが自分より年下になってしまったが、未だに慣れることがない。若い担当医は「いつ亡くなるか、ヒヤヒヤしています」と言った。整形外科医だから患者が死ぬのに慣れていないのだろうか。確かに、父の死は時間の問題のようだった。「また、くるよ」と父に声をかけて病室を出た。

面会できたのが土曜日の夕方だった。三日後の火曜日の夕方六時過ぎ、病院から「すぐにきてほしい」と電話があり、ちょうど激しくなった薄暮の雨の中、僕は車をとばした。病院の広い駐車場に入ったときに担当医から電話が入り「今、駐車場です」と告げると、「わかりました。お待ちします」と言う。後から思うと、あのときが父の臨終だったのだろう。

急いで病室にいくと、顔なじみになった年輩の女性の看護師が対応してくれた。若い看護師がついていて、彼女が担当医を呼んできた。担当医は「息子さんを待って死亡確認をするつもりでしたので」と言い訳じみた言い方をした。父の瞳の反応と心音を確認し、僕の目を見て「死亡確認です。午後六時五十八分」と宣言した。

その後、看護師が用意してくれた湯で父の体を拭い着物を着せ替えると、「しばらく機械類を片づけたりチューブ類を外しますから、その間に連絡するところがあれば――」と言われ、エレベーター前のスペースにいき父が積み立てをしていた葬儀社に連絡した。その後、義姉と親類関係に連絡し、親類には「家族だけで送りますから」と葬儀への出席を断った。

そこから怒濤の三日間が始まった。まったく何もわからないから、葬儀社の人の言うままに動いた感じである。死亡届けや火葬許可証には申請者の僕の名前が載るので「喪主」ということになったが、義姉が兄を伴ってきたので「ご長男がいるのに、次男が喪主はおかしい」と葬儀社の人が言い出し、結局、葬儀では兄が筆頭喪主、僕が喪主ということになった。

死亡届けの申請書類に僕が署名したので、僕も喪主になっていないと役所関係の手続きで面倒なことになるらしい。その夜は打ち合わせをして翌日に通夜を行い、その翌日に告別式と初七日を済ませた。その明くる日からゴールデンウィークに入った。通夜の日に千葉の自宅からやってきたカミさんとは、一年ぶりの再会だった。

三連休が終わった五月二日、電気や水道やケーブルテレビやNHKやワタミや四国新聞やソフトバンクなどに連絡して解約や名義変更を行い、父の口座のある金融機関をまわって死亡の届けを出した。金融機関では同じ説明を繰り返し聞くことになったが、相続人である母が寝たきり状態なのでいろいろと面倒なことになるという。

そんなことで終わった一日が明け、翌日から再び三連休になった。実家の父の机や母の鏡台の引き出しなどを整理したり、アルバムの写真をすべてチェックしたりして午前中を過ごし、午後からWOWOWの配信で「海辺の家族たち」(二〇一六年)という映画を見た。公開されたのは昨年の五月、ちょうど一年前である。

監督はロベール・ゲディギャン、主演はアリアンヌ・アスカリッドとジャン＝ピエール・ダルッサンで、同じ監督の「キリマンジャロの雪」(二〇一一年)で、ふたりは長年連れ添った夫婦を演じた。誰が馘首されるか、労組員がクジを引くシーンから始まる「キリマンジャロの雪」(ヘミングウェイとは無関係)は好きな映画だったし、強く印象に残っている。労働問題、移民問題など、現代フランス社会の状況への目配せに好感が持てた。

「海辺の家族たち」が始まると「LA VILLA」とタイトルが出た。「何だ、別荘ってタイトルじゃん」と思い、自分のフランス語能力に少し自信を持った。登場人物たちの会話も、ところどころ理解できる。「マンティナン」と聞こえると字幕に「今」と出て、「おお、五十年前に習ったぞ」などと思う。

冒頭、海辺の別荘のような家のベランダで老人が発作を起こす。次のシーンでは、二十年ぶりに帰ってきた女優になっている長女(アリアンヌ)が年老いた長男に迎えられる。「なぜ帰ってきた?」と兄が言い、「遺産のことがあるでしょ」と妹が答える。それを遠くから見ていた次男(ダルッサン)が、隣にいた若い愛人に皮肉な口調で説明する。

そこから、危篤状態の父親と年老いた三人の兄弟の物語が展開するのだが、次第に重いテーマが浮かび上がってくる。並行して語られるのは老人の借家に住む老夫婦の心中だ。夫婦の息子は成功した医者で両親に経済的援助を申し出るが、彼らをそれを拒否して危篤状態の老人に「先に行ってるわ」と告げ、ふたりでベッドで手を繋ぎ息子にもらって溜めていた心臓の薬（大量服用で眠るように死ねる）を飲む。

しかし、残り三十分足らずになって、物語は意外な展開を迎えた。やはり、この監督にとって移民問題は大きなテーマなんだな、と感心する。こういう硬派で、しみじみさせる映画に僕は弱い。おまけに今回は自分の父を送って一週間だったから、強く心に沁みた。映画を見終わり、父の骨壺の前の線香に火を点け、「オヤジ、ようやく楽になったな」と遺影に語りかけた。

（2022.05.04）

父母の青春

お葬式／伊丹十三監督

義父（女優・宮本信子のお父さん？）の葬儀を経験し、これは映画になるナと考えたのは伊丹十三監督（この時点では、まだ監督デビューはしていないけど）だった。伊丹監督独特のユーモア感覚が受けたのだろう、初監督作品「お葬式」（一九八四年）は大ヒットした。

「葬式の映画なんか、見にくる客なんていない」と言っていた映画会社の重役たちはあわてて「『お葬式』に続くヒット作を作れ」と現場の尻を叩いたが、「お葬式」映画が受けたのではなく、映画としてよくできていたからヒットしたのだということを理解してはいなかった。その結果、「社葬」（一九八九年）という大作映画が登場したりした。

もっとも、「お葬式」から二十年近くたって「おくりびと」（二〇〇八年）が話題になり、アカデミー賞まで受賞してしまう。「お葬式」では、納棺などの儀式をみんなでビデオを見て勉強するシーンがあった。その納棺師にスポットを当てて、映画にしたら国際的にも評価されたのだから、何が当たるかはわからない。

「おくりびと」の原作になった納棺師の人が書いた本は、映画化される数年前に書評などでも取り上げられ、僕も興味を抱いたことを憶えている。そういう職業があるんだ、と知った。実際に納棺を見たのは義父の葬儀のときだから、「おくりびと」を見た後である。「本当に映画の通りだね」などと囁き合った。

「葬儀はまだいいんだ。葬儀会社の人が全部仕切ってくれて、言われるままに動いていればいいんだから――。葬儀の後が大変なんだよ。人ひとり死ぬと、そんなに手続きやらナンやらあるのか、とうんざりする。役所関係がほとんどだけど、何かとシチメンドーだよ」と、喪主を経験した友人が何年経っても口にする。

父の葬儀が終わった翌日からゴールデン・ウィークが始まり、市役所に電話できたのは五月二日だった。死後の手続きを一括して受け付けてもらえる窓口なのだが、予約が必要だという。結局、予約がいっぱいで、連休明けの九日になった。年金事務所にもいく必要があるが、そちらも予約しなければならないらしい。

仕方がないので、二日は電気や水道の名義変更などの連絡をし、金融機関をまわって父の死を申請することにした。十一時くらいからスタートしたのだが、三時までにはまわりきれず近所にある香川県信用組合は六日にいくことにした。やれやれ、である。

香川県信用組合は実家の近所で、父も顔なじみだったらしい。父の死を申請すると支店長が出てきて「お父様とは四十年以上、おつきあいいただきまして」と言う。相続手続きなどを相談してみると、母が寝たきり状態なので成年後見制度を申請しなければならないらしい。また、面倒くさいことになったな、とため息が出た。

結局、県信の顧問をやっている司法書士の人を紹介してもらい、週明けに相談にいくことになった。その週明け早々、市役所の窓口へいくと、次々に様々な課の担当者が現れて、申請書類に指示されるまま名前を書いたりハンコを押したりした。除籍謄本、戸籍謄本、埋葬料申請、健康保険や介護保険の処理などに二時間以上かかった。

市役所で指示された年金事務所に連絡すると、予約が混んでいて翌週の火曜日でないと空きがないと言われる。市役所の近くの病院に母が入院しているので、そちらに寄り様子を訊く。午後は司法書士の事務所を訪ね忙しい一日は終わったが、父母の年金手帳や証書を探し出さなければならない。

母が入院して以来、父とは二年近く二人だけで暮らしていたので、いろいろなことを聞いてはいたが、年金手帳や証書の置き場所は確認していなかった。市役所へ諸届けをした翌日、午前中から父母の引き出しなどをひっくり返してみた。

母のタンスの引き出しから年金関係の書類が見つかった。ひとつひとつ確認していると、岡山の倉敷年金事務所からの返信と名古屋の熱田年金事務所からの返信が見つかった。どちらも父母が戦前の年金について問い合わせ、記録が見つかったという内容だった。

父は高等小学校を卒業し十四歳で少年満蒙開拓団として満州に渡り、一年後帰郷が許された後、満州には戻らず、叔父がいた三重の津にいき、叔父の世話で名古屋の三菱重工に勤めたことは聞いていた。戦闘機を造っていたのだ。そのときの年金記録を問い合わせたものだった。記録によると、昭和十七年から徴兵されるまでだったらしい。

母からは、戦前から結婚前まで岡山へ通って働いていたと聞いたことがあった。宇高連絡船に乗ろうと並んでいるときに徴用された朝鮮の人たちを目撃し「まるで牛や馬を扱うみたいやった」と言っていたし、連絡船の着く港に空襲で亡くなった遺体が積まれてあったとも話していた。

　年金記録によると、母は倉敷の紡績工場で働いていたらしい。いろいろ調べていて、父と母の八十年近く昔のことを知ることになり、僕は感慨深いものを感じてしまった。その頃、ふたりとも十代だったのだ。彼と彼女は、それから八十年近く生きることを想像していただろうか。

（2022.05.10）

つまらん人生やった？

⊛化石／小林正樹監督

図書館で「井上靖全集」を見つけて、「化石」の入っている十七巻を借りてきた。ずいぶん多くの作品を残した井上靖だが、「化石」は中期後半くらいに位置するだろうか。新聞連載だったけれど、重要な作品のひとつとして評価されている。上下二段・八ポイント活字で四百五十ページほどあるから相当な長さだ。しかし、井上靖の文章は素直なのでスラスラ読める。

　一時期、ノーベル文学賞受賞も予想されていた井上靖は、戦後、四十歳を過ぎて新聞記者からフルタイムの作家となり、たちまち流行作家となった。「猟銃」や芥川賞受賞作「闘牛」など、初期作品からロマンチシズム溢れる（反面、少女趣味的ではある）作風で女性読者も多かった。「氷壁」「憂愁平野」はヒロイン小説（メロドラマ）的側面もある作品で人気を博した。どちらも昭和三〇年代に、山本富士子ほかの出演で映画化され話題になった。

　「風林火山」「淀どの日記」など、戦国ものも多く書いている。中でも「戦国無頼」は僕の愛読書で、今まで何度も読み返している。昔、稲垣浩監督が三船敏郎主演で映画化（一九五二年）した。野武士の頭領の娘でエキセントリックなヒロインは山口淑子だったと思う。「化石」も昔読んだことがあるのだが、七十歳を過ぎて読んだらどう思うだろうか、と興味があって借りたのだ。

　「化石」は、小林正樹監督が連続テレビドラマとして手がけたことがある。調べてみると一九七二年一月三十一日から三月二十日までの放映だから、八回ほど続いたのだろうか。巨匠がテレビドラマを手掛けるというので、新聞記事でも大きく紹介された。十六ミリフィルムでの撮影だったが、それをブローアップして編集し直し一九七五年に劇場公開された。上映時間は二百分あり三時間を超えている。主人公を佐分利信が演じた。

　主人公・一鬼太平治は、従業員数千人の中堅どころの建設会社を一代で築いた経営者だ。五十代の働き盛りで、経済界でも顔が売れている。彼は数ヶ月の予定でヨーロッパ旅行に出てパリで体調を崩し医者にかかり、自分がガンであり余命が一年しかないことを知る。自分だけが知っているそのことを隠して、彼は残りの一年をどう生きるかと考える。

ヨーロッパ旅行を切り上げて帰国後すぐ、仕事上の先輩がガンで余命いくばくもなく入院しているのを知り、一鬼は見舞いに赴く。先輩は仕事人間として生きてきたことを悔いている。一鬼は死を自覚した人間として、その先輩にいくつか質問をする。そのひとつが「あなたは、あなたの人生を失敗だったと思いますか」だった。

この部分は長い小説の半分ほどのところ（二三六ページ）で出てくるのだが、この言葉を読んで僕が「化石」を読み直したかった理由がわかった気がした。先輩は「失敗だったと思うことは、人間だれだって、みんな、やりきれないことですよ」「人間はだれでも、自分の一生を成功だとは考えないまでも、失敗だとは思いたくないものですよ」とあらがう。しかし、結局、彼は認めるのだ。


——偽らぬ気持を答えるとしたら、僕は、失敗だったと言いますね。（中略）やはり、自分の一生は失敗だった。ほかの生き方をすべきだったということに、なりましょう。


時代が違うから年齢の感覚にズレはあるけれど、彼らは五十代であり死ぬにはまだ早いと感じている。しかし、今、僕は七十を過ぎて「もういいや」という気分もある。そろそろ自分の人生の評価をしてもいいのではないか、そんなことを思うことが増えた。これも、父が亡くなり、この数年の最大の課題だった「親を送るまでは死ねない」という気分が薄れたせいかもしれない。しかし、寝たきりとはいえ、母がまだ生きている。母を送り、その後の様々な始末をつけないといけない、と言い聞かせている。

数年前、父母がまだ介護を必要としておらず、自宅と実家をいったりきたりしている頃、自宅に帰っていたときの話だ。朝のゴミ出しは僕の役目だった。ある朝、大きなゴミ袋を下げてマンションのゴミ置き場にいきゴミを捨てるとき、「つまらん人生やった」と口にしながら僕は少し勢いをつけてゴミ袋を投げ、振り返ると三十代くらいのサラリーマン風の男性がゴミ袋を下げて真後ろに立っていた。

「しまった。聞かれた」と思ったそのときの僕の気持ちを、どう表現すればいいだろう。相手は気まずそうな顔をして立っていた。そのままゴミ袋を置き、きびすを返すと走ってバス停に向かった。彼は循環バスの中で「退職した人らしいが、そんなに『つまらん人生』だったのだろうか。俺はあの年になって、自分の人生をどう評価しているだろう」などと考えているのではないかと僕は想像し、そう思うことで「気まずさ」や「照れくささ」から逃れようとした。

ところが、「つまらん人生やった」が、その後の僕の口癖になった。さすがに家族の前では口にしないようにしたが、ひとりのとき、友人と呑んでいるときなど、つい口をついて出るようになった。そう言っていると、自分の人生が失敗だったように思えてくる。小学館と講談社に入社した高校の同級生同士が結婚し、しばらくしてその夫婦に会ったとき「あの会社にまだいるの、ソゴーくん」と驚かれた（彼らから見れば小さな出版社だ）けれど、結果として仕事運・会社運はよかったと思う。

先輩が立ち上げたメールマガジンにレギュラーでコラムを書くようになり、それが五十半ばのときに「映画がなければ生きていけない」という本にまとまり、思いがけなく内藤陳さんに絶賛されて賞をいただいたことなど、「自分の本を出したい」という思いも叶ったわけだから、もう少し達成感があるかと思うのに、そんな気分にはなれない。高松にも僕を気にかけてくれる友人、毎週、酒席に誘ってくれる友人がいるけれど、父のいなくなった実家で老いた猫に向かい「つまらん人生やった」と、孤独につぶやく日々である。

(2022.05.18)

昭和が終わったとき

64――ロクヨン／瀬々敬久監督

昭和レトロ・ブームだと、テレビニュースで取り上げていた。若い人たちが「昭和」に興味を持っているという。どういう興味かはわからない。古いものを見て揶揄する感じ（「へぇ～信じられな～い」）もあるのかもしれない。たとえば、彼らが黒いダイヤル式の電話を見たときの反応は、壁に掛かった電話のフックから糸電話みたいな筒を耳に当て、クランクをまわして「もしもし」と言う明治時代の電話を僕らが見たときの「へぇ～」を連想する。

昭和の最初と最後は、それぞれ一週間しかなかった。元年は一九二六年暮れの一週間であり、昭和六四年（一九八九年）は一月七日に昭和天皇が崩御して終わった。横山秀夫は、その一週間の中で発生した少女誘拐殺人事件を描き「64」というタイトルで出版した。よくできたミステリで、前後編二部構成で公開された映画版（二〇一六年）も完成度は高い。もっとも、僕は映画版で主人公を演じた佐藤浩市より、テレビドラマ版のピエール瀧（薬物で逮捕されたから再放送はないだろう）の方がよかったと思う。

昭和は実質六十二年間と十四日、閏年を計算に入れても22,660日ほどになる。昭和が終わってずいぶん経った頃、講談社から「昭和　二万日の全記録」というシリーズ本が出ることになった。毎日の出来事が編年体で編集されていた。「昭和×年×月×日には何があったか」がわかる造りだ。全十九巻。僕はそれが欲しくなったが、その頃は戦前にはあまり興味がなかったので、自分が生まれた年に近い昭和二十五年以降の巻から購入した。

その後、戦前から戦後の占領期が終わるまでの昭和史に興味を持ち、半藤さんの「昭和史」「昭和史・戦後編」を皮切りに、保坂正康さんの著作もずいぶん読んだ。その他、多くの本を読み込み、昭和初期からサンフランシスコ講和条約が発効した昭和二十七年四月二十八日までの歴史については、相当に詳しくなったと思う。村上春樹さんの「ねじまき鳥クロニクル」を読んだときにはよくわかっていなかった「ノモンハン事件」についても、その歴史的意味や関東軍がソ連軍にコテンパンにやられた理由も理解した。

昭和史に関する資料を読み込んだ結果、僕は「昭和史三部作」と自分で呼んでいる小説を書いた。最初に書いたのは「キャパの遺言」という作品で、これは六十二回江戸川乱歩賞の最終候補四編の中に残った。

その後、「天皇への密使」という終戦秘話を書き、これは六十三回江戸川乱歩賞二次選考通過の二十編ほどの中には残ったが、最終選考にはいけなかった。それでも、めげずに最後に「スターリンの暗殺者」という作品を書いた。昭和二十七年の暮れから昭和二十八年三月のスターリンの死まで、朝鮮戦争を背景にした冒険小説である。

それだけのことを書こうとすると、相当な資料を読み込まなければならない。ということで、この十年、僕は昭和史関係の本をたくさん読んだ。米軍キャンプをまわるジャズバンドも登場させたから、ナベプロ創設者の渡辺晋の伝記まで読んだ。

今は代々木公園になっているけれど、占領期は米軍関係者の住宅が建っていた「ワシントンハイツ」のノンフィクションも読んだ。グルーの「滞日十年」、国務長官・陸軍長官を務めたヘンリー・スティムソンの膨大な自伝も読んだし、トルーマン大統領の自伝も読んだ。やれやれ、である。

話は変わるが「昭和の終わり」と考えると、写真家の管洋志さんを思い出す。あれは、昭和六十三年秋のことだった。昭和天皇の病状が、毎日のニュースになっていた。宮内庁から具体的な病状が発表になるのだろう。どれくらい下血があったかなど、そこまで詳しく病状を発表する必要があるのかと僕は感じていたけれど、「下血」という言葉が一般的に知られるようになった。当然、国民全員がそう遠くないうちに天皇崩御の知らせがあると予測していた。

そんなある日、親しくしてもらっていた管洋志さんから「相談がある」と電話があった。文京区音羽にある講談社と道を挟んで管さんの事務所「スタジオDEBO」があった頃だ。講談社の月刊「現代」や週刊「現代」の仕事が多かった管さんの事務所で、ときどき講談社の編集者と会うことがあった。

そのときの相談も「講談社の仕事」だという。その夜、僕は会社まで迎えにきてくれた管さんのシトロエンで六本木の中華料理屋に連れていかれ、そこで「Days Japan」副編集長と若い編集部員に会った。

そのときの話は管さんが「Days Japan」に提案した企画で、天皇崩御の日、日本中でプロ写真家に写真を撮ってもらい「昭和が終わった日」のタイトルで写真集を出すという内容だった。

「ついては、カメラ雑誌の編集者であるおまえに写真家の人選を頼みたい」と管さんは簡単に言う。

「でも、日本写真家協会の名簿、管さんも持ってるでしょう」と僕は答えた。「名簿はあるけど、どんな人かわからない。特に地方の人。百人選ぶのは無理だ」と管さんは言う。結局、僕が日本写真家協会（JPS）と広告写真家協会（APA）の名簿から百五十〜二百人を選び出し、編集部で絞り込むことで話がついた。

写真集「Days Japan 別冊　昭和が終わった日」が出たのは、平成に入って数ヶ月後だっただろうか。僕は幾ばくかの謝礼をもらったうえ、巻末の協力クレジットには名前が載っていた。管さんには「謝礼はいいです」と断ったけれど、「こういうことはキチンとしなければいかん」と管さんは律儀に言った。

僕としては、安い原稿料で（ときには他の撮影のついでに只で）カメラテストやフィルムテストをやってもらっていたから謝礼も断ったのだが、「相手は講談社だ。遠慮するな」と言われて納得したのだった。

管さんが亡くなって、もう十年以上が過ぎた。八歳、僕より年上だった管さんの亡くなった年齢を僕は三つも越えてしまった。馬齢を重ねてしまったわけだ。今も僕は、管さんの優しそうで穏やかな笑顔と、人を安心させる低い声を身近なものとして思い出す。

あんな人になりたかった——と僕が思った唯ひとりの人だった。そう思うと、涙がこぼれる。思い出があふれ出す。あの声が甦る。しかし、今でも気になっているのは、スタジオDEBOの意味って何だったのか、ということ。三十年以上も付き合ったのに、聞きそびれてしまった。

（2022.05.20）

博多弁に詳しくなった理由

❀博多っ子純情／曾根中生監督

高校大学の頃、月刊漫画誌「COM」を読んでいた。一九六七年創刊、一九七三年休刊だから、ほとんどを読んでいたことになる。当時、白戸三平「カムイ伝」が連載されていた月刊「ガロ」の方が話題になることが多かったけれど、僕は「COM」が好きだった。手塚治虫の「火の鳥」が長期連載され、初期には永嶋慎二の「フーテン」も連載されていた。真崎守が峠あかねの名前でマンガ評論を書いていた。

「COM」には月例新人賞があり、受賞者から後の人気マンガ家も出ている。僕の印象に残っている受賞作は宮谷一彦、岡田史子、青柳裕介、やまだ紫、芥真木、諸星大二郎のものである。その他、常連投稿者の中に「はせがわほうせい」という名前があったのも記憶している。後に長谷川法生として「博多っ子純情」を週刊「漫画アクション」に連載（一九七六〜一九八三年）する。

「博多っ子純情」はセックスと博多山笠のことしか関心がない三人の中学生の物語としてスタートし、次第に少年の成長物語（ビルドゥングス・ロマン）へと変化していく。主人公は郷六平、老舗呉服屋のお坊ちゃんである阿佐と大衆食堂の息子の黒木とつるんでいる。幼なじみの料亭の娘・小柳類子は、やがて六平のガールフレンドになる。当時、郷ひろみと小柳ルミ子が人気者だったのだ。

僕は社会人になった頃からは「漫画アクション」を愛読していた。「子連れ狼」「柔侠伝」「ルパン三世」などは僕が読む前から連載されていたが、僕が読み始めてからも「じゃりン子チエ」や「博多っ子純情」などのヒット作が続いていた。「博多っ子純情」は最初は単発のような形で掲載されたのだが、人気が出てから長期連載になった。

最初の頃、登場人物の設定も詳細に決めていなかったことは、作者自身も単行本の後書きで認めている。主人公の父親も最初の頃は脇役的に登場するため、職業も決めていなかったらしい。物語が進むにつれて職業を決めねばならなくなり、博多人形作家として設定することになった。その設定が後半の物語の核になる。六平は、やがて父を継いで博多人形の職人になることを決意する。

僕は連載で読んでいたのだけれど単行本にまとまると購入し、もう一度読み返した。結局、ずっと単行本を買い続けたのだが、なぜか最終巻だけ買っておらず、最終話を読んだ記憶がない。ずっと気になっていたのだけれど、数年前、高松で知り合った「映画の楽校」主宰者の中西さんに「『博多っ子純情』の最終巻だけ読んでいないんです」と話したところ、最終巻を含む数巻を持参してくれた。

中西さんは映画だけでなく、マンガに関しても相当なコレクターだったのだ。それに僕とは同年で、映画やマンガの体験がほとんど共通していた。その結果、僕はやはり最終巻だけ読んでいなかったことがわかったのである。最終話では、人形作家になった六平くんは類子と幸せな家庭を築いていた。

親しくしてもらっていた写真家の管洋志さんが博多出身だと知ったのは、「博多祇園山笠」という写真展を開催し、同時に写真集を出したときだった。実家は九州の老舗旅館と聞いてはいたが、写真展をやると教えられ、山笠に対する熱い思いを聞かされたときは、「あのくさ、管さんが博多出身とは知らんやったとばい」と怪しげな博多弁で反応したものだった。

――「博多っ子純情」ずっと読んでたので博多弁、少し覚えました。

――長谷川法生、写真展と写真集にコメント出してくれているよ。

それから、管さんは少し長谷川法生さん自身についても話してくれた。奥さんがユニークで魅力的と聞いて、僕は「博多っ子純情」に登場する何人かの女性を思い浮かべた。長谷川法生さんには、自身の生活を題材にし奥さんが登場する私マンガのような作品もあったと思う。僕は管さんに「熱心な愛読者がいると伝えておいてくださいな」と頼んだ。

「博多っ子純情」が映画化されたのは、一九七八年のことだった。連載開始から二年足らず。まだ、六平は中学を卒業していなかったはずだ。隣のお姉ちゃんにほのかな思いを寄せ、阿佐や黒木と悪さを重ね、大喧嘩を止め、小柳類子に小姑のように意見され、山笠に熱中していた。

「博多っ子純情」は人気マンガとなり、アートシアター・ギルドで「不連続殺人事件」（一九七七年）を監督した日活ロマンポルノのエース曾根中生が映画化を担当した。オーディションで選ばれたのは十六歳の高校生、光石研だった。デビュー作で初主演である。しかし、光石研が再び主演を果たしたのは「あぜ道のダンディ」（二〇一〇年）だった。その間、三十二年の年月が流れ去り、光石研には「出演作のやたらに多い名バイプレーヤー」という呼び名がついていた。

（2022.06.06）

「ラバさん」って何？

あに・いもうと／成瀬巳喜男監督

「私のラバさん～酋長の娘」という歌を子供の頃に聴いたとき、「ラバ」とは「ロバ」みたいなものだと思い込んだ。それがなぜ「酋長の娘」なのかは謎だったけれど――。

調べてみると「酋長の娘　私のラバさん」は昭和五年（一九三〇年）に発売された歌だという。古い映画を見ていると、宴会シーンでよく歌われていた（寅さんも歌った）。南洋に赴任した兵隊たちが歌うシーン（「南の島に雪が降る」かもしれない）も記憶にある。僕が聴いたのは小学生の頃で、運動場で何人かとボール遊びをしているときに誰かが歌ったのだと思う。ただし、そのクラスメイトも意味はわかっていなかったはずだ。

ずいぶん経って、その後に続く歌詞が「色は黒いが～南洋じゃ美人」だと知って、「ラバさん、人間なの？」とますます謎が深まった。それが「Lover」だと気付いたのは「アラバマ物語」（一九六二年）を字幕で見ていたときだった。娘が黒人にレイプされたと思い込んでいる白人の農夫（プア・ホワイト）が、黒人の弁護を引き受けたアティカス・フィンチ（グレゴリー・ペック）に罵詈雑言を浴びせる。その中に、こんな言葉が出てきた。

――Nigro Lover!!

字幕には「黒人びいきめ」と出た。そのとき、「私のラバさん」は「ラバー」だったのだと、天啓のように僕の頭にひらめいた。「Lover」は「恋人」「愛人」の意味の他に「愛好者」というニュアンスもあるらしい。「ニグロ・ラバー」は「ニグロ愛好者」、意訳すると「黒人の味方」とか「黒人びいき」になる。ちなみに黒人に対しては、「Nigro」より「Nigger」の方がより侮蔑的なのだそうだ。

しかし、「ラバさん」という言葉は、昭和五年の段階で一般的だったのだろうか。口ずさみやすいコミックソングで大衆的にヒットしたのだろうと思われるから、「ラバさんて何?」と思った多くの人が「ラバとは英語で『恋人』のこと」と知ったのかもしれない。当時、歌詞にカタカナ言葉を使うのが流行ったのだろうか。

たとえば「私のラバさん」の前年である昭和四年(一九二九年)に、「東京行進曲」という映画が公開されて主題歌がヒットした。作詞は西條八十で、実にモダンな歌詞である。「ジャズで踊ってリキュルで更けて　明けりゃダンサの涙雨」とか、「ラッシュアワに拾った薔薇を」「恋のストップままならぬ」「シネマみましょか　お茶のみましょか」など、やたらに外来語が使われている。

先日、室生犀星の「性に目覚める頃」を読んでいたら、「きっと『君』というからには、ラバアがあるにちがいないと思った」という文章が出てきた。犀星自身と思われる「私」は、犀川のほとりの寺の息子で十七歳。詩作にふけり、東京の詩誌に投稿して掲載される。名前が載ったので、ある日、同じ金沢に住む十七歳の男から連絡をもらう。彼も短歌を詠み、詩を書くのだという。

「私」は彼の作品を読み、感嘆する。また、彼の短歌で詠われる「君」という存在に羨ましさを感じるのだが、そのときに出てきた文章が前述のものだった。さすがに「ラバさん」ではなく「ラバア」だが、おそらく女性に対して初心な十七歳の「私」は「恋人」と書くのをためらい、「ラバア」としたのだろう。十七歳の「私」は簡単に女たちと親しくなる彼に嫉妬する。

室生犀星が自伝作品「幼年時代」「性に目覚める頃」「或る少女の死まで」を「中央公論」誌に続けて掲載し、一躍小説家として認められた(すでに詩人としては認められていた)のは三十歳、大正八年(一九一九年)のことだ。「私のラバさん」が知られる十年以上前になる。だとすると、やはり「ラバ」が「恋人」のことだと、すでに一般的にも知られていたのかもしれない。

ちなみに、今頃になって室生犀星の作品を読み返しているのは、中学生の頃、文庫本の「性に目覚める頃」を不純な動機で手に取り、目次に並んでいた「蒼白き巣窟」というおどろおどろしげな字面に怖れをなし、そのまま書店の棚に戻した記憶があるからだった。犀星の「ふるさとは遠きにありて思ふもの」が収録されている詩集は読んだことがあるけれど、小説は「あにいもうと」しか読んでいなかった。

「あにいもうと」を読んだのは、成瀬巳喜男監督が映画化しているからだ。成瀬の映画化は一九五三年(昭和二八年)。森雅之と京マチ子が兄妹を演じた。「あにいもうと」は昭和九年(一九三四年)の発表で一九三六年(昭和十一年)に最初の映画化があり、成瀬作品の後、今井正監督が草刈正雄と秋吉久美子で映画化（一九七六年）した。テレビでも渥美清と倍賞千恵子（一九七二年）、大泉洋と宮崎あおい（二〇一八年）が演じている。妙に人気のある作品である。

僕は成瀬巳喜男監督の全作品踏破を目指しているのだが、戦前の作品は別にして戦後の作品でまだ数本が未見なのだ。川島雄三との共同監督になった「夜の流れ」（一九六〇年）と「コタンの口笛」（一九五九年）、それに室生犀星原作「杏っ子」（一九五八年）はぜひ見たいと思っている。主人公の小説家（山村聰）は犀星自身、娘（香川京子）は長女の朝子である。そういえば、室生朝子の著作も書店で見なくなって久しい。

（2022.06.12）

ユージン・スミスの暗室

MINAMATA／アンドリュー・レヴィタス監督

ジョニー・デップが写真家ユージン・スミスを演じた「MINAMATA」（二〇二〇年）を見ると暗室作業が詳細に描かれていて、さすがによく調べているなと感心した。ユージン・スミスはモノクロームフィルムで撮影し、自分でフィルム現像をしてプリントを焼いた人である。納得のいく作品を仕上げるまでには、暗室作業に大きなウェイトがかかる。

映画「MINAMATA」は、ユージン・スミスの暗室シーンから始まる。赤い光だけで照らされる世界だ。赤い光には印画紙が感光しないから、暗室独特の雰囲気が表現できる。スミスはネガを引伸し機にセットし、イーゼルでトリミングし、手を揺らしながら焼き込みや覆い焼きをする。知らない人が見たら、その作業の意味はさっぱりわからないだろう。

その暗室シーンに使われるのは、スミスの代表的な作品だ。男の子と女の子が手をつなぎ森の中から外に向かって出て行こうとしている「The Walk to Pradise Garden」も見える。逆光で撮影され、明るい未来に向かっているような作品だ。赤い光に浮かぶネガが反転し、モノクロの写真になる。スミスは、自身の回顧展のために代表作のプリントを焼いているらしい。

スミスの作品をプリントしたという写真家の森永純さんによれば、同じネガから百枚プリントし、ようやく一枚だけオーケーが出たという。写真を知らない人は同じネガから同じプリントが作れると思っているが、それは大きな間違いだ。引伸し機のフォーカスと絞り、露光時間、覆い焼きや焼き込み、現像液に浸ける時間など、変動要素はいくらでもある。だから、作家が認めたオリジナルプリントに価値があるのだ。

僕は大学生のときに一眼レフを手に入れて写真にのめり込み、しばらくして暗室機材をそろえて下宿の部屋で暗室作業を始めた。いわゆる四畳半暗室である。書店の趣味コーナーの「写真」の棚に並んでいた主婦の友社発行の「誰でもできる暗室テクニック」という簡単な入門書を買い込み、それだけを頼りに独学した。最初は失敗続きだった。

露光時間をいくつか変えた試し焼きをせず、適当な露光時間で印画紙にネガを照射したものだから、現像液に浸けた瞬間に真っ黒になったこともある。ネガを拡大して印画紙（懐かしの三菱・月光）に照射し、ルーペでフォーカスを確認するときは明るい開放絞りにし、実際の露光時には絞り込んで被写界深度を深くするのだが、露光するときに引伸しレンズを絞り忘れた（開放値で露光した）ためだった。

暗室作業を始めてから、撮影以上に写真にのめり込むことになった。雨戸を閉めても光が入るので作業は暗くなってから始めるため、いつも徹夜になった。一晩中、ぼうっと赤い光が漏れていただろうから、近所で怪しまれていたかもしれない。外が白んでくる頃に仕舞い始め、小さな炊事場でチョロチョロと水道を流しながらプリントを水洗した。

昔、写真雑誌の編集部にいるときに、何人もの写真家の暗室を取材した（奈良県在住の写真家まで取材した）ことがある。ある人は大判フィルムの引伸しができる巨大な引伸し機を設置していた。周囲の振動が伝わらないようにコンクリートの基礎を地中深く打ち込んだ暗室だった。露光しているときには、どんな些細な振動も許さないぞ、という気迫に充ちた暗室である。

特に印象に残っているのは、江成常夫さんの暗室だ。まるまる一軒の家（その地下室だったと思う）を暗室にしていた。江成さんの生家は旧家（昔の庄屋屋敷？）らしく、庭には樹齢数百年という巨木が立っており、母屋と別に離れや土蔵らしき建物があり、離れの地下に暗室を作っていた。完全に遮光され、広く、動線を考えた使いやすい暗室で、「なるほど、あの作品たちはここで気が済むまで焼かれたのか」と納得した。

「百肖像」の巨大なプリント（たぶん写真弘社の仕事だと思うけど）を銀座ニコンサロンで見たときの衝撃は、今も記憶している。「シャオハイの満州」「花嫁のアメリカ」「ニューヨークの百家族」は実際のプリントを借りて掲載したから、その凄さをルーペで確認した。さらに「まぼろし国・満州」のモノクロームの階調再現に絶句した。フィルムと印画紙での階調再現は、デジタルカメラで撮影しコンピュータで後処理してプリントしたものとはまったく違う。そんなことを言うと「年寄りの繰り言」と言われるだろうけど――。

（2022.07.22）

「横道世之介」を見ると

❀横道世之介／沖田修一監督

先日から朝の散歩の時にスマホで動画を見ながら歩くようになった。歩きスマホは危険だと言われるかもしれないが、犬を散歩させている人がいるくらいで人通りはほとんどない。それに、ときどき画面を見るだけで、聞こえてくるセリフで物語は理解できる。つまり、単純なテレビドラマが向いているということだ。

ということで、テレビドラマをほとんど見てこなかった僕が、散歩のときにＴＶｅｒでテレビドラマを見るようになってしまった。毎日更新されるから、前夜のドラマをどれか一本流しながら散歩するのだ。セリフだけでほぼ物語がわかるし、ちょうど一時間で区切りがいい。散歩の距離としては、四キロほどである。

ところが、先日、早朝にＷＯＷＯＷで「横道世之介」（二〇一二年）をやっていたものだから、つい見てしまった。公開当時に見て、とても気に入った映画だ。しかし、もう十年近くも前の映画になってしまった。吉高由里子は「蛇にピアス」（二〇〇八年）のハードな役で知られた女優だが、僕は「横道世之介」の「ごきげんよう」と挨拶するお嬢様役が一番好きだ。彼女は運転手付きの自家用車でデートにやってくる。

これはネタばれになるかもしれないけれど、「横道世之介」は大学時代に主人公と交流があった数人の人間が十数年後に彼を回想する物語である。入学式の日に知り合った男女の級友は結婚し今は子供のことで悩んでいるが、ある日、主人公がふたりのキューピッドだったことを思い出す。

教室で声をかけてきた世之介をうとましく思いながらも付き合っていたある級友は、彼にゲイであることをカミングアウトし、今は男性のパートナーと暮らしている。ある夜、パートナーと飲んでいたときに世之介の思い出話をすると、パートナーは「最近、その名前をどこかで聞いたな」と言う。

世之介が憧れていた年上の女性はアナウンサーになっていて、その夜の番組で「線路に落ちた人を助けようとしてふたりの男性が飛び降り、三人ともはねられて死んだ」ニュースを読み上げる。「ひとりはカメラマンの横道世之介さん」と、読み上げた彼女の声が沈んでいたとディレクターが指摘する。

そう、これは映画より十年ほど前に起きた事故で死んだカメラマン、関根史郎さんの存在からインスパイアされた物語なのだ。世之介のごく普通の大学生活は、描かれる年代から見て作者の吉田修一さん自身の経験が反映されているのだろうが、悲劇ではあるが根っからの善人だった世之介らしい死に方として関根さんの事故を当てたのだろう。

あの事故は酔った乗客が新大久保駅で線路に落ちたのを見た韓国人留学生と関根さんが助けようと飛び降り、三人とも亡くなるという痛ましい結果になった。僕もニュースでひとりは日本人カメラマンと知ったが、その人がまさかＫ２のアシスタントだったとは想像もしなかった。

熊切圭介さんと木村恵一さんの写真事務所Ｋ２の初代（かどうかはわからないが初期の）アシスタントだったのは、管洋志さんだ。「熊切さんに取材の撮影を依頼したら気の利くアシスタントが一緒にきて、よく働くんだ。それが管くんだったんだよ」と、僕は入社間もない頃に当時の社長から聞かされたことがある。

関根さんは僕がK2によく写真を借りにいっていた頃、アシスタントをしていたらしい。「らしい」というのは、実はよく憶えていないからだ。僕はアシスタントの小林雅裕さんに世話になり、後に彼が写真家として独立した後にも会っているのだけれど、関根さんのことはきれいに記憶から抜けていた。だが、小林さんは「関根にも会ってるはずですよ」と言う。

関根さんの追悼写真展が新宿ニコンサロンで開かれたときだった。K2の歴代アシスタントが揃い、熊切圭介さんが関根さんの思い出を語り、管さんが「本来は献杯ですが、今日はお母さんが出席してくれました。彼の写真展開催を祝って乾杯しましょう」と発声した。その夜、僕は小林さんに久し振りに再会し、関根さんが弟弟子であり、僕がK2に顔を出していた頃、一緒にアシスタントをしていたと教えてくれた。

事故の後、関根さんのお母さんが「相手も助けられず、自分も死んで――犬死にだよ」と悲しそうにテレビカメラにつぶやく姿が何度も流れたが、その夜は展覧会の会場で息子がどれだけ多くの仲間に愛されていたかを目にして、悲しそうではあったけれど満面の笑顔を見せてくれた。あれから二十年余、寂しく亡くなったと聞いたが、あのときのお母さんの姿を僕は今でも思い出せる。

あの夜、「乾杯」の音頭をとった管さんも10年ほど後に亡くなった。管さんの「送る会」にも多くの人が集まった。僕は久しぶりに熊切圭介さんとお会いし、「管さんにはずいぶんお世話になったんです。関根さんの追悼写真展のときのこともよく思い出します」と話した。そのとき、「管だって、あなたにはお世話になったでしょう」と熊切さんが言ってくれたのが何だか素直にうれしかった。

（2022.07.24）

ダンスはうまく踊れない

パルプ・フィクション／クエンティン・タランティーノ監督

朝、TVerを見ながら（聴きながら）散歩をするようになって、一時間ドラマを楽しみにしている自分がいる。テレビ朝日で放映している「六本木クラブ」というドラマは韓国ドラマの翻案らしいのだが、元を知らないのでけっこう楽しめる。見始めた理由は、新木優子が出ているからだ。

先日、その中でクラブにいったことがない居酒屋の店員に人気ブロガーの若い女が踊り方（ナンパの仕方？）のレクチャーをするシーンがあり、それを見ながら「そう言えば、俺は踊ったことがないなあ」と思った。踊れるような場所にいったことがないし、踊ったこともない。バブル時代の「ジュリアナ東京」も映像でしか見たことがないのだ（別の編集部の若者は「ジュリアナ東京」を借りてロケしたことがある）。

ボリス・ヴィアンの「日々の泡」を日本を舞台にして映画化した「クロエ」（二〇〇一年）の中で、主人公（永瀬正敏）が初めてクロエ（ともさかりえ）に出会うのは、叔母が出品している美術展のオープニング・パーティに出席したときである。彼はちょっと気になる若い女性に「あなたも絵を描かれるんですか？」と話しかける。彼女は怪訝な表情で答える。

――だって、一度も絵を描いたことがない人なんていないでしょ。

それに倣うと「一度も踊ったことがない人なんていないでしょ」となる。幼児はテレビで踊っている人を真似して踊ることがある。ピンクレディ全盛の頃には、そんな子供がいっぱいいただろう。僕の子供の頃にはテレビがなかったけれど、町内の盆踊りで踊った記憶があるし、中学高校ではフォークダンスやスクエアダンスを踊った。

しかし、昔から「無軌道な若者の生態」という文脈の中で、古くはダンスホールやジャズ喫茶やゴーゴークラブ、最近ではクラブ（ラの音を上げる発音らしい）で踊り狂う若者たちが描かれてきた。映画でも数え切れないほど、そんなシーンがある。古い太陽族映画の頃から「若者を描く＝踊るシーン」という公式さえあるのかもしれない。

そういう意味では僕は踊ったことがないし、クラブなどいったこともないし、ついでに風俗関係の店にも入ったことはない。告白すると、若い頃に一度だけ歌舞伎町のストリップ劇場に連れていかれ、本番ショーを見て衝撃を受けたことはある。今になってみると、一度とはいえ見ておいてよかったと思う。堅い言い方をすると、人間というものが少しはわかった。

しまった。話がヘンな方向にいったけれど、フォークダンスなどを別にして僕らの時代で最初に大人たちの顰蹙を買ったダンスは「ツイスト」だった。続いて「モンキーダンス」「ゴーゴーダンス」である。時代を象徴するダンスは昔からあり、一九二〇年代のアメリカを描くときには、必ず「チャールストン」を踊る短髪のモダンガールが登場する。

「ツイスト」が忘れられた頃になって、有名な「ツイスト」シーンが登場した。クエンティン・タランティーノ監督「パルプ・フィクション」（一九九四年）だ。ユマ・サーマンとジョン・トラヴォルタの「ツイスト」シーンは今やハリウッドの伝説である。「サタデー・ナイト・フィーバー」（一九七七年）で「ディスコ・ダンス」のアイコンだったトラボルタが復活した作品でもあった。ただし、トラヴォルタの体重は十七年で二倍になっている。ダイエット効果はないのかもしれない。

ダンスといっても様々にある。「Shall we ダンス？」（一九九六年）で描かれた社交ダンス、「セント・オブ・ウーマン／夢の香り」（一九九二年）でアル・パチーノが踊った官能的なアルゼンチン・タンゴ、エヴァ・ガードナーとボギーの「裸足の公爵夫人」（一九五四年）ではフラメンコが印象に残る。「ホワイトナイツ／白夜」（一九八五年）のミハイル・バリシニコフのモダンバレエとグレゴリー・ハインズのタップダンスも忘れられない。

ペドロ・アルモドバル監督「トーク・トゥ・ハー」（二〇〇二年）を見たときには、何度か出てくるピナ・バウシュの舞台に惹き付けられた。ラストの前衛的なダンスも印象的だった。その後、ピナ・バウシュのドキュメント「ピナ・バウシュ　夢の教室」（二〇一〇年）「ピナ・バウシュ　踊り続けるいのち」（二〇一一年）を追っかけて見たくらいだ。

結局、何事についてもそうなのだが、僕は「実践者」ではなく「見る人」であるらしい。僕は映画も「観る」ではなく、ずっと「見る」と表記してきたのだけれど、そこにはそんな意識があったのかもしれない。大学時代に読んだアルチュール・ランボウの「見者の手紙」の影響もある。今更、自ら行う者（実践する人）にはなれないだろう。

それでも、人は自分でやってみたくなることはある。一度だけ、クラブに入ろうと試みて断られたことがある。バブル時代のことだ。

十数人のダサいおっさんたち（女性も数人いた）と神楽坂にあった「何とかスター」というクラブに押し掛け、門衛（？）に入れてもらえなかった。ドレスコードで引っかかったらしい。何しろメーデーに参加した後で酒盛りになり「一度、踊りにいってみるか」と盛り上がったのはいいけれど、全員がメーデー・ルックでしたからね。

（2022.08.06）

人を見たら異常者と思え

偽りなき者／トマス・ヴンダーベア監督

WOWOWでマッツ・ミケルセン特集をやっていた。最近の彼の二作「アナザーラウンド」（二〇二〇年）と「ライダーズ・オブ・ジャスティス」（二〇二〇年）は見逃していたので配信で見られるのはありがたい。都会と地方の映画的環境の格差は縮まりつつある。ただし、東京のミニシアターでしか見られない作品は、まだまだ多い。

「アナザーラウンド」はアカデミー賞の外国語長編映画賞を受賞したと紹介されており、「おお、そうであったわい」と思い出した。マッツ・ミケルセンはデンマーク映画界で活躍し、世界的に注目されて「007／カジノ・ロワイヤル」（二〇〇六年）で悪役ル・シッフルを演じた。ダニエル・クレイグがジェイムス・ボンドを演じた一作めである。日本で言えば、渡辺謙みたいな存在だろうか。

僕はデンマーク映画「偽りなき者」（二〇一二年）を見て、「渋い役者だなあ」と思った。ただし、ル・シッフル役のときには「気味悪さ」と「気持ち悪さ」を感じていたが、改めて無口な役が合う人だとは思った。表情や仕草で感情を表す役者なのだろう。もちろん、それが名優の証明なのだが、どちらかと言えば「何を考えているかわからない不気味さ」を表現できる役者だと思う。クリント・イーストウッド系の演技である。

だから、子供に性的虐待をしたと疑われ、周囲からスポイルされていく保育士役だった「偽りなき者」の理不尽な状況に甘んじる姿にリアリティがあった。いわれなき中傷を浴びて家族も深く傷つき、さらに家族にさえ疑われ、自宅に動物の死骸などを投げ入れられても黙々と耐える男の表情は、信念を貫く男なのか、ただ理不尽な怒りを抱え込んでいるだけなのか、判別はつかない。もしかしたら、本当に子供にいたずらする気持ちがあったのではないか、とさえ思えてくる。ミステリアスだからこそ魅力的な演技だったし、人間の複雑さを感じた。

ところで、「偽りなき者」を見たときに僕がある記憶を甦らせてゾッとしたのは、自分も疑われ、中傷を浴び、社会的に抹殺されたかもしれない想像を発展させたからだった。たとえば、今、子供がひとりでいるのを見ると、近づかないでいようと思う人の方が多いのではないか。混んだ電車で若い女性が近くにくると「あっちへいけよ」と思うのではあるまいか。誤解、冤罪、弁明しても聞いてもらえない怖さ――、人々から「あいつがやったのよ」と糾弾される。そんなシーンが頭をよぎる。

僕が思い出したのは、何十年も前の出来事だった。あるとき、信号機のある横断歩道で僕は立っていた。小学生の女の子がやってきて僕の横に立った。低学年だろう、ランドセルが大きく見えた。信号が青に変わり、僕は思わず「渡ろうか」と声を出して、その子のランドセルに触れた。ただ自然な動作だった。しかし、女の子は、一瞬、僕を不審そうに見上げると走り出した。その瞬間、誤解された、と思った。現代社会は、がんじがらめになっている。善意と思われた行為が、あるとき、逆転することもある。人々に糾弾される。

四十年ほど昔、カメラ雑誌の編集部にいる頃、毎回、投稿してくる読者の中に、子供のスナップが抜群に上手な人がいた。三十代の大学教師だった。主な被写体は小学生くらいの女の子だ。公園で遊んでいる子供のスナップが多かった。アップのポートレートもあった。彼の投稿作品はスナップ・ポートレート部門の優秀作として毎回掲載された。しかし、今、あんな写真を撮っていると怪しまれるのではないか、と思う。親に撮影の了承を求めても、その段階で不審者として疑われる気がする。

親切心から子供に声をかけたりすることさえ躊躇われるような風潮の中、スナップ撮影などもってのほかだろう。様々な犯罪が大きくニュースになり、子供たちも「知らない人に注意しよう」と教えられ、警戒心と人を疑うことをたたき込まれるわけだから、疑われないようにすることが身を守ることになる。今は、最初に「怪しい人」と疑うことを教える。まるで「人を見たら異常者と思え」である。

そんな状況下では、痴漢の冤罪を避けるために電車の中で女性に近づかない、怪しまれないために子供に声をかけない、という傾向になる。「李下に冠をたださず」ではなくて、李下そのものに入らない。あわてて駆け込んだ電車が「女性専用車」で、次の駅までの間、ドア横で身を小さくしていたという知人がいたが、気持ちはわかる。僕なら女性たちの視線に耐えられないだろう。

異常犯罪が多いから、こんな世の中になってしまったのだろうが、人を疑いの目で見ることを優先させる世の中は、イヤなものだ。しかし、教師や親が「知らない人に対する警戒心」を教え込まざるを得ない社会であるのも事実かもしれない。よく知っている人間だって、「偽りなき者」のようにいつ疑われるかわからない。子供の一言が「やさしい保育士」だった男を、一瞬にして「異常者」にしてしまう。知人・友人たちさえ信じてくれない。「人は裏の顔を持っている」という認識が、今ほど一般的になった時代はなかったのではないか。（2022.08.28）

酒呑みの自己弁護

❀アナザーラウンド／トマス・ヴィンダーベア監督

マッツ・ミケルセン主演「アナザーラウンド」（二〇二〇年）は、コロナに感染し二週間の自宅療養期間もずっと酒を呑み続けていた僕としては、どう考えたらいいのだろうか迷う映画だった。アカデミー外国語長編映画賞受賞だというから、アカデミー会員もきっと「酒呑み」が多いのだろう。ただし、共感していいのか、教訓とすべきなのか、本当に判断のつかない作品である。

冒頭、学生たちの酒呑み大会が描かれる。湖を一周する間にどれだけ酒を呑めるか（もう少し複雑なのだが）を競うらしい。卒業イベントらしく、競技の後、酔っぱらった学生たちは地下鉄の中で羽目を外して大騒ぎをし、車掌の制止を無視する。そのことが問題になり、学校（日本の高校にあたるらしい）の会議で校長が「今後は学内での飲酒を禁止」と発表する。デンマークでは、一体何歳から飲酒が解禁になるのだろう。

調べてみたら、デンマークでは飲酒に関する年齢制限がないらしい。驚きである。映画の中でも、高校生に教師が「週にどれくらい呑む？」と授業中に訊いている。デンマークでは酒類は安く、アルコール度十六パーセントくらいまでの酒は十六歳で購入できるらしい。それを知れば「アナザーラウンド」という映画が成立する理由がわかった。北欧からロシアにかけて酒呑みが多いのは、やはり寒い地域だからだろうか。この映画でも、ウォッカが日常的に呑まれている。

ハイスクールに四人の中年の教師がいる。家族持ちの音楽教師、心理学哲学教師と体育の教師は独り者、そして主人公の歴史の教師（マッツ・ミケルセン）には心の離れた妻と二人の子供がいる。彼の歴史の授業はつまらなくてわかりにくいと生徒に評判が悪い。ある日、保護者たちからも糾弾される。彼は教えることに対する情熱を失っている。いや、生きることに対する情熱を失っているのだ。

彼ら四人は、音楽教師の誕生日に集まり、ある話題で盛り上がる。人間は血中アルコール濃度〇・〇五%のときに最も充実し、溌剌と生きていけるという理論である。それを実践し研究するために、アルコール濃度計を片手に酒を呑み始める。常に〇・〇五%を維持するためである。主人公の授業は活気を取り戻し、生徒たちにも受ける。また、家族との絆も復活し、妻との会話も復活する。

やがて彼らは、次の実験に入る。血中アルコール濃度を上げていくのだ。そして、アルコール濃度の限界まで挑戦するが、それによって様々な失態を演じることになる。主人公は完全に酔いつぶれ、路上で寝ているところを近所の人に発見される。そこに息子が通りがかり、大きな父親を担ぐようにして連れ帰る。そのシーンを見ながら、僕は「やれやれ」とため息をついた。あのときの僕自身を見ているようだった。

七十年の人生だが酒を呑み始めたのが三十過ぎだとすると、ほぼ四十年間は呑み続けてきたことになる。その間、死んでいても不思議ではないと思うことは数多くあった。都心から千葉の外れの自宅まで、毎夜、酩酊して帰っていたこと自体が奇跡かもしれない。片道一時間半、それをまったく記憶していないことがほとんどだった。ホームドアなどない時代だから、千鳥足で電車の横を歩いていたに違いない。

鞄を取られた（失くした）ことも数度ある。呑んだ回数から算出すると、確率としては低い。怪我をしたのも数度ですんだ。大きな怪我をしたのは、帰郷して友人と呑み、気がついたら潅漑用水に落ちていたときである。先日、岡山県では年間に何人も潅漑用水に落ちて死ぬというニュースが流れたが、香川県もため池が多く農業用潅漑用水がいっぱい流れている。二十年ほど前のことで、まだ蓋をしていない用水路が多かったのだ。

すでに五十代半ばだった。酒を一滴も呑まない両親は文字通り驚愕し、僕のかみさんに電話したところ、かみさんは少しも慌てず「また、やりましたか」と答え、僕が失くしたクレジットカードや免許証などを確認し、冷静に対応した。「また、やりましたか」という返答に、「おまえは、今までこんなことばかりやってきたのか。五十にもなって」と母親に嘆かれた。

それから十年ほどして、また、大きな怪我をした。スペイン料理のオーナーシェフであるカルロス兄貴と呑んで盛り上がり、最後にテキーラのボトルを空けてしまった夜のことだった。新宿から自宅までタクシーに乗り、自宅を通り過ぎたところで気付きタクシーを降りた。百メートルほどを這うようにして帰ったのを記憶している。次の記憶は、電信柱にすがっているところだ。翌朝、気付くと自室のベッドにいた。

その後、かみさんと息子に確認したところによると、僕は片方の目を血だらけにして玄関に入り、出てきた息子が驚いて「親父の目がつぶれてる」と叫び、かみさんが起きてきたという。血を拭い、右目の下にざっくりと開いた傷を絆創膏で手当して寝かせると、しばらくしてベランダに向かって放尿したらしい。「お湯で流したり、大変だったのよ」と、かみさんは目を吊り上げ「いいかげんにしなさいよ」オーラを全開にした。

その日は金曜で、土日が開けた月曜日。会社の近くの整形外科（美容整形もやっている）にいくと、右目のすぐ下の絆創膏をはがした医者は「こりゃひどい。よく救急車呼ばなかったな。よほどアルコール麻酔が効いてたんだな」と言い、十数針を縫うことになった。たぶん勢いよく電信柱にぶつかり、メガネのメタルフレームで切ったのだ。自分史上、最も高価なメガネが失くなっていた。

そういう経験者だから、泥酔して路上で寝たり寝小便をする「アナザーラウンド」の男たちに共感する部分は大いにあった。しかし、男たちのひとりはアルコール依存症になり、自ら命を絶つ。そのことも、酒呑みの成れの果てとして僕には納得できるのだが、「この映画は一体何が言いたいのだ」と言いたくもなった。僕が三十過ぎから呑み始めたのはあることを忘れたいためだったが、いつの間にか単に呑みたいから呑むに変わった。

右目の下のざっくり深く切れた傷の周りに麻酔注射をしながら、看護師さんが「どうして、それほどなるまで呑むのかしらね」と言ったとき、僕は「そんなバカでもしなければ、生きていけないでしょう」と心の中でつぶやいていた。「リービング・ラスベガス」（一九九五年）の主人公のように酒を呑み続けて破滅する覚悟がなければ、酒など呑まない方がいいのだ。あるいは、破滅への衝動がない人間には、呑む（泥酔する）資格はないのかもしれない。

（2022.08.29）

ヘビー・スモーカーだった頃

仁義／ジャン＝ピエール・メルヴィル監督

僕が煙草を吸っていたのは、十七歳から三十六歳までの約二十年間だった。ハイライト、しんせい、若葉、チェリー、ルナ、ゴールデンバット、ショートホープ、ピース、セブンスター、マイルドセブンなどの国産品の他、洋モクも何種類か吸ったことがある。

洋モクで特に思い入れがあったのはフランス煙草で、両切りのゴロワーズやジタンが手に入ると、封を切るのがもったいなかった。今でも、数十年前にフランス土産でもらったジタンを、ガラス戸付きの書棚に大切に立ててしまっている。ジプシー女が踊っている図柄が気に入っているのだ。図柄は何度か変わっているらしい。

両切りのゴロワーズと言えば、ジャン・ギャバンである。火のついたタバコを包み込むようにして持っていた。日本語吹き替えでは森山周一郎の声のイメージがあるが、本人の声も押しの利いたものだった。僕の年代ではジャン・ギャバンはもう年寄りで、「地下室のメロディー」(一九六三年)の年老いたギャング、「シシリアン」(一九六九年)の怖い家長などが浮かんでくる。

昔の映画では、煙草が重要な小道具として頻繁に使われた。特に煙草に火をつけてやる行為には、特別の想いが込められた。たとえば女がくわえた煙草に男が火をつけるシーンは、男女の愛情表現だった。ハワード・ホークス監督の「脱出」(一九四四年)では、ローレン・バコールの煙草にハンフリー・ボガートがマッチで火をつける。

ボギーは西インド諸島のフランス領の島で、釣り船の船長をやっている。ローレン・バコールは、アメリカから流れてきたバクレン女(スリや盗みでしのいでいる)である。ボギーは釣り船の料金を払っていない旅行客の財布をスったローレン・バコールを捕らえて財布を返させる。その後、ふたりは惹かれ合い、ボギーはローレン・バコールの煙草に火をつけてやる。

この映画で出逢ったボギーとローレン・バコール(人気モデルだったが「脱出」で女優デビューした)は、実生活でも結婚することになる。「脱出」の原作はアーネスト・ヘミングウェイの「持つと持たぬと」で、脚色したのはウィリアム・フォークナーだ。ノーベル賞作家がふたり関わっている映画は、たぶん「脱出」だけだと思う。

男が男の煙草に火をつける行為には、「友情」の意味を込めている。その例として僕が挙げるふたつのシーンには、どちらもアラン・ドロンが登場する。まず「さらば友よ」(一九六八年)のラストシーン。逮捕され手錠のまま口に煙草をくわえて歩くチャールズ・ブロンソンがアラン・ドロンの前を横切ったとき、ドロンはマッチを擦って差し出す。その火を両手で包み込むようにして、ブロンソンは煙草を近づける。

もうひとつの男たちの煙草シーン。ジャン=ピエール・メルヴィル監督の「仁義」(一九七〇年)である。刑期を終えて出所したばかりのアラン・ドロンは、昔の仲間から取り立てた金で車を買ってパリへ向かう。一方、護送の途中で列車から逃亡したジャン=マリア・ヴォロンテは、レストランの駐車場でドロンの車のトランクに潜り込む。

ドロンは検問でトランクの鍵が開かないと芝居を打ち、幹線道路を外れた野原に車を駐める。トランクから離れたドロンは「出てきていいぞ」と声をかけ、ドロンがトランクに入れておいた拳銃を構えたヴォロンテが「知っていたのか」と言いながら現れる。手を挙げたドロンの胸ポケットから書類を取り出し、「今日、出てきたのか」とヴォロンテが言う。

ドロンは煙草を取り出し一本くわえて、煙草を投げる。ヴォロンテが受け取り煙草をくわえる。ドロンはマッチで自分の煙草に火をつけ、マッチを投げる。ヴォロンテが受け取り、自分の煙草に火をつける。火をつけてやる訳ではないが、それだけでふたりの友情は成立する。だから、命を賭して友を救いにいくラストシーンが説得力を持つ。「仁義」には好きなシーンがたくさんあるけれど、一番はこの煙草を巡るシーンである。

煙草を二十年近く吸っていると、本数はどんどん増えてくる。一日二箱も吸うようになったのは、二十代半ばだったろうか。特に麻雀や労組の会議のときなどは本数が増えて、口の中がいがらっぽくなったものだ。

あの頃の僕の肺の中はヤニで真っ黒だったに違いない。最も多く煙草を吸ったのは、三十で労組の委員長を引き受ける羽目になり、会社側との団交で孤軍奮闘（何しろ発言するのが僕しかいなかった）しなければならなかったときだった。

団交は夕方から始まり、ときには徹夜になることもあった。長時間の交渉も辞さないぞという決意を見せるため、団交のテーブルに煙草を五箱も積み上げたりした。目の前に煙草があると吸ってしまうし、交渉が行き詰まると沈黙が続くことになり、そんなときには双方で煙草を吹かし合った。必然的に煙草の本数は増える。一晩で六十本を煙にしたこともあった。

ちなみに、市川崑監督は常に煙草（最初は両切りピースで後にチェリーと聞いた）を歯の間に挟んで（本当かウソか、そのために歯を一本抜いたらしい）吸っていた。チェーン・スモーカーである。食事しながらも吸っていたというからスゴい。一日百五十本とインタビューに答えていた。それでも長生きして、数多くの名作を作った。

(2022.10.07)

ゴダール作品なんて見られない

気狂いピエロ／ジャン＝リュック・ゴダール監督

ジャン＝リュック・ゴダール監督が九十一歳で逝去した。スイスでは安楽死が認められているので、医師による薬物投与での「自殺幇助」だったらしい。「うーむ、そうきたか」という感じである。さすがゴダール、死んでまで物議を醸す存在だ。脚本家の橋田壽賀子は、スイスまでいって安楽死することを本気で検討したらしい。

ゴダールは、革命的な生き方を貫いた人だった。僕は「中国女」「ウィークエンド」（一九六七年）までは何とかついていったが、紀伊國屋ホールで見た「東風」（一九七〇年）であきらめた。その後の作品は、古今東西の膨大な映画の引用で構成された「ゴダールの映画史」（一九九八年）を除いて見ていない。ゴダールの二番目の妻だったアンヌ・ヴィアゼムスキー（ノーベル賞作家フランソワ・モーリアックの孫）原作の「グッバイ・ゴダール」（二〇一七年）を見て、五月革命の頃のゴダールの実生活や言動に落胆した。虚像が崩れた。

六〇年代、ゴダール映画は四国高松で上映されることはなかったが、映画少年の間では虚像ばかりが肥大していた。一九六八年、僕は高校二年生だった。「勝手にしやがれ」（一九五九年）の日本公開から八年、映画はすでに伝説になっていたし、その後の「女は女である」（一九六一年）「男と女のいる舗道」（一九六二年）などを含め、映画雑誌では何度も取り上げられた。「ゴダール」の名は、神がかり的とでもいうべき一種独特な響きを帯びていたのだ。

一九六八年初夏、週刊「朝日ジャーナル」のグラビアページに、五月革命のパリの街を三本ターレットの16ミリカメラを片手に歩くゴダールの写真が掲載された。カメラはボリューかボレックスだったと思う。新聞部の部長だったTが「朝日ジャーナル」を持ってきて回覧した。「どうだ。かっこいいだろう」とTは言い、「俺たちも自主映画を作ろうぜ」と言い出した。草月会館で催されたフィルムコンテストで、十八歳の高校生だった原正孝が「おかしさに彩られた悲しみのバラード」でグランプリを獲得したことにも刺激されたのだ。

Tに促されて、僕はシナリオを書くことになった。しかし、僕が書いたシナリオはTに徹底的に批判され、「だったら、俺は降りる」と口にした。数年後、東陽一監督がATG（アートシアター・ギルド）で公開した「やさしいにっぽん人」（一九七一年）を見て、「そうだよ、こんな映画が作りたかったんだ」と僕は思った。何をやってもカッコ悪く、うまくいかない、女の子にもまったくもてない、アンチ・クライマックス・ヒーローの高校生を主人公にしたシナリオだった。

後年、村上龍さんの「69」を読んだとき、九州の高校生も同じようなことをしていたんだなと思った。一九六九年、高校三年生だった龍さんとおぼしき主人公は、見たこともないゴダール映画に憧れて自主映画の製作を試みる。そう、何度も書くけど、地方の映画少年はゴダール作品なんて見ることはできなかったのだ。「映画評論」や「映画芸術」といった先鋭的な映画雑誌で特集される「気狂いピエロ」の記事を読み、ただただゴダールに憧れるだけだった。

その反動で、一九七〇年四月に上京した僕はゴダール作品を追いかけた。あの頃、いくつもあった名画座をまわれば、ゴダール作品のほとんどを見ることができたのだ。「勝手にしやがれ」「男と女のいる舗道」「女は女である」「小さな兵隊」「カラビニエ」「彼女について私が知っている二、三の事柄」「恋人のいる時間」「軽蔑」「気狂いピエロ」「男性・女性」「アルファヴィル」――、その年の夏までに僕はゴダール作品のほとんどを見た。

特に気に入ったのが「男性・女性」と「気狂いピエロ」だった。「男性・女性」のジャン＝ピエール・レオの真似をして、煙草を放り投げて口でくわえる練習をし、「気狂いピエロ」に刺激されてアルチュール・ランボウの詩集を買った。今でも、その詩集には「気狂いピエロ」の中のせりふがメモされている。車のバックミラーに自分を映しているジャン＝ポール・ベルモンドにアンナ・カリーナが問いかけるシーンだ。

――何が見えるの？

――時速100キロで破滅に飛び込む男の顔。

（アンナ・カリーナがミラーを自分に向ける）

――何が見える?

――時速100キロで破滅に飛び込む男に恋する女。

それから十数年後、レーザーディスクで「気狂いピエロ」と「男性・女性」を買って、繰り返し見た。「気狂いピエロ」はゴダールが作った最も美しい作品だ、別れたアンナ・カリーナへの愛(憎)に充ちている、と改めて思った。ラストシーンに重なるランボウの「永遠」のフレーズは、詩集を読んだことのない人にも知られるようになった。

とうとう、見つけたよ
何を?
永遠というもの
太陽と共にいった海のことだ

(2022.10.15)

さらば愛しき友よ

さらば愛しき人よ/原田眞人監督

原田眞人監督は僕とほぼ同世代のせいか、作る映画のタイトル、セリフ、キャスティングなど「わかる、わかる」という感じである。監督デビュー作「さらば映画の友よ　インディアンサマー」(一九七九年)のことを初めてキネマ旬報で知ったとき、「さらば」と「友よ」の間に「映画の」と吹き出しを入れたセンスは気に入った。ただし、キネ旬に掲載されたシナリオを読んで僕は見にいく気を失くした。

それは、地方に暮らす映画狂の青年の物語で、僕にとっては目新しくもないものだった。おそらく、監督自身の自伝的な要素が強いのだろうと推測した。それに、原田眞人という名前はマガジンハウスの雑誌「ポパイ」に「ロサンジェルス・エキスプレス」という見開きコラムを書いている人物という印象が強く、「海外在住で映画に詳しいからといって、簡単に監督になれるのかよう」という反発もあった。

その後、原田監督は順調に作品を作り続け、いつの間にか中堅監督のポジションを獲得した。原作を読んでいたので見た「金融腐食列島・呪縛」(一九九九年)が原田監督だと知り、「こんな金融の世界の映画を作るのか」と驚いたが、それ以降の原田作品はほとんど見ている。「突入せよ! あさま山荘事件」(二〇〇二年)「クライマーズ・ハイ」(二〇〇八年)「わが母の記」(二〇一二年)など、なぜか僕が読んだものばかりを映画化したからだ。

その後も「日本のいちばん長い日」(二〇一五年)「関ヶ原」(二〇一七年)「燃えよ剣」(二〇二一年)と、僕の愛読書ばかりを映画化する。もしかしたら、原田監督の愛読する作家と重なるのだろうかなどとも考えた。先日、書店で文庫の新刊コーナーを見ていたら「ヘルドッグス」という小説の帯に「岡田准一主演・原田眞人監督で映画化」とあり、手にとってパラパラと見てみたら、やくざの世界を舞台にした物語だった。「えーっ、やくざ映画を撮ったのか」と僕は意外に思った。

その少し後、WOWOWで「郷ひろみ特集」があり「さらば愛しき人よ」（一九八七年）を放映した。原田眞人監督作品で、当時人気のあった石原真理子がヒロインをつとめている。郷ひろみは刺青を入れてやくざを演じ、南條玲子（橋本忍監督「幻の湖」で華々しく主演デビューした女優）相手のセックスシーンをこなした。レイモンド・チャンドラーの「さらば愛しき女よ」がよく知られているが、内容は関係ない。剽窃である。チャンドラーの愛読者としてはそんなことにこだわり、公開当時には見ていなかったのだけれど、ずっと気になっていた一本だった。

映画の内容はまったく知らなかったが、原田眞人の本格的やくざ映画だった。今から見ると、キャスティングは贅沢きわまりない。佐野史郎、内田裕也、手塚真、景山民夫、大竹まことはワンシーンのカメオ出演だし、若き佐藤浩市は金髪&かすれ声のぶっ飛んだ狂気を感じさせるやくざだし、笹野高史は薄いとはいえ黒髪だし、日活で活躍した高品格の組長はやたらいい役だし、チンピラたちの中に若き寺島進の顔が一瞬見えるし、まだ幼さの残る木村一八（一か八か、が命名の元）もがんばっている。

原田芳雄はディスコの社長役でワンシーン出てくるだけだが、郷ひろみと石原真理子が踊っているところにやってきて銃を撃つヒットマン（嶋大輔）を「たったひとりやるのに三発も使いやがって」とつまみ出す。おいしい役である。気の利いたセリフが多く、郷ひろみに痛めつけられて惚れ込む大地康雄も印象に残るし、郷ひろみの情婦を演じた南條玲子もいい。彼女はヒットマンに郷ひろみの隠れ場所を吐けと拷問され、「これ以上殴られたら、喋っちゃうじゃない」とつぶやいて窓から身を投げる。

極めつけの得な役は、内藤陳さんだった。石原真理子の行きつけのバーのマスターである。電動車椅子でカウンターの中を移動する。「あんた、筋者だろう。俺と同じ匂いがする」というセリフなんて、陳さんのためにあるようなものだ。たぶん、陳さんは役作りにのめり込んで、監督に様々な提案をしたに違いない。下半身が不自由な設定も陳さんのアイデアかもしれない。やくざだった頃、何かがあったのだと観客に想像させる。

情婦を拷問され死に追いやられた郷ひろみは、当然、大勢の子分たちに囲まれた悪役たち（安岡力也や柄本明など）に殴り込みをかける。そんなクライマックスがなければ、やくざ映画は成立しない。その郷ひろみに陳さんは武器を用意する。二挺のリボルバー、オートマチック、たっぷりの銃弾、最後に小ぶりのショットガンを取り出し「これは、もうひとりの奴に使わせてやんな――」と言う。「もうひとり？」と訊く郷ひろみに、陳さんは顎で窓の外を示す。店の外には郷ひろみに心酔する弟分（木村一八）がいる。

そのシーンで陳さんは郷ひろみに「侠気（おとこぎ）」につ

いてウンチクを垂れる。「ロバート・B・パーカーなら、もっと理屈を言うだろうなあ」といった具合だ。あの頃、陳さんは「読まずに死ねるか」というオモシロ本を紹介するシリーズ本を出していたし、すでに日本冒険小説協会の会長だった。僕が「映画がなければ生きていけない」で日本冒険小説協会の特別賞を受賞し会に入れてもらったのは二〇〇七年のことだから、ずっとずっと後（二十年後）のことである。

それまでに「さらば愛しき人よ」を見ていたら、陳さんと親しく話せるようになったときに「会長、あのマスター役よかったですね」と言えたのに、と今更のように僕は悔やんだ。僕は陳さんの出演作としては和田誠監督「麻雀放浪記」（一九八四年）に登場するオカマのおりんさん（すごくよかったけど）の話しかできなかった。間違いなく、「さらば愛しき人よ」のマスター役を陳さんはノリノリで演じたに違いない。そんなことを考えていたら、陳さんが僕の本の推薦文に「さらば愛しき友よ」と書いてくれたことを思い出した。

さらば愛しき友よ！

オモシロ小説、オモシロ映画のスーパーナビゲーター

陳めが言い切るのだ。本書を読まずに死ねるか！

一本筋の通った十河の美学。

一読、二読、三読、陳めの胸を熱く深く撃ち抜いてくれました。

（2022.10.22）

ランボー 怒りの脱出 ●156
ランボー３怒りのアフガン ●156
リービング・ラスベガス ☆104、◆63
リオ・ブラボー ★364、◇446、◆599
利休 53
陸軍 ○482
陸軍中野学校 ○623
離婚しない女 ○239
離愁 ☆523、◆12、●405
リスボン特急 ◇218、◆503
リスボンに誘われて ●37
リチャードを探して ☆159
リップスティック ●195
リトル・ミス・サンシャイン ◇259
リトル・ロマンス ☆452、◆525
リトルダンサー ★526、◇113
リバティ・バランスを射った男 ☆28、★428
リプリー ☆94
リベンジ ◆610
リベンジャー ◆167、◆610
理由 ○26
竜二 ◆430
理由なき反抗 ◆77、●270
竜馬暗殺 ●164
リライフ ●477
リリイ・シュシュのすべて ○168
リリィ、はちみつ色の夏 ◆459
ル・アーブルの靴みがき ○215
ル・ジタン ★216
ルードウィヒ ◆12
ルシアンの青春 ○609
ルワンダの涙 ◇334
レイ ★505
冷血 ◇442
レイジング・ブル ◆627
レイダース・失われた聖櫃 ○26
レインマン ☆273
レオン ★128、○173、●176
レスラー ◆68
列車に乗った男 ◇575、◆90
レッズ ☆365
ＲＥＤ ◆577、●207
レッドオクトーバーを追え！ ◆217
レディ・ジョーカー ★323
レニー・ブルース ○557
レニングラード 九百日の大包囲戦 ◆342
レベッカ ◇129
恋愛専科 ◇229
恋愛日記 ◆247
レンタネコ ●187
老人と海 ◆212
浪人街 ○498
ローグ・アサシン ◆515
ローズマリーの赤ちゃん ○16
ロード・オブ・ウォー ◇334
ロード・ジム ◆286
ローマの休日 ☆194、★522、●450
ローラ殺人事件 ○210
ローレライ ◆217
ろくでなし ●14
ロシュフォールの恋人たち ●84
ロスト・イン・トランスレーション ◇197
ロストクライム・閃光 ◆131、○138
ロッキー ◆359、●215
ロビン・フッド ◆492
ロマン・ポランスキーの吸血鬼 ○441
ロング・グッドバイ ○55、○344、●187
ロンゲスト・ヤード ★291、◆482、●211

わ

ワーロック ◇42、◇550、○436
ワイルド・ギース ●293
ワイルド７ ◆379
ワイルドバンチ ☆281、◇520、◆577
わが命の唄 艶歌 ○200
若さま侍捕物帖シリーズ ◆162
わが生涯のかゞやける日 ○243
若大将シリーズ ◇464
わが谷は緑なりき ☆266
吾輩は猫である ○584
わが母の記 ○71
わが街 ○508
我が道を往く ◇53、●485
我が家の楽園 ◆395
鷲と鷹 ★37
鷲は舞い降りた ◇69
私が愛した大統領 ●131
私が棄てた女 ★515、●172
私の中のあなた ◆54
私のなかのヒロシマ ●69
わたしは、ダニエル・ブレイク ●507
私をスキーに連れてって ★314
わたしを離さないで ●394
渡り鳥故郷に帰る ◇255
罠にかかったパパとママ ●450
笑う警官 ◆515
わらの犬 ☆281、◇338、○557
わらの男 ◇338
わらの女 ◇338
悪い奴ほどよく眠る ○184
ワルキューレ ◆146
われに撃つ用意あり ◇177、◇263
われらが背きし者 ●390
我等の生涯の最良の年 ○243

ミスター・ミセス・ミス・ロンリー　◆515
ミスティック・リバー　★350
水の中のナイフ　○257
乱れ雲　◆105
乱れる　◆226、◆443
道　☆441、●315
蜜月　◆34
三つ数えろ　☆123、◆476、○477、●446
ミッドナイト・イン・パリ　○205
ミッドナイト・ガイズ　○310
蜜の味　◆77
港のヨーコ・ヨコハマ・ヨコスカ　○527
耳をすませば　◇151
身も心も　◆430
宮本武蔵　★44、◆401、●172
未来を生きる君たちへ　◆599
ミリオンダラー・ベイビー　★350
みんなで一緒に暮らしたら　○253
麦の穂をゆらす風　●507
無人列島　◇528
娘・妻・母　◆443、●65
霧笛が俺を呼んでいる　◇159
宗方姉妹　◆226、●416
無法松の一生　○454
紫右京之介　逆一文字斬り　○153
明治侠客伝　三代目襲名　☆508、◆537、◆582、○454
冥府魔道　◇558
名誉と栄光のためでなく　◇218、○404
夫婦善哉　◆470
めぐりあい　☆469
めぐり逢えたら　◆85
めし　◇459、○468
メトロポリス　●315
めまい　★418、★508、●420
メメント　○390
めんどりの肉　○486
盲獣　●144
燃えつきた地図　○450
モーニング・アフター　☆8
モールス　○441
もず　◆470
モスラ　☆163、◆72
最も危険な遊戯　◇117
もどり川　○239
モナリザ　☆150
モネ・ゲーム　○446
桃太郎侍　◆226、◆401
モラン神父　○287
モンタナの風に吹かれて　○334
モンパルナスの灯　☆592

や

やがて復讐という名の雨　◆30、◆125、●140
柳生一族の陰謀　★191、◆226、○138
柳生武芸帳 片目水月の剣　○153
柳生武芸帳 剣豪乱れ雲　●432
893愚連隊　☆184、◆303
やくざ絶唱　◇524
夜行列車　○257
夜叉ケ池　●92
野獣の青春　☆330、◆253、○532、●458
野生の証明　◆359、○138
野望の系列　●409
山猫　◇286
山のあなた　徳市の恋　○36
山の音　★411
闇の狩人　○138
殺（や）られる　◆503
やわらかい手　◇414
柔らかい肌　◆247
ユー・ガット・メール　◆85、◆193
勇気ある追跡　◆242
夕なぎ　◆12
夕日に向かって走れ　◇290
郵便配達は二度ベルを鳴らす　☆231
幽閉者（テロリスト）　◇528
U・ボート　◆217
雪に願うこと　◆44
雪婦人絵図　◆401
ゆきゆきて、神軍　◆347
夢売るふたり　●370
夢千代日記　★254
許されざる者　☆12、★350、◆21
ゆれる　●370
夜明けのうた　●199
酔いがさめたら、うちへ帰ろう。　◆286
酔いどれ天使　◆182、◆401、○61
陽気なギャングが地球を回す　○158
容疑者Xの献身　◆270
杳子　◆177
善き人のためのソナタ　◇225、○248
夜霧よ今夜も有難う　☆585、◆253
欲望　★540、◇398、◇406
欲望という名の電車　○81、○133
予告犯　●300
ヨコハマBJブルース　☆145、○344
横道世之介　○367
義仲をめぐる三人の女　●504
酔っぱらった馬の時間　☆512、◇30、◆594
黄泉がえり　○324
夜がまた来る　◇494
夜と霧　◆231
夜の終る時　◆203
夜の牙　●323
夜の大捜査線　☆430、◆459
喜びも悲しみも幾年月　★452、◆226
四十丁の拳銃　●239
48時間　○512

ら

ラ・スクムーン　★216、◆503
ラ・マンチャの男　☆582、◆438
ラ・ラ・ランド　●289
ライトスタッフ　●519
ライムライト　★171、◆308
Lie Lie Lie　☆571
ラウンド・ミッドナイト　●127
羅生門　●219、●361
ラスト サムライ　○278
ラスト・ショー　●227
ラスト・タイクーン　◆49
ラスト・ワルツ　★223
ラストエンペラー　☆115、○329
ラスベガス万才　○133
ラッシュ・プライドと友情　○537
ラブ・レター　◆390
ラブホテル　★388
ランブルフィッシュ　◆68
ランボー　●215

フラガール　◇113
BROTHER　★483、◆515
ブラジルから来た少年　◆231
ブラス！　◇113
ブラック・ブック　◇225
ブラックサイト　◇511
ブラックホーク・ダウン　◇334、○613
ブラッド・ダイヤモンド　◇334
フランシス・ハ　●152
フランティック　○16
フリック・ストーリー　◇218
ブリット　◆131、○31、●179
プリティ・ウーマン　○210
プリティ・リーグ　◆627
不良少年　☆455、◆203
ブルージャスミン　○636
ブルース・ブラザース　◆424、◆486、●266
ブルースチール　◆167
ブルーに生まれついて　●465
ふるえて眠れ　○118
故郷　◆367
ブルックリン横丁　◆115
フルメタル・ジャケット　◇189、○613
ブレイス・イン・ザ・ハート　★234
ブレードランナー　☆455、◇58、○390
不連続殺人事件　◆543
ブロークバック・マウンテン　◇426
ブロークン 過去に囚われた男　●383
フローレス　◇442
プロフェッショナル　○436
平成狸合戦ぽんぽこ　★543
ペイバック　☆56
ペイルライダー　◇541、◆497
ペギー・スーの結婚　◆588、●477
ペコロスの母に会いに行く　○552
ヘッドライト　★294
蛇イチゴ　●370
ヘルプ　心がつなぐストーリー　○179
ＨＥＬＰ！四人はアイドル　◆605
ベルリン・天使の詩　●80
ペレ　◆492
ベンジャミン・バトン　数奇な人生　◆49
変態家族 兄貴の嫁さん　●462
ベンチャー・ワゴン　◆497
砲艦サンパウロ　★397
冒険者たち　☆64、☆228、☆357、★37、★533、◇218、◇438、◆503、○512
冒険また冒険　◆90
亡国のイージス　◇293
棒の哀しみ　○143
抱擁のかけら　◆247
暴力脱獄　★291、◇350、●211
放浪記　◇459
ポーギーとベス　★357
ボーン・アイデンティティー　○390
ボギー！俺も男だ　◆325
ボクサー　◆454
ぼくたちの家族　○575
ぼくのエリ 二〇〇歳の少女　○441
ぼくの大切なともだち　◇394
僕のワンダフル・ライフ　●543
ぼくんち　◆81
誇り高き男　◆594
誇り高き挑戦　○408
星空のマリオネット　◆34
ほっこまい　高松純情シネマ　◇450
坊っちゃん　○579
ホット・ロック　★113
ポテチ　○158
ホテル・ルワンダ　◇334
骨までしゃぶる　○138
炎のごとく　★334、◇377
炎の人ゴッホ　◆520
ポパイ　○413
ボルサリーノ　◆503
ポロック　★490
ポロック 二人だけのアトリエ　◆520
ホワイトナイツ・白夜　●207
本日休診　◆182、◆470

ま

マーガレット・サッチャー 鉄の女の涙　●262
マーキュリー・ライジング　◆621、●176
マーサの幸せレシピ　◇318
麻雀放浪記　◆424
マージン・コール　◆637
まあだだよ　○184
マーティ　◇520、◆577
マーラー　◆259
マイ・バック・ページ　○112
マイ・ファニー・レディ　●227
マイ・フェア・レディ　●231
マイ・ブルーベリー・ナイツ　◇489
マイ・ボディガード　◆610、◆621
マイ・ライフ・アズ・ア・ドッグ　☆78、○282
毎日かあさん　◆286
毎日が夏休み　○168
舞姫　○468
MILES AHEAD マイルス・デイヴィス空白の五年間　●465
魔界転生　★191
マクベス　◆577、●285
マジェスティック　○400
魔女の宅急便　◇151
マシンガン・パニック　◇270、○315
マダム・マロリーと魔法のスパイス　●207
街の灯　◇233
街のあかり　◇365
マッキントッシュの男　◇525
M★A★S★H マッシュ　○301
マッチ・ポイント　◇197
マッドマックス　○353
マッドマックス・シリーズ　○627
祭りの準備　☆82、◇34、●61、191
マディソン郡の橋　☆98、●262
招かれざる客　☆393
真昼の決闘　◆599
真昼の死闘　◆21
瞼の母　◆401、◆582、○570
真夜中のカーボーイ　◇426、◆281、○557
真夜中の刑事　◇358
マラヴィータ　●24
マラソンマン　◆231、●255
マルサの女　★135
マルセイユの決着　◇516、◆125
マルタの鷹　☆203、◆325、◆476
卍　◆100
マンハッタンの哀愁　◇567
マンハッタンの二人の男　◇567
見出された時—「失われた時を求めて」より　◆72
みかへりの塔　○422
ミシシッピー・バーニング　◆459

ハ十ヤード独走　☆31
蜂の巣の子供たち　○422、○609
8½　○210
二十日鼠と人間　☆504
初恋　◆131
八甲田山　◇571、○44
バッジ373　○31
パッチギ　◇417、◆515
ハッド　★462、◇95
800万の死にざま　☆504、◇72
果しなき欲望　◆509
ハドソン川の奇跡　●234
バトル・ロワイヤル　☆190
華岡青洲の妻　●331
花笠若衆　◆226
花咲く港　○482
花と嵐とギャング　◇236、◆17、◆509
花とアリス　★407、○618
花と怒濤　◆292
花のあと　◆226
花の生涯　◆470
HANA-BI　★483、◆515、●462
花嫁の父　◆297
はなればなれに　○148
ハバナの男　○96
パピヨン　◆627、○557、●339
ハメット　☆203
同胞（はらから）◆367
原田芳雄が出演した百本を超えるすべての映画　◆319
パリ、テキサス　○334
ハリー・パーマーの危機脱出　○66
ハリウッドにくちづけ　●266
張込み　○339、○503
ハリソン・フォード　逃亡者　○101
パリの恋人　☆568
はるか、ノスタルジィ　☆497
春にして君を想う　●80
ハレンチ学園　●281
ハワーズ・エンド　◆281
ハワイ　◆492
晩菊　◇459
反逆児　○570
反逆のメロディー　☆127、◆571
晩春　◇84
パンドラの匣　○491
バンドワゴン　☆484、◇421
ハンナ・アーレント　●366
犯人に告ぐ　◆515
ピアニスト　○376
ピアニストを撃て　☆247
ピアノ・レッスン　★360
ＰＴＵ　◆236
ピエロの赤い鼻　○522
東ベルリンから来た女　○248
光　●523
光の雨　◇211、◆34
光をくれた人　●547
光る海　○381
彼岸花　○320
非行少年・若者の砦　◆571
ビザンチウム　○441
ビザンチウムの夜　◇133
悲愁　◆49、◆407
美女ありき　○81
悲情城市　◆342、●88
ヒストリー・オブ・バイオレンス　◇381
ビッグ・ウェンズデー　☆437、★213、○21
必殺！Ⅳ恨みはらします　★191
必死剣鳥刺し　◆131
羊たちの沈黙　☆31
ヒッチコック　●207
ひと夏の情事　◇327
瞳の奥の秘密　◆330
瞳の中の訪問者　◆182、○26
ひとり狼　◇293、○623、●247
ひとりぼっちの青春　◆509
陽の当たる坂道　◇388
陽のあたる場所　◆59
日の名残り　◆281、●394
緋牡丹博徒　お竜参上　◆582、○454
緋牡丹博徒　花札勝負　◆582
ヒマラヤ杉に降る雪　☆433、●187
ひまわり　◇373
ヒミズ　●160
秘密諜報機関　◇550
病院で死ぬということ　●140
ビヨンド the シー 夢見るように歌えば　●41
拾った女　◇550、●239
ピンキー　◆115、●247
ピンク・キャデラック　●33
ファミリー・ツリー　○542
ファンシイダンス　◇38
フィールド・オブ・ドリームス　☆335、◆25
フィクサー　◆110
フィッシュストーリー　○158
フィラデルフィア　◆627
風船　●416
風速40米　●458
ブーベの恋人　◇286
風来坊探偵　赤い谷の惨劇　★191
風林火山　◇185
フェイク　◆95
ブエノスアイレス　◇426、●327
フォーエバー・フレンズ　◆81
フォロー・ミー　☆459
深く静かに潜航せよ　◆217
復讐するは我にあり　◇354
復讐は俺に任せろ　◇430、◆632
ふくろう　◆559
梟の城　☆577
吹けば飛ぶよな男だが　◇147
ＦＯＵＪＩＴＡ　●105
武士道残酷物語　◆554
武士の一分　○498
豚と軍艦　◇144
豚の報い　◇144
ふたり　☆497、★117、◆549
二人の世界　★146、●357
普通の人々○464
舞踏会の手帖　◆72、○371
舟を編む　○395、●101
フューリー　○613
冬の小鳥　◆412
冬の華　☆40、◆157、◆486、○503
無頼・黒匕首　☆361、◆373、●458
無頼・殺せ　☆361、◆253
無頼・非情　☆361
無頼・人斬り五郎　☆361、◆531
無頼漢　◆454
フライト　●234
プライドと偏見　◆594
プライベート・ライアン　○205、○613
無頼無法の徒 さぶ　●496
『無頼』より　大幹部　☆361、◇533

トランボ ハリウッドで最も嫌われた男　●375
ドリーマーズ　◇468、○148
ドリーム　●519
泥だらけの純情　◆509
泥の河　☆211、☆415、○163、●105
泥棒のメソッド　○267
泥棒を消せ　◇218、○133
どろろ　○324
どん底　○184
ドン松五郎の生活　●543

な

ナイト・オン・ザ・プラネット　◇221
ナイロビの蜂　○96
ＮＩＮＥ　○210
ナインハーフ　◆68
永い言い訳　●370
長距離走者の孤独　◆77
長距離ランナーの孤独　☆239
流れる　◆141
渚にて　◆217
嘆きのピエタ　○464
ナタリーの朝　★385
ナチュラル　◆110
夏子と、長いお別れ　◆347
夏の妹　◆525
夏の終り　●20
夏の庭 The Friends　●539
夏物語　☆401
なみだ川　○517、●496
涙を、獅子のたて髪に　◆454
楢山節考　◆616、●438
鳴門秘帖　◆401
にあんちゃん　☆301、○112
ニキータ　◆167、○173
肉体の門　○362、●331
肉弾　☆297、○432
25年目の弦楽四重奏　○357、●311
二十四の瞳　◆162、◆226
二十四時間の情事　○287
尼僧物語　◇426
日曜日には鼠を殺せ　◇244
日曜日は別れの時　●327、◇426
にっぽん昆虫記　○473
日本の黒い夏　冤罪　◆443
日本の青春　●319
226　◇80
日本女侠伝　血斗乱れ花　○454
日本春歌考　○604
日本の悪霊　◇34
日本のいちばん長い日　☆297、◆342、○432、●424
日本の悲劇　○482
日本暴力列島　京阪神殺しの軍団　◇417
ニュー・シネマ・パラダイス　☆78、★206、◆286、○595、●227
ニュースの真相　●379
ニューヨーク　最後の日々　○542
ニュールンベルグ裁判　◇550
ニライカナイからの手紙　★533
ニワトリはハダシだ　◇76
任侠ヘルパー　○220
人魚伝説　◆610
人間失格　◆63、○491
人間の條件　◇140、○604、○609、●319
人間の証明　◆359
人間の約束　◆616、●14
忍者狩り　○381、●243
忍者秘帖　梟の城　○570、●243
濡れた荒野を走れ　◆571
濡れた二人　◆100
猫と庄造と二人のをんな　●101
熱愛者　◆72
ネバダ・スミス　◇229、◆565
ネブラスカ　ふたつの心をつなぐ旅　○315、○542
眠らない街・新宿鮫　◇106
眠狂四郎無頼剣　○517
野いちご　◆492
ノーウェアボーイ・ひとりぼっちのあいつ　◆605
ノーカントリー　○627
ノーマ・レイ　★234
ノスフェラトゥ　○441
ノッティングヒルの恋人　☆194、◆193、○210
野火　●29
のぼうの城　●504
野良犬　○339
野良猫ロック セックス・ハンター　●401
野良猫ロック・暴走集団’71　★91、◆253、◆571
野良猫ロック・ワイルドジャンボ　◆571
ノルウェイの森　◆418
のんちゃんのり弁　◆353

は

PARKER・パーカー　○225
バージニア・ウルフなんかこわくない　◆59
バージンブルース　○107
ハートブレイク・リッジ　勝利の戦場　◇314
バーバー　◇197
パーマネント野ばら　◆390
ハイ・シェラ　◇240
バイ・バイ・バーディ　○133
廃市　☆163
背信の日々　◆459
灰とダイヤモンド　★132、○257、●413
HOUSE・ハウス　○26
馬鹿が戦車（タンク）でやって来る　◇563
博多っ子純情　◆543
馬鹿まるだし　◆509
麦秋　◇84
白痴　☆141
博奕打ち　総長賭博　◇438、◆537、○454、●432
博奕打ち　流れ者　◆537
白昼堂々　◆203
白昼の死角　○138
幕末残酷物語　◇377、◆554、○566
幕末太陽傳　☆184、☆224、○476、●219
激しい季節　○287、●354
橋の上の娘　◇394
はじまりのみち　○482
初めての旅　◆525、○44
馬上の二人　◇550
バタアシ金魚　☆184、◆594
裸の島　☆393、◆559
裸の十九才　◆77、◆438
裸の町　●485
ＨＡＣＨＩ 約束の犬　●543
八月の鯨　★459、◆212
８月のクリスマス　◇331
八月のクリスマス　☆258、◇58
八月の濡れた砂　☆131、●195

黄昏　★103、◆336、○253、○334
たそがれ清兵衛　○498
脱出　★37
他人の顔　○450
旅立ちの時　◇170
ダブル・クラッチ　○527
007 ゴールデンアイ　●179
007 カジノ・ロワイヤル　○477
007 危機一発　☆258、◇229
007 サンダーボール作戦　◇208
007 スカイフォール　○477
007 慰めの報酬　○477
007 は殺しの番号　☆258
魂萌え！　◇373
ダメージ　◆353
誰かに見られてる　☆179、◆621
誰のせいでもない　●420
誰も知らない　◇30
誰よりも狙われた男　○632
ダロウェイ夫人　◇398、○613
弾痕　◇524、○44
タンスと二人の男　○16
男性・女性　☆357、●152
探偵・スルース　◇346
探偵マイク・ハマー 俺が掟だ！　○306
探偵物語（カーク・ダグラス版）　◇181
探偵物語（薬師丸ひろ子版）　◇181
タンポポ　★135
暖流　○473
小さな兵隊　○404
智恵子抄　★498、●489
チェンジリング　◆21
地下室のメロディー　★113、◇218、◆497、○153
地下水道　○257、●413
地下鉄のザジ　◆157
近松物語　○184
父親たちの星条旗　●109
父と暮らせば　★442、◇34、●191
血と砂　○432
地の群れ　○604
地平線がぎらぎらっ　◆486、◆509
チャイナタウン　○16
チャップリンの独裁者　◇233、◇473
血槍富士　◆486
ちゃんと伝える　●10
チャンピオン　○301
中国の鳥人　◆172
直撃！地獄拳　◆253
直撃地獄拳・大逆転　◇236
血を吸う薔薇　○441
追憶　●481
追撃のバラード　◆379、●531
ツィゴイネルワイゼン　☆317、★469、●92
追想　◇49、◇61、◆12
月はどっちに出ている　◇221、◆390
つぐない　◇398
角筈にて　◇369
椿三十郎　☆444
翼に賭ける命　●446
妻　◇459
妻たちの性体験　夫の目の前で、今…　◆136
妻として女として　●511
妻の貌　●69
妻二人　○547
冷たい雨に撃て、約束の銃弾を　◆90
「通夜の客」より わが愛　●20
劔岳　点の記　◇571
ディア・ドクター　●370
ディア・ハンター　☆127、★188、○613、●469
Dear フランキー　★533
ディーン、君がいた瞬間（とき）　●270
ディパーテッド　◆95
ディファイアンス　◆146
ティファニーで朝食を　★95、◇95、◆407
テイラー・オブ・パナマ　○96
手紙　◆270
テキサス　◇218
テキサスの五人の仲間　◇346
手錠のままの脱獄　◇290
デストラップ・死の罠　◇346
鉄騎兵、跳んだ　◇177
デッド・ゾーン　★188
鉄道員（てつどういん）　☆418
鉄道員（ぽっぽや）　☆418、◇571
DEAD OR ALIVE　犯罪者　◆172
鉄砲玉の美学　●296
天空の城ラピュタ　◇151
転校生　☆497
天国と地獄　◇193、◇464、○91、○184
天国の門　○376、●277
天使の牙Ｂ・Ｔ・Ａ　◆167
天使のはらわた　赤い陰画　◆610、○386
天使の眼、野獣の街　◆236
天使を誘惑　◆265、○128
転々　◆44
天然コケッコー　◇477
天はすべて許し給う　◆152
てんやわんや　◆470
東京暗黒街・竹の家　○329、●239
東京オリンピック　◇464
東京家族　○272
東京五人男　●361
トウキョウソナタ　◆44
東京流れ者　☆330、◆531、●458
東京物語　◇84、○184、○272
逃走迷路　○101
灯台守の恋　●547
東南角部屋二階の女　○184
逃亡者（1947）　○101
逃亡者（1993）　○101
トゥルー・グリット　◆242
トーク・トゥ・ハー　★344
トキワ荘の青春　☆515
ドクトル・ジバゴ　☆365、◆407、○143
独立少年合唱団　◆353
年上の女　●350
トスカーナの休日　◇511
特攻大作戦　○118、○512
突破口　◇270、●179
トップガン　◆610
トト・ザ・ヒーロー　☆107、◆303
隣の女　◆247
となりのトトロ　◇151
トニー滝谷　◇121
殿、利息でござる　●300
扉をたたく人　◆198、●277
飛べ！　フェニックス　★307、○118
とべない沈黙　◇34
Tommy トミー　○66、○133
共喰い　●160
友だちの恋人　☆401、◆464
土曜の夜と日曜の朝　☆239、◆77
ドライビングＭｉｓｓデイジー　◆212
虎鮫島脱獄　●339

深夜の歌声　◇ 550
深夜の告白　☆ 231、◆ 476
シン・レッド・ライン　● 424
スインガー　○ 133
すーちゃん まいちゃん さわ子さん　○ 561
スーパージャイアンツ　◇ 236、● 57
スーパーチューズデー 正義を売った日　● 409
スカーフェイス　◆ 25
姿三四郎　☆ 388
好きだ、　◇ 331
スキヤキ・ウェスタン　ジャンゴ　◆ 172
スケバン刑事　◆ 167
州崎パラダイス　赤信号　○ 112、○ 645
スター・ウォーズ　☆ 546、○ 26、● 266
スター・ウォーズ フォースの覚醒　● 266
スタア誕生　● 231
スタンド・バイ・ミー　★ 107、◇ 170、◇ 410、◆ 407、◆ 525、○ 464
スティング　◇ 346
ストーカー　○ 230
ストーカー（案内人）　○ 230
ストックホルムでワルツを　● 127
ストリート・オブ・ファイヤー　◇ 511、◆ 167
ストレイト・ストーリー　◆ 212
砂の器　☆ 388
砂の女　○ 450
スニーカーズ　○ 230
素晴らしき哉、人生！　☆ 266、◆ 395
素晴らしき日曜日　○ 61
スパルタカス　● 375
スペース・カウボーイ　★ 8、◆ 212、○ 195
スミス都へ行く　☆ 266、◆ 395、● 409
スモーク　★ 237
スリ　◇ 34
スローターハウス５　◆ 342
スローなブギにしてくれ　○ 107、○ 128
スワンの恋　◆ 72
“青衣の人”より 離愁　● 404
正義のゆくえ I.C.E 特別捜査官　◆ 198、● 277
青春残酷物語　◆ 554
青春デンデケデケデケ　☆ 491、◆ 297、● 191
青春の殺人者　◇ 306
青春の蹉跌　○ 143
勢揃い東海道　◇ 293
セーラー服と機関銃　☆ 573、◆ 136、● 296
世界から猫が消えたなら　● 315
世界残酷物語　◆ 554
関の彌太っぺ　☆ 78、☆ 582、★ 184、◆ 308、○ 454、● 247
世代　● 413
絶唱　◆ 292
セッション　● 289
切腹　★ 203、○ 86、● 319
セデック・バレ第一部・第二部　● 88
蝉しぐれ　◇ 20、○ 498
セラフィーヌの庭　◆ 520
0011 ナポレオン・ソロ　● 251
戦火のナージャ　○ 292
戦艦ポチョムキン　☆ 376
一九〇〇年　○ 76
戦国無頼　◇ 185
戦場でワルツを　○ 390
戦場の小さな天使たち　☆ 571
戦場のピアニスト　◆ 627
全身小説家　◆ 347
先生と迷い猫　● 247
センセイの鞄　◆ 44
戦争と青春　☆ 388
戦争と人間　◇ 155
戦争と平和　◆ 384
戦争は終わった　◇ 244、○ 296
セント・オブ・ウーマン 夢の香り　○ 234
千年の祈り　◆ 120
千年の恋　☆ 370
千利休 本覺坊遺文　● 53
千羽鶴　◆ 401、◆ 559
前略おふくろさま　◆ 141
ソイレント・グリーン　◆ 616
捜索者　☆ 28
早春　◆ 208、◆ 470
続・男はつらいよ　◇ 147
続修羅城秘聞　飛竜の巻　◇ 23
続・夕陽のガンマン　★ 350
そこのみにて光輝く　○ 641
組織（アウトフィット）　○ 31
組織暴力　● 343
そして友よ、静かに死ね　○ 173
卒業　◆ 281、○ 557
ソナチネ　★ 483、● 462
曽根崎心中　● 493
その男、凶暴につき　★ 483、◆ 515
その男ゾルバ　○ 459、● 24
それから　◆ 464、○ 584
それでも恋するバルセロナ　◆ 247
それでもボクはやってない　○ 459
存在の耐えられない軽さ　◆ 247

た

ダ・ヴィンチ・コード　○ 148
ダークナイト　◇ 426
ダーティーハリー5　● 179
ダーティハリー　☆ 12、◆ 599
ターミネーター　● 118
ターミネーター 新起動（ジェニシス）● 118
ターミネーター２　☆ 82、● 118、450
ターミネーター３　● 118
ターミネーター４　● 118
ダイ・ハード　☆ 82、☆ 559
ダイ・ハード３　◆ 497
大幹部・ケリをつけろ　◇ 502
大幹部・無頼　☆ 361、☆ 582、◆ 253
大殺陣　◆ 172
第三逃亡者　○ 101
第三の男　◇ 159
大脱走　● 251
大統領の陰謀　○ 408、● 379
大統領の執事の涙　● 131
台所太平記　◇ 533、◆ 470
ダイナー　◆ 68
第七の封印　◆ 492
ダイナマイトどんどん　◆ 482
大病人　● 140
大菩薩峠　○ 570
大本命　◇ 72
太陽がいっぱい　☆ 94、★ 364、★ 390、◇ 218、○ 76
太陽に灼かれて　○ 292
太陽の中の対決　● 531
太陽はひとりぼっち　◇ 218、◇ 406
太陽への脱出　☆ 111、★ 284、◇ 204
太陽を盗んだ男　◇ 306
抱きしめたい　◆ 605
タクシー・ドライバー　◇ 221

しいのみ学園　○ 422
Gメン 75　◆ 438、● 343
シェーン　◇ 45
シェルタリング・スカイ　○ 76
シェルブールの雨傘　☆ 44、○ 404、● 84
シグナル　月曜日のルカ　○ 189
死刑執行人もまた死す　◇ 110、◇ 430
死刑台のエレベーター　★ 540、◆ 353
事件記者　○ 408
地獄の掟に明日はない　● 135
地獄の黙示録　★ 244、○ 31
地獄へ秒読み　○ 118、○ 532
シコふんじゃった　◇ 38
私小説　◇ 65
史上最大の作戦　○ 205
静かなアメリカ人　★ 445
静かな生活　○ 230
静かなる男　☆ 28、● 485
静かなる決闘　◆ 182、○ 61
沈まぬ太陽　◆ 265、◆ 297
仕立て屋の恋　◆ 208
下町の太陽　◇ 464
七人の侍　● 361
七年目の浮気　◇ 554
しとやかな獣　◆ 100、◆ 559
支那の夜　蘇州夜曲　○ 329
死に花　◆ 212
死にゆく者への祈り　◇ 69、◆ 621
シネマの天使　● 227
死の接吻　◇ 550
死の棘　★ 117、● 105
忍びの者　● 243
縛り首の木　◇ 541、◆ 497
至福のとき　★ 230
縞模様のパジャマの少年　◆ 231
市民ケーン　★ 142
下落合焼きとりムービー　◆ 424
下妻物語　★ 414
シモンの空　○ 163
ジャージの二人　● 300
ジャイアンツ　☆ 198、◆ 59、● 270
ジャスティス　○ 418
社葬　● 500
社長漫遊記　◇ 533
ジャッカルの日　○ 404
シャッター・アイランド　◆ 492
車夫遊侠伝　喧嘩辰　◆ 582
しゃべれども　しゃべれども　◇ 282
Shall we ダンス？　☆ 459、● 199
ジャンゴ　繋がれざる者　○ 315
シャンドライの恋　★ 394
上海帰りのリル　◇ 533
上海から来た女　◇ 174、◆ 430、● 199
上海の伯爵夫人　● 394
十一人の侍　◆ 172、○ 138
驟雨　● 65
執炎　● 199
一〇億ドルの頭脳　○ 66
十月　☆ 376
15 時 17 分、パリ行き　● 469
十三人の刺客　☆ 145、◇ 507、◆ 172、● 101
十七人の忍者　◇ 204、○ 153、○ 381、● 243
十字砲火　○ 436
終戦のエンペラー　○ 604
集団奉行所破り　○ 153
終着駅・トルストイ最後の旅　◆ 384、● 207
シューテム・アップ　◇ 498
受験のシンデレラ　◇ 486
ジュニア・ボナー　☆ 281、◇ 240、○ 349
修羅城秘聞　双竜の巻　◇ 23
修羅雪姫　★ 330
ジュリア　☆ 203、◇ 398
純　◇ 301
春婦伝　○ 362
上意討ち　拝領妻始末　○ 86
将軍家光の乱心　激突　★ 191、◇ 354
少女コマンドー・いづみ　◆ 167
少女の髪どめ　★ 394
小説家を見つけたら　☆ 266
小説吉田学校　○ 44、○ 287
少年　★ 378
少年と自転車　○ 163
情婦　◇ 346
勝負をつけろ→勝負（かた）をつけろ
勝利の戦場　◇ 302
勝利への脱出　◆ 627、● 215
昭和枯れすすき　◇ 388、◆ 203
昭和残侠伝　☆ 330、◇ 293
昭和残侠伝シリーズ　◇ 27
女王陛下のダイナマイト　◇ 218、● 346
女王陛下の 007　○ 477
ジョーカー・ゲーム　● 293
ショーシャンクの空に　★ 291、◇ 174、● 211
ジョーズ　● 420
処刑遊戯　◇ 117
女高生　天使のはらわた　◆ 543、● 438
女子学園　ヤバイ卒業　○ 200
女囚 701・さそり　★ 330、● 493
処女の泉　◆ 492
女体　● 331
ジョニーはどこに　◆ 90
ジョンQ――最後の決断　◆ 54
ジョンとメリー　○ 557
シリアスマン　◆ 448
シリウスの道　◆ 515
白いカラス　◆ 115、● 515
白いドレスの女　☆ 231、◆ 68、○ 508
白いリボン　○ 376
城取り　○ 381
白バラの祈り　ゾフィー・ショル、最期の日々　◆ 146
新・動く標的　◆ 187
新幹線大爆破　◆ 39、◆ 359、● 57、343
仁義　☆ 8、★ 153、◇ 218、◆ 503、○ 296、● 187
仁義なき戦い　☆ 235、★ 320、● 191
仁義なき戦い　代理戦争　◆ 292、◆ 577、● 296
仁義なき戦い　頂上作戦　◆ 292
仁義なき戦い　広島死闘編　◇ 200、● 535
仁義の墓場　☆ 380、● 387
真剣勝負　● 473
深呼吸の必要　★ 536
紳士協定　◆ 115、○ 436
シンシナティ・キッド　○ 133
心中天網島　◇ 293、◇ 563、● 199
新宿泥棒日記　◆ 193
真珠の耳飾りの少女　◇ 197、○ 446
新・仁義なき戦い　○ 599
人生劇場　飛車角　◆ 537、○ 278
人生に乾杯！　◆ 212
人生の特等席　○ 195、● 140
新選組血風録　★ 334、◆ 577、○ 36、○ 566
新選組始末記　★ 334、◇ 377、○ 517、○ 566
死んでもいい　★ 388
新・平家物語　● 504
深夜食堂　● 223

恋人たちは濡れた　○ 143、● 164
恋文　○ 239
絞死刑　◇ 528
好色一代男　◆ 100、◆ 247
豪姫　● 53
荒野の決闘　◇ 137
荒野の七人　● 251
荒野の用心棒　☆ 12
ゴーストライター　○ 16
コードネーム U.N.C.L.E.　● 251
コーマ　◆ 182
コールガール　○ 253
ゴールデンボーイ　◆ 231
コールド・フィーヴァー　● 80
コールド・ブラッド　殺しの紋章　◆ 577、● 285
ゴールドフィンガー　◆ 497
コキーユ　貝殻　☆ 99
故郷よ　● 49
御金蔵破り　◇ 236、○ 153
黒衣の刺客　● 88
黒衣の花嫁　◆ 247
国際諜報局　○ 66
極道恐怖大劇場　牛頭　◆ 172
極道の妻たち　◇ 563
極道めし　○ 158、● 211
告白　◆ 627
告発の行方　● 195
午後の遺言状　☆ 393、◆ 559
心　◆ 464、◆ 559
こころ　○ 584
ゴジラ　● 135
ゴッドファーザー　◆ 85、○ 31
ゴッドファーザー PARTII　◆ 85、○ 31、○ 418
ゴッドファーザー PARTIII　◆ 85
子連れ狼・親の心子の心　◇ 558
子連れ狼・子を貸し腕貸しつかまつる　◇ 558
子連れ狼・三途の川の乳母車　◇ 558、● 535
子連れ狼・地獄へいくぞ！大五郎　◇ 558
子連れ狼・死に風に向かう乳母車　◇ 558、● 535
古都　● 450
GONIN2　◇ 494
この国の空　● 160
この自由な世界で　● 507
この胸いっぱいの愛を　○ 324
御法度　★ 334、◇ 377、○ 566、● 327
五番町夕霧楼　● 172
コブラ　◆ 621
五瓣の椿　◇ 563、○ 473、● 489
コマンドー　◆ 120
コミック雑誌なんかいらない　○ 591
拳銃（コルト）は俺のパスポート　◆ 509、○ 532
コレクター　◆ 25
これでいいのだ!!　映画★赤塚不二夫　◆ 157
コレラの時代の愛　◆ 247
殺したい女　◆ 81
殺しのドレス　○ 210
殺しの烙印　◇ 91、◆ 621、○ 26、○ 532
コンドル　◆ 492

さ

ザ・ドアーズ　★ 244
ザ・ドライバー　○ 315
ザ・ファイター　◆ 627
ザ・ホークス　ハワード・ヒューズを売った男　◆ 565
ザ・マスター　○ 632
ザ・ミッション　非情の掟　◆ 621、● 123
ザ・レイプ　● 195
ザ・ロード　○ 627
サード　◆ 454
再会の時　○ 371、○ 508
再会の食卓　◆ 448
西鶴一代女　◆ 141
サイコ　◇ 346、○ 210、● 123
最初の人間　○ 404
最前線物語　○ 205、● 239
サイダーハウス・ルール　★ 247
サイドカーに犬　◇ 410
サイモン・バーチ　☆ 473
サイレンサー　殺人部隊　○ 133
サウスバウンド　◇ 464、○ 168
サウルの息子　● 366
サウンド・オブ・ミュージック　★ 397
砂丘　◇ 406
櫻の園　☆ 353、● 148
サクリファイス　◇ 267
酒とバラの日々　☆ 8
サザエさん　◆ 443
細雪　◇ 248、● 191、29
さすらいの大空　○ 239
佐武と市捕物控　○ 91
殺人者たち　◆ 54、◆ 486
殺人者にラブ・ソングを　● 304
殺人者はバッヂをつけていた　◇ 290、◆ 203、◆ 486、● 144
殺人遊戯　◇ 117
座頭市　◆ 373
座頭市　THE LAST　◆ 373
座頭市物語　◆ 373、● 247
サトラレ　☆ 494
真田風雲録　◆ 582
砂漠でサーモン・フィッシング　○ 282
砂漠の流れ者　☆ 281
錆びたナイフ　◆ 292
サブウェイ・パニック　◇ 270
サボテンの花　◇ 49
さまよう刃　◆ 270
寒い国から帰ったスパイ　☆ 258
サムライ　◇ 218、◆ 503
さよならコロンバス　● 515
「さよなら」の女たち　○ 353
さよならをもう一度　○ 296
サラの鍵　○ 49、○ 609
さらば愛しき女よ　○ 477
さらば愛しき大地　☆ 104
さらば青春の光　○ 21
さらば友よ　☆ 20、★ 533、◇ 102
さらば夏の光よ　○ 527
さらばベルリンの灯　◆ 492
サリヴァンの旅　◆ 476
『されどわれらが日々──』より　別れの詩　○ 123
3時10分、決断のとき　◆ 8、● 531
山椒大夫　○ 184
サンダカン八番娼館　望郷　◆ 141
サンドウィッチの年　☆ 78
三等重役　○ 61
三度目の殺人　● 523
三人の名付親　★ 435
三匹の牝蜂　● 296、◇ 502
秋刀魚の味　○ 320
三文役者　☆ 393、◆ 559
幸せの黄色いハンカチ　◆ 367
シークレット・サービス　◆ 621

絆　◇162
奇跡　◆525、●481
奇跡の丘　★432
奇跡の人　●255
北国の帝王　◇520
北北西に進路を取れ　○101
―北村透谷―わが冬の歌　◆430
気狂いピエロ　☆171、★88、○210
KIDS　◇546
キッズ・リターン　◆515
キッスで殺せ　○118、○306
きっと、うまくいく　○371
昨日と明日の間　●323
牙狼之介　○138
牙狼之介　地獄斬り　○138
希望の国　○138、○230
君がいた夏　○371
君がくれたグッドライフ　●335
きみに読む物語　★487、◆54
君よ憤怒の河を渉れ　◆39、◆157、◆359
キャスト・アウェイ　◆627
彼奴を殺せ　◇327
ギャルソン　○296
ギャング　◇516、◆125、◆503
ギャングスター　○173
キャンベル渓谷の激闘　○143
休暇　◆353、○91
96時間　◆120
キューポラのある街　☆466、◇252、○112、●45
恐喝こそわが人生　◆509
恐怖の時間　○547
恐怖の報酬　★364、○296
極私的エロス 恋歌 1974　◆347
去年マリエンバードで　☆357
キラー・エリート　◆621
斬り込み　◆253
キリマンジャロの雪　◆407、○220
キリング・フィールド　☆284
麒麟の翼　○168
斬る　◆131、◆482、◆559、○517、●496
キル・ビル　★330、◆136
ギルダ　☆231、◇174
ギルバート・グレイプ　☆512
銀座旋風児　◆509
銀座二十四帖　◇533、●323
銀幕のメモワール　●73
グーグーだって猫である　◆44、●101
COO 遠い海から来たクー　●293
九月の空　○527
草迷宮　●92
櫛の火　★220、●527
駆逐艦ベッドフォード作戦　◆217
くちづけ　☆469、◆443
沓掛時次郎　遊侠一匹　◆582
グッドフェローズ　◇87
グッドモーニング、ベトナム　○413
首　○44
クヒオ大佐　◆314
虞美人草　○579
熊座の淡き星影　●168
蜘蛛女のキス　◇342
雲霧仁左衛門　○138
雲流るる果てに　◇433
蜘蛛巣城　◆577、●285
暗いところで待ち合わせ　◇546
暗い日曜日　◇473
クライマーズ・ハイ　○408
クライング・ゲーム　☆150
暗くなるまでこの恋を　◆247
暗くなるまで待って　◇259、○234
グラン・トリノ　◇455、◆599、○195、●109
グラン・プリ　○532
グランド・ホテル　○371
クリード チャンプを継ぐ男　●215
グリーンカード　◆198
グリーンベレー　◆242
グリーンマイル　☆71
クリクリのいた夏　○522
クリムゾン・タイド　◆217
狂い咲きサンダーロード　○353
グループ　○179
狂った果実　○386
ぐるりのこと。　○618
クレージーキャッツ無責任シリーズ　◇464
グレート・ブルー　☆228
クレオパトラ　◆59
紅の拳銃　◆95
紅の翼　★258
紅の豚　★258、◇144、◇151
クレムリンレター・密書　◆492
黒い牡牛　●375
黒い潮　○71、○408
クロエ　★209、◆520
クローサー　◇45
黒とかげ　●144
グロリア　★128、◆54、◆167、●176
クロワッサンで朝食を　●73
軍旗はためく下に　◆203
警察日記　◆443
刑事　◇286、●168
刑事ジョン・ブック　目撃者　★240
刑事フランク・リーヴァ　◇218
刑事マディガン　◇550
軽蔑　◇110
刑務所の中　●211
ケイン号の叛乱　○436
ＫＴ　●285
Ｋ-19　◆217
激突　◆486
月光仮面　魔人（サタン）の爪　◆443
ゲッタウェイ　☆281、◇481
決断の３時10分　◇541
月曜日のユカ　○189
剣　★271
けんかえれじい　☆317、☆330、★181、◇410、◆559、●183
検事霧島三郎　●57
源氏物語　☆370
拳銃貸します　◆476
拳銃残酷物語　◆554
拳銃の報酬　◇290
原子力戦争　◇34
ケンタッキー・フライド・ムービー　◆424
現金（げんなま）に体を張れ　◆497、○55
現金（げんなま）に手を出すな　◆503、○522、●73
幻夜　◆270
恋　★264
恋する女たち　●511
恋するガリア　◇218、●346
恋と太陽とギャング　◆17、◆509
恋におちて　★80、◆193、●262
恋人たち　◆353、●73
恋人たちの失われた革命　◇402
恋人たちの曲・悲愴　◆259

大時計　◇ 358
おかあさん　◆ 141、○ 112、○ 184
小川の辺　◆ 531
沖田総司　○ 566
お吟さま　● 53
おくりびと　◆ 276、○ 353、● 500
お嬢さん乾杯！　● 65
お葬式　★ 135、◆ 276、● 500
恐るべき子供たち　● 539
お茶漬けの味　◆ 401
おとうと　○ 527、● 29
男たちの挽歌　◇ 301
男と女　● 187
男なら夢を見ろ　● 135
男はつらいよ　☆ 75
鬼の棲む館　◇ 248
鬼火　★ 519、◆ 308、◆ 353
小野寺の弟・小野寺の姉　○ 591
おはん　◇ 502
オペラハット　◆ 395
おもいでの夏　☆ 292、★ 107、○ 371、● 84
泳ぐひと　○ 239
オリエント急行殺人事件　◇ 550
オリヲン座からの招待状　○ 595
ALWAYS　三丁目の夕日　★ 501、◇ 477、◆ 407
ALWAYS　続・三丁目の夕日　◇ 477
オレゴン大森林・我が緑の大地　◇ 350
俺たちに明日はない　◇ 297、○ 334
俺たちの血が許さない　◆ 292
俺は待ってるぜ　☆ 136、★ 37
雄呂血　○ 498
女ガンマン 皆殺しのメロディ　● 304
女教師　◆ 430
女ざかり　● 473
女の子ものがたり　◆ 81
女の座　◆ 226、◆ 443、● 273、511
女の中にいる他人　○ 547
おんなの細道　濡れた海峡　○ 200
女の歴史　◆ 226、● 511
女は一回勝負する　○ 427、○ 486
女はそれを我慢できない　☆ 154
女は二度生まれる　◆ 100

か

ガープの世界　☆ 473、○ 413
ガール　○ 168
凱旋門　★ 480
海炭市叙景　○ 641
カイロの紫のバラ　● 199
帰らざる波止場　☆ 585
帰らざる日々　★ 26、◆ 281
顔　★ 117、○ 599
顔役暁に死す　◆ 17
画家と庭師とカンパーニュ　○ 220、○ 522
鏡の女たち　★ 442、● 14
かくも長き不在　○ 390
影　○ 257
影の軍隊　★ 153、◆ 503、● 350
陽炎座　◇ 125、● 92
過去のない男　◇ 365、○ 400
過去を持つ愛情　☆ 585
カサノバ　◆ 247
カサブランカ　☆ 410、★ 585、◆ 325
貸間あり　☆ 224
ガス燈　● 231
風小僧・風流河童剣　◇ 507
風小僧・流星剣の舞　◇ 507
風と共に去りぬ　◇ 129、○ 81、179、● 123
風と共に散る　◆ 152、● 446
風の歌を聴け　◆ 418
風のかたみ　☆ 163
風の谷のナウシカ　◇ 151
風の武士　● 243
家族の灯り　● 168
勝負（かた）をつけろ　◆ 503、○ 522
月山　● 172
勝手にしやがれ　★ 280、○ 427
カティンの森　◆ 342、○ 257
糧なき土地　○ 205
悲しみは空の彼方に　◆ 152、● 114
悲しみよこんにちは　★ 280、○ 427
鞄を持った女　◇ 286、● 350
かぶりつき人生　◇ 414、● 527
カポーティ　◇ 442、◆ 407、○ 632、● 311
蒲田行進曲　★ 99、◆ 438、● 123
カミーユ、恋はふたたび　● 477
紙屋悦子の青春　◇ 362
がめつい奴　◆ 443
かもめ食堂　○ 591
カラーパープル　○ 179
唐獅子牡丹　☆ 582
ガラスの鍵　◆ 476
からっ風野郎　◆ 100、● 123
カリフォルニア・ドールズ　○ 118
ガルシアの首　☆ 281、◆ 21
カルテット！人生のオペラハウス　○ 357
カルメン故郷に帰る　◆ 226
華麗なる一族　○ 349
華麗なる大泥棒　○ 349
華麗なる賭け　○ 349、● 84
華麗なるギャツビー　☆ 119、◆ 49、○ 349
華麗なる激情　○ 349
華麗なる週末　○ 349
華麗なる対決　○ 349
華麗なる闘い　○ 349
彼らが本気で編むときは、● 454、481
可愛い配当　◆ 297
乾いた花　○ 189
川の底からこんにちは　◆ 314、● 199
ガン・ファイター　○ 118、● 446
眼下の敵　◆ 217
カンゾー先生　◆ 182
関東無宿　☆ 330、◆ 292
ガントレット　◆ 21
カンバセーション…盗聴　○ 31
カンパニー・メン　◆ 637
がんばれ!! タブチくん!!　◆ 443
キー・ラーゴ　◇ 42、◆ 325
キイハンター　● 343
黄色い涙　◇ 166
黄色い星の子供たち　◆ 627、○ 49、○ 609
飢餓海峡　★ 44、○ 473
帰郷　● 416
喜劇　女生きてます　◆ 390
喜劇　女生きてますシリーズ　◆ 509
喜劇 女は度胸　● 172
喜劇　特出しヒモ天国　☆ 35、◇ 507
危険がいっぱい　○ 253、● 441
儀式　◆ 297
起終点駅 ターミナル　● 223
疵　☆ 380
傷だらけの天使　◇ 323

アルファビル　★ 277
あるマラソンランナーの記録　◇ 34
或る夜の出来事　◆ 395
アンヴィル！夢を諦めきれない男たち　◆ 177
アンコール!!　○ 357
暗黒街の顔役　☆ 380、● 387
暗黒街の顔役・十一人のギャング　◆ 17
暗黒街の弾痕　◇ 430、◆ 632
暗殺者のメロディ　○ 292
暗殺の森　◇ 468
アンストッパブル　◆ 610
アンダルシアの犬　○ 205
アンナ・カレーニナ　◆ 384
アンナと過ごした四日間　◆ 208
アンネの日記　◆ 231
アンフィニッシュ・ライフ　○ 282
按摩と女　○ 36
イースタン・プロミス　◆ 208
家路　● 49
イエロー・ハンカチーフ　◆ 367
硫黄島からの手紙　● 109
怒り　● 327
怒りの葡萄　☆ 504、★ 435、● 156
怒りを込めてふり返れ　● 156
生きていた男　◇ 346
生きてるうちが花なのよ死んだらそれまでよ党宣言
◇ 76、○ 552
生きる　◇ 58
生きるべきか死ぬべきか　◇ 473
居酒屋兆治　◇ 502
異人たちとの夏　☆ 480
イスタンブール　◇ 229
伊豆の踊子　★ 267
いずれ絶望という名の闇　◆ 30
いそしぎ　★ 156
遺体 明日への十日間　● 500
偉大な生涯の物語　◆ 492
ＩＣＨＩ　◆ 373
119　★ 163
1941　◆ 68
いちご白書　★ 250、◇ 402
一枚のハガキ　◆ 559
いつかギラギラする日　★ 274
いつか読書する日　★ 529、◆ 353、○ 353
一心太助シリーズ　○ 278
いつでも夢を　● 45
いつも２人で　☆ 239、● 428
偽りなき者　○ 459
いとこ同志　◆ 303
稲妻　◇ 369、◇ 459
稲妻草紙　◆ 401
いぬ　◆ 503
犬笛　★ 522
いのち・ぼうにふろう　★ 149、★ 508、● 319
ｉｆ もしも…　◆ 77
いまを生きる　○ 413
イヤー・オブ・ザ・ドラゴン　◆ 68
依頼人　● 176
イル・ポスティーノ　◇ 61、● 24
刺青一代　☆ 330
鰯雲　◆ 470
イワン・デニソビッチの一日　☆ 24
イングロリアス・バスターズ　◆ 146、○ 329
イン・ザ・プール　◇ 464、○ 168
インテリア　◆ 325
インファナル・アフェア　◆ 95
インファナル・アフェアⅡ　無間序曲　◆ 95
インファナル・アフェアⅢ　終極無間　◆ 95
ヴィーナス　◇ 398
ヴィヨンの妻～桜桃とタンポポ　◆ 63、◆ 407、○ 491
ウィンターズ・ボーン　◆ 594
ウエスト・サイド物語　★ 397
ヴェラクルス　○ 118
浮き雲　◇ 365
浮雲　★ 139、◇ 459、◆ 226
右京之介巡察記　○ 153
動く標的　☆ 357、◇ 350、◆ 187
太秦ライムライト　○ 278、○ 570
宇宙戦艦ヤマト〈劇場版〉　○ 91
美しい夏キリシマ　◇ 34
うみ・そら・さんごのいいつたえ　◇ 98
海猿　○ 512
海の上のピアニスト　☆ 247
海辺の家　★ 160
海辺の光景　○ 71
海街 diary　● 148
海よりもまだ深く　● 307
埋もれ木　● 105
裏切りの明日　◆ 203
裏切りのサーカス　○ 96
裏切りの闇で眠れ　◆ 30
麗しのサブリナ　☆ 357、★ 195
噂の二人　○ 459
運命じゃない人　○ 267
映画女優　◆ 141
エイリアン２　◆ 167
エヴァの匂い　○ 486
エール！　● 255
駅　STATION　☆ 40、● 61
駅前旅館　◇ 533
エグザイル・絆　◇ 498
エクソシスト　◆ 492
ＳＰ　野望篇・革命篇　◆ 621
エデンの東　☆ 504、◇ 385、○ 464、● 270
エデンより彼方に　◆ 152
江戸川乱歩の陰獣　● 144
エピオナージ　◇ 61
エリン・ブロコビッチ　☆ 239
Ｌ・Ｂ・ジョーンズの解放　◆ 336
エレジー　● 515
「エロ事師たち」より人類学入門　☆ 35
エロス＋虐殺　☆ 115、★ 347、◆ 270、◆ 438、● 14
炎上　○ 623、● 29
遠雷　★ 33、◆ 34、○ 386
お熱いのがお好き　☆ 426、◇ 554
追いつめられて　◇ 358
追いつめる　★ 48
黄金　◆ 325、◆ 497
黄金のアデーレ 名画の帰還　● 207
黄金の七人　◆ 497
王女メディア　☆ 370
大いなる遺産　☆ 119
大いなる西部　★ 84、◆ 599
大いなる野望　◆ 565
狼と豚と人間　◇ 144
狼の挽歌　● 251
狼は天使の匂い　◆ 486
狼よ落日を斬れ　◆ 226
OK 牧場の決闘　◇ 137
オーケストラ　◆ 259
オーシャンズ 11　★ 113、○ 153
オーシャンズ 13　◇ 346
オーシャンと十一人の仲間　○ 153
大曽根家の朝　○ 482

『映画がなければ生きていけない』　シリーズ登場映画全索引

☆=「1999 ～ 2002」 ★=「2003 ～ 2006」 ◇=「2007 ～ 2009」 ◆=「2010 ～ 2012」 ○=「2013 ～ 2015」 ●=「2016 ～ 2018」

あ

あゝ同期の桜　◇433
ああ爆弾　○547
嗚呼‼花の応援団　◆543
愛、アムール　○287
AIKI　◆515
哀愁　○81
愛する　★515
愛する時と死する時　◆152
愛すれど心さびしく　★341
愛と哀しみの旅路　◆253、○609、●277
愛と哀しみの果て　○604
愛と希望の街　★15
愛と死と　◆353、○91
愛と宿命の泉・泉のマノン　◇394
愛と宿命の泉・フロレット家のジャン　◇394
アイドルを探せ　◆90
愛の嵐　☆313
愛のお荷物　◆616
愛の狩人　◇45、○133
愛の渇き　○381、●199
愛のコリーダ　●331
愛のむきだし　◆314、●10
愛は静けさの中に　●255
アイヒマン・ショー：歴史を映した男たち　●366
愛を乞うひと　○464
愛を弾く女　☆123、◇394、◆259
愛を読むひと　◆231、○609
アウトレイジ　◆265、◆390、◆515、○10、●398
アウトレイジ　最終章　●398
アウトレイジ　ビヨンド　○10、●398、438
あ・うん　◇310
青い山脈　☆552、◆401
青い戦慄　◆476
青いパパイヤの香り　◆418
あおげば尊し　◇252
青空のルーレット　◇417
青空娘　◆100
青べか物語　◆559
赤い家　◆632
赤い影法師　◆401、●243
赫い髪の女　●61
赤い鯨と白い蛇　○184
紅いコーリャン　★230、○609
赤い殺意　◆509、●527
赤い天使　◆100
赤い鳥逃げた？　○107
赤い波止場　☆111、●357
赤いハンカチ　☆111、●357
赤頭巾ちゃん気をつけて　○44
赤線地帯　○645
暁の脱走　○362
あかね雲　●199
赤ひげ　★22、◆182、◆276、◆443、○184
秋津温泉　☆224、☆235、◆509
秋日和　○320、●273
悪人　◆314
悪の報酬　○486
悪の法則　○627
悪魔のような女　◇346
悪名　●191
アゲイン　☆111
アサシン　○173
アジアンタムブルー　◇274
足摺岬　★30
あした　◆549
あした来る人　◆105、○71、●323
あしたのジョー　◆454、◆627
阿修羅のごとく　●20
あすなろ物語　◇185
明日に向かって撃て　◇350
アスファルト・ジャングル　○55
あぜ道のダンディ　◆543
遊び　●281
仇討　◆554
新しい人生のはじめかた　◆281
新しい土　○329
アトランティック・シティ　◆353
アドレナリン・ドライブ　☆123
穴　◆503、○522
アニー・ホール　●199
あにいもうと　●96
兄貴の恋人　○44、●164
アニマル・ハウス　◆424、●33
あの子を探して　★230
あの夏の子供たち　◆308
あの日 あの時 愛の記憶　○257
あの胸にもう一度　◇414
アバウト・シュミット　○542
網走番外地　◇236、●211
アパッチ　○118
あばよダチ公　☆127
アビエイター　◆565
アヒルと鴨のコインロッカー　◇331、○158
アフタースクール　○267
アフリカの女王　◆325
ア・ホーマンス　○344
アマデウス　☆123、★71
雨に唄えば　◇421
雨の朝巴里に死す　◆49
雨のしのび逢い　●73
雨の中の女　○31
アメリカ、家族のいる風景　◇575
アメリカの影　◆54、●114
アメリカの夜　●428
アメリカン・スナイパー　●109
アメリカン・バーニング　●515
アメリカン・グラフィティ　●33
あらくれ　●96
嵐が丘　●354
アラバマ物語　☆433、★84、★455、◇442、○31、○179、○632、●311
アラモ　◇550
歩いても歩いても　◇494
あるいは裏切りという名の犬　◇278、◆30、○427
アルゴ探検隊の大冒険　☆370
ある殺し屋　◆509
ある殺し屋の鍵　◆509
アルジェの戦い　○404
或る終焉　●335
アルバレス・ケリー　○436
ある晴れた朝突然に　○486

⊛非行少年・若者の砦／藤田敏八 162
■ビッグ・ヒート／W・P・マッギヴァーン 169
⊛否定と肯定／ミック・ジャクソン 337
■ひとり狼／ジョゼ・ジョバンニ 250
■日の名残り／カズオ・イシグロ 261
⊛日の名残り／ジェイムズ・アイヴォリィ 261
⊛ファースト・マン／デイミアン・チャズル 228
⊛フィールド・オブ・ドリームス／フィル・アルデン・ロビンソン 119,192
■フィデルマンの絵／バーナード・マラマッド 187
■深川安楽亭／山本周五郎 176
⊛復讐は俺に任せろ／フリッツ・ラング 169
⊛複数犯罪／リチャード・A・コーラ 70
■無頼　ある暴力団幹部のドキュメント／藤田五郎 183
⊛無頼　人斬り五郎／小沢啓一 183,285
⊛無頼より・大幹部／舛田利雄 115
■フラニーとズーイー／J・D・サリンジャー 144,212
⊛不良少年／後藤幸一 271
⊛ブレードランナー／リドリー・スコット 224
■ペコロスの母に会いに行く／岡野雄一 130
⊛ペコロスの母に会いに行く／森崎東 130
■ペスト／アルベール・カミュ 142
⊛冒険者たち／ロベール・アンリコ 20,250,259,260,343,344
⊛僕らのごはんは明日で待ってる／市井昌秀 328

ま

■マイク・ハマーへ伝言／矢作俊彦 298
■マイルス・デイビス自叙伝／マイルス・デイビス＆クインシー・トループ 119
⊛魔界転生／深作欣二 155
■魔都に天使のハンマーを／矢作俊彦 34
■幻の女／ウィリアム・アイリッシュ 178
■満州国演義／船戸与一 104
⊛三つ数えろ／ハワード・ホークス 310
⊛MINAMATA／アンドリュー・レヴィタス 365
■麦熟るる日に／中野孝次 14
⊛めぐりあい／恩地日出男 72,176
■燃えよ剣・新選組血風録／司馬遼太郎 209,334
⊛燃えよ剣／原田眞人 209,378
■桃太郎侍／山手樹一郎 266,306

や

⊛野生の呼び声／ケン・アナキン 45
■やぶにらみの時計／都筑道夫 242
■野望と夏草／山崎正和 185
■ユービック／フィリップ・K・ディック 224
■郵便配達はいつも二度ベルを鳴らす／ジェームズ・M・ケイン 171
⊛郵便配達は二度ベルを鳴らす／ボブ・ラフエルソン 171
■杳子／古井由吉 127,247
⊛杳子／伴睦人 247
⊛用心棒／黒澤明 39,164
⊛欲望／ミケランジェロ・アントニオーニ 81
■横しぐれ／丸谷才一 252
■横道世之介／吉田修一 90,181
⊛横道世之介／沖田修一 366

ら

■ライ麦畑でつかまえて／J・D・サリンジャー 117,220,351
⊛ライ麦畑の反逆児　ひとりぼっちのサリンジャー／ダニー・ストロング 117
⊛ライムライト／チャーリー・チャップリン 14
■離愁／ジョルジュ・シムノン 196
⊛離愁／ピエール・グラニエ＝ドフェール 196
⊛レッズ／ウォーレン・ベイティ 160
■老人と海／アーネスト・ヘミングウェイ 31
⊛64――ロクヨン／瀬々敬久 359
⊛ロング・グッドバイ／ロバート・アルトマン 139
⊛ロング、ロングバケーション／パオロ・ヴィルズィ 31

わ

■ワーニャ伯父さん／アントン・チェーホフ 77
⊛わが命の唄　艶歌／舛田利雄 68
■若い人／石坂洋次郎 47
⊛若い人／西河克己 47
⊛若き獅子たち／エドワード・ドミトリク 207
⊛吾輩は猫である／市川崑 214
■吾輩は猫である／夏目漱石 214
■若者たち／永島慎二 276
■私は本屋が好きでした／永江朗 122

⊛ゴッホ　最期の手紙／ドロタ・コビエラ 264
■孤独な青年／アルベルト・モラヴィア 41
⊛ことの終わり／ニール・ジョーダン 303
⊛これでいいのだ!! 映画赤塚不二夫／佐藤英明 321
⊛殺しの烙印／鈴木清順 38,113
⊛殺しの分け前 ポイント・ブランク／ジョン・ブアマン 198

さ

■最後の国境線／アリステア・マクリーン 19
⊛最初の人間／ジャンニ・アメリオ 142
⊛最前線物語／サミュエル・フラー 59
⊛櫻の園／中原俊 57,77
■細雪／谷崎潤一郎 79
⊛細雪／市川崑 79
■さすらいのキャンパー探偵／香納諒一 81
⊛殺人狂時代／岡本喜八 242
■殺人者たち／アーネスト・ヘミングウェイ 36
⊛殺人者たち／ドン・シーゲル 36,200
■殺戮の月／リチャード・スターク 198
■寒い国から帰ってきたスパイ／ジョン・ル・カレ 217
⊛寒い国から帰ったスパイ／マーティン・リット 217
■さむけ／ロス・マクドナルド 111
■サラサーテの盤／内田百閒 86
⊛さらば愛しき人よ／原田眞人 378
■さらばモスクワ愚連隊／五木寛之 69,72
⊛四月は君の嘘／新城毅彦 326
⊛死刑台のエレベーター／ルイ・マル 119,322
⊛事件／野村芳太郎 235
■地獄の季節／アルチュール・ランボウ 101
■死にゆく者への祈り／ジャック・ヒギンズ 313
⊛死にゆく者への祈り／マイク・ホッジス 313
■死の接吻／アイラ・レヴィン 269
⊛死の接吻／ジェームス・ディアデン 269,344
⊛死の棘／小栗康平 279
■死の棘／島尾敏雄 279
■シューレス・ジョー／W・P・キンセラ 119,189,192
⊛修羅城秘聞／衣笠貞之助 266
■情事の終り／グレアム・グリーン 303
■贖罪／イアン・マキューアン 94,341
■初秋／ロバート・B・パーカー 282
■シリウスの道／藤原伊織 157
⊛仁義／ジャン＝ピエール・メルヴィル 374
⊛仁義なき戦い／深作欣二 54,152,185,294
■深夜プラス1／ギャビン・ライアル 113
■鈴木清順論／上島春彦 194
⊛ストーリー・オブ・マイライフ　わたしの若草物語／グレタ・ガーウィグ 341
⊛砂の上の植物群／中平康 21
■砂の上の植物群／吉行淳之介 21,280
⊛素晴らしき哉、人生！／フランク・キャプラ 144
■スローなブギにしてくれ／片岡義男 167
⊛スローなブギにしてくれ／藤田敏八 167
⊛青春残酷物語／大島渚 345
⊛青春の蹉跌／神代辰巳 34,93
■性的人間／大江健三郎 128,307
■世界を俺のポケットに／ジェイムズ・ハドリー・チェイス 301
■世界を震撼させた十日間／ジョン・リード 47,160
■蝉しぐれ／藤沢周平 295
⊛蝉しぐれ／黒土三男 295
■1973年のピンボール／村上春樹 11,308
■戦争と人間／五味川純平 75
⊛戦争と人間／山本薩夫 75,104
⊛戦争と平和／セルゲイ・ボンダルチュク 274
■千羽鶴／川端康成 291
⊛千羽鶴／増村保造 291
⊛その男ゾルバ／マイケル・カコヤニス 128,189

た

■太陽がいっぱい／パトリシア・ハイスミス 90
⊛太陽がいっぱい／ルネ・クレマン 90
⊛太陽への脱出／舛田利雄 115
■父と暮せば／井上ひさし 257
⊛父と暮せば／黒木和雄 257
■父の詫び状　あ・うん／向田邦子 237
■血の収穫／ダシール・ハメット 164,282
■地の群れ／井上光晴 293
⊛地の群れ／熊井啓 293
⊛チャーリーとチョコレート工場／ティム・バートン 149
■チャンピオン／リング・ラードナー 200
⊛チャンピオン／マーク・ロブスン 200
■長距離走者の孤独／アラン・シリトー 27
⊛長距離ランナーの孤独／トニー・リチャードソン 27
■ちょっとピンボケ／ロバート・キャパ 59
⊛ツィゴイネルワイゼン／鈴木清順 86,115,163
⊛追想／ドミニク・クック 41,94
■ティファニーで朝食を／トルーマン・カポーティ 49,180,213
⊛ティファニーで朝食を／ブレーク・エドワーズ 180
■鉄仮面／ボアゴベ・黒岩涙香翻案 12
⊛東京物語／小津安二郎 98,124,191
■髑髏銭／角田喜久雄 244
⊛髑髏銭／松田定次 244
⊛となりのトトロ／宮崎駿 333
■飛ぶ教室／エーリッヒ・ケストナー 240
⊛飛ぶ教室／トミー・ヴィガント 240

な

■中原中也／中原中也詩集 115
⊛ナチュラル／バリー・レビンソン 187,190
■楢山節考／深沢七郎 190
⊛楢山節考／今村昌平 190
■鳴門秘帖／吉川英治 109
⊛鳴門秘帖／衣笠貞之助 109
⊛日本沈没／森谷司郎 226
⊛日本の青春／小林正樹 100
■野火／大岡昇平 235

は

⊛バージニア・ウルフなんか怖くない／マイク・ニコルズ 349
⊛博多っ子純情／曽根中生 361
⊛白痴／黒澤明 63
■白痴／ドストエフスキー 61,63,181,274
⊛はじめてのおもてなし／ジーモン・ファーフーフェン 19
■走れウサギ／ジョン・アップダイク 43,129,173
■87分署シリーズ／エド・マクベイン 70,97
■80ヤード独走／アーウィン・ショー 207
■二十日鼠と人間／ジョン・スタインベック 25,153,154
⊛二十日鼠と人間／ゲイリー・シニーズ 25
■果しなき流れの果に／小松左京 226
■薔薇と無名者／松田政男 137
■巴里に死す／芹沢光治良 54
■パリは燃えているか／ラリー・コリンズ＆ドミニク・ラピエール 52
⊛パリは燃えているか／ルネ・クレマン 52
■春の死／立原正秋 162
⊛パルプ・フィクション／クエンティン・タランティーノ 368

索引

あ

■あ・うん／向田邦子　237
⊛あ・うん／降旗康男　237
⊛愛すれど心さびしく／ロバート・エリス・ミラー　10,212
■哀原／古井由吉　126
■逢う時はいつも他人／エヴァン・ハンター　66,71
⊛逢う時はいつも他人／リチャード・クワイン　66
■青空娘／源氏鶏太　23
⊛青空娘／増村保造　23
⊛赫い髪の女／神代辰巳　232
■赤い天使／有馬頼義　107
⊛赤い天使／増村保造　107,345
■赤頭巾ちゃん気をつけて／庄司薫　219
⊛赤頭巾ちゃん気をつけて／森谷司郎　118,219
■赤ひげ診療譚／山本周五郎　177,306
⊛赤ひげ／黒澤明　306
■秋津温泉／藤原審爾　38,151
⊛秋津温泉／吉田喜重　38,99
■秋日和／里見弴　98
⊛秋日和／小津安二郎　98
⊛アナザーラウンド／トマス・ヴィンダーベア　370,372
■あなたに似た人／ロアルド・ダール　149
⊛あに・いもうと／成瀬巳喜男　363
⊛アパルーサの決闘／エド・ハリス　282
■嵐が丘／エミリー・ブロンテ　254
⊛嵐が丘／ウィリアム・ワイラー　62,254
⊛有りがとうさん／清水宏　324
⊛暗殺の森／ベルナルド・ベルトルッチ　41
■安城家の舞踏會／吉村公三郎　77
■アンナ・カレーニナ／レフ・トルストイ　61,274
⊛イーストウィックの魔女たち／ジョージ・ミラー　173
■硫黄島／菊村到　96
■怒りの葡萄／ジョン・スタインベック　153
⊛異国の丘／渡辺邦男　54
■異人たちとの夏／山田太一　132
⊛異人たちとの夏／大林宣彦　132
■偉大なるギャツビー／スコット・フィッツジェラルド　212
⊛偽りなき者／トマス・ヴンダーベア　370
⊛いのち・ぼうにふろう／小林正樹　100,176
⊛イングロリアス・バスターズ／クエンティン・タランティーノ　147
⊛動く標的／ジャック・スマイト　13,111,199
■宴／糸魚川浩　92
⊛宴／五所平之助　92
■宇宙からの帰還／立花隆　228
■美しい夏・女ともだち／チェーザレ・パヴェーゼ　43
■馬に乗った水夫／アーヴィング・ストーン　45,230
■海の沈黙／ヴェルコール　259
⊛海の沈黙／ジャン＝ピエール・メルヴィル　259
⊛海辺の家族たち／ロベール・ゲディギャン　353
⊛海街 diary／是枝裕和　57
■梅一枝／柴田錬三郎　88
■映画の理論／岩崎昶　147
⊛エデンの東／エリア・カザン　153
⊛江分利満氏の優雅な生活／岡本喜八　29
■江分利満氏の優雅な生活／山口瞳　29
■艶歌／五木寛之　68
■遠雷／立松和平　287
⊛遠雷／根岸吉太郎　287
■大いなる眠り／レイモンド・チャンドラー　140,213,310
⊛鴛鴦歌合戦／マキノ正博　317
⊛お葬式／伊丹十三　355
■おバカさん／遠藤周作　100
■おぼろ忍法帖／山田風太郎　155
■檻／北方謙三　285
⊛女ざかり／大林宣彦　252
⊛女ともだち／ミケランジェロ・アントニオーニ　43
⊛女の座／成瀬巳喜男　347

か

■カーテン／レイモンド・チャンドラー　139,196,213,310
■ガープの世界／ジョン・アーヴィング　205
⊛ガープの世界／ジョージ・ロイ・ヒル　205
⊛影の軍隊／ジャンピエール・メルヴィル　259,343
⊛陽炎座／鈴木清順　194
⊛カサブランカ／マイケル・カーティス　157
⊛化石／小林正樹　357
■風と共に去りぬ／マーガレット・ミッチェル　61
⊛風と共に去りぬ／ヴィクター・フレミング　61,256
⊛風の歌を聴け／大森一樹　308
■悲しみよこんにちは／フランソワーズ・サガン　135
⊛悲しみよこんにちは／オットー・プレミンジャー　135
⊛仮面の男／ランドール・ウォレス　12
⊛狩人の夜／チャールズ・ロートン　122
⊛華麗なるギャツビー／バズ・ラーマン　212
⊛華麗なる激情／キャロル・リード　230
■枯木灘／中上健次　232
■河よりも長くゆるやかに／吉田秋生　57
⊛黄色い涙／犬堂一心　276
⊛傷だらけの挽歌／ロバート・アルドリッチ　301
⊛気狂いピエロ／ジャンリュック・ゴダール　41,60,351,376
■恐喝こそわが人生／藤原審爾　151
⊛恐喝こそわが人生／深作欣二　39,151
■巨人と玩具／開高健　84
⊛巨人と玩具／増村保造　84
⊛霧の旗／山田洋次　335
⊛斬る／三隅研次　88
■銀座二十四帖／井上友一郎　49
⊛銀座二十四帖／川島雄三　49
⊛九月の冗談クラブバンド／長崎俊一　298
⊛櫛の火／神代辰巳　126
■蜘蛛女のキス／マヌエル・プイグ　289
⊛蜘蛛女のキス／ヘクトール・バベンコ　289
■暗い落日／結城昌治 271
⊛暗くなるまでこの恋を／フランソワ・トリュフォー　178
⊛紅の翼／中平康　96
■黒い雨／井伏鱒二　16
⊛黒い雨／今村昌平　16
⊛黒い河／小林正樹　339
■黒い潮／井上靖　203
⊛黒い潮／山村聡　203
⊛クローズド・ノート／行定勲　318
⊛喧嘩太郎／舛田利雄　24,330
■絢爛たる影絵／高橋治　124
⊛絞死刑／大島渚　137
■荒野の呼び声／ジャック・ロンドン　45,230
■心は孤独な狩人／カーソン・マッカラーズ　10,212
■ゴッホの手紙／フィンセント・ファン・ゴッホ　264

本書は二〇一九年一月〜二〇二二年十月まで筆者ブログに掲載されたコラムをまとめたものです。

著者 十河　進（そごう・すすむ）

1951年香川県生まれ。中央大学仏文専攻卒業後、出版社に勤務する傍ら映画コラムを執筆。エッセイ集「映画がなければ生きていけない1999-2002／2003-2006」により第25回日本冒険小説協会特別賞「最優秀映画コラム賞」受賞。大沢在昌氏著「天使の爪」（角川文庫）、矢作俊彦氏著「マンハッタン・オプ3」（SB文庫）、香納諒一氏著「梟の拳」（徳間文庫）の解説を書くなどハードボイルド・ミステリにも造詣が深く、自らも「キャパの遺言」で第62回江戸川乱歩賞候補となる。最新刊にハードボイルド・ミステリ「赤い死が降る日」（水曜社）。
筆者ブログ http://sogo1951.cocolog-nifty.com/

映画と本がなければまだ生きていけない 2019-2022

発行日　二〇二三年二月一日　初版第一刷

著　者　十河　進
発行人　仙道　弘生
発行所　株式会社　水曜社
〒一六〇－〇〇二二　東京都新宿区新宿一－二六－六
電　話　〇三－三三五一－八七六八
ＦＡＸ　〇三－五三六二－七二七九
www.suiyosha.hondana.jp

本文ＤＴＰ　小田　純子
装　幀　西口　雄太郎（青丹社）
印　刷　モリモト印刷　株式会社

ISBN978-4-88065-539-0 C0074